국제상학·국제상무 총서

최신 국제상거래론

International Commercial Transactions

강원진 | 이양기 공저

박영사

대학에서 무역학 또는 국제통상학을 전공하는 학생들의 국제상학분야 주 교과목인 "국제상거래론"은 국제간 개별기업의 입장에서 국제상관습과 국제상거래법규에 바탕을 두고 매매계약의 성립, 이행 및 종료에 수반되는 국제상거래행위를 연구하는 실천적 학문 이다.

국제상거래를 단순하게 수출입절차로 인식한다면 매우 잘못된 생각이다. 왜냐하면 국제상거래에서 발생되는 분쟁은 거래당사자간의 수출입절차상 문제이기보다는 국제상관 습과 법률적 문제에 대한 전문적 지식, 즉 계약·결제·운송·보험과 관련된 국제상관습 및 상거래법규에 대한 지식부족과 의사결정의 오류에서 기인되는 문제라고 할 수 있다. 따라서 국제상거래를 원활하게 그리고 성공적으로 수행하려면 무역학의 실천적 연구 분 야인 국제상거래에 대한 전문적인 교육이 선행되어야 한다.

미국의 경우 국제상거래 분야의 교육은 주로 로스쿨이나 일부 비즈니스스쿨에서 이루 어지고 있다. 특히 미국 로스쿨에서는 대부분이 "International Commercial Transactions" 또는 "International Business Transactions"라는 교과목을 개설하여 한국의 국제상학 분야 에서의 계약·결제·운송·보험·중재·통상법 등을 커버하여 교육하고 있다.

이 책은 미국 등에서 법과 관습에 기초하여 국제매매를 중심으로 개별경제주체간의 국 제상거래 행위에 대하여 다루고 있는 "국제상거래론"이라는 책의 제목과 주요 내용을 반 영하여 국제적인 추세에 부응하고 이 분야에서 교육되어야 하는 최신의 무역거래관행과 법제 등 국제상거래에 필수적으로 알아야 할 내용구성으로 국제상학 분야의 전문교재로 간행하게 된 것이다.

이 책에서 주안점을 두고 구성 및 반영된 내용은 다음과 같다.

첫째, 국제상거래의 중심 영역인 국제상관습과 국제상거래계약, 무역대금결제, 국제물 품운송, 적화보험과 무역보험, 전자무역거래, 국제상거래분쟁의 해결 등을 포괄적으로 다 루어 국제상학·국제상무 분야의 총론서로 활용할 수 있도록 구성하였다.

둘째, 최신의 국제상거래법규 및 관행을 반영하여 새로운 무역환경변화에 부응할 수 있도록 하였다.

셋째, 각 장에서 다루거나 별도로 검토되어야 할 국제상거래상의 이슈에 대하여 실무상의 응용력을 함양할 수 있도록 각 장의 말미에 연구 과제를 설정하여 토론 학습의 소재를 제공하였다.

넷째, 대학생, 무역 일선 실무자 및 각종 국가시험, 즉 관세사, 국제무역사, 무역영어 국가검정시험 등에서 무역실무 과목의 시험을 준비하는 수험생들에게도 국제상거래상의 종합적인 지침서로 활용될 수 있도록 하였다.

아무쪼록 이 책이 무역학 또는 국제통상학을 전공하는 학생들이나 무역부문에 뜻을 두고 있는 분들에게 기본서로 활용되고 전문적 소양을 함양하는 데 도움이 될 수 있기를 바란다.

또한 이 책을 출간하는 과정에 많은 도움을 주신 박영사 안상준 상무님, 영업부 최준규 과장님 그리고 정성을 다하여 편집하여 주신 마찬옥 위원님께 깊은 감사를 드린다.

2014년 6월 20일

공 저 자

차 | 례

제4장 국제상거래계약

제8장 무역대금결제

제 9 장　통관과 관세

제13장 국제상거래분쟁의 해결

부록

1

국제상거래론의
특성과 연구

Chapter

1

국제상거래론의 특성과 연구

제1절 국제상거래의 특성

국제상거래(International Commercial Transactions)는 국제 매매당사자간의 물품(goods) 또는 서비스(services)와 관련된 상거래이다. 무역학 또는 국제통상학 연구분야에서의 "국제상거래론"은 국제간 개별기업의 입장에서 국제상관습과 국제상거래법규에 바탕을 두고 매매계약의 성립, 이행 및 종료에 수반되는 국제상거래행위를 연구하는 실천적 학문이다.

국제상거래의 대상은 좁은 의미의 물품, 즉 상품(merchandises) 외에도 넓은 의미의 서비스(services), 이전거래(transfer transactions) 및 자본거래(capital transactions)를 모두 포함시킬 수 있지만, 국제매매의 기본이 될 수 있는 객체는 형식재인 물품이다. 따라서 국제상거래의 요체는 국제물품매매(international sale of goods)라고 할 수 있다.

국제상거래는 관습, 제도, 언어 등 사회적 조건이 다르고 토지, 산물 등 자연적 조건이 다른 국가간에 이루어지는 특수성이 있기 때문에 법적용에서 불확실성이 따르므로 당사자 자치 및 국제상관습이 존중되고 있다. 또한 국제상거래는 계약성립 후 계약이 이행될 때까지 상당한 시간과 비용이 소요되고 운송 및 결제상의 위험이 따른다. 실제 국제상거래에서는 계약이 이행되더라도 계약위반을 이유로 거래당사자간에 클레임이 제기되어 분쟁을 해결하는 데 어려움을 겪는 경우가 많다.

국제상거래를 단순하게 수출입절차로 인식한다면 매우 잘못된 생각이다. 왜냐하면 국제상거래에서 발생되는 분쟁은 거래당사자간의 수출입절차상의 문제이기보다는 국제상관습과 법률적 문제에 대한 전문적 지식, 즉 계약·운송·보험·결제와 관련된 국제상관습 및 상거래 법규에 대한 지식부족과 의사결정의 오류에서 기인되는 문제라고 할 수 있다. 따라서 국제상거래를 원활하게 성공적으로 수행하려면 무역학의 실천적 연구분야인 국제상거래론에 대한 전문적인 연구가 선행되어야 한다.

제 2 절 국제상거래론의 연구 분야

국제상거래의 원활화 및 국제경쟁력을 갖추기 위하여 각국은 나름대로의 차별화된 교육시스템을 구축하고 국제전문인력양성을 위한 특성화된 교육과 연구를 실현하고 있다.

미국의 경우 국제상거래 분야의 교육은 주로 로스쿨이나 일부 비즈니스스쿨에서 다루어지고 있다.[1] 이들 대학에서는 우리나라 국제상학분야 연구의 주요 과목으로 계약·결제·운송·보험·중재·통상법 등에 대하여 교육하고 있다.

미국 로스쿨에서는 대부분이 "International Commercial Transactions" 또는 "International Business Transactions"라는 교과목을 개설하고 있다. 이는 국제상거래, 국제거래 또는 국제통상거래로 부를 수 있으나 대학에 따라 약간 다른 개념의 연구 범위를 설정하고 있어, 전자를 국제상거래론 후자를 국제거래론이라고 칭하고자 한다. 그 이유는 "International Commercial Transactions"는 법과 관습에 기초하여 국제매매를 중심으로 개별경제주체간의 국제상거래 행위에 대하여 다루고 있고, "International Business Transactions"는 전자를 포함하여 해외투자 등 다국적 기업간의 국제거래, 심지어 국제간의 통상법까지도 모두 포함하는 넓은 의미의 국제거래에 대하여 다루기 때문이다. 따라서 이 책에서는 전자, 즉 국제상거래론의 영역을 다루고자 한다.

국제상거래를 원활하게 성공적으로 수행하기 위해서는 다음과 같은 내용에 대하여 기본적인 교육 및 연구가 이루어져야 한다.

첫째, 국제상관습에 관한 연구이다.

국제상거래는 상관습이 서로 다른 국가간에 이루어지므로 매매관습, 업종별 관습, 지역별 관습 및 문화의 차이에 대한 이해가 필요하다. 특히 매매관습인 "국내 및 국제무역거

---

1) 강원진, "미국에서의 국제상학의 연구동향과 한국에서의 연구방향", 「무역학회지」 제25권 제3호, 한국무역학회, 2000, 3~13면.

래조건의 사용에 관한 국제상업회의소 규칙"(Incoterms® 2010)에 반영된 정형거래규칙에 대한 연구는 필수적이다. 이 분야의 연구 과목으로는 국제상관습론(무역관습론)이 있다.

둘째, 국제상거래법규에 관한 연구이다.

국제상거래에서는 국제적으로 적용되는 강행 법규가 없기 때문에 매매당사자는 계약자유의 원칙에 따라 국제협약, 통일규칙 및 주요 국제기구에서 정한 규범 등을 거래시에 합의하여 적용하고 있다. 따라서 국제연합(United Nations)이나 국제상업회의소(International Chamber of Commerce: ICC) 및 국제법협회(International Law Association) 등에서 정한 상거래규범을 포함하여 한국의 무역관계법규에 대한 연구가 필요하다. 이 분야의 연구 과목으로는 국제상거래법(국제거래법), 무역관계법(대외무역법, 관세법, 외국환거래법)이 있다. 또한 국제무역질서를 유지하기 위하여 국가간의 통상 및 이와 관련된 규범인 국제통상법에 대해서도 별도의 연구가 필요하다.

셋째, 주계약인 국제매매계약[2]과 종속계약인 운송·보험·결제에 관한 연구이다.

물품을 대상으로 한 매매계약은 매매당사자간에 체결된[3] 주계약과 별도의 종속(부종) 계약으로 운송인과 운송계약[4]을, 보험자와 보험계약[5]을, 은행과 대금결제약정[6]을 체결

---

2) 국제계약 관련 규범은 다음과 같다; United Nations Convention on Contracts for the International Sale of Goods: CISG (Vienna, 1980); United Nations Convention on the Use of Electronic Communications in International Contracts (New York, 2005); United Nations Convention on Agency to the International Sales of Goods, 1983; Convention on the Limitation Period in the International Sale of Goods (New York, 1974); UNCITRAL Model Law on Procurement of Goods, Construction and Services, 1994; UNIDROIT Principles of International Commercial Contracts, 2010; U.K., Sale of Goods Act, 1979; U.S.A., Uniform Commercial Code(Article 2 Sales), 2002; U.S.A., Revised American Foreign Trade Definitions 1990; ILA, Warsaw-Oxford Rules for CIF Contract, 1932; ICC Rules for the Use of Domestic and International Trade Terms (Incoterms® 2010), 2010.

3) 국제계약을 체결하는 데 있어서 ICC가 권장하는 표준서식은 다음과 같다; ICC Model International Sale Contract, 2013; ICC Model Commercial Agency Contract, 2002; ICC Model Selective Distributorship Contract, 2004; ICC Model International Transfer of Technology Contract, 2009; ICC Model International Franchising Contract, 2011.

4) 국제물품운송 관련 규범은 다음과 같다; United Nations Convention on Contracts for the International Carriage of Goods Wholly or Partly by Sea ("Rotterdam Rules") (New York, 2008); United Nations Convention on the Carriage of Goods by Sea ("Hamburg Rules") (Hamburg, 1978); International Convention for the Unification of Certain Rules of Law relating to Bills of Lading ("Hague Rules"), 1924; Protocol to Amend the International Convention for the Unification of Certain Rules of Law relating to Bills of Lading (Hague-Visby Rules), 1968; United Nations Convention on International Multimodal Transport of Goods, 1980; Convention for the Unification of Certain Rules for International Carriage by Air(Montreal, 1999); United Nations Convention on

한다. 이 분야의 연구 과목으로는 무역계약론(국제물품매매론), 국제운송론, 해상보험론, 무역결제론(신용장론)이 있다.

넷째, 계약위반에 대한 구제방법과 상사중재[7]에 관한 연구이다.

국제매매당사자는 계약성립 및 이행상에 계약위반으로 인하여 분쟁이 야기될 경우 그 구제방법 및 소송외적 분쟁해결 방법의 하나인 상사중재를 통한 효율적인 해결방법을 모색하여야 한다. 이 분야의 연구 과목으로는 국제상거래분쟁론, 국제상사중재론이 있다.

다섯째, 무역상담과 협상에 관한 연구이다.

무역상담을 성공적으로 이끌기 위해서는 외국어 구사능력과 함께 효과적인 무역통신문 작성에 대한 연구가 필요하고 상담전략이 요구된다. 특히 세계무역기구(WTO)가 출범한 이후 무한경쟁 시대인 오늘날의 국제상거래는 개별 기업만이 아닌 국가간의 협상전략

the Liability of Operators of Transport Terminals in International Trade (Vienna, 1991); Convention Supplementary to the Warsaw Convention for the Unification of Certain Rules Relating to International Carriage by Air Performed by a Person other than the Contracting Carrier (Guadalajara Convention), 1961; Convention internationale concernant le transport des marchandises par chemin de fer/International Convention concerning the Carriage of Goods by Rail (CIM), 1970; Convention Relative au Contract de Transport International de Marchandises par Route/Convention on the Contract for the International Carriage of Goods by Road (CMR), 1956; UNCTAD/ICC Rules for Multimodal Transport Documents, 1991; CMI Rules for Electronic Bills of Lading, 1990; CMI Uniform Rules for Sea Waybills 1990.

5) 적화보험 관련 규범은 다음과 같다; Marine Insurance Act, 1906; Institute Cargo Clauses (A)(B)(C), 2009; Institute Cargo Clauses (A)(B)(C)-Air, 2009; York-Antwerp Rules, 1994.

6) 국제결제 관련 규범은 다음과 같다; United Nations Convention on Independent Guarantees and Stand-by Letters of Credit (New York, 1995); United Nations Convention on International Bills of Exchange and International Promissory Notes (New York, 1988); UNCITRAL Model Law on International Credit Transfers, 1992; U.K. Bills of Exchange Act 1882; Uniform Customs and Practices for Documentary Credits (UCP 600), 2007; Supplement to the Uniform Customs and Practice for Documentary Credits for Electronic Presentation ("eUCP"), 2007; International Standard Banking Practice (ISBP 745), 2013; Uniform Rules for Bank-to-Bank Reimbursements under Documentary Credits, 2008; International Standby Practices (ISP98), 1998; Uniform Rules for Collections (URC 522), 1995; Uniform Rules for Demand Guarantees (URDG 758), 2010; Uniform Rules for Contract Bonds (URCB), 1993; Uniform Rules for Bank Payment Obligations (BPO 751), 2013; Uniform Rules for Forfaiting (URF 800), 2013.

7) 국제상사중재 관련 규범은 다음과 같다; Convention on the Recognition and Enforcement of Foreign Arbitral Awards ("New York Convention") (New York, 1958); UNCITRAL Model Law on International Commercial Arbitration, 2006; UNCITRAL Model Law on International Commercial Conciliation, 2002; ICC Rules of Conciliation and Arbitration 1988; UNCITRAL Arbitration Rules, 2010.

도 중요시되고 있다. 이 분야의 연구 과목으로는 무역영어(무역통신문), 무역상담론, 무역(통상)협상론이 있다. 이 분야는 효과적인 통신문의 작성, 상담기술 및 협상전략 등의 과목이 있으며, 학제적인 연구가 필요한 분야로 이 책에서는 다루고 있지 않지만, 별도의 교과목으로 연구하여야 한다.

또한 국제상거래에 관한 연구는 전통적인 종이문서에 기반을 둔 상거래뿐만이 아니라, 전자상거래시대[8]의 온라인상에의 전자무역거래[9]의 구현과 활용에 대해서도 병행하여 연구하여야 한다.

제3절 국제상거래론의 연구 방법

국제상거래의 경우에는 거래상의 적용규범이 단순하거나 분명하지 않고 누구에게나 적용되는 공통된 법이나 통일된 강행법이 없다. 그러나 국제상거래에서는 거래당사자가 특정한 법이나 상관습을 적용하기로 합의한다면 이에 구속된다. 예컨대 특정법을 적용하기로 한다면 당해법이, 국제상업회의소가 제정한 "국내 및 국제무역거래조건의 사용에 관한 국제상업회의소 규칙(ICC Rules for the Use of Domestic and International Trade Terms: Incoterms® 2010)과 같은 상관습을 적용하기로 하였다면 이에 따르게 된다. "인코텀즈"에서 규정하고 있는 FOB 또는 CIF와 같은 정형거래규칙은 국제적으로 널리 인정되고 있는 상관습으로 오늘날 국제상거래에서 법과 같은 힘을 발휘하고 있다.

국제제정법률(international legislation)의 하나로 유엔 국제무역법위원회(United Nations Commission on International Trade Law)가 제정한 "국제물품매매계약에 관한 유엔 협약"(United Nations Convention on Contracts for the International Sale of Goods: CISG)도 동 협약

---

8) 국제전자상거래 관련 규범은 다음과 같다; United Nations Convention on the Use of Electronic Communications in International Contracts, 2005; UNCITRAL Model Law on Electronic Commerce, 1996; UNCITRAL Model Law on Electronic Signatures, 2001; U.S.A., Uniform Electronic Transactions Act (UETA), 1999; U.S.A., Electronic Signatures in Global and National Commerce Act (E-SIGN), 2000.
9) 전자무역거래 관련 한국의 입법은 다음과 같다: 전자무역 촉진에 관한 법률; 전자문서 및 전자거래 기본법; 전자서명법; 전자금융거래법; 전자상거래 등에서의 소비자보호에 관한 법률; 전자어음의 발행 및 유통에 관한 법률; 상법의 전자선화증권 규정의 시행에 관한 규정.

에 가입하거나 준거법 선택에 따른 적용대상자에게는 강행법으로서 적용될 수 있도록 하고 있다. 이 협약은 국제상거래를 수행하는 데 있어 특히 계약의 성립과 매매당사자의 의무 등에 대하여 면밀히 검토되어야 하는 중요한 규범이다.

또한 사법통일을 위한 국제협회(UNIDROIT)가 제정한 "국제상사계약에 관한 UNIDROIT 원칙"(UNIDROIT Principles of International Commercial Contracts)은 국제상사계약에 관한 일반원칙을 편집하여 재기술(restatement)한 것이다. 이 원칙은 법규범은 아니지만 국제계약상의 통일법해석을 보충(filling gap)하는 표준으로서 계약당사자나 법원 및 중재기관에서는 국제상사계약에서 야기되는 분쟁에 대비한 규범으로 고려될 수 있으므로 당사자자치원칙에 따라 이 원칙적용을 합의한 경우 구속성 있는 규범으로 적용될 수 있도록 하고 있다.

한편 상관습에 법적 확신(legal recognition)이 가해진, 이른바 상관습법(mercantile customary law)을 바탕으로 법전화가 이루어진 영국 물품매매법(Sale of Goods Act)이나 미국 통일상법전(Uniform Commercial Code)과 같은 특정국의 상거래법도 국제상거래를 연구하는 데 있어서의 중요한 법원(法源)으로서 검토되어야 하는 경우가 있다.

이와 같이 국제상거래에 대한 연구는 매매계약과 그 이행에 따른 운송·보험·결제 등의 관습 외에 업종별, 지역별 관습 및 국제제정법률 또는 국제상거래에 영향을 미치고 있는 특정국의 상거래법과 조화시켜 검토되어야 한다.

국제상거래를 연구하기 위한 방법상의 분석도구로는 국제상거래법규를 포함한 문헌연구 이외에 법원의 판례, 상사중재 판정사례 및 국제상업회의소 은행위원회의 공식의견 등과 같은 사례연구 방법을 이용할 수 있다. 특히 사례연구 방법은 객관성과 보편성을 가진 연구 방법으로 국제상거래를 연구하는 유용한 분석도구라고 할 수 있다.

2

무역업의 창업과
해외시장조사

Chapter 2

무역업의 창업과 해외시장조사

제1절 무역업의 창업

무역업이란 무역을 업으로 영위하는 것을 말한다. 무역업의 경영주체는 무역업자 (trader)이다. 무역거래의 기본법인 대외무역법에서는 무역업자를 다음과 같은 무역거래자 로 규정하고 있다.

"'무역거래자'라 함은 수출 또는 수입을 하는 자, 외국의 수입자 또는 수출자에게서 위임을 받은 자 및 수출과 수입을 위임하는 자 등 물품 등의 수출행위와 수입행위의 전 부 또는 일부를 위임하거나 행하는 자를 말한다."

여기에서 "수출 또는 수입을 하는 자"라 함은 수출을 업으로 하는 자인 수출자(ex-porter), 수입을 업으로 하는 자인 수입자(importer) 그리고 양쪽을 겸하는 자인 수출입자 (exporter and importer)를 말한다.

또한 "외국의 수입자 또는 수출자에게서 위임을 받은 자"라 함은 오퍼발행 대리업자 (offer agent) 또는 수출물품구매 대리업자(buying agent)를 말하며 "수출과 수입을 위임하 는 자"라 함은 위탁자 또는 실수요자를 말한다.

무역거래자는 자기의 명의로 자기의 계산과 위험 아래 수출 또는 수입하는 자 및 자기 명의 이외에 위임을 받아 간접적인 거래로 수수료를 받는 수출입 대리업자(agent)를 포함 한다. 이와 같이 우리나라의 대외무역법상 무역거래자에는 수출입자 및 수출입 대리업자 를 포함하는 개념으로 정의되고 있으므로 무역업자는 무역거래자라는 개념으로 이해되어야 한다.

무역업을 창업하고자 할 경우에는 먼저 사업계획을 수립하고 관할 세무서에 사업자 등록을 신청하여야 한다. 처음에는 개인사업자로 사업자 등록을 하고 기업이 성장한 이후에는 법인으로 전환하는 경우가 일반적이다. 그러나 처음부터 법인사업자로 등록할 수도 있다.

1 사업자등록 신청

1) 직접 신청

사업자등록 신청은 사업개시일로부터 20일 이내에 사업을 하고자 하는 장소(사업장)의 관할세무서장에게 사업자등록신청서를 제출하여야 한다. 이 경우 직접 세무서에 가서 신청할 수도 있고 온라인으로도 신청이 가능하다.

직접 신청하는 경우에는 사업장을 임차한 경우에는 임대차계약서 사본, 법령에 의하여 허가를 받거나 등록 또는 신고를 하여야 하는 사업의 경우에는 사업허가증, 또는 신고필증의 사본 등 필요한 구비서류를 준비하여야 한다.

자신의 집에서 창업을 할 수도 있기 때문에 이 경우에는 임대차 계약서 사본은 필요하지 않다. 다만 전세인 경우에는 전세임대차계약서 사본이 필요하다.

2) 온라인 신청

온라인으로 신청하고자 한다면 국세청 홈텍스(http://www.hometax.go.kr)에 접속하여 신청하면 된다. 온라인 신청의 경우 임대차계약서 등 기타 필요한 서류들을 사전에 스캔하여 준비하고 전자 사업자 등록 신청서를 작성한 후 스캔한 서류들을 첨부하여 제출하면 민원이 처리된다.

2 무역업고유번호 신청

무역질서의 확립과 대외신용유지 등을 목적으로 시행되어 오던 무역업 신고제도가 2000년 1월 1일부터 폐지됨으로써 우리나라는 무역업에 특별한 자격제한을 두지 않고 있다.[1]

---

1) 다만, 약사법 등 개별법의 소관품목을 수입하고자 할 경우에는 당해 법에서 정하고 있는 요건을 갖추어야 한다.

그 대신 이 신고제도가 폐지되면서 대외무역관리규정에서는 대외무역통계시스템 및 전자문서교환(EDI) 등 과학적 무역업무의 처리기반을 구축하기 위한 전산관리체제의 개발·운영을 위하여 무역거래자별 '무역업고유번호'를 부여하도록 하고 있다. 2000년 1월 1일 이후 기존의 사업자는 기존의 무역업 신고번호는 그대로 사용하고, 신규의 경우에는 수출입신고시 이 고유 번호를 필수적으로 기재하도록 하여 무역거래자의 전산관리에 활용되고 있다.

따라서 무역업을 영위하기 위해서는 관할세무서에 사업자등록을 한 후 한국무역협회장으로부터 무역업고유번호를 부여받아야 하는 것이 전부이다. 무역업고유번호를 부여받으려는 자는 다음과 같은 소정의 〈서식 2-1〉에 의하여 우편, 팩시밀리, 전자우편, 전자문서교환 등의 방법으로 한국무역협회장에게 신청하여야 하며, 한국무역협회장은 접수 즉시 신청자에게 고유번호를 부여하게 된다. 가까운 한국무역협회 본 지부를 방문하면 쉽게 처리될 수 있다. 특별히 관련 회원단체에 가입할 것인지의 여부는 자유의사에 달려 있고 법으로 강제되지는 않는다.

이와 같이 무역업에 진출하는 것은 매우 쉬우므로 나름대로의 강한 도전 정신과 신뢰할 만한 거래선 및 유망한 아이템 발굴, 그리고 자신의 전문성을 갖추는 것이 중요하다고 할 수 있다.

3 무역업의 경영 유형

1) 무역업

무역업의 경영유형은 제조 및 수출업과 전문무역상사로 대별할 수 있다. 먼저 제조 및 수출업(무역업)의 경영 과정은 보통 자가생산품을 국내에서 판매하다가 생산 및 공급이 국내수요를 초과하거나, 국내시장보다 해외시장에서의 이익이 더 크거나, 또는 품질 및 가격 등에서 국제경쟁력을 갖추게 되면 그 다음 단계로서 해외로 수출을 시도하게 된다. 이 경우에는 제조업자 자신이 해외시장을 개척하여 무역계약을 직접 체결하고 수출신용장 등을 받아 물품을 제조하여 수출이행을 하게 된다. 또한 제조업자 자신은 자가 생산에 필요한 원료기재를 직접 수입하여 수출물품을 제조·가공하는 데 필요한 이른바 수출용원자재를 조달할 수도 있다.

서식 2-1 무역업고유번호신청서

무역업고유번호신청서
APPLICATION OF TRADE BUSINESS CODE

			처리기간(Handling Time)	
			즉 시(Immediately)	

① 상 호 (Name of Firm)	서울무역주식회사	② 무 역 업 고 유 번 호 (Trade Business Code)		
③ 주 소 (Address)	서울특별시 중구 소공동 1가 15 번지		④ 업 종 (Business Type)	제조, 도매
⑤	전 화 번 호 (PhoneNumber)	02-753-1200	⑥ 전 자 우 편 주 소 (Email Address)	seoultrade@hanmail.net
	팩 스 번 호 (Fax Number)	02-753-1201	⑦ 사 업 자 등 록 번 호 (Business Registry Number)	214-12-45678
⑧ 대 표 자 성 명 (Name of Rep.)	홍 길 동	⑨ 주 민 등 록 번 호 (Passport Number)		

대외무역법 시행령 제21조 및 대외무역 관리규정 제24조의 규정에 의하여 무역업 고유번호를 위와 같이 신청합니다.

I hereby apply for the above-mentioned trade business code in accordance with Article 24 of the Foreign Trade Management Regulation.

신 청 일: 20xx년 3월 10일
Date of Application Year Month Day

신 청 인: 홍 길 동   (서 명)
Applicant   Signature

사단법인 한국무역협회 회장
Chairman of Korea International Trade Association

유의사항: 상호, 대표자, 주소, 전화번호 등 변동사항이 발생하는 경우 변동일로부터 20일 이내에 통보하거나 무역업 데이터베이스에 수정 입력하여야 함.

제조업자의 무역경영은 해외의 거래처와 직접 연결되므로 당해시장의 상황변화에 따라 제품계획이나 판매계획을 수립하는 것이 용이하고 수출용원자재를 탄력적으로 적기에 확보할 수 있다. 또한 중간무역상사를 배제시킬 수 있어 수수료도 절약할 수 있는 장점이 있다.

그러나 제조업은 생산설비나 인력 등에 거대한 자본이 필요하고 불황기에는 위험이 따르게 된다. 또한 제조업에 비중을 두다보면 광범위한 세계시장을 개척하고 유망한 거래처를 확보하는 데는 소홀히 할 수도 있다.

그 다음으로 전문무역상사의 경영유형은 일반적으로 제조업을 영위하지 않으면서 수출입 또는 수출이나 수입만을 전문으로 하는 무역상사(trading company)를 말한다. 이에는 수출입에 관련된 전문무역상사만이 아닌 종합무역상사(general trading company: GTC)도 모두 포함된다. 특히 종합무역상사의 경우에는 제조업을 겸하는 경우가 많다. 종합무역상사는 대규모의 상업자본력과 광범위한 지역의 해외마케팅조직망을 통하여 무역을 위주로 하는 기업조직으로 3국간거래, 자원개발, 현지생산판매, 합작투자, 신제품 및 첨단기술 연구개발에 이르기까지 그 활동범위를 세계로 확대하여 수행하는 대규모 무역상사이다. 종합무역상사는 타상사보다 거래의 대규모성, 막대한 자금력, 신용을 바탕으로 한 금융기능과 정보기능을 갖고 있다. 종합무역상사는 거래품목의 다양성의 의미보다는 그 기능상의 다양성에 의미를 두어야 한다.

전문수출상사는 국내의 수출위탁자와 대행계약에 의하여 수출대행을 수행하기도 하지만 해외의 거래처와 직접 거래를 하는 경우가 많다. 이 경우에는 국내의 물품생산자로부터 견본을 제공받고 해외의 거래처와 무역계약을 본인 대 본인 거래관계(principal to principal basis)로 체결하고 수출자 명의로 수출신용장이 내도하게 되면 국내 물품생산자를 수익자(beneficiary)로 하는 완제품내국신용장을 발행하여 주거나 내국신용장발행이 용이하지 않을 경우에는 구매확인서를 발급받아 생산자로부터 물품공급을 받아 수출자가 직접 국외로 수출하게 된다. 한편 전문수입상사의 경우에는 시장성 있는 물품을 자기명의로 수입하여 국내에서 판매하거나 국내 실수요자의 위탁에 의하여 대행수입도 할 수 있다.

이처럼 전문무역상사의 무역경영은 직접적으로 제조업을 영위하지 않으므로 거대한 자본력이나 인력이 필요하지 않고 생산 또는 판로가 여의치 못할 경우에는 전업이 용이하다. 그러나 전문무역상사는 광의로 볼 때, 제조업자가 아닌 수출조합(export association)이나 수입조합(import association)과 같은 협동적 무역경영형태도 포함시킬 수 있다. 협동적

무역경영활동은 강력한 지배력을 발휘하여 공동이익을 균등하게 배분할 수 있고 대량거래로 가격인하 및 운송비를 절감할 수 있으며 계절적 수요에 신속히 대처할 수 있는 장점이 있다.

처음 무역업에 뜻을 둔 경우에는 제조 및 수출업(무역업)의 경영형태보다는 전문무역상사의 형태로 시작하는 것이 사업기반을 구축하기 전의 위험을 줄일 수 있을 것이다.

2) 무역대리업

무역거래자로서의 대리업자는 외국의 수입자 또는 수출자에게서 위임을 받은 자 및 수출과 수입을 위임하는 자라고 대외무역법에서 규정하고 있다. 대리업자, 즉 대리인(agent)이라 함은 본인(principal)으로부터 일정한 권한을 위임받아 제3자에 대해 본인을 대표하거나 본인을 대신하여 특정업무를 수행하는 자를 말한다. 따라서 대리인은 대리행위에 대한 대가로 본인으로부터 수수료를 받는다. 한국 민법에서는 "대리인이 그 권한 내에서 본인을 위한 것임을 표시한 의사표시는 직접 본인에게 대하여 효력이 생긴다"고 규정하고 있다.

무역대리업의 경영유형은 크게 세 가지로 구분할 수 있다.

(1) 수출물품구매 대리업자(buying agent)

한국에서는 흔히 바잉오피스(buying office)라 부르기도 한다. 수출물품구매 대리업자의 무역경영이라 함은 외국 수입자의 위임을 받은 자 또는 외국 수입자의 지점 또는 대리점으로서 국내에서 수출할 물품을 구매하거나 이에 부대되는 행위를 업으로 하는 것을 말한다. 따라서 외국의 수입자의 요청과 지시에 따라 수출국의 제조업자 또는 물품공급자로부터 수출물품 구매를 대리하고 이에 대한 대가로 외국의 수입자로부터 일정한 수수료(commission)를 받는 간접 무역경영형태를 말한다. 이와 같이 수출물품구매 대리업자는 수출물품 주문(order)에 대한 관리 및 물품의 선적전 검사(pre-shipment inspection: PSI) 등의 업무를 담당한다. 특히 외국의 수입자가 대량구매를 위하여 수출물품구매 대리업자를 제1수익자로 하는 신용장을 발행할 경우 수출국 내에서 신용장 양도(transfer of credit)를 통하여 제2수익자인 실제 수출자(무역거래자)에게 전액 또는 분할 양도를 행하여 거래를 진행시킨다.

수출물품구매 대리업자가 되기 위해서는 외국의 수입자로부터 수출물품구매 대리를 위임하는 물품구매대리점 계약(buying agency agreement)을 체결하고, 앞에서 언급한 것처럼 대외무역법에서는 무역대리업도 무역업의 범주에 포함시키고 있으므로 관할세무서에 사업자등록을 한 후 한국무역협회장으로부터 무역업고유번호를 부여받아야 한다. 특별히 관련 회원단체(한국무역협회 및 한국외국기업협회)에 가입의무는 어디까지나 자유의사이고 법으로 강제되지 아니하고 있다.

(2) 수입물품 오퍼발행 대리업자(offer agent)

한국에서는 흔히 오퍼상이라고 부르고 있지만 의미상으로는 오퍼발행 대리업자라고 할 수 있다. 이는 외국의 수출자가 국내로 물품을 수출하고자 하는 자의 위임을 받은 자 또는 외국 수출자의 국내지점 또는 대리점이 국내에서 외국 수출자를 대리하여 물품매도확약서(offer sheet)의 발행을 주된 업으로 하는 자를 말한다. 이 오퍼발행 대리업자는 오퍼발행 금액에 대하여 약정된 수수료(commission)를 외국의 수출자(물품공급자)인 위임자로부터 받게 된다. 오퍼발행 대리업자라고 하여 병행하여 수출입업을 못할 이유가 없으므로 경우에 따라 겸업도 할 수 있다.

오퍼발행 대리업자가 되기 위해서는 외국의 수출자로부터 오퍼발행을 위임하는 오퍼발행 대리점 계약(agency agreement)을 체결하고, 앞에서 언급한 것처럼 대외무역법에서는 무역대리업도 무역업의 범주에 포함시키고 있으므로 관할세무서에 사업자등록을 한 후 한국무역협회장으로부터 무역업고유번호를 부여받아야 한다. 특별히 관련 회원단체(한국무역협회 및 한국수입업협회)에 가입의무는 어디까지나 자유의사이고 법으로 강제되지 아니하고 있다.

여기에서 용어의 사용상 유의하여야 할 점은 'offer'라는 말은 청약, 즉 청약자(offeror)가 피청약자(offeree)에게 계약을 체결하고자 하는 의사표시로 무역거래에서 보통 수출자인 매도인(seller)이 외국의 상대방(피청약자)에게 물품을 수출하기 위하여 매도의 의사표시를 하는 'offer'의 주체와 구별되어야 한다. 이는 수출자 본인의 의사표시로 위임 범위에서의 대리업자가 행하는 의사표시가 아니다.

(3) 수입물품판매 대리업자(selling agent)

수입물품판매 대리업자의 무역경영이란 국외의 제조업자 또는 판매업자가 목표하는 시장의 대리업자를 통하여 대리점계약에 의거 일정기간 특정조건에 따라 물품판매를 대리하게 하고 이에 대한 대가로 일정의 수수료를 지급하는 간접무역 경영형태를 말한다. 이와 같은 대리업자는 대리점계약상 약정된 지역 내에서만 판매가 인정되는 독점판매대리점(exclusive selling agency)이 대부분이다. 이 경우의 독점권은 본인의 당해 해외지점이나 대리권을 부여한 현지의 대리업자에게 주는 것이 일반적이다. 오퍼발행 대리업자와 유사하지만 직접 수입 또는 위탁 수입하여 스톡판매(stock sale)하는 것이 특징이며 오퍼발행 대리업을 겸할 수도 있다. 대리업자는 대리점 계약에 따라 대리인으로서 주의의무를 성실히 이행하고 본인에게 정보를 제공하고 본인 외로부터는 수수료를 받지 않고 거래상의 비밀을 유지하여야 하며 회계의 결과를 제출하여야 한다.

이상에서와 같이 무역대리업을 경영하기 위해서는 좋은 수입거래처 및 수출거래처를 만나야 하고 신뢰성과 성실성을 보여 본인을 대리할 수 있는 대리업자로서 위임을 받는 것이 선행되어야 한다. 또한 취급품목에 대한 상품지식, 즉 원재료의 구성, 제조과정, 품질기준, 디자인, 포장방법 등을 잘 이해하여야 함은 물론 마케팅 활동 능력과 교섭력 등을 갖추어야 한다.

제 2 절 해외시장조사

1 해외시장조사

1) 해외시장조사의 개념

해외시장조사(overseas market research)란 무역거래자가 해외시장의 환경 및 동향을 조사하고 고객이 원하고 있는 바를 파악하여 무역거래의 증진을 목적으로 행하는 시장조사를 말한다. 다시 말하면 특정물품에 대한 판매 또는 구매가능성(selling or buying feasibility)을 조사하는 것이다.

수출자의 입장에서 해외시장을 개척하고 이를 확대하는 데 있어서 제일 먼저 고려하여야 할 문제가 곧 해외시장조사이다. 수출자는 해외시장조사를 통하여 어느 지역의 시장에서 어떠한 거래처를 대상으로 어느 시기에 자신이 취급하고 있는 물품을 가장 합리적인 가격으로 유통비용을 최소화하여 많은 물량을 판매할 수 있는가를 과학적으로 조사·연구·분석하여야 한다. 해외시장조사는 지역적인 격리성, 상관습 및 언어 등의 차이로 인하여 조사에 어려움이 많이 따른다. 따라서 조사자의 충실하고 정확한 조사자료가 목적시장 진출여부와 성공적인 거래관계를 유지하기 위한 전제조건이 된다.

해외시장조사의 내용은 우선적으로 목적시장의 일반적인 환경조사를 한 다음 고객조사, 상품조사, 판매경로조사, 판매조사 등을 보다 구체적으로 실시하고 마지막으로 믿을 만한 거래처를 발굴하는 단계를 거치게 된다.

2) 해외시장조사의 내용

(1) 목적시장의 일반 환경조사

수출자가 가죽의류를 팔고자 한다면 목적시장은 열대지방이 아닌 계절적으로 어느 정도 추위를 느낄 수 있는 지역을 선정해야 할 것이다. 이처럼 지리적으로 어떠한 국가를 목적시장으로 할 것인가를 고려하여 다음과 같은 목적시장의 일반적인 제환경(surroundings)에 대하여 조사한다.

① 정치(politics)에 관한 사항으로 정치체제, 정치적 안정도는 어떠하며 정치적인 위험(political risk)은 없는가?

② 경제(economy)에 관한 사항으로 전반적인 경제사정, 경제적 안정도, 국민소득, 국제수지, 경제성장률, 주요자원, 노동 및 고용사정, 임금, 물가, 조세체계, 금융기관, 산업구조는 어떠한가?

③ 사회일반(society general)에 관한 사항으로 인구, 인구증가율, 면적, 기후, 인종, 종교, 문화, 통신, 교통, 언어, 교육수준, 법률제도는 어떠한가?

④ 무역(international trade)에 관한 사항으로 품목별·지역별 수출입규모, 수출입규제제도, 즉 수출입 장벽, 외환관리, 대금결제조건, 관세율, 환율, 특허, 항만사정, 운송수단, 상관습은 어떠한가?

(2) 고객조사

고객(customer)은 당해물품을 직접적으로 수출할 수 있는 거래처와 실제 최종수요자 모두를 포함하는 개념이다. 고객조사는 다음과 같은 사항을 조사한다.

① 고객층에 관한 사항으로 소비자 또는 사용자의 지역적 분포, 소득분포, 계급별 분포, 구매능력은 어떠한가?
② 고객의 기호(taste) 및 이미지(image)에 관한 사항으로 기호, 취향 및 품질·상표·생산자 등의 이미지는 어떠한가?

(3) 상품조사

상품조사(merchandise research)는 취급품에 대한 전반적인 조사가 이루어져야 하며 다음과 같은 사항을 조사한다.

① 당해상품의 수요에 관한 사항으로 수요품목·품질·규격, 현재의 수요량, 장래의 수요량, 계절적인 특별수요, 현지에서 국산품의 수요량은 어떠한가?
② 당해상품의 공급에 관한 사항으로 주요 공급처, 공급처의 상호, 계절적인 특별공급 가능성, 현지에서 국산품 공급량은 어떠한가?
③ 경쟁품(competitive goods), 대체품(substitute goods) 및 유사품(similar goods)의 현황은 어떠한가?
④ 가격(price)에 관한 사항으로 수입품과 현지국산품의 가격은 어떠한가?
⑤ 할당품목(quota item)에 해당되지 않는가?
⑥ 해당상품은 특허권·상표권·공업소유권에 저촉될 수 있는 품목은 아닌가?

(4) 판매경로조사

판매경로조사(sales route research)는 고객이 수입한 물품은 어떠한 경로를 통하여 판매되고 소비자 및 사용자에게 전달되는가를 조사하는 것으로 다음과 같은 사항을 조사한다.

① 시장기구 및 유통과정에 관한 사항으로 수입자, 판매점, 특약점, 백화점, 체인스토어, 도매상, 소매상 등의 기구와 유통경로는 어떠한가?
② 서비스(service)에 관한 사항으로 판매 전에 행하여지는 사전서비스(pre-service)와

판매 후에 행하는 사후서비스(after service)는 어떤 방법으로 행하여지고 있는가?

(5) 판매조사

판매조사(sales research)는 상품계획(merchandising)과 효과적인 판매정책(sales policy)을 어떻게 수립할 것인가를 조사하는 것으로 다음과 같은 사항을 조사한다.

① 상품계획에 관한 사항으로 수출물품의 품목, 품질, 디자인, 상표, 특허, 포장, 운송 등에 대한 선택은 어떻게 할 것인가?
② 판매정책에 관한 사항으로 판매계획과 예측, 견본, 카탈로그, 안내서제공 등 판매촉진(sales promotion), 광고, 전시 등은 어떻게 효율적으로 할 것인가?

이와 같이 해외시장조사의 내용은 조사범위가 넓고 또한 구체적으로 파악되어야 하므로 무역거래자 자신이 직접 수행하기보다는 다소 비용이 소요되더라도 전문기관에 의뢰하여 특히 구체적으로 조사되어야 하는 항목 등에 대하여 보다 세밀하게 조사하여 줄 것을 요청하는 것이 효과적일 수 있다.

3) 해외시장조사의 방법

(1) 무역통계자료를 이용한 조사

해외시장조사를 하는 데 가장 편리하고 경제적인 방법은 문헌 또는 인터넷을 통하여 각종 경제 및 무역통계자료를 이용한 조사방법이라고 할 수 있다. 목적시장에 대한 보다 세부적인 무역통계자료는 당해 국가의 통계청 등의 자료를 이용하면 좋다. 이들 자료는 인터넷을 통하여 편리하게 접근하여 참고자료를 신속히 파악할 수 있는 장점이 있다.

이와 같이 통계자료를 이용하는 방법은 어디까지나 계량적, 통계적 수치를 공신력이 있는 기관으로부터 용이하게 얻을 수 있다는 점이고, 그 외의 해외시장조사 내용은 위탁조사 등 다른 방법을 이용하여야 한다. 또한 현지의 최근정보 등은 한국주재 외국공관의 상무관실을 이용하면 편리하다.

인터넷을 통하여 손쉽게 활용할 수 있는 자료는 다음과 같은 사이트가 있다.

① 유엔의 국제무역통계연보(International Trade Statistics Yearbook, http://comtrade.

un.org)

② 국제통화기금(IMF)의 무역재무통계온라인(International Financial Statistics Online, http://www.imfstatistics.org/imf)

③ 세계무역기구(WTO)의 국제무역통계(International Trade Statistics, http://www.wto.org)

④ 한국무역협회의 무역통계(Korea International Trade Association, http://stat.kita.net)

⑤ 한국 관세청의 무역통계(Korea Customs Service, http://customs.go.kr)

(2) 대한무역투자진흥공사 등을 통한 위탁조사

대한무역투자진흥공사(Korea Trade-Investment Promotion Corporation: KOTRA)는 한국의 무역진흥을 위하여 전액 정부출자로 설립된 특수법인으로 무역동향에 대한 해외시장조사, 무역관련 각종 자료의 간행, 한국 무역의 홍보, 무역상품전시회업무 등을 담당하고 있다. 현재 세계도처에 해외 무역관이 설치되어 있어 신속한 무역정보수집기능을 수행하고 있으며 해외 및 국내무역관의 조직망을 통하여 국내에서 고객으로부터 조사의뢰를 받아 전 세계 KOTRA 코리아비즈니스센터를 통한 맞춤형시장조사 등 유료 정보서비스를 제공하고 있다. KOTRA를 통한 위탁조사는 현지에서 직접 주재원들의 방대한 조직으로 조사 보고되기 때문에 신빙성이 높다고 할 수 있다.

(3) 해외출장을 통한 직접조사

목적시장에 직접 출장 가서 시장조사를 한다는 것은 시간과 비용문제가 따르겠지만 가장 생생한 시장정보를 얻을 수 있다. 직접조사를 위한 해외출장은 무역거래자가 단독으로 조사하거나 또는 관련 수출입조합이나 경제단체의 해외시장조사단에 참가하여 공동출장에 의한 조사가 있다. 시간과 경비를 경제적으로 사용하고 최대효과를 얻기 위해서는 현지의 방문처와 미리 시간약속과 함께 자료 및 정보 등이 제공될 수 있도록 협조를 구하는 것이 좋다.

우선 현지의 대한민국공관 또는 대한무역투자진흥공사의 현지무역관 또는 현지의 상업회의소를 방문하여 일반적인 시장개황을 청취한 후 보다 구체적인 자료를 수집하기 위해서는 현지에 진출한 동업자를 만나 조언을 구하고, 현지 업체, 백화점, 도매상, 소매상 등을 직접 방문하여보는 것도 적절한 방법이다.

2 거래처의 발굴과 신용조회

1) 거래처의 발굴

해외시장조사를 통하여 목적시장이 결정되면 믿을 만한 거래처를 발굴하여야 한다. 보다 경제적이고 효율적으로 거래처를 발굴하는 방법은 인터넷을 이용한 거래알선 웹사이트를 활용하는 것이다. 그 밖에 상공인명부의 이용, 해외광고 및 국내외 공공기관 이용 및 직접 해외전시회 참가방법 등을 이용할 수 있다.

(1) 거래알선 웹사이트 활용

거래알선 웹사이트에서는 품목별 매도 또는 매수 오퍼, Inquiry, 업체명, 연락처 등의 정보를 파악할 수 있다. 거래처를 발굴하기 위한 유용한 국외 및 국내의 웹사이트는 다음과 같다.

① **EC21** (http://kr.ec21.com) : 이 사이트는 한국 중소기업전문 해외마케팅 기업으로서 해외시장 조사, 바이어알선 서비스, 전시회 마케팅 대행, 전자카탈로그 제작 등 홍보인프라를 구축하고 있다.

② **tradeKorea.com** (http://www.tradekorea.com) : 이 사이트는 한국무역협회에서 운영하는 것으로 회원사의 온라인 글로벌시장 개척 및 중소기업과 동포기업, 해외기업과의 거래를 활성화하기 위한 이마켓플레이스를 제공하여 회사 및 물품정보, 전자카탈로그 또는 전자적 이미지 등이 게시되고 있어 관심 있는 거래처로부터 Inquiry를 받을 수 있도록 하고 있다. 이 서비스에서는 국내 생산품의 바이어 발굴시 물품의 영문카탈로그 또는 영문 홈페이지를 보유한 경우 유료로 이용가능하다.

③ **BUYKOREA** (http://www.buykorea.org) : 이 사이트는 KOTRA에서 운영하는 글로벌 기업간 무역포털 사이트로서 신뢰성 있는 한국 수출자와 1:1로 온라인 상담이 가능하도록 지원하고 있다.

④ **ecplaza** (http://www.ecplaza.net) : 이 사이트는 글로벌무역마켓플레이스를 제공하여 해외바이어 알선, 물품등록 및 홍보, 해외전시회 대행 등 해외마케팅 활동을 지원하고 있다.

⑤ **GobizKorea** (http://kr.gobizkorea.com) : 이 사이트는 중소기업진흥공단이 국내 중소

기업제품의 해외의 판로 확보 및 홍보를 지원하기 위하여 운영하고 있는 마케팅 지원 서비스로 참여기업의 홈페이지를 유명 포털사이트에 일정기간 상위 등록하는 서비스 등을 통하여 해외거래처를 발굴하는 수단을 제공하고 있다.

⑥ **Kompass International-Coface** (http://www.kompass.com)/ **Kompass Korea**(http://kr.kompass.com) : 이 사이트는 1943년 설립된 콤파스가 모체가 되어 초창기엔 국가별 바이어 정보를 수집, 책으로 만들어 전 세계에 서비스했으나 정보기술의 발달로 온라인, 오프라인으로 바이어 및 공급업체 발굴부터 견적요청, 오프라인상의 마케팅 지원까지 토털서비스가 가능하도록 범세계적인 검색엔진을 통하여 기업간 거래 서비스를 제공하고 있다.

⑦ **Alibaba** (http://www.alibaba.com) : 이 사이트는 중국의 알리바바사가 중소기업을 위하여 1999년에 설립하여 현재 세계에서 가장 규모가 큰 온라인 기업간 마켓플레이스를 제공하는 포털이다. 역사가 일천함에도 불구하고 알리바바 닷컴은 온라인 무역을 가능하게 하기 위하여 B2B 사이트에 제품을 등록하고 해외마케팅을 수행 및 바이어의 Inquiry를 받을 수 있도록 하여 국제적으로 활용도가 높은 사이트이다.

⑧ **Global Sources** (http://www.globalsources.com) : 이 사이트는 홍콩에 기반을 둔 역사가 비교적 오래된 기업간 미디어 회사이다. 글로벌소시즈는 물품공급자와 구매자간의 정보를 온라인상에서 제공하고 바이어가 Inquiry를 통하여 제조업자와 직접 접촉할 수 있는 온라인 마켓플레이스 제공 및 홍보지원 서비스를 행하고 있다.

⑨ **Tradekey** (http://www.tradekey.com) : 이 사이트는 세계의 매매당사자간 도매업자, 특약점, 제조업자를 막론하고 온라인 글로벌 무역을 용이하게 하기 위하여 2005년에 설립된 세계 굴지의 마켓플레이스 중의 하나이다.

⑩ **EUROPAGES** (http://www.europages.com) : 이 사이트는 유럽의 바이어와 공급자 특약점 및 수출자를 위한 온라인 상공인명부로 구매자와 판매자간의 마켓플레이스를 온라인상에서 제공하고 유럽지역의 공급자의 데이터베이스를 바이어에게 제공하고 있다.

(2) 상공인명부의 이용

거래처 발굴을 위하여 전통적으로 손쉽게 활용되는 방법은 상공인명부(directory)를 이용하는 것이다. 상공인명부 속에는 품목별·업종별로 업체명, 주소, 전화번호, 전자우편(E-mail), 텔렉스(Telex) 및 팩스(Fax)번호가 기본적으로 명시되고 최근의 영업실적 등이 포함된 것도 있다.

그 가운데 잠정적인 거래처를 선정하여 준비된 카탈로그(catalog)와 함께 거래제의 서신(letter of business proposal)을 발송한다.

상공인명부는 국내에서는 대한무역투자진흥공사나 한국무역협회 또는 대한상공회의소 등에서 이용할 수 있으나 다음과 같은 유수한 상공인명부를 웹사이트를 통하여 이용하면 해당 지역의 거래처를 발굴하기가 편리하다.

① Kelly's Directory of Merchants, Manufacturers, and Shippers of the World, http://www.kellysearch.com

② Dun & Bradstreet, http://www.dnb.com/us

③ Thomas Register, http://www.thomasnet.com

④ Standard Trade Index of Japan, http://www.cin.or.jp/trade

⑤ Worldwide Business Bridge Serving America, Asia, Africa, Oceania and Europe, http://www.aaaoe.com

⑥ Directory for International Trade, http://www.importers-exporters.com

⑦ World Trade Point Federation, http://www.tradepoint.org

⑧ Trade Lead Zone, http://www.tradezone.com

⑨ Wyzen Trade Network, http://wyzen.com/tradeportals

⑩ Kapitol, http://www.infobel.com/en/world/index.aspx

(3) 해외 홍보매체의 이용

해외 홍보용 카탈로그를 제작하여 예상 거래처에 배포하거나 국내의 해외 홍보매체를 이용하여 홍보하거나 또는 인터넷 포털사이트를 이용하여 거래처를 발굴할 수 있다. 최근에는 전자카탈로그를 제작하고 인터넷을 통하여 온라인상에서 대부분의 정보를 볼 수 있도록 홍보하기도 한다.

카탈로그 또는 홈페이지 제작시에는 사전에 세심한 계획 아래 전문가를 활용하여 영문 또는 대상지역 언어로 제작한다. 특히 홍보물의 내용은 회사 또는 대표자의 홍보보다는 취급상품의 강점, 즉 규격·용도·재질 등 물품의 차별성에 주안점을 두어 제작하되 물품

정보를 상세히 제공하여 구매자의 구매력을 자극할 수 있도록 제작되어야 한다.

홍보물배포시에는 경제적인 비용으로 홍보 효과의 극대화를 위하여 적정 배포처를 선정하는 것이 중요하다. 적정 배포처는 전술한 지역별 상공인명부에 의하여 물색된 예정거래처, 주한 외국공관의 바이어안내, 기타 대한무역투자진흥공사, 한국무역협회 등 무역유관기관의 거래알선·안내 등을 활용하여 선정 및 배포하여야 한다. 특히 배포처 선정에 있어 전문잡지의 구매자는 특정물품에 관련된 잠재구매자로 판단되므로 취급물품을 전문으로 하는 잡지사의 배포처 명단(Distribution List)을 입수하여 이를 대상으로 홍보물을 배포한다면 상당한 효과를 얻을 수 있다. 또한 온라인상에서 홍보할 경우 가장 영향력이 큰 포털사이트를 선정하는 것이 중요하다.

국내에서 영문으로 간행되어 해외의 바이어에게 배포되는 주요 수출상품 홍보용 잡지는 다음과 같다.

① World Trade Zone : EC21의 수출상품종합광고서비스로 책자 외에도 e-Book, 온라인 배너광고 등을 병행하여 광고효과를 최대한 높이고 있다.
② Korea Buyers Guide : ㈜매경바이어스가이드에서 General Items, Electronics, Machinery, Automotives 등을 매월 발간, 전 세계 3만여 바이어에게 직접 항공우편으로 발송하며, 유명 국제전시회장 등에서도 무료로 배포하고 있다. Korea Buyers Guide의 디지털판인 e-Buyers Guide도 제작하고 있다.

(4) 전시회 참가 및 사절단으로 현지 방문

비용은 많이 들지만 박람회 및 전시회에 참가하여 거래처를 발굴하는 방법이 있다. http://www.biztradeshows.com 등과 같은 사이트를 이용하여 국제전시회 일정을 미리 파악하고 참가준비를 할 필요가 있다. 또한 현지에 직접 출장 또는 무역유관기관에서 주선 및 파견하는 각종 민간무역사절단, 경제협력단, 구매상담회의 일원으로 참가하여 거래처를 발굴하는 방법도 있다.

각종 행사(event)에 참가할 경우에 현지에서 잠정적인 고객에게 나눠줄 카탈로그(catalog), 거래제의 서신(letter of business proposal) 또는 청약서(offer sheet)와 견본, 담당자 명함(name card) 등도 충분히 준비하여야 한다.

2) 거래의 제의

(1) 거래제의와 거래제의 서신

해외시장조사를 통하여 거래처를 발굴하게 되면 "거래제의 서신"(letter of business proposal)을 발송한다. 거래제의 서신이란 미지의 거래처에게 자기회사를 소개하고 취급물품과 거래조건 등을 간단하게 안내하여 거래제의하는 서신을 말한다. 거래제의 서신은 발송하는 목적에 따라 회사의 신설, 조직이나 주소변경 등 통지할 필요가 있는 사항을 알리는 일반통지(general announcement), 신상품 소개, 판매제의(sales proposal) 등이 있다. 거래제의 서신을 발송하는 경우에는 관련 카탈로그(catalog)를 동봉하는 경우도 있지만 카탈로그, 오퍼(offer) 그리고 견본제공 등은 상대방의 요청이나 관심을 보일 때 송부하는 것이 좋다.

거래제의 서신을 작성하여 보내는 곳은 해당 지역의 몇 개 회사로 한정하는 것이 효과적이며 보낼 때에는 시차를 두고 보내는 것이 바람직하다. 따라서 거래제의 서신은 남발하여서는 아니 된다. 거래제의 서신은 거래처로 하여금 거래관계를 맺을 수 있도록 간결하고 명료하게 다음과 같은 내용과 순서를 참조하여 작성하여야 한다.

① 상대방을 알게 된 동기와 거래관계 개설의 희망
② 자기회사의 업계에서의 지위와 능력
③ 자기회사의 영업종목 및 거래물품의 명세와 특성
④ 추가정보 및 자료제공의 용의표명
⑤ 주문에 응할 수 있는 예상 공급량 또는 사업규모
⑥ 자기회사의 신용조회처
⑦ 맺음말

이와 같은 요령에 의한 모범적인 거래제의 서신 작성 예는 다음 〈서식 2-2〉와 같다.

서식 2-2   거래제의 서신(Letter of Business Proposal)의 예

March 16, 20xx

America International Inc.
350 Fifth Avenue
New York, NY10118
U.S.A.

Gentlemen:

Your name has been given by the Chamber of Commerce of New York as one of the reputable importers of general merchandise in your city.

We are large manufacturers and exporters in Korea producing all kinds of Leather Garments including Hand Bags using latest manufacturing facilities.

Our products are highly accepted by the importers of Japan, U. K., Germany and France, etc. In order to diversify our existing market, we are interested in supplying our quality products to you on favorable terms. Upon receipt of your drawings or samples, we could submit our samples with competitive prices, to you.

As for our company, we have two ultra modern factories, one in Seoul and the other in Daegu, with over 1,000 workers and our export record for last year was over Twenty Million U.S. Dollars and we are aiming to surpass Thirty Million U.S. Dollars this year.

As to our credit standing, we refer you to the Korea Exchange Bank or any of the commercial banks in Korea.

Your early reply would be appreciated.

Yours very truly,

Seoul Trading Co., Ltd.

Gildong Hong

Gil-dong Hong
President

3) 조회 및 회신

(1) 조회와 조회의 내용

조회(inquiry)라 함은 거래제의를 받은 자가 그 제의에 대한 관심이나 물품을 구매할 의사가 있을 때 문의하는 것을 말한다. 조회는 통신수단에 따라 전자우편(E-mail), 우편 (mail), 전보(cable), 가입전신(telex), 모사전신(facsimile) 등으로 할 수 있으며, 그 내용에 따라 정가표나 오퍼 또는 견본제공을 요청하는 조회가 있다.

조회를 작성할 경우에는 다음과 같은 순서로 내용을 구성한다.

① 상대방을 알게 된 경위
② 관심품목의 명시와 가격조회
③ 수요 규모, 구매물품의 명세
④ 주문내용의 구체적 설명
⑤ 소요수량의 선적시기
⑥ 기타의 문의사항
⑦ 맺음말

조회에 대한 회신은 신속하게 성의를 다하여 하여야 한다. 왜냐하면 조회를 하는 상대 방은 앞으로 거래관계를 유지시킬 수 있는 자이기 때문이다.

조회에 대한 회신은 다음과 같은 순서로 내용을 구성한다.

① 조회의 접수에 대한 확인과 감사의 표시
② 가격표 또는 오퍼의 통지와 조회사항에 대한 회답
③ 조회품목의 과거실적 및 거래시 유리한 점 강조
④ 견본 등 별도송부 통지
⑤ 주문의 기대표시
⑥ 맺음말

이와 같은 요령에 의한 모범적인 조회 및 조회에 대한 회신의 예는 다음 〈서식 2-3〉 및 〈서식 2-4〉와 같다.

March 19, 20xx

Seoul Trading Co., Ltd.
15, 1-ga, Sogong-dong, Joong-gu
Seoul, Korea

Gentlemen :

We have learned from the Korea Exchange Bank in New York that your company is a leading firm specializing in leather garments, we wish to make a purchase of men's split leather jackets from you.

We would appreciate receiving your lowest prices for CIF New York Incoterms® 2010 with earliest delivery schedule.

If your goods are satisfactory in quality and delivery, we will place an order of 4,000 pieces on a trial basis and can make repeat orders with you soon.

We look forward to your early reply.

Yours very truly,

America International Inc.

John F. Dolan

John F. Dolan
President

서식 2-4 | 조회에 대한 회신의 예

March 26, 20xx

America International Inc.
350 Fifth Avenue
New York, NY10118
U.S.A.

Gentlemen:

Thank you very much for your letter of March 19, 20xx along with your excellent purchasing proposal.

According to your request, we have already dispatched the samples and color swatches by speed post. From the enclosed price list you will notice that our prices are exceptionally low and this sacrifice is entirely due to our recognition of the necessity for price cutting in order to develop our sales in your market.

Since the market is now slow and prices are generally low, you are very fortunate buying at this time. European buyers, however, seem to be picking up in activity. Therefore, we advise you to buy the goods before the recovery reaches a peak.

Consequently, we can not keep the prices effective more than two weeks from the date of this letter and we wish to receive your order by return mail.

We hope that this will meet with your immediate approval.

Yours very truly,

Seoul Trading Co., Ltd.

Gildong Hong

Gil-dong Hong
President

Encl. Price List

4) 거래처에 대한 신용조사

(1) 신용조회에서의 3C

무역거래에 있어서 거래대상 업체에 대하여 신용상태를 확인하는 것은 향후 거래가능성을 진단하고 위험요소를 사전에 예방한다는 면에서 그 중요성이 특별히 강조되고 있다.

이러한 신용조회에 있어서 필수적으로 조사내용에 포함해야 하는 것으로는 보통 당해업체의 성격(character), 자본(capital) 및 능력(capacity)의 셋을 들고 있는데, 이를 일컬어 신뢰도측정요소(reliability or credit factors)로서의 "Three C's"라 하며 그 각각의 구체적 내용을 보면 다음과 같다.

① 성격(character)

당해업체의 개성(personality), 성실성(integrity), 평판(reputation), 영업태도(attitude toward business), 채무변제 이행열의(willingness to meet obligation) 및 계약이행에 대한 도덕성에 관련된 내용 등을 조사한다.

② 자본(capital)

당해업체의 재무상태(financial status), 즉 수권자본(authorized capital)과 납입자본(paid-up capital), 자기자본과 타인자본, 기타 자산상태 등 지급능력과 직결되는 내용을 조사한다.

③ 능력(capacity)

당해업체의 연간매출액(turn-over), 개인 또는 법인 등 업체의 형태, 업종, 연혁(historical background) 내지 경력(career) 및 영업권(goodwill) 등 영업능력에 관한 내용을 조사한다.

이러한 "Three C's" 이외에 거래조건(condition), 담보능력(collateral), 거래통화(currency), 소속국가(country) 가운데 두 가지를 추가시켜 "Five C's"라고도 한다.

신용조회에서의 신뢰도측정요소 중에 가장 중요한 것은 성격(character)으로 지적되고 있다. 격지자간에 이루어지는 무역거래에 있어서는 무엇보다도 신용이 중시되어야 하기 때문이다. 고의적인 클레임(market claim)을 예방하기 위하여 거래처의 평판에 대하여 미리 파악하여야 한다. 특히 정치적 위험(political risks)이나 신용위험(credit risks)이 큰 국가인가를 기본적으로 고려하여야 한다.

한편 신용조회는 현지 업자를 통한 동업자조회(trade reference)에 의할 수도 있고, 국제적인 금융기관을 통한 은행조회(bank reference)에 의할 수도 있으며, 미국의 Dun & Brad-street Inc.(http://www.dnb.com/us), 한국의 NICE D&B(http://www.nicednb.co.kr), 미국의 AllBusiness.com, Inc.(http://www.allbusiness.com)와 같은 전문적인 신용조사기관을 통해서 할 수 있다. 한국에서는 보통 해외 거래처의 경우 대한무역투자진흥공사(http://www.kotra.or.kr)나 한국무역보험공사(http://www.keic.or.kr)를, 국내거래처의 경우 신용보증기금(http://www.kodit.co.kr) 등을 이용하고 있다.

(2) 상사 신용조사시 평가요소

무역거래에서 수입자 또는 수출자 등의 거래처에 대한 신용도를 조사하는 데 있어서 고려하여야 할 일반적인 평가요소를 보면 다음과 같다.

① 수입자의 평가요소

수입자의 경우에는 ① 재무상태로 자기자본, 부채비율,[2] 유동비율,[3] ② 경영성과로 연간순매출액, 매출액순이익률, 총자본회전율, ③ 조직 및 연혁으로 종업원 수, 종사업력, ④ 은행관계로 대출 및 예금 잔액, 신용한도액, ⑤ 결제상태, ⑥ 경영능력 및 대외평판을 평가요소로 삼고 있다.

② 수출자의 평가요소

수출자의 경우에는 ① 재무상태로 자기자본비율, 유동비율, 총자본 순이익률, 매출액경상이익률, ② 사업현황 및 전망으로 총자본회전율, 연간순매출, 연간수출실적, ③ 기타사항으로 은행관계, 종사업력, 경영성과, 경영능력 및 대외평판을 평가요소로 삼고 있다.

(3) 국별 신용조사시 평가요소

① 거래 대상국의 평가요소

거래 대상국가의 평가요소로는 ① 일반개황으로 면적, 수도, 기후, 인구 및 민족, 인구

---

2) 부채비율 $= \dfrac{\text{총부채}}{\text{자기자본}} \times 100$(표준비율은 100% 이하)

3) 유동비율 $= \dfrac{\text{유동자산}}{\text{유동부채}} \times 100$(표준비율은 200% 이상)

증가율, 언어, 종교, 통화단위, 환율, 문맹률, 실업률, ② 정치개황으로 정부형태, 국가원수, 외교노선, 의회제도, 주요 정당, 극단세력, 전쟁·혁명·폭동 등의 경험, ③ 주요 경제지표로 국내총생산액(GDP), 경제성장률, 총투자율, 국민저축률, 통화량증가율, 물가상승률, 재정수지, 환율(USD당), 대외지급준비자산, 외채잔액, 상품수출액, 상품수입액, 경상수지, 수출 가격지수, 수입 가격지수, 무역의존도, 주요 수출상품, 주요 수출대상국, 주요 수입상품, 주요 수입대상국, 부존자원, 개발계획, 한국과의 외교 및 수출입관계를 고려한다.

또한 수출신용보험 인수 및 보상과 관련된 회원기관의 정보를 고려하고 해외시장에서의 국별 신용도순위 등을 고려하여 조사한다.

② 위험분야별 예측

위험발생과 위험억제요인을 분석하되 다음과 같은 위험분야를 예측한다. ① 전쟁위험으로 분석요소로는 권력구조, 외교정책 및 주변정세, 군사력 및 군부태도, 극단세력의 존재, 전쟁·혁명·폭동 등의 경험, 실업률, 임금, 물가, 정치·사회적 불안요인, ② 송금위험으로 분석요소로는 국내거래 건전도인 경제성장, 주요 산업분석, 통화신용 및 재정정책, 대외거래 건전도인 국제수지 및 수출입관계, 외채상황 및 대외지급준비, 대외채무상환의 지연·불능·거절 등의 경험, 신용정보회원기관의 정보교환 내용, ③ 수용위험으로 분석요소로는 외국인투자관계법, 외국인 투자환경, 외국인 기업에 대한 태도, 투자유망 및 위험부문, 수용몰수 등의 경험, ④ 한국과의 관계로 분석요소로는 정치·외교관계, 수출입현황분석 및 경제협력조항관계, 무역보험관계, 천재지변경험, 수입제한 및 금지조치 등에 대하여 조사한다.

5) 거래처에 대한 신용조회

(1) 신용조회 의뢰

신용조회를 의뢰할 경우에는 다음과 같은 내용과 순서를 참조하여 작성한다.

① 신용조회처를 알게 된 경위
② 신용조회의 목적
③ 신용조회의 내용

④ 신용조회 수수료 지급관계

⑤ 조회내용의 기밀유지

⑥ 맺음말

이와 같은 요령에 의한 모범적인 신용조회 의뢰의 예는 다음 〈서식 2-5〉와 같다.

(2) 신용조회에 대한 회신

신용조회를 의뢰 받은 기관은 조사한 정보를 신속하게 회신하여야 한다. 신용조회에 대한 회신은 다음과 같은 내용과 순서를 참조하여 작성한다.

① 신용조회를 의뢰하였던 통신문 언급

② 신용조회의 내용

③ 신용조회에 따른 조사기관의 종합의견

④ 신용조회에 대한 면책 언급

⑤ 신용조회 수수료 청구

⑥ 맺음말

이와 같은 요령에 의한 모범적인 신용조회 회신의 예는 다음 〈서식 2-6〉과 같다.

서식 2-5 신용조회(Credit Inquiry)의 예

March 31, 20xx

Korea Exchange Bank
182, 2-ga Ulchiro, Joong-gu
Seoul, Korea

Dear Sirs,

We have been referred to your bank by Seoul Trading Co., Ltd., Seoul in their recent proposal to enter into business relations with. Should their business standing turn out unquestionable, we are prepared to accept their proposal. We should, therefore, be much obliged if you would give us such information as you may have or can secure for us regarding their financial standing and reliability.

We are particularly interested to know in what line they are mainly engaged if possible, your candid opinion on their financial responsibility, their mode of doing business and their general reputation they enjoy in your community.

Any expense to be incurred in connection with this inquiry please charge to our account.

Your prompt attention will be much appreciated, and we assure you that your information will be held, as usual, in strict confidence.

Yours very truly,

America International Inc.

John F. Dolan

John F. Dolan
President

서식 2-6 신용조회에 대한 회신의 예

April 10, 20xx

America International Inc.
350 Fifth Avenue
New York, NY10118
U.S.A.

Gentlemen:

We are pleased to report on the firm referred to in your letter of March 31 as follows:

Seoul Trading Co., Ltd. were established in 1995 as General Importers and Exporters, with an authorized capital of US$1,000,000 fully paid-up. The net worth at the end of last year exceeded US$1,500,000 about half of which is readily realizable. Their main lines are leather garments. Their business policy has been very active, and have many connections both at home and abroad.

They have maintained a current account with us for more than ten years, always to our satisfaction and the latest financial statements show a healthy condition.

We are of opinion that they may be rated as A and you would not run the least risk in opening a connection with the firm.

For this information, we do not like to accept any responsibility, but we shall be pleased to be of any further service to you more details.

The enclosed note shows the charges which we have paid on your behalf, for which we ask you to settle soon.

Yours very truly,
Korea Exchange Bank

Youngsik Kim

Young-sik Kim
Authorized Signature

Encl. Debit Note

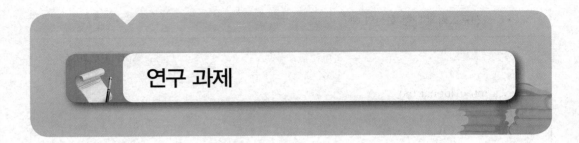

연구 과제

1. 한국의 A는 무역업을 창업하고자 한다. 우선 A가 창업을 위하여 사업계획을 수립하면서 검토하여야 할 내용은 어떠한 것들이 있는가? 또한 창업을 위한 기본절차에 대하여 연구하여 보시오.

2. 무역업무 수행상 해외시장을 개척하기 위하여 거래처와 접촉하는 과정에 관습과 문화의 차이로 인하여 중요한 약속이나 또는 상담이 결렬되는 경우가 있다. 특히 동양(예를 들면, 중국 또는 한국)과 서양(예를 들면, 미국 또는 영국)의 문화와 상관습의 차이에 대하여 연구하여 보시오.

3. 최근 들어 해외거래처에 대한 신용평가를 활용할 수 있는 기관들이 다양해졌다. 해외거래처 발굴과 관련하여 활용할 수 있는 국내외의 신용평가기관을 조사하여 보시오.

4. 국제상거래에서 거래제의는 경쟁업체가 있기 때문에 거래 상대방의 주의를 끌고 좋은 인상을 남겨 거래제의에 응하는 것이 상대방에게도 유리하리라는 확신을 갖도록 작성하여야 한다. 이를 감안하여 한국 수출자는 발굴된 해외의 거래처에게 거래제의를 위한 서신을 작성하여 인터넷을 이용하여 E-mail로 전송하고자 한다. 거래상대방, 취급품목, 기타 관련정보 등은 임의로 하여 모범적인 거래제의 서신(Letter of Business Proposal)을 작성하여 보시오.

Chapter

3

국제상관습과
정형거래규칙

Chapter 3 국제상관습과 정형거래규칙

제1절 국제상관습

1 국제상관습의 의의

한 사회 내부에 역사적으로 발생하여 계속 반복됨으로써, 널리 승인되어 있는 사실적인 행위양식을 관습(custom)이라 한다. 관습은 법, 도덕과 함께 사회규범을 이룬다. 관습으로서 행하여지고 있는 사항을 규범의 측면이 아닌 행위의 측면으로 본 것을 관행(usage)이라 하고, 또한 관습까지는 이르지 않았으나, 얼마간 되풀이하여 반복된 사례를 관례(practice)라 한다. 또한 관습이 사회의 법적 확신에 의해서 지지되어 일종의 법적 규범력을 가지게 되면 관습법(customary law)이 되고, 그러한 정도에까지 이르지 못한 것을 사실인 관습[1]이라고 한다. 관습 중에서 상업계에 확립되어 온 상거래 행위양식을 상관습(mercantile custom)이라 하고, 또한 국제무역거래에 관용되고 있는 상관습을 국제상관습(international mercantile custom; international commercial custom) 또는 국제무역관습(custom of international trade)[2]이라고 한다. 실제 국내에서의 상거래는 당해 국내법에 의하여 규율되지만, 국제무역거래에서는 공통된 법이나 강행법이 없기 때문에 대체로 정형화된 상관습에

---

1) 사실인 관습이란 사회의 법적 확신에 의하여 지지되기에까지 이르지 않은 관습으로 단순히 사회에서 행하여지는 습속에 지나지 않는 것이며, 법적 규범력을 가지지 않은 관습을 말한다. 이는 법률행위의 내용을 결정하는 데 있어서 표준이 될 수 있을 따름이다.
2) 국제상관습이나 국제무역관습은 국제상거래 행위를 지역관습, 특정업종 또는 매매관습을 망라한 광의의 개념이며, 물품매매를 대상으로 한 국제매매관습은 협의의 개념이다.

근거, 당사자가 그것을 채택하는 의사표시, 즉 합의가 있을 경우에는 구속력을 갖게 된다.

2 국제상관습의 기능과 종류

매매계약은 이미 고찰한 바와 같이 본질적으로는 청약과 승낙이라고 하는 당사자의 의사표시의 합치에 의하여 성립된다. 매매계약의 내용 또는 조항은 명시조항(express terms)과 묵시조항(implied terms)으로 구성된다. 명시조항은 당사자가 서로 합의하여 계약에 삽입한 조항인 데 반하여, 묵시조항은 계약시에 명시하지는 않았으나 법 또는 관습에 의하여 당사자가 당연히 따를 것으로 생각하는 것으로 계약내용의 일부가 되는 것이다.

개개의 매매계약은 거래물품의 종류 또는 성질에 따라 약간의 차이가 있으나, 물품매매계약이라는 점에서 당사자가 반드시 합의한 후 계약에 포함시키지 않으면 안 될 몇 개의 기본적 조항으로 구성되어 있다. 예컨대 품질·수량·가격·선적·결제 등에 관한 것이다. 이러한 내용은 극히 간결한 형태로 표현되고 있음에도 불구하고 대량의 물품이 격지간 운송을 통하여 무역거래가 신속하고 안전하게 행하여질 수 있는 것은 주로 국제상관습에 바탕을 두어 묵시조항에 의하여 무역계약조항의 보완적 기능을 담당하고 있기 때문이다.

또한 무역거래는 상이한 국가간에 이루어지므로 계약불이행시에 국내법과 외국법이 충돌하고, 분쟁발생시 어느 나라의 법률을 적용할 것인가에 대한 법적인 불확실성의 문제와 또한 어떤 나라에서 행하여진 판정이 다른 나라에서는 승인되지 아니할 수 있는 문제가 발생하게 된다. 오늘날 무역거래시에 강행적으로 누구에게나 적용되는 통일된 법은 없지만 국제상업회의소(International Chamber of Commerce: ICC)에서 제정한 Incoterms® 2010과 같은 국제규칙 중 예컨대, FOB 또는 CIF 규칙과 같은 정형거래규칙을 국제물품매매시 당사자간에 채택하여 사용하게 된다면 이러한 정형화된 국제상관습은 법적효력이 발생하게 되는 것이다. 이와 같은 통일된 해석기준은 국제무역거래에서 오는 해석상 또는 준거법상의 불안을 최소화시킬 수 있다. 따라서 이러한 국제상관습의 정형화는 오늘날의 국제무역거래를 보다 원활하게 수행할 수 있는 역할을 담당하고 있다. 국제상관습의 종류로는 지역 또는 일반관습, 항구 또는 특정업종의 관습 그리고 매매관습이 있다. 특히 국제물품매매계약에서는 정형거래규칙과 같은 매매관습에 대한 이해가 중요시된다.

제 2 절 국제상관습법

1 국제상관습법의 의의

국제상관습법(Lex Mercatoria)이란 특정국가의 법체계를 가리키는 것이 아닌 국제거래의 틀을 위해 마련되고 자발적으로 적용되는 일반원칙이나 관습법적 규칙들을 말한다.[3] 이러한 정의에 따르면 Lex Mercatoria는 법의 일반원칙(general principles of law)과 국제거래의 일반관습(general usages of international trade)으로 구성된다. 즉 Lex Mercatoria는 초국적 대상을 가지는 규칙들로서 그 연원은 관습적이며, 그 적용에 있어서 국가의 관여가 없는 임의적인 성격을 가지는 것에 한정된다.[4]

2 국제상관습법의 유형

Lex Mercatoria의 구체적인 내용은 다양하지만 몇 가지의 예를 들면 다음과 같다.

(1) 적용이 당사자의 임의에 맡겨지는 국제거래계약 규제규범: 예를 들면 국제상업회의소(ICC)의 인코텀즈(Incoterms® 2010)와 신용장통일규칙(UCP 600)과 같은 이른바 원용가능한 통일규칙 및 각종 업계단체와 국제연합, 유럽경제위원회(ECE)가 작성한 표준계약조건(General Conditions)

(2) 국가법을 초월한 차원에서 존재하는 국제거래를 대상으로 한 준칙

(3) 국제물품매매계약에 관한 국제연합협약(CISG)과 같은 국제거래를 대상으로 한 협약

이와 같은 Lex Mecatoria는 국제거래가 확장됨에 따라 여러 분야의 다양한 연원으로부

---

3) Lex mercatoria has been defined as "a set of general principles and customary rules spontaneously referred to or elaborated in the framework of international trade, without reference to a particular national system of law." Philip J. McConnaughay, Rethinking the Role of Law and Contracts in East-West Commercial Relationships, VA. J. INT'L L. Vol. 41, p. 473 n.167, 2001(quoting Berthold Goldman, The Applicable Law: General Principles of Law-The Lex Mercatoria, in CONTEMPORARY PROBLEMS IN INTERNATIONAL ARBITRATION, Julian D.M. Lew ed., 1987, pp. 113, 116).

4) B. Goldman, "Lex Mercatoria", In Forum International, Vol.3, 1983, pp. 20~22.

터 계속적으로 그 내용이 보충되고 있으며 현재도 형성중에 있는 동적인 존재이다. 특히 1994년의 UNIDROIT Principles의 제정과 1995년의 유럽계약법원칙(Principles of European Contract Law)의 채택으로 Lex Mecatoria의 주요 원칙들을 성문화하는 데 성공함으로써 그 내용을 구체화하고 객관화하는 데 큰 기여를 하고 있다.

UNIDROIT Principles에 규정된 기본원칙으로는 1) 계약자유의 원칙, 2) 낙성계약의 원칙, 3) 계약의 구속성의 원칙, 4) 계약자유의 한계로서의 강행규정, 5) 임의규정의 원칙, 6) 해석상의 원칙, 7) 선의 및 공정대우의 원칙, 8) 관습 및 관행 존중의 원칙, 9) 도달주의의 원칙이 있다.

제 3 절 정형거래규칙

1 정형거래규칙의 의의

무역거래는 계약에서 비롯된다. 무역계약은 쌍무계약(bilateral contract)으로 매도인과 매수인 사이에는 각자 부담해야 할 여러 가지 의무(obligation)가 있다. 이러한 매매당사자간의 의무는 다양하기 때문에 계약시마다 일일이 열거한다는 것은 계약체결 실무상 번거롭고 비효율적이다. 무역거래에서는 상관습과 제도가 다른 국가간에 이루어지므로 불충분한 지식 또는 오해 등으로 인하여 일방에게 불리한 조건으로 계약을 체결할 가능성도 얼마든지 있다.

따라서 국제상관습의 다양성에서 오는 무역거래규칙에 대한 매매관습의 표준화 내지 통일화의 필요성에 따라 FOB나 CIF처럼 간단한 정형을 무역거래에 이용할 수 있게 되었다. 이와 같이 표준화된 거래규칙을 정형거래규칙(typical trade rules)이라고 한다.

매도인과 매수인 사이의 정형거래규칙도 국가나 지역에 따라 각기 다른 상관습과 실정법 체계 때문에 통일성이 결여된다면 상거래분쟁은 도처에서 발생할 것이다. 따라서 국제상업회의소를 비롯하여 국제적인 조직에서는 계약자유의 원칙에 따라 매매당사자가 임의로 모든 지역에서도 통일적으로 사용할 수 있는 정형거래규칙을 제정하게 되었다.

정형거래규칙의 보편화작업에 선도적 역할을 수행하고 있는 국제민간단체인 국제상업회의소는 1936년 "Incoterms"를 제정하였고, 국제법협회(International Law Association : ILA)는 "CIF계약에 관한 와르소·옥스포드 규칙"(Warsaw-Oxford Rules for CIF Contract)을 제정하였다. 또한 미국은 1941년(현재 1990년 개정) 각 주 및 인접국가 사이의 지역 또는 거래관습의 특성을 반영하여 "개정미국무역정의"(Revised American Foreign Trade Definition)상의 정형거래규칙 및 "통일상법전"(Uniform Commercial Code)상의 매매편을 설정하여 독자적인 정형거래규칙을 제공하고 있다.

이와 같은 정형거래규칙들은 운송수단의 발달과 운송기술의 진보, 정보통신수단의 발달 등 국제무역환경의 변화에 부응하기 위하여 끊임없이 변화·발전되고 있으며, 특히 대표적인 매매관습인 인코텀즈는 1936년 제정된 이래 2010년도에 이르기까지 7차에 걸쳐 개정 및 수정보완을 거듭해 오늘에 이르게 되었다.

2 Incoterms

1) Incoterms의 의의

Incoterms란 1936년 제정 당시에 "International Commercial Terms"의 약칭에서 따온 말로[5] 종전에는 "무역거래조건의 해석에 관한 국제규칙"(International Rules for the Interpretation of Trade Terms)이라고 칭하였다. 그러나 2010년 제7차 개정된 Incoterms® 2010부터는 "국내 및 국제무역거래조건의 사용에 관한 국제상업회의소 규칙"(ICC Rules for the Use of Domestic and International Trade Terms)이라는 표현을 사용하여 적용범위를 국내거래까지 확대시키고 있다.

파리(Paris)에 본부를 두고 있는 국제상업회의소의 무역거래조건위원회(Trade Terms Committee)[6]가 중심이 되어 제정한 인코텀즈는 외국과의 무역에서 가장 일반적으로 사용되는 무역거래규칙의 해석에 관하여 일련의 국제규칙을 제공하자는 데에 그 목적이 있다. 인코텀즈의 채택은 서로 다른 국가간에 이들 거래규칙들에 대한 상이한 해석으로 인한 불확실성을 제거하거나 상당한 정도로 감소시킬 수 있다. 따라서 인코텀즈를 국제물품매매계약시에 적용함으로써 무역업자들이 겪는 매우 곤란한 세 가지 무역장애요인, 즉 준거법에 대한 불확실성, 불충분한 지식, 해석상의 상이점 등을 대부분 해소할 수 있다.

---

5) Jan Ramberg, *Guide to Incoterms 1990*, ICC Publishing S.A., 1991, p. 8.
6) 현재는 상거래법률 및 관습위원회(Commission on Commercial Law and Practice)이다.

다른 국제무역규칙도 마찬가지이지만 인코텀즈는 매매당사자가 임의로 무역계약시 채택할 수 있도록 최소한의 의무에 대한 해석기준을 통일하여 제공하는 데 지나지 않으며 운송계약이나 보험계약의 내용까지 전부 포괄하여 적용되는 것은 아니다. 인코텀즈의 적용은 특정거래나 당시의 사정 또는 개별적 편의에 적합하도록 특정내용을 변경하거나 추가할 수도 있다. 이 경우 매매당사자 사이에 체결된 개별계약의 특별규정은 인코텀즈에 우선하여 적용된다.

2) 인코텀즈의 제정과 개정

무역계약의 당사자들은 각국의 무역관행이 서로 다르다는 것을 인식하지 못하는 경우가 흔히 있다. 이는 오해(misunderstanding)와 분쟁(dispute)과 소송(litigation)을 야기할 수

표 3-1 Incoterms의 제정 및 개정에 따른 정형거래규칙의 변화

Trade Terms Defi. 1923	Trade Terms 2nd ed. 1929	Incoterms 1936	Incoterms 1953	Montreal Rules1967	Incoterms 1976	Incoterms 1980	Incoterms 1990	Incoterms 2000	Incoterms® 2010
		Ex Works	Ex Works	→	→	EXW	EXW	EXW	EXW
		Free …				FRC	FCA	FCA	FCA
FOR/FOT	FOR/FOT	FOR/FOT	FOR/FOT	→	→	FOR/FOT	⌐		
					FOB Airport	FOA	⌐		
	FAS	FAS	FAS	→	→	FAS	FAS	FAS	FAS
FOB	FOB	FOB	FOB	→	→	FOB	FOB	FOB	FOB
	C&F	C&F	C&F	→	→	CFR	CFR	CFR	CFR
CIF	CIF	CIF	CIF	→	→	CIF	CIF	CIF	CIF
		DCP	DCP	→	→	DCP	DCP	CPT	CPT
						CIP	CIP	CIP	CIP
				DAF	→	DAF	DAF	DAF	DAP
		Ex Ship	Ex Ship	→	→	EXS	DES	DES	DAP
		Ex Quay	Ex Quay	→	→	EXQ	DEQ	DEQ	DAT
							DDU	DDU	DAP
Free Delivered	Free Delivered	Free or Free Delivered		DDP	→	DDP	DDP	DDP	DDP

있고 그 결과 많은 시간과 금전상의 낭비를 초래하게 한다. 이와 같은 문제를 해소하기 위하여 국제상업회의소는 1923년 및 1929년 각국 국내위원회의를 통한 "Trade Terms" 사용실태 조사보고서를 기초로 1936년 무역거래조건의 해석에 관한 일련의 국제규칙을 최초로 제정하고 "Incoterms 1936"으로 간행하였다. 그 후 1953년, 1967년, 1976년, 1980년, 1990년, 2000년 그리고 2010년에 동 국제규칙은 국제무역관행의 변화에 부응하도록 개정되었다.

3 Incoterms® 2010

"Incoterms 2000"이 국제상거래에 사용된 이래 지속적인 관세자유지역의 확산, 상거래에서 전자통신문의 사용 증대, 물품이동에서 안전에 대한 관심의 고조와 운송관행의 변화에 부응하기 위하여,[7] ICC는 2007년 11월 "Incoterms 2000"을 개정하기로 하고 초안그룹(drafting group)을 통하여 총 4차례의 초안을 발표(2009년 2월, 9월 및 2010년 1월 및 3월)하였다. 그 후 2010년 5월 동 개정초안이 ICC의 상거래법률 및 관습위원회(ICC's Commission on Commercial Law and Practice)에 제출되어 ICC가 2010년 9월 "Incoterms® 2010"을 공식 채택하고 ICC Publication No. 715E를 간행함으로써 2011년 1월 1일부터 발효하게 되었다.

제7차 개정 Incoterms® 2010에서는 전체 규칙 수를 13개에서 11개로 줄이고, 인도(delivered) 규칙을 3개로 통합하고, 모든 규칙에 대하여 간결하고 명확한 지침을 제공하고 있다. "Incoterms 2000"까지 Incoterms는 "무역거래조건의 해석에 관한 국제규칙"(International Rules for the Interpretation of Trade Terms)이라는 의미로 표현되었으나, "Incoterms® 2010"부터는 미국 통일상법전(UCC) 및 개정무역정의에서와 같이 국제무역거래뿐만이 아닌 국내 상거래를 포함하는, 이른바 "국내 및 국제무역거래조건의 사용에 관한 국제상업회의소 규칙"(ICC Rules for the Use of Domestic and International Trade Terms)이라는 표현을 사용하여 Incoterms® 2010에 이를 부제로 병기하여 간행되었다. 특히 "Incoterms® 2010"

---

7) ICC, Incoterms® 2010 ICC rules for the use of domestic and international trade terms, ICC Publication No. 715E, ICC Services Publications, 2010, Foreword. 이 각주에 표기된 것과 같이 간행물에서는 ICC, Incoterms® 2010의 부제로 "ICC rules for the use of domestic and international trade terms"를 병기하면서 이 단어가 소문자로 표기되어 있으나, 이 책에서는 강조하는 단어의 의미를 반영하고 여타 규칙과의 통일성을 기하기 위하여 단어의 첫 자를 대문자로 표기하였다.

은 ICC의 등록상표로 향후 ICC의 인코텀즈를 적용할 경우 가격조건(인도조건) 뒤에 반드시 명시하도록 하고 있다.

1) Incoterms® 2010의 사용방법 및 특징

Incoterms® 2010 규칙[8]은 물품매매계약에서 거래실무를 반영하는 일련의 3개 문자의 무역거래조건을 설명하고 있다. 인코텀즈 규칙은 매도인이 매수인에게 물품인도에 포함되는 주요 의무, 비용 및 위험들을 설명하고 있다.[9]

(1) 매매계약에 Incoterms® 2010 규칙을 명시할 것

Incoterms® 2010 규칙을 계약에 적용시키고자 하는 경우, Incoterms® 2010(지정장소를 포함하는 선택된 인코텀즈)와 같은 어구를 계약서에 명시하여야 한다.

예를 들면, 매매계약서의 가격조건 또는 인도조건에서 "Terms of Price: FOB Busan Incoterms® 2010" 또는 "Terms of Delivery: FOB Busan Incoterms® 2010"과 같이 명시하여야 한다.

(2) 적절한 인코텀즈 규칙을 선택할 것

선택된 인코텀즈 규칙은 물품, 운송수단에 적절하여야 하며 또한 무엇보다도 당사자가 예컨대 운송 또는 보험계약을 체결하는 의무와 같은 추가적인 의무를 매도인 또는 매수인 중에 누가 부담하는 것으로 의도하는지에 대하여 적절하여야 한다.

각 인코텀즈 규칙에 대한 안내요지(guidance note)는 인코텀즈 규칙을 선택할 경우 특별히 도움이 되는 정보를 포함한다. 어떠한 인코텀즈 규칙이 선택되더라도 당사자는 사용되어지는 항구 또는 장소의 특정 관습에 의하여 계약에 대한 해석이 영향을 미칠 수 있다

---

8) Incoterms® 2010에서는 "Incoterms® 2010 rules"라는 표현을 사용하고 있다. 새로 적용되는 "Incoterms® 2010"에서 "Incoterms®"는 ICC의 고유한 등록상표로 보고 "rules"가 추가되어도 모순되지는 아니할 것으로 보인다. 이러한 취지를 고려하여 Incoterms® 2010에서는 동 규칙 사용시, 예를 들면 "FOB 조건"은 "FOB 규칙"이라는 표현으로 사용되고 있다. 그러나 이 책에서는 Incoterms®2010 적용 관련된 용어는 "규칙"으로 표현하되, 다만 종전 관행 및 미국의 법제 등의 용어에서는 "조건"(예를 들면, FOB 조건)으로 표현하였다.

9) ICC, Incoterms® 2010 ICC rules for the use of domestic and international trade terms, ICC Publication No. 715E, ICC Services Publications, 2010, Introduction.

는 점을 알아야 한다.

왜냐하면 인코텀즈 규칙은 상이한 지역 또는 다양한 거래에서 사용되기 때문에 당사자의 의무에 대하여 완벽하게 규정할 수가 없다. 따라서 당사자는 어느 정도 항구 또는 장소의 특정관습, 또는 당사자의 합의나 이미 확립된 관습에 의하여 의무를 수행할 필요가 있다.

(3) 장소 또는 항구를 가능한 한 정확하게 명시할 것

선택된 인코텀즈 규칙은 당사자가 장소 또는 항구를 지정하는 경우에만 비로소 작용할 수 있으며 또한 당사자가 장소 또는 항구를 가능한 한 정확하게 명시하는 경우, 가장 잘 작용할 수 있다. 이와 같은 정확성에 대한 훌륭한 예는 다음과 같다:

"FCA 38 Cours Albert 1er, Paris, France Incoterms® 2010."

11개의 인코텀즈 규칙 중 공장인도(EXW), 운송인인도(FCA), 터미널인도(DAT), 목적지인도(DAP), 관세지급인도(DDP), 선측인도(FAS) 및 본선인도(FOB)에서 지정장소는 인도가 이루어지는 장소이며, 위험이 매도인으로부터 매수인에게 이전하는 장소이다. 이에 대하여 운송비지급인도(CPT), 운송비·보험료지급인도(CIP), 운임포함인도(CFR) 및 운임·보험료포함인도(CIF)에서 지정장소는 인도장소와 다르다. 이와 같은 4개의 인코텀즈 규칙에서 지정장소는 운송비가 지급되는 목적지이다. 장소 또는 목적지에 관한 표시는 의문 또는 논쟁을 피하기 위하여 그와 같은 장소 또는 목적지에서 정확한 지점을 명시함으로써 훨씬 도움이 되고 구체화될 수 있다.

(4) 인코텀즈 규칙은 완전한 매매계약을 제공하지 아니함을 명심할 것

인코텀즈 규칙은 매매계약의 어느 당사자가 운송계약 또는 보험계약 체결 의무를 부담하는지, 언제 매도인이 매수인에게 물품을 인도하는지 그리고 각 당사자가 어떠한 비용을 부담할 책임이 있는지에 대하여 설명하고 있다.

그러나 인코텀즈 규칙은 지급되어야 하는 금액 또는 지급방법에 대하여 설명하지 아니한다. 또한 동 규칙은 물품의 소유권 이전, 계약 위반의 결과에 대하여 전혀 다루지 아니하고 있다. 이러한 문제들은 보통 매매계약의 명시조건 또는 준거법에 의하여 다루어진다. 당사자는 선택된 인코텀즈 규칙을 포함하여 매매계약의 어느 측면보다 강행적인 국내 법이 우선할 수 있다는 점을 알아야 한다.

2) Incoterms® 2010 규칙의 주요 특징

(1) 두 개의 새로운 인코텀즈 규칙, 즉 DAT 및 DAP가 인코텀즈 2000 규칙인 DAF, DES, DEQ 및 DDU를 대체함

인코텀즈 규칙의 수는 종전의 13개에서 11개로 감소되었다. 이는 합의된 운송방식에 관계없이 사용되어지는 두 개의 새로운 규칙, 즉 DAT 및 DAP가 인코텀즈 2000 규칙의 DAF, DES, DEQ 및 DDU를 대체하기 때문이다.

인도가 지정목적지에서 이루어지는 두 개의 새로운 규칙하의 DAT에서는(종래의 DEQ 규칙과 같이) 도착된 차량으로부터 양화되어 매수인의 임의처분상태에서, DAP에서는(종래의 DAF, DES 및 DDU 규칙과 마찬가지로) 양화하지 아니하고 매수인의 임의처분상태에서 인도가 지정목적지에서 이루어진다.

이 새로운 규칙은 인코텀즈 2000 규칙의 DES와 DEQ를 불필요하게 만들고 있다. DAT에서 지정된 터미널은 항구에 있을 수 있다. 그러므로 DAT는 인코텀즈 2000 규칙의 DEQ가 사용되었던 경우와 같이 아무런 문제없이 사용될 수 있다. 마찬가지로 DAP하에서 도착 "차량"은 선박일 수 있고 또한 지정된 목적지는 항구일 수 있다. 따라서 DAP는 인코텀즈 2000의 DES가 사용되었던 경우와 같이 아무런 문제없이 사용될 수 있다. 종래의 규칙과 같이 이와 같은 새로운 규칙은 물품을 지정목적지까지 운송하는 데 포함된 모든 비용(적용 가능한 경우, 수입통관과 관련된 비용을 제외하고) 및 위험을 매도인이 부담하는 "도착지인도"이다.

(2) Incoterms® 2010 규칙 11개의 분류

Incoterms® 2010 규칙 11개는 두 개의 구별되는 분류로 제시되고 있다.

단일 또는 복수의 모든 운송방식을 위한 규칙(Rules for Any Mode or Modes of Transport)
공장인도   EXW   Ex Works
운송인인도   FCA   Free Carrier

운송비지급인도	CPT	Carriage Paid To
운송비·보험료지급인도	CIP	Carriage and Insurance Paid to
터미널인도	DAT	Delivered At Terminal
목적지인도	DAP	Delivered At Place
관세지급인도	DDP	Delivered Duty Paid

해상 및 내수로 운송을 위한 규칙(Rules for Sea and Inland Waterway Transport)

선측인도	FAS	Free Alongside Ship
본선인도	FOB	Free On Board
운임포함인도	CFR	Cost and Freight
운임·보험료포함인도	CIF	Cost, Insurance and Freight

첫 번째 분류는 선택된 운송방식에 관계없이 또한 하나 또는 그 이상의 운송방식이 이용되는가 여부에 관계없이 사용될 수 있는 Incoterms® 2010 규칙 7개를 포함한다. EXW, FCA, CPT, CIP, DAT, DAP 및 DDP가 이 분류에 속한다. 이들은 해상운송이 전혀 포함하지 아니한 경우에도 사용될 수 있다. 이들 규칙은 선박이 일부구간 운송에 사용되는 경우에도 사용될 수 있다는 사실을 명심하여야 한다.

Incoterms® 2010 규칙의 두 번째 분류에서, 인도지점 및 물품이 매수인에게 운송되는 장소는 모두 항구가 된다. 이는 "해상 및 내수로 운송" 규칙으로 호칭된 사실과 맥을 같이 한다. FAS, FOB, CFR 및 CIF가 이 분류에 속한다. 인코텀즈 2000의 FOB, CFR 및 CIF에서 인도지점으로서의 선박의 난간(ship's rail)이라는 모든 언급은 물품이 선박(본선)의 갑판상(on board the vessel)에 인도될 때가 더 선호되어 삭제되었다. 이것은 현대 상거래의 현실을 더 밀접하게 반영한 것으로 위험이 가상의 수직선을 통과하여 앞뒤로 오간다는 구시대의 인상을 탈피할 수 있게 하였다.

(3) 국내 및 국제 무역을 위한 규칙(Rules for domestic and international trade)

인코텀즈 규칙은 전통적으로 물품이 국경을 통과하는 국제매매계약에 사용되어 왔다. 그러나 세계의 다양한 지역에서 유럽연합(European Union)과 같은 무역권(trade blocs)은 상이한 국가간에 국경에서의 수속절차가 더 이상 중요하지 않게 만들었다. 따라서 Incoterms® 2010 규칙의 부제에는 이 규칙이 국내 및 국제 매매계약에 모두 적용하기 위하여 사용가능함을 공식적으로 인정하고 있다. 그 결과 Incoterms® 2010 규칙에서는 적용 가능한 경우에만 수출/수입 수속절차에 따를 의무가 있음을 여러 곳에서 분명하게 명시하고 있다.

다음과 같은 두 가지의 진전된 사항들이 이러한 개정방향의 움직임이 시의적절하다고 ICC를 설득하여 왔다. 첫째, 무역업자들이 보통 순수한 국내매매계약에 인코텀즈 규칙을 사용하고 있다는 점. 둘째, 미국에서 과거 통일상법전의 선적 및 인도 조건보다도 국내거래에 인코텀즈 규칙을 사용하고자 하는 의지가 더 크기 때문이다.

(4) 안내요지(guidance note)

Incoterms® 2010 규칙의 각 앞부분에서는 안내요지를 볼 수 있다. 안내요지는 언제 사용되어야 하며, 언제 위험이 이전되고 또한 매매당사자간에 어떻게 비용의 분담이 되는지 등 각 인코텀즈 규칙의 기본적인 사항들을 설명하고 있다.

안내요지는 실제 Incoterms® 2010 규칙의 일부가 아니고, 단지 사용자가 특정 거래에서 적절한 인코텀즈 규칙을 정확하게 또한 효율적으로 사용할 수 있도록 도움을 주기 위한 것이다.

(5) 전자통신(electronic communication)

종전 버전(version)의 인코텀즈 규칙에서는 전자문서교환 메시지(EDI message)로 대체될 수 있는 서류들을 명시하고 있었다. 그러나 Incoterms® 2010 규칙의 A1/B1에서는 당사자들이 합의하는 한 또는 관습에 따라 전자통신에 대하여 서면통신에서와 같이 동등한 효력을 부여하고 있다. 이러한 규정은 Incoterms® 2010 규칙이 사용되는 기간에 새로운 전자적 절차의 발전을 촉진시킨다.

(6) 보험부보(insurance cover)

Incoterms® 2010 규칙은 협회적화약관(Institute Cargo Clauses: ICC) 개정[10] 이래 인코

---

10) 1982년부터 도입되었던 신협회적화약관은 20여 년간 사용되어 오면서 그동안 테러행위(terrorism) 등의 새로운 위험이 등장하고 운송 및 보험 환경의 변화 등에 부응하기 위하여 런던국제보험업자협회(International Underwriting Association of London: IUA)는 로이즈보험시장협회(Lloyd's Market

팀즈 규칙의 최초 버전이므로 이와 같은 개정약관을 고려하였다. Incoterms® 2010 규칙은 운송 및 보험계약을 다루고 있는 A3/B3에서 보험 관련 정보제공 의무를 설정하고 있다. 이들 규정은 인코팀즈 2000 규칙의 A10/B10에 규정된 일반적인 조항에서 옮겨 왔다. 이러한 관점에서 A3/B3에서 보험과 관련된 표현은 당사자들의 의무를 명확하게 하기 위하여 수정되었다.

(7) 안전관련 통관(security-related clearances)과 이에 요구되는 정보

최근 물품의 이동에서 안전에 대한 관심이 높아지고 있어, 물품이 고유의 성질 이외의 이유로 생명 또는 재산에 위협을 가하지 아니한다는 취지의 확인이 요구되고 있다. 따라서 Incoterms® 2010은 각 인코팀즈 규칙의 A2/B2 및 A10/B10에서 매매당사자간 물품보관사슬(chain-of-custody)[11]정보와 같은 안전관련 통관허가를 받음에 있어 허가를 받거나 협조를 제공할 의무를 분담시키고 있다.

(8) 터미널 취급수수료(terminal handing charges)

인코팀즈 규칙 CPT, CIP, CFR, CIF, DAT, DAP 및 DDP 하에서 매도인은 합의된 목적지까지의 물품운송 계약을 체결하여야 한다. 운임은 매도인이 지급하지만 보통 매도인에 의하여 총 판매가격에 포함되므로, 실제로는 매수인에 의하여 지급되는 것이다. 운송비용은 통상적으로 항구 또는 컨테이너 터미널시설 내에서 물품을 취급하고 운반하는 비용이 포함되며 운송인 또는 터미널 운영자는 물품을 수령하는 매수인에게 이러한 비용을 청구하기도 한다. 이런 사정으로 매수인은 한번은 매도인에게 총판매가격의 일부로서 그리고 한번은 이와는 별도로 운송인 또는 터미널 운영자에게 동일한 서비스에 대하여 이중으로 지급하는 것을 회피하려고 할 것이다.

Incoterms® 2010 규칙은 관련된 인코팀즈 규칙의 A6/B6에서 이와 같은 비용을 명확하

Association: LMA)와 합동적화위원회를 구성하여 1982년 ICC를 개정하여 2009년 1월 1일부터 신약관을 사용할 수 있도록 하였다.

[11] "chain-of-custody"라 함은 물리적 또는 전자적 재료의 취득(acquisition), 이전(transfer), 취급(handling) 및 처분(disposition)의 전체 과정을 보여주는 문서(documentation)로 "물품보관사슬" 또는 "물품보관관리이력"이라고 할 수 있다. 이는 소유자를 포함하여 어떻게 증거가 다루어지고, 유지되고, 전달 및 수정되었는지를 상세하게 나타내는 기록문서를 지칭하는 것으로 증거의 무결성을 다루는 방법으로 이용되고 있다; http://en.wiktionary.org/wiki/chain_of_custody

게 분담함으로써 이중지급상황의 발생을 회피할 수 있도록 하고 있다.

(9) 연속판매(string sales)

제조물품의 매매와는 대조적으로 상품매매에 있어서 물품은 흔히 운송과정에 연속적으로 여러번 판매된다. 이러한 경우 최초의 매도인은 이미 물품을 선적하였기 때문에 중간에 판매한 매도인은 물품을 "선적"하지 않는다. 그러므로 연속판매 중간에 있는 매도인은 그 다음의 매수인에게 물품선적 의무를 이행하는 것이 아니라 이미 선적된 물품을 "조달"함으로써 이행하는 것이다. 이를 명확히 하기 위하여 Incoterms® 2010 규칙은 관련 인코텀즈 규칙에서 "선적된 물품조달" 의무를 물품선적 의무의 대안으로서 포함시키고 있다.

3) 인코텀즈 규칙의 변형(variants of Incoterms rules)

당사자는 가끔 인코텀즈 규칙을 변경하고 싶어 한다. Incoterms® 2010 규칙은 이와 같은 변경에 대하여 금지하지 않고 있으나 변경하는 것은 위험하다. 불필요한 논란을 방지하기 위하여 당사자는 이러한 변경에 관한 의도된 결과에 대하여 계약에 명시하여야 한다. 예컨대, 당사자는 Incoterms® 2010 규칙에서 비용의 분담이 계약에서 변경되어지는 경우, 당사자는 위험이 매도인으로부터 매수인에게 이전하는 지점도 변경하고자 의도하는지 여부 또한 분명하게 명시하여야 한다.

4) 서문의 지위(status of introduction)

이 서문은 Incoterms® 2010 규칙의 사용 및 해석에 대한 일반적인 정보일 뿐 이 규칙의 일부를 구성하지 않는다.

5) Incoterms® 2010 규칙에 사용된 용어의 설명

Incoterms 2000 규칙에서와 같이 매도인과 매수인의 의무는 A 항목에서는 매도인의 의무를, B 항목에서는 매수인의 의무를 반영하는 대칭적인 표현으로 제시되었다. 이러한 의무는 매도인 또는 매수인 또는 가끔 특정 목적을 위하여 운송인, 운송주선인, 매도인 또는 매수인이 지정한 제3자를 통하여 계약상의 조건 또는 적용법에 따라 개별적으로 이행되어질 수 있다.

Incoterms® 2010 규칙의 본문은 자체 설명형식으로 되어 있다. 그러나 사용자에게 도움을 주기 위하여 규칙 전반에서 사용되어진 선택된 용어의 의미에 관하여 다음과 같이 안내한다.

운송인(carrier) : Incoterms® 2010 규칙의 목적을 위하여 운송인은 운송계약을 체결하는 당사자를 말한다.

통관수속절차(customs formalities) : 모든 적용 가능한 세관 규정에 부응하기 위하여 부합되어야 되는 요건으로 서류, 안전, 정보 또는 물리적 검사 의무가 포함될 수 있다.

인도(delivery) : 이 개념은 무역법규와 관행에서 다양한 의미를 가지고 있지만, Incoterms® 2010 규칙에서는 물품에 대한 멸실 또는 손상에 관한 위험이 매도인으로부터 매수인에게 이전되는 경우를 나타내는 데 사용되어진다.

인도서류(delivery document) : 이 문구는 현재 A8의 표제로 사용된다. 이는 인도가 완료된 것을 증명하는 데 사용되는 서류를 의미한다. Incoterms® 2010 규칙의 많은 곳에서 인도서류는 운송서류 또는 이와 상응한 전자기록[12]이다. 그러나 EXW, FCA, FAS 및 FOB 규칙에서 인도서류는 단순하게 수령증(receipt)일 수도 있다. 인도서류는 예를 들면, 결제방법의 일부분과 같이 또한 다른 기능을 가질 수 있다.

전자기록 또는 절차(electronic record or procedure) : 이는 하나 또는 하나 이상의 전자메시지 및 적용 가능한 경우, 상응한 종이서류와 같은 기능적 동등성이 있는 것으로 구성된 일련의 정보를 말한다.

포장(packaging) : 이 용어는 다음과 같이 다른 목적으로 사용된다.

① 매매계약의 모든 요건을 준수하기 위한 물품 포장

② 운송에 적합하기 위한 물품 포장

③ 컨테이너 또는 다른 운송수단 내에 포장된 물품의 적부

Incoterms® 2010 규칙에서 포장은 위의 첫 번째와 두 번째 것을 의미한다. Incoterms® 2010 규칙에서 컨테이너 내의 적부의무에 대하여 당사자의 의무를 다루지 아니하는 경우, 당사자는 이를 매매계약에서 다루어야 한다.

---

[12] "전자기록"(electronic record)이란 전자적 수단에 의하여 작성, 생성, 송신, 통신, 수신 또는 저장된 자료, 송신자의 분명한 신원 및 그 속에 포함된 자료의 분명한 출처 또한 완전하고 변하지 않은 상태로 남아 있는지 여부에 관하여 인증될 수 있는 것, 그리고 eUCP 신용장 거래조건과의 일치(성)에 대하여 심사할 수 있는 것을 의미한다; eUCP Version 1.1, Article e3-b-i.

6) 거래규칙별 매매당사자의 세부의무

"Incoterms® 2010 규칙"에서는 거래규칙별로 매도인과 매수인의 의무부담 조항을 10개로 규정하여 표제어(heading)를 달아 〈표 3-2〉와 같이 서로의 의무를 대조할 수 있도록 하고 있다.

표 3-2 Incoterms® 2010 규칙에서의 매도인과 매수인의 세부의무

매도인의 의무(seller's obligations)	매수인의 의무(buyer's obligations)
A1. 매도인의 일반적 의무 　(General obligations of the seller)	B1. 매수인의 일반적 의무 　(General obligations of the buyer)
A2. 허가, 승인, 안전 통관 및 기타 수속절차 　(Licences, authorizations, security clearances and 　other formalities)	B2. 허가, 승인, 안전 통관 및 기타 수속절차 　(Licences, authorizations, security clearances and 　other formalities)
A3. 운송 및 보험계약 　(Contract of carriage and insurance)	B3. 운송 및 보험계약 　(Contract of carriage and insurance)
A4. 인도(Delivery)	B4. 인도의 수령(Taking delivery)
A5. 위험의 이전(Transfer of risks)	B5. 위험의 이전(Transfer of risks)
A6. 비용의 분담(Allocation of costs)	B6. 비용의 분담(Allocation of costs)
A7. 매수인에 대한 통지(Notice to the buyer)	B7. 매도인에 대한 통지(Notice to the seller)
A8. 인도서류(Delivery documents)	B8. 인도의 증거(Proof of delivery)
A9. 점검, 포장, 확인(Checking-packaging-marking)	B9. 물품검사(Inspection of goods)
A10. 정보제공에 대한 협조 및 관련 비용 　(Assistance with information and related costs)	B10. 정보제공에 대한 협조 및 관련 비용 　(Assistance with information and related costs)

4 Incoterms® 2010에 규정된 정형거래규칙

1) 단일 또는 복수의 모든 운송방식을 위한 규칙

(1) 공장인도(EXW: Ex works)

EXW (insert named place of delivery) Incoterms® 2010

① 안내요지

공장인도(Ex works)[13]는 선택된 운송방식에 관계없이 사용될 수 있으며 또한 하나 이상의 운송방식인 경우에도 사용될 수 있다. 이 규칙은 국내거래에 적합한 반면에 FCA는

---

13) Ex는 라틴어로 영어의 "from" 또는 "out of"의 의미를 갖는다. Ex Works는 라틴어로 "Loco", 영어의 "Spot"의 의미로 계약물품을 현장에서 인도하는 경우에 사용되며 포괄적으로 현장인도라고 한다.

보통 국제무역에 더 적합하다.

공장인도란 매도인의 구내(premises) 또는 기타 지정된 장소(예컨대 작업장, 공장, 창고 등)에서 매수인의 임의처분상태로 둘 때 인도하는 것을 의미한다. 매도인은 물품을 어떤 집화차량(collecting vehicle)에 적재할 필요가 없으며, 수출통관이 필요한 경우에도 수출물품에 대하여 통관할 필요가 없다.

당사자는 지정된 인도장소 내의 지점(point)을 가능한 한 분명하게 명시하는 것이 바람직하다. 왜냐하면 이때 그 지점까지의 비용과 위험은 매도인이 부담하기 때문이다. 매수인은 지정인도장소가 있는 경우 합의된 지점으로부터 물품을 수령하는 데 수반되는 모든 비용과 위험을 부담한다.

EXW는 매도인에 대한 최소의무를 나타내며 다음과 같은 사항을 유의하여 사용하여야 한다.

a) 매도인이 비록 관례적으로 물품을 적재하는 데 더 유리한 위치에 있다 할지라도 매도인은 매수인에 대하여 물품을 적재할 의무가 없다. 매도인이 물품을 적재하는 경우 그것은 매수인의 위험과 비용으로 적재하는 것이다. 매도인이 물품을 적재하는 데 더 유리한 위치에 있는 경우, 매도인이 자신의 위험과 비용으로 적재를 행하는 FCA가 통상적으로 더 적절하다.

b) 수출을 위하여 EXW에 기초하여 매도인으로부터 물품을 구매하는 매수인은 자신이 수출을 이행하도록 요구되는 것이어서 매도인은 오직 필요한 협조를 제공할 의무만 있고 수출통관을 행할 의무가 없다. 매도인은 오직 매수인이 자신에게 수출통관을 요청할 때 그러한 수출을 위한 협조제공 의무만을 부담한다. 즉 매도인이 반드시 수출통관을 수행할 의무가 없다는 것을 주의하여야 한다. 그러므로 매수인이 직접 또는 간접으로 수출통관을 행할 수 없을 경우에는 EXW를 사용하지 않는 것이 바람직하다.

c) 매수인은 매도인에게 물품 수출에 관한 모든 정보제공 의무를 제한하고 있다. 그러나 매도인은 예를 들면, 조세 또는 보고의 목적으로 이러한 정보가 필요할 수 있다.

② **위험의 이전**

위험의 이전(transfer of risks)은 매도인이 계약물품을 합의된 일자나 기간 내에 합의된 지점에서 매수인의 임의처분상태로 둘 때가 분기점이 된다. 따라서 EXW 규칙에서 매수인은 계약내용대로 특정된 물품이 자신의 임의처분에 맡겨진 이후에 발생하는 모든 위험을 부담하여야 한다.

③ 비용의 분담

비용의 분담(allocation of costs)은 위험이전의 분기점을 기준으로 하여 매도인은 합의된 지점에서 매수인의 임의처분 상태로 둘 때까지의 제비용을 부담한다. 즉 물품을 직접 제조하거나 구매·조달하는 데 따른 기본원가(basic costs), 사업부문별 간접원가(indirect costs), 포장비(packing costs), 품질·용적·중량·수량의 물품점검업무비용(costs of checking operations) 및 기타 잡비를 부담하여야 한다.

한편 매수인은 운송수단에의 적재비용(loading charges), 수출입 승인비용, 선적전 검사비용(costs of pre-shipment inspection: PSI), 적용 가능한 경우(where applicable) 수출시에 지급되는 모든 관세(all duties), 조세(taxes) 및 기타 부과금(other charges)을 포함한 통관비용(customs clearance charges), 내륙운송비, 해상운임, 적화보험료 등 임의처분상태로 인도된 이후의 제비용을 부담하여야 한다.

④ 매도인의 제공서류

EXW 규칙에서 매도인은 일반적인 의무로 매매계약과 일치하는 상업송장(Commercial Invoice) 및 계약에서 요구하는 일치증명(evidence of conformity)을 제공하여야 한다. 이와 같은 모든 서류는 이에 상응한 전자기록 또는 절차(electronic record or procedure)도 인정된다.

그러나 매도인은 매수인에게 인도서류(delivery document)의 제공의무는 없으나,[14] 매수인의 요청에 따라 매수인의 비용과 위험으로 포장명세서(Packing List), 원산지증명서(Certificate of Origin), 품질 및 수량증명서(Certificate of Quality and Quantity), 중량 및 용적증명서(Certificate of Weight and Measurement), 영사송장(Consular Invoice) 그리고 보험부보를 위한 정보 등 임의서류를 제공할 수 있다.

⑤ 기타 의무와 정보제공을 위한 협조 및 관련 비용

매도인은 매수인에게 계약과 일치하는 물품을 제공하고, 적용 가능한 경우 매수인의 요청과 위험 및 비용부담으로 수출허가, 공적인 승인, 물품의 안전통관(security clearance)을 위하여 요구되는 매도인이 갖고 있는 모든 정보를 제공하여야 하며, 필요한 제서류의

---

14) Incoterms® 2010, EXW A8.

취득을 위한 협조를 제공하여야 한다. 또한 계약물품을 매수인이 인도 가능하도록 필요한 모든 통지를 하여야 하고, 포장이 필요한 물품의 경우에는 적절한 화인(marking)을 하여야 한다.

한편 매수인은 계약에 정한 바에 따라 대금지급(payment of price)을 하여야 하며, 수출입승인과 수출입통관수속절차를 이행하여야 하고, 물품을 매수인이 임의처분하는 장소에서 물품 인도의 수령(taking delivery)을 행하여야 한다. 또한 약정기간 내에 물품의 인수시기와 지점을 결정할 권리를 유보할 경우에는 매도인에게 충분한 통지를 하여야 한다.

⑥ **거래규칙 표기의 예**

무역계약을 체결할 때 가격조건(price terms) 또는 인도조건(delivery terms)을 인코텀즈의 공장인도(EXW) 규칙으로 약정하고자 할 경우에는 다음의 예와 같이 표기한다.

* **표기 기준 : "EXW 지정인도장소 삽입 Incoterms® 2010"**
  인도장소가 공장일 경우 "EXW Abc Factory Incoterms® 2010"
  인도장소가 광산일 경우 "EXW Abc Mine Incoterms® 2010"
  인도장소가 경작지일 경우 "EXW Abc Plantation Incoterms® 2010"

(2) 운송인인도(FCA: Free Carrier)

FCA (insert named place of delivery) Incoterms® 2010

① **안내요지**

운송인인도(Free Carrier)는 선택된 운송방식에 관계없이 사용될 수 있으며 또한 하나 이상의 운송방식인 경우에도 사용될 수 있다.

운송인인도란 매도인이 물품을 지정된 장소에서 매수인에 의하여 지정된 운송인 또는 기타의 자에게 인도하는 것을 의미한다. 당사자는 위험이 그러한 지점(point)에서 매수인에게 이전되는 것과 같이 지정된 인도장소 내의 지점을 가능한 한 분명하게 명시하도록 하여야 한다.

당사자가 매도인의 구내(premises)에서 물품을 인도하고자 하는 경우에는 당사자는 지정인도장소로서 그 구내의 주소를 특정하여야 하고, 반면에 당사자가 그 밖의 장소에서 물품을 인도하고자 하는 경우에는 다른 구체적인 인도장소를 특정하여야 한다.

FCA는 적용 가능한 경우, 매도인에게 물품에 대한 수출통관을 요구하고 있다. 그러나 매도인은 물품의 수입통관을 할 의무와 모든 수입관세의 지급의무 또는 수입통관수속절차를 이행할 의무가 없다.

② 위험의 이전

위험의 이전(transfer of risks)은 매도인이 계약물품을 합의된 일자나 기간 내에 합의된 지점 또는 지정된 장소에서 매수인에 의하여 지정된 운송인 또는 기타의 자에게 인도할 때가 분기점이 된다.

FCA 규칙에서 위험의 이전시점은 매도인이 적출지에서 다음과 같이 운송인에게 물품인도가 완료되는 때가 된다.

첫째, 지정된 장소가 매도인 구내인 경우에는 물품이 매수인에 의하여 제공된 운송수단상에 적재된 때 인도가 완료되는 것이며, 이때 위험도 매도인으로부터 매수인에게 이전된다.

둘째, 그 밖의 경우로, 물품이 매도인의 운송수단상에서 양화되지 아니하고 매수인에 의하여 지정된 운송인 또는 기타의 자의 임의처분상태로 둘 때 인도가 완료되는 것이며, 이때 위험도 매도인으로부터 매수인에게 이전된다.

따라서 FCA 규칙에서 매수인은 계약내용대로 특정된 물품에 대하여 지정된 운송인 또는 기타의 자에게 인도된 이후에 발생하는 모든 위험을 부담하여야 한다.

FCA 규칙에서 물품의 인도장소는 매수인이 지정하는 것이 원칙이지만 그렇지 않았다면 매도인이 적합한 장소를 선택할 수 있다. 구체적인 예는 철도터미널(railway terminal), 화물터미널(cargo terminal), 컨테이너터미널(container terminal), 내륙컨테이너기지(Inland Container Depot: ICD), 매도인의 작업장 구내(premises) 등이 될 수 있다.

③ 비용의 분담

비용의 분담(allocation of costs)은 위험이전의 분기점을 기준으로 하여 매도인은 지정된 장소에서 매수인에 의하여 지정된 운송인 또는 기타의 자에게 인도할 때까지의 제비용을 부담한다. 즉 물품을 직접 제조하거나 구매·조달하는 데 따른 기본원가(basic costs), 사업부문별 간접원가(indirect costs), 포장비(packing costs), 품질·용적·중량·수량의 물품점검업무비용(costs of checking operations) 및 기타 잡비를 부담하여야 한다. 또한 인도지점까지의 내륙운송비(inland freight), 물품인도완료에 따른 통지비용과 물품인도증거서류 취득비용을 부담하여야 한다. 또한 적용 가능한 경우 수출승인이나 기타 정부승인을 얻는 데 소요되는 비용, 수출에 수반되어 부과되는 관세(export duties)와 조세 또는 기타 부과금 및 세관수속절차(customs formalities)에 소요되는 일체의 비용을 부담하여야 한다.

한편 매수인은 매도인이 물품인도의무를 완료한 이후 일체의 비용을 부담하여야 한다. 즉 운송비, 적화보험료, 적용 가능한 경우(where aplicable) 수입시 지급되는 모든 관세(all duties), 조세(taxes) 및 기타 부과금(other charges)을 포함한 통관비용(customs clearance charges) 등 인도된 이후의 제비용이다.

④ 매도인의 제공서류

FCA 규칙에서 매도인은 일반적인 의무로 매매계약과 일치하는 상업송장(Commercial Invoice) 및 계약에서 요구하는 일치증명(evidence of conformity)을 제공하여야 한다. 이와 같은 모든 서류는 이에 상응한 전자기록 또는 절차(electronic record or procedure)도 인정된다.

매도인은 인도서류(delivery document)로서 운송인 또는 기타의 자에게 물품인도가 완료되었다는 관례적인 증거(usual proof)를 제공하여야 한다. 이러한 증거가 운송서류가 아닐 경우 매수인의 요청으로 매수인의 위험과 비용부담으로 운송서류를 취득하는 데 따른 협조를 제공하여야 한다.

보통 매도인은 선택된 운송방식에 따라 다음과 같은 운송서류(transport document)를 매수인에게 제공하여야 한다. 즉 복합운송서류(multimodal transport document), 해상선화증권(marine bill of lading), 내수로 운송서류(inland waterway document), 항공화물운송장(air waybill), 철도화물수탁서(rail consignment note), 도로화물수탁서(road consignment note) 등이다.

한편 매수인의 요청에 따라 매수인의 비용과 위험으로 포장명세서(Packing List), 원산지증명서(Certificate of Origin), 품질 및 수량증명서(Certificate of Quality and Quantity), 중량 및 용적증명서(Certificate of Weight and Measurement), 영사송장(Consular Invoice) 그리고 보험부보를 위한 정보 등 임의서류를 제공할 수 있다.

⑤ 기타 의무와 정보제공을 위한 협조 및 관련 비용

매도인은 매수인에게 계약과 일치하는 물품을 제공하고, 적용 가능한 경우 매도인은 자신의 위험 및 비용부담으로 수출허가 또는 공적인 승인 및 수출통관 수속절차를 이행하여야 한다. 또한 매수인이 요구하는 경우 상관습에 반하지 않는 경우 매수인의 위험 및 비용부담으로 운송계약을 체결하여야 하며, 운송인이 약정된 기간에 물품을 인수하지 않은 때에는 이를 매수인에게 통지하여야 한다. 적용 가능한 경우 매수인의 요청과 위험 및 비용부담으로 모든 서류 및 안전관련 정보(security-related information)를 제공하여야 하며, 필요한 제서류의 취득을 위한 협조를 제공하여야 한다. 또한 계약물품을 매수인이 인도 가능하도록 필요한 모든 통지를 하여야 하고, 포장이 필요한 물품의 경우에는 적절한 화인(marking)을 하여야 한다.

한편 매수인은 계약에 정한 바에 따라 대금지급(payment of price)을 하여야 하며, 수입 승인과 수입통관수속절차를 이행하여야 하고, 지정된 장소에서 매수인에 의하여 지정된 운송인 또는 기타의 자에게 인도하는 장소에서 물품인도의 수령(taking delivery)을 행하며, 운송계약을 체결하고 운송비를 부담하여야 한다. 또한 매도인에게 운송을 위하여 지정된 운송인 명칭 또는 기타의 자의 명칭, 필요한 경우 인도를 위하여 선택된 시기, 운송방식 그리고 인도의 수령 지점을 통지하여야 한다. 매도인의 요청에 따른 정보 등의 협조를 제공하고 매수인의 요청으로 서류 또는 정보제공에 따라 발생한 모든 비용과 수수료를 매도인에게 지급하여야 한다. 그리고 검사가 수출국 당국에 의하여 강행적으로 이루어지는 경우를 제외하고 선적전검사(pre-shipment inspection: PSI)비용을 부담하여야 한다.

⑥ **거래규칙 표기의 예**

무역계약을 체결할 때 가격조건(price terms) 또는 인도조건(delivery terms)을 인코텀즈의 운송인인도(FCA) 규칙으로 약정하고자 할 경우에는 다음의 예와 같이 표기한다. 특히 FCA 규칙에서 당사자가 매도인의 구내(premises)에서 물품을 인도하기로 약정할 경우에는 다음 복합운송의 경우에서와 같이 Incoterms® 2010 규칙에 따라 매도인의 주소를 FCA 다음에 명시하여야 한다.

* **표기 기준 : "FCA 지정인도장소 삽입 Incoterms® 2010"**
  복합운송의 경우 : "FCA 30, Yangjae-dong, Seocho-gu, Seoul, Korea Incoterms® 2010"
  항공운송의 경우 : "FCA Incheon Airport Incoterms® 2010"
  해상운송의 경우 : "FCA Yongdang Container Terminal Incoterms® 2010"

철도운송의 경우 : "FCA Gwangmyung Station Incoterms® 2010"

도로운송의 경우 : "FCA Seocho Cargo Terminal Incoterms® 2010"

(3) 운송비지급인도(CPT: Carriage Paid To)

CPT (insert named place of destination) Incoterms® 2010

① 안내요지

운송비지급인도(Carriage Paid To)는 선택된 운송방식에 관계없이 사용될 수 있으며 또한 하나 이상의 운송방식인 경우에도 사용될 수 있다.

운송비지급인도란 합의된 장소(당사자간 이와 같은 장소가 합의된 경우)에서 매도인이 지정한 운송인 또는 기타의 자에게 물품을 인도하고, 지정 목적지까지 물품 운송에 필요한 운송계약을 체결하고 운송비를 지급하여야 하는 것을 의미한다. CPT, CIP, CFR 또는 CIF가 사용되는 경우, 매도인의 인도의무는 물품이 목적지에 도착될 때가 아닌 물품이 운송인에게 교부될 때에 완료된다.

이 규칙은 두 가지의 중요한 분기점이 있다. 이는 위험이 이전되고 비용이 이전되는 지점이 상이한 장소에서 이루어지기 때문이다. 당사자는 매도인으로부터 매수인에게 이전되는 인도장소와 매도인이 운송계약을 체결하여야 하는 지정목적지에 관하여 계약에서 가능한 한 분명하게 특정하도록 하여야 한다. 다수의 운송인이 합의된 목적지까지 운송을 위하여 참여된 경우 및 당사자가 특정한 인도지점에 관하여 합의하지 아니한 경우, 위험이전의 기본적인 장소는 매도인이 매수인의 관여 없이 자신이 선택한 지점에서 물품을 최초의 운송인에게 인도하는 시점이다. 만약 당사자가 위험의 이전시점을 그 이후의 단계(예컨대, 항구 또는 공항에서)로 하고자 하는 경우에는 이를 계약서에 명시할 필요가 있다.

당사자는 매도인이 합의된 목적지 내의 지정 지점까지 비용을 부담하므로 가능한 한 지정 지점을 명확하게 특정하도록 통지하여야 한다. 매도인은 그러한 선택에 명확하게 일치하는 운송계약을 취득하도록 하여야 한다. 매도인이 운송계약에 따라 지정목적지에서 양화와 관련된 비용을 지급하는 경우, 매도인은 당사자간에 별도의 합의가 없는 한 매수인으로부터 그러한 비용을 보상받을 수 없다.

CPT는 적용 가능한 경우, 매도인에게 물품에 대한 수출통관을 요구하고 있다. 그러나 매도인은 물품의 수입통관을 할 의무와 모든 수입관세의 지급의무 또는 수입통관수속절차를 이행할 의무가 없다.

② 위험의 이전

위험의 이전(transfer of risks)은 매도인이 물품을 합의된 일자 또는 기간 내에 계약된 운송인에게 인도할 때까지 물품의 멸실이나 손상에 대한 위험을 부담하는 때가 분기점이 된다. 여기서 물품의 인도는 합의된 일자 또는 기간 내에 지정 목적지까지의 운송을 위하여 운송계약이 체결된 운송인에게 계약물품을 인도함으로써 이루어진다.

보통 "door to door" 서비스가 이루어질 경우에는 매도인의 공장이나 구내에서 최초의 운송인인 컨테이너 복합운송인에게 물품을 컨테이너에 적재·인도함으로써 인도가 이루어지고 위험도 이전된다.

인도장소는 구체적으로 적출지의 매도인의 구내(premise), 컨테이너 터미널의 컨테이너 화물조작장(container freight station: CFS)이나 컨테이너 야적장(container yard: CY), 철도역이나 화물터미널, 공항이나 선적항 또는 내수로 항구, 기타 운송터미널 또는 창고 등이 될 수 있고, 경우에 따라서 철도화차내 또는 본선내 또는 부선내도 될 수 있다.

③ 비용의 분담

CPT 규칙은 물품인도장소 및 물품에 대한 위험이전 분기점을 보통 적출지인 수출국 내로 하면서도, 운송비(carriage)는 수입국 지정목적지까지 매도인이 부담하도록 함으로써 물품인도장소 및 위험이전과 비용분담(allocation of costs)에 대한 분기점을 상이하게 분리하고 있다.

CPT 규칙에서 매도인은 물품을 직접 제조하거나 구매·조달하는 데 따른 기본원가(basic costs), 사업부문별 간접원가(indirect costs), 포장비(packing costs), 품질·용적·중량·수량의 물품점검업무비용(costs of checking operations) 및 기타 잡비를 부담하여야 한다. 또한 인도지점까지의 내륙운송비(inland freight), 약정된 목적지까지의 운임(freight), 물품인도완료에 따른 통지비용과 물품인도증거서류 취득비용을 부담하여야 한다. 또한 적용 가능한 경우 수출승인이나 기타 정부승인을 얻는 데 소요되는 비용, 수출에 수반되어 부과되는 관세(export duties)와 조세 또는 기타 부과금 및 세관수속절차(customs formalities)에 소요되는 일체의 비용을 부담하여야 한다.

한편 매수인은 최종목적지까지의 적화보험료, 적용 가능한 경우(where applicable) 수입시 지급되는 모든 관세(all duties), 조세(taxes) 및 기타 부과금(other charges)을 포함한 통관비용(customs clearance charges) 등 인도된 이후의 제비용을 부담하여야 한다. 또한 매수인이 물품발송의 시기와 목적지를 매도인에게 통지하지 않음으로써 매도인의 물품인도 장해요인을 야기시킨 경우 이로 인하여 발생된 추가비용, 선적전 물품검사비용(PSI) 등을 부담하여야 한다.

④ 매도인의 제공서류

CPT 규칙에서 매도인은 일반적인 의무로 매매계약과 일치하는 상업송장(Commercial Invoice) 및 계약에서 요구하는 일치증명(evidence of conformity)을 제공하여야 한다. 이와 같은 모든 서류는 이에 상응한 전자기록 또는 절차(electronic record or procedure)도 인정된다.

또한 매도인은 인도서류(delivery document)로서 운송계약에 따른 운송서류(transport document)를 제공하여야 한다. 운송서류는 유통 가능한 형식(negotiable form)으로 수통의 원본이 발행된 경우 원본 전통(full set)을 매수인에게 제시하여야 한다. 이와 같은 운송서류로는 복합운송서류(multimodal transport document), 해상선화증권(marine bill of lading), 내수로운송서류(inland waterway document), 항공화물운송장(air waybill), 철도화물수탁서(rail consignment note), 도로화물수탁서(road consignment note) 등이다.

한편 매수인의 요청에 따라 매수인의 비용과 위험으로 포장명세서(Packing List), 원산지증명서(Certificate of Origin), 품질 및 수량증명서(Certificate of Quality and Quantity), 중량 및 용적증명서(Certificate of Weight and Measurement), 영사송장(Consular Invoice) 그리고 보험부보를 위한 정보 등 임의서류를 제공할 수 있다.

⑤ 기타 의무와 정보제공을 위한 협조 및 관련 비용

매도인은 매수인에게 계약과 일치하는 물품을 제공하고, 적용 가능한 경우 매도인은 자신의 위험 및 비용부담으로 수출허가 또는 공적인 승인 및 수출통관 수속절차를 이행하여야 한다. 또한 매도인의 위험 및 비용부담으로 운송계약을 체결하고 목적지까지의 운송비(carriage)를 부담하여야 한다. 적용 가능한 경우 매수인의 요청과 위험 및 비용부담으로 모든 서류 및 안전관련 정보(security-related information)를 제공하여야 하며, 필요한 제서류의 취득을 위한 협조를 제공하여야 한다. 또한 물품이 인도되었다는 사실 및 매수인이 인수 가능하도록 필요한 모든 통지를 행하여야 하고, 포장이 필요한 물품의 경우에는 적절한 화인(marking)을 하여야 한다.

　　한편 매수인은 계약에 정한 바에 따라 대금지급(payment of price)을 하여야 하며, 수입승인과 수입통관수속절차를 이행하여야 하고, 지정목적지에서 물품 인도의 수령(taking delivery)을 행하여야 한다. 또한 매도인의 요청에 따른 정보 등의 협조를 제공하고 매수인의 요청으로 서류 또는 정보제공에 따라 발생한 모든 비용과 수수료를 매도인에게 지급하여야 한다. 검사가 수출국 당국에 의하여 강행적으로 이루어지는 경우를 제외하고 선적전 검사(pre-shipment inspection: PSI)비용을 부담하여야 한다.

⑥ 거래규칙 표기의 예

　　무역계약을 체결할 때 가격조건(price terms) 또는 인도조건(delivery terms)을 인코텀즈의 운송비지급인도(CPT) 규칙으로 약정하고자 할 경우에는 다음의 예와 같이 표기한다.

* 표기 기준 : "CPT 지정목적지 삽입 Incoterms® 2010"
　복합운송의 경우 : "CPT Abc Warehouse, Chicago Incoterms® 2010"
　항공운송의 경우 : "CPT New York Airport Incoterms® 2010"
　해상운송의 경우 : "CPT New York Incoterms® 2010"
　철도운송의 경우 : "CPT Chicago Station Incoterms® 2010"
　도로운송의 경우 : "CPT Abc Cargo Terminal, Chicago Incoterms® 2010"

(4) 운송비·보험료지급인도(CIP: Carriage and Insurance Paid to)

CIP (insert named place of destination) Incoterms® 2010

① 안내요지

　　운송비·보험료지급인도(Carriage and Insurance Paid to)는 선택된 운송방식에 관계없이 사용될 수 있으며 또한 하나 이상의 운송방식인 경우에도 사용될 수 있다.

　　운송비·보험료지급인도란 합의된 장소(당사자간 이와 같은 장소가 합의된 경우)에서 매도인이 지정한 운송인 또는 기타의 자에게 물품을 인도하고, 지정 목적지까지 물품 운송에 필요한 운송계약을 체결하고 운송비를 지급하여야 하는 것을 의미한다.

　　매도인은 또한 운송중 물품의 멸실 또는 손상에 대한 매수인의 위험에 대하여 보험부보계약을 체결한다. 매수인은 CIP 하에서 매도인이 최소담보조건으로 보험을 부보하도록 요구되는 점을 주의하여야 한다. 매수인이 더 많은 보험담보를 원할 경우, 매도인과 특별히 합의하거나 자신이 추가보험계약을 체결할 필요가 있다. CPT, CIP, CFR 또는 CIF가 사용되는 경우, 매도인의 인도의무는 물품이 목적지에 도착될 때가 아닌 물품이 운송인에게 교부될 때에 완료된다.

이 규칙은 위험이 이전되고 비용이 이전되는 지점이 상이한 장소에서 이루어지기 때문에 두 가지의 중요한 분기점이 있다. 당사자는 매도인으로부터 매수인에게 이전되는 인도장소와 매도인이 운송계약을 체결하여야 하는 지정목적지에 관하여 계약에서 가능한 한 분명하게 특정하도록 하여야 한다. 다수의 운송인이 합의된 목적지까지 운송을 위하여 참여된 경우 및 당사자가 특정한 인도지점에 관하여 합의하지 아니한 경우, 위험이전의 기본적인 장소는 매도인이 매수인의 관여 없이 자신이 선택한 지점에서 물품을 최초의 운송인에게 인도하는 시점이다. 만약 당사자가 위험의 이전시점을 그 이후의 단계(예컨대, 항구 또는 공항에서)로 하고자 하는 경우에는 이를 계약서에 명시할 필요가 있다.

당사자는 매도인이 합의된 목적지 내의 지정지점까지 비용을 부담하므로 가능한 한 지정지점을 명확하게 특정하도록 하여야 한다. 매도인은 그러한 선택에 명확하게 일치하는 운송계약을 취득하도록 통지하여야 한다. 매도인이 관련된 운송계약에 따라 지정목적지에서의 양화와 관련된 비용을 지급하는 경우, 매도인은 당사자간에 별도 합의가 없는 한 매수인으로부터 그러한 비용을 보상받을 수 없다.

CIP는 적용 가능한 경우, 매도인에게 물품에 대한 수출통관을 요구하고 있다. 그러나 매도인은 물품의 수입통관을 할 의무와 모든 수입관세의 지급의무 또는 수입통관수속절차를 이행할 의무가 없다.

② 위험의 이전

위험의 이전(transfer of risks)은 매도인이 물품을 합의된 일자 또는 기간 내에 계약된 운송인에게 인도할 때까지 물품의 멸실 또는 손상에 대한 위험을 부담한 때가 분기점이 된다. 여기서 물품의 인도는 합의된 일자 또는 기간 내에 지정 목적지까지의 운송을 위하여 운송계약이 체결된 운송인에게 계약물품을 인도함으로써 이루어진다.

보통 "door to door" 서비스가 이루어질 경우에는 매도인의 공장이나 구내에서 최초의 운송인인 컨테이너 복합운송인에게 물품을 컨테이너에 적재·인도함으로써 인도가 이루어지고 위험도 이전된다.

인도장소는 구체적으로 적출지의 매도인의 구내(premise), 컨테이너 터미널의 컨테이너 화물조작장(container freight station: CFS)이나 컨테이너 야적장(container yard: CY), 철도역이나 화물터미널, 공항이나 선적항 또는 내수로 항구, 기타 운송터미널 또는 창고 등이 될 수 있고, 경우에 따라서 철도화차내 또는 본선내 또는 부선내도 될 수 있다.

③ 비용의 분담

CIP 규칙은 물품인도장소 및 물품에 대한 위험이전 분기점을 보통 적출지인 수출국 내로 하면서도, 운송비(carriage) 및 적화보험료(cargo insurance premium)는 수입국 지정목적지까지 매도인이 부담하도록 함으로써 물품인도장소 및 위험이전과 비용의 분담(allocation of costs)에 대한 분기점을 상이하게 분리하고 있다.

CIP 규칙에서 매도인은 물품을 직접 제조하거나 구매·조달하는 데 따른 기본원가(basic costs), 사업부문별 간접원가(indirect costs), 포장비(packing costs), 품질·용적·중량·수량의 물품점검업무비용(costs of checking operations) 및 기타 잡비를 부담하여야 한다. 또한 인도 지점까지의 내륙운송비(inland freight), 약정된 목적지까지의 운임(freight) 및 적화보험료, 물품인도완료에 따른 통지비용과 물품인도증거서류 취득비용을 부담하여야 한다. 또한 적용 가능한 경우 수출승인이나 기타 정부승인을 얻는 데 소요되는 비용, 수출에 수반되어 부과되는 관세(export duties)와 조세 또는 기타 부과금 및 세관수속절차(customs formalities)에 소요되는 일체의 비용을 부담하여야 한다.

한편 매수인은 적용 가능한 경우(where applicable), 수입시 지급되는 모든 관세(all duties), 조세(taxes) 및 기타 부과금(other charges)을 포함한 통관비용(customs clearance charges) 등 인도된 이후의 제비용을 부담하여야 한다. 또한 매수인이 물품발송의 시기와 목적지를 매도인에게 통지하지 않음으로써 매도인의 물품인도 장해요인을 야기시킨 경우 이로 인하여 발생된 추가비용, 선적전 물품검사비용(PSI) 등을 부담하여야 한다.

④ 매도인의 제공서류

CPT 규칙에서 매도인은 일반적인 의무로 매매계약과 일치하는 상업송장(Commercial Invoice) 및 계약에서 요구하는 일치증명(evidence of conformity)을 제공하여야 한다. 이와 같은 모든 서류는 이에 상응한 전자기록 또는 절차(electronic record or procedure)도 인정된다.

또한 매도인은 인도서류(delivery document)로서 운송계약에 따른 운송서류(transport

document)를 제공하여야 한다. 운송서류는 유통 가능한 형식(negotiable form)으로 수통의 원본이 발행된 경우 원본 전통(full set)을 매수인에게 제시하여야 한다. 이와 같은 운송서류로는 복합운송서류(multimodal transport document), 해상선화증권(marine bill of lading), 내수로운송서류(inland waterway document), 항공화물운송장(air waybill), 철도화물수탁서(rail consignment note), 도로화물수탁서(road consignment note) 등이다.

그리고 LMA/IUA가 제정한 협회적화약관(Institute Cargo Clauses)의 C조건과 같은 최소담보조건으로 부보(minimum cover)되고 계약에서 약정된 금액에 10%를 가산한 금액으로 부보된 보험증권(insurance policy) 또는 그 밖의 보험부보 증거(evidence of insurance cover)를 제공하여야 한다.

한편 매수인의 요청에 따라 매수인의 비용과 위험으로 포장명세서(Packing List), 원산지증명서(Certificate of Origin), 품질 및 수량증명서(Certificate of Quality and Quantity), 중량 및 용적증명서(Certificate of Weight and Measurement), 영사송장(Consular Invoice) 그리고 보험부보를 위한 정보 등 임의서류를 제공할 수 있다.

⑤ 기타 의무와 정보제공을 위한 협조 및 관련 비용

매도인은 매수인에게 계약과 일치하는 물품을 제공하고, 적용 가능한 경우 매도인은 자신의 위험 및 비용부담으로 수출허가 또는 공적인 승인 및 수출통관수속절차를 이행하여야 한다. 또한 매도인의 위험 및 비용부담으로 운송계약을 체결하고 목적지까지의 운송비(carriage)를 부담하여야 한다. 또한 물품인도지점으로부터 적어도 지정목적지까지 담보될 수 있도록 보험자와 적화보험계약을 체결하고 보험료를 부담하여야 한다. 적용 가능한 경우, 매수인의 요청과 위험 및 비용부담으로 모든 서류 및 안전관련 정보(security-related information)를 제공하여야 하며, 필요한 제서류의 취득을 위한 협조를 제공하여야 한다. 또한 물품이 인도되었다는 사실 및 매수인이 인수 가능하도록 필요한 모든 통지를 행하여야 하고, 포장이 필요한 물품의 경우에는 적절한 화인(marking)을 하여야 한다.

한편 매수인은 계약에 정한 바에 따라 대금지급(payment of price)을 하여야 하며, 수입승인과 수입통관수속절차를 이행하여야 하고, 지정목적지에서 물품 인도의 수령(taking delivery)을 행하여야 한다. 또한 매도인의 요청에 따른 정보 등의 협조를 제공하고 매수인의 요청으로 서류 또는 정보제공에 따라 발생한 모든 비용과 수수료를 매도인에게 지급하여야 한다. 검사가 수출국 당국에 의하여 강행적으로 이루어지는 경우를 제외하고 선적전 검사(pre-shipment inspection: PSI)비용을 부담하여야 한다.

⑥ 거래규칙 표기의 예

무역계약을 체결할 때 가격조건(price terms) 또는 인도조건(delivery terms)을 인코텀즈의 운송비·보험료지급인도(CIP) 규칙으로 약정하고자 할 경우에는 다음의 예와 같이 표기한다.

* 표기 기준 : "**CIP 지정목적지 삽입 Incoterms® 2010**"
  복합운송의 경우 : "CIP Abc Warehouse, Chicago Incoterms® 2010"
  항공운송의 경우 : "CIP New York Airport Incoterms® 2010"
  해상운송의 경우 : "CIP New York Incoterms® 2010"
  철도운송의 경우 : "CIP Chicago Station Incoterms® 2010"
  도로운송의 경우 : "CIP Abc Cargo Terminal, Chicago Incoterms® 2010"

(5) 터미널인도(DAT: Delivered At Terminal)

DAT (insert named terminal at port or place of destination) Incoterms® 2010

① 안내요지

터미널인도(Delivered At Terminal)는 선택된 운송방식에 관계없이 사용될 수 있으며 또한 하나 이상의 운송방식인 경우에도 사용될 수 있다.

터미널인도란 지정 목적항 또는 지정 목적지에 있는 지정터미널에서 도착한 운송수단에서 일단 양화한 물품을 매수인의 임의처분 상태로 둘 때 매도인이 인도하는 것을 의미한다. 터미널은 덮개 유무와 관계없이 부두, 창고, 컨테이너 야드 또는 도로, 철도 또는 항공화물 터미널을 포함한다. 매도인은 지정 목적항 또는 지정 목적지에 있는 지정터미널까지의 물품운송 및 양화에 따른 모든 위험을 부담한다.

당사자는 매도인이 그 지점까지의 위험을 부담하여야 하는 합의된 항구 또는 목적지의 터미널 내의 특정지점을 가능한 한 분명하게 명시하도록 하여야 한다. 매도인은 그러한 선택에 정확하게 일치하는 운송계약을 체결하여야 한다. 또한 당사자가 터미널에서 다른 장소로 물품을 운송 및 취급하는 데 따른 위험 및 비용을 매도인이 부담하기로 하는 경우에는 DAP나 DDP 규칙이 사용되어야 한다.

DAT는 적용 가능한 경우, 매도인에게 물품에 대한 수출통관을 요구하고 있다. 그러나 매도인은 물품의 수입통관을 할 의무와 모든 수입관세의 지급의무 또는 수입통관수속절차를 이행할 의무가 없다.

② 위험의 이전

위험의 이전(transfer of risks)은 매도인이 합의된 일자 또는 기간 내에 목적지의 항구 또는 장소의 지정터미널에서 도착한 운송수단으로부터 양화한 물품을 매수인의 임의처분 상태로 두어 인도 완료할 때까지의 멸실 또는 손상에 대한 위험을 부담할 때가 분기점이 된다.

③ 비용의 분담

DAT 규칙에서 비용의 분담(allocation of costs)에 대한 분기점과 위험의 이전시점은 일치된다. 매도인은 물품을 직접 제조하거나 구매·조달하는 데 따른 기본원가(basic costs), 사업부문별 간접원가(indirect costs), 포장비(packing costs), 품질·용적·중량·수량의 물품점검업무비용(costs of checking operations) 및 기타 잡비를 부담하여야 한다. 또한 합의된 목적지 항구 또는 장소에 있는 지정터미널까지 양화비(unloading charges)를 포함한 물품운송비를 부담한다. 또한 매도인의 의무는 아닐지라도 자신을 위하여 적화보험을 부보하였다면, 당연히 적화보험료도 부담하여야 하는 것이다. 또한 매도인은 적용 가능한 경우(where applicable), 자신의 위험과 비용으로 모든 수출허가 기타 공적인 승인 및 물품수출을 위하여 모든 세관수속절차(customs formalities)를 이행하고, 인도 이전 모든 국가에서 물품수출을 위하여 필요한 세관수속절차 및 운송을 위하여 소요되는 일체의 비용을 부담하여야 한다.

한편 매수인은 적용 가능한 경우, 자신의 위험과 비용으로 모든 수입허가 기타 공적인 승인 및 물품수입을 위하여 모든 세관수속절차를 이행하여야 한다. 따라서 매수인은 물품수입과 관련된 모든 관세(all duties), 조세(taxes) 및 기타 부과금(other charges)을 포함한 통관비용(customs clearance charges)을 포함하여 인도된 이후의 제비용을 부담하여야 한다.

④ 매도인의 제공서류

DAT 규칙에서 매도인은 일반적인 의무로 매매계약과 일치하는 상업송장(Commercial

Invoice) 및 계약에서 요구하는 일치증명(evidence of conformity)을 제공하여야 한다. 이와 같은 모든 서류는 이에 상응한 전자기록 또는 절차(electronic record or procedure)도 인정된다.

또한 매도인은 매수인이 목적지의 항구 또는 장소의 지정터미널에서 도착한 운송수단으로부터 양화한 물품을 인도의 수령이 가능한 인도서류(delivery document)를 제공하여야 한다. 이와 같은 서류들은 합의에 따라 예컨대, 화물인도지시서(Delivery Order: D/O)나 통상의 운송서류가 이용될 수 있다.

한편 매수인의 요청에 따라 매수인의 비용과 위험으로 포장명세서(Packing List), 원산지증명서(Certificate of Origin), 품질 및 수량증명서(Certificate of Quality and Quantity), 중량 및 용적증명서(Certificate of Weight and Measurement), 영사송장(Consular Invoice) 그리고 보험부보를 위한 정보 등 임의서류를 제공할 수 있다.

⑤ 기타 의무와 정보제공을 위한 협조 및 관련 비용

매도인은 매수인에게 계약과 일치하는 물품을 제공하고, 적용 가능한 경우 매도인은 자신의 위험 및 비용부담으로 수출허가 또는 공적인 승인 및 수출통관수속절차를 이행하여야 한다. 또한 매도인의 위험 및 비용부담으로 운송계약을 체결하고 목적지까지의 운송비(carriage)를 부담하여야 한다. 또한 매도인은 매수인을 위하여 적화보험 부보의무는 없으나 매수인의 요청이 있을 경우 매수인의 위험과 비용으로 매수인이 보험부보를 할 수 있는 정보를 제공하여야 한다. 적용 가능한 경우, 매수인의 요청과 위험 및 비용부담으로 모든 서류 및 안전 관련 정보(security-related information)를 제공하여야 하며, 필요한 제서류의 취득을 위한 협조를 제공하여야 한다. 또한 물품이 인도되었다는 사실 및 매수인이 인도 가능하도록 필요한 모든 통지를 행하여야 하고, 포장이 필요한 물품의 경우에는 적절한 화인(marking)을 하여야 한다.

한편 매수인은 계약에 정한 바에 따라 대금지급(payment of price)을 하여야 하며, 수입승인과 수입통관수속절차를 이행하여야 하고, 목적지 지정터미널에서 물품 인도의 수령(taking delivery)을 행하여야 한다. 또한 매도인의 요청에 따른 정보 등의 협조를 제공하고 매수인의 요청으로 서류 또는 정보제공에 따라 발생한 모든 비용과 수수료를 매도인에게 지급하여야 한다. 검사가 수출국 당국에 의하여 강행적으로 이루어지는 경우를 제외하고 선적전검사(pre-shipment inspection: PSI)비용을 부담하여야 한다.

⑥ **거래규칙 표기의 예**

무역계약을 체결할 때 가격조건(price terms) 또는 인도조건(delivery terms)을 인코텀즈의 터미널인도(DAT) 규칙으로 약정하고자 할 경우에는 다음의 예와 같이 표기한다.

* **표기 기준 : "DAT 목적지 항구 또는 장소의 지정터미널 삽입 Incoterms® 2010"**
   복합운송의 경우 : "DAT Abc Terminal, Chicago Incoterms® 2010"
   항공운송의 경우 : "DAT Abc Aircargo Terminal, New York Airport Incoterms® 2010"
   해상운송의 경우 : "DAT Abc Terminal, New York Incoterms® 2010"
   철도운송의 경우 : "DAT Abc Terminal, Chicago Station Incoterms® 2010"
   도로운송의 경우 : "DAT Abc Cargo Terminal, Chicago Incoterms® 2010"

(6) 목적지인도(DAP: Delivered At Place)

DAP (insert named place of destination) Incoterms® 2010

① **안내요지**

목적지인도(Delivered At Place)는 선택된 운송방식에 관계없이 사용될 수 있으며 또한 하나 이상의 운송방식인 경우에도 사용될 수 있다.

목적지인도란 지정 목적지에서 양화를 위하여 준비된 도착 운송수단상에서 물품을 매수인의 임의처분 상태로 둘 때 매도인이 인도하는 것을 의미한다. 매도인은 지정 장소까지의 물품운송에 포함된 모든 위험을 부담한다.

당사자는 매도인이 그 지점까지의 위험을 부담하여야 하는 합의된 목적지 내의 특정지점을 가능한 한 분명하게 명시하도록 하여야 한다. 매도인은 그러한 선택에 정확하게 일치하는 운송계약을 체결하여야 한다. 매도인이 운송계약에 따라 지정목적지에서 양화와 관련된 비용을 지급하는 경우, 매도인은 당사자간에 별도 합의가 없는 한 매수인으로부터 그러한 비용을 보상받을 수 없다.

DAP는 적용 가능한 경우, 매도인에게 물품에 대한 수출통관을 요구하고 있다. 그러나 매도인은 물품의 수입통관을 할 의무와 모든 수입관세의 지급의무 또는 수입통관수속절차를 이행할 의무가 없다.

당사자가 매도인이 물품에 대한 수입통관을 하고 모든 수입관세의 지급 및 모든 수입통관수속절차를 이행하기를 원할 경우, DDP 규칙이 사용되어야 한다.

② 위험의 이전

위험의 이전(transfer of risks)은 매도인이 합의된 일자 또는 기간 내에 목적지의 합의된 지점에서 양화를 위하여 준비된 도착 운송수단상에서 물품을 매수인의 임의처분 상태로 두어 인도 완료할 때까지의 멸실 또는 손상에 대한 위험을 부담할 때가 분기점이 된다.

③ 비용의 분담

DAP 규칙에서 비용의 분담(allocation of costs)에 대한 분기점과 위험의 이전시점은 일치된다. 매도인은 물품을 직접 제조하거나 구매·조달하는 데 따른 기본원가(basic costs), 사업부문별 간접원가(indirect costs), 포장비(packing costs), 품질·용적·중량·수량의 물품점검업무비용(costs of checking operations) 및 기타 잡비를 부담하여야 한다. 또한 목적지의 합의된 지점에서 양화하지 아니한 상태로 준비된 도착 운송수단상에서 물품을 매수인의 임의처분 상태로 두어 인도 완료할 때까지의 물품운송비를 부담한다(그러나 운송계약에서 매도인이 부담하기로 할 경우에는 매도인이 부담한다).[15] 또한 매도인의 의무는 아닐지라도 자신을 위하여 적화보험을 부보하였다면, 당연히 적화보험료도 부담하여야 하는 것이다. 또한 매도인은 적용 가능한 경우(where applicable), 자신의 위험과 비용으로 모든 수출허가, 기타 공적인 승인 및 물품수출을 위하여 모든 세관수속절차(customs formalities)를 이행하고, 인도 이전 모든 국가에서 물품수출을 위하여 필요한 세관수속절차 및 운송을 위하여 소요되는 일체의 비용을 부담하여야 한다.

한편 매수인은 적용 가능한 경우, 자신의 위험과 비용으로 모든 수입허가 기타 공적인 승인 및 물품수입을 위하여 모든 세관수속절차를 이행하여야 한다. 따라서 매수인은 물품수입과 관련된 모든 관세(all duties), 조세(taxes) 및 기타 부과금(other charges)을 포함한 통관비용(customs clearance charges)을 포함하여 인도된 이후의 제비용을 부담하여야 한다. 또한 양화비가 운송계약에 따라 매도인이 부담하지 아니하였을 경우, 매수인은 지정 목적지에서 도착 운송수단으로부터 물품인도 수령을 위하여 필요한 모든 양화비를 지급하여야 한다.[16]

---

15) Incoterms® 2010, DAP, A6-b).
16) Incoterms® 2010, DAP, B6-b).

④ 매도인의 제공서류

DAP 규칙에서 매도인은 일반적인 의무로 매매계약과 일치하는 상업송장(Commercial Invoice) 및 계약에서 요구하는 일치증명(evidence of conformity)을 제공하여야 한다. 이와 같은 모든 서류는 이에 상응한 전자기록 또는 절차(electronic record or procedure)도 인정된다.

또한 매도인은 매수인이 목적지의 합의된 지점에서 양화를 위하여 준비된 도착 운송수단상에서 물품을 매수인의 임의처분 상태로 두어 인도의 수령이 가능한 인도서류(delivery document)를 제공하여야 한다. 이와 같은 서류들은 합의에 따라 예컨대, 화물인도지시서(Delivery Order: D/O)나 통상의 운송서류가 이용될 수 있다.

한편 매수인의 요청에 따라 매수인의 비용과 위험으로 포장명세서(Packing List), 원산지증명서(Certificate of Origin), 품질 및 수량증명서(Certificate of Quality and Quantity), 중량 및 용적증명서(Certificate of Weight and Measurement), 영사송장(Consular Invoice) 그리고 보험부보를 위한 정보 등 임의서류를 제공할 수 있다.

⑤ 기타 의무와 정보제공을 위한 협조 및 관련 비용

매도인은 매수인에게 계약과 일치하는 물품을 제공하고, 적용 가능한 경우 매도인은 자신의 위험 및 비용부담으로 수출허가 또는 공적인 승인 및 수출통관 수속절차를 이행하여야 한다. 또한 매도인의 위험 및 비용부담으로 운송계약을 체결하고 지정 목적지까지의 운송비(carriage)를 부담하여야 한다. 또한 매도인은 매수인을 위하여 적화보험 부보의무는 없으나 매수인의 요청이 있을 경우 매수인의 위험과 비용으로 매수인이 보험부보를 할 수 있는 정보를 제공하여야 한다. 적용 가능한 경우, 매수인의 요청과 위험 및 비용부담으로 모든 서류 및 안전 관련 정보(security-related information)를 제공하여야 하며, 필요한 제 서류의 취득을 위한 협조를 제공하여야 한다. 또한 물품이 인도되었다는 사실 및 매수인이 인수 가능하도록 필요한 모든 통지를 행하여야 하고, 포장이 필요한 물품의 경우에는 적절한 화인(marking)을 하여야 한다.

한편 매수인은 계약에 정한 바에 따라 대금지급(payment of price)을 하여야 하며, 수입승인과 수입통관수속절차를 이행하여야 하고, 지정 목적지에서 물품 인도의 수령(taking delivery)을 행하여야 한다. 또한 매도인의 요청에 따른 정보 등의 협조를 제공하고 매수인의 요청으로 서류 또는 정보제공에 따라 발생한 모든 비용과 수수료를 매도인에게 지급하여야 한다. 검사가 수출국 당국에 의하여 강행적으로 이루어지는 경우를 제외하고 선적전 검사(pre-shipment inspection: PSI)비용을 부담하여야 한다.

⑥ 거래규칙 표기의 예

무역계약을 체결할 때 가격조건(price terms) 또는 인도조건(delivery terms)을 인코텀즈의 목적지인도(DAP) 규칙으로 약정하고자 할 경우에는 다음의 예와 같이 표기한다.

* **표기 기준 : "DAP 지정목적지 삽입 Incoterms® 2010"**
  복합운송의 경우 : "DAP Abc Warehouse, Chicago Incoterms® 2010"
  항공운송의 경우 : "DAP New York Airport Incoterms® 2010"
  해상운송의 경우 : "DAP New York Incoterms® 2010"
  철도운송의 경우 : "DAP Chicago Station Incoterms® 2010"
  도로운송의 경우 : "DAP Abc Cargo Terminal, Chicago Incoterms® 2010"

(7) 관세지급인도(DDP: Delivered Duty Paid)

DDP (insert named place of destination) Incoterms® 2010

① 안내요지

관세지급인도(Delivered Duty Paid)는 선택된 운송방식에 관계없이 사용될 수 있으며 또한 하나 이상의 운송방식인 경우에도 사용될 수 있다.

관세지급인도란 지정 목적지에서 양화를 위하여 준비된 도착 운송수단상에서 수입 통관된 물품을 매수인의 임의처분 상태로 둘 때 매도인이 인도하는 것을 의미한다. 매도인은 목적지까지의 물품운송에 포함된 모든 비용 및 위험을 부담하고 물품의 수출통관뿐만이 아니라 수입통관 의무를 부담하고 수출 및 수입에 대한 모든 관세를 부담하고 모든 통관수속절차를 이행할 의무가 있다.

DDP는 매도인의 최대의무(maximum obligation)를 나타낸다.

당사자는 매도인이 그 지점까지의 위험을 부담하여야 하는 합의된 목적지내의 특정지점을 가능한 한 분명하게 명시하도록 하여야 한다. 매도인은 그러한 선택에 정확하게 일치하는 운송계약을 체결하여야 한다. 매도인이 운송계약에 따라 지정목적지에서 양화와 관련된 비용을 지급하는 경우, 매도인은 당사자간에 별도 합의가 없는 한 매수인으로부터 그러한 비용을 보상받을 수 없다.

매도인이 직접적으로 또는 간접적으로 수입통관을 할 수 없는 경우, 당사자는 DDP를 사용하지 아니하는 것이 좋다. 당사자가 매수인이 수입통관에 따른 모든 위험 및 비용 부담을 원할 경우, DAP 규칙이 사용되어야 한다.

매매계약에서 별도의 명시적 합의가 없는 한 수입시에 지급되는 모든 부가가치세 또는 기타 조세는 매도인이 부담한다.

② 위험의 이전

위험의 이전(transfer of risks)은 매도인이 합의된 일자 또는 기간 내에 지정 목적지에서 양화를 위하여 준비된 도착 운송수단상에서 수입 통관된 물품을 매수인의 임의처분 상태로 두어 인도를 완료할 때까지의 멸실 또는 손상에 대한 위험을 부담할 때가 분기점이 된다.

③ 비용의 분담

DDP 규칙에서 비용의 분담(allocation of costs)에 대한 분기점과 위험의 이전시점은 일치된다. 매도인은 물품을 직접 제조하거나 구매·조달하는 데 따른 기본원가(basic costs), 사업부문별 간접원가(indirect costs), 포장비(packing costs), 품질·용적·중량·수량의 물품점검업무비용(costs of checking operations) 및 기타 잡비를 부담하여야 한다. 또한 목적지의 합의된 지점에서 양화하지 아니한 상태로 준비된 도착 운송수단상에서 물품을 매수인의 임의처분 상태로 두어 인도 완료할 때까지의 물품운송비를 부담한다(그러나 운송계약에서 매도인이 부담하기로 할 경우에는 매도인이 부담한다).[17] 또한 매도인의 의무는 아닐지라도 자신을 위하여 적화보험을 부보하였다면, 당연히 적화보험료도 부담하여야 하는 것이다. 또한 매도인은 적용 가능한 경우(where applicable), 자신의 위험과 비용으로 모든 수출입허가, 기타 공적인 승인 및 물품수출입을 위하여 모든 세관수속절차(customs formalities)를 이행하고, 인도 이전 모든 국가에서 물품수출입을 위하여 필요한 세관수속절차 및 운송을 위하여 소요되는 일체의 비용을 부담하여야 한다.

한편 매수인은 적용 가능한 경우, 매도인의 위험과 비용으로 모든 수입허가 기타 공적인 승인 및 물품수입을 위하여 모든 세관수속절차에 대하여 매도인에게 협조를 제공하여

---

17) Incoterms® 2010, DDP, A6-b).

야 한다. 또한 양화비가 운송계약에 따라 매도인이 부담하지 아니하였을 경우, 매수인은 지정 목적지에서 도착 운송수단으로부터 물품인도 수령을 위하여 필요한 모든 양화비를 지급하여야 한다.[18]

④ 매도인의 제공서류

DDP 규칙에서 매도인은 일반적인 의무로 매매계약과 일치하는 상업송장(Commercial Invoice) 및 계약에서 요구하는 일치증명(evidence of conformity)을 제공하여야 한다. 이와 같은 모든 서류는 이에 상응한 전자기록 또는 절차(electronic record or procedure)도 인정된다.

또한 매도인은 매수인이 목적지의 합의된 지점에서 양화를 위하여 준비된 도착 운송수단상에서 물품을 매수인의 임의처분 상태로 두어 인도의 수령이 가능한 인도서류(delivery document)를 제공하여야 한다. 이와 같은 서류들은 합의에 따라 예컨대, 화물인도지시서(Delivery Order: D/O)나 통상의 운송서류가 이용될 수 있다.

한편 매수인의 요청에 따라 매수인의 비용과 위험으로 포장명세서(Packing List), 원산지증명서(Certificate of Origin), 품질 및 수량증명서(Certificate of Quality and Quantity), 중량 및 용적증명서(Certificate of Weight and Measurement), 영사송장(Consular Invoice) 그리고 보험부보를 위한 정보 등 임의서류를 제공할 수 있다.

⑤ 기타 의무와 정보제공을 위한 협조 및 관련 비용

매도인은 매수인에게 계약과 일치하는 물품을 제공하고, 적용 가능한 경우 매도인은 자신의 위험 및 비용부담으로 수출입허가 또는 공적인 승인 및 수출입통관 수속절차를 이행하여야 한다. 또한 매도인의 위험 및 비용부담으로 운송계약을 체결하고 지정 목적지까지의 운송비(carriage)를 부담하여야 한다. 또한 매도인은 매수인을 위하여 적화보험 부보 의무는 없으나 매수인의 요청이 있을 경우 매수인의 위험과 비용으로 매수인이 보험부보를 할 수 있는 정보를 제공하여야 한다. 적용 가능한 경우, 매수인의 요청과 위험 및 비용부담으로 모든 서류 및 안전관련 정보(security-related information)를 제공하여야 하며, 필요한 제서류의 취득을 위한 협조를 제공하여야 한다. 또한 물품이 인도되었다는 사실 및 매수인이 인수 가능하도록 필요한 모든 통지를 행하여야 하고, 포장이 필요한 물품의 경

---

18) Incoterms® 2010, DDP, B6-b).

우에는 적절한 화인(marking)을 하여야 한다.

한편 매수인은 계약에 정한 바에 따라 대금지급(payment of price)을 하여야 하며, 수입 승인과 수입통관수속절차를 이행하여야 하고, 지정 목적지에서 물품 인도의 수령(taking delivery)을 행하여야 한다. 적용 가능한 경우, 매도인의 요청에 따른 정보 등의 협조를 제공하고 매수인의 요청으로 서류 또는 정보제공에 따라 발생한 모든 비용과 수수료를 매도 인에게 지급하여야 한다. 검사가 수출국 당국에 의하여 강행적으로 이루어지는 경우를 제외하고 선적전검사(pre-shipment inspection: PSI)비용을 부담하여야 한다.

⑥ 거래규칙 표기의 예

무역계약을 체결할 때 가격조건(price terms) 또는 인도조건(delivery terms)을 인코텀즈 의 관세지급인도(DDP) 규칙으로 약정하고자 할 경우에는 다음의 예와 같이 표기한다.

* 표기 기준 : "DDP 지정목적지 삽입 Incoterms® 2010"

복합운송의 경우 : "DDP Abc Warehouse, Chicago Incoterms® 2010"

항공운송의 경우 : "DDP New York Airport Incoterms® 2010"

해상운송의 경우 : "DDP New York Incoterms® 2010"

철도운송의 경우 : "DDP Chicago Station Incoterms® 2010"

도로운송의 경우 : "DDP Abc Cargo Terminal, Chicago Incoterms® 2010"

2) 해상 및 내수로 운송을 위한 규칙

(1) 선측인도(FAS : Free Alongside Ship)

FAS (insert named port of shipment) Incoterms® 2010

① 안내요지

선측인도(Free Alongside Ship)는 해상운송 및 내수로 운송에만 사용될 수 있다.

선측인도란 물품이 지정된 선적항에서 매수인이 지정한 본선(예컨대, 부두 또는 부선상) 의 선측에 둘 때 매도인이 인도하는 것을 의미한다. 물품이 본선 선측에 있을 때 물품의 멸실 또는 손상의 위험이 이전되며 매수인은 그 시점으로부터 모든 비용을 부담한다.

당사자는 지정 선적항에서 그 지점까지의 비용 및 위험을 매도인이 부담하는 것으로 한다는 것과 같이 가능한 한 적재 지점을 명확하게 명시하여야 한다. 그리고 이러한 비용 및 관련되는 취급수수료는 항구의 관습에 따라 다를 수 있다.

매도인은 본선 선측에서 물품을 인도하거나 또는 선적을 위하여 이미 그와 같이 인도된 물품을 조달(procure)하여야 한다. 참고로 여기에서 "조달"은 상품무역에 있어서 흔히 발생하는 다수의 판매사슬(연속판매)에 부응하기 위한 것이다.

물품이 컨테이너에 적재되는 경우, 매도인이 본선의 선측이 아닌 터미널에서 운송인에게 물품을 교부하는 것이 전형적인 것이다. 이러한 경우 FAS 규칙은 부적절하며, FCA 규칙이 사용되어야 한다.

FAS는 적용 가능한 경우, 매도인에게 물품에 대한 수출통관을 요구하고 있다. 그러나 매도인은 물품의 수입통관을 할 의무와 모든 수입관세의 지급의무 또는 수입통관수속절차를 이행할 의무가 없다.

② 위험의 이전

위험의 이전(transfer of risks)은 매도인이 계약물품을 합의된 일자나 기간 내에 적재 지점에서 매수인에 의하여 지명된 본선 선측(alongside the ship)에 두어 인도할 때가 분기점이 된다. 매수인이 특정 적재 지점을 지정하지 아니한 경우, 매도인은 지정 선적항 내에서 가장 적합한 지점을 선택할 수 있다.

따라서 위험부담의 장소적 분기점은 본선이 부두에 접안되어 있을 경우에는 선적을 위한 적양화 장비, 즉 양화기(winch) 등 선적용구(tackle)가 도달할 수 있는 부두상(on the quay)이 되고 또한 해상에 정박하여 있을 경우에는 부선내(in lighter)가 된다.

③ 비용의 분담

FAS 규칙에서 비용의 분담(allocation of costs)에 대한 분기점과 위험의 이전시점은 일치된다. 비용의 분담은 위험이전의 분기점을 기준으로 하여 매도인은 적재 지점에서 매수인에 의하여 지명된 본선 선측(alongside the ship)에 인도할 때까지의 제비용을 부담한다. 즉 물품을 직접 제조하거나 구매·조달하는 데 따른 기본원가(basic costs), 사업부문별 간접원가(indirect costs), 포장비(packing costs), 품질·용적·중량·수량의 물품점검업무비용(costs of checking operations) 및 기타 잡비를 부담하여야 한다.

또한 인도 지점까지의 내륙운송비(inland freight), 물품인도완료에 따른 통지비용과 물품인도증거서류 취득비용을 부담하여야 한다. 또한 적용 가능한 경우, 수출승인이나 기타 정부승인을 얻는 데 소요되는 비용, 수출에 수반되어 부과되는 관세(export duties)와 조세 또는 기타 부과금 및 세관수속절차(customs formalities)에 소요되는 일체의 비용을 부담하여야 한다. 또한 항구세(port dues), 부두사용료(wharfage), 창고료(go-down rent), 보관료(storage), 본선이 부두에 접안된 경우의 본선선측까지의 물품운반비용(porterage), 본선이 해상에 정박된 경우 선내인부임(stevedorage) 및 부선비(lighterage)를 부담하여야 한다.

한편 매수인은 매도인이 물품인도의무를 완료한 이후 일체의 비용을 부담하여야 한다. 즉 적재비(loading charges)와 적부비(stowage; stowing charges) 등 선적 작업비용, 최종 목적항까지의 해상운임(ocean freight), 적화보험료(cargo insurance premium), 목적항에서의 양륙비(unloading charges), 수입통관비용 및 제세와 공과금, 적용 가능한 경우(where applicable) 수입시 지급되는 모든 관세(all duties), 조세(taxes) 및 기타 부과금(other charges)을 포함한 통관비용(customs clearance charges) 등 인도된 이후의 제비용이다.

④ 매도인의 제공서류

FAS 규칙에서 매도인은 일반적인 의무로 매매계약과 일치하는 상업송장(Commercial Invoice) 및 계약에서 요구하는 일치증명(evidence of conformity)을 제공하여야 한다. 이와 같은 모든 서류는 이에 상응한 전자기록 또는 절차(electronic record or procedure)도 인정된다.

매도인은 인도서류(delivery document)로서 본선 선측에 인도가 완료되었다는 관례적인 증거(usual proof)를 제공하여야 한다. 이러한 증거가 운송서류가 아닐 경우 매수인의 요청으로 매수인의 위험과 비용부담으로 운송서류를 취득하는 데 따른 협조를 제공하여야 한다.

관례적인 증거의 예는 항만당국이 발행하는 부두수령증(Dock's Receipt: D/R), 선박대리인이 발행하는 선박수령증(Ship's Receipt) 또는 수령선화증권(Received for Shipment B/L) 또는 선측수령증(Alongside Receipt) 등을 들 수 있다. 매수인이 요청할 경우 매도인은 해상선화증권(marine bill of lading)과 같은 운송서류를 제공할 수 있다.

한편 매수인의 요청에 따라 매수인의 비용과 위험으로 포장명세서(Packing List), 원산지증명서(Certificate of Origin), 품질 및 수량증명서(Certificate of Quality and Quantity), 중량 및 용적증명서(Certificate of Weight and Measurement), 영사송장(Consular Invoice) 그리고 보험부보를 위한 정보 등 임의서류를 제공할 수 있다.

⑤ 기타 의무와 정보제공을 위한 협조 및 관련 비용

매도인은 매수인에게 계약과 일치하는 물품을 제공하고, 적용 가능한 경우 매도인은 자신의 위험 및 비용부담으로 수출허가 또는 공적인 승인 및 수출통관 수속절차를 이행하여야 한다. FAS 규칙에서 매도인이 운송계약의무는 없지만, 매수인이 요청하는 경우 상관습에 따라 매수인의 위험 및 비용부담으로 보통의 운송계약을 체결할 수도 있으며, 운송인이 약정된 기간에 물품 인도의 수령을 하지 않은 때에는 이를 매수인에게 통지하여야 한다. 적용 가능한 경우, 매수인의 요청과 위험 및 비용부담으로 모든 서류 및 안전관련 정보(security-related information)를 제공하여야 하며, 필요한 제서류의 취득을 위한 협조를 제공하여야 한다. 또한 계약물품을 매수인이 인수 가능하도록 필요한 모든 통지를 하여야 하고, 포장이 필요한 물품의 경우에는 적절한 화인(marking)을 하여야 한다.

한편 매수인은 계약에 정한 바에 따라 대금지급(payment of price)을 하여야 하며, 수입승인과 수입통관수속절차를 이행하여야 하고, 물품인도 장소에서 인도의 수령(taking delivery)을 행하며, 운송계약을 체결하고 운송비를 부담하여야 한다. 매도인의 요청에 따른 정보 등의 협조를 제공하여야 하며, 매수인의 요청으로 서류 또는 정보제공에 따라 발생한 모든 비용과 수수료를 매도인에게 지급하여야 한다. 그리고 검사가 수출국 당국에 의하여 강행적으로 이루어지는 경우를 제외하고 선적전검사(pre-shipment inspection: PSI) 비용을 부담하여야 한다.

⑥ 거래규칙 표기의 예

무역계약을 체결할 때 가격조건(price terms) 또는 인도조건(delivery terms)을 인코텀즈의 선측인도(FAS) 규칙으로 약정하고자 할 경우에는 다음의 예와 같이 표기한다.

* 표기 기준 : "FAS 지정선적항 삽입 Incoterms® 2010"
   해상운송의 경우 : "FAS Busan Incoterms® 2010"

(2) 본선인도(FOB: Free On Board)

FOB (insert named port of shipment) Incoterms® 2010

① 안내요지

본선인도(Free On Board)는 해상운송 및 내수로 운송에만 사용될 수 있다.

본선인도란 매도인이 지정 선적항에서 매수인이 지명한 본선상에 물품을 인도하거나 또는 이미 인도된 물품을 조달하는 것을 의미한다. 물품이 본선상에 있을 때 물품의 멸실 또는 손상의 위험이 이전되며 매수인은 그 시점으로부터 모든 비용을 부담한다.

매도인은 본선상에서 물품을 인도하거나 또는 선적을 위하여 이미 그와 같이 인도된 물품을 조달(procure)하여야 한다. 참고로 여기에서 "조달"은 상품무역에 있어서 흔히 발생하는 다수의 판매사슬(연속판매)에 부응하기 위한 것이다.

FOB는 물품을 본선상에 두기 전, 전형적으로 터미널에서 인도되는 컨테이너 물품의 예와 같이 운송인에게 물품이 교부되어지는 경우에는 적절하지 아니하다. 이러한 경우에는 FCA 규칙이 사용되어야 한다.

FOB는 적용 가능한 경우, 매도인이 물품의 수출통관을 할 것을 요구한다. 그러나 매도인은 물품의 수입통관을 할 의무와 모든 수입관세의 지급의무 및 수입통관수속절차를 이행할 의무가 없다.

② 위험의 이전

위험의 이전(transfer of risks)은 매도인이 계약물품을 합의된 일자나 기간 내에 지정 선적항에서 매수인이 지명한 본선상에 물품을 인도하거나 또는 이미 인도된 물품을 조달할 때가 분기점이 된다. 매수인이 특정 적재 지점을 지정하지 아니한 경우, 매도인은 지정선적항 내에서 가장 적합한 지점을 선택할 수 있다.

2000년 인코텀즈의 FOB 조건에서 위험분기점을 본선의 난간(ship's rail)으로 하던 관습은 새로운 Incoterms® 2010 FOB 규칙에서 미국 통일상법전(Uniform Commercial Code: UCC)[19] 및 개정미국무역정의[20]의 규정과 같은 취지로 본선상(on board the vessel)으로 변경되었다.

---

19) when under either (a) or (b) the term is also FOB vessel, car or other vehicle, the seller must in addition at his own expense and risk load the goods *on board*; UCC, Article 2 Sales § 2-319, FOB and FAS Terms.

20) Under this quotation : Seller must··· (3) be responsible for any loss or damage, or both, until goods have been placed *on board the vessel* on the date or within the period fixed; Revised American Foreign Trade Definitions, 1990, (II-E) FOB Vessel (named port of shipment), Seller's Liability (3).

③ 비용의 분담

FOB 규칙에서 비용의 분담(allocation of costs)에 대한 분기점과 위험의 이전 시점은 일치된다. 비용의 분담은 위험이전의 분기점을 기준으로 하여 매도인은 지정 선적항에서 매수인이 지명한 본선상에 물품을 인도할 때까지의 제비용을 부담한다. 즉 매도인은 물품을 직접 제조하거나 구매·조달하는 데 따른 기본원가(basic costs), 사업부문별 간접원가(indirect costs), 포장비(packing costs), 품질·용적·중량·수량의 물품점검업무비용(costs of checking operations) 및 기타 잡비를 부담하여야 한다. 또한 인도 지점까지의 내륙운송비(inland freight), 물품인도완료에 따른 통지비용과 물품인도증거서류 취득비용을 부담하여야 한다. 적용 가능한 경우, 수출승인이나 기타 정부승인을 얻는 데 소요되는 비용, 수출에 수반되어 부과되는 관세(export duties)와 조세 또는 기타 부과금 및 세관수속절차(customs formalities)에 소요되는 일체의 비용을 부담하여야 한다. 또한 적재비(loading charges)와 적부비(stowage; stowing charges) 등 선적 작업비용, 항구세(port dues), 부두사용료(wharfage), 창고료(go-down rent), 보관료(storage), 본선이 해상에 정박된 경우 선내인부임(stevedorage) 및 부선비(lighterage)를 부담하여야 한다.

한편 매수인은 매도인이 물품인도의무를 완료한 이후 일체의 비용을 부담하여야 한다. 즉 최종 목적항까지의 해상운임(ocean freight), 적화보험료(cargo insurance premium), 목적항에서의 양륙비(unloading charges), 수입통관비용 및 제세와 공과금, 적용 가능한 경우(where plicable) 수입시 지급되는 모든 관세(all duties), 조세(taxes) 및 기타 부과금(other charges)을 포함한 통관비용(customs clearance charges) 등 인도된 이후의 제비용이다.

④ 매도인의 제공서류

FOB 규칙에서 매도인은 일반적인 의무로 매매계약과 일치하는 상업송장(Commercial Invoice) 및 계약에서 요구하는 일치증명(evidence of conformity)을 제공하여야 한다. 이와 같은 모든 서류는 이에 상응한 전자기록 또는 절차(electronic record or procedure)도 인정된다.

매도인은 인도서류(delivery document)로서 본선상에 인도가 완료되었다는 관례적인 증거(usual proof)를 제공하여야 한다. 이러한 증거가 운송서류가 아닐 경우 매수인의 요청으로 매수인의 위험과 비용부담으로 운송서류를 취득하는 데 따른 협조를 제공하여야 한다.

보통의 증명서로는 항만당국이 발행하는 부두수령증(Dock's Receipt: D/R), 선박대리인이 발행하는 선박수령증(Ship's Receipt) 또는 수령선화증권(Received for Shipment B/L) 또는 선측수령증(Alongside Receipt) 등을 들 수 있다. 매수인이 요청할 경우 매도인은 해상선화증권(marine bill of lading)과 같은 운송서류를 제공할 수 있다.

한편 매수인의 요청에 따라 매수인의 비용과 위험으로 포장명세서(Packing List), 원산지증명서(Certificate of Origin), 품질 및 수량증명서(Certificate of Quality and Quantity), 중량 및 용적증명서(Certificate of Weight and Measurement), 영사송장(Consular Invoice) 그리고 보험부보를 위한 정보 등 임의서류를 제공할 수 있다.

⑤ 기타 의무와 정보제공을 위한 협조 및 관련 비용

매도인은 매수인에게 계약과 일치하는 물품을 제공하고, 적용 가능한 경우 매도인은 자신의 위험 및 비용부담으로 수출허가 또는 공적인 승인 및 수출통관 수속절차를 이행하여야 한다. FOB 규칙에서 매도인이 운송계약의무는 없지만, 매수인이 요청하는 경우 상관습에 따라 매수인의 위험 및 비용부담으로 보통의 운송계약을 체결할 수 있다. 또한 운송인이 약정된 기간에 물품 인도의 수령을 하지 않은 때에는 이를 매수인에게 통지하여야 한다. 적용 가능한 경우, 매수인의 요청과 위험 및 비용부담으로 모든 서류 및 안전관련 정보(security-related information)를 제공하여야 하며, 필요한 제서류의 취득을 위한 협조를 제공하여야 한다. 또한 계약물품을 매수인이 인수 가능하도록 필요한 모든 통지를 하여야 하고, 포장이 필요한 물품의 경우에는 적절한 화인(marking)을 하여야 한다.

한편 매수인은 계약에 정한 바에 따라 대금지급(payment of price)을 하여야 하며, 수입승인과 수입통관수속절차를 이행하여야 하고, 물품인도 장소에서 인도의 수령(taking delivery)을 행하며, 운송계약을 체결하고 운송비를 부담하여야 한다. 매도인의 요청에 따른 정보 등의 협조를 제공하여야 하며, 매수인의 요청으로 서류 또는 정보제공에 따라 발생한 모든 비용과 수수료를 매도인에게 지급하여야 한다. 그리고 검사가 수출국 당국에 의하여 강행적으로 이루어지는 경우를 제외하고 선적전검사(pre-shipment inspection: PSI) 비용을 부담하여야 한다.

⑥ 거래규칙 표기의 예

무역계약을 체결할 때 가격조건(price terms) 또는 인도조건(delivery terms)을 인코텀즈의 본선인도(FOB) 규칙으로 약정하고자 할 경우에는 다음의 예와 같이 표기한다.

* 표기 기준 : "FOB 지정선적항 삽입 Incoterms® 2010"

   해상운송의 경우 : "FOB Busan Incoterms® 2010"

(3) 운임포함인도(CFR: Cost And Freight)

CFR (insert named port of destination) Incoterms® 2010

① 안내요지

운임포함인도(Cost And Freight)는 해상운송 및 내수로 운송에만 사용될 수 있다.

운임포함인도란 매도인이 본선상에 물품을 인도하거나 또는 이미 인도된 물품을 조달하는 것을 의미한다. 물품이 본선상에 있을 때 물품의 멸실 또는 손상의 위험이 이전된다. 매도인은 운송계약을 체결하고 지정 목적항까지 물품을 운송하는 데 필요한 비용 및 운임을 지급하여야 한다.

CPT, CIP, CFR 또는 CIF가 사용되는 경우, 매도인의 인도의무는 물품이 목적지에 도착될 때가 아닌 선택된 규칙에 명시된 방법으로 물품이 운송인에게 교부될 때에 완료된다.

이 규칙은 위험이 이전되고 비용이 이전되는 지점이 상이한 장소에서 이루어지기 때문에 두 가지의 중요한 분기점이 있다. 보통 계약서에는 목적항을 명시하고 있으나 위험이 매수인에게 이전되는 선적항을 명시하고 있지 않다. 선적항이 매수인에게 특정의 이해관계가 있는 경우, 당사자들이 가능한 한 계약서에 이를 명확하게 특정하는 것이 바람직하다.

당사자는 매도인이 합의된 목적항의 지정 지점까지 비용을 부담하므로 가능한 한 그 지점을 명확하게 특정하여야 한다. 매도인은 그러한 선택에 명확하게 일치하는 운송계약을 체결하여야 한다. 매도인이 운송계약에 따라 목적항의 명시된 지점에서 양화와 관련된 비용을 지급하는 경우, 매도인은 당사자간에 별도 합의가 없는 한 매수인으로부터 그러한 비용을 보상받을 수 없다.

매도인은 본선상에서 물품을 인도하거나 또는 목적항까지 선적을 위하여 이미 그와 같이 인도된 물품을 조달(procure)하여야 한다. 게다가 매도인은 운송계약체결 또는 이와 같은 계약을 이행하는 것이 요구된다. 참고로 여기에서 "조달"은 상품무역에 있어서 흔히 발생하는 다수의 판매사슬(연속판매)에 부응하기 위한 것이다.

CFR은 물품을 본선상에 두기 전, 전형적으로 터미널에서 인도되는 컨테이너 물품의 예와 같이 운송인에게 물품이 교부되어지는 경우에는 적절하지 아니하다. 이러한 경우에는 CPT 규칙이 사용되어야 한다.

CFR은 적용 가능한 경우, 매도인이 물품의 수출통관을 할 것을 요구한다. 그러나 매도인은 물품의 수입통관을 할 의무와 모든 수입관세의 지급의무 및 수입통관수속절차를 이행할 의무가 없다.

② 위험의 이전

CFR 규칙에서 물품에 대한 위험이전의 분기점은 전술한 FOB 규칙의 경우와 동일하다. 즉 위험의 이전(transfer of risks)은 매도인이 계약물품을 합의된 일자나 기간 내에 지정 선적항에서 매도인이 지명한 본선상에 물품을 인도하거나 또는 이미 인도된 물품을 조달할 때가 분기점이 된다.

③ 비용의 분담

CFR 규칙에서 비용의 분담(allocation of costs)에 대한 분기점은 위험이전의 분기점과는 일치하지 않는다. 물품에 대한 위험이전의 분기점은 선적항 본선상이지만, 비용의 분담의 분기점은 지정 목적항까지 확장된다.

CFR 규칙은 물품인도장소 및 물품에 대한 위험이전 분기점을 보통 적출지인 수출국 내로 하면서도, 해상운임(ocean freight)은 수입국 지정목적지까지 매도인이 부담하도록 함으로써 물품인도장소 및 위험이전과 비용의 분담에 대한 분기점을 상이하게 분리하고 있다.

CFR 규칙에서 매도인은 물품을 직접 제조하거나 구매·조달하는 데 따른 기본원가(basic costs), 사업부문별 간접원가(indirect costs), 포장비(packing costs), 품질·용적·중량·수량의 물품점검업무비용(costs of checking operations) 및 기타 잡비를 부담하여야 한다. 또한 인도 지점까지의 내륙운송비(inland freight), 약정된 목적지까지의 해상운임(ocean freight), 물품인도완료에 따른 통지비용과 물품인도증거서류 취득비용을 부담하여야 하며, 운송계약체결시에 정기선(regular shipping line; liner)에 의하여 부과될 수 있는 양화항(port of discharge)에서의 양화비(unloading charge)를 부담하여야 한다. 또한 적용 가능한 경우(where applicable), 수출승인이나 기타 정부승인을 얻는 데 소요되는 비용, 수출에 수반되어 부과되는 관세(export duties)와 조세 또는 기타 부과금 및 세관수속절차(customs formalities)에 소요되는 일체의 비용을 부담하여야 한다.

한편 매수인은 최종목적지까지의 적화보험료, 적용 가능한 경우, 수입시 지급되는 모든 관세(all duties), 조세(taxes) 및 기타 부과금(other charges)을 포함한 통관비용(customs clearance charges) 등 인도된 이후의 제비용을 부담하여야 한다. 또한 매수인이 물품발송의 시기와 목적지를 매도인에게 통지하지 않음으로써 매도인의 물품인도 장해요인을 야기시킨 경우 이로 인하여 발생된 추가비용, 선적전 물품검사(PSI)비용을 부담하여야 한다.

④ **매도인의 제공서류**

CFR 규칙에서 매도인은 일반적인 의무로 매매계약과 일치하는 상업송장(Commercial Invoice) 및 계약에서 요구하는 일치증명(evidence of conformity)을 제공하여야 한다. 이와 같은 모든 서류는 이에 상응한 전자기록 또는 절차(electronic record or procedure)도 인정된다.

또한 매도인은 인도서류(delivery document)로서 운송계약에 따른 운송서류(transport document)를 제공하여야 한다. 운송서류는 유통 가능한 형식(negotiable form)으로 수통의 원본이 발행된 경우 원본 전통(full set)을 매수인에게 제시하여야 한다. 이와 같은 운송서류로는 해상선화증권(marine bill of lading), 내수로운송서류(inland waterway document) 등이다.

한편 매수인의 요청에 따라 매수인의 비용과 위험으로 포장명세서(Packing List), 원산지증명서(Certificate of Origin), 품질 및 수량증명서(Certificate of Quality and Quantity), 중량 및 용적증명서(Certificate of Weight and Measurement), 영사송장(Consular Invoice) 그리고 보험부보를 위한 정보 등 임의서류를 제공할 수 있다.

⑤ **기타 의무와 정보제공을 위한 협조 및 관련 비용**

매도인은 매수인에게 계약과 일치하는 물품을 제공하고, 적용 가능한 경우 매도인은 자신의 위험 및 비용부담으로 수출허가 또는 공적인 승인 및 수출통관 수속절차를 이행하여야 한다. 또한 매도인의 위험 및 비용부담으로 운송계약을 체결하고 목적지까지의 운임(freight)을 부담하여야 한다. 적용 가능한 경우 매수인의 요청과 위험 및 비용부담으로 모든 서류 및 안전관련 정보(security-related information)를 제공하여야 하며, 필요한 제서류의 취득을 위한 협조를 제공하여야 한다. 또한 물품이 인도되었다는 사실 및 매수인이 인수 가능하도록 필요한 모든 통지를 행하여야 하고, 포장이 필요한 물품의 경우에는 적절한 화인(marking)을 하여야 한다.

한편 매수인은 계약에 정한 바에 따라 대금지급(payment of price)을 하여야 하며, 수입승인과 수입통관수속절차를 이행하여야 하고, 지정 목적지에서 물품 인도의 수령(taking delivery)을 행하여야 한다. 또한 매도인의 요청에 따른 정보 등의 협조를 제공하고 매수인의 요청으로 서류 또는 정보제공에 따라 발생한 모든 비용과 수수료를 매도인에게 지급하여야 한다. 검사가 수출국 당국에 의하여 강행적으로 이루어지는 경우를 제외하고 선적전검사(pre-shipment inspection: PSI)비용을 부담하여야 한다.

⑥ **거래규칙 표기의 예**

무역계약을 체결할 때 가격조건(price terms) 또는 인도조건(delivery terms)을 인코텀즈의 운송포함인도(CFR) 규칙으로 약정하고자 할 경우에는 다음의 예와 같이 표기한다.

* 표기 기준 : **"CFR 지정목적항 삽입 Incoterms® 2010"**
  해상운송의 경우 : "CFR New York Incoterms® 2010"

(4) 운임·보험료포함인도(CIF: Cost, Insurance and Freight)

CIF (insert named port of destination) Incoterms® 2010

① **안내요지**

운임·보험료포함인도(Cost, Insurance and Freight)는 해상운송 및 내수로 운송에만 사용될 수 있다.

운임·보험료포함인도란 매도인이 본선상에 물품을 인도하거나 또는 이미 인도된 물품을 조달하는 것을 의미한다. 물품이 본선상에 있을 때 물품의 멸실 또는 손상의 위험이 이전된다. 매도인은 운송계약을 체결하고 지정 목적항까지 물품을 운송하는 데 필요한 비용 및 운임을 지급하여야 한다.

매도인은 또한 운송중 물품의 멸실 또는 손상에 대한 매수인의 위험에 대하여 보험부보계약을 체결한다. 매수인은 CIF 하에서 매도인이 최소담보조건으로 보험을 부보하도록 요구되는 점을 주의하여야 한다. 매수인이 더 많은 보험담보를 원할 경우, 매도인과 특별히 합의하거나 자신이 추가보험계약을 체결할 필요가 있다.

CPT, CIP, CFR 또는 CIF가 사용되는 경우, 매도인의 인도의무는 물품이 목적지에 도착될 때가 아닌 선택된 규칙에 명시된 방법으로 물품이 운송인에게 교부될 때에 완료된다.

이 규칙은 위험이 이전되고 비용이 이전되는 지점이 상이한 장소에서 이루어지기 때문에 두 가지의 중요한 분기점이 있다. 보통 계약서에는 목적항을 명시하고 있으나 위험이 매수인에게 이전되는 선적항을 명시하고 있지 않다. 선적항이 매수인에게 특정의 이해관계가 있는 경우, 당사자들이 가능한 한 계약서에 이를 명확하게 특정하여야 한다.

당사자는 매도인이 합의된 목적항의 지정 지점까지 비용을 부담하므로 가능한 한 그 지점을 명확하게 특정하여야 한다. 매도인은 그러한 선택에 명확하게 일치하는 운송계약을 체결하여야 한다. 매도인이 운송계약에 따라 목적항의 명시된 지점에서 양화와 관련된 비용을 지급하는 경우, 매도인은 당사자간에 별도 합의가 없는 한 매수인으로부터 그러한 비용을 보상받을 수 없다.

매도인은 본선상에서 물품을 인도하거나 또는 목적항까지 선적을 위하여 이미 그와 같이 인도된 물품을 조달(procure)하여야 한다. 게다가 매도인은 운송계약체결 또는 이와 같은 계약을 이행하는 것이 요구된다. 참고로 여기에서 "조달"은 상품무역에 있어서 흔히 발생하는 다수의 판매사슬(연속판매)에 부응하기 위한 것이다.

CIF는 물품을 본선상에 두기 전, 전형적으로 터미널에서 인도되는 컨테이너 물품의 예와 같이 운송인에게 물품이 교부되어지는 경우에는 적절하지 아니하다. 이러한 경우에는 CIP 규칙이 사용되어야 한다.

CIF는 적용 가능한 경우, 매도인이 물품의 수출통관을 할 것을 요구한다. 그러나 매도인은 물품의 수입통관을 할 의무와 모든 수입관세의 지급의무 또는 수입통관수속절차를 이행할 의무가 없다.

② 위험의 이전

CIF 규칙에서 물품에 대한 위험의 이전(transfer of risks)에 대한 분기점은 전술한 FOB 규칙의 경우와 동일하다. 즉 위험의 이전은 매도인이 계약물품을 합의된 일자나 기간 내에 지정 선적항에서 매도인이 지명한 본선상에 물품을 인도하거나 또는 이미 인도된 물품을 조달할 때가 분기점이 된다.

③ 비용의 분담

CIF 규칙에서 비용의 분담(allocation of costs)에 대한 분기점은 위험이전의 분기점과는 일치하지 않는다. 물품에 대한 위험이전의 분기점은 선적항 본선상이지만, 비용의 분담의 분기점은 지정 목적항까지 확장된다.

CIF 규칙은 물품인도장소 및 물품에 대한 위험이전 분기점을 보통 적출지인 수출국 내로 하면서도, 해상운임(ocean freight)은 수입국 지정목적항까지 매도인이 부담하도록 함으로써 물품인도장소 및 위험이전과 비용의 분담(allocation of costs)에 대한 분기점을 상이하게 분리하고 있다.

CIF 규칙에서 매도인은 물품을 직접 제조하거나 구매·조달하는 데 따른 기본원가(basic costs), 사업부문별 간접원가(indirect costs), 포장비(packing costs), 품질·용적·중량·수량의 물품점검업무비용(costs of checking operations) 및 기타 잡비를 부담하여야 한다. 또한 인도 지점까지의 내륙운송비(inland freight), 약정된 목적항까지의 해상운임(ocean freight), 최종목적항까지의 적화보험료(cargo insurance premium), 물품인도완료에 따른 통지비용과 물품인도증거서류 취득비용을 부담하여야 하며, 운송계약체결시에 정기선(regular shipping line; liner)에 의하여 부과될 수 있는 양화항(port of discharge)에서의 양화비(unloading charge)를 부담하여야 한다. 또한 적용 가능한 경우(where applicable), 수출승인이나 기타 정부승인을 얻는 데 소요되는 비용, 수출에 수반되어 부과되는 관세(export duties)와 조세 또는 기타 부과금 및 세관수속절차(customs formalities)에 소요되는 일체의 비용을 부담하여야 한다.

한편 매수인은 적용 가능한 경우, 수입시 지급되는 모든 관세(all duties), 조세(taxes) 및 기타 부과금(other charges)을 포함한 통관비용(customs clearance charges) 등 인도된 이후의 제비용을 부담하여야 한다. 또한 매수인이 물품발송의 시기와 목적지를 매도인에게 통지하지 않음으로써 매도인의 물품인도 장해요인을 야기시킨 경우, 이로 인하여 발생된 추가비용, 선적전 물품검사(PSI)비용을 부담하여야 한다.

④ 매도인의 제공서류

CIF 규칙에서 매도인은 일반적인 의무로 매매계약과 일치하는 상업송장(Commercial Invoice) 및 계약에서 요구하는 일치증명(evidence of conformity)을 제공하여야 한다. 이와 같은 모든 서류는 이에 상응한 전자기록 또는 절차(electronic record or procedure)도 인정된다.

또한 매도인은 인도서류(delivery document)로서 운송계약에 따른 운송서류(transport document)를 제공하여야 한다. 운송서류는 유통 가능한 형식(negotiable form)으로 수통의 원본이 발행된 경우 원본 전통(full set)을 매수인에게 제시하여야 한다. 이와 같은 운송서류로는 해상선화증권(marine bill of lading), 내수로운송서류(inland waterway document) 등이다.

한편 매수인의 요청에 따라 매수인의 비용과 위험으로 포장명세서(Packing List), 원산지증명서(Certificate of Origin), 품질 및 수량증명서(Certificate of Quality and Quantity), 중량 및 용적증명서(Certificate of Weight and Measurement), 영사송장(Consular Invoice) 등 임의서류를 제공할 수 있다.

⑤ 기타 의무와 정보제공을 위한 협조 및 관련 비용

매도인은 매수인에게 계약과 일치하는 물품을 제공하고, 적용 가능한 경우 매도인은 자신의 위험 및 비용부담으로 수출허가 또는 공적인 승인 및 수출통관 수속절차를 이행하여야 한다. 또한 매도인의 위험 및 비용부담으로 운송계약을 체결하고 목적지까지의 운임(freight)을 부담하여야 한다. 그리고 매도인은 LMA/IUA가 제정한 협회적화약관(Institute Cargo Clauses)의 C조건과 같은 최소 담보조건으로 부보(minimum cover)되고 계약에서 약정된 금액에 10%를 가산한 금액으로 부보된 보험증권(insurance policy) 또는 그 밖의 보험부보의 증거(evidence of insurance cover)를 제공하여야 한다. 보험부보의 증거로는 보험증명서(Insurance Certificate)와 통지서(Declaration)이다. 적용 가능한 경우, 매수인의 요청과 위험 및 비용부담으로 모든 서류 및 안전관련 정보(security-related information)를 제공하여야 하며, 필요한 제서류의 취득을 위한 협조를 제공하여야 한다. 또한 물품이 인도되었다는 사실 및 매수인이 인수 가능하도록 필요한 모든 통지를 행하여야 하고, 포장이 필요한 물품의 경우에는 적절한 화인(marking)을 하여야 한다.

한편 매수인은 계약에 정한 바에 따라 대금지급(payment of price)을 하여야 하며 수입승인과 수입통관수속절차를 이행하여야 하고, 지정목적지에서 물품 인도의 수령(taking delivery)을 행하여야 한다. 또한 매도인의 요청에 따른 정보 등의 협조를 제공하고 매수인의 요청으로 서류 또는 정보제공에 따라 발생한 모든 비용과 수수료를 매도인에게 지급하여야 한다. 검사가 수출국 당국에 의하여 강행적으로 이루어지는 경우를 제외하고 선적전검사(pre-shipment inspection: PSI)비용을 부담하여야 한다.

⑥ 거래규칙 표기의 예

무역계약을 체결할 때 가격조건(price terms) 또는 인도조건(delivery terms)을 인코텀즈의 운송포함인도(CIF) 규칙으로 약정하고자 할 경우에는 다음의 예와 같이 표기한다.

* 표기 기준 : "CIF 지정목적항 삽입 Incoterms® 2010"

해상운송의 경우 : "CIF New York Incoterms® 2010"

5 CIF계약에 관한 와르소 · 옥스포드규칙

국제법협회(International Law Association: ILA)[21] 가 해상무역에 있어서 매매관습의 국제적 통일을 위한 규칙을 제정하기로 결의한 것은 1926년 개최된 동 협회의 빈(Wien)회의였다. 이 회의의 결의에 따라 CIF계약에 관한 통일규칙을 기초할 위원을 선임하였으며, 초안이 1928년 와르소(Warsaw)회의에 상정되어 "와르소규칙"(Warsaw Rules 1928)으로 채택되었다.

이 규칙은 영국의 CIF관습과 이에 관한 판례를 토대로 작성되었다. 국제상업회의소의 무역거래조건위원회는 와르소규칙에 관심을 표시하고, 이에 대한 각국 국내위원회의 의견을 구하였다. 특히 미국과 독일로부터 수정안이 제출되고 1930년에 개최된 국제법협회의 뉴욕회의에서 이 규칙을 개정하기로 결정하였다. 특히 국제상업회의소의 강력한 지원에 의해 1931년 10월 와르소규칙 개정초안이 작성되었으며, 이것이 1932년 옥스포드에서 개최된 국제법협회에서 상정·토의를 거쳐 "1932년 와르소 · 옥스포드규칙"(Warsaw-Oxford Rules for CIF Contract 1932)을 채택하게 되었다. 이 규칙은 서문과 21개조[22]로 구성되어 있다. 이 와르소 · 옥스포드규칙은 CIF계약을 체결하고자 하는 당사자에게 임의로 채택할 수 있는 통일적 해석기준을 제공하고 있는 것이다. 따라서 인코텀즈나 개정미국무역정의와 마찬가지로 계약당사자의 합의에 의하여 이 규칙에 따라 해석한다는 취지의 조항을 계약서에 명시적으로 규정하는 경우에 한하여 CIF 매매계약당사자의 권리 · 의무에 대하여 적

---

21) 1873년 런던에서 설립된 민간기관으로, 국제공법과 국제사법의 연구·해명·진흥·법률충돌의 해결에 관한 제안과 법률의 통일화 및 국제이해와 친선촉진사업 활동을 하고 있다. 이 협회의 주요한 성과는 공동해손의 정산에 관한 "1974년 요크·엔트워프규칙"(the York-Antwerp Rules 1974) 및 "1924년 선화증권통일조약"(International Convention for the Unification of Certain Rules Relating to Bills of Lading 1924)에 대하여 원안을 기초한 것이다.

22) ① 규칙의 개요, ② 선적에 관한 매도인의 의무, ③ 선적시기 및 선적일의 증명, ④ 면책, ⑤ 위험, ⑥ 소유권, ⑦ 선화증권에 관한 매도인의 의무, ⑧ 특정선박−선박의 종류, ⑨ 도착지 지급운임, ⑩ 수입세 및 기타의 비용, ⑪ 물품의 상태에 관한 매도인의 의무, ⑫ 보험에 관한 매도인의 의무, ⑬ 선적통지, ⑭ 수입·수출허가서, 원산지증명서, 기타, ⑮ 품질증명서, 기타, ⑯ 서류의 제공, ⑰ 선적후의 멸실 또는 손상, ⑱ 대금지급에 관한 매수인의 의무, ⑲ 물품검사에 관한 매수인의 권리, ⑳ 매매계약에 관한 권리와 구제, ㉑ 통지.

용시킬 수 있다.

6 개정미국무역정의

본선인도조건인 FOB거래관습은 섬나라인 영국을 중심으로 해상매매를 위하여 비롯되었으나, 미국과 같은 대륙국가에 전해지면서 운송수단이 선박뿐만이 아니라 철도화차, 부선, 화물자동차 등으로 확대되었고, 일반 운송인에게 화물을 인도하거나 또는 지정운송용구에 적입함으로써 매도인의 인도·제공이 이루어지는 매매에까지 이 용어가 사용되게 되었다. 예컨대 "FOB Chicago", "FOB Mill Pittsburgh"와 같이 내륙의 출화지나 매도인의 공장 적출지를 나타내는 용법이 일반화되었다. 또한 "FOB Car New York"과 같이 약정품을 적재할 화차가 지정항구에 도착할 때까지의 위험과 비용을 매도인이 부담하고 그 지정장소에 도착한 화차에 적재된 상태에서 약정품을 매수인에게 인도한다고 하는 내용의 화차인도조건도 생겨났다. 이처럼 FOB 내용이 다양하게 사용됨으로써 미국상인과의 무역거래에서 용어의 사용법이나 해석에 관한 분쟁이 종종 발생하였다. 따라서 이들 용어에 대한 통일을 기하기 위하여 1919년 12월에 전미국무역협회(National Foreign Trade Council) 회의에서 "수출가격조건의 정의"(Definitions of Export Quotations)가 채택되었다. 이 정의를 채택한 회의가 New York의 India House에서 개최되었기 때문에 일명 "FOB에 관한 India House규칙"(India House Rules for FOB)이라고도 부른다.

이 정의에서는 ① FOB, ② FAS, ③ CIF, ④ C&F의 4종의 표준정의를 규정하였는데, 특히 FOB는 이를 다시 7종[23]으로 세분하여 표준해석을 제시하였다.

1919년의 정의는 수출가격의 채산조건에 대하여 수출업자단체에 의하여 작성되었던 것으로 그 내용이 매도인에게 유리한 방향의 해석기준이라는 불만이 수입업자측으로부터 제기되었다. 또한 그 후 미국은 실제로 세계무역을 주도하는 입장에 서게 되었으며 이에 따라 무역거래관습에도 큰 변화가 발생하게 되었다. 이러한 이유로 전미국무역

---

23) 1919년 당초의 미국무역정의의 FOB조건은 다음과 같이 7가지로 세분하였다. ① FOB(named point), ② FOB(named point), Freight Prepaid(named point on the seaboard), ③ FOB(named point) Freight Allowed to(named point on the seaboard), ④ FOB Cars (named point on seaboard), ⑤ FOB Cars(named port) LCL, ⑥ FOB Cars(named port) Lighterage Free, ⑦ FOB Vessel(named port).

협회(National Foreign Trade Council),[24] 전미국수입업자협회(National Council of American Importers)[25] 및 미국상업회의소(Chamber of Commerce of the United)[26]의 합동위원회에서 미국무역정의에 대한 개정작업이 이루어져, 그 결과 1941년의 전미국무역회의에서 "1941년 개정미국무역정의"(Revised American Foreign Trade Definitions 1941)가 채택되었다. 이 정의는 앞의 India House Rule에다 Ex(Point of origin) 및 Ex Dock의 2종을 추가하여 ① Ex(Point of Origin), ② FOB, ③ FAS, ④ C&F, ⑤ CIF, ⑥ Ex Dock의 6종으로 늘어났다.

그러나 1941년 개정무역정의가 공표된 이후 무역관행의 변화에 부응하기 위하여 특히 인코텀즈를 참조, 제2차 개정 "1990년 개정무역정의"(Revised American Foreign Trade Definition 1990)를 공표하게 되었다.

이 정의에서는 ① EXW(Ex Works-named place), ② FOB, ③ FAS, ④ CFR, ⑤ CIF, ⑥ DEQ Delivered의 6조건을 규정하고[27] 종전과 같이 FOB는 미국적인 특성을 감안하여 그 적용 유형을 6가지로 세분하고 있다.

1990년 개정미국무역정의에서 규정하고 있는 거래조건은 다음과 같다.

1) EXW

① EXW(Ex Works-named place) (지정장소 공장인도)

2) FOB

① FOB(named inland carrier at named inland point of departure)(지정국내 적출지에서 지정국내 운송인에의 인도)[28]

② FOB(named inland carrier at named inland point of departure) Freight Prepaid to(named point of exportation)(지정국내 적출지에서 지정국내 운송인에의 인도, 단 지정수출지까지의 운임지급)[29]

③ FOB(named inland carrier at named inland point of departure) Freight Allowed to(named point)(지정국내 적출지에서 지정국내 운송인에의 인도, 단 지정지점까지의 운임

---

24) 1914년 창립.
25) 1921년 창립.
26) 1912년 창립.
27) 1990년 개정무역정의에서 거래조건 표기는 Ex(Point of origin)→EXW(Ex Works-named place), C&F→CFR, Ex Dock→DEQ Delivered로 각각 바뀌었다. 또한 FAS는 종전의 "Free Alongside Ship"이라는 풀이를 "Free Along Side"로 하였다.
28) 실제거래에서는 표시는 FOB Car Chicago or FOB Air Chicago와 같이 한다.
29) FOB Car Chicago, Freight prepaid to New York.

　　공제)[30)]

　④ FOB(named inland carrier at named point of exportation)(지정국내 수출지에서 지정국내 운송인에의 인도)[31)]

　⑤ FOB Vessel(named port of shipment)(지정선적항에서 본선적재인도)[32)]

　⑥ FOB(named inland point of in the country of importation)(수입국지정 내륙지점까지의 반입인도)[33)]

　3) FAS

　① FAS Vessel(named port of shipment)(지정선적항 선측인도)

　4) CFR

　① CFR(named point of destination)(지정목적지까지의 운임포함인도)

　5) CIF

　① CIF(named point of destination)(지정목적지까지의 운임·보험료포함인도)

　6) DEQ Delivered

　① Ex Quay(Duty paid)(관세지급 부두인도)

　　개정미국무역정의도 "인코텀즈"나 "와르소·옥스포드 규칙"처럼 무역거래관습의 해석기준에 불과하다. 이 개정 정의는 특별법으로 규제를 하거나 또는 법정의 판결로 확인되지 않는 한 법적지위를 갖지 않는다. 그러므로 매매당사자가 개정미국무역정의를 매매계약의 일부로서 받아들이는 데 동의할 경우에 한하여 법적 구속력이 있게 된다.[34)]

7 미국 통일상법전상의 거래조건

　　미국 통일상법전(Uniform Commercial Code)[35)]은 현재 모두 11편으로 구성되었는데,[36)]

---

30) FOB Car Chicago, Freight Allowed to New York.
31) FOB Car New York.
32) FOB Vessel New York; Incoterms® 2010의 FOB와 가장 유사하다.
33) FOB Busan or FOB Seoul.
34) Revised American Foreign Trade Definitions, 1941, Foreword.
35) UCC는 1952년 Official Text가 간행된 후 1957년, 1962년, 1972년, 1978년, 1988년 및 1995년에 각각 수정 및 보완되었다.
36) Article 1: General Provisions, Article 2: Sales, Article 2A: Leases, Article 3: Negotiable Instruments, Article 4: Bank Deposits and Collections, Article 4A: Funds Transfers, Article 5:

그중 거래조건에 대해서는 제2편에 규정되어 있다. 동 법은 미국법협회(American Law Institute)와 통일주법위원회 전국회의(National Conference of Commissioners on Uniform State Laws)에서 기초한 성문법으로 제2편에는 매매(Sales)에 관하여 규정하고 매매계약의 형식, 매매계약의 성립 및 조정, 일반적 의무 및 계약의 구성, 권원(權原)·채무자 및 선의의 구매자, 계약이행, 계약위반, 이행거절 및 면책사유, 구제방법 등에 관하여 규정하고 있으며, 거래조건으로는 FOB, FAS, CIF, C&F 및 Ex-ship 조건에 대하여 규정하고 있다.[37] 특히 미국 통일상법전상의 FOB는 다음과 같이 3가지 유형의 FOB로 구분하고 있다.

① FOB(place of shipment)는 적출지 매매로 개정미국무역정의의 A), B), C)가 이에 속하며, ② FOB(place of destination)는 양륙지 매매로 동 정의의 D), F)가 이에 속하고 그리고 ③ FOB(vessel, car or other vehicle)는 적출지 매매로 동 정의의 E)가 이에 속한다고 할 수 있다.

표 3-3 FOB매매관습 및 법제의 다양성

Incoterms® 2010	Revised American Foreign Trade Definition 1990	Uniform Commercial Code
	A) FOB(named inland carrier at named inland point of departure) B) FOB(named inland carrier at named inland point of departure) Freight Prepaid to(named point of exportation) C) FOB(named inland carrier at named inland point of departure) Freight Allowed to(named point of exportation)	① FOB place of shipment
	D) FOB(named inland carrier at named point of exportation)	② FOB place of destination
① FOB(named port of shipment)	E) FOB Vessel(named port of shipment)	③ FOB Vessel, Car or other vehicle
	F) FOB(named inland point in country of importation)	② FOB place of destination
국제적으로 일반화된 관습	미국의 관습	미국의 법제

Letters of Credit, Article 6: Bulk Transfers and Bulk Sales, Article 7: Ware-house Receipts, Bills of Lading and other Documents of Title, Article 8: Investment Securities, Article 9: Secured Transactions: Sales of Accounts and Chattel Paper, Article 10: Effective Date and Repealer, Article 11: Effective Date and Transition Provisions.

37) UCC Articles 2-319, 2-320, 2-321 and 2-322.

따라서 미국의 무역거래자와 매매계약을 체결할 경우에는 이와 같은 미국의 관습 및 법제를 고려하여 국제상관습으로 보편화된 Incoterms® 2010 규칙 적용에 대한 준거규정 (applicable provision)을 계약서상에 약정하는 것이 매우 중요하다.

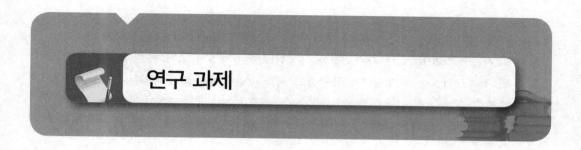

연구 과제

1. 강행법과 당사자자치의 원칙이 있음에도 불구하고 국제상거래에서 Lex Mecatoria가 여전히 중요한 역할을 하는 이유와 오늘날 널리 이용되고 있는 Lex Mecatoria의 종류를 들어보시오.

2. 국제상거래계약에서 인코텀즈(Incoterms)의 적용범위는 무엇이며 인코텀즈에서 다루지 아니하는 것에는 어떠한 것들이 있는가?

3. 다음의 사례를 검토하여 보시오.

> 한국의 수출자 A는 Silk Scarf 100,000개를 A의 양산공장 작업장 구내에서 컨테이너운송(FCL/FCL) 방식으로 물품을 인도하기로 하고, 미국 내륙지역의 시카고(Chicago) 소재 수입자 B와 "Terms of Price: FOB Busan Incoterms® 2010"과 같이 물품매매계약을 체결하였다.

1) 이 계약의 가격조건에서 정형거래규칙의 선택은 적절한가? 만약 적절하지 않다면 이 정형거래규칙의 약정에 따른 문제점은 무엇인가?

2) 상기의 사례를 고려하여 가장 적합한 정형거래규칙을 제시하고 타당한 이유도 설명하여 보시오.

4. 다음의 사례에 제시된 정형거래규칙에 대한 해석이 옳은지 여부에 대하여 밝히고 타당한 이유를 설명하여 보시오.

> 한국의 수출자 A와 미국의 수입자 B 사이에 "Terms of Price: CIP Chicago Incoterms® 2010"으로 가격조건을 약정한 경우, "매도인 A가 물품에 대한 운송비 및 적화보험료를 시카고까지 부담하고 시카고에서 물품을 인도하는 것"으로 해석하였다.

5. Incoterms® 2010에서 목적지인도와 관련된 규칙은 DAT, DAP 및 DDP규칙이 있다. 2010 Incoterms에서 새로 규정된 DAT규칙과 DAP규칙의 차이점을 구체적으로 비교하여 설명하시오. 또한 매매계약에서 상기의 세 가지 규칙을 사용할 경우, 특히 매도인의 입장에서 유의하여야 할 사항은 무엇인가?

Chapter

4

국제상거래계약

Chapter 4 국제상거래계약

제1절 국제상거래계약의 개념과 특성

1 국제상거래계약의 개념

국제상거래는 매매당사자간의 계약(contract)에서 비롯된다. 계약이란 일정한 채권관계의 발생을 목적으로 하는 복수당사자간의 서로 대립하는 의사표시의 합치에 의하여 성립되는 법률행위이다. 국제상거래계약은 "국제상거래물품의 매매계약"의 약칭이며 물품매매계약은 국제상거래계약 가운데서도 가장 전형적으로 널리 쓰여지고 있다.

영국 물품매매법(Sale of Goods Act: SGA)에 따르면 "물품매매계약이라 함은 매도인이 대금이라는 금전의 대가를 받고 매수인에게 물품의 소유권을 이전하거나 또는 이전하기로 약정하는 계약을 말한다"라고 정의하고 있다.[1] 또한 미국 통일상법전(Uniform Commercial Code: UCC)에서는 "매매는 금전의 대가를 받고 매도인으로부터 매수인에게 권리를 이전하는 것"이라고 규정하고 있다.[2] 그리고 한국 민법도 "매매는 당사자 일방의 재산권을 상대방에게 이전할 것을 약정하고 상대방이 그 대금을 지급할 것을 약정함으로써 그 효력이 생긴다"라고 규정하고 있어,[3] 영미법과 한국법 모두 그 취지가 같다고 할 수 있다.

---

1) SGA 1979, §2(1).
2) UCC, Article 2-106(1).
3) 한국 민법 제563조.

2 국제상거래계약의 법적 성격

국제매매계약의 뜻을 음미하여 볼 때 이는 합의계약이며 쌍무계약이면서 유상계약과 불요식계약으로서 다음과 같은 법적 성격을 가지고 있다.

1) 합의계약

합의계약(consensual contract)이란 일방의 청약(offer)에 대하여 상대방이 승낙(acceptance)함으로써 성립되는 계약을 말하며 낙성계약이라고도 한다. 따라서 합의계약은 매매 당사자의 합의가 있으면 그 자체로 계약이 성립되는 것으로 물품의 점유이전, 소유권이전, 문서작성 및 교부하는 사실이 계약성립의 요건이 되는 것은 아니다. 이런 점에서 분명히 요물계약(要物契約)[4]과 구별되며 보통 이행미필인 상태에서 무역계약이 성립된다.

2) 쌍무계약

쌍무계약(bilateral contract)이란 계약의 성립에 의하여 즉시 계약당사자는 상호 채무를 부담하는 계약을 말한다. 다시 말하면 매도인은 물품인도 의무를 부담하고 매수인은 대금지급 의무를 부담하는 것을 의미한다. 여기에서 채무를 부담한다는 것, 즉 A가 채무를 부담하는 것은 B가 채무를 부담하기 때문이라는 교환적 원인관계에 서는 것이며 채무이행 문제와 위험부담 문제를 수반하게 된다.[5]

3) 유상계약

유상계약(remunerative contract)이란 계약당사자가 서로 대가적 관계에 있는 급부를 목적으로 하는 계약을 말한다. 물품매매계약에서는 우선 쌍방의 채무를 발생하게 하고 급부도 서로 대가를 이루어 그 대가의 보상으로서 금전지급을 원칙으로 한다.

上坂酉三은 물품매매계약의 법적 성격을 다음과 같이 구분하고 있다.

---

4) 요물계약이란 합의 이외에 물건의 인도, 소유권의 이전과 같은 법률사실이 없으면 성립되지 않는 계약을 말하며 소비대차, 사용대차, 임치(任置)와 같은 것이 이에 속한다.
5) 증여와 같은 것은 일방적인 의무부담이므로 편무계약이다.

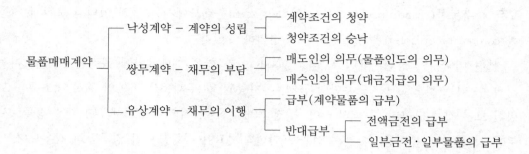

4) 불요식계약

불요식계약(informal contract)이란 요식에 의하지 아니하고 문서나 구두(oral)에 의한 명시계약(express contract)이나 묵시계약(implied contract)도 계약이 성립된다는 것이다. 물품매매계약에 있어서는 청약과 승낙 자체는 반드시 서면으로 입증할 필요는 없으나 증인에 의해 입증하여도 된다.[6] 물품매매계약은 자유계약으로 단순계약(simple contract)이나 날인계약(contract under seal)도 좋다는 의미이다. 즉 물품매매계약은 계약형식상의 자유, 계약내용이나 계약상대방 선택의 자유가 있다. 이처럼 물품매매계약에서는 계약을 매매당사자의 자유의사에 맡겨 당사자의 합의를 최우선으로 존중하고 시인한다는 이른바 계약자유의 원칙(principles of the freedom of contract)이 적용된다.

그러나 계약자유의 원칙도 공서양속이나 강행규정에 어긋나지 않아야 하고, 인허가를 요하는 공적 규제를 받게 되며 당해거래가 독점규제 및 공정거래에 관한 법률 등에 제한을 받게 된다.

3 국제상거래계약의 대상

국제상거래의 주 대상은 물품(goods)이며, 국제상거래계약의 중심은 물품매매계약이라고 할 수 있다.

영국 물품매매법에 의하면 "물품(goods)은 무체동산(things in action)과 금전을 제외한

---

6) 국제물품매매계약에 관한 유엔협약(United Nations Convention on Contracts for the International Sale of Goods: CISG), 1980, 제11조: 유체동산의 국제매매계약 성립에 관한 통일법(Uniform Law on the Formation of Contracts for the International Sale of Goods[corporeal movable]: ULF), 1964, 제3조.

모든 순수동산(chattels personal)을 포함하며, 스코틀랜드에서는 금전 이외의 모든 유체동산(corporeal moveables)을 포함한다"[7]고 정의하고 있다.

한편 미국 통일상법전에서는 "물품(goods)이라 함은 매매계약에 특정될 당시에 이동시킬 수 있는 것으로서 지급수단인 금전, 투자증권 및 무체동산 이외의 특히 제조품을 포함한 모든 것을 말하며, 동물의 태아, 성장중의 수확물, 기타 부동산에 부착한 특정물로서 부동산으로부터 분리될 수 있는 것을 포함한다"[8]고 규정함으로써 영국법의 경우보다 상세하게 물품의 정의를 내리고 있다.

그러나 비엔나협약(Vienna Convention)이라고 일컫는 국제물품매매계약에 관한 유엔협약(United Nations Convention on Contracts for the International Sale of Goods: CISG)에서는 물품의 정의를 내리지 않고 있다.[9] 한국 민법 제98조는 "본 법에서 물건이라 함은 유체물 및 전기 기타 관리할 수 있는 자연력을 말한다"고 정하고, 한국 민법 제99조에는 "토지 및 그 정착물은 부동산이며, 부동산 이외의 물건은 동산"이라고 규정하고 있다.

위와 같은 정의를 종합하여 볼 때, 무체동산(things in action)은 채권이나 소송청구의 목적물과 같이 소유자가 현재 점유하고 있지 아니한 동산을 의미하며, 유체동산은 소유자가 현재 점유하고 있는 동산을 말한다. 따라서 물품매매계약상의 물품에 해당될 수 있는 것은 유체동산에 국한되는 것으로 보아야 할 것이다. 이와 같이 유체동산이 매매계약의 목적물로 되는 경우에는 그것이 계약 당시 이미 매도인이 소유 또는 점유하고 있는 현물(existing goods)이거나 계약 체결 후 매도인이 제조 또는 취득할 물품, 즉 선물(future goods)도 해당된다.

---

7) SGA 1979, §61(1).

8) UCC, Article 2-103(1)(k).

9) CISG 제2조에서는 "이 협약은 다음의 물품매매에는 적용하지 아니한다"라고 규정하고 있다. 즉 (a) 개인, 가족 또는 가정용으로 매입한 물품. 그러나 매도인의 계약체결시 또는 그 이전에 물품이 그와 같은 용도로 매입된 것을 알지 못하고, 또는 알아야 할 것도 아닌 때에는 그러하지 아니하다. (b) 경매(auction), (c) 강제집행 기타 법률의 규정에 의한 매매, (d) 주식, 지분(shares), 투자증권(investment securities), 유통증권(negotiable instruments) 또는 통화의 매매, (e) 선박, 부선, 헬리콥터 또는 항공기의 매매, (f) 전기(electricity)의 매매.

제 **2** 절 국제상거래계약의 원칙

1 계약자유의 원칙

계약자유의 원칙이란 개인이 자기의 의사에 따라 계약의 내용이나 형식을 자유롭게 정할 수 있는 원칙을 말한다. 이를 "당사자자치의 원칙" 또는 "사적자치의 원칙"이라고도 한다. 또한 계약은 법률행위 중에서도 가장 중요한 분야여서 '법률행위자유의 원칙'이라고도 한다.

계약자유의 원칙은 경제적으로는 자유경쟁 내지 자유방임주의로 나타난다. 이 원칙은 사람은 모두 누구나 합리적인 판단력을 가지고 있다는 평등을 전제로 하고 있고, 개인의 활동에 있어서 국가가 간섭하지 않고 각자의 자유에 맡겨두면 사회는 조화롭게 유지된다는 근대 초기의 자유를 주로 하고 평등을 종의 개념에 그 바탕을 두고 있다.

계약자유의 원칙이 인정됨으로써 사람은 경제활동에 있어서 창의력을 충분하게 발휘하고 자유롭게 활동할 수 있게 되었다. 그 결과 "소유권절대의 원칙", "과실책임의 원칙" 그리고 "계약자유의 원칙"이라는 이른바 근대 계약법의 3대원칙에 의하여 자본주의 사회는 비약적으로 발전하게 되었다.

특히 계약자유의 원칙에서 계약자유의 내용으로는 보통 다음의 4가지를 말한다. 즉 ① 계약체결의 여부에 관한 계약체결의 자유, ② 계약체결의 상대방을 선택하는 상대방 선택의 자유, ③ 계약의 내용을 결정하는 계약내용 결정의 자유, ④ 계약에 원칙적으로 방식을 필요로 하지 않는다는 계약방식의 자유를 포함하고 있다.[10]

그러나 사회가 발전함에 따라 "가지지 못한 자"의 문제가 새롭게 등장하여 계약자유의 원칙을 비롯한 3대원칙이 제약을 받게 되면서, 추상적 인격자 대신에 구체적 인간과 인간다운 생활의 실현 등 새로운 가치관의 형성으로 "공공의 복리"가 현대 계약법의 최고이념으로 등장하고 거래의 안전, 사회질서, 신의성실의 원칙, 권리남용금지 등이 실천이념으로 대두된다. 이에 따라 소유권의 행사도 절대적인 것이 아니며 사회적 제약이 있게 되고, 계약자유의 원칙 역시 수정이 가해져 종래의 자유방임주의 대신에 공공의 복리, 사회질서, 신의성실 등의 법리가 계약의 자유를 제한하는 데 작용한다. 더욱이 기업가는 고의·

---

10) 곽윤직·김재형, 「민법총칙」, 박영사, 2013, 39면.

과실의 유무를 묻지 않고서 배상책임을 져야 한다는 "무과실 손해배상책임" 이론이 주장되며 동시에 과실책임의 원칙에서도 입증책임의 전환 또는 무과실을 인정하는 예외규정의 확장해석을 통하여 무과실책임을 될 수 있는 한 인정하려고 한다. 여기에 특히 "거래의 안전"은 현대 자본주의 경제의 발달에 필수 불가결한 요소로서 오늘날의 사법에 있어서의 이상으로 되었다.

지금까지 19세기 말부터 20세기에 걸쳐 근대 계약법에 적용되어 온 기본원리의 변천사를 살펴보았다. 계약법의 3대원칙을 비롯한 권리남용의 금지 등 근대법의 기본원리는 계약법으로서의 역할도 담당하고 있는 한국의 민법에도 적용되고 있음은 의심의 여지가 없다.

2 신의성실의 원칙과 금반언의 원칙

1) 신의성실의 원칙

신의성실의 원칙에서 우선 신의성실이라 함은 사회공동생활의 일원으로서 상대방의 신의를 헛되이 하지 않도록 성의를 가지고 행동하는 것으로서, 사람의 행위나 태도에 대해 윤리적 평가를 나타내는 말이다. 이를 토대로 "신의성실의 원칙"은 그러한 윤리적 평가를 법적 가치판단의 한 내용으로서 도입한 것이다.

신의성실의 원칙을 규정하고 있는 한국 민법 제2조 1항은 "권리의 행사와 의무의 이행은 신의에 따라 성실히 하여야 한다"고 하는 권리 및 의무를 그의 사회적 사명에서 관찰하여야 한다는 사법이념의 일반적 내용을 내세운 이른바 일반 조항으로서의 성격을 지닌다. 다시 말해 이 원칙은 민법 전반을 통한 일반원칙으로, 채권관계뿐만 아니라 물권관계와 가족관계에도 적용된다.

이러한 권리행사나 의무이행이 신의성실에 반하는 경우, 예컨대 권리의 행사가 신의성실에 반하는 경우에는 권리남용이 되는 것이 보통이며, 또한 의무의 이행이 신의성실에 반하는 경우에는, 의무를 이행한 것이 되지 않기 때문에 의무불이행의 책임을 지게 된다.

그러나 CISG에서는 이 신의성실의 준수를 일반적인 원칙으로는 규정하지 않고, 다만 국제거래에 있어서 신의성실의 준수를 CISG의 해석원칙으로 사용하고 있다.[11] CISG에서

---

11) CISG, 제7조 제1항.

이를 해석원칙으로 규정한 것은 체약국이 국내법에 의해 협약을 해석하는 것을 막고 협약에 통일성을 증진시키는 데 그 목적을 두고 있기 때문이다.

2) 금반언의 원칙

금반언의 원칙(doctrine of estoppel)이란 당사자 일방이 진위를 불문하고 어떤 사실의 존재를 주장하거나 부정하는 것을 금지하는 영미법상의 원칙을 말한다. 여기서 "금반언"(estoppel)이란 어느 특정인이 자기의 말이나 행위로써 고의적으로 타인으로 하여금 어떤 특정 사실을 믿도록 해놓고, 나중에 가서 그러한 사실을 번복할 수 없다는 원칙이다. 이 원칙은 권리의 행사의무의 이행은 신의에 따라 성실히 하여야 한다는 한국 민법 제2조 2항의 신의칙과 같은 취지로 보아진다.

또한 후술하는 CISG 제16조 제2항 (b)의 상대방의 특정행동에 의해 청약의 철회불능을 인정하고 있는 규정 역시 영미 보통법상의 금반언의 원칙에서 비롯된 것으로 볼 수 있다.

일반적으로 금반언은 주장이나 또는 부정이 금지된 사항에 의하여 통상 다음과 같이 언어에 의한 금반언과 행위에 의한 금반언으로 분류된다.[12]

첫째, "언어에 의한 금반언"(estoppel by word)의 경우 재판기록 등 공적기록상의 기재 사실에 대해 반대 주장은 허용되지 않는 "기록에 의한 금반언"(estoppel by record)이나 또는 자기가 작성한 날인증서(deed)에 기재된 사실에 반하는 주장은 허용되지 않는 "날인증서에 의한 금반언"(estoppel by deed)을 포함하는 금반언이다.

둘째, "행위에 의한 금반언"(estoppel by conduct)의 경우는 특정의 행동으로 타인에게 어떤 사실의 존재를 믿게 했다면 이후 그 사실에 반대되는 주장을 허용하지 않는 금반언이다.

한편 이러한 "금반언의 효과"(effect of estoppel)가 실제로 금반언에 의하여 금지된 당사자에 대하여 유효한 권리를 이전하는가에 대하여는 명확하지 않다. 한 견해에 따르면 금반언은 이론이 적용되는 경우에 당사자가 종전에 작성한 진술을 부정하는 것이 인정되지 않은 것과 같이 당사자가 법원에 어떤 증거를 제시하는 것을 부정하는 단순한 증명의 법

---

12) 금반언의 원리는 이후 장래의 행위약속에까지 적용되는 "약속에 의한 금반언"(promissory estoppel)이라는 법리(doctrine)까지 발전하여 오늘에 이르고 있다. 홍상부, 「영미상사법사전」, 상사법무연구회, 1986, 284면.

칙이라고 한다. 이 견해에 따르면 진정한 법적 지위는 금반언에 의하여 영향을 받지 않는다. 종전 소유자는 소유자로 그대로 남아 있지만 금반언을 주장할 수 있는 사람에 대하여 자신의 권리를 주장할 수 있다.[13] 하지만 Eastern Distributors Ltd v. Goldring 사건[14]에서 항소법원은 물품매매와 관련된 사건에서 금반언의 효과는 진정한 권리를 이전하는 것이라고 판시하였다. 이후의 사건에서 물품이 불특정물이기 때문에 SGA 제16조(불특정물의 확정)에 의하여 소유권이 이전되지 않은 경우에서 금반언에 따라 소유권은 이전되지 않을 수 없다고 판시되었다.

이러한 관계에서 "금반언의 원칙"과 유사한 사건은 권리 없이 물품을 판매한 매도인이 추후 권리를 획득한 경우, 예를 들어 원 소유자에게 대금을 지급한 경우이다. 이 경우에 매도인의 추후의 권리의 취득은 매수인과 매수인으로부터 권리를 양도 받은 자의 하자있는 권리를 치유한다.[15]

3 과실책임의 원칙

과실책임의 원칙이란 개인이 타인에게 손해를 끼친 경우, 그 행위가 위법할 뿐만 아니라 동시에 고의 또는 과실[16]에 기인한 경우에만 책임을 지고, 고의·과실이 없는 경우에는 책임을 지지 않는다는 원칙을 말한다. 따라서 개인은 자기가 고의·과실에 의한 행위에 대하여서만 책임을 지고, 타인의 행위에 대하여서는 책임을 지지 않는다는 의미에서 "자기책임의 원칙"이라고도 한다.

이러한 "과실책임의 원칙"이 인정되면서 개인은 자기의 행위에 대해서만 충분한 주의를 기울이면 책임을 지게 될 일이 없게 되므로 안심하고 대외활동을 할 수 있게 되었다.

한편, CISG에서는 의무불이행에서 고의·과실을 요하지 않는다. 즉, "무과실책임"에 의한 의무불이행의 객관적 사실 초래만으로 책임을 지게 된다.[17]

---

13) P. S. Atiyah, *op. cit.*, pp. 381~382.
14) Eastern Distributors Ltd. v. Goldring[1957] 2 Q. B. 600.
15) Butterworth v. Kingsway Motor Ltd [1954] 1 W. L. R. 1286.
16) 여기서 "고의"란 자신의 행위로부터 일정한 결과를 인식하면서도 그러한 행위를 하는 것을 가리키며, 이에 대해 "과실"은 그 일정한 결과의 발생을 인식하였어야 함에도 불구하고 부주의로 말미암아 인식하지 못하는 것을 의미한다. 다시 말해 고의는 인식 또는 예견한 결과를 만들어 낸다는 심리적 의식의 상태이고, 과실은 상당한 주의의 부족이다.
17) CISG상의 책임체계는 계약위반책임으로서 일원적이며 "무과실책임"을 원칙으로 하고 있는데 반해,

제 3 절 국제상거래계약의 성립

1 국제상거래계약의 성립요건

매매계약이 유효한 계약으로 성립되기 위해서는 기본적으로 계약당사자간의 "합의"(agreement)가 있어야 한다. 계약성립을 위한 계약당사자의 의사표시는 내용적으로 일치할 뿐만 아니라 그 일치하는 바에 따라 통일적 법률효과를 발생하게 된다. 매매계약에서의 합의는 보통 청약(offer)과 승낙(acceptance)에 의하여 이루어진다. 영미법상 유효한 계약이 되기 위해서는 그 합의가 법정방식에 의하여 행하여졌거나 약인(consideration)[18]이 수반된 것이어야 한다. 날인계약(contract under seal)은 날인증서작성[19]이라는 요식성에 계약성립의 근거를 두고 있는 데 반하여, 단순계약(simple contract)은 당사자간의 합의 이외에 약인의 존재를 계약성립의 근거로 삼고 있다. 이러한 약인의 요건은 첫째, 약속과 동등한 가치를 지닐 필요는 없으나 법률상으로 보아 가치가 있는 것, 즉 실제적인 것이어야 한다. 둘째, 계약성립시를 기준으로 하여 볼 때 현재의 작위(act)[20] 또는 부작위

한국 민법은 채무불이행의 일반책임과 특별책임인 담보책임이라는 이원적 책임체계로서, 이때 일반책임은 "과실책임"을 원칙으로 하지만 특별책임은 "무과실책임"이다. 그리고 한국 민법은 채무불이행책임의 일반조항(제390조 이하)을 가지고 있지만 동시에 이행지체 등을 비롯한 계약위반의 유형을 인정하고 또한 그 위반유형에 따라 요건과 효과(구제수단)를 달리 규정하고 있다. 이에 대해 CISG는 계약위반이라는 통일적 개념하에서 그 효과인 구제수단도 통일적으로 운영하고 있다. 한편 채무불이행에 대해 한국 민법은 유책성을 요구하는데 반해, CISG는 유책성을 요구하지 않는 것을 원칙으로 하고 있다. 구제수단의 측면에서 이행청구권, 손해배상청구권, 계약해제권, 이자청구권, 부가기간지정권(CISG, 제47조와 제63조) 등은 한국 민법이나 CISG에서나 모두 가능하다. 그러나 한국 민법에는 CISG에서 인정하고 있는 매도인의 재이행권(제48조)과 운송정지권(제71조 2항) 및 매수인의 하자보완(수리)청구권(제46조 3항)에 관한 조항이 없다. 최흥섭, 「국제물품매매계약에 관한 유엔협약해설」, 법무부, 2005, 231~233면 참조.
18) 약인이란 약속과 교환하여 약속자(promisor)가 받는 권리·이익·이윤·편의, 또는 약속을 받은 자, 즉 수약자(promisee)가 부담하는 부작위·불이익·손실·의무 또는 이러한 것들의 약속이라고 정의할 수 있다. 예컨대, 물품매매계약에서 대금지급이나 그 약속 또는 대금지급에 대한 물품인도나 그 약속과 같이 계약상 약속의 대가로 제공되는 행위, 즉 대가의 상호교환(bargained for exchange)을 말한다.
19) 날인증서작성이란 단순히 서면작성을 의미하는 것이 아니라 날인계약으로서의 효력을 발생시키는 행위를 말한다.
20) 어떤 일을 직접 하는 것을 말한다.

(forbearance)[21]이든 장래의 작위 또는 부작위의 약속이든 상관없으나 과거의 약인은 될 수 없다.[22] 왜냐하면 과거의 작위나 부작위는 약인과 교환된 것이라고는 볼 수 없기 때문이다. 셋째, 약인은 적법한 것이어야 한다. 따라서 불법적인 약인에 의해서 이루어진 약속은 모두 무효이다. 넷째, 약인은 수약자에 의해서 제공된 것이어야 한다. 따라서 약인을 제공한 자만이 그 계약에 의하여 소송을 제기할 수 있다. 이러한 미국의 약인이론은 영국의 약인이론을 채용하고는 있으나 역사적·전통적인 의미로 간주하고 점차 완화하는 추세에 있다. 그러나 영국이나 미국에서 강제로 이행가능성이 있는 계약은 이 약인요건이 충족되어 있는지의 여부를 미리 검토할 필요가 있다.

한편 CISG에서는 계약은 청약에 대한 승낙이 이 협약의 규정에 따라 효력을 발생할 때에 성립된다고 규정하고 있다.[23] 그러나 한국을 포함하여 대륙법계에서는 계약의 성립에는 서로 대립하는 수개의 의사표시의 합치, 즉 합의가 있어야 함을 그 요건으로 하고 있다. 한국 민법은 청약자의 의사표시나 관습에 의하여 승낙의 통지가 필요하지 아니한 경우에는 의사실현에 의한 계약성립[24]을 인정하고 또한 교차청약의 경우에도 계약이 성립된다고 규정하고 있다.[25]

국제물품매매계약은 보통 청약과 승낙에 의하여 성립되지만 계약이 법적인 구속력을 갖기 위해서는 당사자의 행위능력(capacity of the parties)이 있어야 하고, 거래 목적물이나 거래방법이 적법(legality object and method)하여야 하며, 허위계약(false contract)이 아니어야 하고, 사기(fraud), 강박(duress)에 의한 거래가 아니어야 하며 착오(mistake)에 의한 의사표시가 아니어야 한다.

2 국제상거래계약의 성립단계

국제상거래계약은 매매당사자간에 여러 단계를 거쳐 체결될 수도 있지만 보통 실무상으로는 거래제의(business proposal) 단계에서 비롯하여 조회(inquiry)에 따른 회신과 함께 청약자(offeror)의 청약(offer)과 피청약자(offeree)의 승낙(acceptance), 즉 매매계약을 성

---

21) 어떤 일을 하지 아니하는 것을 말한다.
22) 그러나 어음행위에 있어서는 과거의 채무도 유효한 약인이 된다; Bills of Exchange Act 1882, § 27(1).
23) CISG 1980, Article 23.
24) 한국 민법 제532조.
25) 한국 민법 제533조.

립시킬 뜻에 대한 의사 표시의 합치점에서 성립된다.

거래제의를 하기 위해서는 국제마케팅(international marketing)에 대한 전략을 수립하고 해외시장조사를 통하여 목적시장을 결정한 다음 동 시장에서의 거래처를 물색한다. 거래처를 발굴하는 방법으로는 앞에서 살펴본 바와 같이 상공인명부(directory)를 참조하거나 인터넷 홈페이지를 활용하거나, 해외광고, 국내외 공공기관을 통하거나 현지에 직접 출장, 또는 무역관련 기관에서 주선하는 박람회 등 각종 행사(event)를 이용할 수 있다. 발굴된 거래처에 대해서는 신용상태(credit standing)를 확인하여야 한다.

관심 있는 고객으로부터 조회(inquiry)가 있을 경우에는 감사의 표시와 함께 신속하게 회신을 하여야 한다. 이때는 청약자가 보통 서면이나 전신 등으로 청약(offer)을 하게 되는

그림 4-1 매매계약의 성립단계

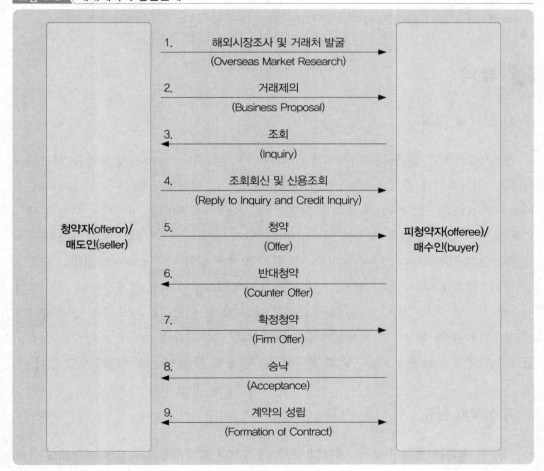

데 대부분은 가격을 흥정하거나 거래조건의 수정을 요청하는 피청약자의 반대청약(coun-ter offer)이 있을 경우가 많다. 이에 대하여 청약자가 다시 확정청약(firm offer)을 하면 피청약자가 승낙(acceptance)함으로써 계약이 성립된다. 이는 국제상거래계약이 성립되는 최초의 시기라고 할 수 있다.

또한 매수인의 주문(order)에 따른 매도인의 주문승낙(acknowledgement)도 계약이 성립되는 것으로 본다. 여기에서 실무적으로 주의를 하여야 할 사항은 청약과 승낙의 합치된 의사표시로서 교환된 문서나 전신 또는 청약서(offer sheet)상에 양당사자가 서명하는 것만으로는 완전한 계약서라고 할 수 없다. 왜냐하면 그 합의 내용이 단순하여 만일 후일에 분쟁이 야기될 경우에는 매매당사자의 책임소재를 명확하게 구분하기가 어렵기 때문이다. 이에 대비하기 위해서는 청약과 승낙에 의하여 법적으로 계약이 성립되었다고 하더라도 항상 매도인과 매수인 사이에 구체적인 거래조건을 망라하여 서면으로 작성된 계약서(contract sheet)를 교부하여 각각 1부씩 보관하여 두어야 한다.

3 청 약

1) 청약의 의의

청약(offer)이란 일반적으로 청약자(offeror)가 피청약자(offeree)에게 계약을 체결하고자 하는 의사표시를 말한다. 즉 청약은 매매관계에 있는 당사자의 일방이 그 상대방의 승낙(acceptance)과 아울러 일정 조건의 매매계약을 기대하고 행하는 의사표시이다. 앞에서 언급한 바와 같이 영미의 법리는 계약이 약인(consideration)에 근거를 두고 있기 때문에 대가의 상호교환(bargained for exchange)에 따라 청약은 청약자가 행하는 방법대로 수행할 것이라는 약속(promise)으로 보며, 이에 대하여 수약자로부터 약인이 제공되어 계약이 성립하는 것으로 보고 있다. 한편, 대륙 법계인 독일 및 일본 법리는 매도인의 청약에 대하여 매수인이 이를 승낙하면 계약이 성립하는 것으로 보기 때문에 청약은 계약성립의 기능을 매수인에게 주는 행위, 다시 말해 계약성립을 전제로 한 계약상의 행위로 보고 있다.

2) 청약의 종류

청약의 종류를 청약의 주체, 청약의 발행지, 청약의 확정력을 기준으로 살펴보면 다음과 같다.

(1) 청약의 주체기준

① 매도청약(selling offer)

매도인의 매도의사를 말하며 무역거래에서의 일반적인 청약이라 하면 매도청약을 의미한다.

② 매수청약(buying offer)

매수인의 매입의사를 말하며, 보통 매입주문서(purchase order: P/O)와 같은 형식으로 이루어진다.

(2) 청약의 발행지기준

① 국내발행청약

청약의 주체가 거래상대국의 물품공급업자 및 본사를 대리하여 국내에서 발행 또는 의사표시한 매도청약을 말한다.

② 국외발행청약

청약의 주체가 거래상대국의 물품공급업자나 제3자가 국외에서 발행 또는 의사표시한 매도청약을 말한다.

(3) 청약의 확정력기준

① 확정청약(firm offer)

청약자가 청약내용에 대하여 승낙회답의 유효기간(validity of offer)을 지정하고 그 기간 내에 승낙하면 계약이 성립되는 청약이다. 또한 유효기간을 정하지 아니한 경우라도 그 청약이 확정적(firm) 또는 취소불능(irrevocable)[26]이라는 표시가 있거나, 승낙·회답의 유효기간과 확정적 또는 취소불능이라는 표시가 동시에 있는 청약도 확정청약이 된다.

확정청약(firm offer)의 예문을 보면 다음과 같다.

"We offer you firm subject to your acceptance reaching us by May 10 as follows:"

---

26) CISG 1980, Article 16에서는 취소불능청약(irrevocable offer)이라고 하고 있다.

② 불확정청약(free offer)

청약자가 청약시에 승낙·회답의 유효기간이나 확정적(firm)이라는 표시를 하지 아니한 청약이다. 불확정청약의 경우 상대방이 승낙을 받기 전까지는 청약자가 청약내용을 일방적으로 철회하거나 변경할 수 있다.

불확정청약(free offer)의 예문을 보면 다음과 같다.

"We offer you the following merchandise on the terms and conditions mentioned hereunder."

③ 반대청약(counter offer)

청약자의 청약에 대하여 피청약자가 수량, 가격, 선적, 결제 등 청약내용을 일부 추가, 제한 및 변경 등 새로운 조건을 제의해 오는 청약을 말한다.[27] 반대청약은 원청약(original offer)에 대한 거절이 되고 동시에 새로운 청약이 된다. 따라서 원청약은 반대청약에 의하여 소멸된다.

반대청약(counter offer)의 예문을 보면 다음과 같다.

"Your offer dated May 7 is too high. We can accept the offer at U.S. Dollars 15 per piece CIF New York Incoterms® 2010."

④ 교차청약(cross offer)

청약자와 피청약자 상호간에 동일한 내용의 청약이 상호 교차되는 청약을 말한다. 즉 우연히 각 당사자가 상호 청약을 하였는데 그 청약내용이 완전히 일치하고 있을 경우에 동일내용에 대해 쌍방이 동시에 의사표시가 교차하여 행해지는 것이다.

이러한 경우에는 청약과 승낙을 구분하기란 어렵지만 계약이 성립된다는 데에는 의심의 여지가 없다.[28]

⑤ 조건부청약(conditional offer)

청약자의 청약내용에 단서가 있는 청약으로 피청약자의 승낙만으로는 계약이 성립되

---

27) CISG 1980, Article 19(1).
28) 한국 민법 제533조에서는 "당사자간에 동일한 내용의 청약이 상호 교차된 경우에는 양청약이 상대방에 도달한 때에 계약이 성립한다"고 규정하고 있다.

지 아니하고 다시 청약자의 최종확인(final confirmation)이 있어야만 계약이 성립된다.[29]

조건부청약(conditional offer)의 예문을 보면 다음과 같다.

"offer subject to our final confirmation"

"offer subject to prior sale"

"offer subject to being unsold"

"offer subject to market fluctuation"

"offer without engagement"

"offer on approval"

3) 청약의 유인

청약의 유인(invitation to treat)이란 타인을 유혹하여 자기에게 청약하도록 하는 행위로 청약과 구별된다. 결국 이로 인하여 유혹된 자가 의사표시를 하여도 계약은 성립되지 않으며 다시 유인한 측으로부터 승낙의 표시가 있어야 비로소 계약이 성립된다. 청약의 유인과 청약을 구별하는 것은 개별적 상황에 따라 결정지어야 한다. 예를 들면, 확인조건부청약(offer subject to our confirmation; sub-con offer)과 상대방이 특정되지 아니하고 신문이나 텔레비전 또는 방송에 의한 광고(advertisement), 견적서(quotation), 가격표(price list), 물품목록(catalog) 등의 배포를 통하여 불특정의 1인 또는 그 이상의 일반대중을 상대로 하고 있는 경우와 경매(auction) 및 입찰(bid; tender)과 같은 것들은 단지 청약의 유인에 불과한 것으로 간주된다.

그러나 불특정인에게 대한 경우라도 제의자가 그 제의(proposal)에 대하여 승낙이 있으면 곧 계약으로 보겠다는 등의 의사를 확실히 표명하였을 경우에는 그러한 제의는 단순한 청약의 유인이 아니라 이를 청약으로 본다.[30]

실제 무역거래에서 청약의 유인으로 볼 수 있는 예문과 그 법적 의미를 예시하여 보면 [그림 4-2]와 같다.

청약당사자가 다음 그림과 같이 의사표시를 하였다면 ①은 청약이 아니고 청약의 유

---

29) 조건부청약은 형식상으로는 불확정청약(free offer)의 범주이지만 엄밀한 의미에서는 청약이 아니고 예비적 교섭, 즉 청약의 유인의 하나에 지나지 않는다.

30) CISG 1980, Article 14.

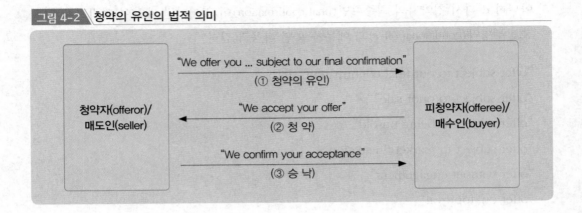

그림 4-2 청약의 유인의 법적 의미

인, 즉 예비적 교섭(preliminary negotiation)이며, ②는 청약에 따른 승낙이 아니고 청약의 유인에 의한 사실상의 청약으로 보아야 하며, ③은 ②에 대한 승낙이라고 할 수 있다. 따라서 청약의 유인에 따른 매매계약은 청약자의 예비적 교섭→피청약자의 청약→청약자의 승낙→양당사자의 계약체결의 순서로 성립된다고 할 수 있다.

4) 청약의 효력발생

일반적으로 청약은 피청약자에게 도달하였을 때에 비로소 그 효력이 발생한다. 왜냐하면 청약은 피청약자에게 도달하지 않으면 청약자의 청약내용을 상대방이 인지할 수 없기 때문이다. 영미법에서는 청약의 효력발생 시기는 피청약자에게 도달해야 한다는 도달주의 입장을 취하고 있고, 한국법도 "상대방 있는 의사표시는 그 통지가 상대방에게 도달한 때로부터 그 효력이 생긴다"라고 하고 있어 역시 도달주의 원칙이 적용되고 있음을 알 수 있다.[31]

5) 청약의 효력소멸

청약의 효력소멸사유는 일반적으로 청약자의 청약철회, 청약의 취소, 피청약자의 거절이나 반대청약, 시간의 경과, 청약당사자의 사망, 그리고 청약 이후 계약이행의 위법일 때이다.[32] 특히 이러한 사유들 중에 청약철회의 효력발생시기에 대하여 영미법은 철회의 통

---

31) 한국 민법 제111조 제1항.
32) 그러나 당사자의 사망일 경우에 청약의 효력은 한국법 등 대륙법에서는 청약의 효력에는 영향이 없

지가 피청약자에게 도달하였을 때 발생되는 것으로 보고 있다. 바꾸어 말하면 피청약자가 청약자로부터 철회통지를 받기 전에 승낙통지를 해버리면 계약은 성립된다. 또한 피청약자가 청약을 거절할 경우에는 청약의 효력이 상실되며, 그 이후 당초 청약을 또다시 승낙한다는 의사표시를 하더라도 계약은 성립되지 않는다.

6) 청약의 유효기간

확정청약(firm offer)의 경우에는 유효기간(validity of offer)이 명시되는 것이 일반적이다. 그러나 유효기간이 명시되어 있더라도 그 기간 내에 승낙의 의사표시가 청약자에게 도달되어야 할 것인지 아니면 발신만으로 효력이 있는지에 대하여 미리 다음과 같이 명확히 할 필요가 있다.

"We offer you firm subject to your acceptance reaching us by May 10"
"Validity of Offer: Until May 10 our time."

확정청약의 실질적 요건으로서 미국 통일상법전[33]에 따르면 ① 청약은 서명된 문서로서 발행되고, ② 상인(merchant)이 발행하고, ③ 청약의 유효기간은 3개월을 초과하지 않을 것이며 만일 3개월을 초과하는 경우에는 피청약자가 청약자에게 대가(consideration)를 지급하여야 하며, ④ 피청약자로부터 제공된 서식(form)에 유효기간이 있는 경우에는 청약자가 별도 서명할 것을 규정하고 있다.

그런데 유효기간이 명시되어 있지 아니한 경우의 청약에 대하여는 언제까지 그 효력이 있는지가 문제된다. 청약의 유효기간이 확정되지 않는 이른바 불확정청약(free offer)이라도 그 청약이 무한정 유효하다고는 볼 수 없다. 다수국의 법에서는 "합리적인 기간" 또는 "상당한 기간" 이내에 승낙을 하면 계약이 유효하게 성립된다고 규정하고 있다.[34] 그러나 사실상의 문제로서 합리적 기간 또는 상당한 기간의 결정에는 어려운 점이 많다.

따라서 피청약자는 유효기간이 없거나 조건부청약을 해오는 경우에는 청약자에게 다시 문의하여야 할 것이다.

는 것으로 하고 있다; 한국 민법 제111조 제2항.
33) UCC, Article 2-205.
34) 독일 민법 제147조: 일본 민법 제542조.

SEOUL TRADING CO. LTD.

15, 1-ga, Sogong-dong Joong-gu, Seoul 100-070, Korea
Tel. 82-2-753-1200, Fax : 82-2-753-1201, E-mail : seoultrade@hanmail.net

OFFER SHEET

Date : April 20, 20xx
Ref. No. 12

John F. Dolan
America International Inc.
350 Fifth Avenue
New York, NY10018, U.S.A.

Dear Sirs,
   We take much pleasure in offering you as follows :

Style No.	Description	Quantity	Unit Price	Amount
	Men's Split Leather Jackets		CIF New York	Incoterms® 2010
ST-101	....	2,000 pcs	@US$25	US$50,000,-
ST-102	....	2,000 pcs	@Us$25	US$50,000,-
	Total	4,000 pcs		US$100,000-

Packing : Each piece to be packed in a P. E. bag, 20 pcs in an Export Standard Carton Box.
Origin : R. O. K.
Shipment : Within 60 days after the date of Contract Sheet.
Payment : Under irrevocable L/C at sight to be issued in favor of Seoul Trading Co., Ltd.
Insurance : Covering ICC(B) for 110% of the invoice value.
Inspection : Seller's inspection to be final.
Validity : Until June 31, 20xx subject to your acceptance reaching us by E-mail.
Remarks :

Seller(Offeror),

Seoul Trading Co., Ltd

Gildong Hong

Gil-dong Hong
President

서식 4-2 Offer to Sell by Internet

From: Gil-dong Hong ⟨seoultrade@hanmail.net⟩
To: clover@hotmail.com
Subject: Offer for Men's Split Leather Jackets
Date: Fri. June 10, 20xx 16:04:27
....

John F. Dolan
President
America International Inc.
350 Fifth Avenue, New York, NY10118, U.S.A.

Gentlemen:

We are pleased to offer you as follows:

Commodity : Men's Split Leather Jackets
Quantity : 4,000 pcs. (2,000 pcs. for Style No. ST-101 and 2,000 pcs. for ST-102 respectively)
Price : @US$25 per pc. CIF New York Incoterms® 2010
Payment : Under irrevocable L/C at sight to be issued in favor of Seoul Trading Co., Ltd.
Shipment : Within 60 days after the date of formal contract.
Insurance : Covering ICC(B) for 110% of the Invoice value.
Packing : Export standard packing.
Inspection : Seller's inspection to be final.
Validity of Offer : Until May 25, 20xx subject to your reply reaching us by E-mail.

This is the best offer we can make and this kind of offer cannot be repeated in the future. We can guarantee that this price will be available by the validity because the cost of materials is steadily advancing.

We hope you will give your prompt attention to this offer.

Very truly yours,

Seoul Trading Co., Ltd.

Gildong Hong

Gil-dong Hong
President

*Other informations:
E-mail : seoultrade@hanmail.net
Phone : 82-2-753-1200
Fax : 82-2-753-1201
Telex : K23456 SELTRDCO
Mailing Address : 15, 1-ga, Sogong-dong Joong-gu, Seoul 100-070, Korea
Home Page : http://web.seltrd.co.kr

4 승낙

1) 승낙의 의의

승낙(acceptance)은 피청약자가 청약자에 대하여 그 청약에 응하여 계약을 성립시킬 목적으로 행하는 의사표시이다. 청약이 승낙된 경우는 상호의 동의(mutual assent)가 성립하는 것이므로, 그 동의에 대한 의사표시가 승낙이다. 승낙의 조건내용은 청약의 조건내용과 일치하여야 한다.[35] 이와 같은 승낙은 본질적으로 무조건적(unqualified)이어야 하며 청약 조건과 반드시 일치하여야 하고 적극적인 행위(positive conduct)로 승낙에 대한 의사표시(communication of acceptance)를 하여야 계약이 성립될 수 있는 것이다.

실무적으로 승낙의 표현은 보통 다음 예와 같은 어구를 포함한다.

"accept or accepted", "confirm or confirmed" 또는 "agree or agreed"

2) 승낙의 방법

승낙(acceptance)에 대하여 어떠한 방법 또는 수단으로 하여야 할 것인가를 청약서상에 미리 지정하였을 경우에는 그 지정된 방법에 따라야 한다. 예를 들면, 우편(post), 전보(telegram), 텔렉스(telex), 팩시밀리(facsimile), 전화(telephone), 전자우편(E-mail) 등으로 지정되어 있다면 그것에 따라야 한다. 청약의 승낙방법을 지정하지 아니한 경우에는 합리적인 방법과 수단에 의하여야 한다.[36] 즉, 청약이 전자우편으로 된 경우에는 전자우편으로, 텔렉스로 된 경우에는 텔렉스로, 항공우편으로 된 경우에는 항공우편과 같이 그에 상응하는 수단에 의하여 승낙의 통지를 하면 된다. 승낙의 방법에 관한 법률문제에 대하여 대륙법계통의 각국 민법에는 특별한 언급이 없는 실정이고 한국의 입장도 마찬가지이다. 청약에 대하여 피청약자가 승낙회신을 하지 않는 경우에는 계약이 성립하지 않는다.

3) 승낙의 효력발생

청약자의 청약을 피청약자가 승낙하면 계약은 성립하지만, 청약자와 피청약자는 공간

---

35) 이러한 완전일치의 원칙을 "mirror image rule"이라고 한다.
36) Restatement, Contract 2nd, St. Paul, 1981, § 30(2).

적으로 떨어져 있기 때문에 엄밀히 말해서 승낙의 의사 표시가 피청약자로부터 발송되어 청약자에게 도달될 때까지 어느 시점에서 계약이 성립되는지 문제가 생긴다.

승낙의 효력발생시기에 관하여 이론적으로는 피청약자가 승낙의 의사표시를 발신할 때에 계약이 성립한다고 하는 발신주의(dispatch theory; mail-box rule), 피청약자의 승낙의 의사표시가 청약자에게 도달된 때에 계약의 성립으로 보는 도달주의(receipt theory), 단지 물리적으로 승낙의 의사표시가 청약자에게 도달될 뿐 아니라 현실적으로 청약자가 그 내용을 알았을 때에 계약의 성립으로 보는 요지주의(acknowledge theory), 그리고 의사표시하는 자가 자신의 의사를 명백히 표시한 때에 계약이 성립한다고 하는 표백주의(expression theory)가 있다.

승낙의 효력발생시기에서 영미법은 물론 대륙법 계통에서도 승낙의 의사표시에 관한 일반원칙으로는 도달주의를 채택하고 있다. 그러나 승낙의 의사표시에서 대화자간이나 격지자간에는 도달주의 또는 발신주의를 채택하는 국가들도 있다.

CISG에서는 청약에 대한 승낙은 동의의 의사표시가 청약자가 정한 기간 내에 도달하지 아니하거나, 또는 기간이 정함이 없는 경우에 동의의 의사표시가 청약자가 사용한 통신수단의 신속성을 포함하여 거래의 상황을 충분히 고려하여 합리적인 기간 내에 도달하지 아니하는 때에는 승낙은 효력이 발생하지 아니한다고 규정하여 대화자나 격지자간 구분 없이 도달주의 입장을 취하고 있다.[37]

여기에서 청약을 포함하여 승낙의 선언 또는 기타의 의사표시가 상대방에게 도달한 때라 함은 그 의사표시가 구두로(orally) 또는 기타의 방법으로 직접 상대방에게 전달되었을 때, 또는 상대방의 영업소(place of business)나 우편주소(mailing address)로 전달되었을 때, 또는 상대방의 영업소나 우편주소가 없는 경우에는 상대방의 상주적인 거소로 전달되었을 때로 한다.[38] 이 취지는 통신이 수신인(addressee)의 영업장소나 우편주소에 인도될 때 수신인에게 도착된 것으로 보는 것인데 구체적으로 말하면 적절한 장소에 인도, 즉 우편투입구(mail slot) 내에 혹은 수신인이 고용한 수임자에게 점유이전(transfer of possession)이 되는 것으로 한다.

---

37) CISG 1980, Article 18(2).

38) CISG 1980, Article 24; "For the purpose of this part of the Convention, an offer, declaration of acceptance or any other indication of "reaches" the addressee when it is made orally to him or delivered by any other means to him personally, to his place of business or mailing address or, if he does not have a place of business or mailing address, to his habitual residence."

한국 민법은 의사표시의 효력발생시기에 대하여 상대방이 있는 의사표시는 그 통지가 상대방에 도달한 때로부터 그 효력이 생긴다[39]고 하여 도달주의를 취하고 있으나 격지자 간의 계약성립시기에 대하여는, 즉 격지자간의 계약은 승낙의 통지를 발송할 때에 성립한다[40]고 하여 발신주의를 취하고 있다. 특히 발신주의를 적용하는 우편이나 전보에 의한 승낙의 의사표시는 그 기관을 이용하는 것이 합리적인 경우이어야 한다. 미국법의 경우에는 영국법과 같이 대화자간에는 도달주의를, 격지자간에는 발신주의를 취하고 있다. 주요 법제에서 승낙의 의사표시에 대한 효력발생시기를 종합하여 정리하여 보면 〈표 4-1〉과 같다.

무역거래에서는 매매당사자가 어느 국가 또는 어느 지역이 도달주의 또는 발신주의를 채택하고 있는지 일일이 파악한다는 것은 사실상 번잡하고 어려운 일이다. 그러므로 무역계약을 체결하기 위하여 청약(offer)을 할 경우에는 다음의 예와 같이 승낙의 효력발생시기를 명확히 지정하는 것이 매우 중요하다.[41]

"We offer you firm subject to *your reply received here* by E-mail until May 10, 20xx."

표 4-1 승낙의 의사표시에 대한 효력발생 시기

통신수단		준거법	한국법	일본법	영국법	미국법	독일법	CISG
의사표시에 관한 일반원칙			도달주의	도달주의	도달주의	도달주의	도달주의	도달주의
승낙의 의사표시	대화자간	대면	도달주의	도달주의	도달주의	도달주의	도달주의	도달주의
		전화	도달주의	도달주의	도달주의	도달주의	도달주의	도달주의
		텔렉스	도달주의	도달주의	도달주의	도달주의	도달주의	도달주의
	격지자간	우편	발신주의	발신주의	발신주의	발신주의	도달주의	도달주의
		전보	발신주의	발신주의	발신주의	발신주의	도달주의	도달주의

39) 한국 민법 제111조 제1항.
40) 한국 민법 제531조.
41) 이탤릭체 부분은 승낙의 효력발생시기를 도달주의로 지정한 청약조건이다.

4) 승낙의 효력소멸

일반적으로 승낙은 청약자에게 의사표시를 할 때까지는 완전하지 않기 때문에 승낙의 의사가 도달되기 전에는 철회될 수 있다. 그러나 승낙은 그 의사표시가 청약자에게 도달하여 일단 승낙으로 효력이 발생된 이후에는 원칙적으로 이를 소멸시킬 수 없다. 왜냐하면 승낙과 동시에 계약 그 자체가 성립되기 때문이다. 승낙이 효력발생 이후 그 효력을 소멸시키는 것은 계약 자체의 취소 또는 해제에 해당하는 것이다. 따라서 승낙의 효력소멸을 위한 승낙의 철회에 대한 문제는 계약성립을 위한 의사표시의 효력발생시기를 발신주의로 하느냐 아니면 도달주의로 하느냐에 따라 달리 처리되는 것이지만 이는 도달주의 입장을 취하는 경우에 논의의 대상이 될 것이다.

CISG에 의하면 승낙은 승낙의 효력이 발생하기 이전에 또는 그와 동시에 그 취소통지가 청약자에게 도달하는 경우에 철회될 수 있음을 규정하고 있다. 또한 영국에서는 일반원칙으로 승낙은 도달주의의 입장을 취하고 있기 때문에 승낙은 언제든지 철회가능하다. 국제상거래에서 승낙의 의사표시를 철회하고자 할 경우에는 당초의 승낙의 의사표시보다 철회의 의사가 먼저 청약자에게 도달될 수 있도록 하여야 하며 만일 승낙에 의하여 효력이 발생된 경우에는 계약의 취소 또는 해제사유를 들어 계약을 해제하도록 하여야 한다.

제 4 절 국제상거래계약의 이행

매매계약의 이행은 일반적으로 매매계약서에 약속된 내용을 이행하는 것으로서 매도인과 매수인이 공평하게 부담하는 것이다. 매매계약 이행의 양대 산맥은 매도인의 물품인도의무와 매수인의 대금지급의무이다. 이외에도 매매계약서에 따라 준수되어야 할 여러 가지 의무들이 존재한다. 이와 관련한 세부적인 내용은 다음의 제6장 제2절 매도인의 의무와 제3절 매수인의 의무에서 보다 상세하게 다루기로 하고, 본 항에서는 물품의 인도와 소유권의 이전을 다루고, 실질적인 국제상거래계약의 이행단계는 제2항에서 다루고 있다.

1 물품의 인도

1) 물품인도의 의미

물품인도(delivery)의 개념은 무역법규와 관행에서 다양한 의미를 가지고 있다. 먼저 무역계약조건에서 뜻하는 물품의 인도는 물품의 점유권과 소유권을 어느 특정인이 타인에게 임의적으로 이전하는 것으로 무역거래에서는 곧 선적을 의미한다. 이러한 선적의 의미는 해상운송에서의 적재(loading on board), 항공운송에서의 발송(dispatch), 복합운송에서의 수탁(taking in charge)을 포괄하고 있다. 그리고 정형거래조건의 해석에 관한 국제규칙인 Incoterms® 2010에서는 인도를 물품에 대한 멸실 또는 손상에 관한 위험이 매도인으로부터 매수인에게 이전되는 경우를 나타내는 데 사용되어진다.

그러므로 매수인 본인이나 대리인이 물품을 보관하거나 물품의 관리권을 행사할 수 있게 되는 경우에는 일반적으로 물품이 매도인으로부터 매수인에게 인도되었다고 할 수 있다. 그러나 국제상거래에서는 매도인이 매수인에게 물품을 직접 인도하지 않고 제3자인 운송업자에게 물품을 인도하는 것으로서 자신의 인도 의무를 이행하게 되는 경우가 흔하다. 이러한 경우 운송계약에서 선화증권이 발급되지 않은 경우에도 그 효력은 동일하다.[42] 그리고 담보권을 확보하기 위하여 물품이 매수인이 아닌 은행을 수화인으로 하여 선적이 이루어졌을 경우에도 매도인의 인도의무를 이행하는 데에는 아무런 하자가 없다.

한편, CISG는 인도의 정의규정을 삭제하고 단지 계약의 내용과 CISG의 제규정에 따라서 매도인이 물품을 매수인의 임의처분에 맡기는 것(placing the goods at the buyer's disposal), 즉 특정(identification)[43]을 통하여 인도의무를 이행하는 것으로 보고 있다. CISG는 제31조부터 제34조까지 물품인도 의무를 규정하고 있다.

한국 민법에서 인도는 점유의 이전을 말하며 점유는 물품을 사실상 지배하는 것을 의미하고, 인도를 동산물권변동의 공시방법으로 인정하고 있으며 현실적 인도 외에도 관념

---

42) Clive M. Schmitthoff, *Schmitthoff's Export Trade*, 9th ed., Stevens & Sons, 1990, p. 116.

43) "identification"이란 일반적으로 사람·문서·사물 등의 동일성을 식별함을 가리키나, UCC §2-501에서는 매매계약이 체결되면 계약물품의 권리가 매수인에게 이전되기 이전에도 가급적 빠른 시점에서 매수인에게 피보험이익을 인정하는 것이 바람직하다는 고려에서 매수인의 피보험이익은 계약물품의 특정이 있는 시점부터 발생하며 그러한 특정이 이루어지는 시점에 관하여 규정하고 있다. 또한 UCC에서는 이러한 특정을 표현하는 데 있어서 종래의 권리이전이나 위험부담 시기의 관념과 결부되기 쉬운 충당(appropriation)이라는 용어를 피하고 "identification"이라는 용어를 사용하고 있다.

적 인도를 포함하는 것으로 정하고 있다.[44]

2 소유권의 이전

1) 소유권의 의미

소유권이란 물품에 대한 완전지배권을 의미하는 것이며 한국 민법의 정의에 따르자면 물품을 사용, 수익, 처분할 권리를 말한다(제211조). 소유권은 엄밀하게 말하자면 물권, 채권, 무체재산권으로 구성된 재산권(property) 중에서 물권만을 의미하는 것이나, 영미법이나 CISG 및 각종의 무역법규에서 물품만을 그 적용대상으로 제한시키고 있기 때문에 "property"를 통상적으로 소유권으로 칭하여 재산권과 동의어로 사용하고 있다. 또한 "property", "ownership" 및 "title"이라는 세 용어가 통상적으로 소유권이라는 동일한 의미로 사용되고 있다.

CISG에서는 소유권의 이전에 관하여 "매도인은 계약 및 이 협약이 요구하는 바에 따라 물품을 인도하고, 그 관계서류를 제공하며 그리고 그 물품의 소유권을 이전하여야 한다"라고만 포괄적인 규정(제30조)을 두고 있을 뿐 구체적인 규정은 없다.

2) 소유권이전의 일반원칙

소유권이전(passing of property)에 관한 학설은 크게 의사주의와 형식주의로 나눌 수 있다. 의사주의는 소유권의 이전을 위해서는 당사자의 의사표시가 결정적이라는 입장으로서 일본, 프랑스 및 영미법에서 채택되고 있다. 반면에 형식주의는 소유권의 이전을 위해서는 물품의 인도, 요식 또는 불요식적인 행위가 필요하다고 보는 입장으로서 로마법을 필두로 독일법에서 계승하였고, 한국 민법에서도 이를 채택하고 있다.[45]

소유권이전의 대원칙으로 SGA에서는 매매계약의 본질을 소유권이전의 문제로 보아 불특정물과 특정물로 대별하여 규정하고 있다. 불특정물의 매매계약에 있어서 물품이 특정되기까지 물품의 소유권은 이전하지 않는다는 점이다. 특정물의 매매계약에 있어서 물품의 소유권은 계약당사자가 그 이전을 의도한 때에 매수인에게 이전하며, 당사자의 의사

---

44) 한국 민법 제19조 제1항.
45) SGA 1979, §17; UCC, Article 2-401(1); 독일 민법 제929조; 일본 민법 제176조. 한국 민법 제188조.

를 확정할 때에는 계약의 내용, 당사자의 행위 및 경우의 상황을 고려하여야 한다고 하고 있다.[46]

SGA에서는 매매당사자간에 별도의 의사표시가 없는 한 물품의 소유권이 매수인에게 이전하는 시기에 관한 당사자의 의사확정 기준에 대하여 다음과 같이 규정하고 있다.[47]

첫째, 인도가능한 상태에 있는 특정물(ascertained goods; specific goods)[48]에 대한 무조건의 매매계약에 있어서 물품의 소유권은 계약성립시에 매수인에게 이전한다. 지급 및 인도의 시기 중 일방 또는 쌍방이 연기를 하는 것은 물품의 소유권이전에 영향을 미치지 않는다.

둘째, 특정물의 매매계약에 있어서 물품을 인도가능한 상태로 하기 위하여 매도인이 일정한 행위를 해야 할 경우에는 매도인이 그 행위를 하고 매수인이 그 통지를 받기 전까지는 소유권은 이전하지 않는다.[49]

셋째, 인도가능한 상태에 있는 특정물의 매매계약에 있어서 대금을 확보하기 위하여 매도인이 물품에 관한 중량, 용적의 측정, 실험, 검사 또는 기타의 행위를 해야 할 필요가 있는 경우에는 매도인이 그 행위를 하고, 매수인이 그 통지를 받기 전까지는 소유권은 이전하지 않는다.

넷째, 승인조건부(on approval) 또는 반환조건부(on sale or return), 기타 이와 유사한 조항에 의하여 물품이 매수인에게 인도되는 경우에는 매수인이 승인 또는 승낙을 매도인에게 표명하거나 또는 그 거래를 시인하는 일정한 행위를 한 때, 또는 매수인이 승인 또는 승낙을 매도인에게 표명하지 않고 거절의 통지도 없이 물품을 유치한 경우에는 물품의 반환기간이 정해져 있는 때에는 그 기간이 완료한 때, 또는 그 기간이 정해져 있지 않은 때에는 상당한 기간이 경과한 때에 물품의 소유권이 이전된다.

다섯째, 불특정물(unascertained goods)[50] 또는 장래 취득될 물품(future goods)에 관한

---

46) Schmitthoff는 SGA의 소유권 이전에 관한 규정을 정리하여 ① 불특정물에 있어서 소유권은 이전하지 않으며, ② 특정물의 소유권은 당사자의 의사에 의하여 이전한다는 2가지 기본원칙을 제시하고 있다; 임홍근 역, Clive. M. Schmitthoff 저, 「수출무역계약의 법리」, 삼영사, 1984, 30면.
47) SGA 1979, §18.
48) 특정물이란 매매계약성립시 계약의 대상으로 확정하고 합의된 물품을 말하며 확정물이라고도 한다; SGA 1979, §61(1).
49) 이러한 경우 매도인이 물품을 인도할 수 있는 상태로 하기 위한 일정한 행위의 의무는 계약조건의 일부가 된다; A.G. Guest, *Benjamin's Sale of Goods*, 3rd ed., Sweet & Maxwell, 1987, p. 186.
50) 불특정물이란 매매계약체결시 계약의 대상으로서는 확정하지 않은 것으로 당사자가 오직 참조할 수 있는 물품으로서 불확정물이라고도 말하며, 매도인에 의하여 제조·육성되고 있는 물품, 순수한 종

명세서에 의한 매매계약에 있어서는 명세서에 적합하고 인도가능한 상태에 있는 물품이 매수인의 동의를 얻어 매도인에 의하여 또는 매도인의 동의를 얻어 매수인에 의하여 무조건으로 계약에 충당(appropriation)[51]된 경우에는 그 물품의 소유권은 그 충당된 시점에 매수인에게 이전한다.

동의는 명시적 또는 묵시적으로 할 수 있으며, 또는 충당의 전후에 어느 시점에라도 할 수 있다. 계약에 따라 매도인이 매수인에게 송부할 목적으로 물품을 매수인, 운송인 또는 기타의 수탁자(bailee) 혹은 보관자에게 인도하고 그 처분권을 유보하지 않은 경우에는 매도인은 무조건으로 물품을 계약에 충당한 것으로 간주한다.

이상의 다섯 가지 기준에 있어서 첫 번째에서 네 번째까지는 특정물매매에 적용될 수 있고, 다섯 번째는 불특정물의 매매에 적용될 수 있는 소유권이전의 의사결정기준이다.[52]

3) 소유권이전에 관한 제규정

SGA에서는 소유권이전에 대해 의사주의를 채택하고 있는데,[53] 계약물품의 성격에 따라서 계약의 목적물이 특정물인 경우에는 매매당사자의 의사에 따라 매매계약체결시에 소유권은 이전하고, 계약의 목적물이 불특정물인 경우에는 물품에 대한 특정이 이루어진 때 당사자의 의사에 따라 소유권이 이전된다.

UCC에서는 물품이 현실적으로 인도되는 경우와 그렇지 않은 경우로 구분하여 소유권이전의 시기를 규정하고 있다.[54] 매매계약상 현실적인 인도가 필요한 경우 매도인이 물품을 현실적으로 인도하여 그 이행이 종료한 시기와 장소에서 물품의 소유권이 이전된다. 또한 현실적 인도가 필요치 않은 경우 당사자간의 별도의 명시적인 합의가 없는 한 매도인이 권리증권을 교부한 시기에 소유권이 이전되고, 권리증권의 교부가 필요 없는 경우 계약체결시에 계약의 목적물이 특정되면 그 시기에 소유권이 이전된다.

류 전체를 나타내는 물품 그리고 특정물 전체 가운데 불확정 부분 등이 이에 속한다: P.S. Atiyah, *The Sale of Goods*, 6th ed., London, 1980, p. 337.

51) Sassoon은 "충당이란 물품을 계약에 귀속시키는 행위이며 이는 반드시 소유권을 이전시키는 행위는 아니지만 매도인으로 하여금 계약에 충당된 물품을 매수인에게 인도할 의무를 부담하게 한다"라고 정의하고 있다; D. M. Sassoon, *C.I.F. & F.O.B. Contracts*, 3rd ed., Stevens & Sons, 1980, p. 216.

52) 무역매매는 특수한 경우를 제외하고 거의 모두가 불특정물을 대상으로 하고 있으므로 실제적으로 불특정물에 대한 소유권이전에 관한 규칙이 중요성을 가진다.

53) SGA 1979, §17.

54) UCC, Article 2-401, 402.

이와 같이 UCC에서는 매매는 대금을 획득하기 위하여 매도인이 매수인에게 권원(權原; title)[55]을 이전하는 것이라 정의하고 있으므로[56] 소유권의 이전을 매도인의 주요한 의무로 간주하고 있다. 또한 물품에 대한 소유권은 당사자간의 명백히 합의된 방법 및 조건에 따라 매도인으로부터 매수인에게 이전한다고 규정하여, 영국의 SGA와 같이 불특정물인 경우에는 소유권은 이전하지 아니하고, 특정물인 경우에는 당사자의 의사에 의해 이전한다는 의사주의를 채택하고 있다.

한국 민법은 동산의 소유권이전에 관하여 형식주의를 채택하고 있는데,[57] 이는 당사자의 의사표시만으로는 효력이 발생하지 않고 인도를 하여야 비로소 그 효력이 발생하는 것으로 규정하고 있다.

환어음에 의한 매매의 경우 물품의 소유권은 매수인이 어음지급과 상환으로 선화증권을 취득할 때 매수인에게 이전한다. 그때까지 운송물의 소유권은 매입은행에 의한 선화증권의 취득이 동산질의 취득인 경우에는 매도인에게 있다. 또 운송증권의 수화인이 매수인인 경우에는 은행은 매수인의 증권취득에 이르기까지의 단순한 전달기관에 불과한 것으로 보고 있다. 이 경우에도 매수인이 환어음의 지급과 상환으로 선화증권을 취득한 때에 매수인에게 소유권이 이전되며 그때까지는 소유권이 매도인에게 유보된다.

CISG는 소유권의 이전에 관한 구체적인 규정은 없이 매도인의 의무에 관한 총칙인 제30조에서 매도인이 물품의 소유권을 이전하여야 한다고 규정하고 있을 뿐이다. 이는 영미법과 대륙법에 있어서 형식주의와 의사주의간의 상충관계를 고려하여 통일법이라는 성격상 대립을 회피하고자 한 것으로 보인다.

인코텀즈에서도 소유권의 이전에 관하여 규정하고 있지 않기 때문에 기타의 규정, 즉 물품의 인도와 인도의 수령에 관한 규정, 대금지급에 관한 규정, 위험의 이전과 비용의 분담에 관한 규정 등을 이용하여 각 정형거래규칙별로 소유권이전에 관련한 사항들을 유추하여야 할 것이다. 대부분의 정형거래규칙들의 경우에는 물품의 인도시에 소유권이 이전되는 것으로 해석된다 할 것이다.

CIF계약에 관한 와르소·옥스포드 규칙(Warsaw-Oxford Rules for CIF Contract 1932)[58]에

---

55) UCC에서는 "title"(권원)이라는 용어와 "property"(재산권)이라는 용어를 혼용하고 있다.
56) UCC, Article 2-106(1).
57) 한국 민법 제188조 및 제190조.
58) 해상무역에 있어서 매매관습의 국제적 통일을 위하여 1932년에 국제법협회(International Law Association: ILA)에 의하여 채택된 것으로서 서문과 21개조로 구성되어 있다.

서는 매도인이 해상선화증권과 수령선화증권을 포함하는 계약상 요구되는 제반서류를 매수인에게 인도할 때 소유권은 이전한다고 규정하고 있으며,[59] 대금지급의 문제에 대해서는 언급하고 있지 않지만 계약에서 물품의 인도와 대금지급은 동시이행조건이라고 정하고 있다.

일반적으로 무역거래에 있어서의 소유권의 이전은 선화증권의 발행방식과 그에 따른 적법한 배서 또는 교부에 의해서 결정되는 것이다.[60] 즉 선화증권이 지시식으로 발행되었는지 또는 기명식으로 발행되었는지에 따라서 물품의 선적시에 소유권이 이전되느냐 또는 대금지급시에 이전되느냐가 결정되는 것이다.[61]

3 국제상거래의 단계

국제상거래의 단계를 수출절차와 수입절차로 구분하여 검토하여 보면 다음과 같다.

1) 수출절차의 개요

일반적으로 수출절차라 함은 매매당사자 사이에 무역계약을 체결하고 수출자가 신용장 등을 수령하여, 무역관계법규의 내용에 따라 수출승인단계에서부터 수출물품을 제조·가공하여 수출검사 및 통관수속을 마치고 운송인에게 인도 또는 운송수단에 적재한 후 수출환어음 매입 및 대금회수에 이르기까지의 일련의 행정절차를 의미한다. 여기에서는 가장 보편적 거래형태인 화환신용장(Documentary Letter of Credit) 방식을 기준으로 하여 일반 수출절차를 단계별로 개괄적으로 살펴보고자 한다.

(1) 해외시장조사

수출자가 해외시장을 개척하는 데 있어서 제일 먼저 고려해야 할 사항은 해외시장조사(overseas market research)이다. 이는 수출하고자 하는 물품의 판매가능성과 정보 등을 조

---

59) 이는 CIF 규칙이 FOB 규칙과 같이 물품의 현실적 인도에 의하여 이루어지는 거래가 아니라 서류의 상징적 인도에 의하여 이루어지는 거래이기 때문이다.
60) 한국의 경우 은행의 담보권확보를 위하여 발행하는 모든 수입신용장상의 운송서류에 관한 조건으로서 반드시 선화증권을 은행의 지시식으로만 발행하고 있다.
61) 강원진, 전게서, 378면.

사·연구·분석하는 것으로 가장 좋은 여건을 갖춘 목적시장을 물색하기 위한 것이다. 해외시장을 효율적으로 조사하기 위해서는 수출마케팅(export marketing)에 대한 관심을 가지고 상품연구, 판매경로연구, 소비자 분석 등 시장분석(market analysis)과 함께 목적시장의 상관습 및 사정을 철저히 조사하여야 한다.

(2) 거래처 발굴

목적시장이 선정되면 거래처를 물색하여야 하는데, 가장 경제적이며 손쉬운 방법으로는 인터넷의 관련 포털사이트 및 각국의 상공인명부(directory)를 많이 이용하고 있다. 또한 해외광고를 통하거나 현지에 직접출장 또는 박람회, 전시회 등 각종 행사(event)를 이용할 수도 있다. 한국에서는 대한무역투자진흥공사(Korea Trade and Investment Promotion Corporation : KOTRA), 대한상공회의소(The Korea Chamber of Commerce and Industry : KCCI), 재외공관, 은행 등을 이용하여 거래처를 발굴할 수 있다.

(3) 신용조회

여러 경로를 통하여 거래처의 상호와 주소를 알게 되었더라도 일단 그 거래처에 대한 신용상태에 대하여 조회하여 보아야 상거래에 따른 위험을 예방할 수 있다. 신용조회는 당해업체의 성격(character), 자본(capital) 및 영업능력(capacity) 등에 대하여 현지업자를 통한 동업자조회(trade reference), 상대방의 거래은행을 활용할 수 있으나 국내에서 무역보험공사, 대한무역투자진흥공사, 신용보증기금 등을 통하여 실시하는 것이 편리하다.

(4) 거래제의

거래의 제의는 보통 거래제의 서신(letter of business proposal)을 이용하는데, 이는 미지의 거래처에게 자기회사를 소개하고 취급상품과 영업정보 등을 안내하여 거래를 제의하는 통신문이다. 거래제의 통신문을 작성할 경우에는 상대방을 알게 된 동기에서부터 맺음말까지 무역통신문의 구성요소에 알맞게 짜임새 있는 내용으로 적극적인 거래제의를 하도록 한다.

(5) 조회 및 조회에 대한 회신

거래제의를 받은 자가 그 물품에 대한 관심이나 구매의사가 있게 되면 여러 가지 거래 조건에 대하여 문의해 오게 되는데, 이를 조회(inquiry)라고 하며, 조회장(inquiry letter)을 받았을 경우에는 신속하게 회신해 주어야 한다. 또한 조회를 하여 온 고객은 앞으로 거래 관계를 성사시킬 수 있는 잠재적인 고객임을 인식하고 잘 관리하여야 한다.

(6) 청약과 승낙

청약(offer)이라 함은 청약자(offeror)가 피청약자(offeree)에게 매매계약의 성립을 기대 하여 행하는 의사표시를 말하며, 승낙(acceptance)이라 함은 피청약자가 청약자에 대하여 그 청약에 응하여 계약을 성립시킬 목적으로 행하는 의사표시를 말한다.

청약에 대하여 승낙을 하게 되면 무역계약이 성립되기 때문에 청약을 할 경우에는 확 정청약(firm offer) 또는 불확정청약(free offer) 또는 조건부 청약(conditional offer)으로 할 것인가 등을 검토하고, 청약과 승낙의 법적인 효과와 문제를 고려하여야 한다.

(7) 무역계약의 체결

이론적으로는 청약과 승낙에 의해 매매계약이 성립되지만 그 자체만을 가지고 상관습 이 다른 국가와 무역거래를 한다는 것은 매우 위험한 일이다. 왜냐하면 당사자의 이해상 충으로 인하여 후일 분쟁이 야기될 경우에는 당초 상세한 약정이 없어 예기치 못한 손실 을 입게 될 수 있기 때문이다. 그러므로 무역거래에서는 매매계약서(sales contract sheet)를 반드시 구체적으로 작성하는 습관을 가져야 한다.

매매계약을 체결할 경우에는 당사자간에 특히 품질, 수량, 가격, 선적, 결제, 포장, 보 험 등의 기본적인 조건을 확실히 약정하고 기타의 거래조건은 계약서의 이면약관(일반거래 조건)을 활용하거나 '일반무역거래조건협정서'(Agreement on General Terms and Conditions of Business ; Memorandum of Agreement) 등을 이용하는 것이 좋다. 특히 거래조건에 대한 준거법(governing law)이나 클레임(claim) 발생시 클레임을 제기할 수 있는 기간설정과 중 재조항(arbitration clause) 및 불가항력 조항(force majeure clause) 등을 삽입하여야 한다.

(8) 수출신용장 수령

수출자는 수입자와 무역계약 체결시 대금결제수단으로 신용장(Letter of Credit : L/C) 방식을 이용하기로 약정한 경우 수입자의 거래은행에서 발행된 신용장을 통지은행(advising bank)을 통하여 수령하게 된다. 수출자는 신용장을 수령하였을 경우 우선 유효한 신용장인가를 점검하고 당초 당사자간 계약조건과 신용장조건간에 상이한 점이 있는지 검토하여야 한다. 만일 상이하거나 일방에 불리한 문언이나 모호한 문언이 있다면, 즉시 신용장조건을 변경하여 줄 것을 수입자 앞으로 요청하여야 한다. 특히 발행은행이 대금결제상 위험이 있는 국가일 경우에는 수출자 소재지의 신뢰성이 있는 제3은행을 확인은행(confirming bank)으로 하여 신용장을 발행하여 줄 것을 미리 계약체결시에 합의하여야 한다.

(9) 수출승인

신용장을 수령한 수출자는 수출하고자 하는 물품이 수출입공고와 통합공고상에 수출이 허용되는 물품인지 여부를 검토하여야 한다. 만일 수출제한품목(Export Restricted Item)이나 통합공고에서 요건확인을 요하는 품목일 경우에는 제한내용이 모두 충족된 후 수출승인기관으로부터 수출승인(Export Licence: E/L)을 받아야 한다. 수출승인의 유효기간은 원칙적으로 1년이나 수출승인기관의 장이 인정하는 경우 1년 이내 또는 최장 20년의 범위 안에서 기간을 단축 또는 초과하여 설정할 수 있다. 수출자는 동 유효기간 이내에 수출신고를 완료하여야 한다.

(10) 수출물품 확보

수출승인을 받은 다음에 수출물품을 확보하는 방법에는 자가공장에서 직접 생산하거나 임가공하청방식으로 타사공장을 이용하여 생산하거나 이미 타사에서 생산된 소위 완제품을 공급받는 방법이 있다. 수출자는 자가공장이나 타사측에 임가공하청방식에 의해 물품을 제조·가공할 경우에는 거기에 소요되는 원자재를 내국신용장(Local L/C)이나 구매확인서[62]를 이용하여 조달한다.

---

62) 구매확인서란 국내에서 생산된 물품 등이나 수입된 물품을 외화획득용원료 또는 물품으로 사용하고자 하는 경우 외국환은행의 장이 내국신용장에 준하여 발급하는 증서를 말한다.

(11) 무역금융의 이용

수출물품을 제조·가공하는 데는 무역업체 자체의 자금에 의할 수도 있지만 대부분의 제조업체에서는 무역금융을 이용하게 된다. 무역금융은 수출증대를 목적으로 수출물품의 선적 또는 수출대금의 입금 전에 수출상이 필요한 자금을 원화로 지원하는 단기수출지원 자금이다. 무역금융은 용도별로 수출용원자재를 확보하여 수출품을 직접 제조·가공하는 데 소요되는 생산자금, 수출용원자재를 수입하는 데 소요되거나, 내국신용장에 의하여 국내에서 생산된 수출용원자재를 구매하는 데 소요되는 원자재 자금, 국내에서 생산된 수출용 완제품을 내국신용장에 의하여 구매하는 데 소요되는 완제품구매자금 그리고 일정규모 이하의 중소기업체에게 자금용도에 구분 없이 일괄해서 지원하는 포괄금융이 있다. 그런데 무역금융은 과다금융의 방지와 적정융자를 위하여 업체별로 융자한도를 설정하여 운용함과 동시에 무역금융수혜 이후 수출이행여부를 사후 관리하고 있다.

(12) 수출물품의 검사

수출물품을 생산하면 수출자는 계약과 일치되는 물품을 인도하기 위하여 수량, 품질, 포장 등에 대한 물품검사를 행한다. 그러나 매매 계약시 수입자나 그 대리인이 선적전검사(pre-shipment inspection : PSI)를 하기로 약정하였을 경우에는 수출자의 물품검사와는 별도로 수입자 또는 수입자의 대리인이 물품검사를 행하게 된다.

(13) 물품운송계약 및 적화보험부보

물품을 생산하고 포장을 완료하게 되면 수출자는 수출통관수속을 하는 한편, 선적을 위하여 운송인(carrier)과 미리 물품운송계약을 체결한다. 실무적으로는 선복요청서(Shipping Request: S/R)로 운항일정을 고려하여 운송편을 예약(booking)하고, 특히 운임(freight)은 동맹선사(conference line)와 비동맹선사(non-conference line)에 따라 적용운임이 상이하므로 적절한 운송회사를 선택하여야 한다.

한편 정형무역거래규칙이 CIF 규칙이나 CIP 규칙일 경우 수출자는 물품의 운송중 위험을 담보하기 위하여 보험회사와 적화보험계약을 체결하여야 한다. 적화보험부보시에는 물품의 성질에 따라 담보위험 및 면책위험 등을 고려하여 어떠한 조건으로 부보하여야 안전하고 경제적인가를 검토하여야 한다.

(14) 수출통관 및 선적

수출물품을 생산하거나 구매한 수출자는 물품을 선적하기 전에 관세법이 정하는 바에 따라 수출통관수속을 하여야 한다. 수출통관이라 함은 내국물품을 외국으로 반출하는 것을 허용하는 세관장의 처분을 말한다. 세관장은 세관용 수출승인서(Export Licence: E/L), 상업송장(Commercial Invoice), 포장명세서(Packing List) 등을 갖추고 물품을 보세구역에 반입하거나 타소장치하여 통관업자인 관세사나 통관법인 명의로 세관에 수출신고를 하여야 한다. 수출신고는 대부분이 전자문서교환방식(Electronic Data Interchange: EDI)에 의해 진행되고 있다. 세관장은 EDI 방식에 의해 제출된 신고자료 또는 문서에 의해 제출된 서류를 검토·확인하고 수리한 후 문서제출의 경우에는 수출신고필증을 신고인에게 교부하고 EDI방식에 의한 제출의 경우에는 관세사 또는 화주가 날인한다. 수출신고인이 서류 없이 수출신고를 하고 세관장으로부터 신고수리의 사실을 전산 통보받은 경우에는 소정의 기간 내에 당해 서류를 세관장에게 제출하여야 한다. 이처럼 수출신고의 수리가 이루어져야 비로소 당해물품을 보세구역에서 반출하여 지정된 운송수단에 인도하거나 적재할 수 있다.

수출신용장이나 계약서상에 운송서류로서 복합운송선화증권(multimodal transport bill of lading)을 요구할 경우 수출자는 복합운송인에게 수출물품을 인도완료 후, 또는 해상선화증권(marine bill of lading)을 요구할 경우에는 지정선박에 적재완료한 후 물품을 대표하는 권리증권(document of title)으로서 적법한 선화증권을 운송회사로부터 발급받아야 한다.

(15) 수출환어음(서류) 매입

수출통관과 선적이 완료되면 수출자는 신용장상에 요구하는 서류, 이를테면, 상업송장(Commercial Invoice), 포장명세서(Packing List), 선화증권(Bill of Lading), 적화보험증권(Marine Cargo Insurance Policy), 원산지증명서(Certificate of Origin) 등을 준비하고 환어음(Bill of Exchange: Draft)을 발행하여 거래 외국환은행에 수출환어음(서류) 매입(negotiation)을 의뢰한다. 거래외국환은행은 서류를 심사하여 신용장조건에 일치하는 경우에는 매입당일의 환율을 적용하여 보통 추심 전 매입하여 대금을 수출자에게 지급하게 된다. 그리고 매입은행은 동 수출환어음을 서류와 함께 신용장 조건에 따라 발행은행 또는 지정은행 앞으로 송부하여 대금을 지급받게 된다.

(16) 관세환급 및 사후관리

수출환어음을 매입 완료한 후 수출자는 운송수단에 적재확인필 수출신고필증 원본을 입수하여 관세환급을 받게 된다. 관세환급이라 함은 수출품제조에 소요된 원재료 수입시에 납부한 관세 등을 수출에 제공된 때에는 수출자에게 되돌려 주는 것을 의미한다. 수출자는 관세환급을 받아야 비로소 실제 당해 수출선적분에 대한 손익을 당초 예상손익과 비교하여 볼 수 있으므로 환급기간 내에 지정은행이나 경우에 따라 세관장 앞으로 환급을 신청하여야 한다.

환급금의 산출방법에는 개별환급[63]과 정액환급[64]제도가 운영되고 있다. 환급신청은 물품이 수출 등에 제공된 날로부터 2년 이내에 신청하여야 한다.

한편 수출입공고상 수입제한품목이나 통합공고에서 요건 확인 품목을 외화획득용원료로 수입하거나 내국신용장 또는 구매확인서에 의하여 국내 구매한 경우에는 대응수출을 이행하였는지 여부에 대한 사후관리를 받아야 한다. 사후관리대상물품을 수입한 자는 일정기간 내에 외화획득을 하고 사후관리은행에 외화획득이행신고(국내공급인 경우에는 공급이행신고)를 하여야 하며, 부득이한 사유로 대응수출이 불가능한 경우에는 외화획득용원료 사용목적변경승인을 받거나 상사간 양도승인을 받아야 한다. 그러나 성실하게 사후관리를 이행하는 업체로 일정한 요건에 부합하여 자율관리기업으로 지정될 경우에는 매건별 사후관리를 면제하도록 하고 있다. 이와 같이 사후관리대상품목에 대한 외화획득이행신고를 마지막으로 수출절차는 끝나게 된다. 또한 수출환어음의 지급거절(unpaid)이나 수출물품에 대한 클레임(claim)이 야기되었을 경우에는 능동적으로 대응하여 이를 신속하게 해결하도록 하여야 한다.

2) 수입절차의 개요

수입절차라 함은 무역거래자인 수입자가 국외로부터 물품을 수입하기 위하여 물품공급처를 선정하고 수입계약을 체결하여 수입승인 및 수입신용장 등을 발급받은 후 국외의 수출자로부터 물품선적 관련서류 및 수입어음이 도착되면 수입대금을 지급하고 서류를 인

---

63) 개별환급방법은 수출물품제조에 소요된 원재료의 품명·규격과 수량을 확인하고, 동원재료의 수입시 납부세액을 원재료별로 개별적으로 확인하여 환급금을 산출하는 방법이다.
64) 정액환급방법은 정부가 정하는 일정한 금액을 소요원재료의 수입시 납부세액으로 보고 환급금을 산출하도록 하는 방법이다.

도받아 수입통관절차를 거쳐 물품을 수령하는 일련의 절차를 의미한다.

여기에서는 가장 보편적 거래형태인 화환신용장방식을 기준으로 하여 일반수입절차를 단계별로 개괄적으로 살펴보고자 한다.

(1) 청약에 대한 승낙 및 무역계약 체결

수입자가 필요한 물품을 수입하고자 할 경우에는 우선 해외시장조사(overseas market research) 및 조회(inquiry) 등을 통하여 신뢰성 있는 물품공급처를 물색하여 국외에서 직접 청약(offer) 받거나 또는 국내에서 오퍼발행 대리업자(offer agent)를 통하여 물품매도 확약서를 제시받게 된다. 보통은 물품매도확약서를 청약자(offeror)와 승낙자(offeree)간에 교부하는데, 이 자체만으로 수입계약을 대신하지 말고 반드시 별도로 거래조건에 대하여 수입계약을 체결하여 후일에 야기될지 모르는 분쟁에 대비하여야 한다.

(2) 수입승인

수입계약을 체결하고 난 후 물품을 수입하려면 우선 수입하고자 하는 물품이 수출입공고상에서 수입제한품목이나 통합공고에서 요건확인을 요하는 품목일 경우 제한내용이 모두 충족된 후 수입승인(추천)기관으로부터 수입승인(Import Licence: I/L)을 받아야 한다.

수입자는 매 건마다 수입물품의 명세, 선적항, 송화인, 대금결제방법 그리고 유효기간 등에 대해 소정양식인 수입승인신청서에 물품매도확약서를 첨부하여 수입승인을 신청한다. 수입승인의 유효기간은 원칙적으로 1년이나 수입승인기관의 장이 인정하는 경우 1년 이내 또는 최장 20년의 범위 내에서 단축 또는 초과하여 설정할 수 있으며, 수입자는 동 유효기간 내에 수입물품의 인수행위를 완료하여야 한다.

(3) 수입신용장의 발행 및 통지

수입자는 수입승인서 및 물품매도확약서 또는 구매계약서의 내용을 참조하여 거래은행 소정양식인 수입신용장발행신청서(application for issuance of commercial letter of credit)에 신용장조건 등을 기재하여 발행은행(issuing bank)에 신용장발행을 의뢰한다. 신용장발행은행은 수수료 등을 징수하고 수익자(beneficiary) 소재지의 통지은행(advising bank) 앞으로 신용장을 전송(tele-transmission)하게 되고 이를 받은 통지은행은 수익자인 수출자에게 신용장도착을 통지하게 된다.

(4) 수입어음결제 및 도착서류수령

외국의 수출자는 계약물품을 선적 또는 인도완료한 후 신용장에서 요구하는 서류, 예컨대 상업송장, 포장명세서, 선화증권 등을 준비하고 환어음을 발행하여 거래은행에서 수출환어음(서류) 매입(negotiation)을 하고 매입은행은 환어음 및 동 서류를 수입자의 거래은행인 신용장발행은행 앞으로 송부하게 된다. 발행은행은 신용장조건과 제시서류와의 일치여부를 심사하고 발행의뢰인인 수입자에게 수입어음결제와 도착된 수입서류를 수령하도록 통지한다. 이때 서류원본이 물품보다 먼저 발행은행에 도착되었을 경우에는 수입자는 발행은행에서 수입어음을 결제하고 서류를 수령한다. 만약에 서류보다 수입물품이 먼저 도착되었으나 수입관련 서류원본이 아직 발행은행에 도착되지 않고 수입자가 수출자로부터 별도로 송부 받은 서류사본이 있을 경우 수입자는 거래은행인 발행은행으로부터 수입화물선취보증서(Letter of Guarantee: L/G)[65]를 발급받을 수 있다.

(5) 수입통관 및 물품반출

수입관계서류의 원본이나 수입화물선취보증서를 받은 수입자는 세관에서 소정의 통관수속을 거쳐 수입신고필증을 받아야 한다. 통관수속은 보통 관세사를 통하여 신고하게 되는데 우선 물품을 지정보세구역에 반입하거나 타소 장치하여 수입신고(Import Declaration: I/D)를 한다.

세관장은 세관용 수입승인서(Import Licence: I/L)와 수입서류를 검토하고 신고물품에 대한 수입검사를 한 후 과세가격의 결정과 세율을 확정하여 부과될 관세 등을 결정하고 관세납부고지를 한다. 수입자가 관세 등을 납부하게 되면 세관장은 수입신고를 수리하여 수입자에게 수입신고필증을 교부하여 준다. 이때가 비로소 외국물품이 내국물품으로 인정됨은 물론 보세구역에서 반출이 가능하게 되어 수입자가 용도대로 사용할 수 있게 된다.

---

65) 수입화물선취보증서(L/G)는 수입자의 요청에 따라 신용장발행은행이 수입자와 연대하여 선박회사 앞으로 발행하는 것으로 운송서류 사본으로 선박회사가 미리 수입자에게 물품을 인도하여 주더라도 나중에 신용장발행은행에 도착되는 선화증권원본에 의해 이중으로 물품인도청구를 않겠다는 취지의 보증서이다. 이 경우에 수입자가 발행은행에 수입대금을 모두 결제하지 않았다면 수입자는 신용장 발행은행 앞으로 수입물품을 신탁적으로 대여인도 받는 데 따른 수입화물대도(Trust Receipt: T/R) 신청서를 함께 제출한다.

제 5 절 국제상거래계약의 위반과 구제

1 계약위반의 의의

계약위반(breach of contract)이란 매매당사자가 자신에게 귀책되는 사유로 계약내용에 일치된 이행을 하지 않는 것을 말한다. 다시 말하면 계약내용의 불이행(non-performance)을 의미하는 것이다. 국제물품매매계약은 계약이 성립되면 매도인은 매수인에게 약정된 물품을 인도할 의무가 있고 이에 반하여 매수인은 매도인에게 대금지급의무를 부담하는 것과 같이 동시이행의무를 부담하게 된다. 그런데 이행기가 도래하여도 매도인이 약정물품을 인도하지 않거나, 매수인이 수령한 물품대금을 지급하지 않는 것은 가장 전형적인 계약위반이다.

계약위반은 영미법계에서 사용되는 용어로 금전채무를 대상으로 하나 한국 민법이나 대륙법계에서는 금전채무에 국한하지 않고 모든 종류의 채무를 대상으로 하며 계약불이행 또는 채무불이행이라 하고 있다. 계약위반 유형에 대한 표현이나 정의는 학설 또는 각국의 입법례에 따라 약간 차이가 있다. 일반적으로 계약위반의 유형에 대하여 영미법계에서는 이행지체(delay in performance), 이행거절(repudiation; renunciation), 이행불능(impossibility of performance)으로 구분하고 있으며, 한국 등 대륙법계에서는 채권자지체를 포함한 이행지체, 이행불능, 불완전이행(incomplete performance)으로 구분하고 있다. 또한 CISG에서는 매도인의 계약위반과 매수인의 계약위반으로만 규정하여 계약의 특성과 국제성을 고려하여 영미법계와 대륙법계의 조화를 시도하고 있다.

2 계약위반과 계약해제의 사유

당사자의 일방에게 의무불이행 등의 사유가 있는 경우에 타방당사자로 하여금 계약의 구속으로부터 벗어나게 하는 일반적 계약해제는 대륙법계의 것이며, 영미법계에는 이러한 제도가 발달하지 아니하였으나 계약의 취소사유로 부실표시(misrepresentation), 강박(duress), 부당위압(undue influence), 착오(mistake)[66] 외에 계약상 의무불이행이 포함되어

---

66) 이와 같은 계약은 처음부터 무효이거나 또는 취소될 수 있는 것으로 하자 있는 계약이다.

있고 그 불이행이 심한 경우 및 조건위반인 경우 등에는 계약의 취소를 인정하고 있다.

영미법계의 경우 영국의 물품매매법(SGA)에서는 조건(condition)과 담보(warranty)를 구별하고 조건위반인 경우에는 그 물품의 수령을 거절할 수 있으나 담보위반인 경우에는 손해배상청구만 할 수 있도록 규정하고 있다.[67] 미국의 통일상법전(UCC)은 완전이행제공원칙(perfect tender rule)에 따라 매수인의 거절권을 인정하면서 실질적 위반여부의 기준을 보충적으로 채택하고 있다. 또한 계약위반이 전부위반이라고 법원에서 인정하게 되면 상대방은 계약을 해제하여 이후의 채무이행을 거절할 수 있다.

또한 한국법에서는 이행지체로 상당한 기간 최고(催告) 후 최고기간 안에 이행이 없으면 해제가 되거나,[68] 정기행위, 즉 계약의 성질상 또는 당사자의 의사표시에 의하여 일정한 이행기에 이행하지 않으면 계약이 해제되고,[69] 또한 이행불능[70] 외에 불완전이행, 채권자지체, 사정변경으로 인한 경우에도 계약이 해제될 수 있는 것으로 보고 있다.

한편 CISG에서는 매수인 또는 매도인이 계약을 해제할 수 있는 사유로 매도인의 의무불이행이 본질적인 계약위반(fundamental breach of contract)[71]으로 되는 경우와 인도의 불이행에 관하여 추가기간 내에 매도인이 목적물을 인도하지 아니한 경우, 또는 매도인이 정한 기간 내에 그 의무를 이행하지 아니함을 명확히 한 경우에 관하여 규정하고 있고,[72] 계약해제의 의사표시는 상대방에게 통지를 한 경우에 효력이 있다[73]고 규정하고 있다. 또한 CISG에서 당사자는 계약체결 후 "이행기전 계약위반"(anticipatory breach of contract)에 대하여 상대방에게 의무이행정지권[74]과 계약해제권[75]을 부여하고 있고 목적물을 분할하여 인도하는 계약에서 어느 분할부분에 관한 일방 당사자의 의무의 불이행이 그 분할부분에 대하여 본질적인 계약위반으로 되는 경우에는 상대방은 계약을 해제할 수 있다[76]고 규

---

67) SGA 1979, §11
68) 한국 민법 제544조; 보통의 이행지체를 말한다.
69) 한국 민법 제545조; 정기행위의 경우를 말한다.
70) 한국 민법 제546조.
71) 본질적인 계약위반 사유가 되기 위해서는 매도인이 매수인에게 물품을 인도하여야 하며, 인도한 물품이 계약목적에 부적합(non-conformity)하여야 하고, 그 가치를 실질적으로 박탈하는 결과를 초래하여야 하며, 이와 같은 결과를 예견할 수 있는 것이어야 한다.
72) CISG 1980, Article 49(1), Article 64(1).
73) CISG 1980, Article 26.
74) CISG 1980, Artic1e71(1).
75) CISG 1980, Article 72.
76) CISG 1980, Article 73.

정하고 있다.

3 계약위반에 대한 매매당사자의 구제

1) 구제의 의의

구제(救濟; remedy)란 일정한 권리가 침해되는 경우에 그러한 침해를 방지하거나, 보상하게 하는 것을 말한다. 국제물품매매계약에서 계약을 위반한 경우에는 그 계약위반으로 인하여 계약상대방이 입은 손해를 배상하여야 하는 것은 당연하다. 매매계약을 위반하였을 경우 매수인에 대한 배상을 매수인의 구제(buyer's remedy)라 하고, 매도인에 대한 배상을 매도인의 구제(seller's remedy)라 한다.

계약위반에 대한 구제방법으로는 현실적 이행을 강제하는 방법과 손해를 배상하게 하는 방법으로 크게 나누어 살펴볼 수 있다. 영미법계에서는 계약위반의 경우 약속된 채무에 대체되는 수단으로서의 보상적 구제(substitutional relief), 즉 금전배상을 명하는 손해배상을 원칙으로 하고 예외적으로 현실적 강제이행을 인정하고 있다. 한편 한국 민법을 비롯한 대륙법계에서는 될 수 있는 대로 본래 계약에서 약속되었던 급부의 내용을 그대로 실현토록 함이 채권자에게 유리하며, 계약의 본래 취지에도 부합한다는 이유로 현실적 강제이행 방식을 원칙으로 하되 예외적으로 손해배상에 대한 구제방식을 채택하고 있다. CISG는 일방 당사자가 국제물품매매계약을 위반하였을 경우 상대방이 어떻게 구제되고 보호될 수 있는가의 문제를 다룸에 있어 대륙법계와 영미법계의 법리를 적절히 조화시킨 내용의 구제방식을 채택하고 있다.[77]

이와 같은 계약위반에 대한 매매당사자의 구제는 당사자간에 원만하게 해결하는 것이 바람직하나 그러하지 못할 경우, 법정(court)이나 중재판정부(arbitration tribunal) 중 어느 곳에 그 구제를 청구할 것인가에 대하여 검토하여야 한다.

---

77) 조경근, "국제물품매매협약에 있어서 당사자의 권리구제", 「국제물품매매계약에 관한 UN협약상의 제문제」, 삼지원, 1991, 170면; Allan Farnsworth, "Damages and Specific Relief", *The American Journal of Comparative Law*, 1979, p. 247.

2) 구제의 방법

(1) 영미법상의 구제방법

영국의 물품매매법(SGA)에서 매수인의 구제방법으로는 인도불이행에 따른 손해배상 (damages for non-delivery)[78]과 특정이행(specific performance)[79] 및 담보위반에 대한 구제 (remedy for breach of warranty)[80]가 있다.

인도불이행에 대한 매수인의 손해배상청구는 인도불이행에 대한 손해배상청구와 인도 된 물품의 조건위반에 대한 손해배상청구이다. 매도인이 불법으로 매수인에게 물품의 인 도를 해태하거나 또는 거절한 때에는, 매수인은 인도불이행에 대하여 매도인에게 손해배 상청구의 소를 제기할 수 있다. 손해배상액은 매도인의 계약위반으로 인하여 통상적인 경 우에 직접적이고 당연히 발생하는 추정손실(estimated loss)에 의하여 정한다. 손해배상액 의 산정은 계약가액과 물품을 인도하여야 할 때의 시가 또는 당시가격(market or current price)과의 차액에 의하는 것으로 추정한다. 인도의 시기에 관하여 정함이 없을 때에는 인 도를 거절할 당시의 시가 또는 당시가격에 의하는 것으로 추정한다.

특정이행은 금지명령(injunction)과 더불어 모두 형평법(衡平法; equity)상의 구제방법으 로 보통법에 의하여 충분한 구제를 받을 수 없는 경우에 한하여 이것을 보완하기 위한 것 이다.[81] 특정이행이란 계약내용인 채무를 약속대로 적극적으로 이행할 것을 명하는 구제 방법이다.[82] 또한 금지명령은 일정한 행위를 금지하는 법원의 명령, 즉 행위금지의무의 준수를 강행시키는 것을 말한다. 영국 SGA의 특정물의 인도에 따른 계약위반에 대한 소송 에서 법원은 당연하다고 인정할 경우에는 원고(plaintiff)의 신청에 의하여 피고(defendant) 에 대하여 손해를 배상하고 물품을 보유할 자유를 인정하지 아니하고 약속대로 이행할 것 을 판결로써 명할 수 있다.

---

78) SGA 1979, §51.
79) SGA 1979, §52; UCC, Article 2-716.
80) SGA 1979, §53.
81) 中村 弘, 前揭書, p. 321.
82) 계약위반으로 인하여 입은 손해는 돈으로 배상하는 것이 원칙이지만, 돈으로 배상하는 것으로는 입 은 손해를 보상하기에 부적합한 경우에는 계약위반 당사자로 하여금 특정이행을 행하도록 하게 된 다. 예컨대 희귀품, 저작권 등의 경우에는 금전배상이 부적합하고 계약을 이행하는 것만이 당사자가 입은 손해를 보상하는 유일한 방법이 된다. 법원이 특정이행을 명했음에도 불구하고 채무자가 이 명령 에 위반하여 채무를 약속대로 이행하지 않은 때에는 법원모욕(contempt of court)이 되어 처벌된다.

담보위반에 대한 구제에 대하여 매도인이 담보책임에 위반하거나 또는 매수인이 매도인의 계약조건위반(breach of condition)을 담보책임으로 취급하거나 담보책임으로 취급하는 것이 부득이한 경우에는 매수인은 그 담보책임만을 이유로 물품의 수령을 거절할 수 없다.[83] 그러나 매수인은 담보책임의 위반을 이유로 대금의 감액 또는 소멸로써 매도인에게 대항할 수 있고, 손해배상의 소송을 제기할 수 있다.

SGA에서 매도인의 구제방법으로는 대금청구소송(action for the price),[84] 물품수령불이행으로 인한 손해배상의 청구권(damages for non-acceptance)[85]이 있다. 이 밖에 대금을 지급받지 못한 매도인에 대해서는 물품에 대한 유치권(留置權; lien),[86] 운송정지권(運送停止權; right of stoppage in transit)[87] 및 재매각권(right of resale)[88]이 있다. 여기서 유치권이란 매수인에 의하여 대금지급이 될 때까지 물품을 보유하는 권리를 말한다. 유치권이 발생되기 위해서는 대금지급을 받지 못한 매도인이어야 하고,[89] 매도인이 물품을 점유하고 있어야 한다. 또한 운송정지권은 특정인에게 매각된 물품을 재취득하여 그 물품이 특정인의 부채의 지급에 적용되는 것을 막는 권리로서 대금지급을 받지 못한 매도인의 권리이다. 유치권과 운송정지권은 매도인으로 하여금 점유를 시켜 대금지급이 있을 때까지 유치할 수 있으나[90] 매수인으로부터 나중에 대금지급을 받게 되면 물품을 재송부하여야 한다.

또한 대금지급을 받지 못한 매도인은 물품을 점유하였을 경우에 비록 소유권이 이전하였다 하더라도 매도인이 유치권 또는 운송정지권을 행사한 경우에 물품에 대한 재매각권을 갖는다.

한편 미국의 통일상법전(UCC)에서 계약위반에 대한 매수인의 구제방법은 계약위반이

---

83) 당사자간에 체결되는 계약 중에는 보통 몇 개의 조항(terms)이 포함되어 있다. 물품매매법은 이들 중요한 조항으로서 그 위반으로 하여금 계약해제권을 발생시키게 되는 것을 조건(condition)이라 부르고, 중요하지 않은 조항으로서 부수적이라고 할 수밖에 없는 그 약속조항의 위반과 같이 손해배상청구권만을 발생시키는 것을 담보(warranty) 또는 보증이라고 부른다. 따라서 매도인에게 조건위반이 있을 때에는 계약을 해제하여 물품의 수령 및 대금지급을 거절할 수 있고, 만일 대금을 지급한 후라면 그 상환을 청구할 수 있다. 담보위반의 경우에는 계약을 해제할 수 없으며 대금감액 또는 손해배상을 청구할 수 있다.
84) SGA 1979, §49.
85) SGA 1979, §50.
86) SGA 1979, §41.
87) SGA 1979, §44; UCC §2-705.
88) SGA 1979, §24; UCC §2-706.
89) 물품을 외상으로 계약하였다면 매도인은 유치권을 갖지 못한다.
90) UCC, Article 2-702.

계약전체의 가액을 멸손하였을 경우에는 계약해제권,[91] 이미 지급한 대가에 대한 손해배상청구권,[92] 불인도에 대한 손해배상청구권[93]이 있으며, 매도인의 구제방법은 물품인도유보권,[94] 운송정지권,[95] 재매각권,[96] 수령거절에 대한 손해배상청구권,[97] 매매계약취소권[98]이 있다. 이와 같이 미국의 법제도 영국의 법제와 근본적으로 취지를 같이하고 있다.

(2) 한국법상의 구제방법

한국 민법에서는 매매의 목적물에 하자 또는 수량부족이 있는 경우에는 매도인이 하자담보책임을 부담한다. 담보책임은 매매에 의하여 매수인이 취득하는 권리 또는 권리의 객체인 물건에 하자(흠) 내지 불완전한 점이 있는 때에 매도인이 매수인에게 부담하는 책임을 말한다.[99] 매수인의 구제방법으로는 대금감액청구권, 계약해제권, 손해배상청구권을 갖게 된다.[100] 이 밖에 계약해제나 손해청구는 하지 않고 하자가 있는 물품을 하자 없는 물품으로 대체청구할 수 있는 이른바 종류매매에 관하여 규정하고 있다.[101]

(3) CISG상의 구제방법

물품매매계약에서 매도인의 주된 의무는 약정된 기간 내에 매수인에게 약정물품을 인도하는 것이다. 이러한 매도인의 의무를 이행하지 아니하는 경우 CISG에서 규정하고 있는 매수인의 구제방법으로는 매수인은 매도인에게 손해배상청구권,[102] 의무이행청구권,[103]

---

91) UCC, Article 2-711.
92) UCC, Article 2-713.
93) UCC, Article 2-713~714.
94) UCC, Article 2-703(a).
95) UCC, Article 2-703(b).
96) UCC, Article 2-703(d).
97) UCC, Article 2-703(e).
98) UCC, Article 2-703(f).
99) 곽윤직, 「채권각론」, 박영사, 1992, 204-205면.
100) 한국 민법 제570~제582조 악의인 때에는 계약체결한 때로부터 1년 내에, 선의인 때에는 사실을 안 때로부터 1년 또는 6월 이내에 행사할 수 있다. 매수인의 검사 및 통지의무는 상법 제69조 제1항 참조.
101) 한국 민법 제581조 제2항.
102) CISG 1980, Article 45(1)(b).
103) CISG 1980, Article 46(1), (2), (3) and Article 47; 의무이행청구권에는 ① 특정이행청구권, ② 대체물인도청구권, ③ 하자 보수청구권, ④ 추가기간설정권이 있다.

계약해제권,[104] 대금감액권[105]이 있고 매도인의 구제방법으로는 손해배상청구권,[106] 의무이행청구권,[107] 계약해제권[108]이 있다.

CISG는 국제물품매매당사자의 의무로서 매도인의 계약책임과 매수인의 계약위반으로만 구분하여 총괄적으로 규정하면서 계약의 특성과 국제성을 고려하여 영미법계를 그 바탕으로 삼으면서도 대륙법계와의 조화를 시도하려는 입장을 취하고 있다.

4 프러스트레이션에 의한 해제

프러스트레이션(frustration)이란 계약목적의 달성불능 또는 계약의 좌절 또는 이행불능이라고 할 수 있다. 영국법에서는 프러스트레이션은 당사자의 고의나 과실 없이 발생한 후발적 사정(supervening circumstances)으로 계약이 해제됨으로써 당사자가 추구하였던 계약목적이 좌절되는 법리를 말한다. 프러스트레이션에 의한 해제(discharge by frustration)는 계약이 성립되는 경우 어떠한 사건이 발생되면 당해 사건 발생시점으로부터 계약은 자동적으로 해제(소멸)되는 것을 말한다.[109] 예컨대, 당사자의 사망, 목적물의 멸실, 후발적 위법, 사정의 본질적 변화 등의 경우에 프러스트레이션이 성립된다.[110]

프러스트레이션과 불가항력사태 발생과의 관계는 계약이행이 불가능한 점에서는 공통점이 있으나 전자는 계약자체가 해제되지만, 후자는 계약조건의 불이행에 따른 면책을 인정할 따름이다.

---

104) CISG 1980, Article 46(1).
105) CISG 1980, Article 50.
106) CISG 1980, Article 61(1)(b).
107) CISG 1980, Article 62; 의무이행청구권은 계약의무, 즉 채무를 약속한 대로 이행할 것을 법원이 명령하는 구제방법이다.
108) CISG 1980, Article 64(2).
109) John Tillotson, *Contract Law in Perspective*, Butler worth & Co., Ltd., 1981, p. 145.
110) 그러나 스스로 이행불능을 자초하거나, 계약서상에 명시규정이 있거나, 예측된 사건, 단기간의 이행불능, 의도되거나 다른 대안이 존재할 때에는 프러스트레이션 성립이 배제될 수 있다.

연구 과제

1. 국제매매계약의 성립을 위한 승낙(acceptance)의 효력발생시기는 국가에 따라 "발신주의" (dispatch theory) 또는 "도달주의"(receipt theory)를 채택하는 경우가 있다. 특히 유효기간을 정한 확정청약의 경우에는 승낙의 의사표시에 따른 효력이 언제부터 유효한지 여부에 대하여 당사자간에 분쟁이 야기되기 쉽다. 이러한 분쟁을 예방하기 위한 방안은 무엇인가?

2. 청약과 승낙에 대한 다음과 같은 일반원칙을 참조하고 이를 분석하여 보시오.

> 청약자(offeror)의 청약(offer)과 피청약자(offeree)의 승낙(acceptance)과 관련하여, 계약이 성립되기 위해서는 일반적으로 "완전일치원칙"(mirror image rule)이 적용된다.

1) 계약이 성립되기 위해서는 청약과 승낙은 예외 없이 일치되어야 하는지 여부에 대하여 CISG의 제19조 실질적(본질적) 변경 등을 참조하여 설명하여 보시오.

2) 승낙의 의사표시, 즉 승낙(동의) 여부에 대한 의사표시 대신 승낙자가 청약자 앞으로 신용장을 발행하는 경우 계약은 성립된 것으로 볼 수 있는가? 이 경우의 문제점은 무엇인가?

3. 국제물품매매계약에서 본질적 계약위반이란 무엇이며 그 구체적인 예를 매도인과 매수인의 입장에서 들어 보시오.

4. 국제물품매매계약에서 매도인의 약정기간 내에 선적불이행 하였을 경우 매수인의 구제방법은 어떠한 것들이 있는지 CISG에 기초하여 설명하여 보시오.

5. 대한상사중재원에 실제 질의된 다음 상황을 참조하여 물음에 답해 보시오.

> 한국의 K사는 이란정부가 발주한 Dry Dock의 건설공사 입찰에 참가하여 낙찰되
> 자, 동 건설에 상용된 Flap Gate의 전문설계회사인 호주의 M사와 Flap Gate 도면
> 설계에 관한 계약을 체결하였다. 그러나 계약체결 이후 이란 국내정세의 불안으로
> 많은 외국업체가 현장에서 철수하게 되었다. 한국의 K사도 이란정부와의 건설공사
> 계약에 따른 공사수행이 어렵게 되자 호주의 M사에게 작업중단지시를 내리고 불가
> 항력에 의한 계약목적달성불능을 통보하였다.
>
> 이에 대하여 호주의 M사는 당사자간의 계약서 상에는 불가항력조항이 없기 때문
> 에 이를 인정할 수 없으며, 더구나 K사가 작업중단지시를 내릴 때까지 그들이 완성
> 한 작업분에 대하여 대금지급을 해야 할 책임이 K사에게 있다고 주장하였다.

1) 이와 같이 계약서상에 불가항력조항이 없는 경우의 효과 및 구제방법은 무엇인가?

2) 국제물품매매계약에서 불가항력조항의 설정은 어떻게 하여야 하는가? 또한 불가항력조
   항을 적용시키기 위하여 특히 매도인의 경우 어떠한 조치를 행하여야 하는가?

3) "Force Majeure"와 "Frustration"의 차이점을 설명하여 보시오.

5

국제상거래계약의 기본조건과 계약서

Chapter 5

국제상거래계약의 기본조건과 계약서

제1절 거래조건에 관한 협정

청약과 승낙에 의하여 계약은 성립될 수 있지만 실제 거래에서는 청약내용이 매우 간단하므로 상관습이 서로 다른 국가간에 이루어지는 무역거래에서는 매매당사자간 거래조건에 대하여 상세한 합의를 다시 하여야 하며 후일 야기될지 모르는 분쟁에 대비하여 구체적인 매매계약서[1]를 별도로 작성하여 두어야 한다.

물품매매에서는 일반적이며 기본적인 거래조건의 내용을 협정하여 문서로 교환하는 이른바 "일반무역조건협정서"(agreement on general terms and conditions of business ; memorandum of agreement)[2]를 계약의 기준으로 삼는다. 이 협정서는 계약의 본질, 즉 거래형태에 대한 조건, 청약과 승낙에 의해 계약이 성립되는 조건, 품질·수량·가격·선적·지급·보험·포장 등 계약물품에 대한 조건 그리고 분쟁대비를 위한 조건 등을 협정하게 된다.

그러나 실무적으로 매매당사자간에는 정형화된 매매계약서를 이용하고 있다.[3] 즉, 매매계약서 전면(face)에는 계약물품의 가격조건 등 기본조건에 대한 제목만 미리 기재하여 약정할 내용은 당사자가 작성하도록 공란으로 두고, 계약서 이면(back)에는 거래관련 일반적인 조건과 분쟁대비 관련조항 등을 미리 기재하여 편리하게 이용하고 있다.

---

1) 매매계약서의 종류로는 매 건별로 거래가 이루어질 때마다 하나의 계약서가 작성 사용되는 개별계약 (case by case contract), 동일거래처와 어떤 물품에 대하여 장기계약을 체결할 경우에 포괄적인 사항을 미리 약정하는 포괄계약(master contract), 일정한 물품의 수출입에 있어서 수출자는 수입국의 특정 수입자 이외에는 동일 물품을 청약(offer)하지 않으며, 수입자 역시 같은 물품을 수출국의 다른 자와 거래하지 않겠다는 조건으로 이루어지는 독점계약(exclusive contract)이 있다.

2) 일반무역조건협정서의 작성사례에 대하여는 본장의 〈서식 5-1〉을 참조 바람.

3) 정형무역계약서 작성사례에 대하여는 본장의 〈서식 5-2〉를 참조 바람.

서식 5-1 일반무역조건협정서

AGREEMENT ON GENERAL TERMS AND CONDITIONS OF BUSINESS

This Agreement entered into between Seoul Trading Co., Ltd., Seoul, Korea, hereinafter called the Sellers, and America International Inc., New York, U.S.A. hereinafter referred to as the Buyers, witnesses as follows:

1. **Business**: Both Sellers and Buyers act as Principals and not as Agents.
2. **Goods**: Goods in Business, their unit to be quoted, and their mode of packing shall be stated in the attached list.
3. **Quotations and Offers**: Unless otherwise specified in E-mail or letters, all quotations and offers submitted by either party to this Agreement shall be in U.S. Dollars on a CIF New York Incoterms® 2010 basis.
4. **Firm Offers**: All firm offers shall be subject to a reply within the period stated in respective E-mail. When "immediate reply" is used, it shall mean that a reply is to be received within three days and in either case, however, Sundays and all public holidays are excepted.
5. **Orders**: Any orders shall not be cancelled unless by mutual consent.
6. **Credit**: Banker's Irrevocable Letter of Credit shall be issued in favor of the Sellers immediately upon confirmation of sale; credit shall be made available twenty-one(21) days beyond shipping promises in order to provide for unavoidable delays of shipment.
7. **Payment**: Drafts shall be drawn under credit at sight, documents attached, for the full invoice amount.
8. **Shipment**: All goods sold in accordance with this Agreement shall be shipped within the stipulated time. The date of Bill of Lading shall be taken as conclusive proof of the day of the shipment. Unless expressly agreed upon, the port of shipment shall be at the Seller's option.
9. **Cargo Insurance**: All shipment shall be covered ICC(B) Clauses for a sum equal to the amount of the invoice plus ten(10) percent, if no other conditions are particularly agreed upon. All policies shall be made out in U.S. Dollars and payable in New York.
10. **Quality**: The Sellers shall guarantee all shipments to confirm to samples, types, or descriptions, with regard to quality and condition.
11. **Damage in Transit**: The Sellers shall ship all goods in good condition, and buyers shall assume all risk of damage, deterioration, or breakage during transportation.
12. **Claims**: Claims, if any, shall be submitted by E-mail within fourteen(14) days after arrival of goods at destination. Certificates recognized by surveyors shall be sent by mail without delay. All claims which cannot be amicably settled between Sellers and Buyers shall be submitted to arbitration in Seoul, the arbitrators are consist of three members, the decision of an umpire selected by the arbitrators shall be final, and the losing party shall bear expenses thereof.
13. **Force Majeure**: The Sellers shall not be responsible for the delay of shipment in all cases of force majeure, including mobilization, war, riots, civil commotion, terrorism, hostilities, blockade, requisition of vessels, prohibition of export, fires, floods, earthquakes, tempest, and any other contingencies, which prevent shipment within the stipulated period. In the event of any of the aforesaid causes arising, documents proving its occurrence or existence

shall be sent by the Sellers to the Buyers without delay.

14. **Delayed Shipment**: In all cases of force majeure provided in Article 13, the period of shipment stipulated shall be extended for a period of twenty one (21) days. In case shipment within the extended period should still be prevented by a continuance of the causes mentioned in Article 13 or the consequences of any of them, it shall be at the Buyers' option either to allow the shipment of late goods or to cancel the order by giving the Sellers the notice of cancellation by cable.

15. **Shipping Notice**: Shipment effected against the contract of sale shall be immediately E-mailed.

16. **Shipment Samples**: In case shipment samples be required, the Sellers shall forward them to the Buyers prior to shipment.

17. **Marking**: All shipments shall be marked as arranged otherwise.

18. **Tele-transmission Expenses**: Expenses relating to tele-transmission shall be borne by the respective senders.

In witness whereof, Seoul Trading Co., Ltd. have hereunto set their hand on the 20th day of April, 20××, and America International Inc., have hereunto set their hand on the 25th day of April, 20××. This Agreement shall be valid on and from the 1st day of May, 20××, and any of the Articles in the Agreement shall not be changed or modified unless by mutual consent.

Buyer,   Seller,
America International Inc.   Seoul Trading Co., Ltd.

John F Dolan   *Gildong Hong*

John F. Dolan   Gil-dong Hong
President   President

일반무역조건협정서

이 협정서는 한국 서울특별시의 서울무역주식회사(이하 매도인이라 칭함) 및 미국 뉴욕의 아메리카인터내셔널주식회사(이하 매수인이라 칭함) 간에 다음과 같은 사항을 정한다.

1. **거래**: 매도인·매수인의 쌍방은 본인으로서 거래하며 대리인으로서 행하는 것이 아니다.
2. **물품**: 거래물품, 제시단위 및 포장형태를 별표에 기재한다.
3. **견적 및 청약**: 전자우편 또는 서신에 별도의 규정이 없는 한 이 협정 당사자에 의한 견적 및 청약은 모두 Incoterms® 2010에 의한 뉴욕항 운임·보험료포함으로 하고 미화를 기준으로 한다.
4. **확정청약**: 확정청약은 모두 개개의 전자우편에 제시되어 있는 기한 내의 회답을 조건으로 한다. "즉시회답"이라는 용어를 사용하였을 때에는 회답이 3일 내에 도착한다는 것을 뜻한다. 다만 어떠한 경우에도 일요일 및 공휴일은 제외한다.
5. **주문**: 모든 주문은 당사자 쌍방의 동의에 의하지 않는 한 취소할 수 없는 것으로 한다.

6. **신용장**: 매매가 확인되는 즉시 은행은 취소불능신용장이 매도인 앞으로 발행되도록 한다. 신용장은 부득이한 선적지연에 대비하기 위하여 그 유효기간을 선적약정기일보다 21일간 길게 한다.

7. **대금결제**: 환어음은 신용장에 의거하여 일람출급으로 하고 서류를 첨부, 송장금액 전액에 대하여 발행되는 것으로 한다.

8. **선적**: 이 협정에 의해 매매되는 물품은 모두 약정기한 내에 선적되는 것으로 한다. 선화증권의 일자는 선적일을 최종적으로 입증하는 것으로 간주한다. 별도의 약정이 없는 한 선적항은 매도인이 자유로이 선정한다.

9. **적화보험**: 특히 다른 조건을 약정하지 않는 한 모든 물품은 송장금액에 10%를 가산한 것에 ICC(B)조건의 보험을 부보하는 것으로 한다. 모든 보험증권은 미화로써 표시되며 또한 보험금은 '뉴욕'에서 지급되는 것으로 한다.

10. **품질**: 매도인은 모든 선적물품의 품질 및 상태에 관하여 견본, 표준 혹은 기술과 일치할 것을 보증한다.

11. **운송중의 손상**: 매도인은 모든 물품을 양호한 상태로 선적하고 매수인은 운송도중의 손상·변질 혹은 파손에 관한 모든 위험을 부담하는 것으로 한다.

12. **클레임**: 클레임이 있을 때에는 물품이 목적지에 도착한 후 14일 이내에 전자우편으로 행하고 검정인이 인정한 증명서를 지체 없이 우편으로 제시하도록 한다. 매도인과 매수인 간에 화해할 수 없는 클레임은 모두 서울에서 중재에 붙여지고 그 중재인은 3명으로 구성되며 중재인의 결정에 최종적으로 따르기로 한다. 패자는 그 중재비용을 부담하도록 한다.

13. **불가항력**: 약정기간 내에 선적을 방해하는 동원, 전쟁, 소요, 폭동, 테러행위, 적대행위, 항만봉쇄, 선박징발, 수출금지, 화재, 홍수, 지진, 폭풍, 기타 예측하기 어려운 사건 등의 불가항력적인 사건이 발생했을 경우에는 매도인은 선적지연에 대하여 책임을 부담하지 않는다. 전기한 제요인이 발생하였을 때에는 매도인은 이것의 발생 혹은 존재를 증명하는 서류를 지체 없이 매수인에게 송부하여야 한다.

14. **선적지연**: 이 협정서 제13조에 규정한 불가항력일 경우에는 약정된 선적기간을 21일간 연장하는 것으로 한다. 유예기간 내의 선적이 제13조에 기재된 제요인의 계속 혹은 그 결과에 의하여 아직 방해되고 있을 경우에는 지연물품의 선적을 용인하든가 아니면 전자우편으로 해약통지를 매도인에게 행함으로써 주문을 취소할 것인가 하는 것은 매수인이 자유로이 결정하도록 한다.

15. **선적통지**: 매매계약에 대하여 행한 선적은 즉시 전자우편으로 통지한다.

16. **선적견본**: 선적견본을 요구할 때에는 매도인은 그와 같은 견본을 선적 전에 매수인에게 송부하도록 한다.

17. **화인**: 모든 선적물품에는 별도 약정한 대로 화인을 표시한다.

18. **전송료**: 전송료는 각각의 발신인이 이를 부담한다.

상기 사항의 증거로서 서울무역주식회사는 20××년 4월 20일 이에 서명을 하고 또 아메리카인터내셔널주식회사는 20××년 4월 25일 이에 서명을 하였다. 이 협정은 20××년 5월 1일부터 효력을 발생하며 이 협정서의 조항 어느 것이든 당사자 쌍방의 동의가 없는 한 변경 혹은 수정되지 아니한다.

(매도인)	서울무역주식회사
	대표이사 홍길동
(매수인)	아메리카인터내셔널주식회사
	대표이사 존 에프 돌란

제 2 절 계약물품에 관한 기본조건

계약물품에 관한 기본적 조건으로 ① 품질(quality), ② 수량(quantity), ③ 가격(price), ④ 선적(shipment), ⑤ 지급(payment), ⑥ 보험(insurance), ⑦ 포장(packing) 등에 대하여 약정해 두어야 한다.

1 품질조건

국제매매계약서에서 매매의 객체인 물품의 품질(quality)은 거래당사자간 매우 중요한 관심사이기 때문에 이 문제로 인하여 상거래분쟁이 야기되는 경우가 많다. 따라서 ① 품질의 결정방법, ② 품질의 결정시기, ③ 품질의 증명방법 등을 명확히 약정하여야 한다.

1) 품질의 결정방법

품질의 결정방법으로는 관습적으로 견본·상표·규격·명세서·표준품에 의한 방법을 이용하고 있다.

(1) 견본에 의한 매매(sales by sample)

무역거래에서 가장 널리 이용되고 있는 방법으로 실제 매매될 물품의 품질을 매매 당사자가 제시된 견본에 의하여 인도할 것을 약정하는 방법이다. 견본을 송부하는 데 있어서는 매도인이 매수인에게 송부하는 매도인견본(seller's sample)과 매수인이 매도인에게 송부하는 매수인견본(buyer's sample)이 있는데 이는 품질의 기준을 약정하기 위한 원견본(original sample)이 된다. 매도인견본이나 매수인견본, 즉 원견본에 대해서 색상(color)이나 무늬(pattern) 등을 수정하여 매매당사자간 새로운 견본을 제시하게 되면 이 견본을 역견본(counter sample)이라고 한다. 역견본에 대하여 상대방이 승낙하게 되면 승인견본(approval sample)이 되며 이 품질을 기준으로 물품을 생산하게 된다. 만일 선적물품과 동일한 품질의 것임을 알기 위하여 매수인의 요청에 의하여 생산완료된 물품을 보내게 되면 이는 선적견본(shipping sample)이 된다.

견본은 만일 후일에 야기될지 모르는 분쟁에 대비하여 최소한 동일 견본을 2개 내지 3 개를 만들어 교부 이후에도 상당한 기간 동안 보관하여 두어야 한다. 견본은 매도인 및 매 수인이 각각 1개씩 보관하고 나머지 1개는 물품생산자가 제3자일 경우에 생산자가 보관하 도록 한다.

매매계약시에 특히 주의해야 할 사항은 견본의 품질은 견본과 완전히 일치하는 것으로 표현하지 말고 대체로 견본과 비슷한 것이라고 하여 다소 융통성 있는 표현을 하는 것이 좋다. 즉 "Quality to be fully equal to sample"이나 "Quality to be same as sample"보다 는 "Quality to be considered as being about equal to sample"처럼 완곡하게 표현하여야 마켓클레임(market claim)을 예방할 수 있다.

(2) 상표에 의한 매매(sales by mark or brand)

국제적으로 널리 알려진 물품에 대해서는 견본을 제시할 필요 없이 상표(trade mark) 나 통명(brand)에 의하여 품질기준으로 삼는 거래를 말한다. 예를 들면, Nikon 카메라, Parker 만년필, Omega 손목시계 등과 같은 상표를 이용하는 방법이다.

(3) 규격에 의한 매매(sales by type or grade)

물품의 규격이 국제적으로 통일되어 있거나 수출국의 공적 규격으로 특정되어 있 는 경우에 이용되는 매매방법이다. 국제표준화기구, 즉 ISO(International Organization for Standardization), 영국의 BSS(British Standard Specification), 일본의 JIS(Japan Industrial Stan-dard), 한국의 KS(Korean Industrial Standard) 등과 같은 규격을 이용하는 방법이다.

(4) 명세서에 의한 매매(sales by specification)

명세서에 의한 매매란 거래대상물품의 소재, 구조, 성능 등에 대하여 상세한 명세서 (specification)나 설명서(description), 설계도(plan) 등에 의하여 매매기준으로 삼는 방법이 다. 예컨대, 선박, 철도차량, 의료용구, 중장비류 등이 해당된다.

(5) 표준품에 의한 매매(sales by standard)

수확예정의 농산물, 어획예정의 수산물 또는 벌채예정의 원목 등은 매매계약시에 현품

제5장 국제상거래계약의 기본조건과 계약서 ◂◂ 157

이 없고 견본제공이 곤란하다. 이러한 물품에 대해서는 그 표준품(standard)을 정하고 실제 인도된 물품과 표준품 사이에 차이가 있을 경우 대금을 증감하여 조정하는 매매방법이다. 따라서 품질의 차이에 대하여 견본 매매에서는 클레임 사유가 되지만 표준품매매에서는 사후 정산하면 된다. 표준품에 의한 품질의 결정방법에는 다음과 같은 것이 있다.

① **평균중등품질(Fair Average Quality: F.A.Q.)**

주로 곡물류의 매매에 사용되는 품질조건으로 인도물품의 품질은 선적시, 선적장소에서 당해 계절의 선적물품의 평균중등품질(fair average quality of the season's shipments at the time and place of shipment)을 조건으로 하는 것을 의미한다. 이 조건은 물품의 선물거래(future transaction)에 많이 이용된다.

② **판매적격품질(Good Merchantable Quality: G.M.Q.)**

목재, 냉동어류와 같이 견본이용이 곤란하고 그 내부의 품질을 외관상으로 알 수 없는 거래에 이용되는 방법으로 매도인이 인도한 물품은 판매적격성(merchantability)을 지닌 것임을 보증하는 조건을 말한다.

③ **보통품질(Usual Standard Quality: U.S.Q.)**

주로 원면거래에 이용되는 품질조건으로 공인검사기관 또는 공인표준기준에 의하여 보통품질을 표준품의 품질로 결정하는 조건을 말한다.

2) 품질의 결정시기

무역거래에서의 물품운송은 대부분이 장거리의 해상운송에 의하여 이루어지기 때문에 선적시점과 양륙시점에서의 품질 차이가 발생할 가능성이 크다. 따라서 후일의 분쟁을 피하기 위하여 계약시에 품질의 결정시기를 미리 선적시점으로 할 것인가 또는 양륙시점의 품질을 기준으로 할 것인가의 여부를 명확하게 약정하여 두는 것이 중요하다.

(1) 일반물품의 품질결정시기

① **선적품질조건(shipped quality terms)**

인도물품의 품질이 약정한 품질과 일치하는가의 여부를 선적시의 품질에 의해 결정하는 방법으로 일반공산품 등에 널리 이용되고 있다. 매도인은 운송중에 변질된 물품에 대해서는 책임을 부담하지 않는 조건이다. 일반적으로 FCA, CFR, CIF, CPT, CIP 규칙은 선적품질조건이라고 할 수 있고, 표준품매매의 F.A.Q. 역시 선적품질조건이다.

② 양륙품질조건(landed quality terms)

인도물품의 품질이 계약품질과 일치하는가의 여부를 도착지에서 양륙시의 품질에 의하여 결정하는 방법을 말한다. 매도인은 운송중 변질된 물품에 대하여 책임을 부담하여야 한다. 도착지 인도조건(delivered terms)인 DAT, DAP, DDP 규칙은 양륙품질조건으로 볼 수 있으며, 표준품매매의 G.M.Q. 역시 양륙품질조건이다.

(2) 곡물의 품질결정시기

곡물류의 거래에 있어서는 선적시와 양륙시의 품질상이에 대하여 매매당사자 중 누가 책임을 부담하느냐에 대하여 관용되는 특수한 조건들이 있다.

① Tale Quale(T.Q.)

이 조건[4]은 선적품질조건(shipped quality terms)으로 매도인은 약정한 물품의 품질을 선적할 때까지만 책임을 부담하는 조건이다.[5]

② Rye Terms(R.T.)

이 조건은 호밀(rye)거래에 사용되면서 물품도착시 손상되어 있는 경우에 그 손해에 대하여 매도인이 변상하는 관례에서 생긴 것으로 양륙품질조건(landed quality terms)이다.

③ Sea Damaged(S.D.)

이 조건은 조건부선적품질조건이다. 즉 해상운송중에 발생한 바닷물 등의 조유(潮濡) 또는 응고(condensation) 등에 기인하는 품질손해에 대하여 매도인이 부담하는 이른바 선적품질조건과 양륙품질조건을 절충한 조건이다.[6]

---

4) Tale Quale은 불어로 Tel Quel이라고도 하며 "Such as it is" 또는 "Just as they come"이라는 의미이다.
5) 이 조건에서는 보통 다음과 같이 약정한다. "Shipment in good condition but tale quale as regards condition on arrival"
6) 이 조건에서는 보통 다음과 같이 약정한다. "Damaged by sea water, if any, to be seller's account." 또는 "All sweeping and damaged by sea water or condensation to be rejected."

3) 품질의 증명방법

물품의 품질에 대한 검사는 매매계약시 매매당사자간에 어느 편에서 할 것인가를 합의하게 되지만[7] 원칙적으로 품질의 입증은 선적품질조건의 경우에는 매도인이, 양륙품질조건의 경우에는 매수인이 입증책임을 부담하여야 한다.

따라서 품질에 대한 입증은 객관적인 입장에서 검사, 감정, 증명 등을 전문적으로 하는 검정인(surveyor)[8]의 검정보고서(Surveyor's Report)에 의하여 손해배상을 청구할 수 있도록 계약시에 합의하여 두는 것이 좋다.

2 수량조건

무역거래에서는 수량에 대한 관습이 나라에 따라 서로 다르기 때문에 분쟁이 일어나기 쉽다. 수량에 관한 조건에서는 ① 수량의 단위, ② 수량결정의 시기, ③ 과부족의 용인 등에 대하여 명확히 약정하여야 한다.

1) 수량의 단위

수량의 단위는 물품의 성질에 따라 중량(weight), 용적(measurement), 개수(piece), 포장(package), 길이(length), 면적(square) 등으로 구분하여 표시한다.

중량은 kg, lb(pound), ton을 단위로 하는데 이 중 ton의 경우에는 Long Ton(L/T), Short Ton(S/T), Metric Ton(M/T)[9] 가운데 어떤 ton으로 할 것인가를 명시하여야 한다. 영국계의 Long Ton(English Ton; Gross Ton)은 2,240lbs(1,016kgs), 미국계의 Short Ton(American Ton; Net Ton)은 2,000lbs(907kgs), 프랑스계의 Metric Ton(French Ton; Kilo Ton)은 2,204lbs(1,000kgs)를 나타낸다.[10]

---

7) 무역계약시 물품검사는 어느 쪽에서 하는가를 다음 중의 하나로 하여 약정하도록 한다. "Seller's inspection to be final." "Buyer's inspection to be final." "Agency's inspection to be final."

8) 국제적으로 권위 있는 검정인으로는 Lloyd's Surveyor, Lloyd's Agent, 검사기관으로는 SGS(Société Générale de Surveillance S.A.) 등이 있다.

9) M/T는 용적톤(measurement ton)으로 운송회사가 화물의 운임(freight)을 계산할 때 사용되기도 하는데 1M/T는 40cft(cubic feet), 즉 480S.F.(super foot)에 해당한다.

10) 그러나 물품의 중량에 대한 계량방법은 총중량(gross weight)으로 내외포장과 충진물, 내용물을 모두 포함하는 것, 순중량(net weight)으로 총중량에서 포장·용기의 무게를 제외한 것, 정미중량(net

용적의 단위로 목재에는 cubic meter(M^3; CBM), cubic feet(cft), super feet(S.F.),[11] 석유 등 액체에는 barrel, gallon, liter가, 곡물에는 bushel 등이 사용된다. 액체의 경우 영국의 1 English gallon(imperial gallon)은 4.546 liters이고, 미국의 1 American gallon(wine gallon)은 3.7853 liters이므로 어떠한 gallon인가를 확인하여 수량단위를 정하여야 한다.

개수는 보통 전자제품과 같은 일반물품의 경우는 piece, set, 연필·양말 등은 dozen(12개)으로, Pin이나 조화(artificial flower) 등 값싼 잡제품의 경우에는 gross($12 \times 12 = 144$개), small gross($12 \times 10 = 120$개) 또는 great gross($12 \times 12 \times 12 = 1,728$개)를 단위로 한다.

포장단위로는 bale, bag, drum, case, can, bundle 등이 있으며 면화, 비료, 밀가루, 유류, 과자, 통조림 등의 거래시 사용된다. 길이의 단위로는 meter, yard, inch, foot 등이 있고 전선, 원단 등에 사용된다. 또한 면적의 단위로는 square foot(sft) 등이 있고 유리, 합판, 타일(tile) 등에 사용된다.

2) 수량결정의 시기

품질조건의 시기와 마찬가지로 수량조건에서도 수량결정의 시기는 선적수량조건(shipped quantity terms)과 양륙수량조건(landed quantity terms)으로 구분할 수 있다.

선적수량조건은 선적시점에 검량한 수량이 계약에서 명시한 수량과 합치되면 운송중에 감량이 되더라도 매도인은 이에 대하여 아무런 책임을 부담하지 않는 조건으로 선적시의 수량을 최종으로 하는 것이다. 일반적으로 FOB 규칙이나 CIF 규칙에 의한 거래는 선적지인도로 선적수량조건에 의한다.

양륙수량조건은 목적항에서 양륙하는 시점에서 검량하여 수량이 계약수량과 합치되어야 하는 조건이며 만일 운송중 감량이 있는 경우에는 매도인이 책임을 부담하는 조건이다. DAT 규칙이나 DAP 규칙에 의한 거래는 도착지인도로 양륙수량조건이라고 할 수 있다.

3) 과부족용인조항(more or less clause: M/L clause)

유류와 같이 휘발성이 있거나 광물이나 곡물처럼 살물(撒物; bulk cargo)인 경우 운송

---

net weight)으로 내·외포장물과 충진물 등을 제외한 물품내용물만의 순수한 중량을 기준으로 하는 것이 있다.

11) 1 S.F.는 square foot x 1 inch에 해당하는 부피이다.

도중 감량이 생길 우려가 있는 물품에 대하여 매매계약시 과부족 한도를 정해 두고 그 범위 내에서 물품인도가 이루어지면 수량부족에 대한 클레임을 제기하지 않기로 약정하는 수량표시방법을 과부족용인조건이라고 한다.

(1) 특약에 의한 과부족용인조항의 설정

물품의 성질에 따라 수량과부족을 인정해야 할 경우에 얼마만큼 허용할 것인가와 과부족 선택권자를 누구로 할 것인가에 대하여 계약시에 명시해 두는 것이 좋다. 예를 들면, "Quantity shall be subject to a variation of 3% more or less at seller's option." 또는 "Seller shall have the option of shipment with a variation of more or less 3% of the quantity contracted, unless otherwise agreed."와 같이 약정하도록 한다.[12]

(2) 신용장거래시의 과부족용인

신용장방식에 의한 거래에서는 과부족이 생기기 쉬운 살물에 대하여는 신용장에 명시된 신용장금액 또는 물품의 수량(quantity)이나 단가(unit price) 앞에 "약"이라는 의미의 "about" 또는 "approximately" 등의 용어를 사용하여 10%를 초과하지 아니하는 과부족을 용인하는 것으로 하고 있다.[13] 이와 같이 "about" 등과 같은 표현을 하여 과부족의 용인을 신축적으로 운용하는 것을 개산수량조건(approximate quantity term)이라고 한다.

그러나 신용장상에 물품수량과 과부족 용인문언의 명시가 없더라도 과부족 금지문언이 없는 한 환어음의 발행금액이 신용장금액을 초과하지 않는 범위 내에서 5%까지의 과부족이 용인된다.[14] 여기에는 포장단위(packing unit)나 개개품목(individual item)에 따라 수량이 명시된 경우에는 적용되지 않는다. 이와 같이 살물의 거래에서는 그 성질상 신용장이 요구하는 대로 정확한 수량을 선적한다는 것은 사실상 불가능하기 때문에 과부족용인을 통하여 상거래분쟁을 예방하고자 하는 취지로 볼 수 있다.

---

12) 신용장거래방식 이외의 추심방식인 D/P·D/A 거래나 송금방식거래에서 과부족이 생기기 쉬운 Bulk Cargo에 대해서는 특별히 more or less 조항을 명시하여 두는 것이 중요하다. 수량조건을 약정하면서 최소인수가능수량(minimum quantity acceptable) 또는 최대인수가능수량(maximum quantity acceptable)의 경우처럼 막연한 표현보다는 명확한 수량을 표시하거나 개산수량조건(approximate quantity term)을 사용하는 것이 바람직하다.
13) ICC, Uniform Customs and Practice for Documentary Credits, ICC Publication No. 600(이하 UCP 600이라 함), 2007, Article 30-a.
14) UCP 600, Article 30-b.

3 가격조건

무역거래에서 매매당사자가 가장 관심을 두는 것은 무엇보다도 좋은 품질의 물품을 적정한 가격으로 계약을 체결하고자 하는 것이다. 가격조건(price terms)은 적정한 매매가격을 채산(estimation)하는 데 기본적인 조건이며 중요한 조건이다. 가격조건을 약정하는 데는 ① 매매가격의 산출근거, ② 매매가격의 원가요소, ③ 매매가격의 표시통화에 대하여 검토하여야 한다.

1) 매매가격의 산출근거

매매가격은 매도인과 매수인이 부담해야 할 여러 가지의 원가요소와 물품의 인도장소 등을 감안하여 정하여진다. 그러나 매매당사자가 이러한 점을 고려하여 매거래시마다 계약서상에 구체적으로 정한다는 것은 번잡하고 불편한 일이다. 따라서 실제 거래에서는 국제적으로 보편화된 "Incoterms® 2010"[15)]에 규정된 정형거래규칙에 의하여 매매가격이 산출되고 있다. 이를테면 FOB나 CIF 규칙 등의 간단한 정형을 사용하는 것이다.

따라서 매매당사자는 계약자유의 원칙에 따라 어떠한 거래관습의 조건을 채택할 것인가를 계약시에 명시적으로 약정하는 것이 무엇보다도 중요하다.[16)] 왜냐하면 FOB, CIF 규칙이라도 미국의 관습과 인코텀즈의 관습이 상이하여 상거래분쟁이 야기될 수 있기 때문이다.

2) 매매가격의 원가요소

물품의 수출 또는 수입가격은 여러 가지의 원가요소를 포함하여 결정하게 된다. 수출가격은 물품을 직접 제조하거나 타사에서 구매하는 물품원가(manufacturing or purchasing cost), 즉 기본원가와 수출자가 조직이 클 경우에는 소속 부서 외의, 즉 타 부문 간접비를 배분받은 간접원가에 부대비용, 예상이익을 포함하여 가격제시를 하여야 한다. 또한 수입가격은 매도인의 선적물품원가, 즉 기본원가와 수입자의 타 부문 간접비를 계상한 간접원가에 부대비용, 예상이익을 포함하여 수입가격의 원가로 삼는다.

---

15) "Incoterms® 2010"에 대하여는 제3장을 참조 바람.
16) 매매계약서상에서의 약정은 "The trade rules used under this contract shall be governed and interpreted by the provisions of Incoterms® 2010"과 같이 한다.

〈표 5-1〉은 "Incoterms® 2010"의 정형거래규칙별 매매가격에 대한 원가구성요소를 나타낸 것이다.

표 5-1 · "Incoterms® 2010"의 정형거래규칙별 원가구성요소

원가구성요소 ＼ 정형거래규칙	기본원가 / 물품제조·구매원가	간접원가 / 사업부문별간접원가	예상이익 / 이익	부대비용 · 수출지 발생 / 포장 및 화인비	물품점검비	수출지내륙운송비	최초운송인측인도비용	수출통관제비용	수출제세및부과금	선적항부선사용료	인도서류제공비용	선적항본선선적비용	운송과정 발생 / 해상운임	적화보험료	수입지 발생 / 목적항양화비	목적지내륙운송비	수입관세	수입통관제비용	수입제세 및 부과금
1. EXW	○	○	○	○	○														
2. FCA	○	○	○	○	○	○	○	○	○	◎	○								
3. FAS	○	○	○	○	○	○	○	○	○	◎									
4. FOB	○	○	○	○	○	○	○	○	○	○	○	○							
5. CFR	○	○	○	○	○	○	○	○	○	○	○	○	○		◈				
6. CIF	○	○	○	○	○	○	○	○	○	○	○	○	○	○	◈				
7. CPT	○	○	○	○	○	○	○	○	○	○	○	○	○		○	△			
8. CIP	○	○	○	○	○	○	○	○	○	○	○	○	○	○	○	△			
9. DAT	○	○	○	○	○	○	○	○	○	○	○	○	○		○	△			
10. DAP	○	○	○	○	○	○	○	○	○	○	○	○	○		▲	△			
11. DDP	○	○	○	○	○	○	○	○	○	○	○	○	○		▲	△	○	○	○

주 1) ○표는 매도인 부담비용, 공란은 매수인 부담비용
2) ◎표는 선적항에서 부선이 사용될 경우 매도인 부담비용
3) ◈표는 정기선 운송시 운임에 양화비가 포함될 경우 매도인 부담비용
4) △표는 운송계약에 따라 지정목적지까지 내륙 운송될 경우 매도인 부담비용
5) ▲표는 지정목적지에서 양화를 위하여 준비된 도착 운송수단상에서 매수인의 임의처분 상태로 둘 경우 매도인 부담비용
6) 모든 운송방식을 위한 규칙 : EXW, FCA, CPT, CIP, DAT, DAP, DDP
7) 해상 및 내수로 운송을 위한 규칙 : FAS, FOB, CFR, CIF

3) 매매가격의 표시통화

통화(currency)는 국가마다 고유의 통화를 사용하고 있기 때문에 무역거래에서는 매매당사자간에 어느 나라의 어떠한 통화를 사용할 것인지에 대하여 약정해 두어야 한다. 예컨대 달러(Dollar)라고만 표시하였다면 달러를 사용하는 나라가 미국을 포함하여 캐나다, 오스트레일리아, 싱가포르, 홍콩 등 여러 나라가 있고 그 대외가치도 서로 달라 대금결제시에 문제가 된다. 그러므로 미국 달러는 USD(또는 US$), 캐나다 달러는 CAD(또는 C$), 오스트레일리아 달러는 AUD(또는 A$), 싱가포르 달러는 SGD(또는 S$), 그리고 홍콩 달러는 HKD(또는 HK$)와 같이 국가별통화단위를 명확히 표시하여야 한다.[17]

또한 무역거래에 사용되는 통화는 안정성(stability)과 교환성(convertibility) 및 유동성(liquidity)이 있는 통화를 고려하여야 한다.

4 포장조건

포장(packing)이란 물품의 운송, 보관, 적재 및 양화, 진열, 판매 등을 하는 데 있어 그물품의 내용 및 외형을 보호하고 상품으로서의 가치를 유지하기 위하여 적절한 재료나 용기로 둘러싸는 작업을 말한다. 수출포장은 원격지 운송물의 안전을 위하여 견고하면서도 경제성이 있고 취급하기가 용이하여야 한다.

무역계약에서 포장조건(packing terms)은 ① 포장의 방법(packing method), ② 포장의 종류(kinds of package), ③ 화인(shipping marks) 등에 관하여 약정하여야 한다.

---

17) 국제표준화기구(ISO)의 국별 통화코드(currency code) 기준에 의거 외국환은행이 고시하고 있는 주요국별 통화는 다음과 같다.
미국 USD(US Dollar), 일본 JPY(Yen), 유럽연합 EUR(Euro), 영국 GBP(Great Britain Pound), 스위스 CHF(Swiss Franc), 캐나다 CAD(Canadian Dollar), 호주 AUD(Australian Dollar), 스웨덴 SEK(Swedish Krone), 덴마크 DKK(Danish Krone), 노르웨이 NOK(Norwegian Krone), 뉴질랜드 NZD(New Zealand Dollar), 홍콩 HKD(Hong Kong Dollar), 태국 THB(Baht), 싱가포르 SGD(Singapore Dollar), 인도 INR(Indian Rupee), 인도네시아 IDR(Indonesian Rupiah), 말레이시아 MYR(Malaysian Ringgit), 사우디 SAR(Saudi Riyal), 아랍에미레이트 AED(UAE Dirham), 쿠웨이트 KWD(Kuwaiti Dinar), 바레인 BHD(Bahraini Dinar), 중국 CNY(Yuan Renminbi), 대만 TWD(New Taiwan Dollar), 파키스탄 PKR(Pakistan Rupee), 방글라데시 BDT(Bangladesh Taka), 필리핀 PHP(Philippine Peso), 피지 FJD(Fiji Dollar), 이집트 EGP(Egyptian Pound), 멕시코 MXN(Mexican Peso), 브라질 BRL(Brazilian Real), 브루나이 BND(Brunei Dollar), 이스라엘 ILS(New Israeli Sheqel), 요르단 JOD(Jordanian Dinar), 터키 TRL(Turkish Lira).

1) 포장의 방법

포장하는 방법은 소매(retail)의 단위가 되는 개품 또는 최소의 묶음을 개별적으로 하는 소포장인 개장(個裝; unitary packing)과 개장물품을 운송 또는 취급하기에 편리하도록 몇 개의 개장을 합하여 내부결속, 충진, 칸막이 등을 하는 내장(inner or interior packing), 그리고 한 개의 포장물의 외부용기에 대한 포장, 즉 용기의 종류에 따라 상자 또는 부대에 넣은 것과 같은 외장(outer packing)이 있다.

무역계약시에는 "inner packing"은 어떠한 방법으로 하고 모두 몇 개씩을 담아 "outer packing"을 하도록 할 것인가를 검토하여 약정하여야 한다.

2) 포장의 종류

수출품의 포장은 의류, 완구 등 가벼운 일반잡화인 경우에는 종이상자(carton)를 이용

표 5-2 포장의 종류

구분	포장종류	재질	포장명	약호	포장대상물품
용기포장	상자	나무	wooden box; case;	W/B	식료품, 손상되기 쉬운
			chest	C/S; CST	잡화, 홍차
		종이	carton	C/; CTN	가벼운 일반잡화
		금속지	tin-lined case	C/S	통조림
		투시상자	crate; skelton case	CRT	자동차
	베일 (bale)	마	burlap; hessian, cloth	-	면사, 원모
		압축베일	pressed bale	BL	원면
		가마니	straw mat	-	쌀
	부대 (bag)	마대	gunny bag	BG	미곡, 잡곡
		면대	sack	SK	소맥
		지대	paper made bag	BT	시멘트, 석회
		폴리에틸렌	polyethylene bag	BG	소금, 사료, 분말약품
	통	나무통(대)	barrel	BRL	술, 간장
		나무통(중)	cask	CSK	염료
		나무통(소)	keg	KG	못, 볼트
	특수용기	드럼판	drum	DR	화공약품, 유지
		양철판	tin; can	-	석유, 통조림
		용기, 유리	jar; pot; carboy	-	유산, 음료수
		대나무	basket; hamper	BKT	과일
		철제원통	cylinder; iron flask		탄소
무용기포장	두루마리 다발 궤		roll; coil	RL;CL	철판, 신문지, 철사
			bundle	BDL	철근
			ingot	-	철강, 알미늄

한다. 이처럼 포장의 종류에 따라 상자, 베일(bale), 부대(bag) 등 특수용기의 경우에는 용기포장을, 살물(bulk cargo)의 경우에는 무용기포장으로 하고 있다. 따라서 매매계약을 체결할 경우에는 물품에 따라 적당한 포장종류를 〈표 5-2〉를 참조하여 약정하여야 한다.

3) 화 인

화인(shipping marks; cargo marks)이란 수출품 매포장의 외장에 특정의 기호, 포장번호, 목적항 등의 표시를 하여 포장 상호간 식별할 수 있도록 하는 것을 말한다. 무역계약을 체결할 경우에 화인은 보통 매수인이 요청하게 되는데 이 경우에는 그 지시대로 이행하여야 하지만, 매수인의 별도 요청이 없을 경우에는 매도인의 임의로 한다.[18]

실무상 화인과 관련하여 외장은 가급적 Main mark, Port Mark, Care Mark, Country of Origin Mark 정도로 표기하고 연속번호(running number)를 부여하는 것이 수출자에게 유리하다. 왜냐하면 중량을 외장에 표기할 때, 특히 섬유, 잡화 등의 경우 규격별로 혼합포장이 되게 되면 중량이 일정하지 않아 일일이 표기하는 것도 인건비가 추가 발생될 소지가 있기 때문이다. 또한 물품의 종류에 따라 주의표시(care mark)를 수출포장 발주시에 인쇄로 표기하여 사용하는 것도 좋다. 주의표시는 "HANDLE WITH CARE", "KEEP DRY", "USE NO HOOK", "THIS SIDE UP", "EXPLOSIVE", "OPEN HERE" 등이 많이 사용된다.

| 그림 5-1 | 화인의 예 |

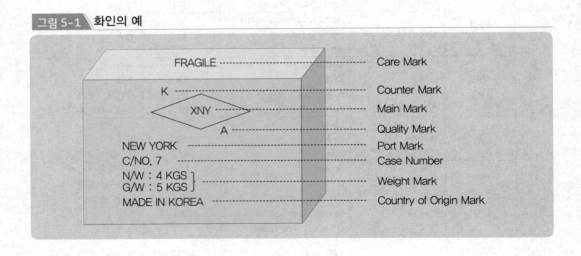

---

18) shipping marks를 너무 복잡하게 하거나 너무 간결하게 표시하게 되면 불편하다.

매매계약시에 포장(packing)과 화인(shipping marks)에 대한 약정은 다음의 예와 같이 한다.

"**Packing and Marking**: Packing of the products shall be made in the manner usually effected by the seller in its export of such kind of the products. Each piece to be packed in a polyethylene bag, 20 pieces in an export carton box. Shipping marks shall be as follows:……"

5 선적조건

선적(shipment)이라는 의미는 본선적재(loading on board), 발송(dispatch), 운송을 위한 인수(accepted for carriage), 비행일(flight date), 우편수령일(date of post receipt), 접수일(date of pick-up) 및 복합운송을 요구하거나 허용할 경우에는 수탁(taking in charge)의 뜻을 표현하는 것으로 광범위하게 이해되고 있다.[19] 따라서 선적은 계약물품을 선적항의 지정선박에 적재하는 것뿐만 아니라 복합운송이 이루어지는 경우 매도인의 공장 문전에서 운송인(carrier)에게 인도하는 것을 포함하는 개념으로 이해하여야 한다.

무역계약서에서의 선적에 관한 조건은 계약물품이 어느 시기에 선적이 이행되어야 하느냐를 약정하는 것이다. 인도(delivery)라는 용어에 대해서 영미법에는 물품의 인도는 특정인이 타인에게 임의적으로 점유이전(voluntary transfer of possession)시키는 것이라고 하고 있어[20] 계약물품을 수령하는 장소가 적재지인지 양륙지인지 오해의 여지가 있으므로 무역계약시에는 인도조건(delivery terms)보다 선적조건(shipment terms)으로 약정하는 것이 혼란을 예방할 수 있다.

물품인도의 의무를 이행하는 데 있어서는 인도장소 및 인도시기에 대한 약정이 필요하다. 인도장소는 인코텀즈에 규정된 규칙을 고려하여 결정하고, 인도시기[21]는 보통 적재지에서 선적되는 시기를 약정한다.

---

19) UCP 400, Article 46-a; UCP 600, Article 19~25.
20) SGA 1979, §61(1)(b).
21) CISG는 물품의 인도시기에 대하여 (a) 일자가 계약에 의하여 확정되어 있거나 또는 확정될 수 있는 경우에는 그 일자, (b) 기간이 계약에 의하여 확정되어 있거나, 또는 확정될 수 있는 경우에는 매수인이 일자를 선정하여야 하는 상황이 명시되어 있지 않는 한 그 기간 내의 임의의 일자, 또는 (c) 기타의 경우에는 계약체결 이후의 상당한 기간내라고 규정하고 있다; CISG 1980, Article 33.

또한 선적조건은 ① 선적시기의 약정, ② 분할선적(partial shipment)과 환적(transship-ment)의 허용여부, ③ 선적지연에 따른 면책조항의 설정, ④ 선적일자의 해석기준 등에 대하여 합의하여야 한다.

1) 선적시기의 약정

선적시기는 특정한 달(月) 또는 일정한 기간 내에 약정하는 방법이 일반적이다. 특정한 달로 거래할 경우에는 보통 단월(單月)로 "March Shipment" 또는 연월(連月)로 "Ship-ment shall be effected from March to April, 20xx"와 같이 명시한다. 3월 선적이란 3월 중(during March), 즉 3월 1일에서 3월 31일 사이에 편리한 날에 선적하여도 된다는 의미이며, 3~4월 선적조건으로 합의하면 3월에서 4월 사이에 선적이 이행되어야 함을 의미한다.

실무적으로 무역계약을 체결할 경우에는 보통 "Terms of Shipment: Within two months after receipt of L/C"라는 표현을 많이 쓰고 있는데, 이때 신용장을 수령한 후 2개월 기산기준이 통지은행의 실제 통지일자인지 수익자(beneficiary)가 통지된 신용장을 실제 수령한 일자를 기준으로 하는지 문제가 될 수 있으므로 "Terms of Shipment: Within sixty days from the date of this contract"와 같이 "이 계약체결일자로부터 60일 이내에 선적하는 조건"과 같이 표현하는 것이 명확하다. 또한 신용장은 계약체결 후, 예컨대 10일 이내에 정식전송신용장(full teletransmission credit)을 발행하는 것으로 합의해 두는 것이 좋다.

특히 신용장거래시 선적기간을 결정하기 위하여 사용된 경우 "to", "until", "till", "from", "between"이라는 단어는 언급된 일자 및 일자들을 포함하며, before 및 after 라는 단어는 언급된 일자를 제외한다.[22] 또한 "Shipment shall be effected during first half of March, 20xx"와 같이 어느 달의 전반(first half), 후반(second half)이라는 용어는 그 달의 1일부터 15일 그리고 16일부터 말일까지를 포함하는 것으로 하며[23] 만일 어느 달의 상순(beginning), 중순(middle) 또는 하순(end)이라는 용어가 사용되었다면 각기 그 달의 1일부터 10일, 11일부터 20일, 그리고 21일부터 말일까지를 포함하는 것으로 해석된다.[24] 특

---

22) UCP 600, Article 3.
23) UCP 600, Article 3.
24) UCP 600, Article 3.

히 무역계약시 주의하여야 할 사항은 선적시기에 관하여 모호하게 "즉시 선적"이라는 표현을 사용하지 말아야 한다. "즉시 선적"이란 선적시기를 특정 월이나 기간으로 명시하지 아니하고 "immediate shipment", "prompt shipment"처럼 막연하게 불특정일에 선적하도록 하는 것인데 이러한 표현은 매매당사자간에 분쟁이 야기되기 쉽다. 신용장거래와 관련하여 "prompt", "immediately", "as soon as possible" 등과 같은 표현을 사용해서는 안 된다. 만일 그런 용어가 사용되었을 경우 은행은 이를 무시하는 것으로 규정하고 있다.[25]

또한 신용장상의 선적시기에 관하여 융통성 있는 표현으로 "Shipment shall be effected on or about March 10, 20xx"과 같이 "on or about"란 표현과 이와 유사한 표현이 사용될 경우에는 선적이 지정일자인 3월 10일로부터 5일 전후까지의 기간 내에 선적이 이행되는 것으로 해석하며 전후 양쪽의 일자는 각각 포함되는 것으로 간주된다.[26]

2) 분할선적과 환적의 허용여부

매매계약시에 분할선적(partial shipment)이나 환적(transshipment)[27]을 허용하느냐의 여부는 보통 "Partial shipments are allowed(or prohibited)" 및 "Transshipment is allowed(or prohibited)" 등으로 약정하면 된다. 신용장에 분할선적을 금지하는 문언이 없을 경우에는 분할선적이 허용되는 것으로 간주된다.[28] 그러나 분할선적이 허용되면서 "March and April shipment equally divided"와 같이 할부선적(shipment by instalment)이 요구되고 있을 경우에는 수익자가 그 할부선적분 중 어느 부분에 대하여 소정의 기간 내에 선적을 이행하지 못하면 별도의 약정[29]이 없는 한 그 불이행 분은 물론이고 그 이후의 모든 할부분에 대하여도 무효가 된다.[30]

또한 동일운송수단(same means of conveyance), 동일항해(same voyage)에 이루어진 수

---

25) UCP 600, Article 3.
26) UCP 600, Article 3; 이 경우 선적이 허용되는 일자는 3/5, 3/6, 3/7, 3/8, 3/9, 3/10, 3/11, 3/12, 3/13, 3/14, 3/15 모두 11일이 된다.
27) UCP 600, Article 20-b~c.
28) UCP 600, Article 31-a.
29) 특약에 의하여 할부된 매선적을 별도의 독립된 조건으로 할 수 있다. 예컨대 "In case of shipment by instalment, each shipment shall be regarded as a separate and independent contract."와 같이 문언을 사용한다.
30) UCP 600, Article 32; 신용장상에 할부선적 1회분 내에서 분할선적(Partial shipment within an instalment)을 허용하고 있지 않으면 할부기간 내의 분할선적도 금지된다.

회의 선적에 대한 분할선적여부의 문제로 해상운송 또는 해상운송을 포함하는 두 가지 이상의 운송방식에 의한 각 선적은 본선적재를 표시하는 운송서류를 상이한 발행일자를 나타내거나 상이한 본선적재항을 표시하고 있을지라도 분할선적으로 간주하지 않는다.[31] 환적(transshipment)에 대한 문제는 신용장통일규칙[32]에서도 신용장상에 환적이 금지되지 않는 한 운송인이 환적할 권리를 유보한다는 문언이 기재되거나 복합운송이 이루어지는 경우 전항로를 단일 및 동일증권이 커버하고 있는 경우에는 환적된 운송서류를 수리하는 것으로 규정하고 있다.

3) 선적지연에 따른 면책조항의 설정

매도인이 고의, 과실 또는 태만으로 인하여 약정된 기간 내에 선적불이행이 되거나 선적지연(delayed shipment)이 되었을 경우에는 당연히 매도인의 책임이다. 그러나 선적지연의 원인이 천재지변(act of God)이나 전쟁(war) 등 기타 불가항력(force majeure)인 경우에는 수출지에 주재하는 상대방의 공관장이나 수출지 상업회의소 등 공공기관의 입증을 통하여 선적을 일시지연 또는 선적의무를 완전히 면제받을 수도 있다. 이와 같은 불가항력 사태가 발생할 경우를 대비하여 매매계약서상에 불가항력조항(force majeure clause)[33]을 설정하여 두는 것이 중요하다.

4) 선적일자의 해석기준

선적일자는 보통 운송서류(transport documents)의 일자를 기준으로 약정된 기간 내에 선적이행이 되었는지, 지연선적이 되었는지를 판단하게 된다. 운송서류 중 예컨대, 선적해상선화증권(on board marine bill of lading)의 경우에는 본선적재일(loading on board date)과 발행일(date of issue)이 동시에 기재되기 때문에 선적일자에 대한 증명과 해석기준이 문제가 된다. 따라서 무역계약시에는 이를 명확히 하기 위하여, 예컨대 UCP 600의 규정에 의한다고 다음과 같이 약정하도록 한다.

"The date of Bill of Lading(or transport document) shall be taken as the conclusive

---

31) UCP 600, Article 31-b.
32) UCP 600, Article 31-a.
33) 불가항력조항을 약정하는 예문은 본장 제3절 제4항을 참조.

proof of the date of shipment and the date of issuance of transport document determined in accordance with UCP 600 shall be taken to be the date of shipment."

이처럼 선화증권(운송서류)상의 일자는 선적일자의 결정적 증거로 간주되고, 화환신용장통일규칙에 따라 운송서류별로 발행일자를 해석할 수 있다.

UCP 600에 의한 운송방식에 따라 요구되는 운송서류의 발행일자에 대한 해석기준은 다음과 같다.

① 해상/해양선화증권(Marine/Ocean Bill of Lading)의 경우에는 본선적재일(date of loading on board) 또는 선적일(date of shipment)[34]

② 비유통 해상화물운송장(Non-Negotiable Sea Waybill)의 경우에는 발행일(date of issuance) 또는 본선적재일(date of loading on board)[35]

③ 용선계약 선화증권(Charter Party Bill of Lading)의 경우에는 발행일(date of issuance) 또는 본선적재일(date of loading on board)[36]

④ 복합운송서류(Multimodal Transport Document)의 경우에는 발송일(date of dispatch), 수탁일(date of taking in charge), 본선적재일(date of loading on board)[37]

⑤ 항공운송서류(Air Transport Document)의 경우 신용장이 실제의 선적일에 관한 특정 표기를 포함하지 아니한 경우 외에는 발행일(date of issuance)[38]

⑥ 도로·철도·내수로 운송서류(Road, Rail or Inland Waterway Transport Document)의 경우에는 운송서류가 물품수령스탬프가 되어 있으면 수령스탬프 일자(date of the reception stamp) 그렇지 않으면 발행일(date of issuance)[39]

⑦ 특사(Courier)를 이용할 경우에는 접수일(date of pick-up) 또는 수령일(date of receipt)[40]

⑧ 우편수령증(Post Receipt)의 경우에는 발송지에서의 스탬프 일자(date of stamp)[41]

---

34) UCP 600, Article 20-a-ii.
35) UCP 600, Article 21-a-ii.
36) UCP 600, Article 22-a-ii.
37) UCP 600, Article 19-a-ii.
38) UCP 600, Article 23-a-iii.
39) UCP 600, Article 23-a-ii.
40) UCP 600, Article 25-a-ii.
41) UCP 600, Article 25-c.

한편 선적일의 증명에 관하여 "CIF계약에 관한 와르소·옥스포드 규칙"에서는 "운송계약의 증명으로 유효하게 제공된 선화증권이나 기타 서류에 기재된 선적일 또는 운송인에의 인도일은 그 날에 실제로 선적 또는 인도하였다는 추정적 증거가 된다"[42]고 규정하고 있다.

따라서 무역거래에서의 운송서류는 가격조건과 신용장의 운송서류와 상호보완적 관계를 갖게 된다.

6 대금결제조건

매매당사자는 물품매매계약을 체결할 때 대금결제조건(payment terms)으로 (1) 대금결제의 방식, (2) 대금결제의 시기, (3) 결제통화 등에 대하여 약정하여야 한다.

1) 대금결제의 방식

무역대금의 결제방식으로는 신용장방식(L/C basis)에 의한 결제, 추심방식(collection basis)에 의한 결제 및 송금방식(remittance basis)에 의한 결제로 크게 구분할 수 있는데, 이 중 신용장방식에 의한 결제가 가장 보편적인 방식이다.

(1) 신용장방식에 의한 결제

신용장이란 그 명칭이나 기술에 관계없이 일치하는 제시(complying presentation)를 인수·지급(honour)하기 위한 발행은행의 취소불능적인 그리고 분명한 확약을 구성하는 모든 약정을 말한다.[43] 이를 한 마디로 표현하면 "은행의 조건부 지급확약"(conditional bank undertaking of payment)이라고 할 수 있다.[44]

신용장에 의한 결제는 추심방식이나 송금방식에 비하여 금융기능과 지급확약기능을 갖고 있어 금융적 불편이나 신용위험을 대폭 감소시킬 수 있는 편리성과 매매당사자에게 유용성이 있기 때문에 가장 많이 이용되고 있다.

신용장을 결제수단으로 이용하고자 할 경우에는 다음의 예와 같이 약정한다.

---

42) I.L.A., Warsaw-Oxford Rules for C.I.F. Contracts, 1932, Rule 3.
43) UCP 600, Article 2.
44) I.C.C., *Guide to Documentary Credit Operations*, ICC Publishing S.A., 1985, p. 6.

"**Payment Terms**: Under irrevocable L/C at sight to be issued in favor of Seoul Trading Co., Ltd., Seoul."

"**Payment Terms**: By an irrevocable L/C at 30 days after sight to be issued in our favor. Usance interest to be covered by buyer."

(2) 추심방식에 의한 결제

추심방식에는 어음지급서류인도조건(Documents against Payment: D/P)과 어음인수서류인도조건(Documents against Acceptance: D/A)이 있다. D/P조건은 수출자가 수입자와의 매매계약에 따라 물품을 선적하고 준비된 서류에 일람출급환어음(sight bill of exchange)을 발행하여 수출자의 거래은행, 즉 추심의뢰은행(remitting bank)을 통하여 수입자의 거래은행인 추심은행(collecting bank) 또는 제시은행(presenting bank)이 수입자에게 어음을 제시하여 그 어음금액을 일람출급 받는 거래방식을 말하며, D/A 조건은 D/P 거래와 추심경로는 같으나 다른 점은 일람후 정기 또는 확정일부 환어음을 발행하고 수입자는 그 제시된 어음을 일람출급함이 없이 인수만 함으로써 서류를 인도받은 후 만기일(maturity)에 대금을 지급하는 거래방식이다.

이처럼 D/P·D/A 거래방식은 은행이 대금지급에 대한 확약은 없이 오직 수입자의 신용만을 믿고 매매당사자간의 계약서[45]만을 근거로 대금을 추심하는 방식이기 때문에 본·지사간 거래[46]나 신용있는 거래처 사이에만 이용하는 것이 결제상의 위험을 줄일 수 있다.[47] D/P·D/A 거래방식을 사용하기 위해서는 다음의 예와 같이 결제조건을 약정한다.

"**Payment Terms**: Under D/P in U.S. Dollars."

"**Payment Terms**: Under D/A at 30 days after sight in U.S. Dollars. Usance interest to be covered by buyer."

(3) 송금방식에 의한 결제

송금방식은 수입자가 수출자 앞으로 물품대금을 송금하여 주는 방식으로 수출자의 입

---

45) 일반수출계약서와 구별하여 선수출계약서라고 부른다.
46) 해외지점이나 해외현지법인과의 거래를 포함한다.
47) 대금결제상의 위험을 감소하기 위하여 무역보험공사의 무역보험 중 "단기무역보험"에 부보하면 수출자의 귀책사유가 없을 때에는 어음금액의 일정범위 이내에서 보상받을 수 있다.

장에서는 수출대금의 회수불능과 같은 위험은 없어 좋은 조건이라고 할 수 있으나, 수입자로서는 계약물품을 수출자가 선적이행하지 않거나 품질·수량 등 계약조건을 이행하지 않을 수도 있기 때문에 불리한 입장에 있다고 할 수 있다. 송금방식에는 송금수표(Demand Draft: D/D),[48] 우편송금환(Mail Transfer: M/T), 전신송금환(Telegraphic Transfer: T/T) 등 세 가지가 있다.[49]

송금수표는 일람출급송금환을 말하며 은행이 발행하는 수표를 수취인에게 송금인이 직접 보내기 때문에 우송사고의 위험성은 다소 있지만 소액송금시 많이 사용되고 있다. 수출자가 대금결제수단으로 수표를 받았을 경우에는 신용있는 은행이 발행한 이른바, 은행수표(banker's check)인지 회사나 개인자격으로 발행한 개인수표(personal check)인지를 잘 검토하고 개인수표는 공신력이 없으므로 가급적 은행수표를 이용하도록 하는 것이 좋다.[50]

우편송금환은 은행이 수취인에 대하여 일정한 금액지급을 위탁하는 지급지시서(payment order)를 우편에 의해 통지하는 방법으로 긴급을 요하지 않는 소액송금시에 많이 사용된다.

전신송금환은 우편송금환과 비슷하나 지급지시를 우편에 의하지 않고 전신(cable)으로 하는 점이 다르고 많은 금액을 긴급히 송금하고자 할 경우 이용된다.

이상과 같은 세 가지 방법 중 수취인인 수출자측에서 가장 안전하고 매입시 환율 적용 면에서 유리한 것은 전신송금환에 의한 것이다.[51]

대금결제수단으로 송금방식을 이용하고자 할 경우에는 다음과 같이 약정한다.

"**Payment Terms**: Under T/T basis in U.S. Dollars within ten days after date of contract."

"**Payment Terms**: Under Banker's Check basis in U.S. Dollars within ten days

---

48) 보통 송금환이라고도 한다.
49) 이와 같은 세 가지 송금방식을 단순송금방식이라고 하며, 후술하는 CAD와 COD 방식과 구별하고 있다.
50) 수표상에 지급은행(paying bank)이 기재되어 있다 하더라도 수표발행자격이 은행인지 회사 또는 개인인지를 잘 검토하여야 한다.
51) 외국환은행이 전신송금환(T/T)을 매입할 경우의 환율적용은 매입당일의 대고객 전신환매입률(T/T buying rate)을 적용한다. 그러나 은행수표는 지급은행 앞으로 동 수표를 송부하여 지급요청을 해야 하기 때문에 외국환은행이 추심전 매입시에는 표준우편일수만큼의 환가료(exchange commission)를 공제하는 이른바 일람출급환어음매입률(at sight rate)을 적용한다. 따라서 전신송금환은 수출자(수취인)의 입장에서는 적용 환율면에서 송금환 방식 중 가장 유리하다.

after date of contract."

2) 대금결제의 시기

(1) 환어음의 지급기일

신용장방식과 추심결제방식인 D/P·D/A 조건은 보통 환어음(draft)에 의하여 결제가 이루어진다. 수출자는 계약물품을 선적한 후 대금결제를 위하여 요구하는 서류를 준비하고 환어음을 발행한다. 이때 발행되는 환어음은 일람출급환어음(sight draft; sight bill of exchange)과 기한부환어음(usance draft; usance bill of exchange)이 있다. 환어음의 지급기일 (tenor of draft)은 일람출급 또는 기한부환어음에 의해 결정된다. 일람출급환어음이란 매도인이 발행한 어음이 어음지급인(drawee)[52]에게 제시되면 이를 일람함과 동시에[53] 환어음 금액을 지급하는 것으로 무역거래에서 결제가 이루어지는 기간은 그 결제기간에 소요되는 우편일수(mail day) 이내이므로 신속히 이루어지게 된다. 일람출급환어음 요구문언은 보통 "…drafts drawn at sight…"와 같이 표현된다. 한편 기한부환어음은 매도인이 발행한 환어음이 어음지급인에게 제시되면 지급인이 그 환어음을 인수(acceptance)하여 일정기간 지급유예를 받고 만기일(maturity)에 지급하는 것으로 여기에는 "at 30 days after sight"와 같이 일람 후 30일 되는 날에 지급이 이루어지는 일람후정기출급, "at 30 days from date of B/L"과 같이 선화증권일자[54]로부터 만기일에 지급이 이루어지는 일자후정기출급, "on May 30, 20xx"처럼 특정일에 지급이 이루어지는 확정일출급(on a fixed date)이 있다. 매매계약시에 주의하여야 할 사항은 기한부환어음의 경우에 지급을 유예하여 주는 기간 동안의 이자(usance interest)는 매도인과 매수인 사이에 어느 편에서 부담하는가를 확인하는 일이다. 예컨대, "Usance interest(or Discount charge) to be covered by buyer"와 같이 약정하여야 수입자가 신용장발행을 의뢰할 때 동 기간의 이자부담자는 "applicant(buyer)"라고 신용장에 명시하도록 요청하게 된다.

---

52) 신용장거래일 경우에는 은행이 지급인이 된다. 보통 신용장상에는 "drafts drawn on xx bank"와 같이 on 뒤에 지급인(drawee)을 명시한다.
53) 일람출급어음의 결제기간은 국가마다 그 나라의 어음법 등에 따라 상이하다.
54) 신용장에서 운송서류발행일자의 해석기준은 UCP 600 제19조~제25조를 참조.

(2) 선지급(payment in advance)

선지급이란 물품이 선적 또는 인도되기 전에 미리 대금을 지급하는 조건이다. 선지급 방식으로는 주문과 함께 송금수표나 우편송금환 또는 전신송금환 등에 의해 송금되는 단순송금방식(remittance basis), 수출자가 신용장수령과 더불어 미리 대금을 결제 받을 수 있는 선대신용장(red clause L/C), 그리고 주문과 동시에 현금결제가 이루어지는 주문시지급 (cash with order: CWO)이 있다. 이 경우 수출자는 대금을 미리 받고 물품을 선적하게 되므로 수출자에게는 매우 유리한 지급조건이다.[55]

(3) 동시지급(concurrent payment)

동시지급이란 물품을 인도받거나 물품을 화체한 서류를 인도받음과 동시에 대금지급이 이루어지는 방식이다. 이에는 매도인이 비용과 위험을 부담하고 수입지에서 현품과 교환하여 대금지급이 이루어지는 현품인도지급(cash on delivery: COD)[56] 선화증권을 포함한 기타 계약시 요구된 결제서류와 교환하여 수출지에서 대금지급이 이루어지는 서류상환지급(cash against documents: CAD)이 있는데[57] COD는 매수인에게 매우 유리한 방식이다. 이와 같이 동시지급이 이루어지기 위해서는 COD방식은 수입지에 매도인의 지점(branch) 이나 대리인 또는 지정은행이 있어야 하고, CAD방식은 수출지에 매수인의 지점이나 대리인 또는 지정은행이 있어야 거래가 가능하기 때문에 계약시에 이와 같이 동시상환지급이 가능한지를 검토하여야 한다.

(4) 연지급(deferred payment)

물품의 선적 또는 서류의 인도 후 일정한 기간이 경과된 이후에 대금지급이 이루어지는, 즉 외상거래방식이 연지급조건이다. 보통 기한부신용장(usance L/C)이나 D/A거래와 같이 1년 이내의 기간에 지급되는 것을 단기 연지급, 1년 이상의 거래를 중장기 연지급이라고 한다. 연지급의 대표적인 예는 외상판매(sales on credit), 위탁판매(sales on consign-

---

55) 지급시기가 혼합된 지급방식에는 누진지급(progressive payment)과 할부지급(instalment payment) 이 있는데, 이는 물품대금의 주문과 동시에 대금의 일부를 지급하고 선적시 및 물품도착 후 일정기간(수년)에 걸쳐 나누어 누진적으로 지급하는 결제방식이다.
56) 보석 등 귀금속류의 거래에 사용되고 있다.
57) COD와 CAD를 대금교환도조건이라고 한다.

ment) 및 청산계정(淸算計定; open account)[58] 등이 있다.

3) 결제통화

앞서 언급한 바와 같이 무역매매가격의 산출시에 통화는 어느 국가의 통화로 할 것인가를 약정하여야 한다. 보통 품목(commodity), 수량(quantity), 단가(unit price), 금액(amount)이 명시될 때에는 단가와 금액란에 "@US$5.30, US$53,000"과 같이 각각 표시하면 되지만, 결제조건(payment terms)을 언급할 때는 "Payment Terms: Under T/T basis in U.S. Dollars"와 같이 결제통화를 명시하여야 한다.

7 보험조건

물품을 운송하는 과정에 선박의 좌초(stranding), 침몰(sinking), 충돌(collision) 등과 같은 해상고유의 위험(perils of the seas)이나 전쟁(war) 등과 같은 인위적 위험을 만날 가능성이 있다. 이러한 위험을 담보받기 위해서는 적화보험(cargo insurance)을 부보(cover)하여 만일의 손해발생에 대비하여야 한다.

Incoterms® 2010의 CIF나 CIP 규칙을 채택하여 매매계약을 체결할 경우에는 매도인이 적화보험계약을 체결하고, FOB 및 CFR 규칙과 같은 거래조건을 채택할 경우에는 매수인이 적화보험계약을 체결하여 보험부보를 하여야 한다. 무역계약시 보험조건(insurance terms)을 약정할 경우에는 보험목적물인 물품에 대하여 보험부보금액과 보험을 부보하는 목적물의 성질에 따라 어떠한 담보조건으로 부보할 것인가, 즉 담보범위의 선택이 중요하다.

1) 보험부보금액의 약정

적화보험을 부보하기 위해서는 보험금액(insured amount)을 얼마로 할 것인가를 고려하여야 한다. 보험금액이란 보험사고 또는 소정의 손해가 발생한 경우, 보험자(insurer; assurer)가 지급해야 하는 금액 또는 그 최고한도의 금액으로 보험계약의 체결에 있어 보험

---

58) open account란 거래관계가 빈번히 이루어지는 매매당사자간에 매거래시 대금을 결제하지 않고 이것을 장부상에 상쇄하고 일정기간마다 그 차액만을 청산하는 방식을 말한다.

자와 피보험자(insured; assured) 간에 약정된 금액을 말한다.

보험금액을 정하기 위해서는 매도인과 매수인 사이에 매매계약을 체결하면서 "the amount of invoice plus 10%" 또는 "115 percent of the CIF invoice value"와 같이 송장금액에 10%를 가산한 금액으로 부보할 것인가 또는 그 이상을 가산한 금액으로 부보할 것인가를 약정하여야 한다. 가산비율에 따라서 보험료(insurance premium)도 달라지기 때문에 부보금액을 약정할 때는 보통 최소부보금액으로 송장금액에 10%를 가산하여 부보하는 것이 일반적이다.

2) 보상범위의 선택

적화보험에서의 담보범위는 계약에서 명시한 특정 원인에서 발생한 멸실(loss) 및 손상(damage)에 한정되어 있기 때문에 어떠한 멸실이나 손상이 발생되었다 하여도 약관상 특별히 제외되어 있는 경우에는 보상받지 못한다. 해상적화보험(marine cargo insurance)의 경우에는 런던보험업자협회(Institute of London Underwriters)가 "Lloyd's S.G. Policy"를 기초로 하여 만들어진, 이른바 구약관인 "협회적화약관"(Institute Cargo Clause: ICC)에서는 기본적인 약관으로 전위험담보조건(All Risk: A/R)인 ICC(A/R), 분손담보조건(With Average: WA)인 ICC(WA), 단독해손부담보조건(Free from Particular Average: FPA)인 ICC(FPA) 등 세 종류가 있었으나, 1978년에 개최된 제2회 UNCTAD총회에서 개정 필요성이 제기되어 협회적화약관의 개정결과 1982년 약관의 명칭을 ICC(A/R), ICC(WA), ICC(FPA)에서 ICC(A), ICC(B), ICC(C)로 변경함으로써 과거에 약관의 명칭만을 보고 담보위험을 판단하던 문제점을 해소시켰다. 그러나 1982년부터 도입되었던 신협회적화약관은 20여년간 사용되어 오면서 그동안 테러행위(terrorism) 등의 새로운 위험이 등장하고 운송 및 보험 환경의 변화 등에 부응하기 위하여 런던국제보험업자협회(International Underwriting Association of London : IUA)는 로이즈보험시장협회(Lloyd's Market Association: LMA)와 합동적화위원회를 구성하여 1982년 ICC를 개정하여 2009년 1월 1일부터 신약관을 사용할 수 있도록 하였다. 2009년 신약관에서는 면책조항의 적용범위의 축소, 담보기간의 운송조항에서 보험기간의 확장, 테러행위의 위험에 대한 정의, 약관의 용어 중 "underwriters' 대신 "insurers", "servants" 대신에 "employees"와 같은 현대적 의미의 용어로 대체하였다. 2009년 협회적화약관도 ICC(A), ICC(B), ICC(C)체제를 유지하고 있다.

현재 ICC의 약관은 보험자의 담보위험과 면책위험이 명확하게 구분되어 있어 비교적 이해하기 쉽게 되어 있다. 매매당사자간에 보험조건을 약정할 경우에는 보험자의 담보위험과 면책위험을 검토하여야 한다. 무역거래에서 위험관리를 하기 위하여 적화보험을 부보할 경우 무조건 ICC(A)로 부보하는 것은 경제성이나 효율적인 측면에서 바람직하지는 않다. 그러나 ICC(B)나 ICC(C) 조건으로 부보할 경우 보험료는 절약되지만 물품의 종류와 성질에 따라 담보되지 않는 것도 있으므로, 보험목적물의 성질과 운송 상의 사정 등을 감안하여 담보범위를 선택하여 부보하여야 한다. 예컨대, 유리그릇이나 도자기는 ICC(B)나 ICC(C) 조건으로 부보하더라도 파손(Breakage) 등과 같은 부가위험(extraneous risk)에 대해서는 추가로 부보하여야 한다.

무역계약시에 해상적화보험부보와 관련한 보험조건을 약정할 경우에는 다음의 예와 같이 한다.

"**Insurance Terms**: All shipments shall be covered subject to ICC(C) for sum equal to the amount of the invoice plus 10(ten) percent. War risk and/or any other additional insurance required by buyer shall be covered at his own expenses. All policies shall be made out in U.S. Dollars and payable in New York."

제 3 절 분쟁해결을 위한 조건

무역계약을 체결할 때는 물품매매와 관련된 기본적인 조건 외에도 기본조건을 보완할 수 있는 조건과 향후 발생할지도 모르는 분쟁대비 및 해결방법에 관하여 약정하여 두는 것이 매우 중요하다. 이에 대해서는 적어도 ① 클레임(claim), ② 권리침해(infringement), ③ 완전합의(entire agreement), ④ 불가항력(force majeure), ⑤ 이행곤란(hardship), ⑥ 중재(arbitration), ⑦ 재판관할(jurisdiction), ⑧ 준거법(governing law; applicable law) 및 무역거래규칙(trade rules) 등에 대하여 약정하여야 한다.

1 클레임조항

무역거래에서 클레임(claim)이란 매매당사자가 약정된 계약을 위반함으로써 상대방에게 단순한 불평을 넘어서 권리의 회복을 요구하거나 손해배상을 청구하는 것을 말한다. 클레임조건에서는 물품인도 또는 서류 도착 후 며칠 이내에 클레임제기를 할 것인지 클레임제기기간을 명시해야 한다. 클레임제기기간을 특약하지 않으면 장기간에 걸쳐 클레임을 제기할 수 있는 빌미를 제공하게 된다. 또한 클레임이 제기되었을 경우 정당성을 입증할 수 있는 공인된 검정인의 검정보고서(Surveyor's Report)를 첨부하도록 클레임제기기간 설정문언에 언급되어야 한다.

클레임제기기간 설정에 대한 약정은 다음 예와 같이 한다.

"**Claim**: No claim shall be entertained before the payment is made or draft is duly honored. Each claim shall be advised by E-mail to seller within fourteen(14) days after the arrival of the goods at destination specified in the relative Bill of Lading and shall be confirmed by registered airmail with surveyor's report within fifteen(15) days thereafter. No claims shall be entertained after the expiration of such fourteen days."

2 권리침해조항

무역거래시 매수인이 제시한 규격, 디자인, 상표에 따라 매도인이 물품을 생산하여 매수인에게 인도한 후 특허권, 지적재산권을 침해하는 경우 이에 따른 책임은 매수인이 부담하고 매도인에게 아무런 피해를 주지 아니하기로 하는 조항을 권리침해조항(infringement clause)이라고 한다.

권리침해조항의 설정은 다음의 예와 같이 한다.

"**Infringement**: Seller shall not be liable for infringements of patents, designs, trademarks or copyrights involving the goods. If any dispute arises concerning patents, designs, trademarks or copyrights as the result of the sale of the goods by seller, buyer shall, at its own expense, take all such steps as may be necessary to protect itself."

3 완전합의조항

　계약서의 작성에 있어서 기존계약과의 관계를 검토하고 본 계약이 성립한 이상 기존의 서면 또는 구두에 의한 합의, 교섭, 언질 등은 모두 본 계약에 흡수되고 소멸하는 것을 명시하여 두는 것이 완전합의조항(entire agreement clause)이다. 이것은 새로운 계약과 기존 계약과의 관계를 명확히 함으로써 먼저 작성한 서식과 나중에 작성한 서식 중 어느 서식이 우선할 것인지에 대한 서식분쟁(battle of form)의 예방 및 해결에 크게 도움이 된다.

　완전합의조항은 보통 다음 예와 같이 약정한다.

　"Entire Agreement: This agreement constitutes the entire agreement between the parties, all prior representations having been merged herein, and may not be modified except by a writing signed by a duly authorized representatives of both parties."

4 불가항력조항

　불가항력(force majeure)이란 당사자의 통제를 넘어서는 모든 사건을 말한다. 특히 계약당사자는 계약체결시에 미리 예기하지 못한 사태로 인하여 이행지체나 이행불능이 되는 경우를 대비하여 계약조항 가운데 불가항력조항을 삽입하여 면책을 주장할 수 있도록 하는 것이 실무상 일반화되어 있다. 불가항력조항에는 불가항력사태가 발생하였을 경우 매도인이 그 사실을 매수인에게 지체 없이 통지하고 그 입증자료도 제시하도록 하여야 한다.

　특히 유의하여야 할 점은 불가항력조항과 영미법상의 프러스트레이션(frustration)[59]의 법리와는 구별하여야 한다. 프러스트레이션의 법리는 당사자의 책임으로 돌릴 수 없는 사유에 의하여 사정이 현저하게 달라진 경우, 예컨대 전쟁의 발발, 법령의 개정과 폐지에 따른 후발적 위법시에 계약은 소멸된다는 점이다. 그러나 프러스트레이션의 성립여부는 상황에 따라 결정된다. 따라서 당사자가 계약체결시에 미리 일정한 사유가 발생한 경우에 계약상의 책임을 면한다는 취지의 불가항력 조항을 구체적으로 설정하여 두는 것이 바람직하다.

　불가항력조항은 다음의 예와 같이 약정한다.

---

59) frustration이란 당사자 자신들의 고의나 과실이 없이 발생한 계약성립후의 후발적 사정으로 인하여 계약이 해제됨으로써 당사자가 추구했던 "계약목적의 달성불능" 또는 "계약의 좌절"됨을 말한다.

"Force Majeure : The seller shall not be responsible for the delay of shipment due to force majeure, including mobilization, war, strike, riots, civil commotion, terrorism, hostilities, blockade, requisition of vessels, prohibition of export, fires, floods, earth-quakes, tempests, and any other contingencies, which prevent shipment within the stipulated period. In the event of any of the aforesaid causes arising, documents proving its occurrence or existence, shall be sent by the seller to the buyer by registered airmail within seven days of occurrence. Immediately after the cause is removed, the affected party shall perform the obligations with all due speed unless the agreement is previously terminated."

5 이행곤란조항

이행곤란(hardship)이란 경제적, 법적, 정치적 또는 기술적 요소 등이 변화하여 계약의 일방당사자에게 심각한 경제적 영향을 주는 사태라고 할 수 있다. 일반적으로 계약체결 후 계약의 이행과정에서 이러한 이행곤란이 발생하는 경우에 대비하여 계약에 삽입한 이행곤란조항은 직접 가격을 결정하거나 수정하는 조항은 아니고, 오히려 불가항력조항과 비슷한 것으로 사정변화에 의하여 당사자 의무의 당초의 균형이 근본적으로 변한 경우에 계약의 수정을 규정한 조항이다. 그러나 이 조항은 사정변경의 원칙을 명문화한 것에 지나지 않는다. 불가항력과의 차이점으로 이행곤란조항에서는 교섭이 재개될 수 있다는 것이다. 일반적으로 이행곤란조항은 불가항력조항과 함께 계약에 삽입되어 있는 경우가 보통인데, 이들 조항은 상호보완적인 역할을 한다.

이행곤란의 요건은 대체로 불가항력의 요건보다 엄격하지 않은 편이며, 다음과 같은 세 가지 요건이 충족되어야 한다. 첫째, 이행곤란이라는 장애를 일으키는 사건은 불가항력과 마찬가지로 당사자 통제불능의 사건이어야 한다. 둘째, 계약체결시에 양당사자가 예상할 수 없는 사건이어야 한다. 그러나 양당사자들이 전혀 고려하지 않은 사건일 필요는 없다. 셋째, 장애사건의 발생으로 계약의 균형이 근본적으로 변경되어 이행당사자에게 계약적 의무의 이행이 과중한 부담이 되어야 한다. 예컨대 당사자들이 통제 불능하고 예상할 수 없었던 어떠한 장애의 발생으로 처음에 예상하였던 것보다는 비싼 원자재로 대체하여야 하거나 또는 보다 먼 항로로 운송을 하여야만 하는 경우와 같이 이행당사자에게 보다 부담스러운 이행이 될 때에 이행곤란조항의 적용이 가능하다. 이행곤란조항은 특히 장기계약의 경우에 도움이 되는 경우가 많으며 이 조항에 따라 양당사자에게 계약을 재조정할 의무를 부과한다. 그러나 이는 재조정의 합의이지 양당사자에게 합의에 도달하여야 하는 책임을 부과하는 것은 아니다.

무역계약시에 이행곤란조항은 다음의 예와 같이 약정한다.

"**Hardship**: The party shall make a request for revision within a reasonable time from the moment it become inequitable due to factors beyond the control of the parties hereto, including substantial changes in economic circumstances of the present contract. The request for revision does not of itself suspend performance of the contract. If the parties fail to agree on the revision of the contract within a time-limit of 60 days of the request, the contract remains in force in accordance with its original terms."

6 중재조항

무역거래에서 계약과 관련하여 클레임이 제기되면 신속히 해결하는 노력이 필요하다. 클레임을 해결하는 단계로는 ① 매수인의 단순경고(warning), ② 매매당사자간의 타협(compromise) 및 화해(amicable settlement), ③ 제3자, 즉 조정인(mediator)이 개입한 조정(conciliation), ④ 중재(arbitration) 또는 소송(litigation)에 의할 수 있다. 분쟁해결은 매매당사자간의 타협 및 화해로 종결되는 것이 가장 바람직하다. 분쟁의 해결은 소송에 의하는 것보다는 중재에 회부하는 것이 더 좋으며 또한 중재보다는 조정이 그리고 조정보다는 분쟁의 예방이 계약당사자 모두에게 유리하다. 그러나 위의 3단계 이내에서 분쟁을 해결할 수 없을 경우에는 가장 신속하고 경제적인 해결방법으로 중재를 이용하는 것이 바람직하다.

중재란 사법상(私法上)의 분쟁을 법원의 판결에 의하지 아니하고, 당사자간의 합의로 사인인 제3자, 즉 중재인(arbitrator)에게 부탁하여 구속력 있는 판정을 구함으로써 최종적인 해결을 기하는 방법을 말한다. 따라서 중재조항이란 계약과 관련하여 분쟁이 발생되면 중재판정에 의하여 해결하기로 하는 당사자간의 합의를 기재한 조항이다. 대부분의 나라에서 중재조항이 있는 경우에는 소송이 제기되더라도 피고가 중재조항의 존재를 주장(중재의 항변)할 경우 직소금지의 효력에 의하여 소송이 각하되어 결국은 중재를 신청하여야 한다.

중재에 의하여 클레임을 해결하려면 반드시 양당사자의 중재합의(arbitration agreement)가 계약체결 시나 또는 그 이후, 즉 분쟁이 야기되었을 경우에 있어야만 한다. 이러한 중재합의, 즉 중재계약이 없는 경우 일방이 거절하면 중재로 해결할 수 없다. 중재합의에는 중재인 또는 중재기관, 중재지, 중재절차, 준거법이 명시되어야 유효하다. 이와 같이 당사자간에 합의된 중재계약은 국내적으로나 국제적으로 그 효력이 인정되어 중재판정의 결과는 최종적이며 뉴욕협약에 따라 외국에서도 집행이 가능하다.

한국의 경우에는 중재기관으로 대한상사중재원이 설립되어 있으며, 다음과 같은 표준중재조항을 모든 계약서상에 삽입하여 분쟁발생시에 대비하도록 하고 있다.

"**Arbitration**: All disputes, controversies, or differences which may arise between the parties, out of or in relation to or in connection with this contract, or for the breach there of, shall be finally settled by arbitration in Seoul, Korea in accordance with the Commercial Arbitration Rules of the Korean Commercial Arbitration Board and under the Laws of Korea. The award rendered by the arbitrator(s) shall be final and binding upon both parties concerned."

7 재판관할조항

계약에서 중재조항을 규정하지 않은 경우에는 그 계약을 둘러싼 분쟁은 최종적으로 국가가 행하는 재판에 의하여 해결하게 된다. 또한 중재조항이 존재하더라도 중재에 붙일 범위 외의 사항에 대하여는 마찬가지로 재판에 의하게 된다. 그 경우에 소송을 제기할 법원을 당사자간에 미리 약정하여 놓은 것이 재판관할(jurisdiction)이다. 재판관할의 합의가 있는 경우에도 이러한 합의가 관계 당사국에서 유효한지, 선정된 법원이 외국인(또는 외국법인)의 출소권을 인정하는지 또는 선정된 법원은 판결의 집행을 처리하기에 적당한지 등을 검토할 필요가 있다.

한편 법원의 지정을 막연히 한국법원 또는 미국법원이라고 규정하는 것은 장래 한국 또는 미국의 어느 지역의 법원인지 문제가 생길 소지가 있으므로 서울, 뉴욕 등 특정지의 법원을 지정하여야 한다.

다음은 한국의 서울지방법원을 합의관할로 하는 재판관할조항의 예이다.

"**Jurisdiction**: Any and all disputes arising from this contract shall amicably be settled as promptly as possible upon consultation between the parties hereto. The parties hereto agree that, should either party has been in a position to resort to a lawsuit, injunction, attachment, or any other acts of litigation, the Seoul District Court shall have the jurisdiction."

8 준거법조항

준거법(governing law; applicable law)은 계약의 성립, 이행 및 계약조항의 해석에 대하여 어느 나라 법률에 따라 행할 것인가를 지정하는 것이다. 예를 들면, 계약서상에 적용법률을 한국법, 미국법 등으로 지정하여 두는 것이 준거법조항이다. 준거법의 결정은 준거법에 대하여 당사자의 명시적인 약정이 있는 경우에는 지정된 준거법이 우선적으로 적용된다.

그러나 매매당사자간 준거법에 대한 약정이 없는 경우, 한국 국제사법(제26조)은 "준거법 결정시의 객관적 연결과 관련하여 당사자가 준거법을 선택하지 아니한 경우에 계약은 그 계약과 가장 밀접한 관련이 있는 국가의 법에 의한다"라고 규정하고 있다.

준거법 적용의 일반원칙은 계약당사자의 자유의사를 기준으로 하는 이른바 계약자유의 원칙(principle of party autonomy)[60]을 최우선적으로 적용하는 주관주의(subjective view)와 계약과 가장 밀접한 현실적 관계를 갖는 법률을 준거법으로 적용하여야 한다는 객관주의(objective view)가 있다. 객관주의에서는 계약이 체결되는 예컨대, A국에서 계약의 전부 또는 일부가 이행되는 경우에 준거법을 계약체결지법(lex loci contratus)으로 적용하여야 한다는 원칙과, 계약이 비록 A국에서 체결되었다 하더라도 계약의 전부 또는 상당한 부분이 B국에서 이행된 경우에는 B국의 법률, 즉 이행지법(lex loci solutionis)[61]을 적용하여야 한다는 원칙이 있다.

계약이 성립지에서 이행될 경우에는 그 계약의 성립지법이 적용되는 것으로 추정되지만, 계약의 성립지와 이행지가 다른 때에는 계약의 성립지가 아니라 이행지법이 당사자의

---

60) 계약자유의 원칙에서 계약당사자의 자유의사에 맡기는 것을 저촉법적 지정이라 하고, 계약 자체를 지배하는 법은 따로 있고 계약의 일부 조건이나 내용을 지배하는 특정 법규나 국제규칙 등을 지정하는 것을 실질법적 지정이라고 한다. 실질법적 지정은 공서양속이나 강행규정에 위반되지 않는 범위 내에서만 계약내용을 규율할 수 있다.
61) 이행지법을 행위지법이라고도 한다.

계약관계에 적용되는 것으로 추정된다. 이러한 추정은 어디까지나 단지 추정의 기준에 불과하며 얼마든지 계약내용 및 주변상황에 따라 배제될 수 있다.[62]

일반적으로 국제매매계약에서는 중재합의가 있을 경우 당사자간에 분쟁이 발생하게 되면 특정 장소에서 특정 중재인 및 중재판정부의 지정법을 준거법으로 한다.[63]

따라서 계약위반에 따른 구제와 법의 충돌문제를 고려하여 무역계약 당사자는 계약내용과 조항에 적용할 준거법에 관하여 미리 명확하게 약정하여 두는 것이 중요하다.

국제매매계약시 준거법은 다음 (a)의 예와 같이 약정하고 계약의 성립과 권리구제에 관련된 적용법을 국제물품매매계약에 관한 유엔협약(CISG)으로 하고자 할 경우에는 다음 (b)의 예와 같이 약정한다.

"**Applicable Law**: "(a) This contract shall be governed, construed and performed by the laws of the Republic of Korea."

"(b) Unless otherwise stipulated in this Contract, United Nations Convention on Contracts for the International Sale of Goods 1980 applies to this contract between parties in case of formation of contract and remedies for breach of contract."

한편 준거법 조항에 추가하여 가격조건(또는 인도조건)으로서 FOB, CIF 규칙 등과 같은 정형거래규칙은 Incoterms® 2010을 적용하는 것으로 다음의 예와 같이 약정한다.

"**Trade Rules**: The trade rules used under this contract shall be governed and interpreted by the provisions of Incoterms® 2010."

제 4 절 국제상거래계약서

1 정형무역계약서

---

62) Clive M. Schmitthoff, *Export Trade*, 9th ed., Stevens & Sons, 1990, p. 104.
63) The United Nations Convention on Recognition and Enforcement of Foreign Arbitral Awards, 1958, Articles 2(1), 5(1).

서식 5-2 정형무역계약서

SEOUL TRADING CO. LTD.
15, 1-ga, Sogong-dong Joong-gu, Seoul, Korea
Tel. 82-2-753-1200, E-mail : mskang@hanmail.net

SALES CONTRACT

Date : May 1, 20xx
Ref. No. : E15

America International Inc.
350 Fifth Avenue
New York, NY10018, U.S.A.

Dear Sirs,

We as Seller confirm having sold you as Buyer the following goods on the terms and conditions as stated below on the back hereof:

Style No.	Description	Quantity	Unit Price	Amount
	Men's Split Leather Jackets		CIF New York	Incoterms® 2010
ST-101	....	2,000 pcs	@US$25	US$50,000
ST-102	....	2,000 pcs	@Us$25	US$50,000
	Total	4,000 pcs		US$100,000

Payment : Under irrevocable L/C at sight to be issued in favor of Seoul Trading Co., Ltd.
Price Term : CIF New York Incoterms® 2010
Shipment : Within 90 days after the date of Contract Sheet.
Insurance : Covering ICC(B) for 110% of the invoice value.
Packing : Each piece to be packed in a P.E. bag, 20 pcs in an Export Standard Carton Box.
Origin : R.O.K.
Inspection : Seller's inspection to be final.
Documents : 1. Commercial Invoice
2. Packing list
3. Full set of clean on board marine Bills of Lading
4. Cargo Insurance Policy or Certificate

Shipping Marks :
A I I
NEW YORK
C/T NO.1-200
MADE IN KOREA

Buyer,

America International Inc.

John F Dolan

John F. Dolan
President

Seller,

Seoul Trading Co., Ltd

Gildong Hong

Gil-dong Hong
President

GENERAL TERMS AND CONDITIONS

1. **BASIS** : All business hereunder shall be transacted between Buyer and Seller on a principal to principal basis.

2. **QUANTITY** : Unless otherwise specifically stated on the face hereof, the quantity is subject to variation of five percent(5%) plus or minus at Seller's option.

3. **SHIPMENT** : The date of the Bill of Lading shall be accepted as the conclusive date of shipment. A grace period of 10 day shall be allowed for shipment earlier or later than time agreed by the parties. Partial shipment and transshipment shall be permitted at the option of Seller unless otherwise stated on the face hereof. Each shipment shall be considered as a separate Contract. Seller shall not be responsible for nonshipment or late shipment of the goods due to failure of Buyer to provide in time the relative letter of credit or other instructions requested by Seller or due to failure of Buyer to comply with the terms and conditions of the Contract in a timely manner.

4. **PAYMENT** : An irrevocable, without recourse and unrestricted letter of credit at sight in full conformity to this Contract shall be established by Buyer in favor of Seller through a bank acceptable to Seller within 15 days after conclusion of this Contract and such letter of credit shall have the validity of at least 15 days after the last day of the month of shipment.

5. **INSURANCE** : If this Contract is on CIF Incoterms® 2010 or CIP Incoterms® 2010 basis the insurance shall be effected for one hundred ten percent (110%) of the invoice amount. Any additional premium for insurance coverage over 110% of the invoice amount if so required, shall be born by Buyer and shall be added to the invoice amount, for which the letter of credit shall be worded accordingly. If the war risk insurance or other special insurance is deemed necessary by Buyer or Seller, Seller shall effect such insurance at Buyer's expense. Any changes in insurance rates from the rates available at the time of this Contract shall be for Buyer's account. In this Contract where Buyer is to effect the insurance, he shall give Seller the necessary information thereof in time for the scheduled shipment. All policies shall be made out in U.S. Dollars and payable in Buyer's country.

6. **INSPECT10N** : Unless otherwise instructed by Buyer, inspection of the goods performed by Korean surveyor under the laws and regulations of Korea, manufacturer or Seller before shipment shall be considered as final. When Buyer requires a special inspector to perform the inspection of the goods, Buyer must inform Seller of the name of such inspector at the time of acceptance of the Contract and shall bear any and all costs and expenses to be incurred in connection with such special inspection. Inspection performed by such special inspector nominated by Buyer shall be final.

7. **PACKING** : Packing, packaging and marking shall be done at the Seller's discretion, unless otherwise specifically provided on the face hereof. In the manner customary for the respective merchandise, special arrangements are being subject to Buyer's extra charges.

8. **CARRIER** : In the event that Buyer nominates a carrier or particular vessel for shipment of the goods, Seller shall not be responsible for late shipment or nonshipment due to delay or cancellation of or any other causes attributable to such carrier. In such case, Buyer shall comply with Seller's request to amend the letter of credit or any other terms, conditions or

procedures necessitated thereby or resulting therefrom.

9. **NOTICE** : Any notice, request, consent, offer and communications under this Contract shall be sent to the parties set forth in the initial paragraph by registered airmail and where circumstances require, all notices must be sent by E-mail, Facsimile, Cable or Telex which shall be confirmed by registered airmail. All notices must be deemed to have given when received.

10. **DEFAULTS** : In the event of Buyer neglecting or defaulting his parts in this Contract or becoming insolvent, Seller shall have the option of suspending performance of or cancelling this Contract, reserving the right to claim against Buyer for expenses, charges losses and/or market differences caused by such suspension or cancellation.

11. **DISPOSITION OF THE GOODS** : In the event of cancellation of this Contract or rejection of the goods, Seller shall be entitled to resell or otherwise dispose of the goods to third parties, regardless of the trademark, design, patent, copyright, utility model etc., thereon Buyer shall not raise any objection to such disposition.

12. **TAXES AND DUTIES** : All taxes, duties, costs and charges for the goods shall be borne and paid by Buyer.

13. **INFRINGEMENTS** : Seller shall not be liable for infringements of patents, designs, trademarks or copyrights involving the goods. If any dispute arises concerning patents, designs, trademarks or copyrights as the result of the sale of the goods by Seller, Buyer shall, at its own expense, take all such steps as may be necessary to protect itself.

14. **WARRANTY** : There are no representations or warranties, whether express or implied, as to the fitness for a particular purpose of the goods sold hereunder other than description on the face of this Contract.

15. **NON-WAIVER** : No claim or right of either party under this Contract shall be deemed to be waived or renounced in whole or in part unless the waiver or renunciation of such claim or right is acknowledge and confirmed in writing by such party.

16. **CLAIM** : No claim shall be entertained before the payment is made or draft is duly honored. Each claim shall be advised by E-mail to seller within fourteen(14) days after the arrival of the goods at destination specified in the relative Bill of Lading and shall be confirmed by registered airmail with surveyor s report within fifteen(15) days thereafter. No claims shall be entertained after the expiration of such fourteen days.

17. **FORCE MAJEURE** : The seller shall not be responsible for the delay of shipment due to force majeure, including mobilization, war, strike, riots, civil commotion, terrorism, hostilities, blockade, requisition of vessels, prohibition of export, fires, floods, earthquakes, tempests, and any other contingencies, which prevent shipment within the stipulated period. In the event of any of the aforesaid causes arising, documents proving its occurrence or existence, shall be sent by the seller to the buyer by registered airmail within seven days of occurrence. Immediately after the cause is removed, the affected party shall perform the obligations with all due speed unless the agreement is previously terminated.

18. **HARDSHIP** : The party shall make a request for revision within a reasonable time from the moment it become inequitable due to factors beyond the control of the parties hereto, including substantial changes in economic circumstances of the present Contract. The request

for revision does not of itself suspend performance of the Contract. If the parties fail to agree on the revision of the Contract within a time-limit of 60 days of the request, the Contract remains in force in accordance with its original terms.

19. **ARBITRATION** : All disputes, controversies, or differences which may arise between the parties, out of or in relation to or in connection with this contract, or for the breach there of, shall be finally settled by arbitration in Seoul, Korea in accordance with the Commercial Arbitration Rules of the Korean Commercial Arbitration Board and under the Laws of Korea. The award rendered by the arbitrator(s) shall be final and binding upon both parties concerned.

20. **JURISDICTION** : Any and all disputes arising from this Contract shall amicably be settled as promptly as possible upon consultation between the parties hereto. The parties hereto agree that, should either party has been in a position to resort to a lawsuit, injunction, attachment, or any other acts of litigation, the Seoul District Court shall have the jurisdiction.

21. **ENTIRE AGREEMENT** : This Contract constitutes the entire agreement between the parties, all prior representations having been merged herein, and may not be modified except by a writing signed by a duly authorized representatives of both parties.

22. **TRADE RULES AND APPLICABLE LAW** : (a) The trade rules used under this Contract shall be governed and interpreted by the provisions of Incoterms® 2010. (b) Unless otherwise stipulated in this Contract, United Nations Convention on Contracts for the International Sale of Goods 1980 applies to this Contract between parties in case of formation of Contract and remedies for breach of Contract. (c) This Contract shall be governed, construed and performed by the laws of the Republic of Korea.

2 대리점계약서

서식 5-3 대리점계약서

AGENCY AGREEMENT[64]

This Agreement ["the Agreement"] is made on March 20, 20xx by and between [Korea Trading Co., Ltd.] ("Agent"), a corporation duly incorporated under the laws of the Republic of Korea with its principal place of business at [15, 1-ga Sogong-dong, Joong-gu, Seoul, Korea] and [America International Inc.] ("Company"), a corporation duly incorporated under the laws of the state of New York, United States of America with its principal place of business at [310, Fifth Ave., New York, NY10001, U.S.A.].

---

64) http://www.gtrade.or.kr/에서 저자 일부수정.

WITNESSETH :

WHEREAS, the Company wishes to market [Electric Washing Machines] ("the Products") in the Republic of Korea ["the Territory"] and for such purpose enter into an agreement with the Agent; and

WHEREAS, the Agent is willing to market the Products in the Territory and render its services to the Company;

Now, THEREFORE, in consideration of the mutual premises herein contained, the Parties hereto agree as follows :

Article 1. Appointment of Agent

1.1 The Company hereby appoints the Agent and the Agent hereby accepts appointment as the Company's exclusive agent for the sale of the Products within the Territory on the terms and conditions set forth herein.

1.2 The Company shall not, itself directly or through third parties, sell, distribute or market the Products to the customers in the Territory ["the Customers"] or appoint other representatives, agents, distributors or the like with authority to sell or lease the Products to the Customers and the Company shall exert its best efforts and take all necessary legal actions to cause its other distributors, agents, representatives or the like not to sell distribute or lease, directly or through third parties, the Products to the Customers.

Article 2. Agent's Duties and Responsibilities

2.1 The Agent shall explore, develop and promote the sale of the Products and shall make good faith efforts to increase the sales of the Products within the Territory. To achieve such purposes, the Agent will keep the Company informed of the status of the sales progress, make recommendations and suggestions to the Company and assist and cooperate with the Company.

Article 3. Company's Duties and Responsibilities

3.1 The Company shall use its best efforts to assist and cooperate with the Agent in developing and promoting the sale of Products in the Territory. The Company shall, at its expense expeditiously provide samples, sales literature, demonstration kits and any other material, requested by the Agent necessary for the Agent's performance of its duties under the Agreement. The Company shall also provide any information, which it now has or may be received by it in the future which is likely to be of interest, use, or benefit to the Agent in relation to sales of the Products in the Territory.

Article 4. Agent Soliciting Offer

4.1 The Agent shall promote sale of the Products based on the latest prices of the Products provided by the Company.

4.2 The Agent shall, upon receipt of inquiry or offer for the Products from a Customer, forward it to the Company, and the Company shall, within [15] days after receipt make an offer against the inquiry or, notify the Agent whether the offer by the Customer is accepted or not.

In the event of nonacceptance, Company shall state the reasons for the Company's nonacceptance of the offer.

4.3 If the Company accepts the offer by the Customer or the Customer accepts the offer by the Company then sales contract("Sales Contract") of the Products shall be to have been made.

If such notice of acceptance by the Company is not timely provided as stated hereinabove to the Agent, the offer will, although not formally accepted, be deemed to have been accepted by the Company and such offer will also become a Sales Contract.

Article 5. Offer Agent

5.1 The Company hereby appoints the Agent as the Company's offer agent and authorizes the Agent as an offer agent to issue offer sheets on behalf of the Company to the Customers.

If the offer shall be accepted by the Customer, then Sales Contract of the Products shall be deemed to have been made.

The Agent may, at its discretion, decline to act as an offer agent for a particular Customer, and in such cases the Company shall appoint another offer agent.

5.2 The Agent shall issue offer sheets based on the latest prices of the Products provided by the Company. The Agent shall not be liable for any loss or damage which may occur from price changes of which the Agent was informed subsequent to the time the Agent has issued an offer sheet.

Article 6. Commissions

6.1 In return for the services rendered by the Agent under the Agreement, the Company agrees to pay commissions to the Agent in an amount equal to [five] percent of the gross invoice value of the Products subject to Sales Contract. The Agent's right to commissions accrues and attaches at the time Sales Contract is made under Article 4 and 5 hereof. The Agent shall be paid its commissions in full regardless of whether payments for the Products are received by the Company or not.

6.2 Commission shall be paid in the United States Dollars to the Agent within [thirty(30)] days after Sales Contract is made pursuant to Article 4 and 5 hereof.

6.3 The Agent's right to commissions secured on Sales Contract during the effective period of the Agreement, shall survive the termination of the Agreement. In addition, for [one(1)] year after termination of the Agreement the Agent shall receive a commission of [four] percent of the gross invoice value of the Products sold in the Territory by the Company to Customers with whom Sales Contract was made during the term of the Agreement.

6.4 In case any long-term supply agreement for the Products shall be made and executed between the Company and the Customers with assistance of the Agent which term survive the termination of the Agreement, the Agent shall be entitled to commission of [three] percent of the gross invoice value of the Products sold during the term of foregoing long-term supply agreement after termination of the Agreement.

Article 7. Indemnification

7.1 The Company shall indemnify and hold harmless the Agent against any expense, liability, loss, claim or proceedings whatsoever arising under any statute or at common law in respect of any loss, damage whatsoever to any property or personal injury to or the death of any person arising out of or in the course of or caused by occurring out of the Agreement, unless due to any intentional act or gross negligence of the Agent or of any employee of the Agent.

Article 8. Effective Date and Duration

8.1 This Agreement shall become effective upon its execution by the parties hereto and shall continue in force for (5) years from the execution date of the Agreement unless earlier terminated under Article 9 hereof and shall be automatically extended for [one (1)] year periods thereafter unless either party gives written notice of intent to terminate at least [sixty (60)] days prior to the relevant expiration of the Agreement.

Article 9. Termination

9.1 The Agreement may be terminated in any of the following cases :

9.1.1 By mutual agreement in writing of the parties;

9.1.2 By the non-defaulting party, in the event of default by the other party in the due performance of its obligations under the Agreement, which default is not remedied within [thirty (30)] days after receipt of written notice of default from the non-defaulting party ;

9.1.3 By the other party, either party making an assignment for the benefit of creditors, or being adjudged bankrupt, or insolvent, or filing any petition seeking for itself any arrangement for dissolution and liquidation of its interests ; or

9.1.4 By either party, if a force majeure condition under Article 10 hereof makes it unreasonable to proceed Agreement in the foreseeable future.

9.2 Upon termination of the Agreement, neither party shall be discharged from any antecedent obligations or liabilities to the other party under the Agreement unless otherwise agreed in writing by the parties.

Article 10. Force Majeure

10.1 Neither party shall be liable to the other party for nonperformance or delay in performance of any of its obligations under the Agreement due to war, revolution, riot, terrorism, strike or other labor dispute, fire, flood, acts of government or any other causes reasonably beyond its control. Upon the occurrence of such a force majeure condition the affected party shall immediately notify the other party of any further developments. Immediately after such condition is removed, the affected party shall perform such obligation with all due speed, except subject to termination under Article 9 hereof.

Article 11. Arbitration

11.1 All disputes, controversies, or differences which may arise between the parties out of or in relation to or in connection with the Agreement or for the breach thereof, shall be finally settled by arbitration in Seoul, Korea in accordance with the Commercial Arbitration Rules of the Korean Commercial Arbitration Board. The award rendered by arbitrator[s] shall be final and binding upon parties concerned.

Article 12. Governing Law

12.1 The validity, formation, and performance of this Agreement shall be governed by and construed in accordance with the laws of the Republic of Korea.

Article 13. Non-Waiver

13.1 No claim or right of either party under this Agreement shall be deemed to be waived or renounced in whole or in part unless the waiver or renunciation of such claim or right is acknowledged and confirmed in writing by such party.

Article 14. Severability

14.1 If any one or more of the provisions contained in this Agreement shall be declared invalid, illegal or unenforceable in any respect under any applicable law, the validity, legality and enforce ability of the remaining provisions contained herein shall not in any way be affected and in such case the parties hereto oblige themselves to reach the intended purpose of the invalid provision by a new, valid and legal stipulation.

Article 15. Headings

15.1 Headings of Articles and subsections of the Agreement are for convenience only and shall not be used in construing the Agreement.

Article 16. Notice

16.1 Unless otherwise agreed by the parties, all notices, invoices and communications under this Agreement shall be sent to the parties at their addresses set forth in the initial paragraph of the Agreement. All notices shall be sent by registered airmail and where circumstances require, notices may be sent by cable, facsimile or telex which shall be confirmed by registered air mail.

Article 17. Entire Agreement

17.1 This Agreement constitutes the entire agreement between the parties, all prior representations having been merged herein, and may not be modified except by a writing signed by duly authorized representatives of both parties.

IN WITNESS WHEREOF, the parties through their authorized representatives have executed the Agreement as of the date first above written.

Agent.   Company,
Korea Trading Co., Ltd.   America International Inc.

Gildong Hong   *John F Dolan*

Gil-dong Hong   John F. Dolan
President   President

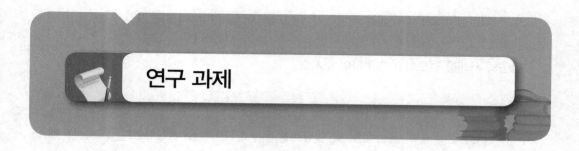

연구 과제

1. 무역계약을 체결할 경우 특히 상거래분쟁을 예방하고 계약상의 불확실성을 최소화하기 위하여 매매당사자간에 약정하여야 할 조건(내용)들은 어떤 것들이 있는지 다음과 같은 요령에 의하여 제시하여 보시오.

> 정형무역계약서를 이용할 경우, 계약을 체결할 때마다 약정하는 "Specific Terms"와 계약서 이면(또는 별지)에 일반거래조건을 사전에 인쇄 또는 예비된 문언으로 구성된 "General Terms and Conditions"로 구분하여 검토할 것(예: Specific Terms : 1. Payment Terms .... , General Terms and Conditions : 1. Arbitration Clause ..... 등 제목만을 제시함)

2. 무역계약시 선적조건에서 "분할선적"(partial shipment)을 허용하는 것으로 약정하는 경우와 "할부선적"(instalment shipment)을 허용하는 것으로 약정하는 경우의 공통점과 상이점은 무엇인가?

3. 다음의 사례를 검토하고 연구하여 보시오.

> 국제매매당사자 A와 B는 5월 10일 A의 서식으로 계약을 체결하였다. 5월 20일 B가 A에게 B의 서식에 서명하여 줄 것을 요청하여 A는 이를 서명하여 B에게 발송하였다. 이 결과 당사자는 각각 2개의 서식을 가지게 되었다. 그 후 2개의 서식에서 거래조건 해석상의 상충으로 인하여 당사자간에 분쟁이 야기되었다.

1) A와 B의 서식 중 어느 서식이 우선되는가?

2) 그 이유는 무엇인가?

3) "서식분쟁"(battle of form)을 예방하기 위해서는 어떻게 하여야 하는가?

4. 다음의 사례를 검토하고 연구하여 보시오.

> 국제매매당사자 A와 B 사이에 A의 청약과 B의 승낙만으로 계약이 성립되어, A는 수출신용장을 받아 물품선적 및 매입은행에 수출환어음을 매입하였다. 제시서류에 대하여 발행은행도 매입은행에게 대금지급을 완료하였다. 그러나 선적한 지 6개월이 지난 시점에 B는 물품의 부적합을 이유로 Surveyor's Report를 첨부하여 A에게 클레임을 제기하였다.

1) 이와 같이 클레임은 국제상거래에서 용인될 수 있는가?

2) 계약조건과 "국제물품매매계약에 관한 유엔 협약"(CISG)을 참조하여 이와 같은 클레임 제기의 타당성 여부에 대하여 연구하여 보시오.

3) 이와 같은 클레임 제기 가능성에 따른 대책은 무엇인가?

6

국제상거래법의
통일화와 당사자의 의무

Chapter 6

국제상거래법의 통일화와 당사자의 의무

제1절 국제상거래법의 통일화

1 국제상거래법 통일화의 필요성

　　계약은 당사자의 합의에 의하여 결정되는 것이 원칙이지만, 매매거래 관계의 구체적인 내용이 모두 당사자의 합의에 의하여 결정되는 것은 아니다. 따라서 사전에 합의가 이루어지지 않았던 부분에 관하여는 당해 계약에 적용될 법률이 중요한 역할을 한다. 법은 강행법규와 임의법규의 두 가지 측면에서 계약의 내용과 밀접한 관계를 형성한다. 강행법규는 당사자의 합의로써 형성할 수 있는 계약내용의 한계를 규정한다. 반면에 임의법규는 계약내용에 대한 당사자의 합의를 보충하는 기능을 한다.

　　국제물품매매법은 국제상거래법의 중심분야로 이 분야에서 법규의 통일은 매우 중요하다. 그러나 매매에 관한 각국의 법규가 서로 상당한 차이를 보이고 있고, 동일한 용어에 대해서도 해석상 많은 차이가 있을 수 있다. 따라서 매매계약의 당사자가 당해 계약에 적용될 법규의 내용을 알지 못하면 자신의 계약상의 권리와 의무의 구체적인 내용을 파악하기는 어렵다. 국내의 당사자들간에 이루어지는 순수한 국내매매에 대해서는 국내법이 적용될 것임은 자명한 일이다. 그러나 서로 다른 국가에서 영업중인 기업간에 이루어지는 국제매매는 계약의 청약과 승낙, 매매당사자의 의무 등이 여러 나라에 걸쳐 이루어지는 것이 일반적이다. 현재 국제거래에는 영미법계, 대륙법계, 사회주의법계 등으로 법체계와 내용에 차이가 있어 계약에 적용될 법률을 사전에 확정하는 것은 매우 중요한 일이다.

2 국제상거래법 통일화의 과정

국제물품매매분야에서 법규의 통일을 위한 노력은 크게 세 단계로 나누어 볼 수 있다. 첫 번째 단계는 독일의 에른스트 라벨[1](Ernst Rabel)을 중심으로 1930년대 "사법통일을 위한 국제협회"(International Institute for the Unification of Private Law : UNIDROIT)의 후원아래 통일국제매매법 제정작업이 수행된 시기이다. 동 시기동안 UNIDROIT의 전문위원회는 1935년 국제통일매매법 제1초안을 완성하고, 이를 회원국들에게 송부하여 의견을 구한 다음, 그 의견을 참작하여 1939년 제2초안을 완성하였다. 또한 UNIDROIT는 1934년 계약의 성립에 관한 연구를 위하여 별도의 위원회를 구성하고, 이 위원회는 1936년 국제매매계약의 성립에 관한 통일법 초안을 마련하였다. 그러나 국제통일매매법과 계약의 성립에 관한 통일법제정작업은 제2차 세계대전으로 인하여 중단되었다.

두 번째 단계는 제2차 세계대전 후부터 국제매매에 대한 두 개의 협약이 채택된 1964년의 헤이그회의까지의 시기이다. 동 시기에 이루어진 주요 논의과정을 요약하면, 1935년 및 1939년의 국제통일매매법 초안은 1951년 11월 헤이그에서 열린 국제사법회의(The Hague Conference of Private International Law)에서 재검토의 대상이 되었다. 그러나 동 회의에서는 1939년의 초안을 토대로 새로운 초안을 만들기로 결의하고 전문위원회도 새로 구성하였다. 이 전문위원회는 1956년에 새로운 초안을 완성하여 이를 각국 정부와 국제기구에 배포, 의견을 구하는 과정을 거쳐 1963년 최종안을 확정하였다.

한편 1951년 회의는 계약의 성립에 관한 초안도 마련할 것을 아울러 권고하였고, 이에 따라 UNIDROIT는 1956년 계약의 성립에 관한 초안을 작성하기 시작하여 1958년 이를 완성하였다. 이 두 협약, 즉 "국제물품매매에 관한 통일법을 위한 협약"(The Hague Convention Relating to a Uniform Law on the Interbational Sales of Goods of 1964)과 국제물품매매계약의 성립에 관한 통일법을 위한 협약(The Hague Convention Relating to a Uniform Law on the Formation of Contracts for the International Sale of Goods of 1964)은 1964년 4월에 네덜란드의 헤이그에서 28개국의 대표들이 참석한 가운데 최종 확정·성립되었다.[2]

---

1) Bernhard Grossfeld and Peter Winship, "The Law Professor Refugee", Syracuse J Int'l & Com, Vol.18, 1992, p. 11.
2) 동 협약은 독일, 벨기에, 잠비아, 영국, 이스라엘, 이탈리아, 룩셈부르크, 네덜란드, 산마리노 등에 의하여 시행되었다. 1964년에 성립된 두 헤이그 협약에 관한 채택경위에 대해서는 John O. Honnold, "ULIS: The Hague Convention of 1964", 30 Law & Contemp. Pr. 326 (1979) 참조.

두 개의 헤이그협약은 각각 5개국이 비준함으로써 1972년에 발효는 되었으나 국제적인 통일법으로 자리 잡지는 못한 입법이었다. 그러나 헤이그협약의 제정을 위한 막대한 학문적 예비작업과 그에 기초를 둔 조문화의 성공은 큰 성과라고 할 수 있다. 다시 말해서 두 개의 헤이그협약이 비준과 발효를 거쳤음에도 불구하고 국제상업계에 널리 환영받지 못하여 소멸의 길을 걸었지만, 이 협약들을 통하여 통일매매법의 필요성과 성공을 위한 중요한 기준들, 그리고 한계점을 검토할 수 있었기 때문에 매우 중요한 입법이었다고 평가할 수 있다. 실제적으로도 매매계약의 성립에 관한 통일법과 국제물품매매에 관한 통일법은 각각 CISG 제2편과 제3편에 대부분 포함되었음은 물론, 헤이그협약의 각 규정에 대한 해석상의 문제와 그 해결방안 또한 비엔나협약의 해석을 위한 유익한 자료로서 활용되고 있다.

세 번째 단계는 1966년에 설치된 유엔국제거래법위원회(The United Nations Commission on International Trade Law: UNCITRAL)에 의하여 비엔나협약이 채택되기까지의 시기이다.

1965년 제20차 유엔총회에서는 국제상거래에 관한 사법의 발전 및 법전화를 위한 연구가 필요하다는 결의안이 채택되었다. 유엔 사무총장은 1966년의 제21차 유엔총회에 런던대학의 슈미토프(Clive M. Schmitthoff)가 제출한 보고서를 통하여 이제까지의 국제거래 분야의 통일을 위한 노력은 일부 선진국들을 중심으로 진행되어 개발도상국과 사회주의 국가를 포함한 세계 각국의 폭넓은 지지를 받을 수 없었음을 지적하고, 국제거래법의 점진적인 조화와 통일을 추진하기 위하여 새로운 위원회의 설립을 요청하였다. 총회가 이 요청을 수용함에 따라 1966년 12월에 유엔국제거래법위원회가 탄생하게 되었다.

1968년에 개최된 제1회 UNCITRAL 회의에서는 헤이그협약 대신에 새로운 국제통일매매법을 제정하기로 결의하였다. 그 당시에 헤이그통일법은 겨우 3개국만이 비준하였으므로 아직 발효되지 않은 상태였다. UNCITRAL은 1969년에 이들 두 협약에 대한 각국의 태도를 조사한 결과 이 협약이 폭넓은 지지를 받기가 어렵다고 판단하여 세계 각국으로 하여금 헤이그협약에의 비준·가입을 권고하기보다는 새로운 협약을 성립시키는 것이 더욱 타당한 것으로 생각하였다. 이에 UNCITRAL은 실무위원회를 구성하여 새로운 법안의 작성에 착수하였다. 실무위원회는 1976년에야 ULIS를 기초로 한 통일매매법 초안을 완성하였고, 1978년에는 ULF를 토대로 매매계약의 성립에 관한 협약 초안도 완성하였다. 1978년 6월에 개최된 UNCITRAL은 이들 두 협약 초안을 하나의 협약으로 통합하기로 결의하고, 이 통합된 초안을 새로운 통일매매법 초안으로 채택하였다.

새로운 통일매매법 초안은 1980년 3월 10일 비엔나에서 개최된 외교회의에서 토의를 거쳐 많은 규정이 수정·보완된 후 1980년 4월 11일 6개 공용어(아랍어, 중국어, 영어, 불어, 노어, 스페인어)로 된 협약이 확정됨으로써 현재의 비엔나협약이 성립되었다. 이것이 "국제물품매매계약에 관한 유엔협약"(United Nations Convention on Contracts for the International Sale of Goods : Vienna Sales Convention - Vienna, 11 April 1980: CISG)[3]이다. CISG는 1988년 1월 1일부터 발효되고 있고, 한국은 2004년 2월 17일 국제연합 사무총장에게 협약 가입서를 기탁하여, 2005년 3월 1일부터 발효되고 있다.[4]

3 CISG의 체계와 특징

1) CISG의 체계

CISG는 전문, 총 4편, 후문을 포함한 101개 조항으로 구성되어 있다. 세부적으로 살펴보면, 제 I 편(제1조~제13조)은 두 개의 장으로 구성되어 있으며, 제1장(제1조~제6조)에는 본 협약의 "적용범위"가 그리고 제2장(제7조~제13조)에는 "총칙"이 규정되어 있다.

제 II 편(제14조~제24조)은 "계약의 성립"을 다루고 있으며 11개의 조문만으로 구성되어 있다. 제 II 편의 주요 내용은 청약, 승낙, 계약의 성립시기에 관한 규정들이다.

제 III 편(제25조~제88조)은 "물품의 매매"를 다루는 제5장 총 66개의 조문으로 구성되어 있다. 제1장(제25조~제29조)에는 제 III 편에 적용되는 총칙이 규정되어 있고, 제2장(제30조~제52조)에는 매도인의 의무로서 물품의 인도와 서류의 교부, 물품의 적합성과 제3자의 권리주장, 매도인의 계약위반에 대한 구제가 규정되어 있다. 제3장(제53조~제65조)에는 매수인의 의무로서 대금의 지급, 인도의 수령, 매수인의 계약위반에 대한 매도인의 구제가 규정되어 있고, 제4장(제66조~제70조)에는 위험의 이전이 규정되어 있다. 제5장(제

---

3) CISG에 관하여는 외무부 국제기구 조약국 집무자료 82-47, UN 국제상품매매계약에 관한 협약; 김건식, "총설: 비엔나협약의 역사, 현상, 장래", 임홍근·이태희 공편, 국제물품매매계약에 관한 UN협약상의 제문제, 1991, 18면 이하; 고범준, 국제물품매매계약에 관한 UN협약, 대한상사중재원, 1983; Schlechtriem, Peter, Einheitliches UN-Kaufrecht, Das Übereinkommen der Vereinten Nationen über internationale Warenkaufverträge- Darstellung and Texte, Tübingen, 1981; Herber, R., Gedanken zum Inkrafttreten des VN- Kaufrechtsübereinkommens: RIW/AWD 1987, 340~342; Schlechtriem (Hrsg), Kommentar zum Einheitlichen Kaufrecht, München, 1990 등 참조.

4) 우리나라 최초로 CISG가 적용된 판결은 "서울지방법원 동부지원 2007. 11. 16. 2006가합6384." 사건이며, 동 사안은 항소되어 "서울고등법원 2009. 7. 23. 2008나14857"에서 최종 확정되었다.

71조～제88조)에는 매도인과 매수인의 공통의무에 관한 규정이 있다.

제Ⅳ편(제89조～제101조)은 13개의 조문으로만 구성되어 있으며, 협약의 발효에 필요한 절차와 체약국에 허용되는 유보선언에 관한 내용이 규정되어 있다.

마지막으로, CISG의 전문과 후문은 본 협약의 정당성을 역설하는 선언적 의미를 가질뿐이고, 그 실체적 내용과는 직접적인 연관성은 낮다. 다시 말해서 전문은 협약의 배경 내지 목적을 설명하고 있고, 후문에서는 협약작성의 정본언어와 서명에 관한 내용을 담고있다.

2) CISG의 주요 특징

(1) 국제적 통일사법으로서의 실체법

CISG는 국제물품매매계약에 직접적으로 적용되는 권리와 의무의 내용 등을 다루는 실체법이다. 또한 국제물품매매계약에 적용되는 국제적 통일사법으로서 국제법과 동일한 효력을 가지며, 협약이 적용되는 국제매매계약에 대해서는 민·상법에 우선하여 동 협약이 적용된다.

(2) 대륙법과 영미법의 조화

CISG는 대륙법과 영미법의 차이를 극복하기 위하여 양대 법체계의 조화를 도모하면서도 접근 방법이 실제적이고 간단·명료하다. 또한 이론적 교리를 배척하면서도 거래 당사자의 이해를 용이하게 함으로써 실용성면에서도 진전을 이루었다.

(3) 당사자 이익의 균형

CISG는 객관적인 측면에서 국제상거래에서 확립된 관행에 기초한 보편성을 가지고 있다. 그리고 주관적인 측면에서도 매도인과 매수인의 입장을 모두 수용할 수 있는 보편성을 가지고 있다.

(4) 국제상관습과 신의성실의 원칙

CISG는 계약에 명시적인 규정이 없는 경우 당사자들이 합의한 관행과 당사자간에 확립된 관례에 구속된다(제9조 제1항). 또한 합의하지 않은 관행의 효력은 배제의 합의가 없는 한 적용된다(제9조 제2항).

한편, CISG는 기본적으로 "협약의 국제적인 성격과 적용상의 통일 및 국제거래상의 신의 준수를 증진할 필요성"을 고려하여 해석되어야 한다. CISG에 명시적인 규정이 없는 경우에는 협약이 기초하고 있는 일반원칙에 따라 해결되며, 그러한 원칙이 없는 경우에는 국제사법의 원칙에 의하여 해결되어야 한다(제7조 제1항, 제2항).

(5) 적용대상의 제한 및 적용범위의 확대

협약이 적용되는 거래는 국제성(internationality)을 지닌 물품매매에 한정하고 있다. 예를 들면, 영업소(place of business)가 서로 다른 국가에 있는 당사자 간의 물품매매에 적용된다(제1조).

한편 CISG는 그 적용에 있어 직접적용뿐만 아니라 간접적용을 규정하여 CISG의 적용범위를 확대하였다. 예를 들어, 한 국가만 체약국이거나 두 국가 모두 체약국이 아닌 경우에도 법정지의 국제사법에 의해 객관적으로 지정된 준거법이 체약국의 법이 되면 간접적으로 CISG를 적용할 수 있게 하였다. 다만, 국제사법에 의해 체약국의 법이 준거법으로 될 경우, 그 체약국의 법을 적용하면 되지 굳이 간접적으로 CISG를 적용할 필요가 없다고 주장하는 국가들로 하여금 CISG의 적용범위를 제한하는 유보선언을 할 수 있게 하였다(제92조).

(6) 의무 및 구제수단

협약은 매도인과 매수인의 의무에 대하여 일원화된 계약중심적인 접근방식을 취함으로써 계약위반에 대한 구제수단의 체계를 하나로 통일화하였다. 즉, CISG는 계약 위반의 유형을 구별하지 않고 계약위반이 매도인이나 매수인에 의한 것인지에 따라 구제수단을 별도로 규정하고 있을 뿐이다.

(7) 계약해제의 제한

CISG는 계약을 위반한 당사자라 하더라도 그가 직접 이행상의 하자를 치유할 수 있는 권리를 광범위하게 인정하고 있다(제34조, 제37조, 제48조). 또한 매도인이나 매수인의 의무불이행이 "중대한"(fundamental) 계약위반에 해당하는 경우에만 계약의 해제를 인정하

고 있다(제25조, 제49조, 제64조).[5]

4 CISG의 적용범위

CISG의 적용에 관한 규정인 CISG 제1편 제1장 제1조 내지 제6조는 헤이그협약상의 그 것보다 훨씬 간편하게 규정되어 있어서 손쉽게 접근할 수 있도록 되어 있다. CISG는 당사 자간에 직접적으로 적용될 수 있고, 국제사법이 정하는 바에 따라 간접적으로 적용될 수 도 있으며, 당사자간의 합의에 의하여 적용될 수도 있다.[6]

CISG는 국제매매, 즉 '영업소가 다른 국가에 소재하는 당사자들 사이의 계약'을 적용대 상으로 하는 경우에는 다수의 국가들의 지지를 얻기가 더 어렵기 때문이다.

1964년의 헤이그협약에 의하면 체약국의 법원은 계약이나 당사자가 어떠한 체약국과 도 관련이 없는 경우에도 국제매매에 대해서는 동 협약을 적용하여야 한다(헤이그협약 제1 조·제2조).

이러한 헤이그협약의 태도는 적용범위를 과도하게 확대한 것으로서 타당하지 않다는 비판이 있었다. 이 점을 감안하여 CISG는 동협약이 적용되는 경우를 ① 당사자의 영업소 가 모두 체약국 내에 있거나(직접적용), ② 국제사법 원칙상 체약국의 법률이 적용되는 경 우(간접적용)에 한정하고 있다(협약 제1조 제1항). 또한 ③ 당사자가 스스로 CISG의 적용을 받기로 합의하는 경우에도 그 적용이 가능하다.

한편 CISG는 제4편 제89조~제101조에서 최종규정을 두고 있다. 특히 제92조에 의하 면 체약국은 동 협약에 서명, 비준, 수락 또는 가입에 있어 그 국가가 동 협약 제3편의 규 정(물품의 매매)에 구속되지 않는다는 취지의 선언을 할 수 있도록 되어 있다. 이와 같이 CISG의 적용을 유보한 국가에서는 계약당사자가 동 협약을 준거법으로 지정하였을 때에 만 그 적용이 가능하다.

또 지리적으로 인접한 국가들(예컨대, 북유럽의 국가들)간의 매매법의 통일도 가능하므

---

5) Peter Schlechtriem and Ingeborg Schwenzer, Commentary on the UN convention on the International Sale of Goods(CISG), Second(english) Edition, Oxford University Press, 2005, pp. 3~11; 서헌제, 「국제거래법(제3판)」, 법문사, 2003, 166~167면; John O. Honnold, 「UN통일매매 법」(오원석 역), 삼영사, 2004, 51~62면을 참조하여 정리함.

6) CISG의 적용범위에 관하여는 Peter Schlechtriem and Ingeborg Schwenzer, *op. cit.*, pp. 15~23; 임 홍근, "비엔나협약의 적용범위와 해석원칙", 임홍근·이태희 공편, 49면 이하 참조.

로, 동일 또는 유사한 매매법을 가진 국가들은 계약당사자의 영업소가 그들 국가 내에 존 재하는 경우, 그 매매계약 및 그 성립에 대하여 CISG를 적용하지 않는다는 선언을 언제든 지 할 수 있도록 하였다(협약 제94조).

그리고 CISG는 1964년 헤이그협약과의 관계를 분명하게 규정하고 있다. 즉, CISG에 가입하면 헤이그협약은 폐기하여야 한다(협약 제99조 제3항·제4항). 따라서 헤이그협약 가 입국과 CISG에 가입함으로써 헤이그협약을 폐기한 국가간의 물품매매에 관하여는 두 협 약 중 어느 것도 적용되지 않고 당분간 국제사법이 지정하는 법률에 따라 처리될 수밖에 없다.

제 2 절 매도인의 의무

각국의 법률 및 국제무역 법규상에 규정되어 있는 매도인의 의무는 약간의 상이점을 가지고 있으나, 그 근본적인 취지는 거의 같다고 할 수 있다. 국제물품매매계약에 관한 유 엔 협약(United Nations Convention on Contracts for the International Sale of Goods: CISG)[7]의 제2장 매도인의 의무 제30조부터 제52조까지의 규정을 중심으로 보면 매도인의 의무는 크 게 물품의 인도, 서류의 제공 및 소유권의 이전[8]이라는 3가지 측면으로 분류할 수 있다. 이하에서는 매도인의 물품의 인도와 서류제공의 의무에 추가하여 계약에 적합한 물품제공 의무, 위험의 이전에 관하여 살펴보기로 한다.

---

7) CISG는 사법통일국제협회(International Institute for the Unification of PrivateLaw: UNIDROIT)에 의하여 1964년에 채택된 "국제물품매매통일법에 관한 협약"(Convention relating to a Uniform Law on the International Sale of Goods: ULIS)과 "국제물품매매계약성립통일법에 관한 협약"(Convention relating to a Uniform Law on the Formation of Contract in the International Sale of Goods: ULF)이 소수의 비준국으로 인하여 발효후에도 국제통일법으로서의 기능을 발휘하지 못하였으므로 보다 세계 적인 지지를 받을 수 있도록 ULIS와 ULF를 기초로 이를 개선시킨 것으로서 총 4편 101조로 구성되어 있다.
8) CISG에서는 소유권의 이전에 관하여 "매도인은 계약 및 이 협약이 요구하는 바에 따라 물품을 인도하 고, 그 관계서류를 제공하며 그리고 그 물품의 소유권을 이전하여야 한다"라고만 포괄적인 규정(제30 조)을 두고 있을 뿐 구체적인 규정은 없다. 소유권의 이전에 관해서는 제4장 제4절 제2항에서 다루고 있다.

1 물품의 인도

1) 물품인도의 개념

물품매매계약에 관한 각국의 법률과 국제무역법규들은 모두 물품의 인도(delivery of goods)를 매도인의 의무로 규정하고 있다. 이와 같이 인도는 위험의 부담 또는 지급시기를 결정하는 기준으로서 주요한 의무가 된다. CISG의 전신이라 할 수 있는 ULIS 제19조 제1항은 인도를 계약에 적합한 물품, 즉 매도인이 물품에 숨은 하자가 없다고 묵시적인 보증을 한 것을 제공하는 것이라고 규정하고 있다. 따라서 ULIS는 인도의 개념을 위험이전 시기 및 대금지급시기 결정의 기준으로 사용하고 있다. 그러나 인도의 관념만으로는 실제로 위험이전을 통제할 수 있는 것이 아니다.

제71조에서 정하고 있는 물품인도와 대금지급의 동시성에 관련하여 운송을 수반하는 계약에서 물품을 운송인에게 교부함으로써 인도는 이행되지만 제72조에 따라 물품의 처분권은 계속적으로 매도인이 보유하게 되므로 모순이 되는 점이 있었다. 또한 제19조 제1항과 같이 물품의 계약적합성 여부를 기준으로 하여 인도의 이행유무를 판정한다면, 물품이 계속적으로 적합한 때에만 인도가 이행된 것으로 되고 물품에 약간의 결함이 있을 경우 인도 자체가 이행되지 않은 것으로 간주될 수 있다.

따라서 CISG는 이와 같은 관점에서 인도의 정의규정을 삭제하고 단지 계약내용 및 CISG의 제규정에 따라서 매도인이 물품을 매수인의 임의처분에 맡기는 것, 즉 특정(identification)을 통하여 인도의무를 이행하는 것으로 보고 있다. 이러한 원칙에 따라 CISG는 제31조부터 제34조까지 물품인도 의무를 규정하고 있다.[9] 즉 제31조는 물품인도 장소에 관하여, 제32조는 물품인도에 수반하는 제반의무에 관하여, 제33조는 물품인도 시기에 관하여 규정하고 있다.

SGA에서는 인도를 일방이 상대방에게 자의에 의하여 점유를 이전하는 것(voluntary transfer of possession)이라고 규정하고 있다.[10] 인코텀즈에서는 인도의 정의에 대하여는 규정하지 않고 있으나 매도인의 의무를 규정한 10개의 항목 중의 A.4에서 인도(Delivery)라는 표제하에 각 규칙별로 매도인의 인도의무를 규정하고 있으므로 매매계약에서 채택하는 정형거래규칙의 유형에 따라서 그 내용은 다양해질 수 있으나, 기본적으로 매도인이 계약

---

9) CISG상의 물품의 인도는 현실적 인도만을 의미한다.
10) SGA 1979, §61(1).

물품을 지정된 장소에 인도하여야 할 것을 규정하고 있다는 점에서는 동일하다.

한국 민법은 제19조 제1항에 인도는 점유의 이전을 말하며 점유는 물품을 사실상 지배하는 것을 의미한다고 규정하고, 인도를 동산물권변동의 공시방법으로 인정하고 있으며 현실의 인도 외에도 관념적 인도를 포함하는 것으로 정하고 있다.[11]

실제의 무역거래에 있어서 인도라는 용어는 그 어의상 매매계약상의 물품을 인도하는 것을 의미하므로 FOB나 CIF 규칙과 같은 적출지매매조건의 경우에도 매수인은 인도가 수입지 도착을 의미하는 것으로 오해될 가능성이 있다. 그러므로 적출지매매에 있어서는 인도(delivery)라는 용어 대신에 선적(shipment), 수탁(taking in charge), 본선적재(loading on board) 또는 발송(dispatching)이라는 용어를 사용하는 것이 좋을 것이다.[12] 또한 신용장통일규칙(Uniform Customs and Practice for Documentary Credits: UCP)에서는 특약이 없는 한 일반적으로 선적이라는 용어를 광의의 개념으로 본선적재, 발송 및 수탁을 포함한다고 규정함으로써 당사자간에 인도라는 용어를 사용함으로써 야기될 수 있는 오해의 가능성을 회피하고 있다.[13]

2) 물품의 인도시기

물품의 인도시기에 관하여 CISG는 제33조에서 세 가지의 경우를 규정하고 있다. 첫 번째는 계약에서의 합의 또는 관행에 의하여 인도기일이 확정된 또는 확정가능한 경우, 두 번째는 인도에 대한 기간(period of time)이 약정되어 있고 매수인이 이 기간 이내에 인도시기를 결정할 수 있는 선택권을 가진 경우, 세 번째는 인도시기가 약정되지 않은 경우이다.

인도시기가 확정일인 경우 매도인은 당해 일에 물품을 매수인에게 인도하여야 한다. 그리고 인도시기가 확정기간으로 정하여진 경우 매도인은 그 기간 내에서 임의일자를 정할 수 있다. 인도시기를 확정기간으로 정하는 이유는 통상적으로 매도인측의 수출통관절차, 생산, 포장, 선박수배 등의 운송준비와 매수인측의 선박수배, 유리한 기회의 확보 등의 복합적인 사정을 감안한 것이다. 그러나 주위상황으로 보아 매수인이 인도기일의 선택권을 유보한 것으로 판명되는 경우에는 매도인은 매수인의 특정일자에 대한 선택을 기다려야 하나 매수인이 이러한 선택권을 행사할 때는 매도인이 물품을 인도하는 데 지장이

---

11) 한국 민법 제19조 제1항.
12) 강원진, 「무역계약론」, 제4판(수정판), 박영사, 2013, 358면.
13) UCP 600, Article 19~25.

없도록 충분한 시간적 여유를 둔 사전통지가 필요하며 적절한 통지를 이행하지 못함으로 인하여 인도가 지체된 때에는 매도인은 인도의 지연에 대하여 면책된다.

인도시기에 관하여 확정일자 또는 확정기간이 계약에서 약정되지 않은 경우, 매도인은 물품의 성질 또는 주위사정을 고려하여 계약체결 후 합리적인 기간 내에(within a reasonable time) 물품을 인도하여야 한다. 여기에서 합리적인 기간이란 사실상의 문제(question of fact)로서 각 경우에 따라서 결정하여야 할 문제이다.

인도시기가 지정되어 있음에도 인도시기 이전에 인도가 이루어지는 조기인도(early delivery)의 경우[14] 매수인은 이를 수령하여야 할 의무를 부담하지 않는다.[15] 그러나 매수인이 이러한 조기인도를 수령한다면 이는 원칙적으로 계약에 적합한 이행으로 간주된다. 또한 인도의 청구 또는 제공은 합리적인 시기에 하여야 한다. 예를 들면, 매수인이 컨테이너나 운송수단을 제공하는 것과 같은 행위의 이행에 따라 인도하는 계약에 있어서 매도인은 매수인에 의하여 지정된 행위의 이행통지를 수령할 때까지 인도불이행에 대한 책임이 없다. 즉 매수인은 합리적인 기간 내에 인도의 청구를 하는 것이 필요하다. 그러나 매도인이 매수인에게 통지하지 않고 매수인의 청구지연을 이유로 하여 계약을 취소하는 경우가 일반적이다.

UCC에서는 매도인의 제공은 합리적인 시기(reasonable hour)에 하여야 하며 물품인 경우에는 매수인이 이를 점유하는 데 필요한 상당기간을 두고 제공하도록 정하고 있다.[16] 그러나 한국 민법에는 인도시기에 관하여 아무런 규정이 없다.

SGA에서는 인도시기에 관하여 매매계약에서 매도인이 매수인에게 물품을 송부할 의무를 약정하고 있는 매매의 경우에는 송부시기에 관하여 별도의 약정이 없을 경우에 매도인은 합리적인 기간 이내에 물품을 송부하여야 한다고 규정하고 있다.[17]

인코텀즈에서는 인도에 관한 규정(A.4) 중에서 인도시기에 관하여는 합의된 일자 또는 합의된 기간 내에 그리고 항구의 관습적인 방법(on the date or within the agreed period and in the manner customary at the port)에 따라 인도하여야 한다고 간략하게 규정하고 있을 뿐이며 그 이외의 구체적인 규정은 하지 않고 계약조항에 위임하고 있다. 이러한 규정은 모

---

14) 조기인도가 이루어지는 경우에 매수인은 창고료 등의 관리비용의 추가부담 또는 매수인의 계정에서 자금이 조기에 빠져나가는 데 따른 자금운용상의 불이익이 발생될 수도 있다; 강원진, 전게서, 358면.
15) CISG 1980, Article 51(1).
16) UCC, Article 2-503(1).
17) SGA 1979, §29(3).

든 정형거래규칙에 동일하게 규정되어 있다.

3) 물품의 인도장소

물품의 인도장소에 관하여 CISG는 계약에서 물품의 운송을 약정하고 있는 경우와 기타의 계약으로 구분하고 있다.

먼저 계약에서 물품의 운송을 약정하는 경우[18]는 매수인에게 전달하기 위하여 물품을 최초의 운송인(the first carrier)에게 현실적으로 제공(hand over)하는 곳이 인도장소가 된다. 이러한 규정은 위험이전에 관한 제67조 (1)항의 내용과도 일치하며 실제의 무역관행을 반영한 것으로 볼 수 있다. 물론 운송 이후의 특정장소를 정하여 인도장소로 하는 경우도 있을 수 있으나 이러한 경우에는 지정장소가 인도장소가 된다. 여기서 운송인이란 당사자에 의하여 운영되는 운송설비는 제외된다.[19] 계약이 물품의 운송을 예정하는 경우, 영국의 물품매매법이나 미국의 통일상법전에서도 CISG와 동일한 취지로 규정하고 있다.

다음으로 물품의 운송을 예정하지 않은 기타의 계약에서는 원칙적으로 매도인이 물품을 매수인의 임의처분에 맡기는 장소가 인도장소가 된다. 현실적으로 무역계약에서 운송을 포함하지 않거나 매수인이 물품을 직접 수령하기 위해 오는 경우는 거의 없다고 할 수 있다.[20]

그런데 CISG는 이러한 경우에 대해서도 2가지의 경우를 구분하고 있다.

첫째, 계약상 물품이 불특정물이면서 물품의 운송을 예정하지 않는 경우, 계약체결 당시 매도인의 영업소를 물품의 인도장소로 한다. 매도인이 둘 이상의 영업소를 가지고 있는 경우에는 당사자들이 알고 있는 영업소 또는 계약과 가장 밀접한 관련이 있는 영업소가 인도장소가 되며, 매도인이 영업소를 가지고 있지 않을 경우에는 매도인이 상주하는 주소를 인도장소로 한다.[21] 이러한 경우에는 매도인의 영업소 또는 상주하는 주소에서 물품을 매수인의 임의처분에 맡김으로써 매도인의 물품인도의무는 완료된다.

둘째, 특정재고품 중에서 일부를 매매하는 경우와 같이 물품이 불특정물이며 당사자가 계약시에 그 물품이 특정장소에 존재하는 것을 알았던 경우, 그 물품이 있는 장소 또는 제

---

18) CISG 1980, Article 31(1).
19) 운송인의 정의에 관하여 종전의 인코텀즈 2000에서는 운송계약을 이행하거나 주선하는 모든 사람을 의미한다고 규정하고 있다; ICC, Incoterms, 2000, FCA.
20) 이러한 매매계약에는 공장인도조건(EXW)이 해당된다.
21) CISG 1980, Article 10.

조·생산되어야 하는 물품인 경우에는 제조·생산되는 장소가 인도장소가 되며 이러한 장소에서 매수인의 임의처분에 맡김으로써 매도인의 인도의무가 완료된다. 이러한 경우 매수인은 물론 매도인도 계약시에 당해 장소를 현실적으로 알고 있었을 것을 요하며, 알 수 있었던가 아닌가는 문제가 되지 않는다.

한국 민법에 있어서는 제공장소에 대하여 특약이 있으면 그에 따라야 하므로 지참채무인 경우는 매수인의 주소가 인도장소가 되며, 추심채무인 경우는 물품을 특정하여 놓은 장소가 인도장소가 된다. 제공장소에 대하여 특약이 없는 경우, 특정물의 인도채무는 채권성립 당시의 물품의 소재장소가 이행장소가 되며 특정물 인도 이외의 채무변제는 채권자의 현주소가 이행장소가 된다. 그러나 영업에 관한 채무의 변제는 채권자의 영업소에서 이행하여야 한다고 규정하고 있다.[22] 그러므로 특정물의 경우에는 계약체결시점에서 물품이 존재하고 있는 장소가 인도장소가 되며, 불특정물의 경우에는 매수인의 영업소가 인도장소가 된다.

인코텀즈에서는 정형거래규칙의 유형에 따라 인도장소가 달라진다. 원칙적으로는 계약에서 지정된 장소가 인도장소가 되는데, 정형거래규칙별로 관습적으로 정해진 인도장소가 다르게 된다. 특히, 복합운송을 사용하는 운송인인도(FCA)와 같은 정형거래규칙의 경우에는 철도터미널, 화물터미널, 컨테이너터미널, 컨테이너 내륙운송기지, 매도인의 작업장 구내 등을 구체적인 인도장소로 들 수 있으며, 이는 계약에서 합의한 운송방식과 수단에 따라 달라지게 된다.

4) 물품의 인도비용

물품의 인도에 관련된 제반비용 부담에 관하여 ULIS, CISG 및 UCC에는 어떠한 조항도 규정되어 있지 않다. 그러나 ULIS에서는 인도의 제공에 있어 물품을 특정하고 송부한 사실의 통지의무를 매도인에게 부담시키고 있는 점(제19조 제3항)이나 CISG에서도 역시 매도인에게 탁송통지, 운송계약체결, 보험부보 정보제공 등의 의무를 부담시키고 있는 점[23]으로 보아 인도제공의 비용은 당연히 매도인이 부담하여야 하는 것으로 생각된다. UCC에서도 매도인이 물품을 매수인의 임의처분상태에 두어야 한다고 규정하고 있으며, 증권

---

22) 한국 민법 제467조.
23) CISG 1980, Article 32.

의 제공을 매도인의 의무로 규정하고 있는 점[24] 등으로 보아 CISG와 동일한 해석을 할 수 있다.

또한 SGA에서는 특약이 없는 한 물품의 인도비용 및 물품의 인도준비 비용은 매도인의 부담이라고 명시적으로 규정하고 있다.[25] 한국 민법에서도 역시 운반비, 환비용 등 인도비용의 부담에 관하여 특약이 없는 한 채무자(매매계약에서의 매도인)가 부담한다고 규정하고 있다.[26] 이것은 이행에 있어서 필요비용의 지급은 이행의 일부로 볼 수 있기 때문이다. 그러나 채권자(매매계약에서의 매수인)의 주소이전 등으로 변제비용이 증가된 경우에는 동 조 단서에 따라 채권자가 부담하여야 한다.

5) 물품의 인도방식

국제물품매매에서의 인도방식은 실제로 물품의 점유를 이전시켜 행해지는 현실적 인도(actual delivery), 약정품의 소유권이 그대로 점유이전으로 간주되는 추정적 인도(constructive delivery)[27] 그리고 물품을 선화증권이나 철도화물수탁서 등으로 대신하여 물권적 유가증권의 제공으로써 물품의 인도로 보는 상징적 인도(symbolic delivery)가 있다.

현실적 인도는 매도인으로부터 매수인 또는 매수인의 대리인에게 현실적으로 물품을 인도함으로써 이행되는 것으로 본다. 추정적 인도란 실제로 물품의 수수를 행함이 없이 인도가 이루어지는 경우를 말한다. 매수인의 요청에 의하여 매도인의 물품을 매수인의 전매처(sub-purchaser)에 직접 인도하는 경우에도 매수인에게의 추정적 인도로 간주할 수 있다. 추정적 인도는 상징적 인도와 양도승인에 의한 인도[28]로 구분할 수 있다.

상징적 인도는 CIF규칙에서 보는 바와 같이 물품은 수탁자(bailee)의 점유하에 있고 매도인은 물품을 상징하는 선화증권(bill of lading)과 같은 권리증권(document of title)을 매수인에게 인도함으로써 매수인은 그것과 상환하여 대금을 지급하므로 매매계약이 이행되는 것이다. 이 경우 선화증권의 양도는 물품 그 자체의 인도와 동일한 효과를 갖는다. Incoterms® 2010의 FOB 규칙은 일반적으로 매도인의 인도가 매수인이 지정한 선적항의 본선갑판상에 물품을 인도하는 거래관습상 현실적 인도로 본다.

---

24) UCC, Article 2-503.
25) SGA 1979, §29(4).
26) 한국 민법 제473조.
27) 해석적 인도라고도 한다.
28) 이에는 간이인도, 점유개정 및 목적물반환청구권의 양도가 있다.

6) 물품인도에 수반하는 의무

CISG에서 매도인은 일반적인 계약에서 물품을 최초의 운송인에게 인도함으로써 그의 인도의무는 완료된다. 그러나 매도인은 물품인도 의무이행에 수반하는 선적물품의 특정 (identification), 운송의 수배, 부보에 필요한 정보제공 등의 의무를 부담하는데 상관습은 이러한 의무에 관하여 명시적 합의가 없는 경우까지도 확장되어 적용되어 왔다.

CISG에서는 이러한 물품인도에 수반되는 의무를 명문화하고 있다.[29]

첫째, 매도인은 합의된 수량 및 특수목적에 부합하는 물품을 공급하여야 한다. 무역거래의 대상이 되는 물품은 대개 불특정물이다. 이것은 계약이행 과정에서 지정 또는 특정된다. 이 특정은 위험의 이전과 밀접한 관계가 있다. 가령 곡물 등의 동종물품을 다수의 매수인 앞으로 일괄하여 송부하여 물품 도착시까지 각 매수인별로 특정되지 아니하는 경우도 생길 수 있다. 이런 경우 매도인은 화인, 운송서류 또는 기타의 방법으로 물품을 특정하는 한편 이에 관한 탁송을 통지하여야 한다. 이것을 태만히 한 때는 물품이 특정될 때까지 인도의 효과로서 물품의 멸실·손상위험은 이전되지 않는다. 그리고 특정 또는 통지의 해태는 계약위반을 구성한다.

둘째, 매도인이 물품의 발송을 주선해야 할 의무가 있을 때는 주선방식, 운송수단, 운송인과의 계약조건 등에 관하여 적절한 주선을 하여야 한다. SGA나 UCC에서도 같은 내용을 규정하고 있다.[30] 이러한 의무의 해태는 계약위반이 된다.

셋째, 매도인에게 운송보험의 부보의무가 없는 FAS, FOB와 같은 정형거래규칙을 사용하는 경우, 매도인은 매수인의 요청이 있으면 보험부보에 필요한 정보를 제공하여야 한다. 이것은 상관습에서 인정하고 있는 보험부보 협조의무를 반영한 것이다. 이것도 SGA나 UCC에서도 같은 내용을 규정하고 있다.[31]

인코텀즈에서는 각 정형거래규칙별로 구체적인 내용의 차이는 있으나, 매수인에 대한 통지(A.7) 중 물품의 인도와 관련하여 매수인에게 인도완료사실 등의 적절한 통지를 행할 것을 규정하고 있으며, 기타 의무와 정보제공에 대한 협조 및 관련 비용(A.10)에서 매도인은 매수인의 요청이 있는 경우, 매수인의 위험과 비용으로 매수인이 물품을 수입하는 데 요구되는, 보험계약을 체결하는 데 필요한 정보의 제공을 포함한 모든 협조를 매수인에게

---

29) CISG 1980, Article 32.
30) SGA 1979, §32(2) ; UCC, Article 2-504(a).
31) SGA 1979, §32(3) ; UCC, Article 2-311(3).

제공할 것을 규정하고 있다.

2 계약에 적합한 물품제공

CISG의 제규정 중에서 매도인의 물품의 적합성(conformity of the goods)에 관한 의무 규정은 이전까지 법적 성질 등의 측면에서 논란의 대상이 되어 왔던 하자담보책임을 계약책임의 일반적 체계로 분류하여 적용범위 및 효과를 명확히 함과 동시에 하자담보, 불완전이행, 착오 등으로 취급되던 계약목적물의 성질에 관한 문제를 통일적으로 취급하고 있다.

CISG는 제2장 매도인의 의무의 제2절 물품의 적합성과 제3자의 청구권이라는 표제하에 제35조에서 제44조까지 물품의 적합성을 규정하고 있다. CISG 규정의 구체적인 내용으로는 제35조에서 적합성의 요건을, 제36조에서 적합성의 판단시점을, 제37조에서 약정일 전의 물품인도를, 제38조에서 수령물품의 검사의무를, 제39조에서 하자통지의무를, 제40조에서는 하자불고지 책임을, 제41조에서 지적소유권 이외의 권리하자의 경우를, 제42조에서 지적소유권 등의 권리하자를, 그리고 제43조와 제44조는 매수인의 추탈담보(追奪擔保; warranty against eviction)[32]의 행사를 각각 규정하고 있다. 그런데 이들 규정 중에서 제38조의 물품의 검사의무와 제39조의 하자의 통지의무는 매도인의 물품적합성의 의무와 관련되어 발생하는 것이기는 하나 매도인에 의한 물품의 인도 이후에 매도인이 아닌 매수인에 의하여 이루어지는 것이며 따라서 매도인의 의무가 아닌 매수인의 의무에서 다루기로 한다.

CISG의 물품의 적합성에 관한 규정은 2가지로 분류될 수 있는데, 하나는 물품의 적합성을 물질적 측면에서 고려한 물적 적합성이며 다른 하나는 물품의 적합성을 소유권이전이라는 측면에서 고려한 법적 적합성이다. 이하에서는 이러한 분류에 따라 살펴보기로 한다.[33]

---

32) 민법상 매도인의 담보책임을 "권리의 하자에 대한 담보책임"과 "물건의 하자에 대한 담보책임"으로 나누는 것이 일반적이며, 이중 전자를 매수인이 목적물을 제3자로부터 추탈당한 경우의 책임이라 하여 추탈담보라 부른다; 곽윤직, 「채권각론」, 박영사, 1995, 230면.

33) CISG상의 물품의 적합성에 관한 규정은 그 기본적인 규정방식에 있어서 UCC상의 보증에 관한 규정과 유사한데, UCC에서는 보증을 권리보증과 물건보증으로 구분하여 규정하고 있다; 이태희, "국제물품매매계약에 관한 UN협약상의 당사자의 의무", 「국제물품매매계약에 관한 UN협약상의 제문제」, 삼지원, 1991, 117~118면.

인코텀즈에서는 매도인의 일반적 의무(A.1)에서 매도인은 매매계약과 일치하는 물품과 상업송장 및 그 밖에 계약에서 요구하는 모든 기타 일치증거를 제공하여야 하는 것으로 규정하고 있다.

1) 물적 적합성

CISG에서는 물적 적합성에 관하여 "매도인은 계약에서 요구되는 수량, 품질 및 물품명세로 또한 계약에서 요구되는 방법에 따라 용기에 담거나, 또는 포장된 물품을 인도하여야 한다"[34]라고 전제하고, 구체적인 물적 적합성의 판단기준[35]을 규정하고 있다. 이러한 규정을 분석하면 물품의 물적 적합성을 수량, 품질, 포장의 3가지 측면으로 분류하여 규정하고 있음을 알 수 있다.

(1) 수량에 대한 적합성

CISG에 의하면 매도인이 계약과 일치하는 수량의 물품을 인도하여야 하며, 계약과 다른 수량의 물품을 인도하면 물품의 적합성에 대한 계약위반이 된다고 규정하고 있으며 구체적인 내용은 계약조항에 위임하고 있다.[36]

SGA는 수량에 대한 적합성에 관하여 부족한 수량의 물품인도와 초과된 수량의 물품인도로 나누어 구체적으로 규정하고 있다.[37] 원칙적으로 매도인은 정확한 수량의 물품을 매수인에게 인도하여야 하며, 매수인은 수량부족의 경우에는 이를 거절할 수 있으며 수량초과의 경우에는 약정수량만을 수령하고 잔량을 거절하거나 전량을 거절할 수 있다고 규정하여 매수인이 계약과 다른 수량의 물품인도를 거절할 수 있는 것으로 보고 있다.

그러나 매수인이 수량의 과부족을 불문하고 계약과 다른 수량의 물품인도를 수령하기로 결정한 경우에는 약정수량의 비율에 따라 인도된 물품의 대금을 지급하여야 한다고 규정하여 수량의 과부족에 대하여 매수인에게 물품수령에 대한 선택권을 부여하고 있다.

또한 SGA에서는 수량의 과부족뿐만 아니라 혼합된 물품의 인도에 대하여도 규정하고

---

34) CISG 1980, Article 35(1).
35) CISG 1980, Article 35(2).
36) CISG 1980, Article 35(1)에서는 수량부족을 물질적 하자로 취급하고 있으나, 한국 민법에서는 권리상의 하자로 다루고 있다.
37) SGA 1979, §30.

있는데, 이에 따르면 매도인이 계약에서 약정한 물품과, 계약과 일치하지 않는 상이한 명세의 물품을 혼합해서 인도하는 경우에도 매수인은 계약과 일치하는 물품만을 수령하고 잔량을 거절하거나 또는 전량을 거절할 수 있다. 따라서 매수인은 계약과 관계없는 물품에 대하여 합리적인 대금을 지급하고 전량을 수령할 수도 있다. 이 규정은 매도인이 정확한 수량을 인도하였으나 인도된 물품의 일부만이 계약과 일치하는 경우에도 적용될 수 있을 것으로 보인다.

매매계약에서 수량조건(quantity terms)은 당사자에게 있어서 가장 기본이 되는 조건 중의 하나로 중요시되고 있다.[38] 수량과 관련하여 계약에서는 명확한 수량으로 정하는 방식도 있으며 어느 정도 과부족의 용인 폭을 정하여 두는 방식도 있다. 전자는 계약물품이 개개품목으로 매매되는 경우로 매도인은 정해진 수량을 인도하여야 하며 후자는 계약물품이 광물이나 곡물과 같은 살물(bulk cargo)인 경우가 대부분으로 이 경우 매도인은 어느 정도의 수량을 인도하여야 하는지가 문제시된다. 제5장에서 살펴본 바와 같이 실제의 무역거래에 있어서는 매매계약체결시에 계약서에 과부족용인조항(more or less clause: M/L clause)을 삽입하여 구체적인 과부족의 용인을 기재하여 두는 방식을 취하고 있으며 이러한 방식에서는 "10% more or less at seller's (buyer's) option"과 같이 전체량에 대한 비율로 간단하게 정하는 경우가 대부분이며, 약품과 같은 특수한 물품의 경우에는 계약물품의 특성에 따라서 "3% on the whole"과 같이 특수하게 정하는 경우도 있다.

과부족용인조항이 없을 경우에도, 신용장방식의 거래에서는 물품의 수량 앞에 "약"이라는 의미의 "about" 또는 "approximately"와 같은 용어가 사용되는 경우 10%를 초과하지 아니하는 과부족을 용인하고 있다. 또한 신용장 상에 과부족용인조항의 명시가 없더라도 과부족금지문언이 없는 한 포장단위나 개개품목에 따라 수량이 명시된 경우를 제외하고 환어음발행금액이 신용장금액을 초과하지 않는 범위 내에서 5%의 과부족이 용인된다.[39] 이는 계약물품이 살물인 경우에는 물품의 성질상 신용장상에 요구된 정확한 수량을 선적한다는 것이 불가능하기 때문이다.

물품의 수량에 대한 분쟁을 방지하기 위하여 계약체결시에 과부족이 생기기 쉬운 살물의 경우에는 반드시 과부족용인조항을 명시하여 두어야 하며, 기타의 물품에 대하여 수량조건의 약정시에 최소인수가능수량(minimum quantity acceptable) 또는 최대인수가능수량

---

38) 계약물품에 대한 기본적인 조건으로는 품질, 수량, 가격, 선적, 지급, 보험, 포장 등의 조건이 있다.
39) UCP 600, Article 30-b.

(maximum quantity acceptable)과 같은 모호한 표현을 사용하기보다는 명확한 수량으로 표시하여야 한다.

(2) 품질에 대한 적합성

CISG에서는 제35조 (1)항에서 물품의 적합성의 한 요소로서 물품의 품질을 규정하고 있으며 품질의 구체적인 판단기준을 (2)항에서 규정하고 있다. 이 규정에 의하면 물품의 품질에 대한 적합성은 다음의 3가지 요건을 충족하여야 한다고 규정하고 있으며, 이러한 규정은 SGA와 UCC와 같은 영미법의 영향을 받은 것으로 볼 수 있다.

① 물품명세와 동일한 물품으로서 통상적으로 사용되는 목적에 적합하여야 한다.[40]

② 계약체결 당시에 매도인에게 명시적 또는 묵시적으로 알려져 있는 특정목적에 적합하여야 한다. 다만, 상황으로 보아 매수인이 매도인의 기술 및 판단에 의존하고 있지 아니하거나 또는 의존하는 것이 불합리할 경우는 제외한다.[41]

③ 매도인이 매수인에게 견본(sample) 또는 모형(model)으로서 제시한 물품의 품질을 구비하여야 한다.[42]

①과 ②의 규정은 매도인이 제공하는 물품에 대하여 적상성(適商性; merchantability)[43]의 담보책임을 진다는 의미로 해석할 수 있다. UCC에서는 묵시담보로서의 물품의 적상성을 다루고 있으며 물품이 적상성을 갖추기 위한 6가지 요건을 규정하고 있다.[44]

UCC에서는 이러한 요건들을 모두 갖추어야 하는 최저기준으로서 규정하고 있다. 한국의 민법과 상법에는 이러한 적상성이라는 개념이 규정되어 있지 않다. 그리고 ③의 규정

---

40) CISG 1980, Article 35(2)(a); SGA 1979, §14(2) & (6); UCC, Article 2-314(2)(c).

41) CISG 1980, Article 35(2)(b); SGA 1979, §l4(3); UCC, Article 2-315.

42) CISG 1980, Article 35(2)(c); SGA 1979, §15; UCC, Article 2-313(1)(c).

43) 적상성이란 시장에서 행해지는 물품의 통상거래에서 매매될 수 있는 상태 또는 그러한 품질을 가지고 있는 것을 말하며 판매적격성이라고도 한다.

44) UCC, Article 2-314(2)에서 규정하고 있는 적상성 요건은 ① 계약상 명세(contract description)에 합치하는 것으로 거래상 이의 없이(without objection) 적용하는 것일 것, ② 대체성 있는 물품(fungible goods)의 경우에는 명세의 범위 내에서 평균중등품질(fair average quality)이라 할 수 있는 것일 것, ③ 그러나 물품이 사용되는 통상의 목적(ordinary purposes)에 적합한 것일 것, ④ 계약에 포함되어 있는 각 단위 내에서도 각 단위를 비교하여 합의로서 허용될 종류의 범위 내에서 동일한 종류, 품질 및 수량(even kind, quality and quantity)의 것일 것, ⑤ 합의된 요청에 충분히 합치하는 용기에 넣고, 포장되고, 라벨(label)이 첨부되어 있을 것, ⑥ 용기 또는 라벨에 표시된 약속 또는 사실의 확언(promises or affirmations of fact)이 있을 때, 그것에 합치할 것 등이다.

은 매도인이 인도될 물품이 견본 또는 모형과 차이가 있음을 계약상에 명시하였다면 적용
되지 않을 것이다.

무역거래에서는 당사자들에 의하여 계약체결시에 품질조건(quality terms)에서 계약물
품의 품질을 결정하는 것이 대부분이다. 품질결정방법은 매수인이 현물을 검사하여 결
정하는 경우와 매수인이 물품을 검사하지 않고 결정하는 경우로 대별할 수 있으며, 후자
의 경우의 대표적인 방법으로는 제5장에서 고찰한 바와 같이 견본매매(sale by sample)
와 명세서매매(sale by specification)가 있다. 그 외의 방법으로는 상표매매(sale by mark or
brand), 규격매매(sale by type or grade) 및 표준품매매(sale by standard) 등으로 품질을 결
정하고 있다. 매매물품의 품질결정방법에 관한 관행은 ULIS, CISG 및 주요국의 법규에서
도 견본매매와 명세서매매라는 두 가지 유형으로 대별하고 있다는 점에서 일치한다.[45] 다
만 한국 민법은 무역관행 및 법규상의 명세서매매를 종류매매라고 하고 있으며, 견본매매
에 대한 별도의 규정은 없다. 학설이나 판례에서는 견본매매 및 명세서매매를 모두 불특
정물매매의 경우로 통합하여 다루고 있다.

실제의 무역계약에서 당사자들에게 품질은 특히 중요하므로 품질에 대해 명확하게 약
정하는 경우가 대부분이며 이러한 당사자들의 약정이 적합성을 판단하는 기준이 되고 있
다. 따라서 물품의 품질의 적합성에 관한 CISG의 제35조 (2)항의 규정들이 적용될 수 있
는 경우는 거의 없을 것이나, CISG에서 물품의 품질에 대하여 물품의 수량이나 포장에 대
한 규정에 비하여 상당히 상세하게 규정하고 있는 것은 무역거래에서 발생하는 클레임 중
에서 품질에 관한 클레임이 대다수를 점하고 있다는 사실을 반영한 것으로 볼 수 있다.

(3) 포장에 대한 적합성

CISG는 물품의 적합성의 판단을 위한 마지막 요소로서 포장을 규정하고 있으며,[46] 물
품은 통상적인 방법으로, 또한 그러한 방법이 없는 경우에는 그 물품을 보존하거나 보호
할 수 있는 적절한 방법으로 용기에 담거나 또는 포장되어 있어야 한다[47]고 포장의 기준
을 규정하고 있다. 이러한 규정은 포장에 대하여 극히 일반적인 사항만을 규정한 것이지
만 포장을 매도인의 물품적합성에 대한 의무의 한 요소로서 명시적으로 규정하고 있다는

---

45) ULI 1964, Article 23(1)(b)&(c) ; CISG 1980, Article 35(1)(a)&(c) ; SGA 1979, §13, §15.
46) CISG 1980, Article 35(1).
47) CISG 1980, Article 35(2)(d).

사실이 주목할 만하며, 이는 UCC의 영향[48]을 받은 것으로 보인다.

통상적인 포장방법의 문제는 통상적으로 사용되는 목적에 부합하고 또한 CISG의 일반적 해석원칙에 따라 합리적으로 기대되는 대로 실시하는 포장을 의미하는 것이다. 계약물품의 포장에 있어서 통상적인 방법이 없는 경우에는 그 물품의 보존 또는 보호에 적절한 방법으로 포장할 것을 규정하고 있으므로 비교적 부서지기 쉬운 물품에 대하여 통상적으로 보호할 정도의 포장으로 판단된다. 그러나 포장에 관한 이러한 기준은 물품의 손해방지를 위한 내항성포장(seaworthy package)을 배제하는 것은 아니므로 매도인을 규제하는 조항으로 볼 것이 아니라 물품의 파손 등을 배려한 것으로 해석하여야 할 것이다.

인코텀즈에서는 특히 물품의 포장에 대한 적합성에 관하여 매도인의 의무에 관한 규정(A.9) 중에서 점검·포장·화인(checking-packaging-marking)이라는 표제하에 매도인은 자신의 비용으로 계약물품의 인도 또는 운송에 요구되는 포장을 행할 것을 규정하고 있으며, 추가적으로 포장은 적절히 화인되어야 한다고 규정하고 있다. 이는 정형거래규칙의 유형과는 관계없이 매도인이 부담하여야 하는 의무이다.

(4) 적합성의 결정시기

무역거래는 원격지간의 거래로 대부분 장거리의 해상운송에 의하여 이루어지므로 선적시점과 양륙시점에서의 품질차이가 발생할 가능성이 있으므로 품질에 관한 분쟁을 방지하기 위하여 품질의 결정시기는 중요하다. CISG에서는 물품의 적합성의 결정시기에 관하여 원칙적으로 매도인은 위험이 매수인에게 이전할 때 존재하는 부적합에 대하여 책임을 부담한다[49]고 규정하고 있다.

실제적인 무역거래에서는 대부분 정형거래규칙을 이용하여 무역계약을 체결하고 있으므로 물품의 품질결정시기는 계약에 사용되는 정형거래규칙의 위험이전시점에 따라서 결정된다고 할 수 있다. 통상적으로는 계약상의 정형거래규칙이 선적품질조건인지 양륙품질조건인지에 따라 품질의 결정시기는 달라지게 된다.

한편 위험의 이전시점과 물품의 부적합의 존재 간에 야기될 수 있는 문제로서, 예를 들면 기계의 경우 통상적인 내구력과 생산력을 갖추고 있는지의 여부는 일정기간 그 기계를 사용한 후에야 알 수 있는 것이어서 일정한 성능상의 결함이 위험이전시에 존재하고 있었

---

48) UCC, Article 2-314(2)(e).
49) CISG 1980, Article 36(1).

다 하여도 그러한 부적합은 그 이후에 발생하는 경우도 있을 수 있다. CISG에서는 이러한 곤란한 문제를 방지하기 위하여 물품의 부적합이 일정기간의 품질보증을 포함한 매도인의 계약위반에 의한 것인 경우에는 위험이전 후에 발생하였다 하더라도 매도인은 책임을 부담한다는 점을 명시적으로 규정하고 있다.[50]

또한 매도인이 물품의 인도기일 이전에 물품을 인도한 경우에는 매도인은 그 인도시기가 경과되지 않는 범위 내에서 인도시기까지 그가 인도한 물품의 부적합을 보완할 수 있다. 다만 이러한 경우에 매수인에게 불합리한 비용지출과 불편을 부담하게 하여서는 안 된다.[51]

2) 법적 적합성

CISG에서는 물품의 법적 적합성에 관한 매도인의 의무를 2가지 측면에서 규정하고 있다. 제41조에서 공업소유권(industrial property) 또는 기타의 지적소유권(other intellectual property) 이외의 제3자의 권리 또는 청구권에 구속되지 아니하는 물품을 매수인에게 인도하여야 한다고 규정하고 있으며, 제42조에서 제3자의 공업소유권 또는 기타의 지적소유권에 구속되지 아니하는 물품을 인도하여야 한다고 규정하고 있다. 이러한 규정들은 매매의 목적물인 물품 자체에 하자가 있는 것이 아니라 매매의 목적물인 물품의 권리에 하자가 있는 경우에 관한 것으로서, 전자의 규정은 일반원칙으로서 계약에서 별도로 약정하지 않는 한 매도인은 제3자가 권리 또는 청구권[52]을 주장할 수 없는 물품을 인도할 의무가 있음을 규정하고 있는데, 제3자의 청구권에는 매도인이 영업소를 가진 국가의 국내법도 포함되는 것으로 보이므로 이러한 규정은 매수인에게 매우 불리할 수도 있다. 그리고 후자의 규정은 일반원칙을 적용하는 데 있어서의 제한을 규정하고 있는데, 이러한 제한은 최근의 기술진보 등으로 공업소유권을 비롯한 지적소유권의 중요성이 증가되고 있는 현실을 반영한 것이다.

또한 CISG에서는 매수인이 제3자의 권리 등에 대한 침해사실을 알면서도 합리적인 기간 내에 매도인에게 통지하지 않았을 경우에는 매수인이 원용할 수 있는 권리가 상실됨을

---

50) CISG 1980, Article 36(2).
51) CISG 1980, Article 37.
52) 이러한 권리는 물품의 소유권이나 담보물권 등을 의미하는 것으로 해석된다.

명시적으로 규정하여[53] 악의의 매수인에게는 법적 적합성에 관한 권리가 배제됨을 명확히 하고 있다. 또한 매도인의 법적 적합성의 의무는 매수인이 제공한 기술도면(drawing), 의장도안(design), 명세서(specification) 및 기타 지시에 매도인이 이행함으로 인하여 권리 또는 청구가 발생한 경우에는 적용되지 아니한다.

SGA에서는 매매계약에는 매수인이 물품의 소유권을 평온하게 향유할 수 있는 묵시담보가 있다[54]라고 하여 평온점유에 관한 묵시담보(implied warranty as to quiet possession)를 인정하고 있으며, 이러한 규정에 따르면 매도인이 법적 권리에 하자가 있는 물품, 예를 들면 제3자가 등록한 상표권을 침해한 물품을 매수인에게 인도한 결과로서 매수인이 인도된 물품에 대한 제3자의 정당한 손해배상청구로 인하여 금전적 손실을 입게 되는 경우에 매도인은 이러한 손해를 보상하여야 하는 것이다.[55]

3 서류의 제공

매도인의 물품에 관한 서류제공은 매도인의 물품인도 의무와는 아무런 관련이 없으나, CISG에서는 매도인의 의무에 관한 총칙적 조항인 제30조에서 서류제공의 의무를 매도인이 이행하여야 하는 3가지 의무 중의 하나로 규정하고 있다. 그러나 서류제공의무에 관한 내용의 구체적인 규정은 매도인의 물품인도에 관한 의무를 규정한 절에 포함된 단 하나의 조항으로 규정하고 있을 뿐이므로 다른 2가지의 의무에 비하여 그 내용이 빈약하다.[56]

CISG상의 서류제공의무에 관한 제34조는 다음의 두 가지 사항으로 나누어 생각해 볼수 있다.

먼저 서류제공의무의 내용에 관한 것으로 매도인은 계약에서 요구된 기일, 장소 및 방법에 따라 서류를 제공하여야 한다고 규정하고 있으므로 서류제공의무의 내용을 계약조항에 위임하고 있다. 그러므로 서류제공의무는 당사자가 매매계약에서 합의한 구체적인

---

53) CISG 1980, Article 43.
54) SGA 1979, §12(2)(b).
55) E. R. Hardy Ivamy, *Casebook on Sale of Goods*, 5th ed., Lloyd's of London Press Ltd., 1987, p. 8.
56) 매도인이 물품에 관한 서류를 제공할 의무가 있는 경우에는 계약에서 요구되어 있는 기일, 장소 및 방식에 따라 제공하여야 한다. 당해 기일이전에 매도인이 서류를 제공하였을 경우에는 매도인은 당해 기일까지는 매수인에게 불합리한 불편이나 경비를 발생하게 하지 않는 한 서류의 결함을 보완할 수 있다. 그러나 매수인은 이 협약에서 규정한 손해배상을 청구할 권리를 상실하지 않는다; CISG 1980, Article 34.

정형거래규칙에 따라서 그 내용이 달라지게 될 것이다. 전자무역거래에서는 전자문서교환방식(Electronic Data Interchange: EDI)[57]의 사용이 증가되어 무서류거래(documentless trade; paperless trade)가 행하여지므로 이 경우 전자문서제공 의무는 이러한 관점에서 논의되어야 한다.

다음으로 이미 제공된 서류의 보완에 대한 것으로서 매도인이 계약에서 정한 대로 서류를 제공하지 못하는 경우에는 계약위반이 되어 매수인은 구제받을 수 있다는 점이다.[58] CISG는 매도인이 제공한 하자 있는 물품에 대한 보완을 서류제공에도 확장하여 규정하고 있으며 그 내용도 상당히 유사하다.[59] 매도인이 이미 제공한 서류를 보완할 수 있는 기간은 당초 계약에서 약정된 서류제공의 기일까지이며, 매수인에게 불합리한 불편을 초래해서는 아니 된다. 만약 이로 인하여 매수인이 어떠한 손해를 입었다면 매수인은 손해배상을 청구할 수 있다.

또한 서류의 제공의무는 물품의 인도의무와 물품의 적합성에 관한 의무와 밀접한 연관성을 가진다. 즉, 물품의 인도의무와 적합성의 의무를 위반하는 경우, 예를 들면 물품의 인도시기가 지연되었다거나 물품의 수량이 부족한 경우에는 운송서류(주로 선화증권)상에 기재되므로 매도인이 이러한 서류를 매수인에게 제공하게 되면 서류제공의무에 대한 계약위반이 된다.

인코텀즈에서는 모든 거래규칙에서 공통적으로 적용되는 일반적인 의무로 매도인은 매매계약과 일치하는 상업송장(Commercial Invoice) 및 계약에서 요구하는 일치증명(evidence of conformity)을 제공하도록 하고 있다. 이와 같은 모든 서류는 이에 상응한 전자기록 또는 절차(electronic record or procedure)도 인정된다.[60]

특히 서류거래를 중심으로 하는 CIF 규칙에서는 매도인은 운송계약에 따른 운송서류(transport document)를 제공하여야 한다. 운송서류는 유통 가능한 형식(negotiable form)으로 수통의 원본이 발행된 경우 원본 전통(full set)을 매수인에게 제시하여야 한다. 이와 같은 운송서류로는 해상선화증권(marine bill of lading), 내수로운송서류(inland waterway document)가 있다.

---

57) EDI란 표준화된 자료인 전자문서를 데이터 통신망을 통하여 컴퓨터와 컴퓨터 간에 교환하여 재입력 과정 없이 바로 업무에 활용할 수 있도록 하는 정보전달방식을 의미한다.
58) D. M. Day, *The Law of International Trade*, Butterworths, 1981, p. 72.
59) CISG 1980, Article 37.
60) Incoterms® 2010, A. Seller's Obligations A1.

또한 매도인은 협회적화약관(Institute Cargo Clauses: ICC)의 ICC(C)조건과 같은 최소담보조건으로 부보(minimum cover)되고, 계약에서 약정된 금액에 10%를 가산한 금액으로 부보된 보험증권(Insurance Policy) 또는 보험증명서(Insurance Certificate)를 제공하여야 한다.

한편 매수인의 요청에 따라 매수인의 비용과 위험으로 포장명세서(Packing List), 원산지증명서(Certificate of Origin), 품질 및 수량증명서(Certificate of Quality and Quantity), 중량 및 용적증명서(Certificate of Weight and Measurement), 영사송장(Consular Invoice) 등의 임의서류를 제공할 수 있다.

4 위험의 이전

1) 위험이전의 원칙

위험(risk)이란 당사자에게 책임이 없는 물품의 우발적 손실이나 손해(accidental loss or damage)를 의미하는 것으로 전통적으로 물품의 위험은 물품의 소유자가 부담하며, 이는 로마법 이래의 원칙인 "물품의 손해는 소유자의 손해"(res perit domino)라는 문구로써 표현되어진다. 그러므로 위험의 이전(passing of risk)은 원칙적으로 물품에 대한 소유권이 이전할 때에 이전하는 것을 소유자주의(채권자주의; periculumest emptoris)라고 한다. 이 소유자위험부담주의는 위험이전의 대원칙으로 다소의 변형은 있으나 지금까지 준수되어 왔다. 그러나 현대의 무역거래가 물품의 원격지로의 운송, 환어음결제에 따르는 환위험의 존재 등의 많은 위험이 따르게 되자, 소유권의 이전과 위험의 이전을 분리시켜 소유권이 이전하지 않아도 위험이 이전될 수 있음이 인정되고 있는 것이 현실이다. 그러므로 소유자주의의 원칙에는 많은 변화가 발생하였고, 각국의 법제와 국제무역법규상에는 위험의 이전시기가 다소 상이하게 규정되어 있다. 그러나 위험부담의 문제는 물론 매매당사자 간의 계약에서 이를 결정할 수 있으며, 이러한 당사자들의 특약은 모든 법규보다 우선하여 적용되게 된다. 그러나 당사자들이 이러한 위험부담에 대한 합의를 하지 않은 경우에 문제가 발생할 수 있는데 이런 경우에는 계약의 준거법이 무엇이냐에 따라 결정될 수밖에 없게 된다.

위험부담에 대한 입법주의를 살펴보면 먼저 대륙법상 위험부담시 위험의 개념은 두 가지로 구분된다. 첫째는 물품이 멸실 또는 손상될 경우 멸실 자체를 감수해야 하는 급부위험이며, 둘째는 쌍무계약상 일방의 채무가 소멸할 경우 이와 대가적 관계의 반대채권을 상실할 위험을 뜻하는 대가위험이다. 이 중에서 대륙법계는 대가위험을 주로 취급하고 있다. 그러나 영미법에서는 매수인이 위험을 부담한다는 뜻은 매매목적물이 멸실되더라도 매수인은 여전히 대금을 지급해야 하며, 매도인은 멸실된 목적물 대신에 완전한 물품을 급부하든지 배상할 의무가 있다는 뜻으로 보기 때문에 오히려 물품위험에 중점을 두고 있다는 데 차이점이 있다. 슈미토프(Schmitthoff)는 위험의 이전에 관하여 멸실의 위험을 운송도중의 물품의 손상의 위험과 혼동해서는 아니 되며, 손상되기 쉬운 물품의 경우 물품이 판매적격품질이어야 한다는 묵시조건을 포함하고 있는 FOB나 CIF규칙에서는 매도인은 물품이 적재될 때뿐만 아니라 목적지에 도착시나 그 후 정상적인 처분을 위하여 허용하는 상당한 시기에 적상성의 상태에 있어야 한다는 것을 보증해야 한다고 하고 있으며,[61] 그러나 그것은 운송이나 처분이 부당하게 지연되었을 경우에는 적용되지 않는다고 하고 있다.

2) 위험이전에 관한 제규정

CISG에서는 소유권의 이전에 관한 구체적인 규정이 없는 반면에 위험의 이전에 관하여는 별도의 장으로 제66조에서 제70조까지 규정하고 있다. ULIS와는 달리 인도개념과 결부시키는 입법방식을 지양하고 인도의 개념을 원용함이 없이 개별적으로 독립하여 규정하고 있다. 구체적으로 CISG는 위험의 이전에 관하여 매매계약상 물품의 운송에 관한 약정을 한 경우, 운송중에 있는 물품을 매매한 경우, 기타의 경우, 매도인의 계약위반이 있는 경우 등으로 구분하여 규정하고 있다. CISG에서의 위험이전의 기본원칙은 물품이 최초의 운송인(first carrier)에게 인도될 때 이전되고, 특정장소에서 운송인에게 물품을 인도하도록 매도인에게 의무가 부과된 경우 그 의무이행의 장소에서 운송인에게 물품을 인도할 때 위험은 이전한다. 즉 물품의 충당이 이루어질 때까지 위험은 매수인에게 이전되지 않는다고 하여 인도지향적이다.

인코텀즈에서도 소유권의 이전에 관한 규정은 없으나 매도인과 매수인의 의무에 대한 규정 중에서 각각 위험의 이전에 관한 조항(A.5 및 B.5)을 두고 있다. 그 내용을 보면 각각

---

61) Clive M. Schmitthoff, *op. cit.*, p. 108.

의 정형거래규칙별로 위험의 이전시점이 달라진다는 것을 알 수 있으며, 먼저 선적지매매 조건인 FOB와 CIF 규칙의 경우에는 공히 물품이 지정선적항 본선 갑판상에 적재될 때까지 물품의 멸실 또는 손상의 모든 위험을 부담하여야 하며, 복합운송에 사용되는 조건인 FCA, CPT 및 CIP 규칙에서는 최초의 운송인에게 인도될 때에 위험은 매도인에게서 매수인에게 이전되고, 현장매매규칙인 EXW나 도착지인도규칙의 경우에는 매수인에게 실제로 물품이 인도되어서 점유이전될 때 매도인으로부터 매수인에게 위험이 이전된다.

　　SGA에서는 위험이전에 대한 대원칙으로 "위험은 언뜻 보아 소유권과 함께 이전한다"(Risk prima facie passes with property)라고 규정하여[62] 위험을 소유권에 수반하는 것으로 추정하고 있어 채권자 지향적이라 할 수 있다.[63] 영국법에서는 소유자주의를 원칙으로 하고 있으나 판례에서는 "위험은 소유권자가 부담한다"는 것을 절대적인 원칙으로 보지 않고 당사자의 명시적 또는 묵시적 의사표시에 따라 변경할 수 있다고 보고 그 예외를 인정함으로써 CIF계약시 목적물의 위험은 소유권이 이전되지 않음에도 불구하고 선적과 동시에 매수인에게 이전하는 것으로 보고 있다. 특히 해상보험법(Marine Insurance Act 1906)상에는 "피보험자는 보험계약을 체결할 때에 보험의 목적에 대하여 피보험이익을 가질 것을 요하지 않으며 또한 멸실여부 불문(lost or not lost)조건으로 부보한 때에는 선의의 피보험자는 손해가 발생한 뒤까지 피보험이익을 취득하지 않은 경우에도 담보를 받을 수 있다"라고 규정하여[64] FOB계약시에도 불특정물의 매매시 물품의 위험은 물품의 특정 전이라도 선적시에 이전될 수 있다는 특례까지 인정하고 있다.

　　UCC에서는 SGA를 따라 통일매매법(Uniform Sales Act 1906)[65]에서 소유자주의를 채택하였다가 UCC가 제정되면서 물품매매와 관련하여 손실위험에 대한 방지조치를 가장 잘 취할 수 있는 자에게 혹은 위험을 보험으로 대비할 수 있는 자에게 위험을 부담시킨다고 보고 소유권의 이전과 위험부담을 완전히 분리시키는 입법조치를 채택하여 소유자주의는 포기하고 기본적 손실의 위험만 규정하고 있다. UCC의 규정은 위험이 소유권에 수반한다는 종래의 사고방식을 완전히 포기하고 계약과정을 분석하여 위험이전시기를 결정한다는

---

62) SGA 1979, §20.
63) Benjamin은 "Risk follows property"라는 표현을 사용하고 있다; A.G. Guest, *op. cit.*, p. 397.
64) MIA 6(1).
65) 미국 통일매매법은 각 주마다 다른 법제로 인한 혼란을 피하기 위한 통일된 매매법의 필요성에 의하여 영국의 물품매매법을 도입하여 1906년에 제정된 것으로서 현재는 통일상법전에 완전히 흡수되었다.

새로운 분석에 접근하고 있다.

　손실에 관한 위험부담절차를 보면 첫째, 당사자의 특약에 따른다. 둘째, 특약이 없는 한 원칙적으로 물품소유자가 부담한다. 넷째, 매매계약을 위반한 경우에는 위반한 당사자가 부담하며, 그 밖에는 상황에 따라 부담한다고 규정하여 소유권의 이전과 위험부담을 완전히 분리하고 있다. 그러므로 환어음의 결제에 따른 환위험 등의 위험을 회피하기 위해 소유권의 이전과 위험이전을 완전히 분리하여 소유권이 이전하지 않더라도 위험은 이전될 수 있음을 새롭게 인정한 것이라고 볼 수 있다.[66]

　로마법에서는 물품의 손해는 소유자의 손해라는 법리에 따라 일반물품매매에서는 채권자주의(소유자주의)를 택하고 있으나, 그 외의 계약에서는 채무자주의를 택하고 있다. 로마법과 독일 고유법(쌍무계약에 기준한 쌍방의 채무자주의)에 의하여 계승된 대륙법계는, 독일 민법 및 스위스 민법에서는 채무자주의로, 그리고 프랑스 민법 등에서는 채권자주의로 변화하였다.

　일본 민법은 제536조에서 쌍무계약 일반에서는 위험부담의 원칙에 따라 채무자주의이며, 특정물에 관한 물권의 설정 또는 이전을 목적으로 할 때에는 예외적으로 채권자주의로 규정하고 있는데, 특정물매매에 있어서는 계약성립과 동시에 소유권이 매수인에게 이전되기 때문에 채권자주의는 원칙적으로 소유자주의와 동일하다고 볼 수 있다.

　한국 민법은 쌍무계약에서의 위험부담에 관하여 당사자 일방의 채무가 당사자들의 책임 없는 사유로 이행할 수 없게 된 때에는 채무자는 상대방에게 이행청구를 하지 못한다고 규정하고 있으므로[67] 일본 민법과 같이 채무자주의를 채택하고 있으나 이것은 임의규정이므로 당사자가 다른 특약을 하면 그에 따라야 할 것이다.

제 3 절　매수인의 의무

　각국의 법률과 국제무역법규상의 매수인의 의무에 관한 규정은 전적으로 일치하고 있지는 않으며, 다소의 차이점이 존재하고 있다. CISG의 제3장에서는 매수인의 의무를 제53

---

66) UCC Article 2-509, §2-510; Schmitthoff는 UCC, Article 2-509는 위험이 물품의 인도시에 이전한다는 취지로 규정되었다는 주장을 지지하고 있다; Clive M. Schmitthoff, *op. cit.*, p. 80.
67) 한국 민법 제53조 제1항.

조에서 제65조까지 규정하고 있는데, 이에 따르면 매수인은 매도인의 의무에 대응하여 대금지급의 의무와 물품수령의 의무라는 두 가지 의무를 부담하여야 한다.[68] 또한 매수인의 의무에서 규정하고 있지는 않으나 두 가지 의무에 추가하여 매수인은 매도인의 물품의 적합성 의무와 관련하여 소위 간접의무로서 물품검사 및 통지의무를 부담한다.

여기에서는 국제물품매매계약에서 매수인이 부담하는 대금지급의 의무, 물품수령의 의무, 물품의 검사의무 및 물품의 하자통지의무를 CISG의 규정을 중심으로 하고 기타의 국제무역법규상의 규정을 참조하여 살펴보기로 한다.

1 대금의 지급

1) 대금지급의무에 관한 제규정

물품매매계약은 매도인의 물품인도와 매수인의 대금지급에 의하여 이루어진다. CISG는 제53조부터 제59조까지 매수인의 대금지급의무를 규정하고 있으며, 제54조에서는 지급의무에 추가하여 지급을 위하여 계약 또는 법령에 의하여 요구되는 조치를 취하고 형식을 준수할 의무를 규정하여 이러한 대금지급 준비의무가 매수인의 대금지급의무의 일부임을 강조하고 있다. 이러한 의무는 국제거래를 통하여 일반적인 관행으로 인정되어온 의무로서 신의칙에 따라서 매매계약의 목적을 달성하기 위한 당사자간의 협조의무라 할 수 있다.

그러나 CISG에는 지급방법에 관한 구체적인 명시규정을 두고 있지 아니하여 당사자자치의 원칙에 따라 다양한 당사자간의 계약에서의 약정과 무역거래관행에 의하여 대금결제가 이루어질 것을 예정하고 있다. 오늘날의 무역거래는 일반적으로 신용장(Letter of Credit: L/C)에 의한 대금결제가 이루어지고 있으므로 CISG에서도 역시 이러한 관습의 준수를 묵시한 것으로 해석된다.[69]

인코텀즈에서는 매수인의 의무에 관한 10가지의 항목 중 매수인의 일반적 의무(B1)에서 매매계약에 약정된 대로 물품대금을 지급하여야 한다고 규정하고 있어서 매수인의 의

---

68) CISG 1980, Article 53; 매수인은 계약 및 이 협약의 규정에 따라 물품대금을 지급하여야 하며, 물품을 수령하여야 한다.

69) 이태희, "국제물품매매계약에 관한 UN협약상의 당사자의 의무", 「국제물품매매계약에 관한 UN협약상의 제문제」, 삼지원, 1991, 137면.

무 중에서 대금지급의무를 가장 주요한 의무로 취급하고 있음을 알 수 있다. 그러나 지급 장소 및 지급시기 등의 대금지급과 관련한 구체적인 규정은 없으며 단지 매수인은 매매계약에 약정된 대로 대금을 지급하여야 한다고만 규정하여 구체적인 의무의 이행은 국제상관습 및 계약조항에 위임하고 있다.

SGA는 매매계약의 내용에 따라 매도인은 물품을 인도할 의무를 부담하고, 매수인은 이를 수령하고 대금을 지급할 의무를 부담한다고 규정하여[70] 매도인의 물품인도의무와 매수인의 대금지급의무가 서로 대가적인 관계에 있음을 명시적으로 규정하고 있다. 그리고 UCC도 동일한 취지를 규정하고 있다.[71] 또한 한국 민법과 일본 민법에서도 매도인은 매수인에게 매매의 목적이 된 권리를 이전하여야 하고 매수인은 그 대금을 지급하여야 함을 규정하고 있어서[72] 영미법계와 대륙법계 모두 대금지급의무를 매수인의 주요의무로 규정하고 있다 할 것이다.

2) 대금지급시기

매수인은 계약에서 정한 지급시기에 따라 대금을 지급하여야 한다. 그러나 계약에서 지급시기에 관한 약정을 하지 않은 경우에는 원칙적으로 대금지급은 물품인도와 동시이행되어야 하는 동시이행조건(concurrent condition)으로 간주하는 것이 일반적인 입장이다. SGA는 물품의 인도와 대금의 지급은 동시이행조건이며 매도인은 대금과 상환으로 물품의 점유권을 매수인에게 이전하여야 하고 매수인은 물품의 점유와 상환으로 대금을 지급하여야 한다고 명시적으로 규정하고 있으며[73] UCC에서는 지급은 매수인이 물품을 수령한 때에 행해져야 한다고 규정하고 있다.[74]

일본 민법에서는 매매의 목적물의 인도에 대한 기한이 있는 때에는 대금지급에 대하여도 동일한 기간이 있는 것으로 추정한다고 규정하고 있으며,[75] 한국 민법에서도 일본 민법의 규정과 유사하게 매매당사자 일방에 대한 의무이행의 기한이 있는 때에는 상대방의

---

70) SGA 1979, §27.
71) UCC, Article 2-301.
72) 한국 민법 제568조; 일본 민법 제555조.
73) SGA 1979, §28.
74) UCC, Article 2-310(a).
75) 일본 민법 제573조.

의무이행에 대하여도 동일한 기한이 있는 것으로 추정한다고 규정하여[76] 물품인도나 대금지급에 관한 구체적인 규정은 있으나 대가적인 관계에 있는 의무는 동시이행되어야 함을 규정하고 있으므로 동일한 취지로서 해석될 수 있다.

CISG에서는 매수인이 대금을 특정한 기일에 지급할 의무가 없는 경우 매수인은 매도인이 계약 및 협약에 정하는 바에 따라 물품 또는 물품을 처분할 수 있는 서류를 매수인의 처분에 맡겨진 때에 대금을 지급하여야 한다고 규정하고 있다.[77] 이는 물품인도와 대금지급이 완전한 동시이행 관계에 있는 것으로 규정한 것이라고 볼 수는 없으며 물품을 매수인의 처분가능상태에 둔 때에 대금이 지급되어야 하는 관계로 이해하여야 할 것이다. CISG에서는 소유권이전시기에 관하여 규정하지 않음으로써 물품의 소유권과 대금지급의 동시이행이라는 구성을 포기하고 대신에 당사자의 이익을 가장 균형적으로 고려할 수 있는 방법으로 물품 또는 물품을 처분할 수 있는 서류의 제공과 대금의 지급을 동시에 이루어지도록 한 것이다. 그러나 매도인은 물품 또는 서류를 인도함에 있어 대금의 지급을 인도의 조건으로 할 수도 있다고 단서조항을 규정하고 있다.[78]

한편 계약이 물품운송을 수반하는 경우에는 매도인은 대금지급과 상환으로 물품 또는 서류를 인도한다는 조건을 부가하여 대금이 지급될 때까지 물품의 발송을 연기하든지, 또는 발송한 후에도 물품의 처분권을 유보하는 것이 가능하다.

이러한 조항은 SGA에 규정되어 있는 "대금의 지급을 받지 못한 매도인의 물품에 대한 권리"(right of unpaid seller against the goods)와 상당히 유사하다. 이러한 경우에 매도인은 매수인으로 하여금 물품을 검사할 기회를 주어야 한다. 그러므로 매수인은 물품을 검사할 기회를 가질 때까지는 대금지급의무가 없다고 규정하고 있어 물품검사와 관련해서 동시이행원칙이 제한됨을 명시적으로 규정하고 있다.[79] 그러나 이와는 대조적으로 영국에서는 매수인의 물품검사의무와는 관계없이 물품인도시에 대금지급의무가 발생한다고 한다.[80]

UCC에서도 계약에서 권리증권(document of title)에 대하여 지급하기로 약정하는 경우 매수인은 대금지급 전에는 물품을 검사할 권한이 없다고 동일한 취지의 내용을 규정하고 있다.[81]

---

76) 한국 민법 제585조.
77) CISG 1980, Article 58(1).
78) *Ibid*.
79) CISG 1980, Article 58(3).
80) D.M. Sasson, *op. cit.*, p. 415.
81) UCC Article 2-513(3)(b).

그러나 CIF 규칙과 같이 국제매매계약에서 물품이 아닌 서류와 상환으로 지급한다는 취지의 약정을 한 경우에는 매수인은 물품을 검사할 기회를 가지지 못하지만 지급을 거절하거나 연기할 수 없다. 또한 매도인이 외상(on credit)으로 물품을 인도한 경우 매수인은 매도인측으로부터 별도의 요구나 절차의 준수를 필요로 하지 않고 약정한 기일까지 대금을 지급하여야 한다고 규정하고 있다.[82] 이는 지급기일이 도래하면 매도인측의 지급요구나 통지가 없더라도 자발적 및 자동적으로 대금을 지급하여야 한다는 의미이다. 매수인이 이 규정을 위반하면 매도인은 자동적으로 연체금액에 대한 이자와 손해배상금을 동시에 청구할 권리가 있다.

3) 대금지급장소

무역거래에서는 일반적으로 외환관리규제를 고려하여 당사자간에 지급장소를 약정하게 되면 지정된 지급장소에서 대금지급이 이루어져야 한다. 그러나 계약에서 지급장소를 지정하지 않은 경우 CISG에 의하면 대금지급은 매도인의 영업소가 지급장소가 된다. 또한 물품 또는 서류의 교부와 대금지급이 상환되는 조건일 때에는 물품 또는 서류가 교부되는 장소에서 대금을 지급하지 않으면 아니 된다.[83] 이는 무역관행을 반영하는 것으로서 신용장방식에서 환어음에 의한 결제가 이루어지는 경우가 그 전형적인 예이다.

SGA는 대금지급장소에 대한 명시적 규정이 없으나 물품인도와 대금지급을 동시이행 조건으로 규정한 점이나 물품인도의 기준에 관한 규정으로부터 물품인도장소가 지급장소가 될 것이라고 유추해석할 수 있다.

UCC에서는 대금의 지급은 매수인이 물품을 수령한 때와 장소에서 하여야 하며, 발송지가 인도장소일 때도 동일하다고 지급장소와 지급시기를 일괄하여 정하고 있다.[84] 한국 민법은 지참채무를 원칙으로 정하고 있어[85] 다른 법규와 동일한 취지를 규정하고 있다. 지급장소와 관련하여 매도인이 계약체결 후에 그 영업소를 변경하였기 때문에 지급비용이 증가하였으면 그 증가비용은 매도인 부담이 된다.

---

82) CISG 1980, Article 59.
83) CISG 1980, Article 57(1).
84) UCC, Article 2-310(a).
85) 한국 민법 제467조 제2항.

4) 대금미정시의 대금결정방법

일반적으로 매매계약에는 지급해야 할 금액 또는 금액의 계산방법이 명시적 또는 묵시적으로 표시되거나 계약내용이 불완전한 경우 계약은 유효하게 체결되지 않은 것으로 간주된다. 그러나 CISG는 계약에서 대금의 결정에 대하여 명시적 또는 묵시적으로 정하지 아니하였거나 또는 이를 결정하는 조항을 두고 있지 아니한 경우라도 계약은 유효하게 체결할 수 있다고 정하고 있다.[86) 주요국의 법규도 이와 유사한 태도를 취하고 있다. 즉 SGA는 매매계약에 있어서의 가격은 당사자간의 거래관습에 의하여서도 결정될 수 있다고 규정하고 있고,[87) 또한 UCC에서도 당사자는 그 의사에 따라서 대가를 정하지 아니하고 계약을 체결할 수도 있다고 규정하고 있다.[88)

대금미정계약(open price contract)의 경우 CISG는 대금을 결정하는 방법에 대하여 당사자가 묵시적으로 참조하기로 한 것으로 본다는 표현을 사용하고 있으며,[89) 대금의 결정을 위하여 참조할 시기는 별도의 사정이 없는 한 계약체결시가 되며 지급하여야 할 대금도 역시 별도의 사정이 없는 한 당해거래와 유사한 상황에서 매각된 것과 같은 동종물품에 대하여 일반적으로 청구되는 가격을 참조하여 대금을 결정하여야 할 것이다.

대금미정계약에 대하여 SGA는 매수인은 상당한 대금(reasonable price)을 지급하여야 한다고 정하고 있으며,[90) UCC에서도 인도당시의 상당가격을 지급하여야 한다고 정하고 있는데, 이는 각각의 구체적인 상황에 의하여 결정될 사실문제란 단서를 달고 있어서 CISG와 동일한 개념으로 볼 수 있다. 다만 CISG에서는 계약시의 유사한 물품의 판매가격을 기준으로 하고 있는 데 대하여 UCC에서는 인도시의 상당한 가격을 기준으로 하고 있다는 점에서 차이가 있다.

2 물품의 수령

매수인의 물품수령(taking delivery of goods)의 의무는 매도인의 물품인도의무와 대응하는 개념이기는 하나, 거의 모든 법제에서 매도인의 물품인도의무를 인정하고 있는 데 비

---

86) CISG 1980, Article 55.
87) SGA 1979, §8(1).
88) UCC, Article 2-305(1).
89) CISG 1980, Article 55.
90) SGA 1979, §58(2).

하여 매수인의 물품수령의무의 경우에는 의무로서 인정하는 법제도 있으나 아무런 규정도 없는 법제도 있다.

CISG는 매수인의 물품수령의무를 규정하고 있으며, 이 규정에는 매도인에 대한 협력과 물품수령의 두 가지 요소가 포함되어 있다.[91]

첫째, 매수인은 매도인을 통한 인도수령을 가능하게 하기 위하여 합리적으로 매수인으로부터 기대될 수 있는 모든 행위를 하여야 한다고 규정하고 있다. 예컨대 매수인은 필요한 수입승인을 얻고, 요구되는 준비를 하여야 하고, 주문한 물품을 조회하거나 특정하여야 한다는 것이다. 이러한 측면의 구체적인 내용은 각각의 인도방식에 따라서 차이가 있을 것이다.

둘째, 매수인이 물품을 수령하여야 할 것을 규정하고 있다. 인코텀즈에서와 같이 인도의 수령(taking delivery)이란 인도에 대응하는 개념으로서 물품을 점유 또는 지배하는 것을 의미하므로 그 물품의 소유자가 되는 것에 동의하는 수락과는 다르며 소유권의 이전과도 무관하다. 계약이 운송을 포함하는 경우에 수령의무는 반입인도조건보다는 반출인도조건에서 더욱 중요성을 가진다. 왜냐하면 매도인이 운송인과 운송계약을 체결하였으나 매수인이 물품을 수령하지 않는다면 매도인은 추가적으로 운임 및 체선료(demurrage)를 부담하여야 하기 때문이다.

그리고 계약에 운송이 포함되지 않는 경우로서 계약물품을 약정한 특정장소 또는 매도인의 영업소에서 매수인의 임의처분에 맡기도록 요구하는 경우에도 수령은 중요성을 가지는데, 이러한 경우에 위험은 통상적으로 매수인이 물품을 수령한 때에 이전하나, 매수인이 수령을 하지 않음으로써 계약을 위반한 경우에도 위험은 이전하므로 매수인은 자기의 임의처분에 맡겨진 장소로부터 물품을 물리적으로 이동시키지 않으면 안 된다.

SGA는 매수인은 물품을 수령할 의무를 부담한다고 규정하고 있으나[92] 매수인이 아직 검사하지 못한 물품을 제공받은 경우는 검사의 기회를 가질 때까지는 그 물품을 수령한 것으로 되지 않는다. 그러나 매수인이 물품을 검사할 상당한 기회를 가지는 것이 수령의 절대요건은 아니다.

UCC에서도 매수인의 물품수령의무를 규정하고 있으며,[93] 매수인의 수령과 수락을 구

---

91) CISG 1980, Article 60.
92) SGA 1979, §27.
93) UCC, Article 2-301.

별하고 매수인의 의무로서 물품의 수락을 규정하고 이미 수락하였다 하더라도 이를 철회할 수도 있다.

이와는 달리 한국 민법은 채권자가 이행을 받을 수 없거나 받지 아니 하는 때는 이행의 제공이 있는 때로부터 지체의 책임이 있다고만 규정하고,[94] 그 이외의 구체적인 규정은 하고 있지 않다. 채권자의 수령의무에 대하여 소수설은 관습 또는 특약이 있는 경우는 별도로 하고 채권자의 수령의무는 없으며, 민법의 수령지체책임은 신의칙에 의거한 법정책임이라고 하나 채권관계에 있어서 당사자는 공동목적의 달성에 협력할 공동체이기 때문에 채권자가 수령의무를 부담한다는 것이 다수설이다.[95]

인코텀즈에서는 매도인의 의무 중의 인도에 대한 대가적인 의무로서 매수인의 의무에 관한 항목에서 "taking delivery"라는 표제하에 매수인의 인도의 수령의무(B.4)를 다루고 있다. 그러나 구체적인 인도의 수령에 관한 내용은 규정되어 있지 않고 다만 매수인은 매도인의 의무(A.4), 즉 인도의 규정에 따라서 물품의 인도를 수령하여야 한다고만 정하여 매도인의 물품인도의 규정에 비하여 소극적인 규정을 하고 있다.

3 물품의 검사

CISG에서는 매수인에게 물품을 검사할 의무를 부담시키고 있다.[96] 여기서의 검사란 인도된 물품의 물적 적합성만을 검사하는 것을 의미하며 법적 적합성은 물품의 검사로 알 수 있는 성질의 것이 아니므로 검사의 대상에서 제외된다.

여기에서는 물품의 검사의무를 검사시기, 검사장소, 검사비용으로 나누어 살펴보기로 한다.

먼저 물품의 검사시기의 경우에는, 인도가 행하여지기 이전의 단계에서 매수인에게 검사하도록 하는 것은 불합리하기 때문에 검사는 인도의 시점을 기준으로 상황에 따라 실행가능한 단기간 내에 행해져야 한다고 규정하고 있으며, "상황에 따라 실행가능한 단기간 내"라는 표현은 "지체 없이"라는 의미로 해석될 수 있으며, 구체적으로는 개별적인 거래의 내용과 물품의 성질, 거래의 관행, 검사의 장소·시설·능력, 당해 물품검사에 소요되는

---

94) 한국 민법 제40조.
95) 곽윤직, 전게서, 159면.
96) CISG 1980, Article 38.

통상적인 기간, 기타 모든 주위사정을 고려하여 객관적으로 결정하여야 할 것이다.

또한 운송을 수반한 대부분의 물품매매의 경우에는 물품의 검사는 물품이 목적지에 도착한 후까지 연기할 수 있다. 또한 검사의 시기와 관련하여 실제의 무역매매에서 자주 문제가 발생하는 경우로 매수인이 합리적인 검사의 기회를 가지지 않고 물품 그대로 재판매하는 경우가 있는데, 이러한 경우에 대하여 CISG에서는 운송중에 목적지가 변경된 경우나 단순히 전송된 경우에도 매도인이 계약체결시에 그러한 변경 또는 운송의 가능성을 알았거나 또는 알았어야 하는 한 검사는 물품이 새로운 목적지에 도착한 후까지 연기할 수 있다고 하고 있다. 이 규정은 물품이 최종목적지에 도착하기 이전에 매수인이 검사를 위하여 개장하는 불편을 방지하고 매수인이 봉인된 컨테이너에 선적된 물품을 구매한 후 바로 환적하는 경우에도 목적지 도착시까지 검사를 연기할 수 있도록 함으로써 매수인에게 부적합을 발견할 수 있는 충분한 기회를 부여하고 있어서 현실의 국제물품매매에 적합한 규정이라 하겠다.

다음으로 물품의 검사장소에 대하여 CISG상에 명확한 규정은 없으나 검사시기의 경우와 같이 인도 이전에 매수인에게 검사하도록 하는 것은 불합리하므로 검사장소는 인도시점을 기준으로 매도인의 물품인도장소가 되어야 한다. 따라서 물품의 운송을 예정하고 있는 경우에는 그 운송의 목적지가 검사장소가 되어야 하며, 운송중에 물품의 목적지가 변경되거나 전송되는 경우에는 새로운 도착지가 검사장소가 되어야 할 것이다. 다른 법규의 경우 SGA에서는 검사장소를 물품이 개장될 것으로 예상되는 장소로 규정하고 있으며, UCC에서는 물품의 도착지를 검사장소로 보고 있다.

마지막으로 물품의 검사비용에 관한 것으로 CISG상에는 아무런 명시규정도 없으나 일반적으로 물품의 검사비용은 물품이 계약적합성을 가진 경우에는 매수인이 부담하며, 기타의 경우에는 매도인이 부담하는 것을 원칙으로 한다. UCC에서는 물품이 적합하지 않거나, 거절되는 경우를 제외하고 매수인이 검사비용을 부담한다고 규정하고 있다.[97]

인코텀즈에서는 매수인의 의무(B.9) 중에 물품검사(inspection of goods)를 다루고 있으나, 물품검사에 대한 구체적인 규정은 없다. 단지 매수인은 별도의 합의가 없는 한 수출국의 당국에 의하여 요구되는 경우를 제외하고 선적전 검사비용(cost of pre-shipment inspection: PSI)을 지급하여야 한다고 규정하여 강제적인 선적전 검사비용의 부담자를 명시적으로 매수인으로 규정하고 있을 따름이며 그 이외의 물품검사 또는 그 검사비용에 대하여는

---

97) UCC, Article 2-513(2).

언급하지 않고 있다. 한편 물품점검과 관련하여 매도인의 의무(A.9) 중의 점검·포장·화인에서 매도인에게도 점검의무를 부담시키고 있는데 매도인은 인도에 관한 규정에 따라 물품을 인도하기 위하여 필요한 물품검사를 수행하여야 하며, 그 비용은 매도인이 부담할 것을 규정하고 있다. 이는 인도를 위한 검사만을 언급하는 것이지 물품의 도착 후 계약물품과의 일치성을 판단하기 위한 검사를 의미하는 것은 아니다.

4 물품의 하자통지

CISG는 매수인이 매도인의 담보책임을 묻기 위한 하자통지의무를 규정하고 있는데, 매수인은 매도인에 대하여 부적합을 발견하거나 또는 그 부적합의 성질을 명확히 한 통지를 하지 않으면 그 물품의 부적합을 원용할 권리를 상실한다고 규정하고 있다.[98] 따라서 매수인이 이러한 통지의무를 해태하면 부적합을 원용할 권리를 상실하게 되어 손해배상의 청구나 계약의 해제 또는 대금의 감액 등을 청구할 수 없게 되는 것이다.

통지의 대상은 물품검사의 대상과는 달리 물품의 계약부적합을 대상으로 하며, 물품의 수량, 품질, 명세서, 포장의 물적 적합성뿐만 아니라 법적 부적합을 포함한다. 또한 서류상의 부적합의 경우에는 그에 관한 명문규정은 없으나 정확한 서류를 교부하는 것이 매도인의 의무 중의 하나로 규정되어 있으며,[99] 나아가 교부된 서류의 하자보완을 인정하고 있으므로 서류상의 하자도 통지의 대상이 되는 것으로 보인다.

다음으로 통지시기는 검사시기와 밀접한 관련을 가지는 것으로 매수인은 물품의 부적합을 발견하였거나 또는 발견할 수 있었을 때로부터 합리적 기간 내에 매도인에게 그 부적합을 통지하여야 한다고 규정하고 있다. 여기에서 문제가 될 수 있는 것은 통지의무의 제기기한으로서의 합리적인 기간의 해석인데, SGA에서는 "합리적인 기간이 어느 정도의 기간인가의 문제는 사실문제이다"라고 정하고 있으므로 각 경우의 상황과 사정에 따라 결정되어야 할 것이다.

또한 CISG에서는 "여하한 경우에도 물품이 실제로 매수인에게 교부된 날로부터 늦어도 2년 이내에 매수인이 매도인에게 물품의 부적합에 대하여 통지하지 않은 경우에 매수인은 당해 물품의 부적합을 원용할 권리를 상실한다"라고 통지기간에 대하여 추가적으로

---

98) CISG 1980, Article 39(1).
99) CISG 1980, Article 34.

규정하고 있다.[100) 이 규정은 계약의 목적물에 즉시 발견할 수 없는 하자가 있는 경우에도 후일에 매수인이 하자를 발견하였다면 물품이 실제로 매수인에게 교부된 날로부터 2년 이내인 한 합리적인 기간 내에 매수인은 매도인에게 통지를 해야 한다는 것이다. 그러나 예외 규정으로서 당사자간에 2년보다 장기의 보증기간이 계약상으로 약정되어 있는 경우에는 협약상의 2년이라는 기간제한을 받지 않게 됨을 명시적으로 규정하고 있는데, 이는 당사자자치의 원칙을 배려한 것으로서 물품이 일정기간 일정한 특성이나 품질을 보유한다는 명시적 보증이 있는 경우 이러한 약정은 통지기간에 우선한다.[101)

통지기간에서 주의하여야 할 것은 실제의 클레임 제기시에 CISG와는 별도의 제소기간이 규정되어 있다는 사실이다. 대표적인 것이 유엔 국제무역법위원회(UNCITRAL)에 의하여 작성된 "제소기간에 관한 협약"(Convention on the Limitation Period in the International Sale of Goods)으로 제8조에 제소기간을 통상적으로 매수인이 매도인에게 물품을 교부한 날로부터 또는 매수인이 이행의 제공을 거부한 날로부터 기산하여 4년으로 규정하고 있다. 또한 각국의 제정법에서는 영국의 경우에는 6년(제소기간법 제2조), 미국의 경우에는 4년(통일상법전 제2-725조), 한국에서는 수량부족의 경우에는 1년(민법 제574조), 목적물의 하자의 경우에는 6개월(민법 제582조)의 기간을 각각 규정하고 있다.

매수인의 통지의무에 대한 예외로서 CISG에서는 악의의 매도인은 매수인의 검사·통지의무 해태의 효과를 자기를 위하여 원용할 수 없다는 취지로 규정하고 있다.[102) 이는 신의성실의 원칙에 기초를 두는 것으로서 "형평을 구하는 자는 스스로 형평을 실천하여야 한다"(He who seeks equity must do equity)라는 법언(法諺)의 정신이 반영된 것으로 볼 수 있다.[103)

인코텀즈에서는 매도인에 대한 통지(notice to the seller)라는 표제의 규정(B.7)이 있으나, 이는 매수인의 하자통지의무를 규정한 것이 아니고 단지 매수인이 물품의 운송과 관련하여 확정된 선적기간 중에서 특정한 선적시기를 결정할 선택권을 가지는 경우 또는 매매계약체결시에 목적항을 결정하지 않고 체결 이후에 매수인이 결정할 선택권을 가지는 경우에는 매도인의 원활한 인도의무의 이행을 위하여 이에 대한 충분한 통지를 매도인에게 행하여야 함을 규정하고 있는 것이다.

---

100) CISG 1980, Article 39(2).
101) 고범준, 「국제물품매매계약에 관한 UN협약」, 대한상사중재원, 1983, 44면.
102) CISG 1980, Article 40.
103) 고범준, 전게서, 45면.

연구 과제

1. CISG의 적용범위 및 적용제외에 대하여 설명하여 보시오.

2. CISG와 Incoterms® 2010의 물품인도 장소 및 위험의 이전시기를 비교하여 설명하시오.

3. 물품의 인도와 관련하여 일반적으로 FOB 매매계약을 현실적 인도(actual delivery), CIF 매매계약을 상징적 인도(symbolic delivery)라고 일컫는데, 그 이유에 대하여 설명하시오.

4. 다음의 내용을 검토하고 질문에 답하여 보시오.

> 법률에서 의사표시는 일정한 법률효과를 발생시키려는 내심의 의사(意思)를 외부에 표시(表示)하는 것으로서 법률행위의 본질적인 구성 요소라고 할 수 있다. 그런데 내심의 의사와 외부에 표시되는 것이 일치하지 않는 경우가 있다. 이때 의사표시를 한 사람의 내심의 의사를 중시하여 그에 따른 법률효과를 인정해야 한다는 입장이 의사주의이다.
>
> 의사표시를 한 사람이 외부에 표시한 행위, 즉 언행이나 서면을 중시하여 그에 따른 법률효과를 인정해야 한다는 입장이 형식주의이다. 의사주의 입장에서는 내심의 의사와 일치하지 않는 의사표시는 무효이다. 현행 민법은 형식주의를 위주로 하면서 의사주의를 절충하는 입장을 취하고 있다. 법률행위의 내용의 중요 부분에 착오가 있는 의사표시는 취소할 수 있다고 인정하면서도, 그 착오가 의사표시를 한 자의 중대한 과실로 인한 경우에는 취소할 수 없다고 규정하고 있다.

1) 물품에 대한 소유권 이전과 관련하여 형식주의와 의사주의의 차이점을 설명하시오.

2) 특정물(ascertained goods)과 불특정물(unascertained goods)의 차이점을 각각 설명하여 보시오.

5. CISG는 물품의 소유권 이전에 관하여 세부적인 규정을 두고 있지 않는 이유는 무엇인가? 또한 물품에 대한 소유권의 이전시기와 위험의 이전시기를 SGA 및 Incoterms® 2010의 경우를 비교 설명하여 보시오.

Chapter

7

신 용 장

Chapter 7

신용장

국·제·상·거·래·론

제1절 신용장의 개념

국제상거래에서의 무역대금 결제방식은 크게 3가지 유형으로 구분할 수 있다. 그 첫째는 은행이 대금지급을 확약한 신용장(Letter of Credit: L/C)방식이며, 둘째는 은행이 대금지급을 확약하지 않고 계약서에 의해 수입자의 신용만을 전제로 한 추심(collection)방식으로 어음인수서류인도조건(Documents against Acceptance: D/A)과 어음지급서류인도조건(Documents against Payment: D/P), 셋째는 물품의 선적전 송금 또는 선적후에 지급되는 송금(remittance) 방식으로 사전송금(advance payment)되는 전신송금환(Telegraphic Transfer: T/T), 우편송금환(Mail Transfer: M/T), 송금수표(Demand Draft: D/D) 등의 단순송금방법과, 선적후에 지급되는 서류상환지급(Cash against Documents: CAD)과 현품인도지급(Cash on Delivery: COD) 방법이 있다.

이상과 같은 대금결제방식 중에서 주를 이루고 있는 것은 신용장방식이다. 여기에서는 신용장을 중심으로 그 기본적 개념과 특성, 당사자와의 법률관계, 신용장의 종류 그리고 신용장거래의 실제 등에 관하여 살펴보기로 한다.[1]

---

1) 신용장방식 이외의 대금결제방식에 대해서는 제8장에서 다룬다.

1 신용장의 의의

신용장은 발행은행(issuing bank)이 신용장조건에 일치하는 제시에 대하여 대금지급을 확약한 것이다. 신용장의 구체적 정의에 대해서는 화환신용장통일규칙(Uniform Customs and Practice for Documentary Credits: UCP)과 미국 통일상법전(Uniform Commercial Code: UCC)에서 규정하고 있는 내용을 살펴보기로 한다.

1) 신용장통일규칙상의 정의

신용장의 정의에 대해서 UCP 600 제2조에서는 다음과 같이 규정하고 있다.[2]

"신용장이란 그 명칭이나 기술에 관계없이 일치하는 제시를 인수·지급하기 위한 발행은행의 취소불능적인 그리고 분명한 확약을 구성하는 모든 약정을 말한다."

"Credit means any arrangement, however named or described, that is irrevocable and thereby constitutes a definite undertaking of the issuing bank to honour a complying presentation."

이와 같이 신용장의 정의를 한 마디로 표현하면 "은행의 조건부 지급확약"(conditional bank undertaking of payment)[3]이라고 말할 수 있다. 여기에서 조건부 확약이란 신용장조건, 신용장통일규칙의 적용 가능한 규정 및 국제표준은행관행을 종합적으로 고려하여 일치하는 제시에 대한 발행은행의 취소불능적인 확약을 말한다.

2) 미국 통일상법전상의 정의

한편 신용장의 정의에 대하여 미국 통일상법전에서는 다음과 같이 규정하고 있다.[4]

"신용장이란 발행의뢰인의 요청이나 계산에 따라, 또는 금융기관인 경우에는 스스

---

2) ICC, Uniform Customs and Practice for Documentary Credits (이하 UCP라 칭함), 2007, Revision, ICC Publication No. 600(이하 UCP 600이라 칭함), Article 2.
3) ICC, *Guide to Documentary Credit Operation*, ICC Publishing S. A., 1985, p. 6.
4) UCC, Article 5-102, Definitions(a)(10).

로 또는 자기 계산에 따라 발행인이 수익자에게 금전적 가액의 지급이나 교부로써 서류
의 제시를 인수·지급하겠다는 제5-104조의 요건을 충족하는 분명한 확약을 말한다."

"Letter of credit means a definite undertaking that satisfies the re- quirement of
Section 5-104 by an issuer to a beneficiary at the request or for the account of an
applicant or, in the case of a financial institution, to itself or for its own account, to
honor a documentary presentation by payment or delivery of an item of value."

UCC의 정의에서도 UCP처럼 신용장은 "조건부약속"(conditional promise)을 의미하고
있다. 여기에서 제5-104조의 요건이란 형식적 요건(formal requirements)으로 신용장의 확
인, 통지, 양도, 변경 또는 취소는 서명에 의하거나 또는 당사자의 합의 또는 금융기관
의 표준관습에 따라 인증되어 있는 어떠한 기록의 형식으로 발행할 수 있는 것을 말한다.
UCC에서는 은행 이외의 자도 신용장을 발행할 수 있도록 규정하고 있다.

그러나 신용장은 보증서(Letter of Guarantee)와 구별하여야 한다. 신용장이나 보증서는
매매계약 또는 보증계약과 관련하여 보증채무라는 점에서는 동일하다. 보증채무는 주된
채무와 동일한 내용을 가지는 종속된 채무이며, 주된 채무를 담보하는 작용을 한다. 신용
장은 매매당사자의 주된 채무와 독립된 채무인 데 반하여, 보증서는 주채무에 종속된 채
무이다. 따라서 보증서는 주채무자가 그 채무를 이행하지 아니할 때에 비로소 채무를 이
행하면 되지만, 신용장은 독립된 확약이기 때문에 신용장조건에 따라 지급의무를 이행하
여야 하는 것이다.

2 신용장의 기원

신용장의 기원에 대해서는 고대 그리스시대 혹은 로마시대 등 여러 설이 있으나 12세
기에 신하의 자금조달을 위해서 법왕이나 왕후 등에 의해 신용장이 사용되었다고 한다.
상인이 신용장의 서장(書狀) 발행인으로 등장한 것은 13세기경 유태인(Jew)과 롬바르드
(Lombard)상인에 의해서 비롯되었다고 하지만 입증할 만한 확실한 기록이 없다. 기록에
의한 최초의 신용장은 1654년의 것으로 영국의 토마스(Thomas)가 파리(Paris)에 출장가는
존(John)을 위하여 파리의 상인 윌리암(William) 앞으로 발행한 것인데, 그 내용은 존에게
1회 또는 수회로 분할하여 2,000 Crowns 한도로 그의 요구 및 상황에 따라 영수증 또는

환어음을 인수하여 지급하고 이를 발행인인 토마스 계정으로 산입하여 둘 것이며 지급인인 월리암이 그러한 행위에 대하여 담보한다는 것이다. 이와 같은 신용장은 오늘날의 여행자신용장(traveller's letters of credit)과 같은 기능을 가지고 있어서 발행의뢰인이 수익자이고 또한 매수인 자신이기도 하여 그가 신용장을 가지고 구매지 또는 행선지의 상인에게 제시함으로써 물품구입과 자금조달 등의 목적에 사용할 수 있었다. 그런데 은행이 신용장 발행인으로 등장한 것은 19세기에 들어서면서 어음인수 또는 증서발행을 주업무로 하는 "Merchant Bank"에 의해 시작되었지만 여행자신용장의 기능을 탈피하지 못하였다. 오늘날과 같은 신용장은 20세기인 1920년대에 들어와 환어음에 서류를 요구하는 관행, 이른바 화환신용장(documentary credit)이 상거래에 이용되면서부터 보편화되었다.

3 신용장의 유용성

신용장은 국제매매 당사자간에 공신력이 있는 은행이 개입하여 신용을 바탕으로 한 지급기능과 금융기능을 수행함으로써 국제무역을 원활하게 수행할 수 있도록 하고 있다. 신용장은 매매당사자간에도 다음과 같은 여러 가지 이점이 있기 때문에 무역거래에서 그 유용성은 매우 크다고 할 수 있다.

1) 수출자의 이점

첫째, 수입자의 신용위험(credit risk)이 발행은행의 신용으로 대금지급약속이 되기 때문에 대금회수의 확실성이 보장된다.

둘째, 신용장을 담보로 수출물품을 제조·가공하는 데 따른 원자재조달을 위한 금융을 은행측으로부터 수혜할 수 있다.

셋째, 신용장의 발행은 수출자의 계약이행을 확실하게 보장하여 준다.

넷째, 물품을 선적한 후 신용장조건에 일치되는 수출환어음(서류) 매입을 통하여 수출대금을 즉시 확보할 수 있다.

2) 수입자의 이점

첫째, 은행의 신용을 이용하기 때문에 수입자는 가격 및 결제조건 등에 있어 유리한 매매계약을 체결할 수 있다.

둘째, 수입물품의 선적시에 대금을 지급하지 않고 수입환어음(서류)이 발행은행에 도착한 후에 지급하거나, 무역금융을 이용하여 수입대금을 결제할 수 있다.[5]

셋째, 신용장상에 선적기일(shipping date)과 유효기일(expiry date)이 명시되어 있어 계약물품의 선적 및 서류도착 시기를 예상할 수 있다.

제 2 절 신용장의 특성과 거래관행

신용장거래에서는 독립·추상성의 원칙, 완전성과 정확성의 원칙, 국제표준은행관행 및 서류거래의 원칙이 존중되고 있다. 이는 은행으로 하여금 보다 적극적인 신용장의 기능, 즉 지급기능과 금융기능을 수행하게 함으로써 원활한 거래를 행할 수 있도록 하기 위한 것이다. 그러나 무역대금결제와 관련하여 이러한 신용장의 특성과 거래관행을 악용하여 사기행위를 하는 거래당사자도 있으므로 세심한 주의를 하여야 한다.

1 독립·추상성의 원칙

1) 신용장의 독립성

신용장의 독립성(independence)이란 신용장과 매매당사자간의 근거계약(underlying contract)이나 기타 계약과는 별개의 독립된 거래로 간주하는 원칙을 말한다. 신용장통일규칙에서는 "신용장은 그 성질상 그것이 근거가 되는 매매계약 또는 기타 계약과는 별개의 거래이다. 은행은 그러한 계약에 관한 어떠한 참조사항이 신용장에 포함되어 있다 하더라도 그러한 계약과는 아무런 관계가 없으며 또한 구속되지 아니한다. 따라서 신용장에 의하여 인수·지급, 매입하거나 또는 모든 기타 의무를 이행한다는 은행의 확약은 발행의뢰인이 발행은행 또는 수익자와의 관계로부터 야기되는 클레임 또는 항변에 지배받지 아니하는 조건으로 한다. 수익자는 어떠한 경우에도 은행 상호간 또는 발행의뢰인과 발행은

---

5) L/G와 T/R제도를 이용하여 적기에 수입화물을 선취득할 수도 있다.

행간에 존재하는 계약관계를 원용할 수 없다"고 규정하고 있다.[6]

또한 미국 통일상법전에서도 "발행인은 근거계약, 거래약정 또는 거래의 이행 또는 불이행, 타인의 작위 또는 부작위에 대하여 아무런 책임을 부담하지 아니한다"고 하여 UCP와 같은 취지의 규정을 두고 있다.[7]

이처럼 은행은 어떤 경우에도 매도인(seller)과 매수인(buyer) 사이의 매매계약 또는 기타 신용장발행에 근거가 되는 계약상의 이유에 의한 항변으로 권리침해를 당하거나 책임과 의무를 부담하지 아니한다. 매매계약으로부터 은행과 고객간의 신용장약정(credit agreement)의 독립은 근거계약에 관계없이 서류가 정상적이라면 은행은 고객에 대하여 상환을 요구할 수 있으므로 결국 은행을 보호하게 된다.

신용장의 독립성은 신용장의 본질을 규정하는 가장 중요한 조건으로 간주되고 있으며 신용장거래가 매매계약으로부터 독립성이 있기 때문에 은행은 제시된 서류를 발행한 운송인, 검사소, 수출자 등에 직접 가서 일일이 확인을 하지 않더라도 지급·인수 또는 매입에 의하여 원활하게 처리할 수 있는 것이다. 따라서 신용장문면에 만일 물품의 명세(description)가 "as per Sales Note No.…dated…" 등과 같이 매매계약서의 일자나 번호가 명시되어 있다 하더라도 은행은 실질적인 조사의무는 없으며 제시된 서류의 문면에 이와 같은 문언이 기재되어 있다면 족하다고 할 수 있다.

2) 신용장의 추상성

신용장의 추상성(abstraction)이란 매매계약서에 언급된 물품이야 어떻든 또 실제로 매수인에게 도착된 물품이야 어떻게 되었든 간에 은행은 신용장에서 요구하는 서류로 대금지급 여부를 판단하는 것이다. 신용장통일규칙에 의하면 "은행은 서류로 거래하는 것이지, 그 서류와 관련될 수 있는 물품, 서비스 또는 이행으로 거래하는 것이 아니다"라고 규정하고 있다.[8]

은행은 매매계약물품에 대해 요구되는 전문적인 지식이 사실상 부족하기 때문에 신용장내용과 서류상의 문면만을 기준으로 그 일치성 또는 정당성 여부를 판단하여 지급이행을 행한다는 것은 당연하고 합리적인 관행이라고 할 수 있다.

---

6) UCP 600, Article 4.
7) UCC, Article 5-109(1)-a.
8) UCP 600, Article 5.

신용장거래시 독립·추상성의 보호를 가장 필요로 하는 자는 지급·인수·매입은행이다. 그 이유는 이들 은행이 수익자로부터 제시된 환어음 및 서류가 신용장조건에 완전히 합치되어 지급·인수·매입을 행하여도 신용장발행의뢰인에 의해 수익자와의 매매계약위반을 이유로 발행은행으로 하여금 그 환어음 또는 서류에 대한 인수·지급 또는 상환이 거절될 우려가 있다고 하면 이들 은행은 신용장거래를 안심하고 행할 수 없기 때문이다. 신용장의 독립·추상성에 의하여 발행은행은 매매계약상의 항변으로부터 보호되지만 그 반면 수익자에 대하여는 독립·추상성의 의무를 부담하게 된다.

2 완전성과 정확성의 원칙

신용장의 완전성과 정확성의 원칙(doctrine of completeness and preciseness)이란 신용장발행을 위한 지시, 신용장 그 자체, 신용장에 대한 조건변경은 완전하고 정확하지 않으면 안 된다는 것을 말한다. 따라서 신용장에 너무 지나치게 상세한 명세를 삽입하는 것은 혼란과 오해를 초래할 염려가 있으므로 신용장발행은행은 발행의뢰인을 설득하여 이를 억제하도록 하고 있다.[9] 또한 신용장의 완전성을 해칠 우려가 있는 이미 발행된 신용장, 즉 유사신용장(similar credit)[10]과 관련하여 UCP 600에서는 "발행은행은 신용장의 구성요소 부분으로서, 근거계약의 사본, 견적송장 및 기타 유사한 것을 포함시키고자 하는 모든 시도를 제지하여야 한다"[11]라고 규정하고 있다.

따라서 신용장발행의뢰서에 기재되는 신용장조건은 거래당사자에게 중요한 영향을 미칠 수 있기 때문에 특히 발행의뢰인의 신용장발행 요청에 따라 신용장을 발행하는 발행은행은 신용장의 구성요소에서 그 표현이 완전하면서도 정확하여야 한다.

---

9) 지나치게 상세한 명세를 삽입하는 대신 신용장의 물품명세로 물품명을 기재하고 이에 추가하여 "…other details as per sales Note No.15 dated May 15, 20xx"과 같이 기재하는 것이 좋다.

10) 유사신용장이란 이미 발행된 신용장을 참조로 하여 발행·통지되는 새로운 신용장(fresh credit)을 말한다. 예컨대, "…Refer to our previous credit No. 333 except credit amount US$150,000 Credit No. 555…"의 경우 새로 발급된 신용장금액 US$150,000 및 신용장 번호 555를 제외하고는 이미 발급되었던 신용장번호 333과 내용이 유사하다는 식의 신용장을 의미한다. 본장의 제4절 제3항 신용장의 종류에서 구분하고 있는 유사신용장과는 구별하여 이해하여야 한다.

11) UCP 600, Article 4-b.

3 일치성 판단과 국제표준은행관행

1) 엄밀일치의 원칙적용에 따른 논쟁

신용장거래시 은행이 서류를 심사하고 수리 여부를 결정하는 데 있어 문제가 될 수 있는 것은 제시된 서류에 대하여 은행이 어떤 기준에 의하여 어느 정도의 주의를 기울여 검토해야 될 것인가 하는 점이다. 은행의 서류수리 원칙에 관해서는 전통적으로 법원의 법률적 원칙으로 적용되어 온 엄밀일치의 원칙(doctrine of strict compliance)과 상당일치의 원칙(doctrine of substantial compliance)이 있다.

엄밀일치의 원칙이란 은행은 신용장조건에 엄밀하게 일치하지 않는 서류에 대해서 거절할 수 있는 권리를 가지고 있다는 법률원칙이다. 다시 말하면, 은행은 제시된 서류가 신용장조건의 문언에 일치된 것으로 판명된 서류에 한하여 지급이행할 수 있다는 원칙을 말한다. 국제상거래상의 지급도구인 신용장은 엄밀일치성을 생명으로 하기 때문에 서류는 신용장조건에 엄밀하게 일치하여야 하는 것을 기본으로 삼고 있다.

서류수리와 관련된 신용장거래분쟁에서 많은 판례들은 신용장조건과 엄밀일치의 원칙적용 또는 상당일치의 원칙적용에 있어서 대립되고 있는 실정이다. 다수의 법정은 엄밀일치의 원칙 적용이 지지되어 왔다. 그 대표적인 예로 Equitable Trust Co. of New York v. Dowson Partners Ltd.사건[12]에서 "여하튼 서류에 관한 한 거의 같다든가 괜찮을 것이라는 인식은 전혀 통하지 않는다"(There is no room for documents which are almost the same or which will do just as well)라고 판시하였다. 이와 같이 동 원칙을 적용한 판례는 이 밖에도 많이 있다.[13] 신용장통일규칙 제2조의 "신용장이라 함은 그 명칭이나 기술에 관계없이 일치하는 제시를 인수·지급하기 위한 발행은행의 취소불능적인 모든 약정 및 분명한 확약을 구성하는 모든 약정을 말한다"는 취지 또는 제18조의 "상업송장(commercial invoice)상

12) [1927] 27 Ll. Rep. 49; H.C. Gutteridge and Maurice Megrah, *The Law of Banker's Commerciat Credits*, Europa Publications Ltd., London, 1984, p. 117.
13) Mahno Industries, Corp. v. Chase Manhattan Bank, N.A., [2nd Cir 1982] 34 U. C.C. Rep. Serv. (Callaghan) 637; Bank of Italy v. Merchants National Bank, [1923] 236 N.Y.106; Bank Melli Iran v. Barclays Bank, [1951] 2 T.L.R. 1057; S.H. Rayner & Co. v. Hambros Bank Ltd., [1943] l.K.B. 37; Soproma S.P.A. v. Marine & Animal By Products Corporation, [1966] Lloyd's Rep. 367; The London and Foreign Trading Corporation v. British and North European Bank, [1921] 9 Ll. Rep. 116; H.C. Gutteridge and Maurice, Megrah, *op. cit.*, p. 150; 한국 대법원 85. 5. 28. 선고 84다카 696, 697 판결.

의 물품, 서비스 또는 이행의 명세는 신용장에 보이는 것과 일치하여야 한다"[14]라는 취지는 본질적으로 엄밀일치의 원칙이 적용됨을 시사하고 있는 것이다.

그러나 엄밀일치의 원칙적용은 서류를 심사하는 자의 태도에 따라 은행은 방어적인 입장에서 행동하기 쉽기 때문에 채무불이행을 원하는 은행의 안전한 피난처가 되기 쉽다. 이 원칙적용은 신용장발행은행으로 하여금 신용장조건 범위 내에서 주관적 판단을 허용하고, 신의성실에 의한 엄밀일치서류에 대한 지급을 통하여 발행의뢰인으로부터 상환청구권을 갖게 되면 결국 발행은행 자신을 보호하게 되는 것이다.

한편 원활한 국제상거래를 위하여 엄밀일치의 원칙적용을 완화하는 시도가 이루어져 상당일치를 옹호하는 판결들도 많다.[15] 미국의 판례 가운데 Talbot v. Bank of Hendersonille 사건[16]에서 신용장의 물품명세는 "101 No. 418 Alam Units consisting of Part 301, 13 Siren and Remote Switch"이었으나 제시된 상업송장상의 물품명세는 "Dialer Me-310"이라고 부가하면서 "It covers 101 No. 418 Alam Units consistency of Part 301"이라는 약간 다른 표현으로 기술하였다. 이에 대하여 법원은 그 기재의 일치성을 인정하는 것으로 판시하였다.

상업송장은 매도인이 매수인에게 공급하는 물품에 대한 물품명세서 및 청구서와 같은 것으로 그 물품이 매수인이 제시한 매수조건과 일치하는지의 여부를 가리는 주요한 자료이므로 다른 서류보다 더 엄밀하게 신용장과 일치될 것이 요구되지만, 서류가 신용장조건과 문언대로 엄밀하게 일치되어야 한다고 하여 문구 하나도 틀리지 않게 완전히 일치하여야 한다는 뜻은 아니다.

이에 대하여 한국 대법원의 판결에서도 문구에 약간의 차이가 있더라도 은행이 상당한 주의(reasonable care)를 기울이면 그 차이가 경미한 것으로서 문언의 의미에 차이를 가져오는 것이 아니고, 또 신용장조건을 전혀 해하는 것이 아님을 문언상 알아차릴 수 있는 경우에는 신용장조건과 합치하는 것으로 보아야 할 것이라고 판시하고 있다.[17] 그러나 상업송장의 기재가 신용장에서 요구하는 사항보다 부가적인 표현으로서 신용장의 기재를 해하

---

14) UCP 600, Article 18-c.
15) Flagship Cruises Ltd. v. New England Merchant National Bank of Boston, [1978] 1st Cir.; Soproma, S.P.A. v. Marine & Animal By Products Corporation Ltd., [1966] 1 Lloyd's Rep. 367; Laudisi v. American Exchange National Bank, [1924] 239 N.Y. 234, 146 N.E. 347; Trans america Delaval Inc. v. Seymour, [1955] 2 Lloyd's Rep. 147; 한국 대법원 1979. 5. 8. 선고 78다2006 판결.
16) [1973] Tenn. App. 496 S.W. 2d, 548; Gutteridge, H.C., and Maurice Megrah, *op. cit.*, p. 171.
17) 한국 대법원 제1부, 85. 5. 28. 선고 84다카696, 697 판결.

는 것이 아니라면 용인될 수 있지만, 신용장에서 요구하는 조건을 결여한 것이거나 신용장의 기재와 어긋나는 것이라면 용인될 수 없으므로 거절하여야 한다. 미국의 법정에서의 엄밀일치의 원칙과 상당일치의 원칙적용에 관련된 판례를 보면 상당일치보다는 엄밀일치의 원칙을 지지하는 편이 우세하다.[18]

2) 국제표준은행관행

신용장 서류심사를 위한 국제표준은행관행(International Standard Banking Practice for the Examination of Documents under Documentary Credits: ISBP)은 UCP 500 제13조에서 최초로 반영된 개념이다. 즉 동조에서는 "규정된 서류의 문면상 신용장의 제조건과의 일치성은 본 규칙에 반영되어 있는 국제표준은행관행에 따라 결정된다"고 규정하여 모호하고 매우 추상적인 조항이었다.

UCP 500 상에는 ISBP의 구체적 정의가 없으나 UCP 500을 개정하면서 국제상업회의소 은행위원회의 개정이유에 대한 주석을 보면 신용장 표준은행관행이란 "결코 독단적이지 않고, 태만하지 않고 또한 부정직하지 않고, 가장 정직하고, 숙련되고 예견 가능한 관행을 구현하는 규범을 말한다"(Far from being arbitrary, negligent of dishonest, letter of credit standard banking practice contains the rules the embody the most honest, skillful and predicable practices)라고 정의하고 있다. 따라서 은행에서 모든 서류심사를 담당하는 자는 항상 "정직하고 사려 깊은 은행원은 이러한 상황하에서 어떻게 행동할 것인가?"(What would an honest, knowledgeable banker do under the circumstances?)[19]를 생각하여야 한다는 ICC 은행위원회의 취지를 고려하여 볼 필요가 있다. 은행원들은 나름대로 그들의 업무처리지침, 연수교재 및 국제상업회의소의 교육 및 무역관련 간행물, 예컨대 국제상업회의소 은행위원회의 의견 및 결정자료 등을 통하여 국제표준은행관행을 검토하여 왔다.

그러나 이와 관련된 은행업무는 다분히 은행의 재량권을 남용할 수 있는 문제의 소지가 있다 할 것이다. 이에 따라 ICC는 은행위원회 특별팀의 작업에 의한 2년 6개월간의 산물로, 2002년 10월 30일 로마 총회에서 승인된 "ISBP, ICC Publication No. 645"라는 UCP

---

18) Robert M. Rosenblith, "Current Development in Letters of Credit Law", *Uniform Commercial Code Law Journal*, Vol. 21, Fall 1988, p. 175; John F. Dolan, *The Law of Letters of Credit*, 2nd ed., Warren Gorham & Lamont, Inc., 1991, Sec. 6-4.

19) ICC Document No. 470/-37/4, May 27, 1991.

500 추록인 신용장 서류심사를 위한 국제표준은행관행을 200항에 걸쳐 구체적인 표준을 제시하였다. 그 후 ISBP는 2007년 UCP 600 제정에 따라 "ISBP 681"로 업데이트하고 2013년 4월 이를 다시 "ISBP 745"로 업데이트하여 명칭을 "UCP 600하의 서류심사를 위한 국제표준은행관행"(International Standard Banking Practice for the Examination of Documents under UCP 600)으로 하면서 제시되는 일반적인 서류들에 대한 심사기준을 제시하고 있다.

신용장 서류심사는 지정은행, 확인은행(있는 경우) 및 발행은행은 서류가 문면상 일치하는 제시(complying presentation)를 구성하는지 여부를 결정하기 위하여 서류만을 기초로 하여 제시를 심사하여야 한다.[20]

여기에서 일치하는 제시란 신용장조건, 본 규칙의 적용 가능한 규정 및 국제표준은행관행에 따른 제시를 의미한다. 서류심사기간은 제시가 일치하는 경우 제시기일과 관계없이 제시일 다음날로부터 최대 제5은행영업일을 갖는다.[21] 신용장 문맥을 읽을 때, 서류의 데이터, 서류의 자체 및 국제표준은행관행은 서류의 데이터 또는 신용장과 동일성을 요하지 않지만 서류의 데이터, 모든 기타 규정된 서류 또는 신용장과 상충되어서는 아니 된다[22]라고 하여 서류상호간 동일성을 요하지 않으나 상충되어서는 아니 됨을 강조하고 있다.

국제표준은행관행은 UCP와 ICC 은행위원회의 의견과 서로 일치된다. ISBP는 UCP 중에 반영된 관행들이 어떻게 서류취급자들에게 적용되는가를 설명하고 있다. 물론 일부 국가의 법은 여기에 언급된 것과 다른 관행을 강요할 수 있음을 인식하여야 한다. 그러나 어떠한 단일의 간행물도 모든 조건 또는 화환신용장과 관련하여 사용되어지는 서류 또는 UCP 해석 및 그것이 반영하는 표준관행을 기대할 수는 없다. UCP 조항의 적용가능성을 수정하거나 영향을 주는 어떠한 조건은 국제표준은행관행에 영향을 미칠 수 있다는 점에 유의할 필요가 있다.

이와 같이 국제표준은행관행의 도입은 신용장발행은행의 입장에서는 서류상 본질적인 중요한 하자사항이 아님에도 불구하고 자구 하나하나의 엄밀일치만을 고집하여 서류상의 하자만을 지적하고, 지급거절 또는 지급유보 상태임을 먼저 통지하는 바람직하지 못한 관행을 예방할 수 있음은 물론 사소한 시비를 모두 법정의 판결로 해결하려는 시도를 감소시킬 수 있을 것이다.[23]

---

20) UCP 600, Article 14-a.
21) UCP 600, Article 14-b.
22) UCP 600, Article 14-d.
23) 강원진, "신용장서류심사를 위한 ICC 국제표준은행관행의 일반원칙에 관한 고찰",「국제상학」, 제18

4 서류거래의 원칙

신용장거래의 대상은 물품이나 서비스 그 자체나 계약의 이행이 아니고 서류이다. 따라서 신용장통일규칙에서도 신용장거래에서 "은행은 서류로 거래하는 것이지 그러한 서류가 관련될 수 있는 물품, 서비스 또는 이행으로 거래하는 것이 아니다"라고 규정하고 있다.[24]

은행이 신용장조건에 일치하는 서류와 상환으로 대금을 지급하여야 할 의무는 해당 물품이나 서비스 또는 계약이행이 실제 내용과 일치하지 않는다는 통지에도 아무런 영향을 받지 않는다. 또한 발행은행이 서류접수 후 그것이 문면상 신용장조건에 일치하지 않는 경우에 그러한 서류를 수리할 것인가 아니면 이를 거절하고 문면상 신용장의 조건과 일치하지 않는다는 클레임을 제기할 것인가의 여부는 서류만을 근거로 하여 결정하여야 한다.

서류의 수리 또는 거절여부를 결정하는 데 있어 "서류만을 근거로 하여"(on the basis of documents alone)라는 말은 발행은행이 신용장발행의뢰인에게 그 불일치에 관한 권리포기 여부를 교섭할 수는 있으나 독자적으로 서류를 근거로 결정하여야 한다는 의미를 가진다. 은행은 서류가 일반적 상태성의 형식을 구비하고 있는지 또는 그 서류가 과연 법률상 완전 유효한 것이라든지 위조·변조가 없다는 것까지 보장할 수는 없다. 따라서 신용장거래에서 은행은 서류의 이면에 있는 물품을 알 수 없기 때문에 오직 서류의 문면만을 점검하고[25] 서류로 거래하는 것이다.

제 3 절 신용장의 당사자와 법률관계

1 신용장의 당사자

신용장거래에 관계되는 자를 총칭해서 신용장의 당사자(parties) 또는 관계당사자(parties concerned)라고 한다. 관계당사자는 모든 신용장에 일정하게 등장하는 것이 아니고 신

권 제3호, 한국국제상학회, 2003, 145~146면.

24) UCP 600, Article 5.

25) ICC, *Case Studies on Documentary Credits, problems, queries, answers*, ICC Publishing S.A. 1989, p. 60.

용장의 종류별 또는 발행은행의 사정에 따라 다르다. 여기에서는 신용장의 조건변경 또는 취소에 관계되는 기본당사자[26]와 기타 당사자로 구분하여 살펴보기로 한다.

1) 기본당사자

① 발행은행(issuing bank)

신용장발행의뢰인의 요구에 응하여 수익자 앞으로 신용장을 발행하는 은행을 발행은행(issuing bank)[27]이라고 한다. 발행은행은 보통 발행의뢰인의 주거래은행이 되며 수익자에 대하여 지급을 확약하는 자로 환어음지급에 있어서 최종적인 책임, 즉 상환의무를 부담하게 된다. 발행은행은 개설은행(opening bank) 또는 신용공여은행(grantor)이라고도 하지만 UCP 상에는 "issuing bank"로 사용되고 있다.

② 확인은행(confirming bank)

발행은행으로부터 수권되었거나 요청받은 제3은행이 신용장에 의하여 발행된 환어음의 지급·인수 또는 매입을 추가로 확약하는 경우 그러한 은행을 확인은행(confirming bank)이라고 한다. 신용장의 확인은 발행은행과는 독립적인 확약이며 발행은행에 대한 확인은행의 여신행위라고 할 수 있으므로 발행은행의 확인요구에 대해 반드시 응할 필요는 없다. 수출자는 수입자의 거래은행이 정치·경제적으로 결제상의 위험이 있다고 판단되면 보통 수출자 소재지의 제3은행을 확인은행으로 하는 이른바 확인신용장(Confirmed L/C) 발행을 요청하게 할 수 있다.

---

26) UCP 600, Article 10-a; "Except as otherwise provided by article 38, a credit can neither be amended nor cancelled without the agreement of the issuing bank, the confirming bank, if any, and the beneficiary."

27) 미국 통일상법전에 규정된 바와 같이 미국에서는 은행 이외의 자도 신용장을 발행할 수 있으므로 이 책에서는 이 경우 발행인(issuer)으로, 그 외 신용장통일규칙(UCP) 등 국제간 신용장거래에서는 은행이 신용장을 발행하는 관행을 고려하여 발행은행(issuing bank)으로 그 용어를 혼용하여 사용하고자 한다. 아울러 저자는 신용장거래에서 개설은행(opening bank)이라는 표현은 발행은행(issuing bank)이라는 표현으로 그 용어가 사용되어야 한다는 점을 권고하고 싶다. 왜냐하면 "opening bank"라는 용어는 "국제상업회의소 1974년 제3차 개정 UCP 290" 때부터 "issuing bank"로 사용하게 되었고(General Provisions and Definitions (b) 및 A. Form and Notification of Credits Article 2 이하 UCP 전문에서 "issuing bank"로 사용), 그 이후 및 현행 UCP 600 용어의 정의(제2조) 및 모든 조항에서 "issuing bank"라는 용어로 표현되고 있으며, 그리고 eUCP에서도 "issuing bank"라는 용어로 표현되고 있기 때문이다.

③ 수익자(beneficiary)

발행은행으로부터 신용장을 수령하여 신용장조건에 따른 권리와 이익을 얻는 수출자를 특히 신용장거래에서는 수익자(beneficiary)라고 한다.[28] 수익자는 매도인(seller), 수출자(exporter) 이외에도 신용장의 사용자이므로 사용자(user), 환어음을 발행할 수 있으므로 어음발행인(drawer), 신용을 수혜하고 있기 때문에 신용수령인(accreditee), 신용장이 수익자 앞으로 발행된다는 점에서 수신인(addressee), 또는 물품을 선적하는 자라고 하여 송화인(shipper)이라고 할 수 있지만 신용장거래에서는 "beneficiary"로 통용되고 있다.

2) 기타 당사자

① 발행의뢰인(applicant)

수입자는 매매계약의 조건에 따라 자기의 거래은행을 통하여 신용장 발행을 의뢰하게 된다. 이 경우 수입자를 신용장거래에서는 발행의뢰인(applicant)이라고 한다. 발행의뢰인은 매수인(buyer), 수입자(importer)란 명칭 외에도 지급의무가 있다는 점에서 채무자(accountee; for account of), 신용장발행을 하도록 하여 주는 자라고 하여 개설인(opener) 등으로 표현되기도 한다.[29]

② 통지은행(advising bank)

신용장발행은행이 신용장을 발행하게 되면 그 내용을 수출자인 수익자에게 알리기 위하여 수익자 소재지에 있는 발행은행의 본·지점이나 환거래은행(correspondent bank)을 경유하여 통지하게 되는데, 이때 통지를 행하는 은행을 통지은행(advising bank; notifying bank; transmitting bank)이라고 한다.

발행은행으로부터 통지은행으로의 신용장통지는 발행의뢰인의 요청에 따라 전송(tele-transmission)이나 우편(mail) 중 어느 한 가지 방법을 이용하게 된다.[30]

---

28) 미국 통일상법전에서는 "신용장조건에 따라 이와 일치하는 제시를 인수·지급하도록 청구할 수 있는 자를 의미한다"라고 정의하고 있다; UCC, Article 5-102(3).

29) UCP 600에는 발행은행, 확인은행(있는 경우), 수익자만을 신용장조건변경 또는 취소할 수 있는 당사자로 규정하고 있어 발행의뢰인이 제외된 것 같지만 발행의뢰인의 요청에 따라 발행은행이 일단 신용장을 발행하게 되면 발행은행은 발행의뢰인의 의사가 포함되어 있는 것으로 보아야 할 것이다.

30) 발행은행측이 신용장을 수익자에게 직접 통지하는 경우에는 그 진위여부를 확인하는 데 어려움이 있으므로 통지은행을 경유하도록 하여야 한다. 한국의 무역금융규정에서도 외국환은행은 모든 신용장에 신용장통지번호를 부여하도록 하여 은행경유를 의무화하고 있다.

③ 매입은행(negotiating bank)

수익자는 신용장조건에 따라 선적을 완료한 후 결제서류를 준비하고 수출환어음을 발행하여 자기의 거래은행에 환어음의 매입을 의뢰하게 되는데, 이때 환어음을 매입하는 은행을 매입은행(negotiating bank)이라고 한다.

매입은행은 발행은행 등으로부터 상환받을 수 있는 기간까지의 환가료(exchange commission)를 공제하기 때문에 환어음금액을 할인하여 수익자에게 지급한다. 그러한 의미로 볼 때 매입은행은 곧 할인은행이라고도 할 수 있다. 특히 환어음의 매입이 수익자거래은행 이외의 특정은행으로 지정되어 있는 매입제한신용장(restricted credit)의 경우에는 수익자의 거래은행은 매입제한은행에 재매입(renegotiation)을 의뢰하게 된다. 이때의 매입은행을 특히 재매입은행(renegotiating bank)이라고 한다.

④ 지급은행(paying bank)

수익자가 발행한 환어음(또는 제시서류)에 대해서 직접 대금을 지급하여 주는 은행으로서 대금을 지급하도록 수권받은 은행을 지급은행(paying bank)이라고 한다.

지급은행은 발행은행의 예치환거래은행(depositary correspondent bank)으로서 예치환거래계약을 체결하고 발행은행의 예금계정(deposit account)을 설정하여 신용장조건과 일치되는 서류에 대하여 지급시마다 발행은행의 예금계정에서 당해금액을 차감하면서 지급을 행하기 때문에 지급과 동시에 상환을 받게 된다.

그러나 지급에 대한 최종적 책임은 지급은행이 아니고 발행은행이 부담하게 된다.

⑤ 인수은행(accepting bank)

수익자가 발행하는 환어음이 기한부어음(usance bill)일 경우에는 은행이 지급에 앞서 인수(acceptance)를 하게 된다. 이때 은행은 환어음만기일에 가서 그 환어음을 지급하게 되는데, 이처럼 기한부어음을 인수하는 은행을 인수은행(accepting bank)이라고 한다. 일단 은행에서 인수한 환어음은 은행의 무조건 지급채무가 추가되므로 국제금융시장에서 유리하게 유통된다.

⑥ 상환은행(reimbursing bank)

신용장의 결제통화가 수출입 양국 통화가 아니고 제3국 통화인 경우나 발행은행의 자금운영 측면에서 제3국에 소재하는 은행 중 발행은행의 예치환거래은행을 이용하여 신용장조건에 따라 대금을 결제하게 되는데, 이 은행을 결제은행(settling bank)이라 하고 수익자가 발행한 환어음을 매입한 매입은행과도 환거래계약을 체결하고 있으므로 매입은행에 대금을 상환하여 주는 은행이라고 해서 상환은행(reimbursing bank)이라고 한다. 보통 발행은행에 대한 결제은행이 매입은행에 대해서는 상환은행이 된다.

2 신용장거래의 과정

신용장거래의 유통과정을 신용장당사자를 중심으로 [그림 7-1]을 참조하여 설명하면 다음과 같다.

① 거래당사자인 수출자와 수입자 간에 매매계약을 체결한다. 이때 계약내용 중 대

그림 7-1 신용장거래의 과정

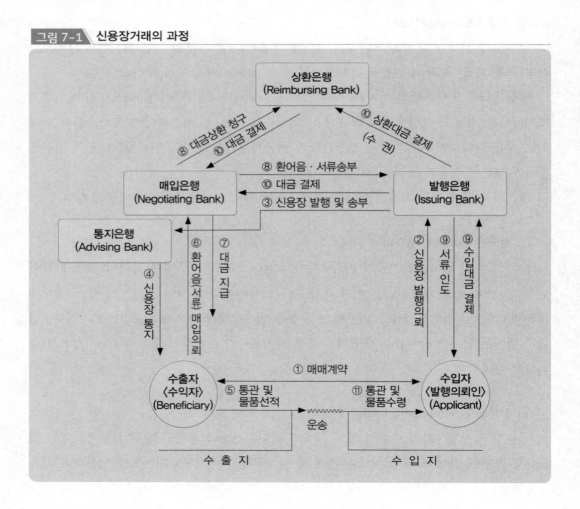

금결제조건(payment terms)은 취소불능화환신용장(irrevocable documentary letter of credit) 방식을 채택하는 것으로 한다.

② 수입자(발행의뢰인)는 자기가 거래하는 은행에 신용장발행을 의뢰한다.

③ 발행은행은 발행의뢰인의 요청과 지시에 따라 신용장을 발행하고 전송(teletransmission)으로 통지은행 앞으로 송부하면서 수출자, 즉 수익자에게 통지해 줄 것을 요청한다.

④ 통지은행은 수익자에게 신용장 도착을 통지하고 이를 전달한다.

⑤ 수익자는 계약물품을 제조·가공하거나 완제품을 공급받아 수출통관수속을 마치고 운송인(carrier)에게 물품을 인도하거나 선적 완료하고 운송서류(transport documents)를 발급받는다.[31]

⑥ 수익자는 신용장에서 요구하는 서류를 준비하고 환어음(Bill of Exchange; Draft)을 발행하여 매입은행(negotiating bank)에 수출환어음매입(negotiation: NEGO)을 의뢰한다.

⑦ 매입은행은 신용장조건과 수익자가 제시한 서류를 심사하고 수익자에게 대금을 지급한다.[32]

⑧ 매입은행은 매입한 환어음과 서류를 신용장상의 지시에 따라 보통 발행은행 앞으로 송부하여 대금결제를 요청하지만 경우에 따라 상환은행(reimbursing bank) 앞으로 대금상환청구를 하고 서류를 발행은행 앞으로 송부하도록 하라는 지시가 있을 경우에는 이에 따른다.

⑨ 발행은행은 발행의뢰인에게 수입관련서류를 인도함과 동시에 대금결제를 받는다.

⑩ 발행은행은 매입은행에 대금결제를 직접 하거나, 상환은행에 수권하였을 경우에는 상환청구에 응하여 상환은행에 대금결제를 한다. 이 경우 발행은행은 상환은행의 상환대금을 자기의 계정에서 차감정산하거나 결제하게 된다.

⑪ 발행의뢰인은 발행은행으로부터 인도받은 수입관련서류를 가지고 수입지 세관에서 통관수속을 완료하고 계약물품을 수령하게 된다.

---

31) 가격조건이 CIF나 CIP 규칙인 경우에는 수익자(수출자)는 보험회사에 적화보험을 부보하고 보험증권을 교부받는다.

32) 수익자가 받은 대금은 선적 이후에 신용장상의 서류를 담보로 한 매입은행의 여신행위이다.

3 신용장의 법률적 성질에 관한 학설과 법률관계

1) 신용장의 법률적 성질에 관한 학설

신용장은 상관습법(lex mercatoria)의 발전을 통해서 통일화되고 또한 위력을 넓히게 된 것이기 때문에 하나의 상관습으로 볼 수 있다.[33] 따라서 신용장 자체를 법률적인 틀에서 개념을 정립하고 법률적 성질을 고찰한다는 것은 어려운 일이다.

이하에서는 신용장의 법률적 성질에 관한 학설을 영미법을 중심으로 상관습설, 보증설, 청약·승낙설, 계약설, 금반언설 등에 대하여 간단히 살펴보기로 한다.

① 상관습설

상관습설(mercantile usage theory)은 상관습을 토대로 이루어진 학설로 취소불능신용장은 어음, 수표 등의 유통증권(negotiable instrument)에는 약인이 필요 없는 것과 마찬가지로 상업상 날인증서(specialty; deed; bond)에 의해 발생된 새로운 유형의 하나로 간주하여 약인(consideration)[34]이 필요 없는 요식계약(formal contract)으로 인정되어야 한다는 것이다.[35]

따라서 약인은 신용장계약이 성립되는 필수적 요건이 못 된다는 것이다. 즉 취소불능신용장에서 은행의 약속은 취소불능성을 명확히 하고 있고 상인들도 이를 확신하고 있으므로 이와 같은 상관습의 원칙을 인정하여야 한다는 주장이다.

이 설은 실제 상관습과 부합된다는 점에서 가장 지지를 받고 있지만,[36] 신용장 자체가 어음·수표가 갖는 형식상의 통일성을 갖추지 못하고 있는 점과, 영미법의 추세가 약인을 완화하는 방향이기는 하지만 약인이 불필요한 것은 아니라는 점에서 비판을 받고 있다.

② 보증설

보증설(guarantee theory)은 1813년 미국에서 제시된 것으로[37] 발행은행은 매수인의 대

---

33) Matti, Kurkela, *Letters of Credit under International Trade Law*, Ocean Publications, Inc., New York, 1985, p. 27.
34) 영미법계에서는 요식계약 이외의 단순계약(simple contract)은 약인이 있어야 계약이 유효하게 성립할 수 있는 것으로 보고 있다.
35) E.P. Ellinger, *Documentary Letters of Credit*, University of Singapore Press, 1970, pp. 105~124.
36) *Ibid.*, p. 105.
37) *Ibid.*, p. 47; Walh & Beekman v. Bailie 10 Johns(N.Y.) 180(1813).

금지급채무를 매도인에게 보증하는 것에 지나지 않는다는 것이다.

보증(guarantee)은 어떤 채무나 의무이행에 대한 약속(promise)이지만[38] 이 설에 의하면 발행은행의 이러한 보증은 절대적인 것이 아니고 매수인이 대금지급의무를 이행하지 못했을 때에 한하는 조건부 보증이며 발행은행의 보증채무는 1차적·기본적인 것이 아니고 2차적·부차적이되는 것으로 보고 있다.[39]

그러나 이 설은 취소불능신용장이 사용되고 있는 현실에 비추어 볼 때 지지를 받지 못하고 있다. 왜냐하면 신용장발행은행의 인수·지급에 대한 확약은 절대적인 것으로 발행은행의 채무는 독립된 기본적인 채무이지 부차적인 채무가 아니기 때문이다. 보증계약의 경우에 채권·채무관계에서의 보증내용 변경사항에 대해서는 보증인이 채무면제가 되지만 취소불능신용장거래에서는 신용장조건 변경사항에 대하여도 발행은행은 그 채무를 이행하여야 한다.

③ 청약·승낙설

청약·승낙설(offer and acceptance theory)은 수익자에 대한 신용장의 발행은 청약(offer)이며, 수익자는 서류와 환어음을 발행은행에 제시하는 것을 승낙(acceptance)하는 것으로 보는 설이다.[40]

이 설은 발행은행의 편무계약청약과 발행은행의 쌍무계약청약으로 구분된다. 전자는 신용장의 발행은 수익자에 대한 편무계약의 청약으로서 수익자는 그 청약조건을 이행함으로써 승낙하게 되고 발행은행이 수익자에 대한 채무가 발생한다는 설이고, 후자는 발행은행이 수익자에 대하여 일정한 조건 아래 수익자가 발행하는 환어음을 인수·지급하도록 청약하고 수익자는 이 청약에 대하여 서류 등을 발행은행에 양도하는 것을 약인으로 하여 승낙한다는 설이다.

청약·승낙설은 수익자의 환어음과 서류를 제공받기 전까지는 은행은 그 청약을 철회

---

38) *Ibid.*, p. 48.
39) A.G. Davis, *The Law Relating to Commercial Letters of Credit*, Sir Isaac Pitman & Sons Ltd., 1963, pp. 67~68.
40) H.C. Gutteridge and Maurice Megrah, *op. cit.*, pp. 30~31. Philip W. Thayer가 주장하고 A.G. Davis가 명명한 매도인청약설(the seller's offer theory)이 있는데, 이 설은 매도인이 결제서류를 양도하겠다는 청약을 하면 이것이 약인이 되어 발행은행이 승낙함으로써 신용장대금 지급을 한다는 계약이 이루어진다는 것으로 무담보신용장(clean credit)의 경우에 적용할 수 없는 점과 매도인측이 알지 못하는 발행은행측에 청약한다는 점 등이 비판대상이 된다.

하여 신용장을 취소할 수 있어, 취소불능신용장의 경우에는 모순이 생긴다. 왜냐하면 취소불능신용장에서는 은행이 일단 신용장을 발행하면 수익자의 동의 없이 신용장 유효기간 내에는 일방적으로 그 조건을 변경하거나 취소할 수 없기 때문이다.

④ 계약설

계약설(contract theory)은 신용장발행은행은 신용장발행과 동시에 계약상의 의무로서 발행의뢰인과는 별개로 수익자에 대하여 어음의 인수·지급의 의무를 부담한다는 설이다. 앞에서 살펴본 보증설과 청약·승낙설도 넓은 의미에서 계약설의 일종으로 볼 수 있다.[41] 계약설은 다음과 같이 구분할 수 있다.[42]

첫째, 쌍무계약설(bilateral contract theory)로 신용장은 수익자를 위하여 발행은행과 발행의뢰인 사이에 약정한 계약상의 권리를 의미하며 그 권리를 수익자에게 전달해 주는 것이라는 설이다. 그러나 이 설은 수익자의 권리가 제3자를 위한 계약에서 발생한다면 발행은행은 발행의뢰인이 아닌 수익자와 계약해도 된다는 모순이 생긴다.

둘째, 계약이전설(assignment theory)로 계약 자체는 발행은행과 발행의뢰인 간에 체결되지만 계약의 이익은 계약체결과 동시에 수익자인 매도인에게 이전된다고 보는 설이다.

그러나 이 설은 당사자의 의도에 위배될 뿐만 아니라 실무적으로 수출자와 수입자는 은행에 대하여 독립된 채무를 지게 되기 때문에 발행의뢰인의 권리가 수익자에게 이전된다면 발행은행은 발행의뢰인에 의하여 대항할 수 있는 항변권을 수반하게 되어 모순이 발생하게 된다.

⑤ 금반언설

금반언(estoppel or trustee)이란 어느 특정인이 자기의 말이나 행위로써 고의로 타인으로 하여금 특정한 사실을 믿게 하고 나중에 종전의 입장(previous position)을 번복할 수 없다는 법률원칙으로 이 원칙을 신용장에 적용하는 설을 금반언설(estoppel or trustee theory)이라고 한다.

즉 취소불능신용장을 발행한 은행은 발행의뢰인으로부터 수익자가 발행하는 환어음을

---

41) Herman N. Finkelstein, *op. cit.*, pp. 279~280.
42) Finkelstein은 계약설에 William E. McCurdy가 주장한 경개설(novation theory)도 포함시키고 있다. 즉, 발행의뢰인이 발행은행과 체결한 신용장계약은 신용장발행과 동시에 수익자에게 신용장의 권리가 이전되고 발행의뢰인에 대한 발행은행의 항변을 단절시키기 위해 미리 약정된 경개가 이루어진다는 것이다.

결제하는 데 상당하는 자금을 수취하고 있다는 사실을 표시하고 있으므로 발행은행은 신용장발행 후 수익자를 위한 자금이 위탁되어 있다는 사실을 부정할 수 없다는 것이다.[43] 그러나 이 설은 신용장자체가 조건부 지급약속에 대한 발행은행의 독립적 채무이지 일정한 상태에 있다는 것을 표시한 것이 아닌 것처럼 금반언의 원칙 또는 현재의 사실의 표시에 적용되는 것이지 미래의 약속에 대하여 적용되지 않는다는 이유로 비판을 받고 있다.

2) 신용장당사자간의 법률관계

신용장거래에서는 앞에서 살펴본 여러 당사자 사이에 이른바 화환신용장통일규칙의 규정에 따라 각자의 권리와 의무가 있다. 여기에서는 ① 발행의뢰인과 수익자, ② 발행의뢰인과 발행은행, ③ 발행은행과 수익자, ④ 발행은행과 확인은행, ⑤ 통지은행의 지위, ⑥ 매입은행의 지위 등을 중심으로 살펴보기로 한다.

① 발행의뢰인과 수익자

신용장발행의뢰인(applicant)인 수입자와 수익자(beneficiary), 즉 수출자와는 매매계약상의 매매당사자이지 신용장당사자로 간주할 수는 없지만, 매매계약시 대금결제수단을 신용장방식으로 하고 계약체결 후 어느 시점까지 신용장발행을 약정하였을 경우에는 신용장거래와 관련된 법률관계가 성립된다.

발행의뢰인은 매매계약의 조건에 따르는 신용장을 합의된 기간 내에 발행하여 수익자에게 송달될 수 있도록 조치해야 할 의무가 있다. 별도약정이 없는 한 발행의뢰인은 신용장의 종류, 신용장통지시 전송(teletransmission) 또는 우편(mail) 등의 방법의 선택을 발행은행측에 의뢰하여 수익자에게 통지할 수 있도록 하여야 한다. 수익자는 신용장발행기간이 정해진 경우 그 기간까지 발행되지 않으면 발행의뢰인과 계약을 해제할 수 있는 권리를 갖게 된다. 또한 신용장발행은행의 파산 등 지급불능상태에 처할 경우에 수익자는 발행의뢰인에게 직접 대금을 청구할 권리가 있다.

② 발행의뢰인과 발행은행

발행의뢰인(applicant)은 발행은행에게 신용장발행을 의뢰하는 데 있어 혼란이 발생되

---

43) A.G. Davis, *op. cit.*, p. 68; H.G. Gutteridge and Maurice, *op. cit.*, p. 32; 이 설은 신탁설(trustee theory)이라고도 한다.

지 않도록 신용장 지시내용이 완전하고 명확하여야 하며, 발행은행이 신용장조건에 일치된 서류에 대한 인수·지급을 행하였다면 발행의뢰인도 발행은행에 대해 서류를 인수하고 대금을 상환하여야 하며, 신용장발행에 따르는 수수료를 부담하여야 한다. 또한 발행은행의 요구에 따른 담보를 제공하여야 하며, 다른 은행 서비스 이용 및 외국의 법률과 관습에 따른 채무를 부담하여야 할 의무가 있다.

발행은행(issuing bank)은 발행의뢰인의 지시내용을 준수하여야 하며 신용장 지시내용에 지나치게 상세한 명세 및 조건삽입을 억제토록 해야 하며, 발행된 신용장을 통지은행을 통하여 수익자에게 통지할 의무가 있으며, 제시된 서류에 대해 신용장조건과의 엄격성과 서류상의 형식조사의무가 있고 제시된 서류가 신용장조건과 불일치하면 서류의 거절권을 갖는다. 또한 발행은행은 제시된 서류의 형식·법적 효력, 기재된 물품의 실질상태, 서류의 작성·발행자에 대하여 면책이 되고, 서류·통신의 송달 및 번역에 따른 면책, 불가항력 사유로 은행업무 중단에 따른 면책, 다른 은행의 지시불이행에 따른 면책이 인정된다.

③ 발행은행과 수익자

발행은행(issuing bank)은 신용장조건일치 서류에 대한 인수·지급 의무가 있고 매매계약상의 이유로 수익자에 대해 항변할 수 없다. 또한 수익자에 대하여 신용장통지가 전달되도록 하여야 하며, 수익자의 동의 없이 일방적으로 신용장을 취소하거나 조건변경을 할 수 없으며, 원신용장을 통지할 때 이용하였던 동일은행을 통해 수익자에게 조건변경통지를 하여야 한다.

수익자(beneficiary)는 발행은행에 대하여 매매계약상의 대금결제에 대한 권리뿐만 아니라 매매계약으로부터 독립·추상화된 일방적 청구권을 보유하며, 신용장조건을 이행하고 조건부 청구권을 가지며, 신용장 및 조건변경에 대한 승낙 또는 거부의 선택권을 갖는다. 또한 수익자는 발행은행에 신용장조건에 일치하는 서류의 제시의무가 있으며, 신용장문언의 준수의무가 있다.

④ 발행은행과 확인은행

발행은행(issuing bank)은 확인은행에 대하여 자기가 발행한 신용장에 대한 확인(confirmation)을 추가하도록 수권하거나 요청할 수 있다. 또한 발행은행은 확인된 신용장의 경우 신용장조건변경시에는 확인은행의 동의를 받아야 하며, 확인은행이 신용장조건과 일치하여 수익자에게 행한 인수·지급 및 매입에 대하여 상환의무를 부담한다. 확인은행 (confirming bank)은 발행은행의 확인요청에 대한 거부권을 가지며 확인을 수락하더라도 확인수수료(confirming fee)를 지급받을 때까지 확인의 추가를 유보할 수 있다. 그러나 확인을 위한 준비가 되어 있지 않다면 즉시 동 사실을 발행은행에 통보하여야 한다. 또한 확인은행은 그 확인을 추가함이 없이 신용장을 수익자에게 통지할 수도 있다.

⑤ **통지은행의 지위**

통지은행(advising bank)은 신용장당사자 중에서 중간은행의 입장에서 가장 가벼운 책임을 지고 있으며 보통은 발행은행과 환거래약정(correspondent agreement)을 맺고 있다. 발행은행의 요청에 따라 신용장의 통지은행, 확인은행 또는 지급은행 등의 역할도 겸할 수 있다. 통지은행은 발행은행(issuing bank)에 대해서 위임·대리관계가 존재하여 발행은행의 지시에 따라 수익자에게 완전하고 정확하게 통지해야 할 의무가 있다. 그러나 발행은행의 수권 없이 환어음매입을 할 경우에는 발행은행의 대리인이 아니라 통지은행의 위험과 계산으로 행해져야 한다. 또한 발행 환어음에 대한 지시내용을 임의로 변경하지 못한다. 통지은행은 수익자(beneficiary)에 대해서 통지하는 신용장의 진정성(authenticity)을 확인하기 위한 상당한 주의(reasonable care)를 기울여야 하며, 정확·신속하게 신용장을 통지해야 하고 신용장을 확인하는 경우에는 발행은행과 마찬가지로 수익자에 대하여 채무를 부담하여야 한다.

⑥ **매입은행의 지위**

매입은행(negotiating bank)은 수익자(beneficiary)에 대하여 어음법상 어음소지인(bona-fide holder)의 권리를 취득하며, 어음의 인수나 지급이 거절되면 수익자에게 상환청구권을 갖는다. 발행은행(issuing bank)에 대하여 환어음을 매입한 은행은 수익자가 발행은행에 갖는 신용장상의 권리를 취득하며, 발행은행은 매입은행에 대하여 신용장조건과 일치하면 무조건 상환의무를 부담하게 된다. 또한 매입제한신용장(restricted credit)의 경우에는 지정된 매입은행만이 발행은행에 대하여 청구권을 갖는다.

제 4 절 신용장의 종류

신용장은 그 분류상 국제적으로 통일된 기준이 없다. 하나의 신용장이라 하더라도 관점에 따라 여러 가지로 칭할 수 있기 때문에 보편적인 분류방법이라고 단정하기는 어렵다. 가령 한 개의 화환신용장(documentary credit)이라 하더라도 취소불능신용장(irrevocable credit), 미확인신용장(unconfirmed credit), 일람불신용장(sight credit), 자유매입신용장

표 7-1 신용장의 종류

구 분	관 점	신용장의 종류
I. 일 반 신용장	1. 신용장의 용도에 따라	• 상업신용장(commercial credit) • 여행자신용장(traveller's credit)
	2. 요구서류 유무에 따라	• 화환신용장(documentary credit) • 무화환신용장(clean credit)
	3. 취소가능 여부에 따라	• 취소가능신용장(revocable credit) • 취소불능신용장(irrevocable credit)
	4. 제3은행의 확인 유무에 따라	• 확인신용장(confirmed credit) • 미확인신용장(unconfirmed credit)
	5. 양도허용 여부에 따라	• 양도가능 신용장(transferable credit) • 양도불능신용장(non-transferable credit)
	6. 매입·지급 허용 여부에 따라	• 매입신용장(negotiation credit) • 지급신용장(payment credit)
	7. 대금지급 기간에 따라	• 일람불신용장(sight credit) • 기한부신용장(usance credit)
	8. 매입은행지정 유무에 따라	• 자유매입신용장(freely negotiable credit) • 매입제한신용장(restricted credit)
	9. 상환청구권 유무에 따라	• 상환청구가능신용장(with recourse credit) • 상환청구불능신용장(without recourse credit)
	10. 국내외 거래용도에 따라	• 원신용장(master credit) • 내국신용장(local credit)
II. 특 수 신용장	15. 특수목적과 용도에 따라	• 보증신용장(stand-by credit) • 전대신용장(red clause credit) • 회전신용장(revolving credit) • 구상무역신용장(back to back credit)
III. 유 사 신용장	16. 어음매입·지급수권 여부에 따라	• 어음매입수권서(authority to purchase) • 어음지급수권서(authority to pay) • 어음매입지시서(letter of instruction)

(freely negotiable credit), 양도가능신용장(transferable credit) 등과 같이 얼마든지 거래성격에 따라 다르게 다양한 명칭을 붙일 수 있다.

〈표 7-1〉에서와 같이 신용장의 종류를 일반적인 신용장, 특수목적을 위한 신용장 그리고 유사신용장으로 대별하여 살펴보기로 한다.

1 일반신용장

1) 상업신용장(commercial credit)과 여행자신용장(traveller's credit)

상업신용장(commercial credit)이란 국제물품매매에 따른 무역대금의 직접적인 결제를 목적으로 이용되는 신용장을 총칭하는 것이다. 무역거래는 물품과 서비스(service)를 대상으로 이뤄지고 있으며, 이와 관련하여 후술하는 화환신용장(documentary credit)이나 무화환신용장(clean credit)도 모두 상업신용장 속에 포함된다.

여행자신용장(traveller's credit)이란 해외여행자의 현금휴대의 위험과 불편을 제거하여 주고 여행자가 여행지에서 필요한 금액을 쓸 수 있도록 하기 위하여 여행자의 의뢰에 의하여 발행은행이 국외의 자기은행의 본·지점 또는 환거래은행에 대하여 그 여행자가 발행하는 일람출급환어음의 매입을 의뢰하는 신용장을 말한다.[44]

신용장거래상 상업신용장은 수입자가 발행의뢰인, 수출자가 수익자가 되지만, 여행자신용장의 경우에는 여행자 자신이 발행의뢰인과 수익자가 되는 점에서 상이하다. 발행은행은 여행자에게 신용장 외에도 서명감(letter of indication)을 함께 교부하여 준다. 오늘날은 해외여행자가 외국환은행에서 환전을 할 경우에 여행자신용장으로서 여행자수표(traveller's check: T/C)를 많이 이용하고 있다.

2) 화환신용장(documentary credit)과 무화환신용장(clean credit)

화환신용장(documentary credit)이란 신용장발행은행이 수익자가 발행한 환어음(draft)에 신용장조건과 일치하는 운송서류(transport document), 보험서류(insurance document),[45]

---

44) 여행자신용장은 "clean credit", "sight credit", "irrevocable credit"에 속하며, 신용장발행의뢰시 신용장금액을 전액 납입하여야 한다.

45) 보험서류는 CIF나 CIP 규칙을 사용하는 경우 신용장에서 요구된다.

상업송장(commercial invoice), 포장명세서(packing list) 등을 첨부할 것을 조건으로 일치하는 제시에 대하여 인수·지급할 것을 확약하는 신용장을 말하며 국제물품매매와 관련된 대부분의 신용장이 여기에 속한다.

무화환신용장(clean credit)이란 일반적인 결제서류의 제시 없이도 대금지급을 확약하는 신용장으로[46] 여행자신용장(traveller's credit), 입찰보증(bid bond), 계약이행보증(performance bond), 은행의 지급보증서(letter of guarantee), 보증신용장(stand-by credit) 등이 여기에 속한다. 또한 무화환신용장은 운임(commission), 보험료(insurance premium), 수수료(commission) 등 무역외거래에 대한 지급확약시에도 사용된다.

3) 취소가능신용장(revocable credit)과 취소불능신용장(irrevocable credit)

취소가능신용장(revocable credit)이란 발행은행이 신용장을 발행한 후 수익자에게 미리 통지하지 않고 언제든지 일방적으로 신용장을 취소하거나 그 조건을 변경할 수 있는 신용장이다. 모든 신용장은 취소불능 또는 취소가능의 어느 것인가를 명백히 표시하여야 하며 명시가 없을 때에는 취소불능으로 간주한다. 이와 관련하여 UCP 600에서는 다음과 같이 규정하고 있다.[47]

"신용장은 취소불능의 표시가 없는 경우에도 취소불능이다."
"A credit is irrevocable even if there is no indication to that effect."

그러나 취소가능신용장이라 하더라도 발행은행은 신용장의 취소 또는 변경의 통지를 접수하기 이전에 신용장의 조건에 일치하는 지급·인수 또는 매입을 하였거나, 또는 연지급(deferred payment)을 목적으로 서류를 인수한 은행에 대해서는 상환할 의무를 부담한다.[48]

취소불능신용장(irrevocable credit)이란 신용장발행은행이 일단 신용장을 발행하여 수익자에게 통지하게 되면 신용장유효기간 내에는 발행은행이나 확인은행이 개입할 경우에는

---

46) "clean credit"과 구별하여 "documentary clean credit"라는 것이 있는데, 이는 해외본·지점간이나 서로 이해하고 신용있는 거래처와의 거래시에 수출자가 물품을 선적하고 물품인수에 필요한 서류를 먼저 직접 송부하고 그 발송증빙과 무화환으로 발행된 환어음만을 가지고 결제가 이루어지도록 확약하는 신용장을 말한다.
47) UCP 600, Article 3.
48) *Ibid*.

확인은행 및 수익자 전원의 합의 없이는 취소하거나 조건변경을 할 수 없는 신용장을 말한다.

스위프트(SWIFT) 메시지에 의한 MT700형식의 신용장에서 ":40A form of documentary credit: IRREVOCABLE"이라고 표시되어 있으면 취소불능신용장이다.

4) 확인신용장(confirmed credit)과 미확인신용장(unconfirmed credit)

확인신용장(confirmed credit)이란 발행은행 이외의 제3의 은행이 수익자가 발행하는 환어음의 지급·인수·매입을 확약하고 있는 신용장을 말한다.[49] 확인은행으로는 보통 수익자가 소재하고 있는 지역의 발행은행의 예치환거래은행(depositary correspondent bank)을 정하게 된다. 확인은행의 확인(confirmation)은 발행은행과는 별개의 독립된 것으로 수익자의 입장에서는 발행은행의 인수·지급과 관계없이 결제에 대한 확약을 받는 셈이 된다.

확인신용장에서의 확인문언의 예는 다음과 같다.

"We confirm the credit and thereby undertake that all drafts drawn and presented as above specified will be duly honored by us.

"We hereby add our confirmation to this credit."

한편 미확인신용장(unconfirmed credit)은 제3의 은행의 위와 같은 확약문언이 없는 신용장을 말한다.

스위프트(SWIFT) 메시지에 의한 MT700형식의 신용장에서 ":49 confirmation instructions: WITHOUT"이라고 표시되어 있으면 미확인신용장을 의미하고, "CONFIRM" 또는 "MAY ADD"라는 표시가 있으면 확인신용장을 의미한다.

5) 양도가능신용장(transferable credit)과 양도불능신용장(non-transferable credit)

양도가능신용장(transferable credit)이란 신용장상에 "transferable"이란 표시가 있어 최초의 수익자(first beneficiary)가 신용장금액의 전부 또는 그 일부를 제3자에게 양도할 수 있도록 허용하고 있는 신용장을 말한다.

---

49) 1962년 UCP 제2차 개정 전에는 영국계 은행은 취소불능신용장을 실질적으로 확인신용장과 같은 것으로 해석한 적이 있다.

신용장통일규칙에서는 다음과 같이 양도가능신용장을 규정하고 있다.[50]

"Transferable credit means a credit that specifically states it is "transferable". A transferable credit may be made available in whole or in part to another beneficiary("second beneficiary") at the request of the beneficiary("first beneficiary"). Transferring bank means a nominated bank that transfers the credit or, in a credit available with any bank, a bank that is specifically authorized by the issuing bank to transfer and that transfers the credit. An issuing bank may be a transferring bank. Transferred credit means a credit that has been made available by the transferring bank to a second beneficiary."

신용장양도의 필요성은 최초의 신용장 수익자가 ① 무역업을 직접적으로 수행할 수 없거나, ② 거래은행에 무역금융수혜를 위한 거래한도가 부족하거나, ③ 쿼타(quota) 보유상사 앞으로 부득이 신용장을 넘겨 줄 필요가 있거나, ④ 기타 업무수행상의 번거로움을 덜기 위해서이다.

양도가능신용장은 단 1회에 한하여 양도가 허용되며 분할선적이 금지되어 있지 않는 한 최초의 수익자는 다수의 제2수익자에게 분할양도(partial transfer)할 수 있다. 양도된 신용장은 제2수익자의 요청에 의하여 이후의 어떠한 수익자에게도 양도될 수 없다. 따라서 양도권은 최초의 수익자만이 갖는다. 또한 신용장의 양도는 원신용장에 명시된 조건에 의해서만 가능하지만 예외적으로 ① 신용장금액, ② 단가의 감액, ③ 유효기일 및 서류제시기간이 정해져 있을 경우에는 서류제시 최종일의 단축, ④ 선적기일의 단축, ⑤ 보험금액은 원신용장에서 요구되는 금액을 한도로 증액을 허용하고 있다.[51] 또한 최초의 수익자는 신용장에 표시된 금액을 초과하지 않는 한 자기의 송장으로 제2수익자의 송장을 대체(substitution of invoices)할 권리를 가지며 송장금액의 차액을 최초의 수익자가 향유할 수 있다.[52]

양도불능신용장(non-transferable credit)은 신용장상에 "transferable"이란 표시가 없는 신용장을 말하며 이와 같은 신용장은 양도사유가 발생하여도 신용장양도는 할 수 없다.

---

50) UCP 600, Article 38-b.
51) UCP 500, Article 38-d～g.
52) UCP 600, Article 38-h.

6) 매입신용장(negotiation credit)과 지급신용장(payment credit)

환어음이 매입(negotiation)되는 것을 예상하여 매입을 허용하고, 환어음의 발행인 (drawer)뿐만이 아니라 환어음의 배서인(endorser), 환어음의 선의의 소지인(bona-fide holder)에 대해서도 지급을 확약하고 있는 신용장을 말한다. 매입신용장에서 특히 매입 은행이 지정되면 매입제한신용장(restricted credit)이고, 지정되지 않으면 자유매입신용장 (freely negotiable credit; open credit; general credit)이다.

매입신용장은 수출지의 매입은행이 발행은행의 무예치환거래은행인 경우에 사용되며, 서류매입의뢰시에 환어음을 제시하여야 하고, 일람출급 또는 기한부신용장으로 사용된 다. 또한 서류매입은행은 어느 은행이나 자유이나 예외적으로 통지은행이 매입을 담당할 수도 있으며, 발행은행이 서류 부도반환을 하더라도 환어음발행인에게 상환청구권을 행 사할 수 있다.

스위프트(SWIFT) 메시지에 의한 MT700형식의 신용장에서 매입신용장은 ":41D available with by name, address : ANY BANK BY NEGOTIATION"이라고 표기된다. 이는 모 든 은행에서 사용(매입)가능한 매입신용장을 의미한다.

한편 지급신용장(straight credit; payment credit)이라 함은 신용장에 의한 환어음의 매입 여부에 대하여 명시가 없고 신용장조건에 부합되게 발행된 서류가 신용장발행은행 또는 그가 지정하는 은행에 제시되면 지급할 것을 확약한 신용장을 말한다. 지급신용장의 경우 에도 신용장에 의해 발행된 환어음의 매입이 불가능한 것이 아니므로 수익자의 거래은행 이 매입을 할 수는 있지만, 이 경우에는 수익자의 신용도에 따라 매입은행의 계산과 위험 부담으로 환어음매입이 이루어진다.

지급신용장의 특징은 대부분의 경우 수출지의 지급은행이 발행은행의 예치환거래은행 일 때 사용되며, 영국과 같이 신용장발행시 환어음을 반드시 필요로 하는 나라 이외에는 환어음발행을 요구하지 않으며, 일람출급 또는 기한부신용장으로 사용되는데, 이 신용장 하에서는 통지은행만이 지급업무를 담당할 수 있다. 또한 지급은행은 서류가 발행은행에 의해 부도반환되더라도 수익자에게 매입대금의 반환을 요구할 수 없다.

스위프트(SWIFT) 메시지에 의한 신용장에서 지급신용장은 ":41D available with by name, address : ADVISING BANK BY PAYMENT"라고 표기된다. 이는 통지은행에서 사 용(매입)가능한 지급신용장을 의미한다.

서식 7-1   매입신용장(negotiation credit)

(MT 700) ISSUE OF A DOCUMENTARY CREDIT
From : BANK OF AMERICA, NEW YORK
To : KOREA EXCHANGE BANK
       SEOUL, KOREA
:27   sequence of total : 1/1
:40A   form of documentary credit : IRREVOCABLE
:20   documentary credit number : 78910
:31C   date of issue : 14/05/15
:31D   date and place of expiry : 14/08/10 KOREA
:50   applicant : AMERICA INTERNATIONAL INC.
       310 FIFTH AVE, NEW YORK, NY10118, U.S.A.
:59   beneficiary : SEOUL TRADING CO., LTD.
       15, 1-GA, SOGONG-DONG, JOONG-GU, SEOUL, KOREA
:32B   currency code amount : USD100,000
:39A   pct credit amount tolerance : 00/00
:41D   available with by name, address : ANY BANK BY NEGOTIATION
:42C   drafts at : SIGHT
:42A   drawee : BANK OF AMERICA, NEW YORK, NY10015, U.S.A.
:43P   partial shipment : ALLOWED
:43T   transshipment : NOT ALLOWED
:44A   loading on board/dispatch/taking in charge : BUSAN, KOREA
:44B   for transportation to : NEW YORK, U.S.A.
:44C   latest date of shipment : 14/07/31
:45A   description of goods, services and/or performances
       4000 PCS OF MEN'S SPLIT LEATHER JACKETS OTHER DETAILS AS PER SALES NOTE NO.
       E15 DATED MAY 1, 2014 CIF NEW YORK INCOTERMS® 2010
:46A   documents required
       +SIGNED COMMERCIAL INVOICE IN TRIPLICATE
       +PACKING LIST IN TRIPLICATE
       +FULL SET OF CLEAN ON BOARD OCEAN BILL OF LADING MADE OUT TO THE ORDER OF
        BANK OF AMERICA MARKED FREIGHT PREPAID AND NOTIFY ACCOUNTEE
       +MARINE INSURANCE POLICIES AND CERTIFICATES IN DUPLICATE ENDORSED IN
        BLANK FOR 110PCT OF INVOICE VALUE. INSURANCE POLICES OR CERTIFICATES MUST
        EXPRESSLY STIPULATE THAT CLAIMS ARE PAYABLE IN THE CURRENCY OF THE DRAFTS
        AND MUST ALSO INDICATE A CLAIM SETTLING AGENT IN NEW YORK. INSURANCE MUST
        INCLUDE INSTITUTE CARGO CLAUSES(B)
       +CERTIFICATE OF ORIGIN IN DUPLICATE
:47A   additional conditions
       ALL DOCUMENTS MUST BEAR OUR CREDIT NUMBER
       T/T REIMBURSEMENT NOT ALLOWED
:48   period for negotiation : DOCUMENTS MUST BE PRESENTED WITHIN 3DAYS AFTER THE
       DATE OF BILL OF LADING BUT WITHIN THE CREDIT VALIDITY
:71B   charges : ALL BANKING COMMISSIONS AND CHARGES INCLUDING REIMBURSEMENT
       CHARGES OUTSIDE U.S.A. ARE FOR ACCOUNT OF BENEFICIARY
:49   confirmation instructions : WITHOUT
:53A   reimbursement bank : BANK OF AMERICA, NEW YORK, NY10015, U.S.A.
:78   instructions to the paying/accepting/negotiating bank
       DRAFTS MUST BE SENT TO DRAWEE BANK FOR YOUR REIMBURSEMENT AND ALL
       DOCUMENTS TO US BY COURIER SERVICE IN ONE LOT
:72   sender to receiver information : THIS CREDIT IS SUBJECT TO UCP(2007 REVISION) ICC
       PUBLICATION NO. 600

서식 7-2 **지급신용장(payment credit)**

(MT 700) ISSUE OF A DOCUMENTARY CREDIT
From : BANK OF AMERICA, NEW YORK
To : KOREA EXCHANGE BANK
      SEOUL, KOREA
:27   sequence of total : 1/1
:40A   form of documentary credit : IRREVOCABLE
:20   documentary credit number : 78910
:31C   date of issue : 14/05/15
:31D   date and place of expiry : 14/08/10 KOREA
:50   applicant : AMERICA INTERNATIONAL INC.
      310 FIFTH AVE, NEW YORK, NY10118, U.S.A.
:59   beneficiary : SEOUL TRADING CO., LTD.
      15, 1-GA, SOGONG-DONG, JOONG-GU, SEOUL, KOREA
:32B   currency code amount : USD100,000
:39A   pct credit amount tolerance : 00/00
:41D   available with by name, address : ADVISING BANK BY PAYMENT
:43P   partial shipment : ALLOWED
:43T   transshipment : NOT ALLOWED
:44A   loading on board/dispatch/taking in charge : BUSAN, KOREA
:44B   for transportation to : NEW YORK, U.S.A.
:44C   latest date of shipment : 14/07/31
:45A   description of goods, services and/or performances
      4000 PCS OF MEN'S SPLIT LEATHER JACKETS OTHER DETAILS AS PER SALES NOTE NO. E15
      DATED MAY 1, 2014 CIF NEW YORK INCOTERMS® 2010
:46A   documents required
      +SIGNED COMMERCIAL INVOICE IN TRIPLICATE
      +PACKING LIST IN TRIPLICATE
      +FULL SET OF CLEAN ON BOARD OCEAN BILL OF LADING MADE OUT TO THE ORDER OF
       BANK OF AMERICA MARKED FREIGHT PREPAID AND NOTIFY ACCOUNTEE
      +MARINE INSURANCE POLICIES AND CERTIFICATES IN DUPLICATE ENDORSED IN
       BLANK FOR 110PCT OF INVOICE VALUE. INSURANCE POLICES OR CERTIFICATES MUST
       EXPRESSLY STIPULATE THAT CLAIMS ARE PAYABLE IN THE CURRENCY OF THE DRAFTS
       AND MUST ALSO INDICATE A CLAIM SETTLING AGENT IN NEW YORK. INSURANCE
       MUST INCLUDE INSTITUTE CARGO CLAUSES(B)
      +CERTIFICATE OF ORIGIN IN DUPLICATE
:47A   additional conditions
      ALL DOCUMENTS MUST BEAR OUR CREDIT NUMBER
      T/T REIMBURSEMENT NOT ALLOWED
:48   period for negotiation : DOCUMENTS MUST BE PRESENTED WITHIN 3 DAYS AFTER THE
      DATE OF BILL OF LADING BUT WITHIN THE CREDIT VALIDITY
:71B   charges : ALL BANKING COMMISSIONS AND CHARGES OUTSIDE U.S.A. ARE FOR
      ACCOUNT OF BENEFICIARY
:49   confirmation instructions : WITHOUT
:78   instructions to the paying/accepting/negotiating bank
      PAYMENT WILL BE DULY MADE AGAINST DOCUMENTS PRESENTED IN CONFORMITY OF
      THE TERMS OF CREDIT AND ALL DOCUMENTS TO US BY COURIER SERVICE IN ONE LOT
:72   sender to receiver information : THIS CREDIT IS SUBJECT TO UCP(2007 REVISION) ICC
      PUBLICATION NO. 600

서식 7-3 인수신용장(acceptance credit)

```
(MT 700) ISSUE OF A DOCUMENTARY CREDIT
From : BANK OF AMERICA, NEW YORK
To : KOREA EXCHANGE BANK
     SEOUL, KOREA
:27     sequence of total : 1/1
:40A    form of documentary credit : IRREVOCABLE
:20     documentary credit number : 78910
:31C    date of issue : 14/05/15
:31D    date and place of expiry : 14/08/10 KOREA
:50     applicant : AMERICA INTERNATIONAL INC.
        310 FIFTH AVE, NEW YORK, NY10118, U.S.A.
:59     beneficiary : SEOUL TRADING CO., LTD.
        15, 1-GA, SOGONG-DONG, JOONG-GU, SEOUL, KOREA
:32B    currency code amount : USD100,000
:39A    pct credit amount tolerance : 00/00
:41D    available with by name, address : ADVISING BANK BY ACCEPTANCE
:42C    drafts at : 30 DAYS AFTER SIGHT
:42A    drawee : BANK OF AMERICA, NEW YORK, NY10015, U.S.A.
:43P    partial shipment : ALLOWED
:43T    transshipment : NOT ALLOWED
:44A    loading on board/dispatch/taking in charge : BUSAN, KOREA
:44B    for transportation to : NEW YORK, U.S.A.
:44C    latest date of shipment : 14/07/31
:45A    description of goods, services and/or performances
        4000 PCS OF MEN'S SPLIT LEATHER JACKETS OTHER DETAILS AS PER SALES NOTE NO. E15
        DATED MAY 1, 2014 CIF NEW YORK INCOTERMS® 2010
:46A    documents required
        +SIGNED COMMERCIAL INVOICE IN TRIPLICATE
        +PACKING LIST IN TRIPLICATE
        +FULL SET OF CLEAN ON BOARD OCEAN BILL OF LADING MADE OUT TO THE ORDER OF
         BANK OF AMERICA MARKED FREIGHT PREPAID AND NOTIFY ACCOUNTEE
        +MARINE INSURANCE POLICIES AND CERTIFICATES IN DUPLICATE ENDORSED IN
         BLANK FOR 110PCT OF INVOICE VALUE. INSURANCE POLICES OR CERTIFICATES MUST
         EXPRESSLY STIPULATE THAT CLAIMS ARE PAYABLE IN THE CURRENCY OF THE DRAFTS
         AND MUST ALSO INDICATE A CLAIM SETTLING AGENT IN NEW YORK. INSURANCE MUST
         INCLUDE INSTITUTE CARGO CLAUSES(B)
        +CERTIFICATE OF ORIGIN IN DUPLICATE
:47A    additional conditions
        ALL DOCUMENTS MUST BEAR OUR CREDIT NUMBER
        T/T REIMBURSEMENT NOT ALLOWED
:48     period for negotiation : DOCUMENTS MUST BE PRESENTED WITHIN 3 DAYS AFTER THE
        DATE OF BILL OF LADING BUT WITHIN THE CREDIT VALIDITY
:71B    charges : ALL BANKING COMMISSIONS AND CHARGES INCLUDING REIMBURSEMENT
        CHARGES OUTSIDE U.S.A. ARE FOR ACCOUNT OF BENEFICIARY
:49     confirmation instructions : WITHOUT
:53A    reimbursement bank : BANK OF AMERICA, NEW YORK, NY10015, U.S.A.
:78     instructions to the paying/accepting/negotiating bank
        DRAFTS MUST BE SENT TO DRAWEE BANK FOR YOUR REIMBURSEMENT AND ALL
        DOCUMENTS TO US BY COURIER SERVICE IN ONE LOT
:72     sender to receiver information : THIS CREDIT IS SUBJECT TO UCP(2007 REVISION) ICC
        PUBLICATION NO. 600
```

7) 일람불신용장(sight credit)과 기한부신용장(usance credit)

일람불신용장(sight credit)이란 신용장에 의하여 발행되는 환어음이 지급인(drawee)에게 제시되면 즉시 지급되어야 하는 일람불환어음(sight draft) 또는 요구불환어음(demand draft)을 발행할 수 있는 신용장을 말한다.

스위프트(SWIFT) 메시지에 의한 MT700형식의 일람불신용장에서 매입을 허용하고 일람불환어음 발행을 지시하는 예는 다음과 같다.

":41D available with by name, address : ANY BANK BY NEGOTIATION"
":42C   drafts at : SIGHT"

한편 기한부신용장(usance credit)이란 신용장에 의해 발행되는 환어음이 지급인에게 제시된 후 일정기간이 경과한 후에 지급받을 수 있도록 환어음지급기일이 특정기일로 된 기한부환어음(usance draft)을 발행할 수 있는 신용장을 말한다.

기한부신용장에서는 환어음의 지급기일에 따라 일람후정기출급(at ××days after sight)·일부후정기출급(at ××days after date of draft)·확정일후정기출급(at ××days after date of B/L) 등으로 발행할 수 있다.

기한부신용장에 의한 거래는 위의 특정기간 동안의 대금결제에 따른 유예는 결과적으로 수입자인 신용장발행의뢰인이 받을 수 있으므로 보통 수입자가 요청하게 된다. 무역계약시에 매매당사자는 기한부환어음기간 동안의 이자(interest; exchange commission) 부담은 누가 할 것인가를 명시해 두어야 한다. 예컨대 "Usance interests(or Discount charges) are to be covered by applicant"와 같이 약정하되 만약 언급이 없다면 매도인(seller)부담이라는 점을 유의하여야 한다.

기한부신용장은 환어음발행과 지급확약방식에 따라 ① 기한부매입신용장(usance negotiation credit), ② 연지급신용장(deferred payment credit), ③ 인수신용장(acceptance credit) 등으로 구분할 수 있다.

기한부매입신용장은 기한부환어음발행을 허용하고 신용장조건에 따라 발행되는 환어음매입을 전제로 하여 발행은행이 만기일에 지급하는 방식이다.

스위프트(SWIFT) 메시지에 의한 MT700형식의 기한부신용장에서 매입을 허용하고 기한부환어음 발행을 지시하는 예는 다음과 같다.

":41D available with by name, address : ADVISING BANK BY NEGOTIATION"

":42C drafts at : 90 DAYS AFTER SIGHT"

연지급신용장은 환어음발행지시가 없는 것이 특징이다. 연지급신용장이란 수출자(수익자)가 수입자(발행의뢰인)의 신용을 믿고 물품대금지급을 일정기간 유예하는 신용장을 말한다. 이는 수익자의 서류제시 후 일정기간이 지나야 대금지급이 이루어지도록 "sellers usance"를 근거로 발행되고 있다. 플랜트(plant) 수출시 할부방식에 의해 장기간에 걸쳐 분할로 결제하는 방식의 거래에 사용되는 경우가 많다.

스위프트(SWIFT) 메시지에 의한 MT700형식의 연지급신용장에서 연지급을 허용하는 예는 다음과 같다.

":41D available with by name, address : ADVISING BANK BY PAYMENT AT 90 DAYS AFTER B/L DATE AGAINST PRESENTATION OF THE DOCUMENTS REQUIRED"

또한 인수신용장은 기한부환어음발행을 지시하고 동 환어음을 인수하여 만기일에 지급하는 방식이다. 발행은행이 예치환거래은행에서 인수편의(acceptance facility)를 사용할 때 발행되며,[53] 환어음이 발행되어 기한부신용장으로만 사용된다. 또한 이 신용장 하에서는 통지은행만이 인수업무를 담당할 수 있으며, 인수은행은 서류가 발행은행에 의하여 부도반환되더라도 소구권을 행사할 수 없다.

스위프트(SWIFT) 메시지에 의한 MT700형식의 인수신용장에서 인수를 허용하고 기한부환어음 발행을 지시하는 예는 다음과 같다.

":41D available with by name, address : A DVISING BANK BY ACCEPTANCE"

":42C drafts at : 90 DAYS AFTER SIGHT"

8) 자유매입신용장(freely negotiable credit)과 매입제한신용장(restricted credit)

자유매입신용장(freely negotiable credit)[54]이란 신용장에 의해서 발행되는 환어음의 매

---

53) 인수편의란 수입자가 기한부수입을 하고자 하는 경우 해외에 있는 예치환거래은행이 발행은행을 위해서 신용장대금을 대신 지급하여 주고, 환어음의 만기에 대금을 발행은행으로부터 받는 신용공여 형태를 말한다.

54) 자유매입신용장을 보통신용장(general credit) 또는 개방신용장(open credit)이라고도 한다.

입을 특정은행에 제한시키지 않고 어느 은행에서나 매입할 수 있는(즉, 다음 예시의 any bank) 매입신용장을 말한다. 매입제한은행의 명시가 없으면 자유매입신용장으로 볼 수 있다. 이와 같은 신용장은 수익자가 환어음매입시에 거래은행이나 유리한 은행을 자유로 선택할 수 있기 때문에 편리하다. 그러나 한국에서는 주거래은행이나 원신용장을 근거로 다른 내국신용장 또는 수입신용장 발행 또는 무역금융수혜가 이루어진 은행에서 매입하는 것을 원칙으로 하고 있다.

스위프트(SWIFT) 메시지에 의한 MT700형식의 신용장에서 자유매입을 허용하는 예는 다음과 같다.

":41D available with by name, address : ANY BANK BY NEGOTIATION"

한편 매입제한신용장(restricted credit)[55]이란 신용장발행은행이 그 신용장에 의하여 발행된 환어음의 매입을 특정은행으로 한정시키는 경우의 신용장을 말한다. 또한 수출지에서 서류매입이 통지은행에 지정된 신용장을 지정신용장(nominated credit)이라 하여 매입은행이 지정 또는 제한되는 신용장과 같다고 볼 수 있다. 또한 확인신용장의 경우 환어음매입은 당연히 확인은행으로 제한이 이루어지는 것으로 이는 매입제한신용장에 해당된다.

매입제한을 두는 이유는 발행은행이 해외의 본·지점에 환어음매입수수료 수익증대를 위한 정책적인 점과 환거래은행간의 약정 등 편의성 때문이다.

스위프트(SWIFT) 메시지에 의한 MT700형식의 신용장에서 매입제한을 허용하는 예는 다음과 같다.

":41D available with by name, address : ADVISING BANK BY NEGOTIATION"

9) 상환청구가능신용장(with recourse credit)과 상환청구불능신용장(without recourse credit)

상환청구가능신용장(with recourse credit)이란 수익자의 환어음을 발행은행이나 확인은행 이외의 은행에서 매입하였을 경우 그 환어음의 지급인이 지급불능이 되었을 때에 매입은행이 수익자, 즉 환어음발행인에 대하여 환어음금액을 상환청구[56]할 수 있는 신용장을

---

55) 매입제한신용장을 특정신용장(special credit)이라고도 한다.
56) 소구라고도 한다.

말한다. 환어음발행인에 대한 상환청구권유무는 그 나라의 어음법에 의해 결정된다. 한국의 경우에는 상환청구가능·불능에 관계없이 상환청구권을 인정하고 있으나 영미법에서는 환어음상에 "without recourse"의 표시가 있는 것은 원칙적으로 상환청구권을 인정하지 않고 있다. 국제상업회의소(ICC)에서도 "without recourse"의 문언이 기재되어 있는 환어음은 매입하지 말 것을 권고하고 있다.[57]

상환청구불능신용장(without recourse credit)이란 환어음소지인의 상환청구에 대하여 환어음발행인이 상환의무를 부담하지 않는 신용장을 말한다. 상환청구불능신용장에는 "without recourse"의 표시가 반드시 있어야 한다.[58]

10) 내국신용장(local credit)과 원신용장(master credit)

내국신용장(local credit)이란 수익자인 수출자가 받은 수출신용장을 근거로 하여[59] 국내에서 수출물품 또는 수출용원자재를 조달하기 위하여 물품공급자를 수익자로 하여 수출자의 거래은행이 발급하는 신용장을 말한다.[60] 내국신용장은 은행의 지급기능 외에도 물품공급자에게 물품을 제조·가공하는 데 따른 무역금융도 수혜받을 수 있어 국내에서의 물품공급자는 유용성이 큰 제도라고 할 수 있다.

원신용장(master credit)이란 최초의 신용장수익자가 국외에서 수취한 수출신용장을 말한다. 즉 1차 내국신용장발급의 근거가 되는 신용장을 의미한다.[61]

2 특수신용장

1) 보증신용장(stand-by credit)

보증신용장(stand-by credit)이란 신용장발행은행이 지급보증상대은행으로 하여금 특정인에게 금융지원 등 여신행위를 하도록 하고 채무의 상환을 이행하지 않을 경우에 지급을

---

57) ICC Document 470/371, December 9, 1980.
58) "without recourse"란 표시가 없는 신용장은 상환청구가능신용장으로 간주한다.
59) 한국의 경우에는 수출신용장 외에 어음인수서류인도조건(D/A), 어음지급서류인도조건(D/P)과 같은 선수출계약서를 근거로 하여 내국신용장이 발행되고 있다.
60) 내국신용장은 local credit 외에도 secondary credit, subsidiary credit, domestic credit, back to back credit, baby credit 등으로도 부른다.
61) 원신용장은 master credit 외에도 original credit, prime credit이라고도 한다.

Korea Exchange Bank

To Bank of America, New York   May 10, 20xx
Stand-by Letter of Credit

Dear Sirs,

We hereby issue our irrevocable stand-by letter of credit No. K123 up to an aggregate amount of US$1,000,000(US DOLLARS ONE MILLION ONLY) in your favor for account of Seoul Trading Co., Ltd., Seoul, Korea as security for your loan plus its interest extended to America International Inc., 310 Fifth Ave. New York, NY10001, U.S.A. for Purchasing of General Items as per Sales Contract No. 345. The interest rate of the loan extended under this credit shall not exceed the rate of zero point seventy five percent per annum over six month LIBO rate. This credit is available against your sight draft drawn on us accompanied by your signed statement certifying that the borrower have defaulted in the repayment of your loan plus its interest and that in consequence the amount drawn hereunder represents their unpaid indebtedness due to you. Your loan statement as of end of every month should be presented to us.

We hereby agree with you that drafts drawn by virtue of this credit and in accordance with its stipulated terms will be duly honored provided they are presented to us on or before December 31, 20xx.

This credit shall expire on December 31, 20xx, after which date shall be null and void.

Except as otherwise expressly stated herein, this credit is subject to the "Uniform Customs and Practice for Documentary Credits(2007 Revision) International Chamber of Commerce, Publication No. 600."

Very truly yours,

Korea Exchange Bank
Authorized Signature

이행하겠다는 약속증서로서 현지금융조달을 위한 담보 또는 지급보증수단으로 사용되는 채무보증신용장을 의미한다.

보증신용장은 일반적인 물품대금의 직접적 결제를 목적으로 하는 화환신용장이 아니고 일종의 무화환신용장(clean credit)이다. 이에는 보통 해외 현지법인이나 지점 또는 거래처의 대본사 물품수입과 관련 현지은행에 현지금융담보나 건설·용역 및 플랜트수출 관련 입찰보증(bid bond), 계약이행보증(performance bond), 하자보증(maintenance bond), 선수금환급보증(advance payment bond) 등에 대한 지급보증서(letter of guarantee)가 있다.

보증신용장은 은행의 지급확약이라는 점에서 화환신용장과 동일하다고 할 수 있으나 화환신용장은 수익자의 물품선적과 관련하여 상업송장, 운송서류, 보험서류(CIF 또는 CIP 규칙의 경우) 등 서류를 제시하여 대금지급이 이루어지는 것이 일반적이다. 보증신용장은 차입자나 수익자가 거래은행으로부터 채무불이행 또는 상환불이행하였다는 사실을 증명하는 서류제시에 의하여 대금지급을 독립보증하고 있다는 점에서 차이가 있다.

2) 전대신용장(red clause credit)

전대신용장(前貸信用狀; red clause credit)이란 수출에 따른 물품의 생산·가공 등에 필요한 자금을 수익자에게 미리 융통해 주기 위하여 물품의 선적과 관련된 서류발행 전에 신용장금액을 수익자 앞으로 전대하여 줄 것을 수권하고 있는 신용장을 말한다. 발행의뢰인, 즉 수입자의 입장에서는 전대신용장이라 하고 수익자 입장에서는 선수금신용장(advance payment credit)이라고 할 수 있다.[62]

전대신용장은 수입자가 수출자의 신용을 믿지 못하면 발행해 주지 않게 되며, 발행해 주더라도 전대하여 주는 조건이며 전대기간 중의 이자(interest)는 보통 수익자가 부담한다. 전대신용장을 받은 수출자는 전대금액에 해당하는 무화환어음(clean draft)과 영수증(simple receipt)을 가지고 지정은행에서 미리 매입을 하게 된다.

그러나 수익자는 매입에 의하여 대금을 선수금 형식으로 수령하더라도 물품선적 후 신용장에 요구하는 서류는 반드시 매입은행을 통하여 발행은행에 제시하도록 하여야 한다.

전대신용장의 자금전대 표시문언에 대한 예는 다음과 같다.

---

62) 전대신용장을 자금의 선지급 수권조항을 적색으로 표시하였다는 기원에서 적색신용장(red clause credit) 또는 전대자금으로 상품을 집화·포장한다는 뜻에서 "packing credit" 자금을 선지급 받는다고 하여 "advance payment credit"이라고도 한다.

"We authorize the negotiation bank to pay US$1,000,000 to the beneficiary against presentation of the following documents:

1. Beneficiary's clean draft drawn at sight on accountee.
2. Beneficiary's receipt stating that the beneficiary have duly received US$1,000,000 for the delivery of LED Television sets from Busan, Korea to New York, U.S.A."

3) 회전신용장(revolving credit)

동일한 거래처에 동일 종류의 물품으로 매매당사자간에 계속적인 거래관계가 이루어질 경우에 매거래시마다 신용장을 발행한다는 것은 비능률적이고 비경제적이다. 반면 거래예상금액에 대하여 전액 한꺼번에 신용장을 발행한다면 일시에 많은 자금이 필요하며 과중한 자금부담이 된다. 이와 같은 경우에 일정한 기간 동안 일정한 금액의 범위 내에서 신용장금액이 자동적으로 갱신될 수 있도록 발행되는 신용장을 회전신용장(revolving credit)이라고 한다.[63]

동일 신용장을 회전(revolving)하여 사용하는 방법으로는 ① 환어음에 대한 지급통지가 있으면 회전되는 방법, ② 환어음이 결제되는 일정 일수를 정하여 그 기간 내 지급거절 통지가 없으면 회전되는 방법, ③ 일정한 기간, 즉 1년 후에 다시 그 금액이 회전되는 방법이 있다.

신용장금액을 갱신할 경우에는 ① 누적적 방법(cumulative method), ② 비누적적 방법(non-cumulative method)이 있다. 전자는 갱신되기 전에 미사용잔액이 있을 경우에 그 잔액이 그대로 누적되는 방법이고, 후자는 그 잔액이 누적되지 않는 방법이다.

회전신용장에서의 회전문언의 예는 다음과 같다.

"The amount of drawing made under this credit become automatically reinstated on payment by us. Draft drawn under this credit must not be exceeded to US$300,000 in any calendar month."

또한 회전신용장에서 누적방법(ⓐ)과 비누적방법(ⓑ)의 표시문언의 예는 다음과 같다.

---

63) self-continuing credit이라고도 한다.

ⓐ "Any shipment not to exceed invoice value of US$50,000 per container. After a draft has been paid under this credit, the credit reverts to its original amount of US$50,000. Any unused portion of monthly availment may be used during any subsequent month."

ⓑ "Upon receipt by the beneficiary of notice from the Bank of America that a draft has been paid under this credit, a sum equal to the amount of such draft again becomes available under this credit. Notwithstanding anything contained in the foregoing clause, drawings under this credit are limited to US$50,000 in any calendar month."

4) 구상무역신용장

구상무역(求償貿易; compensation trade)은 수출입물품의 대금을 그에 상응하는 수입 또는 수출로 상계하는 수출입을 말한다.[64] 구상무역을 위한 신용장은 특수한 신용장으로 ① 동시발행신용장(back to back credit), ② 기탁신용장(escrow credit), ③ 토마스신용장(TOMAS credit)이 사용된다.

① 동시발행신용장(back to back credit)

동시발행신용장(back to back credit)의 원래의 의미는 원신용장을 근거로 하여 발행된 내국신용장(local credit)을 의미하였으나 무역협정이나 지급협정이 체결되지 않거나, 경화(硬貨)가 부족한 종전의 동구권과 무역거래를 할 경우에 수출과 수입을 연계하는 방식으로 사용됨에 따라 내국신용장으로서의 "back to back credit"과는 달리 새로운 제도의 구상무역신용장으로 변하게 되었다.

동시발행신용장은 한 나라에서 일정액의 수입신용장을 발행할 경우 그 신용장은 수출국에서도 같은 금액의 신용장을 발행하여 오는 경우에만 유효하다는 조건이 부가된 신용장이다.

동시발행신용장의 문언 예를 보면 다음과 같다.

---

64) 현행 대외무역법에서는 구상무역을 연계무역으로 그 개념을 확대하여 물물교환(barter trade), 구상무역(compensation trade), 대응구매(counter purchase)에 의해 이루어지는 수출입으로 규정하고 있다.

"This Letter of Credit shall not be available unless and until standard prime banker's irrevocable letter of credit in favor of Seoul Trading Co., Ltd., Seoul for account of Poland International Inc., Poland for an aggregate amount of US$300,000 have been issued pursuant to contracts for the export of LED Television sets from Busan, Korea to Poland."

② 기탁신용장(escrow credit)

기탁신용장(escrow credit)이란 수출입의 균형을 유지하기 위한 구상무역에서 사용되는 신용장으로 수입자인 발행의뢰인이 신용장발행의뢰시 신용장조건으로 그 신용장에 의하여 발행되는 환어음의 매입대금은 수익자에게 지급되지 않고 수익자명의로 상호약정에 따른 매입은행·발행은행 또는 제3국의 환거래은행 등의 기탁계정(escrow account)에 기탁하여 두었다가 그 수익자가 원신용장 발행국으로부터 수입하는 물품의 대금결제에만 사용하도록 하는 조건의 신용장을 말한다. 동시발행신용장처럼 동액·동시발행조건이 아니므로 기탁신용장은 물품의 선택과 기일 등에서 훨씬 자유롭다.

③ 토마스신용장(TOMAS credit)

토마스신용장(TOMAS credit)은 일본과 중국 간의 구상무역거래에서 유래된 것으로 "TOMAS"란 명칭은 일본상사의 전신약호(cable address)이다.

토마스신용장이란 수출자와 수입자 양측이 상호 일정액의 신용장을 서로 발행하기로 하되, 일방이 먼저 신용장을 발행할 경우 상대방은 이에 대응하는 신용장을 일정기간 후에 발행하겠다는 보증서를 발행하여야만 상대방측에 도착한 신용장이 유효하게 되는 신용장을 말한다. 이는 수출국의 수출물품은 확정되었지만 그 대가로 수입할 물품이 결정되지 않았을 경우에 이용된다.

3 유사신용장

은행이 지급확약을 하지 않아 엄밀한 의미에서 신용장은 아니지만 신용장과 같은 기능을 가지고 신용장과 함께 무역결제의 수단으로 이용되고 있는 이른바 유사신용장이 있다. 이에는 다음과 같이 ① 어음매입수권서, ② 어음지급수권서, ③ 어음매입지시서가 있다.

① 어음매입수권서(authority to purchase: A/P)

어음매입수권서(authority to purchase)는 수입지의 은행이 수입자의 요청에 따라 수출지에 있는 자기의 본지점 또는 환거래은행에 대하여 수출자가 수권서(letter of authority : L/A)에 명시된 일정조건의 서류를 준비하여 수입자 앞으로 발행된 어음을 제시하면 매입할 수 있는 권한을 부여한 통지서를 말한다.

어음매입수권서는 은행이 어음의 지급에 대하여 확약하는 것이 아니고 환어음지급인이 수입자이므로 지급거절 되면 어음발행인인 수출자는 상환청구에 응하여야 한다.

어음매입수권서의 성격을 나타내는 문언의 예는 다음과 같다.

> "We are requested by mail by Bank of America to inform you that they have issued their irrevocable Authority to Purchase No.1234 in your favor for account of America International Inc., for any sum or sums not exceeding in all US$100,000 available by your drafts in duplicate on America International Inc., at sight accompanied by following documents."

② 어음지급수권서(authority to pay: A/P)

어음지급수권서(authority to pay)는 수입지의 은행이 수입자의 요청에 따라 수출지에 있는 자기의 본·지점 또는 환거래은행에 대하여 수출자가 일정한 조건하에 발행하는 어음에 대하여 지급할 것을 지시하는 통지서이다.

어음매입수권서와 다른 점은 환어음이 수입자앞으로 발행되는 것이 아니라 통지은행 앞으로 발행되는 일람출급환어음이며 통지은행은 지급확약약정을 하지 않고 수출자에게 아무런 통지 없이 취소할 수 있다.[65]

어음지급수권서의 성격을 나타내는 문언의 예는 다음과 같다.

> "We advise you that Bank of America have authorized us to pay your drafts for account of America International Inc. under their reference No.123 for a sum or sums not exceeding a total of US$100,000 on us at sight to be accompanied by following documents."

---

65) "The authority given to us is subject to revocation or modification at any time, either before or after presentment of documents, and without notice to you."라는 문언을 기재하여 수출자에게 통지 없이 취소가능하도록 어음지급수권서상에 명시하고 있다.

③ 어음매입지시서(letter of instruction: L/I)

어음매입지시서(letter of instruction)는 수입지의 은행이 수출지에 있는 자기의 본지점 앞으로 "수출자가 그러한 조건으로 이 금액 이내의 환어음을 발행하였을 경우 귀 점에서 그 환어음을 매입하여 주기 바람"이라고 지시하는 것으로 기능면에서 어음매입수권서와 같지만 동일은행의 본·지점간에만 사용된다는 점이 다르다.

어음매입지시서의 성격을 나타내는 문언의 예는 다음과 같다.

"We beg to inform you that we are instructed by our head office to negotiate as offered, your Documentary Bills drawn at sight on Bank of America to the extent of US$100,000 for 100% invoice cost of merchandise."

제 5 절 신용장통일규칙과 신용장거래의 실제

1 신용장통일규칙

1) 신용장통일규칙의 의의

오늘날 무역대금 결제수단으로서의 신용장은 국제매매 당사자간에 은행으로 하여금 지급기능과 금융기능을 수행하게 함으로써 국제무역거래를 원활히 수행하는 데 크게 이바 지하고 있다. 신용장은 오랜 역사를 가지고 사용되어 왔으나 국가마다 다른 상관습과 제 도로 인하여 상거래상 혼란과 분쟁이 끊임없이 야기되어 왔다. 따라서 각국의 은행들과 무역업자들은 국제적으로 통일성을 갖춘 신용장통일규칙의 출현을 갈망하게 되었고 이에 국제상업회의소(International Chamber of Commerce: ICC)는 1933년 이른바 오늘날의 "화환 신용장통일규칙"(Uniform Customs and Practice for Documentary Credits: UCP)을 제정하게 된 것이다.[66]

당초의 신용장통일규칙은 영국과 미국 등 세계경제에 영향력이 있는 국가들이 자국의

---

66) 제정 당시의 정식명칭은 "상업화환신용장에 관한 통일규칙 및 관례"(Uniform Customs and Practice for Commercial Documentary Credits)로 표기하여 "ICC Brochure No. 82"로 발표되었다.

관행과 UCP와의 조화에 따른 어려움 등을 이유로 채택을 미루어 오다가 미국은 1938년 10월 1일부터 채택할 것을 발표하였고, 1962년 11월 제2차의 개정 때부터 영국을 포함한 런던관행의 국가와 대부분의 사회주의권 국가들도 채택하여 오늘에 이르러서는 범세계적으로 채택된 통일규칙으로 면모를 갖추게 되었다. 그동안 신용장통일규칙은 무역관습의 변화에 부응하기 위하여 1951년, 1962년, 1974년, 1983년, 1993년에 각각 약 10년을 주기로 하여 개정되었고, 다시 2007년 제6차로 개정되어 "UCP Publication No. 600(UCP 600)"의 간행물로 발표하여 2007년 7월 1일부터 적용되고 있다.[67]

UCP 600에서는 은행업무, 운송 및 보험 산업의 발전에 초점을 맞추어 UCP의 적용 및 해석상 일치되지 아니한 용어들을 삭제하고 정의 및 해석의 개념 및 형식 등에 대하여 재검토할 필요성이 제기되어 총 39개 조항[68]으로 구성되고 있다.

2 신용장의 구성내용

전통적인 신용장의 형식은 국제상업회의소가 권고한 "화환신용장발행을 위한 표준양

---

67) UCP제정 : 1933(ICC Brochure No. 82), UCP 제1차 개정 : 1951년(ICC Brochure No. 151), UCP 제2차 개정 : 1962년(ICC Brochure No. 222), UCP 제3차 개정 : 1974년(ICC Publication No. 290), UCP 제4차 개정 : 1983년(ICC Publication No. 400), UCP 제5차 개정 : 1993년(ICC Publication No. 500), UCP 제6차 개정 : 2007년(ICC Publication No. 600).

68) UCP 600에 반영된 규정은 종전의 UCP 500의 6장(총칙 및 정의, 신용장의 형식과 통지, 의무와 책임, 서류, 기타조항, 양도가능신용장 및 대금의 양도로 구분) 49개 조항으로 구성하였던 구조적 관행에서 장을 구분하지 아니하고 다음과 같이 39개 조항으로 구성하고 있다; 제1조 신용장통일규칙의 적용, 제2조 정의, 제3조 해석, 제4조 신용장과 계약, 제5조 서류와 물품 서비스 또는 이행, 제6조 사용가능성, 유효기일 및 제시장소, 제7조 발행은행의 확약, 제8조 확인은행의 확약, 제9조 신용장 및 조건변경의 통지, 제10조 조건변경, 제11조 전송과 예비통지신용장 및 조건변경, 제12조 지정, 제13조 은행간 상환약정, 제14조 서류심사의 기준, 제15조 일치하는 제시, 제16조 불일치서류, 권리포기 및 통지, 제17조 원본서류 및 사본, 제18조 상업송장, 제19조 적어도 두 가지 다른 운송방식을 표시하는 운송서류, 제20조 선화증권, 제21조 비유통성 해상화물운송장, 제22조 용선계약 선화증권, 제23조 항공운송서류, 제24조 도로, 철도 또는 내수로 운송서류, 제25조 특사화물수령증, 우편수령증 또는 우송증명서, 제26조 "갑판적", "송화인의 적재 및 계수", "송화인의 내용물 신고", 및 운임에 대한 추가비용, 제27조 무사고 운송서류, 제28조 보험서류 및 담보범위, 제29조 유효기일 또는 제시를 위한 최종일의 연장, 제30조 신용장금액, 수량 및 단가의 과부족 허용, 제31조 분할어음발행 또는 선적, 제32조 할부어음발행 또는 선적, 제33조 제시시간, 제34조 서류효력에 관한 면책, 제35조 송달 및 번역에 대한 면책, 제36조 불가항력, 제37조 피지시인의 행위에 대한 면책, 제38조 양도가능신용장, 제39조 대금의 양도.

식"(Standard Forms for Issuing of Documentary Credit)[69]에 기본을 두어 발행 및 우편을 통하여 통지되고 있었다. 그러나 현재의 대부분의 신용장은 스위프트(Society for Worldwide Interbank Financial Telecommunication : SWIFT) 시스템의 발전 및 은행간 사용이 확산되어 스위프트 메시지 "MT700"형식에 따라 전송에 의하여 발행 및 통지[70]되고 있다.

따라서 이 형식에 따른 신용장의 구성내용을 검토할 필요가 있다.

무역거래에서 일반적으로 많이 사용되고 있는 취소불능화환신용장을 중심으로 그 구성내용을 ① 신용장 자체에 관한 사항, ② 환어음에 관한 사항, ③ 물품명세에 관한 사항, ④ 요구서류에 관한 사항, ⑤ 운송에 관한 사항, ⑥ 부가조건에 관한 사항, ⑦ 기타의 기재사항 등으로 구분하여 살펴보기로 한다. 〈서식 7-5〉에 예시된 스위프트 메시지에 의한 "MT700"형식의 신용장 서식상의 원문자(일련번호 숫자)는 다음에 설명하는 일련번호와 일치된다.

1) 신용장 자체에 관한 사항

① **신용장발행은행(issuing bank)** From : xxx Bank

스위프트 메시지 형식(MT 700)에 의하여 발행 및 통지되는 신용장은 국제적으로 그 형식이 통일되어 있다. 일반적으로 메시지 형식 발신자는 발행은행이 되고 수신자는 통지은행이 된다. 따라서 신용장의 "we, our, us"는 발행은행을 가리키고, "you, your"는 수익자(beneficiary)를 가리킨다. 그러나 전신으로 통지되는 신용장상의 "we"나 "you" 등은 인용내용 전후 관계를 참조하여 발행은행·통지은행·수익자를 구별하여야 한다.

② **신용장의 발행일자(date of issue)** :31C

발행일자는 신용장 본문에 표시되며, 통지은행이 전송으로 수신된 메시지를 인용하여 통지하는 경우 신용장 본문의 발행일자 이외의 통지은행에서 기재한 일자는 통지일자(date of advice)가 된다.

---

69) ICC Brochure No. 268, 1970.
70) MT700 형식의 신용장은 현재 발행은행 및 통지은행간에는 전자적으로 발행 및 전송되고 있으나 통지은행이 수익자와 전송을 위한 통신네트워크가 갖추어져 있지 아니할 경우, 실제 수익자에게 통지하는 신용장의 대부분은 MT700 형식의 전송신용장을 출력하여 복사용지에 통지은행의 서명 또는 스템프한 형식의 신용장을 수익자가 사용하고 있다.

③ **신용장의 종류**(form of documentary credit) :40A

취소불능화환신용장(irrevocable documentary credit) 또는 취소불능매입신용장(irrevo-cable negotiation credit)과 같이 신용장의 종류를 표시한 것으로 대부분의 신용장은 "irre-vocable"이란 문언이 표시되어 있다. 이런 명시가 없어도 취소불능(irrevocable)으로 간주된다. 취소불능신용장은 신용장 관계당사자의 합의가 있어야만 신용장취소나 조건변경을 할 수 있다.

④ **신용장번호**(credit number) :20

발행은행이 기준에 따라 부여한 번호이다. 수출신용장의 경우에는 신용장번호를 관련 서류상에 기재할 것을 요구하는 경우가 많다. 한국의 경우 신용장을 발행할 경우에, 즉 수입시에 신용장번호는 한국은행이 정하여 각 외국환은행이 공통으로 사용하고 있는 수입승인서 및 신용장 등의 번호기재요령에 따라 다음과 같이 기재하고 있다.

신용장 등의 번호기재요령에 따라 수입승인서번호 및 수입신용장번호(표 7-2~4 참조)를 부여한다. 예를 들면, 2014년 6월 들어 K은행 본점에서 15번째 일람불조건의 수출용 원자재수입을 승인하고 동 월 17번째로 신용장을 발행하였다면, 수입승인서번호는 I0601-406-ES-00159, 수입신용장번호는 M0601-406-ES-00179와 같이 부여할 수 있다.[71]

표 7-2 수입용도 기호	
구분	기호
정부용	G
일반용	N
수출산업용시설기재	M
수출용원자재	E
가공무역용	B
군납용원자재	A
기타외화획득용	S
특수거래	X

표 7-3 수입결제방법 기호		
구분	기호	
일 람 출 급 L/C	S	내국수입 Usance 포함
기 한 부 L/C	U	Non-Documentary L/C
기 타 L/C	D	Deferred Payment 포함
D/P	P	
D/A	A	
단 순 송 금	R	
무 상 거 래	N	

---

71) 문서의 종류별 표시기호는 다음과 같다. ① 수출승인서 : E, ② 수출신용장통지서 : A, ③ 내국신용장 : L, ④ 선수출계약서 : P, ⑤ 외화표시물품공급계약서 : F, ⑥ 수출실적확인서 : X, ⑦ 수입승인서 : I, ⑧ 수입신용장 : M, ⑨ 수출입승인서 : C, ⑩ 수입원자재구입승인서 : R.

표 7-4	수입신용장번호 기재의 예

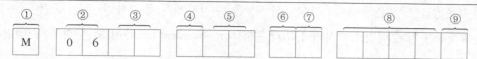

①: 수입신용장의 표시기호(M)
②: 외국환은행 고유번호(06)
③: 취급영업점번호
④: 연도 표시번호(취급연도의 끝자리수)
⑤: 월 표시번호(취급월의 2단위)
⑥: 수입용도기호(위의 〈표 7-2〉 참조)
⑦: 수입결제방법기호(위의 〈표 7-3〉 참조)
⑧: 일련번호(매월별로 새번호로 바꿈)
⑨: 검색기호(Check Digit)

⑤ **유효기일 및 유효장소 (date and place of expiry)** :31D

신용장의 지급·인수·매입을 위하여 서류를 제시하는 유효기일(expiry date)을 표시하여야 한다. 제시되는 유효장소의 표시는 신용장의 지급확약방식, 즉 일람지급(sight payment), 연지급(deferred payment), 인수(acceptance) 및 매입(negotiation)이 이루어지는 소재지를 기재하는 곳으로 "September 10, 20xx at the counters of Bank of America, New York"이나 "September 10, 20xx in New York"과 같이 표시되는 경우에는 특히 주의가 요망된다. 신용장유효기일의 의미는 동 기간 이내에서 지급확약의 효력이 있고 제시장소가 특정되었을 때는 당해 은행에, 그 외에는 수익자의 거래은행에 신용장에서 요구하는 서류의 제시(presentation)가 이루어져야 한다.

⑥ **신용장발행의뢰인(applicant)** :50

발행은행에 신용장발행을 의뢰한 자의 명칭 및 주소를 기재한다. 보통 "for account of ABC Inc." 또는 "accountee ABC Inc."처럼 신용장상에 표시되는 경우가 많다.

⑦ **수익자(beneficiary)** :59

신용장을 받게 되는 수신인(addressee)으로 명칭 및 주소를 분명하게 표시하여야 신용장송달이 신속·정확하게 이뤄진다. 신용장발행의뢰시에 수익자의 전화번호를 함께 주소란에 명시할 경우, 통지은행은 수익자에게 직접 신속하게 신용장통지를 할 수 있다.

⑧ **통지은행(advising bank)** To : xxx Bank

통지은행은 발행은행에서 보내는 신용장을 수익자에게 통지하여 주는 중간은행이다. 보통 발행은행의 수익자소재지의 환거래은행(correspondent bank)이 되는 경우가 많다.

⑨ **신용장 통화코드 및 금액(currency code and amount of credit)** : 32B

신용장금액은 신용장사용의 한도금액으로 동 금액 이내에서 수익자가 환어음을 발행할 수 있다. 신용장 통화코드 및 금액은 USD100,000와 같이 ISO가 정한 통화코드에 금액을 표시한다.

2) 환어음에 관한 사항

⑩ **신용장 사용가능은행** :41D

신용장 사용가능은행을 표시한다.

⑪ **신용장확약방식** :41D

신용장확약방식은 일람지급(sight payment), 연지급(deferred payment), 인수(acceptance) 또는 매입(negotiation) 중에서 허용되는 방식을 표시한다.

⑫ **환어음 발행** :42C

환어음의 지급기일(tenor of the draft)은 일람불일 경우 "at sight"로 하고, 기한부(usance)의 경우 "at" 다음에 결제기간, 예컨대 "at 30 days after sight"와 같이 지급 유예기간을 표시한다.

⑬ **신용장금액의 과부족 허용 비율** :39A

신용장금액의 사용에 있어 과부족 허용 비율을 표시한다.

⑭ **환어음 지급인(drawee)** :42A

환어음의 지급인은 "…drafts drawn on…" 다음에 표시된다. 보통 발행은행이나 지정은행 등 은행명이 기재된다. UCP 600에서는 은행 앞으로 발행하도록 규정하고 있다. 스위프트(SWIFT) 메시지에 의한 MT700형식의 신용장에서는 환어음 지급인으로 ":42A drawee : ABC Bank"와 같이 명시되는데 이 경우 ABC Bank가 지급인이 된다.

3) 물품명세에 관한 사항

⑮ 물품 및/또는 서비스 및/또는 이행의 명세(description of goods and/or services and/or performance) :45A

물품명세는 물품명(name of commodity), 수량(quantity), 규격(specification), 단가(unit price), 가격조건(price terms) 등을 다음과 같은 요령으로 표시한다.

"4,000 pcs. of Men's Split Leather Jackets as per Sales Note No. 13018 dated June 5, 20xx @US$25 CIF New York Incoterms® 2010"

상업송장상의 물품, 서비스 또는 이행의 명세는 신용장에 보이는 것과 일치하여야 하며,[72] 가격조건은 "Incoterms® 2010"에 정하고 있는 11가지 정형거래규칙 중에서 선택하여 올바르게 기재하여야 한다.

4) 요구서류에 관한 사항

⑯ 상업송장(commercial invoice) :46A

상업송장은 매수인에 대한 청구서, 거래명세서, 출화안내서, 견적서이며 수익자가 작성한다. 상업송장에 기재된 물품명세는 신용장의 물품명세와 일치되어야 한다. 상업송장은 대금결제의 필수적 서류로 예외 없이 요구하고 있다. 상업송장상에 특정내용을 명시할 것을 요구할 경우에는 반드시 지시사항대로 상업송장상에 기재하여야 하며, 상업송장 요구통수를 제공하여야 한다. 보통 "Signed Commercial Invoice in triplicate"처럼 요구 통수를 표시하는데, "original(1 fold), duplicate(2 fold), triplicate(3 fold), quadruplicate(4 fold), quintuplicate(5 fold), sextuplicate(6 fold), septuplicate(7 fold), octuplicate(8 fold) 등과 같이 요구한다.

신용장거래에서는 신용장상의 물품명세와 상업송장상의 물품명세가 상이하다는 이유로 지급거절하는 사례가 많으므로 수익자는 한 단어 또는 한 문자도 누락되지 않고 엄밀히 일치되도록 상업송장을 작성하여야 한다.

---

72) UCP 600, Article 18-c.

⑰ **운송서류**(transport document) :46A

운송서류는 물품의 선적·발송·수탁을 명시하는 인도의 증거서류를 포괄적으로 말하는 것으로 해상선화증권, 항공화물운송장, 복합운송증권 등 운송방식에 따라 요구되는 운송서류의 종류가 다양하다. 예시된 신용장처럼 해상선화증권을 요구할 경우에는 보통 무사고선적 해상선화증권(clean on board ocean bills of lading) 전통(full set)을 제시하도록 하고 있다.

무사고(clean)란 선적된 물품 및 포장이 깨어지거나 젖거나 포장 개수가 부족하지 아니하고 외관상 완전한 상태로 선적되었음을 나타내는 것으로 사고문언(remarks)이 없는 것을 말하며, 전통(full set)이란 만일 선화증권의 원본 3통(original, duplicate, triplicate)이 1조로 발행되었다면 3통 모두를 갖춘 것을 말하며, 3통은 각각 정식의 선화증권으로서 독립된 효력을 가지므로 그중 1통이 사용되면 나머지는 자동 무효가 된다.[73] 경우에 따라서는 4통이 원본 1조로 구성되었다면 4통이 전통이 되는 점을 유의하여야 한다.

또한 선화증권의 발행방식으로 수화인(consignee)을 지정하게 되는데, 예시의 신용장은 "to the order of Bank of America"와 같이 "Bank of America의 지시식"으로 발행할 것을 요구하고 있다. 이 방식 이외에도 수화인은 단순지시식으로 "to order", 송화인의 지시식으로 "to the order of shipper", 수입자의 지시식으로 "to the order of America International Inc."와 같이 기재하도록 신용장상에서 지시한다. 보통 선화증권 최초의 소지인이며 송화인인 신용장 수익자는 "단순지시식"이나 "송화인의 지시식"의 경우에 선화증권원본 이면에 무기명배서(blank endorsement)를 하여 운송서류를 양도하고 있다.

운임지급에 관하여 정형거래규칙이 Incoterms® 2010에 의거 CFR, CIF, CPT, CIP 중 어느 하나라면 "운임선지급"(freight prepaid)으로, FCA, FAS, FOB 중 어느 하나라면 "운임후지급"(freight collect)이라고 운송서류상에 표시하게 된다. 해상운임은 전자는 매도인이, 후자는 매수인이 부담하여야 한다.

화물 도착통지처(notify party)는 화물이 목적항에 도착하였을 때 선박회사로부터 화물도착통지(arrival notice)를 하여야 할 곳으로 보통 신용장발행의뢰인인 수입자나, 그 대리인명의의 명칭, 주소 및 전화번호 등을 기재하게 된다.

---

73) 선박회사에서 선화증권을 발급하여 줄 경우에는 원본(original) 전통은 보통 3통을 1조로 발행하고 원본과 함께 사본(copy)은 non-negotiable로 10여 통을 발행하여 주며, 원본은 수출환어음 매입(negotiation)을 위하여 사용되지만, 사본은 은행이나 수출자의 보관 및 참조용으로 사용된다.

한편 항공운송의 경우에는 예시의 신용장처럼 수화인은 ××은행으로 발행한 항공화물운송장(Air Waybill)을 요구하게 되는 것이 일반적이다. 이는 비유통운송서류(non-negotiable transport document)이기 때문에 신용장거래에서는 보통 신용장발행은행을 수화인(consignee)으로 정하여 발행한다. 기타 운임지급표시나 화물도착통지처 등은 해상선화증권의 그것과 같다.

⑱ 보험서류(insurance document) :46A

보험서류란 보통 보험증권(insurance policy), 보험증명서(insurance certificate), 통지서(declaration)를 총칭하는 것을 말한다.[74] 보험증권은 확정보험(definite insurance)에 대하여 발행되는 증권이며, 보험증명서는 포괄예정보험(open cover)에 대하여 발행되는 부보증명서로 신용장거래에서는 대부분 두 가지 서류 중 어느 한 가지를 제시하도록 하고 있다. 그러나 보험중개인(brokers)이 발행하는 보험승낙서인 "Cover Note"는 신용장에서 특별히 허용하지 않는 한 수리 거절된다.[75]

예시된 신용장상의 보험서류는 송장금액에 대하여 110%를 부보하도록 부보범위(coverage)를 정하고 있으며 최소의 담보범위로 송장금액에 10%를 가산하여 부보할 것을 요구하고 있다. 또한 보험금 청구시 지급지와 통화는 신용장 금액에 명시된 동일한 통화로 기재하고 "신협회적화약관"(New Institute Cargo Clauses: ICC)을 참조하여 보험부보범위는 물품의 성질과 운송방식 등을 고려한 적화보험조건, 즉 ICC(A), ICC(B), ICC(C)중 어느 조건으로 부보할 것이며, 부가담보조건을 추가로 부보할 것인지에 대해서도 고려하여야 한다.

⑲ 포장명세서(packing list) :46A

포장명세서는 선적화물의 포장 및 포장단위별 명세와 단위별 순중량(net weight), 총중량(gross weight), 용적(measurement), 화인(shipping marks) 및 포장의 일련번호 등을 기재한 명세서이다. 포장명세서는 상업송장의 기재사항과 부합되어야 한다. 또한 수출서류를 매입하기 위해서는 중량이나 용적 등은 운송서류상의 용적 및 중량과도 반드시 일치하여야 한다.

신용장에서 요구하는 기본서류 이외의 서류로 보통 ⑳ 원산지증명서(certificate of ori-

---

74) 보험서류는 무역계약조건이 CIF Incoterms® 2010나 CIP Incoterms® 2010일 경우에 한하여 요구되며, 매도인은 적화물품에 대한 보험을 부보하고 보험서류를 제공할 의무를 부담하게 된다.

75) UCP 600, Article 28-c.

gin), ㉑ 검사증명서(inspection certificate), ㉒ 중량 및 용적증명서(certificate of weight and measurement), 포장명세서(packing list) 등을 요구하는 경우가 많다.

5) 운송에 관한 사항

㉓ 분할선적(partial shipment) :43P

운송물품에 대하여 분할선적의 허용 여부는 신용장에 지시하게 되는데, 보통 허용(allowed), 금지(not allowed)를 명시하고 있다. 분할선적에 대하여 신용장상에 아무런 명시가 없으면 분할선적이 허용되는 것으로 간주된다.[76]

동일선박(same vessel)과 동일항로(same voyage)에 의한 선적은 본선선적을 증명하는 운송서류가 비록 다른 일자나 항구가 표시되어 있어도 분할선적으로 간주되지 않는다.[77] 또한 5월, 6월, 7월에 각 얼마씩 일정기간의 할부선적(shipment by instalment)이 규정된 신용장의 경우에는 그 선적분이 허용된 기간 내에 선적되지 아니하면 당해 할부선적분은 물론 그 이후의 모든 선적분에 대해서도 신용장은 무효가 됨을 유의하여야 한다.[78]

㉔ 환적(transshipment) :43T

환적은 운송물품을 다른 운송방법으로 이전 및 재적재하는 것을 의미한다. 환적의 표시방법도 분할선적처럼 허용·금지로 표시된다. 그러나 신용장상 환적이 금지되더라도 운송인의 환적유보 인쇄약관이 있는 서류나 전항로가 단일운송증권으로 커버되는 경우 등 복합운송이 이뤄지는 대부분의 경우에는 환적이 발생할 가능성이 있으므로 은행은 그러한 운송서류를 수리하도록 함으로써 환적문제에 대한 시비는 많이 줄어들고 있다.

㉕ 선적지(place of shipment) :44A

신용장에서 별도 명시가 없으면 선적(shipment)이란 표현은 본선적재(loading on board), 발송(dispatch), 운송을 위한 인수(accepted for carriage), 우편수령일(date of post receipt), 접수일(date of pick-up) 또는 복합운송을 요구하는 신용장의 경우에는 수탁(taking in charge)의 뜻이 포함되어 있는 것으로 해석된다. 따라서 적재지가 부산항이라면 "from

---

76) UCP 600, Article 31-a; 분할어음발행(partial drawing)의 경우도 같다.
77) UCP 600, Article 31-b.
78) UCP 600, Article 32.

Busan, Korea"로, 발송지가 김포공항이라면 "from Gimpo Airport"로, 수탁지가 ABC화물 운송터미널이라면 "from ABC Cargo Transport Terminal"로 표시하면 된다.

㉖ 선적기일(shipping date) :44C

선적기일은 물품의 최종선적, 즉 적재, 발송, 수탁 등을 위하여 최종적으로 허용되는 일자를 뜻한다. "latest date of shipment ： August 31, 20xx"이라면 인도조건에 따라 8월 31일까지는 적재, 발송 또는 수탁을 완료하여야 한다는 의미이다. 만일 8월 31일이 공휴일이더라도 공휴일을 불문하고 적재, 발송 또는 수탁을 완료하여야 한다.[79]

㉗ 운송목적지(for transportation to) :44B

선적물품의 최종목적지를 기재하여야 한다. 즉 해상운송의 경우에는 "to New York, U.S.A.", 항공운송의 경우에는 "to New York Airport", 복합운송의 경우에는 "to ABC Cargo Transport Terminal, New York"과 같이 표시한다.

6) 부가조건에 관한 사항 :47A

부가조건(additional conditions)에 대해서는 신용장에 따라 다르지만, 신용장표준양식에 기재되지 못한 부가조건에 대하여 언급하게 된다. 즉 예를 들면 ㉘ 특정선박편의 지정 (nomination)은 "Shipment must be effected by S.S. Arirang of ABC Line only", ㉙ 신용장양도의 허용은 "This credit is transferable", ㉚ 서류상에 신용장번호 등 기재사항의 지시는 "Each documents of presentation must be indicated the credit number of the issuing bank and the number of the advising bank", ㉛ 대금상환과 관련하여 전신환(Telegraphic Transfer: T/T)에 의한 상환은 금지된다는 지시는 "T/T reimbursement not allowed" 등과 같이 요구할 수 있다.

7) 기타의 기재사항

㉜ 은행수수료의 부담 :71B

신용장발행지 이외에서 은행업무와 관련하여 발생하는 수수료와 요금은 누가 부담하

---

79) 그러나 신용장유효기일(expiry date)이 공휴일인 경우에는 그 익일로 연장하여 서류제시가 허용된다.

는가를 기재한다.

㉝ 서류의 송달방법 :78

서류의 분실 등에 대비하기 위하여 항공등기우편으로 두 번에 나누어(in two lots by registered airmail) 송부할 것인가, 아니면 한번으로(in one lot) 송부할 것인가를 기재한다.

㉞ 상환지시(reimbursing instructions) :53A

신용장발행은행은 상환(reimbursement)을 위하여 대금결제은행 및 대금결제방법에 대하여 다음 예와 같이 기재한다.

"Please reimburse yourselves for your payment and charges on ABC Bank, New York, under advise to us."

"Please debit our head office A/C with you at maturity."

"We shall remit the proceeds according to your instructions."

㉟ 신용장통일규칙 준거문언 :72

신용장상에는 화환신용장통일규칙을 적용한다는, 이른바 다음과 같은 준거문언이 명시된다. 신용장 통일규칙이 명시된 신용장을 사용하는 관계당사자는 신용장통일규칙에 따른 법적 구속력을 가지게 된다.

"This documentary credit is subject to the Uniform Customs and Practice for Documentary Credits (2007 Revision) International Chamber of Commerce Publication No. 600"

이 밖에 종이신용장을 이용할 경우, 서류 등을 위조·변조하여 동일한 신용장을 가지고 이중으로 수출환어음을 매입할 가능성에 대비하여 매입은행은 신용장원본 이면에 각각의 매입일자 및 금액을 기재하도록 지시하고 있는데, 보통 다음과 같은 이중매입 방지문언이 기재된다.

"The amount and date each negotiation must be endorsed on the back hereof by the negotiating bank."

▶ 서식 7-5 신용장의 구성내용

```
(MT 700) ISSUE OF A DOCUMENTARY CREDIT
    Advice Number : A0604-306-00123
  From : BANK OF AMERICA, NEW YORK ①
  To : KOREA EXCHANGE BANK ⑧
        SEOUL, KOREA
:27     sequence of total : 1/1
:40A    form of documentary credit : IRREVOCABLE ③
:20     documentary credit number : 78910 ④
:31C    date of issue : 15 JUNE 2014 ②
:31D    date and place of expiry : 10 SEPTEMBER 2014 KOREA ⑤
:50     applicant : AMERICA INTERNATIONAL INC.
        310 FIFTH AVE, NEW YORK, NY10118, U.S.A. ⑥
:59     beneficiary : SEOUL TRADING CO., LTD.
        15, 1-GA, SOGONG-DONG, JOONG-GU, SEOUL 100-070, KOREA ⑦
:32B    currency code amount : USD100,000 ⑨
:39A    pct credit amount tolerance : 0/0 ⑬
:41D    available with by name, address : ANY BANK BY NEGOTIATION ⑩⑪
:42C    drafts at : SIGHT ⑫
:42A    drawee : BANK OF AMERICA, NEW YORK, NY10015, U.S.A. ⑭
:43P    partial shipment : ALLOWED ㉓
:43T    transshipment : NOT ALLOWED ㉔
:44A    loading on board/dispatch/taking in charge : BUSAN, KOREA ㉕
:44B    for transportation to : NEW YORK, U.S.A. ㉗
:44C    latest date of shipment : 31 AUGUST 2014 ㉖
:45A    description of goods and/or services and/or performance ⑮
        4000 PCS OF MEN'S SPLIT LEATHER JACKETS OTHER DETAILS AS PER SALES NOTE NO.
        30016 DATED JUNE 5, 2014 CIF NEW YORK Incoterms® 2010
:46A    documents required
        +SIGNED COMMERCIAL INVOICE IN TRIPLICATE ⑯
        +PACKING LIST IN TRIPLICATE ⑲
        +FULL SET OF CLEAN ON BOARD OCEAN BILL OF LADING MADE OUT TO THE ORDER OF
          BANK OF AMERICA MARKED FREIGHT PREPAID AND NOTIFY ACCOUNTEE ⑰
        +MARINE INSURANCE POLICIES AND CERTIFICATES IN DUPLICATE ENDORSED IN BLANK
          FOR 110PCT OF INVOICE VALUE. INSURANCE POLICES OR CERTIFICATES MUST EXPRESSLY
          STIPULATE THAT CLAIMS ARE PAYABLE IN THE CURRENCY OF THE DRAFTS AND MUST ALSO
          INDICATE A CLAIM SETTLING AGENT IN NEW YORK. INSURANCE MUST INCLUDE INSTITUTE
          CARGO CLAUSES(B) ⑱
        +CERTIFICATE OF ORIGIN IN DUPLICATE ⑳
        +INSPECTION CERTIFICATE IN DUPLICATE ㉑
        +CERTIFICATE OF WEIGHT AND MEASUREMENT IN DUPLICATE ㉒
:47A    additional conditions
        SHIPMENT MUST BE EFFECTED BY STAR LINE ONLY ㉘
        THIS CREDIT IS TRANSFERABLE ㉙
        ALL DOCUMENTS MUST BEAR OUR CREDIT NUMBER ㉚
        T/T REIMBURSEMENT NOT ALLOWED ㉛
:48     period for presentation : DOCUMENTS MUST BE PRESENTED WITHIN 3 DAYS AFTER THE DATE
        OF BILL OF LADING BUT WITHIN THE CREDIT VALIDITY
:71B    charges : ALL BANKING COMMISSIONS AND CHARGES INCLUDING REIMBURSEMENT CHARGES
        OUTSIDE U.S.A. ARE FOR ACCOUNT OF BENEFICIARY ㉜
:49     confirmation instructions : WITHOUT ㊱
:53A    reimbursement bank : BANK OF AMERICA, NEW YORK, NY10015, U.S.A. ㉟
:78     instructions to the paying/accepting/negotiating bank
        DRAFTS MUST BE SENT TO DRAWEE BANK FOR YOUR REIMBURSEMENT AND ALL DOCUMENTS
        TO US BY COURIER SERVICE IN ONE LOT ㉝
:72     sender to receiver information : THIS CREDIT IS SUBJECT TO UCP(2007 REVISION) ICC
        PUBLICATION NO. 600 ㉞
```

3 신용장의 통지와 확인

1) 신용장의 통지

① 신용장통지의 의의

신용장의 통지(advice)란 신용장을 발행한 은행이 신용장발행내용을 수익자(benefi-ciary)에게 알리는 것을 말한다.

신용장을 통지하는 방법은 신용장발행은행이 직접 수익자에게 통지하는 방법, 신용장발행은행이 수익자 소재지의 자기의 본·지점이나 환거래은행에 신용장발행 사실을 알리고, 이들로 하여금 수익자에게 통지하도록 하는 방법이 있다.

이 방법 중 전자는 신용장의 진정성을 파악할 수 없기 때문에 후자가 실제 거래에 대부분 이용되고 있다.

② 신용장의 통지방법

㉠ 우편에 의한 신용장의 통지

우편에 의한 신용장이라 함은 신용장발행은행의 소정의 신용장양식을 이용하여 신용장조건을 명시하고 우편을 이용하여 발행은행이 통지은행 앞으로 보내는 신용장을 말한다.

이 경우는 신용장발행은행의 서명은 보통 신용장의 아래 부분에 되어 있기 때문에 통지은행과 서명감(specimen signature booklet)이 교환되어 있다면 신용장의 진정성(authen-ticity)을 파악하는 데 용이하다. 그러나 이 방식의 신용장은 전통적인 신용장으로 특별한 경우를 제외하고는 오늘날에 와서는 전송방식의 신용장으로 대체되고 있다.

㉡ 전송에 의한 신용장의 통지

전송(teletransmission)에 의한 신용장 통지는 발행은행이 신용장발행 메시지를 스위프트(SWIFT)시스템, 전신(cable), 텔렉스(telex) 등으로 통지하는 방법이다. 발행은행에서 통지은행 앞으로의 전송은 "full teletransmission"[80]에 의한 방법과 "short teletransmission"[81]에 의한 방법이 있다. 전자는 수익자가 사용할 수 있는 신용장으로 보

---

80) 보통은 "full cable" 또는 "full SWIFT"방식에 의한 신용장을 많이 사용하고 있다.
81) "short cable"을 이용한다. 이 방식의 신용장은 보통 "Full details to follow", "Air- mailing details"라는 문언이 명시된다.

통 신용장통지 내용상 "This is an operative credit instrument."라고 표시되어[82] 유효한 신용장으로 간주된다. 그러나 후자는 신용장발행 내용 일부만을 간단하게 예비통지(preliminary advice)하는 것으로 나중에 우편에 의한 완전한 신용장이 도착되기 전까지는 수익자가 사용할 수 없는 신용장이다.

오늘날의 대부분의 신용장 통지관행은 신속성과 경제성 및 안정성 등의 장점인 SWIFT 메시지를 은행들이 선호하여 MT700 형식에 의하여 예비통지 없이 수익자가 바로 사용가능한 신용장이 발행되고 있다. 이 결과 우편, 전신 및 텔렉스에 의한 신용장 통지는 거의 사용되지 않고 있다.

2) 신용장의 확인

① 신용장확인의 의의

신용장의 확인(confirmation)이란 발행은행의 확약에 추가하여 일치하는 제시를 인수·지급 또는 매입하겠다는 확인은행의 분명한 확약을 말한다. 따라서 확인은행은 수익자에 대하여 독립적인 채무를 부담한다.

신용장의 확인을 필요로 하는 이유는 발행은행에 속해 있는 국가가 신용위험 또는 전쟁위험이 있거나 발행은행 자체의 신용상태가 불량한 경우에 결제상의 위험을 줄이기 위한 것이다.

② 신용장확인의 요청과 확인문언

확인신용장(confirmed credit) 발행을 요청할 경우에는 확인수수료(confirming fee)부담에 관하여 매매계약을 체결할 때 당사자간에 미리 약정해 두어야 한다.

신용장의 확인에 대한 요청은 일차적으로 발행은행이 발행의뢰인으로부터 받게 되며, 발행의뢰인이 처음부터 취소불능확인신용장을 발행하는 경우에는 신용장발행 신청서상에 그 뜻을 명기하면 된다. 국제상업회의소에서는 확인의뢰를 "We request you to notify the credit, □ without adding your confirmation, □ adding your confirmation, □ and authorize you to add confirmation"과 같이 세 가지 방법 중에서 하나를 선택하도록 권고하고 있다. 전통적인 신용장에서 실무적으로 신용장의 확인을 요청할 때는 보통 "Please

---

82) full teletransmission에 의한 신용장은 "This credit is available"이나 "No mail confirmation will follow"란 문언이 전송된 내용에 명시되어 있다.

advise this credit to the beneficiary adding your confirmation"이라고 표시한다.

그러나 SWIFT 메시지 형식의 신용장에서는 비확인신용장의 경우에는 ":49 confirmation instructions : WITHOUT"과 같이, 확인신용장의 경우에는 ":49 confirmation instructions : WITH(CONFIRM)", "MAY ADD"와 같이 명시되고 있다.

확인은행이 발행은행으로부터 신용장확인을 요청받거나 수권받았을 경우 그렇게 할 의사가 없을 때에는 확인거절의사를 즉시 발행은행에 통지하여야 한다.[83]

3) 신용장양도

① 신용장양도의 의의

신용장의 양도(transfer)란 양도가능신용장(transferable credit)상의 권리의 전부 또는 일부를 최초의 수익자(first beneficiary)의 요청에 의하여 제2수익자(second beneficiary)에게 양도하는 것을 말한다.

② 신용장양도의 필요성과 요건

㉠ 양도의 필요성

신용장양도의 필요성은 신용장을 받은 최초의 수익자가 수출대행계약에 의해 대행자 앞으로 신용장을 양도하고자 할 경우, 거래은행에 충분한 담보력이나 신용한도가 부족하여 담보력이 있는 자를 이용할 경우, 쿼타품목(quota item)으로 쿼타보유자 명의로 수출하여야 할 경우 및 기타 번거로움을 덜고자 할 경우에 발생된다.

㉡ 양도의 요건

신용장을 양도하기 위해서는 다음과 같은 요건을 충족하여야 한다.[84]

㉮ 발행은행에 의해 신용장상에 "transferable"이란 문언이 명확하게 표시되어 있어야 한다.

㉯ 신용장의 양도는 1회에 한한다.

분할선적(partial shipment)이 금지되어 있지 않는 경우에는 분할양도가 가능하다. 1회라는 의미는 제1수익자가 제2수익자를 다수로 하여 양도하는 것은 가능하되, 양수자

---

83) UCP 600, Article 8-d.
84) UCP 600, Article 38.

(transferee)가 이를 다시 제3자 앞으로 재양도하는 것이 금지된다는 것을 의미한다. 따라서 양도의 권리는 제1수익자만이 갖게 되는 것이다.

㈐ 신용장양도는 원신용장(original L/C)의 조건과 동일하게 이루어져야 한다.

다만 신용장의 금액, 단가, 유효기일, 서류제시를 위한 기간의 단축, 선적 기간 및 원신용장에서 요청된 부보금액을 담보하기 위하여 증가될 수도 있는 부보비율[85])에 대해서는 예외로 변경이 가능하다.

㈑ 제1수익자는 발행의뢰인의 명의 대신에 자신의 명의를 기재하여 신용장을 양도할 수 있다.

ⓒ 신용장양도의 방법

신용장의 양도는 신용장의 금액을 한 사람 또는 여러 사람에게 양도하느냐에 따라 전액양도와 분할양도의 방법으로 나눌 수 있다.

㉮ 전액양도

전액양도(total transfer)는 원신용장의 제1수익자가 받은 신용장금액을 제2수익자에게 전액을 양도하여 주는 것이다.[86]) 원신용장 수익자로부터 양도·양수 합의에 의해 신용장 전액양도 의뢰를 받으면 양도은행은 원신용장 이면에 다음의 예와 같이 양도사실을 기재하고 서명한다.

"This credit is totally transferred to ABC Co., Ltd.[87]) for US$300,000[88]) on May 20, 20xx [89]) by CDE Bank xxx Branch."[90])

---

85) 예컨대 원신용장금액이 CIF가격으로 US$100,000에 대한 부보비율을 110%로 한다면 부보금액은 US$110,000가 된다. 그러나 신용장양도시 원신용장금액을 CIF 가격으로 US$80,000인 경우 부보금액은 US$88,000가 되기 때문에 수입자의 피보험이익에 대한 금액이 적어지게 된다. 따라서 원수익자는 신용장양도시 부보금액을 US$110,000에 일치시키기 위하여 부보비율을 "Invoice value plus 137.5%"까지 증가시키도록 요청할 수 있다.

86) 전액양도가 이루어진 이후 신용장 조건변경내용의 권리는 보통 모두 제2수익자가 갖지만 제1수익자는 양도가능 신용장의 변경에 대하여 제2수익자에게 직접 통지허용 여부에 대한 지시의무가 있다.

87) 제2수익자, 즉 양수자임.

88) 양도금액

89) 양도취급일자

90) 양도취급은행

㉭ 분할양도

분할양도(partial transfer)란 원신용장 최초의 수익자가 받은 신용장금액을 제2수익자인 여러 사람에게 분할로 양도하여 주는 것을 말한다.

같은 방식으로 분할양도 취급은행은 신용장원본 이면에 다음과 같이 기재하고 양도취급은행의 서명을 한다.

"This credit is partially transferred to ABC Co., Ltd. for US$100,000 on May 20, 20xx by CDE Bank xxx Branch."

④ **신용장양도자의 권리**

㉠ 송장 및 환어음의 대체권

제1수익자는 신용장에 규정된 금액을 초과하지 아니하는 금액에 대하여 제2수익자의 송장 및 환어음을 자신의 송장 및 환어음(있는 경우)으로 대체할 권리를 갖는다.[91]

제1수익자가 신용장발행의뢰인 대체권리에 따라 신용장발행의뢰인이 되면, 제2수익자는 송장을 제1수익자(신용장발행의뢰인) 앞으로 작성하게 되므로 제1수익자가 이 송장 및 환어음을 회수하고 자기가 원신용장발행의뢰인 앞으로 작성한 송장 및 환어음으로 대체하는 것을 "송장 및 환어음의 대체"(substitution of invoices and drafts)라고 한다. 신용장의 단가나 금액을 낮추어 양도할 경우에는 차액이 생기게 되는데, 이 차액에 대하여 제1수익자는 어음을 발행할 수 있다. 이렇게 하는 것은 원수익자로 하여금 중개이익을 보장받게 하려는 것이다.

㉡ 양도지시권

양도가능신용장에서 수익자의 권리는 양도지시권이지 양도권은 아니기 때문에 신용장양도는 환어음이나 선화증권처럼 배서만으로 양도의 효력이 발생하는 것이 아니고, 원수익자가 양도지시권을 행사하여 은행으로 하여금 양도의 수속을 완료시켜야만 양도가 성립되는 것이다.

신용장에 "transferable"이란 표시가 있어도 원수익자에게 신용장을 양도하지 않으면 안 될 의무가 부과되어 있는 것은 아니다. 따라서 원수익자는 양도의 필요가 없으면 스스로 신용장에 의거하여 지급, 인수 또는 매입을 받을 수 있다. 또한 은행은 오직 수익자와

---

91) UCP 600, Article 38-h.

발행의뢰인의 지시에 의해서 행동하기 때문에 은행으로 하여금 임의로 양도를 강요할 수 없다.

ⓒ 양도방법의 선택권

원신용장의 조건에 따라 1회 또는 분할선적이 허용되는 신용장의 경우에는 수회에 분할하여 제2수익자에게 신용장양도의 권리를 갖는다. 이 경우 특히 신용장금액, 단가의 감액 또는 유효기일, 서류제시기간, 선적기일 등은 단축할 수 있고, 각 양도부분의 보험금액은 원신용장의 부보비율 만큼 증액할 수 있다. 신용장에서 별도로 규정하지 않는 한 양도가능신용장은 1회에 한하여 양도할 수 있다. 신용장은 제2수익자의 요청이었다 하더라도 그 이후의 어떤 제3수익자에게 양도될 수 없다.

ⓔ 양도지에서의 지급 또는 매입요구권

제1수익자는 자신의 양도요청으로 신용장이 양도된 장소에서 신용장의 유효기일을 포함한 기일까지 제2수익자에게 인수·지급 또는 매입이 이루어져야 한다는 것을 표시할 수 있다. 이 경우에 있어서도 차후에 자기가 작성한 송장과 환어음(제시되는 경우)을 제2수익자가 작성한 송장과 환어음(제시되는 경우)과 대체하고, 자기에게 귀속된 모든 차액을 청구할 권리를 침해받지 아니한다.

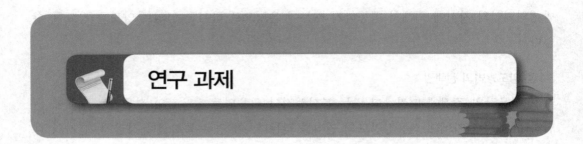

연구 과제

1. 다음은 UCP 600에 규정된 내용이다. 이 내용의 특성을 설명하고 이와 같은 관행에 따라 사기행위(fraud)가 발생되는 경우, UCP 600의 입장과 UCC의 규정에서의 적용기준을 참조하여 설명하시오.

> "A credit by its nature is a separate transaction from the sale or other contract on which it may be based. Banks are in no way concerned with or bound by such contract, even if any reference whatsoever to it is included in the credit......... Banks deal with documents and not with goods, services or performance to which the documents may relate."

2. SWIFT 시스템 MT700에 의해 발행된 신용장에서는 " :45A Description of Goods and/or Services and/or Performance : 5,000 pcs of Women's Wool Twill Jackets 52% Virgin Wool, 48% Polyester, Style #2659"라고 명시되고 있다. 그러나 제시된 상업송장(Commercial Invoice) 상의 Description of Goods 란에는 "5,000 pcs of Jackets"라고 기재되어 동 서류가 매입은행을 통하여 발행은행에 제시되었다. 신용장거래 관행을 고려할 경우, 이 상업송장은 수리 가능한 서류로 보이는가? 또한 이와 같은 서류에 대하여 발행은행이 취할 수 있는 서류심사기준 및 서류의 처리방법에 대하여 구체적으로 설명하여 보시오.

3. 발행은행으로부터 확인(confirmation) 요청을 받은 통지은행은 이 요청을 실행하여야만 하는가? 만약 통지은행이 확인을 실행하는 경우, 확인은행(통지은행에서 지위 바뀜)은 발행은행과 연대로 인수·지급의무를 부담하는 것인가?

4. 은행이 수리하는 복합운송선화증권과 해상선화증권의 적격성을 비교할 경우에 공통점과 상이점을 설명하여 보시오.

5. 제2수익자에게 양도된 신용장이 사정이 있어 제2수익자의 요청에 의하여 제3의 수익자에게 양도될 수 있는지 여부를 타당한 이유와 함께 설명하여 보시오. 또한 제2의 수익자가 금지된 양도 방법에 의하지 아니하고 실무적으로 제3의 수익자에게 양도하기 위해서는 제2수익자의 어떠한 별도의 조치가 선행되어야 하는가?

Chapter

8

무역대금결제

무역대금결제

1 수출환어음매입의 의의

수출환어음의 매입(negotiation: NEGO)이란 신용장거래에서 일치하는 제시에 대하여 지정은행이 환어음 및/또는 서류를 "매입"(purchasing)하는 것을 말한다. 다시 말하면, 신용장발행은행의 공신력을 바탕으로 서류를 담보로 매입은행이 수익자에게 주는 일종의 여신행위라고 할 수 있다.

수출자는 계약물품을 선적함과 동시에 신용장에서 요구하는 서류를 준비하게 된다. 신용장자체는 무조건 대금지급을 확약하는 것이 아니고 "은행의 조건부 지급확약"(conditional bank undertaking of payment)이므로 신용장조건에 일치되도록 서류를 제시하여야 한다.

또한 환어음매입은행도 서류를 담보로 매입하기 때문에 서류점검에 세심한 주의를 기울여야 한다.

2 환어음

1) 환어음의 의의

환어음(drafts; bill of exchange)이란 어음발행인(drawer)이 지급인(drawee)인 제3자로 하여금 일정액을 수취인(payee) 또는 그 지시인(order) 또는 소지인(bearer)에게 청구에 따라 지급일에 일정장소에서 무조건 지급할 것을 위탁하는 요식유가증권(formal instrument)이며 유통증권(negotiable instrument)이다.

선화증권 등 서류를 첨부하여 환어음을 발행하면 화환어음(documentary bill of exchange)[1]이며, 서류가 수반되지 않은 환어음은 무화환어음(clean bill of exchange)[2]이라고 한다.

환어음은 1882년 영국에서 제정된 "환어음법"(Bill of Exchange Act 1882), 1988년 유엔 국제무역법위원회에서 제정된 "국제환어음 및 약속어음에 관한 유엔 협약"(United Nations Convention on International Bills of Exchange and International Promissory Notes 1988), 1995년 개정 국제상업회의소의 "추심에 관한 통일규칙"(Uniform Rules for Collection, 1995 Revision)의 관행에 의하여 처리되고 있다.

환어음의 효력에 대한 준거법은 원칙적으로 행위지의 법에 따른다. 예를 들면, 한국에서 발행되고 영국에서 지급되는 경우 환어음발행 행위는 한국의 어음법에 의하고 지급행위는 영국법에 의하게 된다. 환어음의 발행목적은 지급의 위탁에 있으며 부수적으로 담보책임을 부담한다는 점[3]에서 약속어음과 다르다. 환어음은 수출자(채권자)가 환어음지급인(채무자) 앞으로 조어음(set bill)을 발행하지만, 약속어음은 채무자가 채권자 앞으로 단일어음(sole bill)을 발행한다. 또한 환어음은 일람출급이나 기한부로 결제기간을 정할 수 있으나, 약속어음은 기한부로 발행한다.

2) 환어음의 당사자

① 발행인(drawer)

환어음을 발행하고 서명하는 자로 수출자나 채권자를 말한다. 환어음이 유효하게 발행되기 위해서는 발행인의 기명날인(signature)이 있어야 한다.

② 지급인(drawee)

환어음금액을 일정한 시기에 지급하여 줄 것을 위탁받은 채무자로 보통 신용장발행은행, 발행은행이 지정한 은행 또는 D/P·D/A 방식에서는 수입자가 된다.

---

1) 이하에서는 환어음으로 통일하여 사용한다.
2) 무담보환어음이라고도 한다.
3) 한국 어음법 제9조 제1항.

③ **수취인**(payee)

환어음금액을 지급받을 자로 보통은 환어음을 매입(negotiation)한 은행이 된다. 그러나 경우에 따라서는 발행은행이나 발행은행이 지정한 은행도 될 수 있다.

3) 환어음의 발행

환어음은 요식증권성이 있다. 그 이유는 불특정 다수인 사이에 유통되므로 정형적 외관이 필요하고 권리관계가 증권 자체에서 완전하게 확정될 것이 요청되기 때문이다. 따라서 환어음의 형식적 요건이 구비되지 않으면 효력이 없게 된다.

환어음을 발행하는 데 있어서는 다음과 같이 필수기재사항과 임의기재사항이 있다.

① **필수기재사항과 임의기재사항**

환어음의 필수기재사항으로는 다음의 사항을 기재하여야 한다.[4]

㉮ 환어음을 표시하는 문자

㉯ 무조건의 지급위탁문헌

㉰ 지급인의 명칭

㉱ 만기의 표시

㉲ 지급지

㉳ 지급을 받을 자(수취인)

㉴ 발행일과 발행지

㉵ 발행인의 기명날인

환어음의 임의기재사항은 환어음의 법적 효력에는 영향을 미치지 않으나 발행근거, 발행내용을 명확하게 환어음상에 기재한다.

㉮ 환어음의 번호

㉯ 신용장의 번호

㉰ 환어음의 발행매수의 표시

---

4) 어음법 제1조.

② **환어음발행시의 기재사항**

㉮ **환어음 번호**

발행자의 참고사항으로 기재하지 않을 경우도 많다.

㉯ **발행지**

환어음의 효력은 행위지 법률에 의해 처리되므로 발행지를 반드시 기재하여야 한다. 발행지는 도시명까지만 표시해도 되므로 예를 들면 "Seoul, Korea"와 같이 기재하면 된다.

㉰ **발행일**

발행일은 수출자가 발행한 환어음을 매입은행이 매입한 날이다.

㉱ **금액**

환어음금액은 상업송장금액과 서로 일치해야 한다. 그러나 상업송장금액의 100% 이하로 어음을 발행하도록 신용장에 요구하는 경우에는 그 조건을 충족시켜야 한다. 환어음금액은 별도지시가 없는 한 신용장금액을 초과하여 발행할 수 없다.

㉲ **지급기일의 표시**

환어음상의 문언 중 at~sight of 의 at~ 다음에 기재되는 것이 지급기일(tenor)의 표시가 된다. 환어음만기일의 표시방법에는 다음의 4가지가 있으며, 환어음상 "at~of"의 at 다음에 기재된다.

i) **일람출급**(at sight): 환어음의 지급인에게 지급하는 날이 환어음의 지급기일이 된다.

ii) **일람후정기출급**(at~days after sight): 환어음의 지급인에게 제시된 날로부터 일정기일이 지난 후에 환어음의 만기일이 된다.

iii) **발행일자후정기출급**(at~days after date): 환어음이 발행되고 난 후 일정기일이 지난 후 환어음의 만기일이 된다.

iv) **확정일출급**(on a fixed date): 환어음상에 만기일을 기재하고 있는 환어음을 말한다.

㉳ **수취인**

지급을 받을 자(payee)를 말하며 수취인을 기재하는 방법에는 다음과 같이 4가지가 있다.

i) 기명식 : "Pay to ABC Bank"

ii) 지시식 : "Pay to ABC Bank or order", "Pay to the order of ABC Bank"

iii) 소지인식 : "Pay to bearer"

iv) 선택소지인식 : "Pay to ABC Bank or bearer"

㉔ 문자금액

환어음금액을 아라비아숫자가 아닌 문자로 표시하는 곳으로, 예를 들면 미화 100달러 10센트일 경우 "U.S. DOLLARS ONE HUNDRED CENTS TEN ONLY"라고 기재한다. 이 것은 앞서 설명한 ④번 항의 금액과 같이 병기하게 되는데, 이 경우 양자간에 차이가 나면 문자로 표시된 금액을 환어음금액으로 간주한다. 또한 표시되는 통화의 종류는 완전하게 기재되어야 한다. 막연히 Dollar($)로 표시되어서는 안 되며 반드시 US Dollar(US$; USD) 로 표시되어야 한다. 왜냐하면 Hong Kong Dollar, Canadian Dollar, Australian Dollar 등 달러화를 사용하는 국가가 많기 때문이다.

㉕ 금액청구문구

이것은 발행인이 지급인에게 지시하는 내용으로서 당해 환어음이 지급인에 의하여 결 제되면 그 자금은 "account of~" 이하에 기재되는 자로부터 청구하라는 의미이다. 따라 서 "accounted of~" 이하는 신용장상의 "accountee"가 기재된다. 이 문구는 법적인 필수 문구는 아니나 상관습상 계속 사용되고 있다.

㉖ 신용장발행은행

"drawn under~" 이하에는 신용장발행은행(issuing bank)을 기재하며 D/P·D/A 등 무 신용장방식의 경우에는 실제 환어음의 지급인이 되는 수입자(buyer)를 기재한다.

㉗ 신용장번호

신용장번호를 기재하는 곳이다. 또한 D/P·D/A 방식인 경우에는 계약서번호를 기재 한다.

㉘ 신용장발행일자

환어음 발급근거가 되는 신용장의 발행일자(date of issue)를 기재한다. 통지은행 양식 으로 통지된 신용장의 경우에는 통지일자와 발행일자를 구분하여야 한다.

㉙ 지급인과 지급지

지급인(drawee)과 지급지를 기재하는 곳으로 지급지는 신용장에 별도 명시가 없는 한, 도시명의 표시만으로도 충분하다. 신용장통일규칙에서는 신용장은 사용가능한 은행을 명 시하도록 하고 있다. 지급인은 발행의뢰인을 지급인으로 발행되어서는 아니 되므로 반드시 은행(발행은행, 확인은행 또는 지정은행)앞으로 발행되어야 한다. 신용장이 지급인을 지시하는 문구에 "your draft at sight drawn on~"이라고 되어 있을 경우 on 이하에 표시되는 것이 바로 지급인이다.

㉮ 발행인의 기명날인

환어음을 발행하는 자는 신용장상의 수익자 또는 양도받은 경우에는 양수인이 되며 반드시 기명날인까지 해야 한다. 발행인의 기명날인은 환어음 약정시 은행에 제출된 서명감과 일치하여야 한다.

㉯ D/P · D/A의 표시

D/P·D/A 방식거래에서는 D/P·D/A가 명확하게 구분이 되어 있지 않으면 D/P로 간주된다.[5] D/A의 경우에는 "D/A at xx day after sight"와 같이 기재하면 되고, D/P인 경우 어음상에 D/P라는 문구를 기재한다.

• 기타 사항

신용장에 따라 특히 인도나 파키스탄 지역에서 발행되는 신용장의 경우 어음상의 일정한 이자(interest) 문언을 표기하도록 요구하는 경우가 있다.[6] 이 경우에는 요구하는 문구 전부를 어음 표면상에 기재하여야 한다. 예를 들면 다음과 같다.

"Payable at the Collecting Bank's selling rate for sight on New York with interest at 3.25% per annum from date hereon to arrival of proceeds in New York."

3 신용장에 의한 환어음매입과 서류점검

1) 신용장의 점검

신용장의 점검은 신용장에 의거하여 작성 및 발행된 모든 결제서류와 환어음을 정확히 심사하기 위한 기초가 된다. 따라서 매입은행은 다음과 같은 내용을 특히 유의하여 신용장을 점검하여야 한다.

① 신용장은 진정성이 있는가.

---

5) ICC, Uniform Rues for Collections, 1995 Revision, Article 7-b).
6) 이와 같은 어음을 "Interest Bill"이라고, 영국에서는 이 문언을 "Eastern Clause"라고 한다.

통지은행은 신용장에 대한 외관상의 진정성을 검토하여야 한다.

② 취소불능신용장인가.

신용장면에 "revocable", 즉 취소가능이라는 문언의 표시가 있는가를 점검한다.

취소가능신용장인 경우에는 발행은행이 언제든지 일방적으로 신용장 자체를 취소할 수 있어 매입은행은 대금회수에 확신을 가질 수가 없으므로 매입에 신중을 기하여야 한다. 만일 신용장에 취소불능(irrevocable)이란 표시가 있거나 또는 없더라도 신용장통일규칙에 따라 취소불능신용장으로 간주된다.

③ 통지은행과 환거래약정이 된 은행이 발행한 신용장인가.

발행은행과 통지은행간 환거래 약정이 없는, 이른바 "Non-Corres" 은행인 경우에는 그 신용장의 진정성 등을 확인하기가 곤란하므로 매입에 특히 신중을 기하여야 한다.

④ 신용장이 단순한 예고로서 통지된 "preliminary advice"가 아닌 유효한 신용장인가.

⑤ 신용장유효기간이 경과하지 않았는가.

특히 유효기일에 서류제시장소가 기재되었을 경우, 유효기일 이내에 서류제시장소에 서류를 제시하여야 한다.

⑥ 특정은행으로 매입제한이 되지 않았는가.

환어음매입을 특정은행으로 지정한 "Restricted L/C"인 경우 매입환어음은 유효기일 이전에 신용장상에 특정된 은행에 제시하여야 한다.

⑦ 지급(일람지급·연지급), 인수, 매입에 대한 신용장의 사용가능성과 확약유형이 명시되어 있는가.

⑧ 신용장의 조건변경서는 모두 제시되어 있는가.

고의로 자신에게 불리한 조건변경서를 제시하지 않는 경우도 있으므로 유의하여야 한다.

⑨ 양도가능신용장에서 양도은행은 지정되지 않았는가.

⑩ 신용장 이면에 매입, 양도 또는 당해신용장을 담보로 융자취급한 사실이 있는가.

⑪ 신용장의 결제통화는 안정성이 있는 통화인가.

⑫ 부가조건(additional conditions)은 수익자에게 불리한 일방적인 조건이 아닌가.

⑬ 신용장의 준거규정(applicable provision)이 있는가.

신용장의 준거규정은 화환신용장통일규칙(UCP 600)에 따른다는 명시가 있어야 신용장분쟁이 발생할 때 해결기준이 명확해진다.

2) 제시서류의 심사

신용장에 의한 서류를 심사하는 데 있어서 중요한 것은 형식상 신용장조건과 제시서류가 일치되지 않으면 안 된다. 그러므로 매입은행은 제시서류가 형식상 문면상으로 신용장조건과 완전히 일치하는지 여부에 중점을 두고 서류심사를 하여야 한다.

특히 서류점검에 있어서는 신용장은 매매계약과는 전혀 별개로 선적된 물품내용이 신용장조건과 합치하느냐의 여부는 매입은행의 심사사항도 아닐 뿐더러 실질적인 내용에 대해서는 하등의 책임이 없다. 화환신용장거래의 경우 제시되는 서류는 신용장조건에 따라 보통 선화증권(bill of lading), 보험증권(insurance policy), 상업송장(commercial invoice) 등 기본서류 이외에 거래의 관습, 물품의 종류, 수입자의 요청에 따라 임의서류가 요구된다.

이와 같은 서류를 점검하는 데 기본적이고 공통되는 사항은 다음과 같다.

① 신용장에서 요구하는 서류의 필요통수가 제시되었는가.
　신용장에서 요구하는 서류 외에 1~2부를 추가 제시한다. 이는 매입은행 보관용이 된다.
② 모든 서류가 제시기일 이내에 제시되었는가.
　서류는 유효기일 이내에 제시되어야 하며 유효기일의 최종일이 공휴일인 경우에는 그 다음의 최초영업일까지 자동적으로 연장된다. 이와 같은 기일의 자동적인 연장은 신용장상에 제시된 최종선적일의 경우에는 적용되지 않는다. 그러나 은행의 동맹파업, 직장폐쇄, 내란, 반란, 전쟁, 천재, 기타 불가항력으로 인한 업무중단은 신용장유효기일 자동연장에 적용되지 않는다.
③ 제시된 개개의 서류는 발행자의 서명 및 소정의 형식이 구비되었는가.
④ 환어음 및 관계서류 상호간의 연계성과 그 기재에 있어 상충되거나 불일치는 없는가.
⑤ 선화증권, 보험증권 등은 그 권리가 적법하게 매입은행에 양도되었는가.
　특히 선화증권과 보험증권의 배서가 바르게 되었는가를 확인하여야 한다.
⑥ 신용장에 부가조건이 있을 때 이에 충족되는 서류가 제시되었는가.

3) 환어음의 검토

환어음의 필수기재사항은 그중 어느 하나라도 누락되면 어음법상 효력이나 구속력을 갖지 못하게 되므로 유의하여야 한다.

① 환어음의 문언 중에 환어음(bill of exchange)을 표시하는 문언이 있는가.

② 일정한 금액을 무조건 지급할 뜻의 위탁문언(pay to the order of…)이 있는가.

③ 지급인, 지급지, 수취인 및 지급기일의 표시가 신용장의 내용과 일치되는가.

④ 환어음의 발행일이 신용장의 유효기일 및 제시기일 이내이며 모든 서류발행일 이후 이면서 매입일과 동일자인가.

⑤ 발행인의 서명날인이 거래은행에 제출된 서명감과 일치하는가.

⑥ 신용장에서 이자문언의 기재를 요구하였을 경우 그 문언이 기재되어 있는가.

⑦ 인수의 표시를 신용장이 요구한 경우 이 문언이 표시되어 있는가.

⑧ 환어음금액이 신용장금액이나 신용장잔액을 초과하지 않으며 송장금액과 일치하는가.

⑨ 환어음금액은 정확히 표시되어 있으며 숫자와 문자표시 금액 및 통화가 신용장내용과 일치하는가.

⑩ 환어음에 신용장발행은행, 신용장번호가 표시되어 있는가.

⑪ 환어음이 부당하게 정정된 곳은 없는가.

⑫ 복수로 환어음이 발행된 경우 "First Bill of Exchange"와 "Second Bill of Exchange"의 표시가 있으며, 2통 모두 제시되었는가.

서식 8-1 **환어음**

BILL OF EXCHANGE

NO. <u>38005</u>   DATE <u>August 5, 20xx</u>

FOR <u>USD100,000</u>   PLACE <u>Seoul, Korea</u>

AT xxx SIGHT OF THIS FIRST BILL OF EXCHANGE(SECOND OF THE SAME TENOR AND DATE BEING UNPAID) PAY TO <u>Korea Exchange Bank</u> OR ORDER THE SUM OF <u>U. S.</u> <u>DOLLARS ONE HUNDRED THOUSAND ONLY</u>

VALUE RECEIVED AND CHARGE THE SAME TO ACCOUNT OF <u>America International Inc.</u> <u>350 Fifth Avenue, New York, NY10118, U. S. A.</u>

DRAWN UNDER <u>Bank of America, New York</u>

L/C NO. <u>78910</u>   DATED <u>July 15, 20xx</u>

TO <u>Bank of America</u>
   <u>New York, NY10015, U.S.A.</u>

Seoul Trading Co., Ltd.

Gildong Hong

Gil-dong Hong
President

BILL OF EXCHANGE

NO. <u>38005</u>   DATE <u>August 5, 20xx</u>

FOR <u>USD100,000</u>   PLACE <u>Seoul, Korea</u>

AT xxx SIGHT OF THIS SECOND BILL OF EXCHANGE(FIRST OF THE SAME TENOR AND DATE BEING UNPAID) PAY TO <u>Korea Exchange Bank</u> OR ORDER THE SUM OF <u>U. S.</u> <u>DOLLARS ONE HUNDRED THOUSAND ONLY</u>

VALUE RECEIVED AND CHARGE THE SAME TO ACCOUNT OF <u>America International Inc.</u> <u>350 Fifth Avenue, New York, NY10118, U. S. A.</u>

DRAWN UNDER <u>Bank of America, New York</u>

L/C NO. <u>78910</u>   DATED <u>July 15, 20xx</u>

TO <u>Bank of America</u>
   <u>New York, NY10015, U.S.A.</u>

Seoul Trading Co., Ltd.

Gildong Hong

Gil-dong Hong
President

4 환율의 적용

1) 환율의 의의

환율(exchange rate)이란 한 나라 돈과 다른 나라 돈의 교환비율이다. 국제간의 대금결제는 외국환을 수단으로 하여 이루어지며, 환율은 외국물품 및 서비스에 대한 구매력을 표시하며 대외가치의 척도가 된다. 환율은 외환이 거래되는 이른바 외환시장에서 외환에 대한 수요와 공급에 의해 결정되는데, 이와 같은 결정을 방임하는 제도를 자유변동환율제 (freely floating exchange rate system)라 하고, 정부나 은행이 개입하여 환율을 고정시키는 제도를 고정환율제(fixed exchange rate system)라 하며, 이 두 가지를 겸용하는 제도를 관리변동환율제(managed floating exchange rate system)라 한다. 오늘날 대부분의 국가는 관리변동환율제를 택하고 있다.

환율은 지급환율(giving quotation; pence rate)과 수령환율(receiving quotation; currency rate)로 표시된다. 전자는 "US$1 = ₩1,000"과 같이 외국통화를 기준으로 직접 표시하는 방법이며, 후자는 "₩1 = US$ 1/1,000"과 같이 자국의 통화를 기준으로 직접 표시하는 방법이다.

지급환율을 기준으로 볼 때 환율이 하락(₩1,000→₩950)하는 것을 자국통화의 평가절상(appreciation)이라고 하고, 환율이 상승(₩1,000→₩1,100)하는 것을 평가절하(devaluation)라고 한다. 원화가 평가절상되면 수출이 감소하고 수입이 증가하는 반면, 원화가 평가절하되면 수출이 증가하고 수입이 감소하게 되는 것이 일반적이다.

2) 환율의 종류

(1) 매매기준율

매매기준율은 최근 거래일의 외국환중개회사를 통하여 거래가 이루어진 미화의 현물환매매중 익익영업일 결제거래에서 형성되는 율과 그 거래량을 가중 평균하여 산출되는 시장평균환율을 말한다. 또한 재정된 매매기준율은 최근 주요 국제금융시장에서 형성된 미화 이외의 통화와 미화와의 매매중간율을 시장평균환율로 재정한 율이다.

매매기준율은 은행간의 "한국원/미국달러" 거래환율에 의하여 산출되므로, 시장평균환율의 급격한 변동을 방지하기 위하여 은행간 거래환율의 일일변동범위를 설정할 필요가 있다. 원화와 기타 통화의 매매기준율의 결정방법은 원화의 대미달러환율(시장평균환율)을 국제금융시장에서 형성된 미달러화와 당해통화간의 환율로 재정하여 결정한다.

(2) 외국환은행간 매매율

외국환은행간 매매율이란 외환시장에서 외국환은행 상호간의 외환매매거래에 적용되는 환율을 말한다. 외국환은행은 본질적으로 대고객거래에서는 수동적 입장에 있으므로 이에 따라 발생하는 환리스크회피와 외화자금의 과부족을 조정할 필요가 있어 각 외국은행 상호간 외국환거래가 발생되는데, 이때 결정되는 환율이 외국환은행간 매매율이다. 따라서 이율은 각 외국환은행의 외국환수급에 따라 결정되는 시장가격, 즉 시장률인 셈이다.

(3) 외국환은행 대고객매매율

외국환은행 대고객매매율이란 외국환은행이 고객과의 외국환거래를 하는 데 적용되는 환율로서 전신환매매율·일람출급환어음매입률·수입환어음결제율·기한부환어음매입률 그리고 현찰매매율 등이 있다. 외국환은행은 지정영수통화 중 대고객거래에 필요하다고 인정되는 통화의 대고객매매율을 매일 영업장소에 고시하고 있다.

① 전신환매매율

전신환매매율이란 환어음의 결제를 전신으로 행하는 경우에 적용되는 환율로서 환어음의 송달이 1일 이내에 완료되므로 우송기간에 대한 금리의 요인이 개재되지 않는 순수한 의미의 환율이다. 예를 들면 전신송금의 경우 송금인으로부터 원화송금대전을 받고 외환을 매도함과 동시에 지급은행 앞으로 송금환의 지급지시를 전신으로 하게 되므로 외화송금대전이 송금은행의 해외외화타점 예치계정에서 즉시 지급된다. 즉 송금은행의 입장에서 볼 때 송금환의 매도와 관련하여 자금부담의 문제가 발생하지 않는다. 이와 같은 경우 송금은행이 송금인에게 매도할 때 적용되는 환율이 대고객전신환매도율(T/T selling rate)이다.

이와는 반대로 외국으로부터 전신으로 취결되어 온 타발송금환을 지급하는 국내외국환은행은 이 타발송금을 매입하고 원화를 지급하게 되는데, 이를 매입하고 지급하는 시점에는 외화송금대전은 이미 지급은행의 해외외화타점 예치계정에 입금되는 것이므로 이 타발전신송금환을 매입할 때 적용하는 환율은 대고객전신환매입률(T/T buying rate)이다. 마찬가지의 이유에서 비록 전신환이 아니더라도 자행계정(our A/C)에의 대금입금시점이 자행에서 자국화폐를 지급하는 시점과 비교해서 당일 또는 선일인 경우에는 전신환과 같은 효과가 발생하므로 전신환매입률이 적용된다. 전신환매매율은 다른 대고객매매율의 기준이 되어 이를 중심으로 일람출급환어음매입률·기한부환어음매입률 및 수입환어음결제율을 정하게 되는데, 이들 환율은 환어음의 결제에 소요되는 기간에 해당하는 금리만큼을 차감하거나 가산하여 산정하므로 엄격한 의미의 환율은 바로 전신환매매율을 말한다고 할 수 있다.

② 일람출급환어음매입률

일람출급환어음매입률(at sight rate)이란 환어음이 지급은행에 제시되어야 지급되는 일람출급환어음(at sight or demand draft)의 매입에 적용되는 환율로서 환어음의 우송기간이 경과하여야만 자금화가 되므로 해당기간에 대한 금리를 전신환매입률에서 차감한 율이다. 예컨대 수출자가 선적을 완료하고 환어음을 외국환은행에 매입신청하는 경우에 외국환은행은 수출자에게 환어음매입대금을 먼저 원화로 지급하고 이를 외국의 지급인 앞으로 해외의 환거래은행을 통하여 추심하게 되는데, 추심이 완료되려면 매입한 환어음을 신용장발행은행 앞으로 우송하여 지급인에게 제시해야 되므로 추심대금은 우송기간경과 후에야 비로소 매입은행계정에 입금된다. 다시 말하면 매입은행은 동 기간만큼 수출자에게 자금을 선대한 셈이 된다. 따라서 일람출급환매입률은 왕복 표준우편일수[7] 기간에 해당하는 금리성격인, 환가료(exchange commission)[8]를 전신환매입률에서 공제한 율이다.

수출환어음매입시 적용되는 일람출급환매입률의 산식은 다음과 같다.

일람출급환매입률＝전신환매입률－(매매기준율×해당통화의 표준우편 일수/360× 연환가료율)

③ 기한부환어음매입률

기한부환어음매입률이란 외국환은행이 수출자로부터 일람한 후 또는 확정일자로부터 기산하여 일정기간 후에 지급되는 조건의 기한부환어음을 매입할 때에 적용하는 환율이

---

7) 표준우편일수 9일 적용은 동남아지역의 JPY, HKD, SGD 및 MYR 등 4개 통화이고 그 외(USD, EUR, GBP 등) 통화는 현재 10일이 적용되고 있다.
8) 환가료(換價料; exchange commission)란 환어음 매입은행이 서류매입 이후 매입대금이 수령되는 기간 동안의 우편일수에 상당하는 금리를 말한다.

다. 따라서 외국환은행은 지급이 유예되는 환어음기간 동안의 금리를 차감하고 매입한다. 이 기한부환어음매입률의 산출방식은 해당 환어음의 만기일확정방식의 차이에 따라 달라진다. 즉 환어음기간이 "at 30 days after sight"이고 동 기간동안 이자부담을 매도인이 할 경우에는 해당 환어음기간(30일)에 표준우편일수를 더한 일수에 대한 금리(환가료)를 일람출급환어음매입률에서 차감하며, 환어음기간이 "at 30 days after B/L date"이고 동 기간동안 이자부담을 매도인이 할 경우에는 선화증권 발행일 익일부터 환어음기간(30일)에 대한 금리(환가료)를 전신환매입률[9]에서 차감한다.

수출환어음 매입시 적용되는 기한부환어음매입률의 산식은 다음과 같다.

i) 일람후 정기출급인 경우

일람출급환어음매입률 − [매매기준율 × (환어음기간 + 표준우편일수)/360 × 연환가료율]

ii) 확정일자후 정기출급인 경우

전신환매입률 − (매매기준율 × 확정일자부터 환어음기간/360 × 연환가료율)

④ 수입환어음결제율

수입환어음결제율이란 수입환어음을 결제할 때 적용하는 환율로서 전신환매도율에 해당통화의 표준우편일수에 해당하는 금리를 가산한 환율이다.

수입환어음 결제시 적용되는 수입환어음결제율의 산식은 다음과 같다.

수입환어음결제율 = 전신환매도율 + (매매기준율 × 해당통화의 표준우편일수/360 × 연환가료율)

⑤ 현찰매매율

외화현찰을 매매하는 경우에는 매매의 대상이 되는 외화현찰의 보관비용·운송비용이 소요될 뿐만 아니라 외화자산 운용면에서도 외화현금시재액은 비수익적이기 때문에 환율면에 있어서도 이와 같은 위험부담과 손실보전을 고려하여 다른 외국환매매율보다 고객에게 불리하게 책정되고 있다. 현행 현찰매입률은 통화별로 전신환매매중간율에서 일정률을 감한 율로 하고, 현찰매도율은 일정률을 가산한 율을 적용한다. 그런데 주화(鑄貨)의

---

9) 전신환매입률(telegraphic transfer buying rate: T/T buying rate)은 일람출급환매입률에 표준우편일수에 상당하는 환가료를 가산한 환율이다.

경우 매입률은 통화별로 전신환매매중간율에서 지폐매매율보다 높은 일정률을 감한 율로 한다. 주화의 매도율은 지폐매도율과 같다.

(4) 기타 환율

① 크로스율

크로스율(cross rate)이란 기준환율이 대상이 되는 통화의 제3국 통화와의 환율을 말한다. 한국 원화는 미국 "달러"화에 연결되어 있으므로 이를 기준율로 하고, 제3국 통화는 동 율을 기준으로 하여 간접적으로 산출하게 된다. 가령 한국의 입장에서 볼 때 미국 "달러"와 영국 "파운드" 사이의 환율을 말한다.

② 재정률

재정률(裁定率; arbitrated rate)이란 기준환율과 "cross rate"에서 산출된 자국화와 제3국 통화 간의 환율을 말한다. 따라서 한국의 경우 미국 "달러" 이외의 기타 통화표시환율은 모두 재정률에 해당한다.

3) 수출환어음매입시의 환율적용관계

수출환어음은 신용장조건에 따라 일람출급환어음(sight draft)과 기한부환어음(usance draft)의 방식 중 어느 한 가지로 발행하게 된다.

(1) 일람출급수출환어음매입

일람불신용장(at sight L/C)과 어음지급서류인도조건(D/P) 방식에 의하여 발행되는 환어음은 일람출급환어음매입률(at sight rate)을 적용한다.[10]

그러나 제시서류가 하자가 있을 경우, 즉 "보상장부매입"(under indemnity negotiation)시에는 연환가료율에 1.5%를 가산하여 적용한다.[11]

---

10) 수출환어음매입시 적용환율은 원칙적으로 전신환매입률(telegraphic transfer buying rate: TT/B)을 적용한다. 그러나 추심(우편)일수에 상당하는 이자는 별도로 징수하게 된다. 일람출급환어음매입률은 전신환매입률에서 표준추심일수에 상당하는 환가료를 공제한 환율이다. 미국에서는 전신환을 보통 "wire transfer"라고 부른다.

11) 은행이 D/A환어음을 추심전 매입할 경우에도 연환가료율에 1.5%를 가산하여 적용한다.

(2) 기한부수출환어음매입

기한부신용장(usance L/C)과 어음인수서류인도조건(D/A) 방식에 의하여 발행되는 환어음은 기한부환어음매입률(usance rate)을 적용한다. 그러나 기한부환어음이라 하더라도 동 기간에 따른 이자는 수입자가 부담하기로 하는 "Usance interest (or Discount charge) to be covered by accountee"와 같은 조건이 신용장상에 명시되어 있으면, 유예기간 동안의 이자는 공제하지 않고 순수한 표준우편일수에 상당하는 환가료만 공제한다.[12]

표 8-1 ＼ 일람출급환어음과 기한부환어음매입시 이자공제 및 환율적용관계

환어음	결제기간	결제시기	Usance 기간 이자부담과 적용환율	
			매도인부담조건시 (환가료공제 일수)	매수인부담조건시 (적용환율)
일람출급 환어음	at sight	일람 후	표준우편일수	일랍출급환어음매입률
기한부 환어음	at 90 days after sight	일람 후 90일	90일＋표준우편 일수	일랍출급환어음매입률
	at 90 days after B/L date	선화증권상 선적일자 익일＋90일	90일	전신환매입률
	at 90 days after date	환어음발행일자 익일＋90일	90일	전신환매입률

5 하자 있는 수출환어음매입

1) 제시서류의 하자

서류의 하자(discrepancy)란 신용장조건과 일치하지 않거나 또는 상충되는 것을 말하며, 이러한 하자는 환어음의 부도 또는 서류 수리거절의 결과를 초래하여 매입대금을 상

---

12) 따라서 "at 30 days after sight"와 같이 일람후 정기출급 조건의 경우에는 30일 동안의 이자는 공제하지 않기 때문에 "at sight draft"에 적용되는 환율, 일람출급환어음매입률이 적용된다. 또한 "at 30 days after B/L date"와 같은 확정일자 후 정기출급인 경우에는 전신환매입률이 적용된다. 그러나 환어음 매입일보다 그 이전에 선화증권이 발행된 경우에는 매입일을 기준으로 그 이전 일자만큼 환어음기간에서 공제하고 계산한다.

환받지 못하는 원인이 되므로 특히 신중하게 취급하여야 한다.

환어음 및 서류의 매입은 신용장조건에 일치하고 그 상환도 순조롭게 이루어진다면 매우 바람직한 일이지만 다음과 같은 지급거절 사유로 발행은행이 인수·지급하는 경우가 적지 않다.

또한 환어음이 일단 인수·지급거절이 되면 상대가 외국인이므로 국내환어음과는 달리 법률 및 관습의 상이 또는 의사소통의 불편 등으로 인하여 이의 해결이 쉽지 아니한 경우가 많으므로 매입은행으로서는 이를 미리 방지하는 데 적극 노력하여야 한다.

2) 지급거절사유

지급거절(unpaid)사유가 되는 유형을 살펴보면 다음과 같이 매우 다양하다고 할 수 있다.

① Credit expired.

② Documents not presented in time.

③ Late shipment.

④ Claused (Unclean) bills of lading.

⑤ Charter party bill of lading.

⑥ No evidence of goods actually "shipped on board."

⑦ Bill of Lading does not evidence whether freight is paid or not.

⑧ Insurance risks cover not as specified in the credit.

⑨ Insurance not effected from the date on the transport document.

⑩ Documents conflict with each other.

⑪ Description of goods on invoice differs from that in the credit.

⑫ Amounts shown on the invoice and bill of exchange differ.

⑬ Bill of Exchange drawn on a wrong party.

⑭ Bill of Lading and insurance document not endorsed correctly.

3) 하자서류 매입시의 조치

하자의 내용에 따라서 수익자가 작성하는 환어음, 상업송장, 포장명세서 등은 수출지에서 재작성 및 정정이 가능하지만 선적기일이 경과되어 지연선적이 된 선화증권은 정정이 불가능하다. 따라서 이 경우에는 ① 보상장부매입, ② 전신조회 후 매입, ③ 추심처리, ④ 신용장 조건변경 후 매입 등의 방법을 택하여야 한다.

첫째, 보상장부매입(under indemnity negotiation)이란 서류의 하자로 인하여 매입환어음이 지급거절되는 경우에는 매입은행에 무조건 매입대금을 반환하겠다는 보상장을 제시하고 매입에 응하는 방법이다. 이 경우에는 수익자의 담보제공이 요구되고 환가료 징수시에 차등요율이 적용된다.[13]

둘째, 전신조회 후 매입(cable negotiation)이란 발행은행에 전신으로 먼저 서류의 불일치를 지적하고 하자서류 상태로의 매입 여부를 발행은행에 조회하여 승인통지서를 접수한 후 매입하는 것이다. 이 경우에는 물품에 대한 채권서류를 가지고 있는 상황이기 때문에 하자서류매입시 안전한 대응방법이라 할 수 있다.

셋째, 추심(collection)에 의한 처리란 수익자의 서류를 우선 매입하지 아니하고 추심수수료만 받고 서류를 발송하여 발행은행 또는 결제은행으로부터 대금이 입금된 후 대금을 지급하는 것이다. 이 경우는 신용장조건상에 하자 있는 서류는 추심처리하라는 지시가 있거나 수익자의 서류가 부도가능성이 많거나, 신용상태가 좋지 않을 때에 행하게 되는데 수익자로서는 내국신용장 발급건에 대한 대금결제문제 등 자금회전에 큰 어려움을 겪게 된다.

넷째, 신용장조건변경 후 매입이란 보상장부 매입사유에 대하여 미리 신용장조건을 변경한 후 하자 없이 매입하는 방법이다. 이는 시간적 여유가 충분히 있거나 발행의뢰인이 조건변경을 신속히 행할 경우 가장 바람직하다. 그러나 발행의뢰인으로부터 조건변경수수료 부담과 번거로움을 이유로 보상장부매입을 하도록 통지해 오는 경우가 많으므로 수익자는 이와 같은 보상장부 매입허용 증빙서류를 서류매입시에 신용장상의 요구서류 외에 추가하여 발송하는 것도 좋은 방법이다.

---

13) 서류의 하자 등으로 인하여 보상장부매입이 이루어진 경우에는 지급거절되지 않더라도 그 하자를 이유로 상당한 기간 대금입금이 지연되는 경우가 많다. 이 경우 매입은행은 당초에 매입한 수출환어음이 입금예정일을 경과하여 입금하게 되면 동 기간상당의 자금부담을 이유로 지연이자(delay interest; delay charge)를 수익자로부터 징수한다.

제 2 절 신용장방식에 의한 수입환어음의 결제

1 수입환어음결제의 의의

신용장이나 D/P·D/A거래는 주로 환어음에 의하여 대금결제가 이루어지기 때문에 수출자는 계약물품을 선적한 후 신용장 등에서 요구하는 서류와 환어음을 준비하여 매입은행에 매입신청하게 된다. 매입은행은 매입한 서류를 환어음과 함께 신용장발행은행 앞으로 송부하여 신용장조건에 따라 대금지급을 요청하게 된다.

신용장은 발행은행이 인수·지급을 확약한 것이므로 제시된 환어음과 서류가 신용장조건에 일치된다면 신용장발행은행은 대금을 인수·지급하여야 한다. 신용장조건과 불일치되는 하자 있는 서류의 경우에는 발행은행은 서류만을 기초로 수리(受理)하거나 서류의 수리를 거절하는 경우에는 신속한 통신수단으로 불일치내용(discrepancies)을 명시하고 매입은행의 지시를 기다려 유보하고 있다든지, 불일치서류를 반송하고 있다는 등의 통지를 행하여야 한다.

만일 발행은행이 이와 같은 의무를 이행하지 못한 경우나 이미 수입화물선취보증서(letter of guarantee: L/G)를 발급한 경우에는 발행은행의 부도반환권리를 상실하게 된다.

수입환어음의 결제는 신용장조건에 따라 일람출급수입환어음에 의한 결제와 기한부수입환어음에 의한 결제가 있는데, 발행은행은 신용장과 제시된 서류가 일치하는 경우 이와 같은 수입환어음의 지급 또는 인수를 통하여 신용장발행의뢰인인 수입자에게 서류를 인도하게 된다.

2 수입환어음의 결제와 서류의 인도

1) 수입환어음의 결제 또는 인수

한국의 경우 일람출급수입환어음의 결제는 수입서류도착일로부터 7일 이내에 수입자가 결제하지 못하면[14] 은행이 대지급하여 결제하도록 하고 있다. 그러나 기한부수입환어

---

14) 수입환어음의 결제를 원화를 대가로 결제하지 않고 바로 외화로 대체되는 경우에는 은행은, 이른바 대체료(in lieu of exchange)로 0.1% 상당액을 징수하고 있다.

음은 인수(acceptance)에 의하여 서류를 인도한 후 만기일에 가서 수입환어음을 결제한다. 기한부환어음의 인수형태는 "shipper's usance"와 "banker's usance"가 있다. "shipper's usance"는 "usance"기간의 여신을 "shipper"가 공여하는 것으로[15] 수입신용장발행은행을 지급인(drawee)으로 하고 발행은행에 수입환어음과 서류가 도착하면 동 인수사실 및 만기일(maturity)을 매입은행 앞으로 통지하고 신용장발행은행이 만기일에 수입대금을 결제하는 방식이다.

또한 banker's usance 는 usance 기간의 여신을 환어음인수은행이 공여하는 것으로[16] 신용장발행은행의 예치환거래은행(depository bank) 또는 신용장발행은행의 지점을 환어음지급은행으로 하여 환어음의 인수 및 만기일에 지급을 동 은행이 담당하도록 하는 방식이다. 보통은 해외의 매입은행이 인수은행(acceptance bank)이 되어 신용장발행은행 앞으로 서류송부시 만기일, 인수수수료 또는 할인이자(discount charge) 등이 명시된 인수통지서(acceptance advice)를 첨부하여 보내온다. "banker's usance"의 어음인수은행은 해외은행인수(overseas banker's acceptance)와 국내은행인수(domestic banker's acceptance)로 구분할 수 있다.

그림 8-1 Shipper's Usance

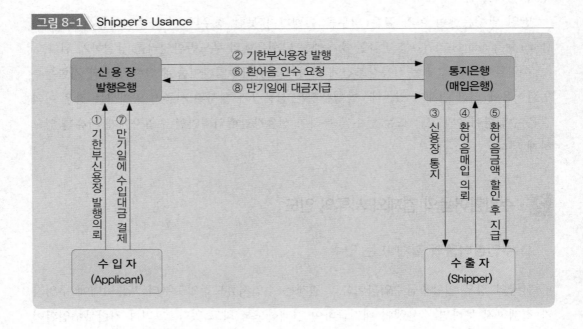

---

15) shipper's usance를 seller's usance라고도 한다
16) banker's usance를 buyer's usance라고도 한다.

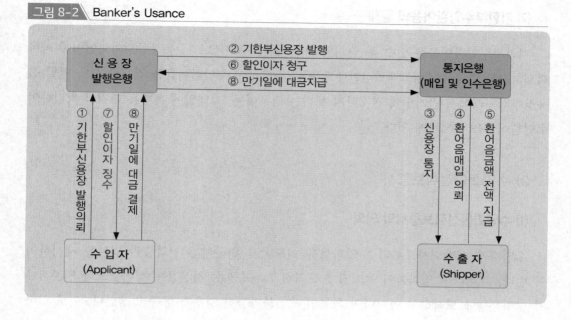

그림 8-2 Banker's Usance

2) 수입환어음결제시의 환율적용

(1) 일람출급수입환어음의 결제

신용장방식에 의한 일람출급환어음의 결제는 발행은행에 수입관련 서류도착 후 5영업일 이내에 발행은행이 인수·지급 여부를 판단하여야 한다.

은행에서 수입환어음결제시 적용환율은 ① 수입환어음결제율을 적용하는 경우와, ② 전신환매도율을 적용하여 결제하는 경우가 있다. 전자는 발행은행의 입장에서 볼 때는 외국환의 매각이므로 수입환어음금액을 원화로 징수할 경우에는 외국환매각이익과 발행은행의 자금부담 요인을 고려하여 우편기간에 대한 금리, 즉 환가료(exchange commission)[17]가 포함된 "수입환어음결제율"을 적용한다.

그러나 후자는 수입환어음 및 서류가 추심조건(collection basis)으로 도착되어 결제시 수입자로부터 결제받아 추심지시서에 지시된 대로 송금하게 되므로 환가료가 포함되지 않은 "대고객전신환매도율"[18]을 적용한다.

---

17) 수입환어음결제환가료는 서류도착일로부터 4일째 되는 날(당해일이 공휴일일지라도 그 날을 포함함)로부터 수입환어음결제일(서류도착일로부터 7일째 되는 날)까지의 기간을 징수한다.
18) D/P환어음의 적용 환율도 대고객전신환매도율이다.

(2) 기한부수입환어음의 결제

기한부수입환어음은 인수 후 만기일에 결제하는 것이므로 신용장발행의뢰인이 원화로 결제하고자 할 때는 "대고객전신환매도율"로 환산하여 수입환어음을 결제한다.[19] 만일 신용장방식거래에서 만기일에 결제하지 못하는 경우에는 그 익일에 은행은 대지급 처리하여 수입환어음을 결제하게 된다.

3) 수입화물선취보증서

(1) 수입화물선취보증서의 의의

수입자가 선박회사로부터 수입화물을 인도받기 위하여는 선화증권 원본을 제시하여야 한다. 그러나 수입화물이 목적지에 도착하고 운송서류 사본을 수령하였으나 원본서류가 발행은행에 도착하지 아니하여 화물인도가 불가능한 경우가 종종 발생한다. 이로 인하여 수입자는 수입화물을 통관할 수 없어 인도가 늦어질 뿐만 아니라 창고료 등의 추가비용이 발생할 수도 있고 도착화물에 손상을 가져오거나 심지어 판매의 적기를 상실할 수도 있다.

이와 같은 사정은 은행의 입장에서도 마찬가지이다. 왜냐하면 은행의 담보로 되어 있는 화물이 인도되지 않음으로써 수입자와 동일한 입장에 서게 되기 때문이다.

따라서 수입자, 발행은행 그리고 선박회사는 이러한 불리한 점을 해결하기 위하여 원본서류도착 이전에 수입화물을 인도받을 수 있는 방법을 강구하게 되었다. 즉 수입자와 신용장발행은행이 연대보증한 증서를 선박회사 앞으로 선화증권의 원본 대신에 제출하여 수입화물을 인도받을 수 있는 보증서를 이용하는 것이다. 특히 이와 같은 보증서를 "수입화물선취보증서"(Letter of Guarantee: L/G)라고 한다. 선취보증은 발행은행을 보증인으로 하여 선화증권원본 도착 즉시 선박회사에 인도하겠다는 것과 이 보증인도에 의하여 발생한 일체의 책임을 보증은행 및 수입자가 연대로 부담하겠다고 서약한 것이다.[20]

---

19) D/P어음의 만기결제시 적용환율도 대고객전신환매도율이다.

20) 항공편에 의한 수입화물의 선취는 해상운송의 경우와 다르다. 은행은 항공회사에 보증은 하지 않고 수화인(consignee)을 신용장발행은행으로 하였기 때문에 수입자가 수령한 항공화물운송장(Air Waybill)사본을 은행에 제시하여 화물인도를 은행대리인으로 수입자가 받을 수 있도록 항공화물운송장 사본에 확인하여 화물을 미리 인도받게 해주고 있다. 이 경우 신용장발행은행은 수입자의 채권확보여부를 확인하게 된다.

(2) L/G발행과 회수

수입화물선취보증서를 발행한 은행은 신청서류와 관련 신용장조건과의 일치여부를 검토한 후 신청인의 요건에 부합되면 상응한 담보여부를 확인 후 L/G발행수수료를 받고 은행이 L/G에 서명하여 수입업자에게 인도하게 된다.

보증은행이 "상기계약의 이행을 보증하고 이것에 관한 일체의 책임을 인수한다"라는 보증문언을 기재하면 운송서류의 원본을 인도하는 것과 동일한 효과를 갖는다. 보증서는 원칙적으로 선화증권(B/L) 단위로 발행하여야 한다. L/G발행 후 선화증권 원본이 해외은행으로부터 도착하면 L/G의 회수를 위하여 선화증권 원본에 다음과 같이 배서하고 L/G회수요청서(redemption of letter of guarantee)와 함께 선박회사에 배달증명으로 송달하여 L/G를 회수 받는다.

For Redemption of L/G
(signed)
Authorized Signature
ABC Bank

(3) L/G발행의 효과

수입화물선취보증서의 발행내용은 선화증권원본이 신용장발행은행[21]에 도착하면 즉시 선박회사에 원본전통을 제출하겠다는 것과 운송비의 지급 기타 선화증권을 담보로 제공됨에 따른 모든 손실을 보상하겠다는 취지이다.

수입화물선취보증서는 원본서류가 이미 도착되어 있으면 발행할 수 없으며 일단 발행이 되면 나중에 원본서류가 발행은행에 도착되어 만일 서류상의 하자가 있다 하더라도 지급거절할 수 없다.

(4) 수입화물대도

① 수입화물대도의 의의

수입화물대도(輸入貨物貸渡; Trust Receipt: T/R)란 신용장발행은행이 수입대금을 결제

---

21) D/P·D/A 거래에서도 L/G가 이뤄지고 있다.

하면서 담보로 취득한 수입화물에 대하여 소유권만 보유하고 수입자가 수입대금을 결제하기 이전에 수입화물을 통관하여 제조·가공·판매 등을 할 수 있도록 하기 위한 신용장발행은행 앞으로의 "수입화물의 신탁적 양도" 행위를 의미한다. 일람출급환어음 결제에서 서류가 도착하면 신용장발행의뢰인은 결제대금을 지급하여야만 서류를 수령할 수 있지만 발행은행이 발행의뢰인 앞으로 금융을 제공하는 경우에는 결제대금을 동 금융으로 지급하고, 수입대금 결제에 충당한 대금은 발행의뢰인에 의하여 일정한 기간 후에 상환받게 된다. 이와 같은 제도 아래에서는 소위 자동결제기능이 있으므로 수입화물을 담보로 취득하게 된다. 여기서 수입화물을 통상의 담보와 같이 취득을 하게 되면 발행의뢰인이 수입하는 본래의 목적을 달성할 수 없으므로 특별한 조치가 필요하다. 은행입장에서도 동 수입화물을 창고 등에 보관하고 있어도 창고료, 보험료 등의 비용만 발생하고 아무런 이득이 없다.

그러므로 T/R제도하에서는 은행을 신탁공여자(entrustor)로 하고 발행의뢰인을 신탁수혜자(trustee)로 하는 신탁계약(trust contract)을 하게 된다. 이러한 신탁은 신용편의(credit facility)를 위한 담보취득의 방법을 뜻하는 한편 일람출급결제에서 일정기간 동안 지급을 유예하여 주는 T/R편의를 의미하기도 한다.[22]

② 금융의 내용에 따른 T/R의 유형

금융의 내용에 따라 T/R은 여러 가지의 유형으로 구분할 수 있다. 즉 ① 원자재수입금융에 따른 T/R로 수출용원자재를 수입하는 때에 금융혜택을 주는 것,[23] ② 인수금융에 따른 T/R로 해외은행인수(overseas bank's acceptance) 또는 내국수입유잔스(domestic bank's usance)에 따른 것, ③ 할부지급 방법의 수입에 따른 T/R로 기한부거래나 착수금을 먼저 지급하고 잔액은 일정기간에 균등분할 상환하여야 하는 신용공여에 따른 것, ④ 수입화물대도금융(T/R loan) 또는 "T/R facility"에 따른 T/R로 일반수입에 있어서 소정의 기간 동

---

22) 따라서 T/R제공은 수탁자(trustee), 즉 수입자의 신용이 좋아야 하고, 수탁자가 담보물건을 타대출의 담보로 제공하지 말아야 하며, 담보화물의 판매 또는 사용대금을 대금의 지급에 충당할 수 있어야 한다.

23) 한국은 수출용원자재 수입시 T/R제도를 활용하고 있다. T/R은 수입여신의 담보로 되어 있는 수입화물이 은행의 손에서 수입자에게 넘어가 사용되어 담보에서 제외되는 것을 허용하는 것으로 볼 수 있어 그 사후관리에 문제가 있다. T/R을 행한 후 담보화물이 매각되어 제3자에게 넘어가면 은행으로서는 그 화물에 대하여 담보권을 주장할 수 없게 되므로, 은행은 수입자의 화물매각대금이나 대금청구권을 확보하게 된다. 대금회수가 어음인 경우에는 이것을 양도담보로서 은행앞으로 배서양도를 받고 있다.

안 T/R약정에 따라 신용을 공여하는 것, ⑤ 외화대출에 따른 T/R로 신용장발행은행이 조성한 외화자금 또는 국내의 외국은행의 국내지점이 외화자금으로 대출하는 것, ⑥ 차관자금 또는 "bank loan"에 따른 T/R로 외국에 있는 금융기관 또는 회사 등이 공여하는 차관과 외국은행이 제공하는 "bank loan"에 따른 T/R이 있다.

③ T/R의 법률적 성질

T/R의 법률적 성질에 대하여는 다음과 같은 여러 가지 설이 있다.

㉠ 대리관계설

수탁자, 즉 발행의뢰인은 은행의 대리인으로서 화물을 매각 또는 화물을 처분하나 그 법적 효과는 소유자인 은행에 귀속된다는 설이다.

㉡ 기탁설

수탁자는 은행으로부터 화물을 매각할 목적으로 기탁을 받아 화물을 보관할 의무가 있으며 판매권한 이외에는 화물에 대하여 아무런 권리가 없다는 설이다.

㉢ 질권존속설

수탁자는 은행이 질권자로서 점유하고 있을 수입화물을 이전받는 것이며 화물인도 후에도 질권관계가 존속된다는 설이다.

㉣ 조건부매매설

은행이 자기 소유에 속하는 화물을 일정기간 후에 대금을 지급하는 것을 조건으로 하여 수탁자에게 매각하는 것으로 대금지급 전에는 은행이 화물의 소유권을 가지고 수탁자는 화물의 점유를 취득하게 된다는 설이다.

㉤ 양도담보, 기탁, 대리의 삼자 결합설

이상의 여러 설 중 가장 유력한 설이다. 이 설에 의하면 T/R은 다음과 같은 양도담보의 법률적 구성요건을 구비하고 있다.

① 피담보채권이 존재한다.
② 담보의 목적인 재산이 신탁공여자(entrustor), 즉 은행에 이전된다.
③ 수탁자는 목적물을 사용할 수 있다.
④ 양도담보는 제3자를 배척하는 우선적 권리를 가지고 있다. 양도담보에 있어서 수탁

자가 담보물을 이용하도록 하는 형태는 T/R에 의하여 수입화물을 수입자에게 대도하는 기탁의 형식을 취하고 있다. 또한 T/R을 함에 있어서 수입자는 은행의 대리인으로서 화물의 양륙, 통관, 입고 및 매각에 관한 법률행위를 하므로 은행과 수입자 간에는 대리관계가 발생한다.

제 3 절 D/P·D/A 방식에 의한 대금결제

1 D/P · D/A의 의의

D/P란 어음지급서류인도조건으로 약칭하면 지급인도조건(documents against payment: D/P)으로 수출자가 수입자와의 매매계약에 따라 물품을 선적하고 구비된 서류에 일람출급환어음(sight bill of exchange)을 발행하여 자신의 거래은행(추심의뢰은행)을 통하여 수입자거래은행인 수입국의 은행(추심은행) 앞으로 그 어음대금을 추심의뢰하면 추심은행은 수입자에게 어음을 제시하여 그 어음금액의 일람지급을 받고 서류를 인도하는 거래방식을 말한다.

한편 D/A란 어음인수서류인도조건으로 약칭하면 인수인도조건(documents against acceptance: D/A)으로 D/P 거래와 대금을 추심하는 경로는 같으나 D/P와 다른 점은 수출자가 일람후정기 또는 확정일출급 환어음을 발행하고 수입자거래은행인 추심은행이 수입자에게 제시하여 그 제시된 어음을 일람지급 받지 않고 인수만 받음으로써 서류를 인도한 후 만기일에 대금을 지급받는 거래방식이다.

D/P · D/A에 의한 결제는 D/P·D/A 계약서에 기초하여 화환추심(documentary collection)에 의하여 대금결제가 이루어진다. 추심(推尋; collection)[24]이라고 하여 무조건 무역대금이 해외에서 결제된 이후에 수출자가 받는 것은 아니다. 실무적으로는 수출자가 추심의뢰은행에 담보 등을 제공하거나 신용에 의하여 화환서류(환어음 및 계약서에 요구된 서류)를 추심전 매입하는 것이 보통이다. 환어음 매입은 신용장 방식과 유사하지만 신용장은

---

24) 추심이란 환어음·약속어음·수표 등의 금융서류 또는 송장·운송서류 등의 상업서류를 지급 또는 인수받기 위하여, 지급인도 또는 인수인도로 상업서류를 취급함을 의미한다; URC 522, Article 2.

발행은행이 일치하는 제시에 대하여 인수·지급을 확약하는 것이지만 D/P·D/A 방식에 의한 결제는 은행이 아무런 확약이 없고 오직 매수인인 수입자가 지급을 이행하여야 결제받을 수 있는 것이다.

　신용장에 의한 거래는 대부분이 UCP 600을 준거로 적용됨에 비하여 D/P·D/A 거래는 별도로 명백한 합의가 없거나 국가, 주 또는 지방의 법률 또는 규정에 위배되지 않는 한 국제상업회의소가 제정한 "추심에 관한 통일규칙"(Uniform Rules for Collections, ICC Publication No.522: URC 522)[25]의 적용을 받는다.

2 D/P·D/A 결제의 장점과 단점

　D/P·D/A 방식에 의한 결제는 일반적으로 D/P보다는 결제기간을 유예 받을 수 있는 D/A가 주로 이용된다. D/P·D/A 방식은 수입자에게는 다음과 같이 은행거래상의 담보력이 부족한 경우에 편리하고 유용한 결제방식이다.

　첫째, 신용장발행 및 통지수수료를 절약할 수 있다.

　둘째, 신용장발행시 발행은행에 담보제공에 따른 어려움을 덜 수 있다.

　셋째, 본지점간·자회사간·합병기업간 무역거래에 이용하는 데 있어서는 융통성이 많아 매우 편리하다.

　넷째, 위탁판매방식, 위탁가공무역방식의 거래에서는 제품·원재료 공급 등이 편리하다.

　그러나 수출자에게는 대금결제에 대한 보장이 없으므로 결제상의 위험이 따른다. 따라서 거래처와의 특수한 관계가 아닐 경우에는 이 방식을 이용하지 않는 것이 좋다.[26]

　신용장방식과 화환추심에 의한 D/P·D/A 방식을 비교하면 다음의 표와 같다.

---

[25] 국제상업회의소가 1956년 제정 및 1967년 개정할 때까지는 "상업어음추심에 관한 통일규칙"(Uniform Rules for the Collection of Commercial Paper, ICC Publication No. 254)이라고 호칭하였으나, 1978년 2차 개정시에 그 명칭을 "추심에 관한 통일규칙"으로 개칭하였다. 한국은 1979년 7월 2일부터 이 규칙을 채택하고 있다. 그 후 URC는 1995년에 3차 개정하여 1996년 1월 1일부터 적용토록 하였다. URC 522의 원문 조문에 대한 번역 및 해설내용은 강원진(감수), 「1995 개정 추심에 관한 통일규칙」, 대한상공회의소, 1995를 참조 바람.

[26] 한국의 경우에는 한국무역보험공사에 단기수출보험을 부보하게 되면 수출대금결제상의 위험을 감소시킬 수도 있다.

표 8-2	신용장방식과 D/P · D/A방식의 비교	
구 분	신용장방식	D/P · D/A방식
1. 대금지급확약 여부	은행의 지급확약 있음	은행의 지급확약 없음
2. 은행의 개입 여부	개입함	개입함
3. 은행거래에 따른 담보제공	신용장발행시 담보제공	환어음추심 전 매입시 담보제공
4. 거래에 따른 부대비용	많음	적음
5. 대금결제기간	일람불, 기한부	일람불(D/P), 기한부(D/A)
6. 환어음발행시의 지급인	은행	수입자
7. 매매당사자간의 유리성	매도인 매수인 모두 유리	매수인 유리
8. 거래상의 융통성	없음	많음
9. 결제수단의 안전성	안전	불안
10. 거래상의 준거법	신용장통일규칙	추심에 관한 통일규칙

3 D/P · D/A 거래당사자

D/P·D/A거래의 당사자는 추심의뢰인(principal), 추심의뢰은행(remitting bank), 추심은행(collecting bank) 및 제시은행(presenting bank)이 있다.[27]

첫째, 추심의뢰인(principal)은 거래은행에 추심을 의뢰하는 수출자를 말하며, "seller", "exporter", "drawer", "consignor" 또는 "customer"를 의미한다.

둘째, 추심의뢰은행(remitting bank)은 의뢰인으로부터 추심을 의뢰받은 수출국의 은행을 말한다.

셋째, 추심은행(collecting bank)은 추심의뢰은행 이외의 추심과정에 참여하는 은행을 말한다.

넷째, 제시은행(presenting bank)은 지급인에게 제시를 하는 수입국의 추심은행을 말한다.

다섯째, 지급인(drawee)은 추심지시서(collection instruction)에 따라 제시를 받아야 할 자, 즉 수입자를 말하며, "buyer", "importer", "consignee"를 의미한다.

4 추심지시서

추심을 위하여 송부되는 모든 서류에는 추심은 URC 522에 의함을 명시하고, 완전하고 정확한 지시가 기재된 추심지시서(collection instruction)가 첨부되어야 한다.

---

27) URC 522, Article 3.

추심지시서에는 추심의뢰은행, 환어음지급인, 제시은행(있는 경우)의 명세 및 추심금액, 통화, 동봉서류의 목록과 통수, 지급 및/또는 인도조건, 기타 조건, 추심수수료, 추심이자, 지급방법과 지급통지형식, 지급·인수거절 및 불일치의 경우에 대한 지시, 환어음지급장소의 주소 등 추심과 관련된 정보자료가 포함되어야 한다.[28]

5 D/P · D/A 거래의 과정

1) 매매계약의 체결

물품매매 당사자간에 D/P 또는 D/A계약을 체결한다.

2) 물품선적

수출자는 수입자와 약정한 대로 물품을 선적한다.

3) 추심서류의 제시 및 추심의뢰

수출자는 계약서에 약정한 서류, 예컨대, 상업송장, 선화증권, 보험증권, 포장명세서, 원산지증명서에 환어음을 발행하여 거래은행인 추심의뢰은행(remitting bank)을 통하여 추심은행(collecting bank) 앞으로 수출 대금에 대한 추심을 의뢰한다.

4) 추심서류 도착통지

추심은행측에 추심서류가 도착되면 지급인인 수입자에게 서류도착통지를 한다.

5) 어음지급 또는 인수와 서류인도

D/P거래인 경우에는 어음지급,[29] D/A거래인 경우에는 어음인수[30]를 행한다. 이와 동

---

28) URC 522, Article 4.
29) D/P·D/A지시는 지시에 따라야 하는데 명백한 지시가 없을 때는 D/P로 간주한다; URC 522, Article 10. D/P로 보아야 할 경우로는 ① deliver documents against payment, ② D/P at sight, ③ sight, ④ XX days D/P, ⑤ at sight on arrival of vessel 등이다.
30) D/A로 보아야 할 경우로는 ① deliver documents against acceptance, ② D/A 90 d/s, ③ 90 days after arrival of the cargo, ④ D/A 90 d/s B/L, ⑤ at 90 days sight, ⑥ at 90 days after sight, ⑦ 90 days after date 등이 있다.

시에 추심은행은 서류를 수입자에게 인도한다.

6) 대금의 송금

제시은행 및 추심은행은 수입자로부터 지급받은 추심대금을 추심지시서상의 지시에 따라 상대은행에게 송금한다.

7) 수출대금 회수

추심의뢰은행은 추심은행으로부터 송금받은 대금을 수출자에게 지급함으로써 수출자는 수출대금을 회수하게 되며 D/P·D/A의 모든 거래과정은 완료된다.

그림 8-3 D/P·D/A거래과정

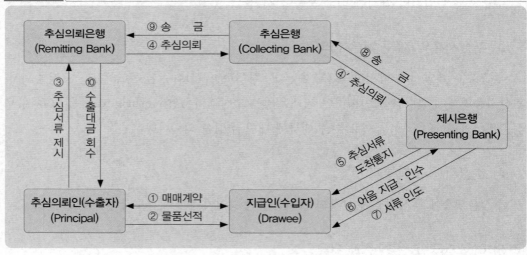

제 4 절 송금환방식에 의한 대금결제

1 송금환의 의의

송금환(remittance)이란 외국환에 의한 결제방법 중의 하나로 국내의 송금인이 외국의 수취인이나 채권자에게 자금을 송금할 목적으로 당발은행에 송금대금을 원화 또는 외화로 지급하고, 외국에 있는 수취인이나 채권자에게 송금하여 줄 것을 청구하는 외국환을 말한다. 송금환은 지급지시 방법에 따라 전신송금환(Telegraphic Transfer: T/T), 우편송금환(Mail Transfer: M/T) 및 송금수표(Demand Draft: D/D)가 있다.

일반적으로 송금환방식에 의한 거래는 물품선적 전에 외화·수표 등 대외지급수단에 의하여 미리 대금을 영수하고, 일정기일 내에 상응하는 물품을 선적하는 거래로 수출자의 입장에서는 매우 유리한 조건이라고 할 수 있다.

2 송금환의 종류와 결제시기

1) 전신송금환

전신송금환(Telegraphic Transfer: T/T)이란 고객의 의뢰에 의하여 외국환은행이 자행의 해외지점 또는 환거래은행에 대해 일정의 금액을 수취인에게 지급해 줄 것을 전신으로 지시하는 방식의 외국환을 말한다. 전신송금환의 지급방법은 지급은행이 수취인의 지급청구에 의해서 지급하는 청구지급(pay on application: P/A) 방법과 수취인으로부터 청구가 없어도 지급은행으로부터 수취인에게 통지하여 지급하는 통지지급(advice and pay: A/P) 방법의 두 가지가 있다. 전신송금환은 신속을 요하는 송금 등에 많이 이용되고 있다.

전신송금환에 의한 결제에 있어서 전신은 지급지시서(payment order) 역할을 하게 되므로 전신지급지시서 취급시에 기재사항이나 전신내용의 진정성 등을 잘 파악하는 등 세심한 주의가 필요하다. 또한 전신송금환은 송금방향에 따라 당발 전신송금환과 타발 전신송금환으로 구분할 수 있다. 전신송금환을 이용할 때 수출자의 입장에서는 신속하게 대금을 수취할 수 있으며 또한 가장 유리한 환율인 대고객 전신환매입률을 적용받게 되고, 가장 확실한 결제방법이 되지만 수입자는 전신료부담이 증가하게 된다.

2) 우편송금환

우편송금환(Mail Transfer: M/T)이란 송금의뢰를 받은 은행이 송금수표를 의뢰인에게 교부하는 대신에 일정금액을 수취인에게 지급하여 줄 것을 지급은행 앞으로 지시하는 지급지시서(payment order)를 작성하여 이것을 지급은행에 직접 우편으로 지시하는 방식의 외국환을 말한다.

전신송금환은 지급지시를 전신으로 하는 데 비하여 우편송금환은 우편으로 하는 점이 근본적인 차이점이다. 우편송금환의 지급방법도 청구지급방법과 통지지급방법의 두 가지가 있고, 환의 방향에 따라 당발 우편송금환과 타발 우편송금환으로 구분할 수 있다.

우편송금환은 시간상 신속을 요하지 않는 송금 및 소액의 송금에 이용된다.

3) 송금수표

송금수표(Demand Draft: D/D)란 본래의 의미로는 일람불 송금환을 말한다. 송금수표는 송금의뢰를 받은 은행이 해외본·지점 또는 환거래은행을 지급은행으로 하는 송금수표를 발행하여 송금인에게 주면 송금인은 수취인에게 수표를 보내고, 수취인은 수표를 받아서 지급은행에 제시하면 지급은행은 송금은행에서 미리 보내 온 수표발행통지서와 대조하고 수취인에게 지급하는 방법의 외국환을 말한다.

따라서 송금수표는 지급은행 앞으로 직접 송부되어 오는 것이 아니고 송금인이 직접 수취인에게 보내면 지급지의 수취인에 의하여 제시되게 된다. 송금수표는 보통 은행수표(Banker's Check: B/C)를 많이 사용하고 있다. 실무적으로 일반회사 또는 개인자격으로 발행한 개인수표(Personal Check: P/C)도 사용되는 경우가 있는데, 개인수표는 발행자의 신용상 문제가 있는 경우가 많으므로 무역대금결제수단으로 사용하는 것은 수출자의 입장에서 볼 때 지급거절 위험이 따를 수도 있다. 따라서 무역대금 결제를 송금수표에 의할 때에는 개인수표보다는 은행수표를 이용하는 것이 안전하다. 송금수표를 수출자가 수입자로부터 직접 받고 보통은 수출자의 거래은행에서 추심전 매입을 하였다 하더라도 지급은행(paying bank)에 제시되어 실제로 지급될 때, 결제가 완료된 것으로 보아야 한다.

이와 같이 수출자의 입장에서 T/T, M/T, D/D 결제방식 중 대금결제의 위험부담 및 적용환율 면에서 가장 유리한 결제방식은 T/T방식이다.

　실무상 송금방식이라 하여 선적전에 송금이 모두 이루어지고 완전한 결제가 이루어지지 않는 경우가 있으므로 수출자는 반드시 매매계약체결 후 특정기간 이내 또는 물품 선적전에 송금이 이루어지는 것으로 계약을 체결하는 것이 바람직하다.

　지금까지 살펴본 신용장, 화환추심(D/P · D/A) 및 송금환 방식에 의한 무역결제수단을 비교하면 〈표 8-3〉 및 〈표 8-4〉와 같다.

표 8-3　　주요 수출결제수단의 비교

결제수단 내 용	신용장	화환추심(D/P · D/A)	송금환
거래의 근거	신용장	매매계약서	송금환
결제시 제공서류	환어음, 무역결제 서류제공	환어음, 무역결제 서류제공	무역결제 서류만 제공
대금지급확약	신용장 발행은행	없음	은행, 개인
대금결제시기	일람불, 기한부	일람불, 기한부	일람불
대금회수위험	안전	불안	안전
자금회전	용이	담보력에 따름	용이
수출대금회수	수출환어음매입	수출환어음매입, 추심	선수금

표 8-4　　주요 수입결제수단의 비교

결제수단 내 용	신용장	화환추심(D/P · D/A)	송금환
거래의 근거	신용장	매매계약서	송금환
수입자 자금부담	많음	없음	많음
수입자 비용부담	많음	없음	많음
대금지급	은행	수입자	은행(B/C)
결제자금 융통	수출용원자재에 한하여 무역금융(일부)	수출용원자재에 한하여 무역금융(일부)	불필요

제 5 절 국제팩토링방식에 의한 대금결제

1 국제팩토링의 개념

1) 팩토링과 국제팩토링의 의의

팩토링(factoring)이란 판매자(client)가 구매자(customer)에게 물품이나 서비스를 제공함에 따라 발생하는 외상매출채권(account receivable)과 관련 팩토링회사(factor)가 판매자를 대신하여 구매자에 관한 신용조사 및 신용위험의 인수(지급보증), 매출채권의 기일관리 및 대금회수, 금융의 제공, 기타 회계처리 등의 업무를 대행하는 금융서비스이다. 국제팩토링(international factoring)은 전세계 팩터의 회원망을 통하여 수입자의 신용을 바탕으로 이루어지는 무신용장방식의 새로운 무역거래방법이다. 팩터는 수출자를 위하여 수출채권과 관련된 대금회수를 보장하고 회수업무에 따른 장부기장 등 회계업무와 전도금융에 이르기까지 제반 서비스를 제공한다. 그리고 수입자에게는 수입을 위한 신용을 공여해 줌으로써 해외로부터 신용으로 물품을 구매할 수가 있다. 국제팩토링은 기존의 신용장방식에 의한 거래에 비하여 매우 간편하기 때문에 이미 미국이나 유럽지역에서는 일반화되고 있으며 특히 중소규모의 무역거래에서 활발히 이루어지고 있다.

형태별로는 수출국의 팩토링회사를 수출팩터, 수입국의 팩토링회사를 수입팩터라고 한다. 이를 수출 측면에서 볼 때는 수출팩토링, 수입하는 측에서는 수입팩토링이라고 하지만 기본적인 메커니즘은 동일하다. 특히 오늘날 세계무역환경의 변화추이에 따라 종전의 "seller's market"에서 "buyer's market"으로의 이행, 소액·소량 주문에 따른 신용장 발행의 회피, 그리고 서방 선진국 수입자들의 상거래관행에 따른 신용구매요구 등에 기인하여 외상수출은 증가추세에 있다. 그러나 외상거래 특히 D/A거래는 대금회수에 대한 확실한 보장이 없기 때문에 외화채권의 부실화가 우려되고 있고, 중소수출업체의 경우에는 신용이 좋은 수입자에게 수출하면서도 은행의 여신한도에 제한을 받게 되어 자금회전에 어려움을 겪고 있는 경우가 많다. 국제팩토링은 이러한 문제에 대하여 편리하게 대응할 수 있다.

2) 국제팩토링의 기능

국제팩토링의 주요한 기능 세 가지는 ① 신용위험의 인수, ② 전도금융의 제공, ③ 회계업무의 대행이다.

수입팩터는 수출팩터와의 약정에 따라 수입자에 대한 신용조사 및 신용위험을 인수하고, 수출채권의 양수 및 송금 등 대금회수를 보장한다.

수출팩터는 수출자와의 약정에 따라 수출채권을 관리하고 전도금융을 제공함으로써 효율적인 운전자금을 조달할 수 있도록 한다.

또한 수출팩터는 회계업무를 대행함으로써 수출채권과 관련한 회계장부를 정리하여 준다.

2 국제팩토링의 유용성과 한계성

1) 국제팩토링의 유용성

수출자의 이점을 보면 다음과 같다.

① 수출대금의 회수를 수출팩터가 보증하기 때문에 신용거래에 따른 위험부담이 없다.

② 위험부담이 없는 수입자에게 유리한 무신용장거래를 할 수 있어 대외경쟁력강화는 물론 신시장개척이 용이하다.

③ 신용장 및 추심방식에 비해 실무절차가 간편하다.

④ 대금회수 및 수출채권의 기일관리 등 제반 회계업무의 부담에서 벗어나 생산 및 판매에만 전념함으로써 원가절감과 생산성 증대를 실현할 수 있다.

⑤ 전세계에 걸친 팩토링 기구의 회원사 망을 통해 신속 정확한 해외시장 정보를 얻을 수 있으며, 팩토링기구의 회원사인 수출팩터와 거래함으로써 국제시장에서의 지명도가 높아진다.

⑥ 필요시 즉각적인 전도금융의 수혜로 효율적인 자금조달이 가능하며 경영상담 및 다양한 서비스를 제공받을 수 있다.

한편 수입자의 이점을 보면 다음과 같다.

① 수입팩터가 지급보증을 함으로써 세계 각국으로부터 신용구매가 가능하다.

② 수입보증금예치에 따른 자금부담이 없어진다.

③ 신용장발행에 따르는 수수료 등 비용부담이 없다.

④ 수입결제자금의 부족시 금융수혜가 가능하다.

⑤ 수입팩터가 신용한도설정으로 계속구매가 가능하다.

⑥ 수입팩터로부터 만기일 관리 등 회계관리서비스를 제공받는다.

2) 국제팩토링의 한계성

국제팩토링방식에 의하여 무역대금을 결제하기 위해서는 수출자 및 수입자의 소재지에 각각 수출팩터와 수입팩터가 있어야 가능하다. 국가에 따라 팩토링 회사가 주요 도시 또는 지역에 소재하여 신속하고 편리한 서비스를 제공받는 데 있어 실제 어려움이 있으므로, 매매당사자의 입장에서는 보다 편리한 다른 결제방식을 선호할 수도 있다.

제 6 절 포페이팅방식에 의한 결제

1 포페이팅의 의의

포페이팅(forfaiting)이란 현금을 대가로 채권을 포기 또는 양도한다는 불어의 "a'forfait"에서 유래된 용어로, 물품 또는 서비스 무역거래에서 수출환어음, 약속어음과 같은 일련의 신용수단을 상환청구권 없이(without recourse), 즉 무소구 조건으로 고정이자율로 할인/매입하는 수출무역금융의 한 형태를 말한다.

포페이팅의 경우 이를 취급하는 금융기관, 즉 포페이터(forfaiter)가 이러한 소구권[31]을 포기하는 조건부로 채권을 수출자로부터 매입하므로 배서인, 즉 수출자는 소구당할 염려가 없으며 최종소지인이 모든 손실을 부담한다. 바로 이 점에서 포페이팅은 수출환어음매입(negotiation)과 크게 다르다. 즉 은행의 수출환어음매입은 일반적으로 소구조건(with

---

31) 소구(遡求; Recourse)란 약속어음 또는 환어음 발행인(또는 인수인)이 만기에 지급을 이행하지 않을 경우에 어음의 최종소지인은 어음의 배서인에게 어음금액의 대지급을 요구하는 것을 말하며, 이러한 권리를 행사하는 것을 소구권이라고 한다.

recourse)이어서 수입자인, 신용장발행의뢰인이 만기에 대금지급을 이행하지 않거나 지급지연이 발생하면 모든 손실에 대하여 매입은행은 수출자에게 소구권을 행사하게 됨으로 인하여 자금부담가중으로 인한 경영상의 어려움을 당할 가능성이 크다. 이와 같이 포페이팅은 소구권을 포기한다는 점과, 고정금리로 할인한다는 두 가지 점에서 보통의 무역금융기법과 차이가 있다.

포페이팅거래의 통일화를 기하기 위하여 국제상업회의소(ICC)는 2012년 11월 포페이팅통일규칙(Uniform Rules for Forfaiting: URF 800)을 마련하여 2013년 1월 1일부터 발효되도록 하였다. URF는 임의 규범으로 URF가 포페이팅거래에 적용되기 위해서는 포페이팅 당사자가 계약에 이 규칙 적용을 명시적으로 표시하고 있어야 한다.

2 포페이팅의 특징

포페이팅은 다음과 같은 특징을 가지고 있다.

첫째, 수출자가 제시하는 환어음 또는 약속어음을 매입하는 포페이터(forfaiter)는 어음을 매도한 수출자 또는 어음배서인에 대하여 소구권이 없다.

둘째, 포페이터가 수입자의 신뢰성을 인정하지 못하는 어음의 경우에는 은행지급보증이나 "aval", 즉 어음상의 지급보증을 요구하게 된다.

셋째, 어음을 할인하여 매입할 경우 고정금리가 적용된다.[32]

넷째, 환어음 또는 약속어음이 거래대상이므로 거래절차가 간편하며 신속한 처리가 가능하다.

다섯째, 연지급기간은 통상 1개월~10년, 건당 거래금액은 미화10만~2억달러, 거래통화는 모든 주요 통화가 가능하다.

여섯째, 포페이팅은 신용장 거래의 인수(acceptance)와 유사하나 인수에 비해 기간이 장기이다. 대상어음은 1~7년의 자본재 수출에 따른 연지급 수출어음이 대부분이다. 또한 포페이터의 채권만기 선정은 해당거래의 위험과 시장조건에 따라 결정된다.

---

32) 포페이팅 거래시 적용되는 기준 이자율은 기준금리인 런던은행간금리(Libor)에 국가별 위험도(country risk) 또는 신용장발행은행 위험에 대한 가산금리(spread)를 더한 수준에서 결정된다.

3 포페이팅의 당사자

포페이팅의 당사자로는 수출자, 수입자, 포페이터, 그리고 보증은행이 있다.

첫째, 수출자는 채권자로서 환어음의 경우 어음을 발행하는 자가 되며 포페이팅 금융의 수혜자가 된다.

둘째, 수입자는 채무자이며 환어음의 인수자가 된다.

셋째, 포페이터는 연지급어음을 할인 매입하는 금융기관을 말하는데, 주로 수출자의 은행으로서 채권을 수출자로부터 매입한다.

넷째, 보증은행은 보통 수입자의 은행으로서 관련 채권에 대해 보증한다. 별도의 보증서를 발급하거나 어음면에 보증하는 형식을 취한다.

4 포페이팅의 일반적인 거래절차

포페이팅의 일반적인 거래절차는 다음과 같다.

① 수출자는 포페이팅 방식에 의한 결제를 고려할 경우 수출계약 체결 전에 우선 포페이터와 협의하여 포페이팅 가능 여부 및 할인 조건에 따른 비용을 고려하여 수출계약금액을 검토한다.

② 수출자는 수입자와 포페이팅 방식의 무역계약을 체결한다.

③ 수입자는 자기 거래은행에 기한부 신용장 발행을 지시한다.

　수입자의 은행, 즉 발행은행은 신용장을 발행한다.

　수출자의 은행은 수출자에게 신용장발행을 통지한다.

④ 수출자는 수입자에게 계약물품을 인도한다.

⑤ 수출자는 자기 거래은행에 어음인수를 위한 관련 서류를 제시한다.

　수출자의 은행은 발행은행에 서류를 송부한다.

　수출자는 어음할인을 위하여 포페이터가 요구한 서류를 포페이터에게 제시한다.

⑥ 포페이터와 수입자의 거래은행, 즉 발행은행은 양도승낙(acknowledgment of assignment)을 한다.

⑦ 포페이터는 수출자의 은행에 어음할인을 한다.

　수출자의 은행은 어음할인 후 금액을 수출자에게 지급한다.

⑧ 수입자의 은행, 즉 발행은행은 어음만기일에 포페이터에게 대금을 지급한다.
수입자는 발행은행에 어음만기일에 대금을 지급한다.

제 **7** 절 무역결제서류

1 무역결제서류의 의의

무역결제서류란 물품에 대한 대금청구서인 상업송장(commercial invoice)과 물품인도의 증거서류인 운송서류(transport documents) 등 무역대금결제와 관련하여 사용되는 모든 문서를 총칭하는 말이다.[33] 특히 신용장에 의한 무역대금결제는 물품거래가 아닌 서류거래에 의해 이루어지고 있으며, 대부분의 무역거래도 물품이 아닌 서류(documents)라는 상징(symbol)에 의해 대금결제가 이루어지고 있다. 신용장방식과 추심방식인 D/P·D/A거래에서는 무역결제서류에 수출자가 환어음(draft; bill of exchange)을 발행하고 매입은행을 통하여 발행은행이나 추심은행 앞으로 서류를 송부하게 된다. 송금환방식이라 하더라도 대금은 물품선적전에 선지급(payment in advance)받지만 수출자는 수입자에게 물품선적후 수입통관수속할 수 있는 서류를 송부하는 것은 마찬가지이다.

무역거래에서 실무적으로 무역대금결제 관련 서류를 보통 선적서류(shipping documents)라고도 하고 있으나 ISBP 745의 A-19항에서는 UCP 600에서 정의되지 아니하였으므로 "shipping documents"라는 표현은 사용되어서는 아니 된다고 규정하고 있다. SWIFT 메시지 MT700 형식의 신용장상에서는 "Documents" 또는 "Documents Required" 등으로 표기하고 있다. 여기에서는 무역대금결제와 관련된 포괄적인 서류개념으로 보아 무역결제서류라고 표시한다.

무역결제서류는 기본서류로 매도인이 매수인에게 반드시 제공하여야 하는 상업송장,

---

33) 유의할 사항으로 운송서류(transport documents)를 모든 결제서류를 뜻하는 것으로 이해하여서는 아니 된다. 왜냐하면 신용장통일규칙에서도 운송서류의 개념은 선화증권, 항공화물운송장 등 실제 적재, 발송, 수탁 등 운송의 증거서류만을 의미하고 있기 때문에, 보험서류(insurance documents)와 같은 서류를 운송서류로 호칭하는 것은 모순이 될 수 있다.

운송서류,[34) 보험서류가 있고 임의서류로 매수인이 기본서류 외에 추가로 요구하는 포장
명세서, 원산지증명서, 검사증명서 등 여러 가지 서류가 있다.

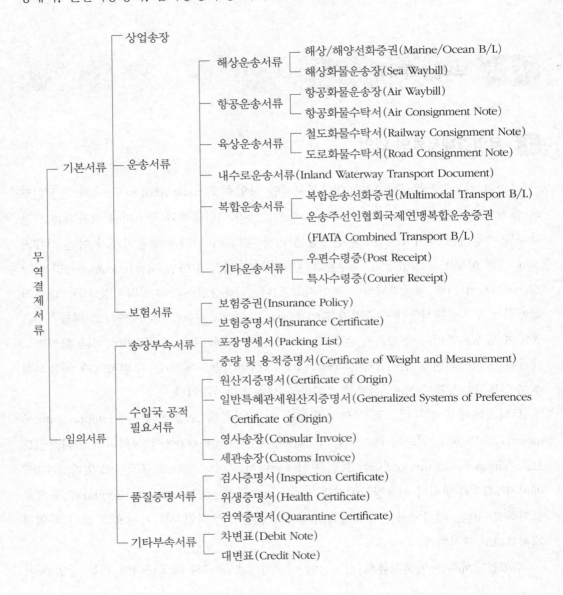

---

34) 운송서류(transport documents)란 본선적재(loading on board), 발송(dispatch) 또는 복합운송의
경우 수탁(taking in charge)을 나타내는 서류를 총칭한다.

2 상업송장

1) 상업송장의 의의

상업송장(commercial invoice)이란 매도인(수출자)이 매수인(수입자) 앞으로 발행하는 물품에 대한 대금청구서, 거래명세서, 견적서, 선적안내서로 사용되는 상용문서(商用文書)이다. 상업송장은 매도인의 입장에서는 무역대금결제의 주요 서류뿐만이 아니라 출화안내 및 과세자료, 수출수속절차상 세관 등에 제출하는 서류이며, 매수인의 입장에서도 수입통관수속에 필수적인 서류가 되기 때문에 정확하게 작성되어야 한다.

상업송장은 대금청구서의 기능[35] 외에도 매매계약상 매도인의 의무이행 사실을 입증하는 중요한 서류이다. "Incoterms® 2010"은 각 거래규칙별 매도인의 의무조항(A.1)으로 매도인은 매매계약조건에 일치하는 물품과 상업송장을 제공하여야 함을 규정하고 있다. 이는 상업송장이 일치증명(evidence of conformity)으로서의 주요한 기능을 수행하는 것을 의미한다. 따라서 신용장통일규칙에서도 "상업송장의 물품명세는 신용장의 물품명세와 일치하여야 한다"[36]고 규정하고 있다. 상업송장은 신용장상의 수익자(beneficiary)명의[37]로 신용장발행의뢰인(applicant) 앞으로 발행되어야 한다.[38]

2) 상업송장의 종류

송장(invoice)은 그 용도에 따라 상거래용으로 작성되는 상업송장(commercial invoice)과 영사관이나 세관용으로 작성되는 공용송장(official invoice)으로 대별할 수 있다.

상업송장은 무역계약을 이행하고 거래조건에 따라 작성되는 선적송장(shipping invoice), 가격계산의 기초로 사용되는 견적송장(pro-forma invoice), 견본을 송부할 때 작성되는 견본송장(sample invoice), 위탁매매시에 사용되는 위탁매매송장(consignment/indent

---

35) 상업송장의 기능에 대하여 Henning은 다음과 같이 정의하고 있다. "The factions of the commercial invoice are to describe the merchandise and to indicate price or prices and other details of the transaction"; Henning, Charles N., *International Finance*, Harper & Brothers, Publishers, New York, 1958, p. 64.
36) UCP 600, Article 18-c.
37) 양도가능신용장에서 신용장 양도가 이루어진 경우 양수인(transferee)인 제2차 수익자(second beneficiary)명의로 작성되어야 한다.
38) UCP 600, Article 18-a.

invoice)이 있다.

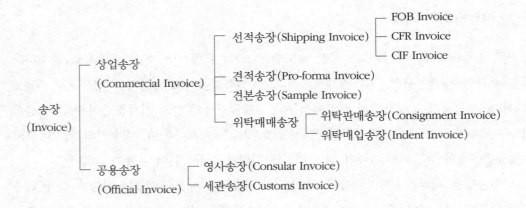

공용송장[39]은 수입지세관에서 수입물품에 대한 과세가격의 기준이나 덤핑유무의 확인 등을 목적으로 하는 세관송장(customs invoice)과 수입물품가격을 높게 책정하여 외화를 도피하거나 낮게 책정하여 관세를 포탈하는 것을 방지하기 위하여 수출국주재 수입국 영사의 확인을 받도록 하는 영사송장(consular invoice)이 있다.

---

39) 공용송장인 세관송장과 영사송장은 발행의뢰인의 특별한 요청이 있을 경우에 제공되며 신용장통일규칙에서는 기본서류 이외에 기타 서류의 범주에 포함시키고 있다.

서식 8-2 상업송장

COMMERCIAL INVOICE

① **Shipper/Seller**	⑧ **No. & date of invoice**
Seoul Trading Co., Ltd. 15, 1-ga, Sogong-dong, Joong-gu Seoul, Korea	601 August 5, 20xx

⑨ **No. & date of L/C**
78910   June 15, 20xx

② For account & risk of Messrs.
America International Inc.
350 Fifth Avenue, New York
NY10118, U. S. A.

⑩ L/C issuing bank
Bank of America, New York

③ Notify party

Same as above

⑪ Remarks
Others details are as per Sales Note
No. 10018 Dated June 5, 20xx

④ **Port of loading**	⑤ **Final destination**	⑫ **Payment Terms**
Busan, Korea	New York, U.S.A.	Letters of Credit, At sight

⑥ **Carrier**	⑦ **Sailing on or about**	⑬ **Price Terms**
Silver Star 5W	July 31, 20xx	CIF New York Incoterms® 2010

⑭ **Marks & numbers of Pkg**	⑮ **Description of Goods**	⑯ **Quantity**	⑰ **Unit-price**	⑱ **Amount**
A I I NEW YORK C/NO : 1-200 MADE IN KOREA	Men's Split Leather Jacket ST-101 ST-102 Total	 2,000PCS 2,000PCS 4,000PCS	 @USD25 @USD25	 USD50,000 USD50,000 USD100,000

P.O.Box : E-mail : Telefax No. : Telephone No. :	Seoul Trading Co., Ltd. *Gildong Hong* ⑲ **Signed by** Gil-dong Hong President

3 운송서류

운송서류(transport documents)란 운송물품의 적재(loading on board), 발송(dispatch) 또는 복합운송의 경우 수탁(taking in charge)을 표시하는 서류를 말한다. 운송서류는 해상선화증권과 같은 해상운송서류, 항공화물운송장과 같은 항공운송서류, 철도화물 또는 도로화물수탁서와 같은 육상운송서류, 내수로 운송서류, 복합운송서류 등으로 구분된다.

1) 해상선화증권

해상물품운송은 운송기간이 일반적으로 장기간에 걸치기 때문에 운송물품의 수령이나 권리의 양도를 위하여 주로 선화증권이 이용되고 있다.

(1) 선화증권의 의의

선화증권(bill of lading: B/L)은 해상물품운송계약에 따른 운송물품의 수령 또는 선적을 증명하고 해상운송인에 대한 운송물의 인도청구권을 나타내는 유가증권[40]이다.

계약물품을 운송하기 위해서 송화인(shipper)은 선박회사나 그 대리점과 운송계약을 체결하여[41] 물품을 해상운송인에게 인도하고 선화증권을 운송인으로부터 발급받아 수입자에게 전달하는 수속을 한다. 선화증권의 주요한 기능은 증권의 소유자 또는 피배서인이 물품의 인도를 주장할 수 있는 권리증권(document of title)이며, 물품이 선박에 인도되었음을 증명하는 수령증(receipt)의 역할을 한다.

(2) 선화증권의 법적 성질

선화증권은 환어음을 매입(negotiation)하는 데 있어서 상업송장, 보험증권과 더불어 기본이 되는 서류로 법률적 관점에서 다음과 같은 성질을 가지고 있다.

---

40) 유가증권이란 사법상의 재산권(채권·물권)을 표창한 증권으로서 권리의 발행·행사·이전의 전부(어음·수표) 또는 그중 일부(주권, 운송증권, 창고증권)를 위하여 사용되는 것이다. 선화증권은 그 종류에 따라 유가증권에 해당되지 않는 것도 많이 있다.

41) CFR, CIF, CPT, CIP 규칙에서는 매도인(송화인)이 선박지정 및 운임지급 등에 관하여 운송계약을 체결하지만, FCA, FOB 규칙 등은 매수인이 선박지정 및 운임지급 등에 관하여 운송계약을 체결한다. 대부분의 경우 선복예약은 물품선적시기에 맞추어 매수인과 협의하여 수출지에서 매도인이 수행하게 된다.

① 요인증권

선화증권은 화주와 선박회사 간의 운송계약에 의하여 화물의 선적 또는 수탁 사실을 전제로 하여 발행되는 것이므로 법률상 요인증권이 된다. 따라서 화물의 선적 또는 선적을 위한 수탁 이전에 발행되는 선화증권은 당연히 무효가 된다.

② 요식증권

선화증권은 상법에 규정된 법정기재사항의 기재를 필요로 하는 요식증권이다.

③ 대표증권

선화증권에는 선적된 물품에 대한 권리가 화체(化體)되어 있으므로 선화증권의 인도는 물품의 인도와 동일하다고 할 수 있으며, 이러한 의미에서 선화증권은 물권적 효력을 갖는 물권증권이라고도 할 수 있다. 따라서 선화증권은 물품의 소유권을 대표하는 유가증권인 동시에 선화증권의 소지인은 선화증권과 상환으로 선박회사에 물품의 인도를 청구할수 있기 때문에 채권적 효력을 갖는 채권증권이며, 운송화물의 처분에는 반드시 선화증권을 사용하여야 하기 때문에 처분증권의 성질도 갖게 된다.

④ 문언증권

해상운송에 관한 선주 또는 화주의 권리와 의무이행은 선화증권에 기재된 문언에 따르게 되는 것이므로 기재문언 이외의 사항에 대해서 어느 일방이 상대방에게 요구할 수는 없다. 따라서 여하한 사유에 대해서도 증권기재사항과 상이한 사항을 가지고 증권소지자에게 대항할 수 없다.

⑤ 유통증권

선화증권은 물품의 소유권을 대표하는 유가증권으로서 배서 또는 인도에 의하여 소유권이 이전되는 유통증권이다.

⑥ 지시증권

선화증권은 기명식, 지시식 또는 선택무기명식 등 어느 방식으로도 발행할 수 있으며, 기명식의 경우라 할지라도 선화증권의 발행인이 배서금지의 뜻을 기재하지 않는 한 배서에 의하여 양도할 수 있으므로 법률상 지시증권의 성질도 갖는다.

(3) 선화증권의 종류

선화증권은 1924년의 "선화증권에 관한 통일규칙을 위한 국제조약"(International Convention for the Unification of Certain Rules Relation to Bill of Lading), 이른바 "헤이그 규칙"에 의하여 통일성을 갖추게 되었다.[42] 무역거래조건이나 운송계약조건에 따라 다음과 같이 여러 유형의 선화증권으로 구분할 수 있다.

① 선적선화증권과 수령선화증권

선적선화증권(shipped B/L)은 운송물품을 본선에 적재한 후에 발행한 선화증권이다. 선적선화증권은 선화증권상에 "Shipped in apparent good order and condition"의 문언이 기재되어 있다. 이 경우 선적선화증권상의 증권의 발행일자(date of issue)는 곧 본선적재일자가 된다. 선적선화증권은 선화증권의 법적 성질이나 법적 요건이 모두 갖추어진 운송서류이다.

선적선화증권과 결과적으로 효력은 같지만 구별되어야 할 것은 본선적재선화증권(on board B/L)으로 이는 수령선화증권(received B/L)양식, 즉, "Received the goods, or packages said to contain goods herein mentioned, in apparent good order and condition…"과 같은 문언이 기재된 증권상에 본선적재 또는 선적완료 문구, 즉 "Loaded on board dated August 5, 20xx"과 같이 부기 형식을 갖춘 선화증권이다. 이 선화증권은 결과적으로 선적선화증권과 실질적 효력은 동일하다. 본선적재부기(on board notation)의 요건은 본선적재일자의 표시가 있어야 한다는 점이다.

한편 수령선화증권(received B/L; received for shipment B/L)은 송화인의 물품을 단지 수령한 상태에서 발행된 선화증권을 말한다. 이는 물품을 선적할 선박이 항구내에 정박중이거나 아직 입항되지 않았으나 선박이 지정된 경우에 운송인이 물품을 수령하고 선적 전에 발행한 선화증권이다. 미국에서 면화선적을 위하여 발행되는 "Port B/L"[43]과 "Custody B/L"[44]은 모두 수령선화증권의 일종이다.

FOB나 CIF 규칙의 경우에는 해상운송에 의해 운송이 이루어지므로 선적선화증권

---

42) 제10장 국제물품운송편을 참조.
43) Port B/L은 물품이 운송인에게 인도되고 선박도 입항하였지만 아직 물품이 본선에 적재되지 않은 경우에 발행되는 수령선화증권이다.
44) Custody B/L은 물품이 운송인에게 인도되었지만 아직 본선이 입항하지 않았을 때 발행되는 수령선화증권이다.

(shipped B/L) 또는 본선적재선화증권(on board B/L)을 관례적으로 요구하게 되므로 신용장에서 특별히 허용하지 않는 한 수령선화증권은 거절된다.

② 무사고선화증권과 사고부선화증권

무사고선화증권(clean B/L)이란 물품이 본선에 양호한 상태로 또는 선복예약 수량대로 적재되어 선화증권 문면에 "three cartons broken", "two cases short in dispute"처럼 사고문언의 표시가 없는 선화증권을 말한다. 무역거래에서는 무사고선화증권을 요구하게 된다.

사고부선화증권(foul or dirty B/L)이란 적재물품의 포장이나 수량 등에 대하여 언급한 사고 문언이 기재되어 있는 선화증권을 말하며 "Claused B/L"이라고도 한다. 해상운송인은 선적물품이 사고가 발생되어 있는 상태에서는 귀책문제가 따르므로 사고부선화증권을 발행할 경우 이와 같은 운송서류는 신용장상에 특별히 허용하지 않는 한 은행은 수리거절하게 된다. 이 경우 송화인인 수출자는 사고물품에 대한 대체품이 있다면 모르되 선박출항 일정과 제조·가공하는 시간, 원재료의 부족 등으로 사고물품을 그대로 선적시켜야 할 경우에는 선박회사에 파손화물보상장(Letter of Indemnity: L/I)을 제공하고 무사고선화증권을 발급받을 수 있으므로 이 경우 수출환어음 유보부매입(under reserve negotiation)이나 보상장부매입(under indemnity negotiation)을 면할 수 있다.[45] 도착지에서의 사고내용에 대한 보상과 모든 책임은 당연히 수출자가 부담하게 된다.

③ 지시식선화증권과 기명식선화증권

지시식선화증권(order B/L)이란 신용장상의 운송서류 요구조항에 선화증권의 수화인(consignee)으로는 ① "to order", ② "to the order of A" 또는 ③ "to the order of ABC Bank"로 표시하여 발행되도록 요구되는 선화증권을 말한다. ①과 ②의 경우에는 대개 무기명배서(blank endorsement; endorsed in blank)를 요구하고 있는데, 선화증권 원본 이면에 송화인인 수출자가 배서를 하고 권리를 양도한다. 이 경우 선화증권소지자가 화물에 대한 담보권을 취득하게 된다.

기명식선화증권(straight B/L)이란 물품의 수령인인 수입자의 명칭과 주소를 수화인(consignee)란에 기재한 선화증권으로 물품의 소유권은 기명된 특정인에게 귀속된다. 따라서 수출자는 송금환방식(remittance basis)이나 선수금을 받는 선대신용장(先貸信用狀;

---

45) 이 경우 보험회사는 파손화물에 대하여 보상책임이 없기 때문에 수출자는 보험회사에 동 사실을 고지하여야 한다. 그렇지 않으면 사기로 간주될 수 있다.

red clause L/C)에 의한 거래가 아니면 수입자를 수화인으로 하여 발행한, 즉 기명식선화증권을 이용하지 않는 것이 안전하다.[46]

④ 집단선화증권

화주의 물품을 운송주선업자(freight forwarder)에게 인도하여 발급받는 운송서류를 "House B/L" 또는 "Forwarder's B/L"이라 하고, 운송주선업자가 해상운송을 직접 수행하는 선박회사에게 선복(船腹)을 예약(booking)하여 다수의 화주물품을 동일행선지별로 혼재(consolidation)한 물품을 인도받은 후 선박회사가 운송주선업자에게 발급해 주는 운송서류를 집단선화증권(groupage B/L) 또는 "Master B/L"이라고 한다. 이 경우 수출자가 자신의 거래은행인 매입은행에 제시하게 되는 서류는 "House B/L"이다. 수입자는 동 서류를 인도받아 도착지에서 화물을 수령하게 된다. "Master B/L"은 운송주선업자와 선박회사 간에 화물인도·운임 정산 등 정리용으로 사용된다.

⑤ 해상화물운송장

해상화물운송장(sea waybill: SWB)은 화물수령증과 같으며 수화인의 명칭, 주소를 명기하여 유통금지문언이 부기되어 있다. 이는 단순한 화물수령을 표시한 증거증권이며 유가증권이 아니다. 본·지사간 거래, 이사화물 등에 이용되는 운송서류이다.

⑥ 용선계약 선화증권

용선계약 선화증권(charter party B/L)이란 화주가 살물(bulk cargo)형태로 대량화물을 운송하기 위하여 특정한 항로(voyage) 또는 기간(time)동안 용선하는 경우 화주와 선박회사 사이에 체결된 용선계약에 의하여 발행되는 선화증권을 말한다. 신용장에 의한 거래에서는 용선계약선화증권은 신용장상에 요구가 있거나 허용될 때 사용할 수 있다.[47]

⑦ 약식선화증권

약식선화증권(short form B/L)이란 선화증권의 전면에 법적 기재사항이 기재되고 이면의 운송조건에 대한 약관형식의 인쇄가 생략된 선화증권을 말하며, "blank back B/L"이

---

46) 항공운송의 경우 항공화물운송장(Air Waybill: AWB)의 수화인(consignee)은 보통 신용장발행은행을 기재하도록 하는 것이 바람직하다.
47) UCP 600, Article 22.

라고도 한다.[48] 운송약관이 모두 기재된 것을 표준형식 선화증권(standard long form B/L; regular long form B/L)이라고 한다.

⑧ 예정표시선화증권

예정표시선화증권(intended clause B/L)이란 선화증권발행시에 선박(vessel), 선적항 (port of loading) 또는 양륙항(port of discharge)이 확정되지 못하여 "예정된"(intended) 것 으로 증권상에 표시되어 발행되는 선화증권을 말한다. 선적이나 선적항 앞에 "intended" 가 표시되어 있더라도 본선적재부기(on board notation)와 실제 선적항이 표시되어 있는 경 우와 양륙항에 관련하여 최종 목적지가 양륙항과 다른 지점인 경우에도 별도 명시가 없는 한 은행이 수리할 수 있도록 하고 있다.

⑨ 제시기간경과선화증권

제시기간경과선화증권(stale B/L)이란 은행에 제시된 일자를 기준으로 소급하여 상당한 기간, 즉 특정기간의 명시가 없다면 선적을 증명하는 서류의 발행일자로부터 21일이 경과 되어 은행에 제시된 선화증권을 말한다.[49] 이 경우는 신용장에 별도 허용하지 않는 한 은 행은 수리 거절한다.[50] 이런 문언은 신용장상에 보통 다음과 같이 표시하고 있다.

"All documents must be presented within two days after the date of issuance of bill of lading or other documents but prior to expiration date of this credit."

이처럼 서류제시기간을 선화증권 또는 서류발행일자 후 2일 이내로 구속하더라도 수출 자인 수익자는 이러한 서류제시기간 준수는 물론 당해 신용장유효기일 이내에 매입은행에 제시하여야 한다.

무역거래에서 항공편을 이용하거나 근거리무역을 할 경우에는 이처럼 서류제시기간을 짧게 구속한다면, 수출자는 보다 신속하게 서류를 제시하게 될 것이며 수입자의 입장에서 는 도착된 물품을 보다 신속히 통관수속할 수 있는 장점이 있다.

---

48) UCP 600, Article 20-a-v.
49) 이와 같은 서류도 stale document라고 한다.
50) UCP 600 Article 14-c; ISBP 681, Para. 21-b).

⑩ **제3자선화증권**

제3자선화증권(third party B/L)이란 선화증권상에 송화인(shipper)은 일반적으로 신용장상의 수익자(beneficiary)[51] 명의로 작성되지만 중계무역(intermediary trade)의 경우에는 제3자 명의로 작성되기도 하는데 이와 같은 선화증권을 말한다.

신용장거래에서 은행은 신용장에 별도의 언급이 없는 한 수익자 이외의 당사자를 물품의 송화인으로 명시된 서류에 대해서도 수리할 수 있음을 규정하고 있다.[52]

⑪ **적색선화증권**

적색선화증권(red B/L)[53]이란 선화증권과 보험증권을 결합시킨 것으로 이 증권에 기재된 화물이 운송중 사고가 발생하면 동 사고에 대하여 선박회사가 보상해 주는 선화증권이다. 이 경우 선박회사는 보험회사와 적색선화증권 발행분에 대하여 별도 부보하게 되므로 최종손해보상은 보험회사가 하게 된다. 따라서 송화인은 운임에 보험료를 합한 금액을 선박회사에 납입하게 된다.

⑫ **부서부선화증권**

부서부선화증권(counter sign B/L)이란 화물인수시에는 정당한 소지인이 선화증권에 서명하고 선박회사 책임자는 그 밑에 부서(副署; counter sign)하여 모든 채무의 이행을 완료하였음을 나타내는 선화증권이다. 선박회사가 운임 후지급이나 운임 또는 채무가 미결상태에 있는 경우 화물인도시에는 선박회사에 대하여 운임을 지급하고 물품을 인수한다. 이때 선박회사는 지급이 완료된 것을 증명하기 위하여 선화증권에 부서하게 된다.

⑬ **통선화증권**

통선화증권(through B/L)이란 다수의 운송인이 관여한 선화증권으로 한 사람의 운송인이 둘 이상의 운송수단을 이용하는 경우, 둘 이상의 운송인이 공동으로 운송할 경우 운송인 간에는 연결운송계약이 체결되게 되는데, 이때 최초의 운송인이 전구간운송에 대하여

---

51) 양도가능 신용장으로 신용장 양도가 이루어졌다면 제2수익자(second beneficiary)인 양수인(transferee) 명의가 된다.
52) UCP 600, Article 14-k.
53) 보험증권을 겸한 선화증권에 그 부보문언내용이 적색으로 인쇄되어 있다는 연유에서 이런 이름을 사용하게 되었다. 보험에 관한 지식이 부족한 무역업자가 선박회사에 위임하여 사용되었던 적이 있으나 오늘날에는 거의 사용되지 않고 있다.

통운송계약에 의해 발행되는 선화증권이다. 이에 대하여 어느 특정항구에서 다른 특정항구까지의 한 구간에 대하여 발행되는 선화증권을 단일선화증권(single B/L) 또는 직행한다 하여 직행선화증권(direct B/L)이라고도 한다. 이 밖의 선화증권으로는 특정국내의 거래에 사용되는 내국선화증권(local B/L), 환적이 이루어질 때 발행되는 환적선화증권(transshipment B/L), 컨테이너를 이용하여 운송되는 경우에 발행되는 컨테이너 선화증권(container B/L) 등이 있다.

(4) 선화증권의 발행

① 선화증권의 법정기재사항

선화증권에는 법정기재사항과 임의기재사항이 있다.

법정기재사항으로는 ① 물품의 명세(description of commodity), ② 중량, 용적 및 포장개수(weight, measurement & number of packages), ③ 화물의 화인 및 기호(marks & numbers), ④ 선적항(port of shipment), ⑤ 양륙항(port of destination), ⑥ 선박명과 국적(name of the ship & nationality), ⑦ 선장명(name of master of vessel), ⑧ 송화인(name of shipper), ⑨ 수화인(name of the consignee), ⑩ 운임(freight), ⑪ 발행부수(number of B/L issued), ⑫ 작성지 및 작성연월일(place & date of B/L issued) 등이다.

한편 임의기재사항은 운송인과 송화인 사이의 특약사항으로 대부분 운송인의 면책사항이 기재되고 있다. 임의기재사항을 보면 ① 항로번호(voyage No.), ② 화물도착통지처(notify party), ③ 운임지급지 및 환율, ④ 선화증권의 번호(B/L number), ⑤ 스템프조항(stamp clause), 사고부문언란(remarks)과 면책조항이 있다.

면책조항(exemption clause)을 보면 ① 천재지변(Act of God) 및 해난(perils of the sea), ② 전쟁위험, ③ 제3자의 행위에 기인하는 위험, ④ 과실조항(negligence clause), ⑤ 내항능력(seaworthiness)에 따른 잠재하자조항(latent defect clause), ⑥ 이로조항(離路條項; deviation clause),[54] ⑦ 부지조항(不知條項; unknown clause),[55] ⑧ 파손·누손조

---

54) deviation clause는 인명, 재산 혹은 선박구조, 피난, 연료, 식량 등 필수품을 적재하기 위하여 예정 항로 이외의 기항은 면책된다는 조항이다.

55) Unknown Clause는 B/L면에 "화물의 외관상 양호한 상태"로 선적하고 "외관상 이것과 유사한 상태로" 화물을 인도한다고 기재하여 화물의 내용, 중량, 용적, 내용물의 수량, 품질, 종류 및 가격에 대해서는 운송인이 면책된다는 조항이다.

항(breakage·leakage clause),[56] ⑨ 고가품조항(valuable goods clause),[57] ⑩ 위험품조항 (dangerous goods clause),[58] ⑪ 손해배상조항(claim clause), ⑫ 뉴제이슨 조항(New Jason clause),[59] ⑬ 공동해손조항(general average clause) 등이 있다.

② 선화증권의 발행방식과 배서

㉠ 선화증권의 발행방식

선화증권의 발행은 보통 신용장거래시에는 운송서류 요구조항에 지시되기 때문에 그에 따르면 되지만 발행방식은 요구내용에 따라 여러 가지가 있으며 선화증권발행시 수화인(consignee)란에 특정방식대로 기재하여야 한다.[60]

㉮ 기명식 발행

이는 수화인기재란에 특정인의 명칭(상호), 주소를 기재하는 방식이다. 예를 들면, "Consignee: XYZ Inc., New York"과 같이 한다.

㉯ 지시식 발행

이 방식은 단순지시식, 기명지시식 및 선택지시식이 있다.

i) 단순지시식은 "to order"라고 기재하는 방식이다. 예를 들면, "Consignee: to order"와 같이 한다.

ii) 기명지시식은 "to the order of XXX"로 기재하는 방법이다. 예를 들면, "Consignee: to the order of ABC Co., Ltd."와 같이 한다.

iii) 선택지시식은 "XXX or order"로 기재하는 방법이다. 예를 들면 "Consignee: XYZ

---

56) Breakage-Leakage Clause는 갑판적재하는 물고기와 조개, 동물, 육류, 과물류, 부패하기 쉬운 모든 물품, 유리, 도자기 또는 주물, 파손되기 쉬운 물품 또는 비포장물의 파손, 누손, 습기, 부패, 사망 등에 관해서는 운송인이 면책된다는 조항이다.

57) Valuable Goods Clause는 송화인이 고가품 선적시 화물종류, 품질, 가격을 명시하지 않으면 일정한 금액 이상의 배상책임이 없다는 조항이다.

58) Dangerous Goods Clause는 위험물에 대하여 적부, 보관, 취급 등에 특별한 조치가 필요하고 선적 전 화물의 내용과 성질을 신고하지 않으면 선장은 발견하는 대로 양륙 또는 선외에 투기할 수 있다는 조항이다.

59) New Jason Clause란 본선이 자사선에 의해 구조되었더라도 타사선에 의해 구조된 것과 같이 선주는 구조비를 자사의 화주에게 청구할 수 있다는 내용이 추가된 것으로 선주가 내항성을 위해 적절한 노력을 했다면 항해의 전후를 막론하고 선주의 과실이 있든 없든 사고가 생기면 계약상 그 사고에 대해 책임을 부담하지 않고 화주는 공동으로 발생한 비용과 희생분담을 하여야 하고 화물과 관련하여 발생하는 구조비 등 제 비용을 부담하여야 한다는 조항이다. Jason은 1921년 사건 당시의 선박이름이다.

60) 대부분의 거래에서는 지시식 발행방식을 많이 이용하고 있다.

Inc., New York or order"와 같이 한다.

㉲ 소지인식 발행

이 방식에는 단순소지인식과 선택소지인식이 있다.

i) 단순소지인식은 수화인란에 소지인, 즉 "Bearer"로 기재하는 방식이다. 예를 들면, "Consignee: Bearer"와 같이 한다.

ii) 선택소지인식은 수화인란에 "XXX or Bearer"로 기재하는 방식이다. 예를 들면, "Consignee: XYZ Inc., New York or Bearer"와 같이 한다.

㉳ 무기명식 발행

일명 백지식이라고도 하며 수화인란은 공란(blank)으로 두어 발행하는 것으로 예를 들면, "Consignee: "와 같이 한다. 이 경우 선화증권의 취급은 소지인식과 같은 요령으로 한다.

ⓛ 선화증권의 배서

선화증권의 배서(endorsement)는 증권을 타인에게 양도할 때 행하게 된다. 배서방식에는 ① 기명식배서, ② 지시식배서, ③ 무기명식 배서방식이 있다. 배서는 신용장상의 선화증권 조항의 발행방식에 따라 결정되게 된다.[61] 배서는 선화증권 원본(original) 전통(full set)의 이면에 다음과 같이 표시한다.

㉮ 기명식 배서(full endorsement)

기명식 배서는 피배서인(endorsee)의 명칭 또는 상호를 기재하여 배서인(endorser)이 서명하는 방식이다. 기명된 수화인에게 선화증권을 양도하기 위해서는 배서가 연속되어야 한다.

예를 들면, "XYZ Inc."에게 기명배서를 하고자 할 경우는 다음과 같이 한다.

Deliver to XYZ Inc.
ABC Co., Ltd.
Gildong Hong
Gil-dong Hong
President

---

61) "Full set of clean on board marine bill of lading made out to the order of shipper and endorsed in blank marked notify XYZ Inc., New York and freight collect"라고 명시되어 있을 경우 수화인(consignee)이 "the order of shipper"이므로 송화인이 무기명배서(endorsed in blank)를 하여야 한다.

㉯ 지시식 배서(order endorsement)

지시식 배서는 피배서인으로서 "order of X" 또는 "X or order"와 같이 기재하는 방식이다.

예를 들면, "XYZ Inc."에게 지시식 배서를 하고자 할 경우에는 다음과 같이 한다.

Deliver to the order of XYZ Inc.

ABC Co., Ltd.

Gildong Hong

Gil-dong Hong

President

또는

Deliver to XYZ Inc. or order ABC Co., Ltd.

Gildong Hong

Gil-dong Hong

President

되었다면 선화증권상 수화인은 "to the order of shipper"로 기재하고 송화인인 수출자는 선화증권 원본 이면에 "무기명식 배서"를 하여야 한다.

㉱ 무기명식 배서(blank endorsement)

무기명식 배서는 피배서인은 기재하지 않고 배서인이 단순히 자기 자신만 서명하는 방식으로 이를 백지식 배서라고도 한다.

ABC Co., Ltd.

Gildong Hong

Gil-dong Hong

President

2) 항공화물운송장

(1) 항공화물운송장의 의의

항공운송서류(air transport documents)에는 항공화물운송장(air waybill: AWB)과 항공화물수탁서(air consignment note)가 있다. 보통 미국에서는 전자로, 유럽에서는 후자로 부르고 있다. 이는 모두 화물을 공로로 운송하는 경우에 항공운송인(air carrier)이 발행하는 운송장으로 선화증권과 같이 운송계약상의 권리를 유가증권화한 권리증권은 아니고 단순한 수령증에 불과하다.[62]

항공화물운송장은 국제항공운송협회(International Air Transport Association: IATA)의 표준양식과 발행방식에 따라 전세계 항공사가 동일한 운송장을 사용하도록 의무화하고 있다. 항공화물운송장은 유통이 금지된 비유통식으로만 발행되는데, 원본 ①은 항공사용으로 운송계약의 증거로 사용되고, 원본 ②는 수화인용으로 화물도착지에 보내 항공사가 수화인에게 교부하는 것으로 유통목적은 아니다. 원본 ③은 송화인용으로 송화인의 화물인도의 증거를 나타내는 운송서류로 사용된다. 따라서 수출자가 수출서류 매입시에 매입은행에 제시하는 것은 송화인용이다. 항공화물운송장의 발행부수는 원본 3장과 부본 6장을 원칙으로 하고 항공사에 따라 5장까지 추가할 수 있다.

(2) 항공화물운송장과 해상선화증권의 비교

항공화물운송장과 해상선화증권의 공통점은 ① 화물수령증권이며, ② 요인증권이며, ③ 요식증권이다.

항공화물운송장과 해상선화증권의 차이점은 다음과 같다.

① 항공화물운송장은 항공운송사실을 증명하는 단순한 증거증권인 데 반하여 해상선화증권은 물권적 권리를 표시하는 물권증권이다.

② 항공화물운송장은 비유통증권인 데 반하여 해상선화증권은 유통증권이다.

③ 항공화물운송장은 화물수령증에 불과하므로 해상선화증권에 있어서 수령선화증권(received B/L)과 같다.

---

62) 신용장상에 항공화물운송장(Air Waybill)을 요구할 경우에는 "Clean Air Waybill consigned to ABC Bank, marked freight collect and notify accountee."와 같이 기재된다. 따라서 수화인(consignee)은 ABC Bank로 기명식으로 발행된다.

④ 항공화물운송장은 신속을 요하기 때문에 원칙적으로 환적(transshipment)을 전제로 하고 있다.

3) 철도화물수탁서와 도로화물수탁서

육상운송의 경우에는 철도운송과 도로운송을 이용하게 된다. 철도화물수탁서(railway consignment note)나 도로화물수탁서(road consignment note)는 운송인이 화물을 수령한 것을 확인하고 탁송한 화물의 청구권을 표시한 유가증권을 말한다.

이들은 운송인이 송화인과 운송계약에 따라 탁송화물수령을 증명하고 목적지에서 이 것과 상환으로 화물인도의무를 부담한다는 취지가 표시되어 있으며, 매매나 금융에 이용될 뿐만이 아니라 운송의 중지·운송화물의 반환 및 기타의 처분을 청구할 수 있으며, 법률적 성질이나 경제적 기능도 선화증권과 동일하다.

4) 복합운송증권

(1) 복합운송증권의 의의

복합운송증권(multimodal transport documents: MTD)[63]이란 선박·철도·항공기·자동차에 의한 운송방식 중 적어도 두 가지 이상의 다른 운송방식에 의하여 운송물품의 수탁자와 인도지가 상이한 국가의 영역간에 이루어지는 복합운송계약을 증명하기 위해서 복합운송인이 발행한 증권을 말한다.

"유엔국제물품복합운송조약"에서는 복합운송증권(multimodal transport document)이란 "복합운송계약에 따라 복합운송인(multimodal transport operator: MTO)이 자기의 관리 아래 물품을 인수하였다는 것과 그 계약의 조건에 따라 운송인이 물품을 인도할 의무를 부담하는 것을 증명하는 증권"[64]이라고 규정하고 있다.

또한 UNCTAD/ICC의 "복합운송증권에 관한 UNCTAD/ICC 규칙"(ICC Rules for Multi-modal Transport Documents)에서는 "복합운송증권이란 다음의 형식으로 발행된 복합운송계약을 증명하는 증권을 의미하며, 이는 관련법규가 허용하는 경우 전자문서교환 통신

---

63) 복합운송증권이란 명칭의 영문표기는 "1980년 유엔국제물품복합운송조약", 1991년 "복합운송증권에 관한 UNCTAD/ICC 규칙" 및 "UCP 600상에 모두 "multimodal transport document"라 하고 있다.
64) United Nations Convention on International Multimodal Transport of Goods, 1980, Article 1-4.

문(electronic data interchange massages)으로써 갈음할 수 있다. ① 유통가능한 형식(nego-tiable form)으로 발행되는 것, ② 또는 특정수화인이 지정된 유통불능형식(non-negotiable form)으로 발행되는 것"[65]이라고 규정하고 있다.

(2) 복합운송증권의 발행형식과 유통성

복합운송서류는 양도가능형식, 즉 유통증권[66]과 양도불능형식인 비유통증권으로 발행할 수 있으며, 복합운송인은 다음과 같이 물품인도를 보장하기 위하여 필요한 조치를 이행하거나 그 이행을 주선할 의무가 있다.

① 유통증권(negotiable document)

복합운송이 유통성 형식으로 발행되는 경우의 수화인에 대한 물품인도는 다음과 같이 한다.[67]

㉮ 복합운송증권이 유통가능한 형식으로 "소지인식"(to bearer)으로 발행된 경우에는 발행 1통의 증권원본을 제시하는 자에 대한 인도, 또는

㉯ 복합운송증권이 유통가능한 형식으로 "지시인식"(to order)으로 발행된 경우에는, 정당하게 배서된 1통의 증권원본을 제시하는 자에 대한 인도, 또는

㉰ 복합운송증권이 유통가능한 형식으로 "특정인 앞으로" 발행된 경우에는, 자신의 동일성을 증명하고 1통의 증권원본을 제시하는 그 특정인에 대한 인도(증권이 지시식으로 또는 백지배서로 양도된 때에는 위 ②의 규정이 적용된다).

② 비유통증권(non-negotiable document)

복합운송증권이 비유통 형식으로 발행될 경우와 수화인에 대한 물품인도는 다음과 같이 한다.[68]

㉮ 복합운송증권이 유통불가능한 형식으로 발행된 경우에는, 자신의 동일성을 증명하는 증권에 수화인으로 지정되어 있는 특정인에 대한 인도, 또는

---

65) UNCATAD/ICC Rules for Multimodal Transport Documents, 1991 Rule 2-6.
66) 유통성 복합운송증권은 배서(endorsement) 또는 인도(delivery)에 의하여 물품의 처분권이 주어지는 권리증권(document of title)으로서 유가증권의 성격을 띠고 있다.
67) UNCTAD/ICC, Rules for Multimodal Transport Documents, 1991, Rule 4-3(a)(c). Rule 4-3.
68) *Ibid.*, Rule 4-3(d)~(e).

㉯ 아무런 증권도 발행되지 아니한 경우에는, 송화인이 지시하는 또는 복합운송계약상 그 지시할 송화인이나 수화인의 권리를 취득한 자가 지시한 자에 대한 인도.

(3) 복합운송증권의 종류

복합운송증권(multimodal transport document)은 운송물품의 수탁(taking in charge)에 의해 발행되는 서류이다. 현재 복합운송증권으로 인정되어 사용되고 있는 것은 보통 복합운송의 의미를 그 명칭에 포함하여 선화증권형식으로 발행하고 있다. 예를 들면, "Multimodal Transport Bill of Lading", "Combined Transport Bill of Lading" 또는 "Intermodal Transport Bill of Lading" 등이 그것이다.[69]

또한 복합운송증권으로 사용되고 있는 것 중에 "운송주선인협회 국제연맹 복합운송선화증권"(FIATA Combined Transport Bill of Lading: FIATA FBL)[70]은 복합운송선화증권 양식을 이용하고 있다. 이는 유통성을 지닌 유가증권으로 "UCP 600"의 취지에 따르면 FIATA 표시는 아무런 관계가 없으며 오직 UCP상의 복합운송서류로서의 적격성을 갖추었을 때 은행이 수리한다. 그러나 FIATA 운송주선인화물운송증(FIATA Fowarding Agents Certificate of Transport: FIATA FCT)과 FIATA 운송주선인화물수령증(FIATA Forwarding Certificate of Receipt: FIATA FCR)은 비유통운송서류로 신용장에 별도의 허용이 있어야만 수리가 가능하다. 이 서류는 운송주선인들이 사용하고 있는데 1981년 표준약관이 제정되어 있다.

5) 우편수령증과 특사수령증

우편수령증(post receipt)이란 소화물을 소포우편으로 외국에 발송하는 경우 우체국에서 발행하는 것으로 우송증명서(certificate of posting) 또는 우편소포수령증(parcel post receipt)이라고도 한다. 이는 항공화물운송장과 같은 성질을 갖는 단순한 수령증이다.

특사수령증(courier receipt)이란 서류 및 소형의 경량물품을 항공기를 이용하여 문전에서 문전까지(door to door) 수령·배달하여 주는 송·배달업자의 수령증이다.

---

69) 무역계약시에 매매조건을 FCA, CPT 또는 CIP 규칙으로 계약할 경우에는 상응한 운송서류로 복합운송증권을 요구하여야 한다.

70) FIATA란 불어의 "Federation Internationale des Associations de Transitaires et Assims"의 약자로 영어로는 "International Federation of Freight Forwarders Association"(운송주선인협회 국제연맹)이라고 표시한다. FIATA는 1926년 오스트리아 비엔나에서 창설된 민간단체로 현재 본부는 스위스 취리히에 있다. 한국은 1977년 정회원으로 가입하였다.

Bill of Lading

① Shipper/Exporter Seoul Trading Co., Ltd. 15, 1-ga, Sogong-dong, Joong-gu Seoul, Korea		⑪ B/L No. : KS 123		
② Consignee To the order of Bank of America				
③ Notify Party America International Inc. 350 Fifth Avenue, New York NY10118, U. S. A.				
Pre-Carrage by	⑥ Place of Receipt Busan, Korea			
④ Ocean Vessel Silver Star	⑦ Voyage No. 5W	⑫ Flag Korean Flag Vessel		
⑤ Port of Loading Busan, Korea	⑧ Port of Discharge New York, U.S.A.	⑨ Place of Delivery	⑩ Final Destination(For the Merchant Ref.)	

⑬ Container No. ⑭ Seal No. Marks & No	⑮ No. & Kinds of Containers or Packages	⑯ Description of Goods	⑰ Gross Weight	⑰ Measure-ment
ACLUO153715/000153 FCL/FCL A I I NEW YORK C/NO:1-200 MADE IN KOREA Total No. of Containers or Packages(in words) One Van 40' Dry	200 CTNS	Men's Split Leather Jackets	2,560 KGS	48,000 CBM

⑱ Freight and Charges Ocean Freight	⑲ Revenue tons	⑳ Rate USD3,000	㉑ Per Van	㉒ Prepaid USD3,000	㉓ Collect
㉓ Freight prepaid at	㉔ Freight payable at	㉖ Place and Date of Issue July 31, 20xx, Seoul, Korea			
Total prepaid in USD3,000	㉕ No. of original B/L Three	Signature			
㉗ Laden on board vessel Date Signature July 30, 20xx *YonggilKim*		㉘ As carrier, Korea Shipping Co. Ltd. *YonggilKim* Yong-gil Kim Manager			

서식 8-4   항공화물운송장

Air Waybill

Shipper's Name and Address	Shipper's Account Number 180-SEL-2345678	Not negotiable **Air Waybill** *issued by*	KOREAN AIR
Seoul Trading Co., Ltd. 15,1-ga, Sogong-dong, Joong-gu, Seoul, Korea		Copies 1, 2 and 3 of this Air Waybill are originals and have the same validity.	

Consignee's Name and Address	Consignee's Account Number	It is agreed that the goods described herein are accepted in apparent good order and condition (except as noted) for carriage SUBJECT TO THE CONDITIONS OF CONTRACT ON THE REVERSE HEREOF. THE SHIPPER'S ATTENTION IS DRAWN TO THE NOTICE CONCERNING CARRIER'S LIMITATION OF LIABILITY. Shipper may increase such limitation of liability by declaring a higher value for carriage and paying a supplemental charge if required.
Bank of America, New York		

Telephone :

Issuing Carrier's Agent Name and City

Accounting Information

Agent's IATA Code: 17-34567   Account No.

Airport of Departure(Addr. of First Carrier) and Requested Routing

TO	By First Carrier	Routing and Destination	to	by	to	by	Currency USD	CHGS Code	WT/VAL PPD COLL	Other PPD COLL	Declared Value for Carriage N.V.D.	Declared Value for Customs CIF USD100,000

Airport of Destination	Flight/Date	For Carrier Use Only	Flight/Date	Amount of Insurance	INSURANCE-If Carrier offers Insurance, and such insurance is requested in accordance with conditions on reverse hereof, indicate amount to be insured in figures in box marked 'amount of Insurance'.

Handling Information
Attached : Commercial Invoice   Packing List, Certificate of origin

No. of Pieces RCP	Gross Weight	kg lb	Rate Class / Commodity item No.	Chargeable Weight	Rate / Charge	Total	Nature and Quantity of Goods (incl. Dimensions or Volume)
	2,560kGS				@USD3.50	USD7,808	4,000 PCS of Men's Split Leather Jacket Inv. No. 601 L/C No. 78910

Prepaid	Weight Charge	Collect	Other Charges
USD7,808			
	Valuation Charge		
	Tax		
USD20.00	Total Other Charges Due Agent		Shipper certifies that the particulars on the face hereof are correct and that insofar as any part of the consignment contains dangerous goods, such part is properly described by name and is in proper condition for carriage by air according to the applicable Dangerous Goods Regulations.
	Total Other Charges Due Carrier		Seoul Trading Co., Ltd. *Gildong Hong* Gil-dong Hong, President
			Signature of Shipper or his Agent
Total Prepaid USD8,008	Total Collect		July 30, 20xx Seoul, Korea As Agent of Carrier
Currency Conversion Rates	CC Charges In Dest. Currency		Korea Express Co., Ltd. *Man-ho Kim* Man-ho Kim, President
			Executed on(date) at(place) Signature of Issuing Carrier or its Agent
For Carrier's Use Only at Destination	Charges at Destination	Total Collect Charges	

ORIGINAL   3(FOR SHIPPER)

우편수령증이나 특사수령증도 신용장에 요구나 허용될 때 은행이 수리하며 수리할 경우의 그 적격성 요건으로는 우편수령증의 경우에는 그 전면에 스템프나 그 밖에 인증 사항 그리고 물품의 발송장소에서의 일자가 수령증상에 기재되어야 하며 기타 모든 사항에서 신용장조건을 충족하여야 한다.[71] 또한 특사수령증은 특사의 명칭 및 지정특사의 스템프, 서명 또는 인증 사항을 문면에 나타내고 수령일자를 명시해야 하며 기타 모든 사항에서 신용장 조건을 충족하여야 한다.[72]

4 보험서류

1) 보험서류의 의의

보험서류(insurance documents)란 무역물품의 운송도중 해난이나 기타의 위험으로 인하여 입게 될 손해에 대하여 보험을 부보하고 이에 대하여 보험자로부터 발급받는 증거서류를 말한다. CIF와 CIP매매계약에서는 매도인이 적화보험을 부보하고 이에 대한 보험서류를 매수인에게 제공할 의무가 있다.

2) 보험서류의 종류

신용장거래에서는 해상적화보험의 성립을 증명하는 서류를 총칭하여 보험서류라고 하는데, 이에는 보험증권(insurance policy: I/P), 보험증명서(insurance certificate), 통지서(declaration)가 있다. 또한 보험증권도 확정보험증권(definite insurance policy; provisional insurance policy)과 예정보험증권(open insurance policy)으로 나눌 수 있다.

확정보험에 의하여 발행되는 보험증권은 화물에 대한 보험계약의 존재 및 내용을 표시한 증권으로서 개별적 거래에 대한 보험내용이 확정된 경우에 발행되며 무역거래에서 대부분 통용되고 있는 전형적인 보험서류의 일종이다.

예정보험에 의하여 발행되는 보험증명서는 일정기간에 걸쳐서 특정화물이나 특정항로에 운송되는 화물에 대하여 일괄적으로 보험에 부보되어 있음을 증명하는 보험증권의 대용서류를 의미한다. 포괄예정보험(open cover)이 체결되어 있는 경우는 개개의 적화에 대

---

71) UCP 600, Article 25-c.
72) UCP 600, Article 25-a.

하여 포괄보험에 부보되어 있음을 증명하는 보험증명서 또는 통지서가 발행된다. 또한 보험승낙서(cover note)는 특정화물에 대해 보험부보를 하고 보험료를 영수하였음을 보험중개인(broker)이 증명하는 일종의 각서를 의미한다.

보험증권은 보험계약 성립의 증거로 보험자가 보험계약자의 청구에 의해서 교부하며 이는 유가증권이 아닌 단지 증거증권으로 보통 배서(endorsement) 또는 교부에 의하여 양도된다.

신용장통일규칙에 의하면 보험서류는 보험회사(insurance company)나 보험인수업자(underwriters) 또는 이들의 대리인(agents) 또는 대리행위자(proxies)에 의해 발행되어야 하며[73] 보험중개인이 발행한 보험승낙서는 신용장에 별도 허용하지 않는 한 은행이 수리하지 않는다.[74] 신용장에 별도 정함이 있으면 은행은 포괄예정보험증권에 의하여 발행된 보험증명서(insurance certificate)나 통지서(declaration)도 수리한다.[75]

3) 보험부보의 일자와 금액

(1) 보험부보일자

보험부보일자는 곧 보험서류의 발행일자가 된다. 보험서류의 일자는 본선적재(loading on board)를 나타내는 선화증권의 경우에는 적재일, 발송(dispatch)을 나타내는 항공화물운송장과 같은 운송서류일 때는 발송일, 수탁(taking in charge)을 나타내는 복합운송증권의 경우에는 그 수탁일과 최소한 동일자이거나 그 이전이어야 한다. 이와 같은 일자 이후에 보험에 부보하게 되면 보험사고 발생시 원칙적으로는 보상을 받지 못한다.

그러나 본문의 약관 중에 "소급약관"(lost or not lost clause)이 있는 경우에는 부보일자가 선적일자보다 늦더라도 부보효력이 적재일자로부터 발효한다는 조항이므로 관계가 없다. 또한 "창고간 약관"(warehouse to warehouse clause)이 있는 보험증권의 경우에는 화물이 창고에서 적재될 때로부터 부보된다는 것을 표시하고 있는 것이므로 부보일자가 적재일자보다 늦어도 무방하다.[76]

보험증명서나 통지서의 경우에는 포괄예정보험증권(open policy)에 의해 발급된 것이

---

73) UCP 600, Article 28-a.

74) UCP 600, Article 28-c.

75) UCP 600, Article 28-d.

76) ICC, Documents 470/263, 470/266, October 20, 1975.

고 포괄예정보험증권은 선적일자 이전에 발급된 것이기 때문에 보험증명서가 선적일자보다 늦은 일자에 발급되더라도 수리가능하다.

(2) 보험금액

① 표시통화

보험서류상의 표시통화는 신용장에 다른 규정이 없는 한 신용장과 동일의 통화(currency)로 표시되어야 한다. 이는 신용장과 다른 통화로 부보된 경우 보험사고가 발생하였을 때 신용장발행 의뢰인 또는 신용장발행은행에 환시세 변동에 따른 손해발생 가능성이 있으므로 이를 회피하기 위한 것이다.

② 최저보험금액

인코팀즈에 의하면 CIF 규칙이나 CIP 규칙에서는 매도인이 보험계약 의무에 관하여 "최저보험은 계약에서 약정된 금액에 10%를 더한 금액(즉110%)으로 부보되어야 하며, 계약통화로 부보되어야 한다"[77]고 규정하고 있는데, 이러한 취지는 신용장통일규칙의 규정에도 부합된다.[78]

(3) 보험부보조건

보험부보조건은 앞에서 고찰한 바와 같이 화물의 종류와 성질을 고려하여 협회적화약관의 ICC(A), ICC(B), ICC(C) 중에서 어느 조건으로 부보할 것이며 동 조건으로 위험이 담보되는지를 검토하여야 한다. 무조건 ICC(A)에 W/SRCC를 부보할 것이 아니라 물품 또는 성질에 따라 ICC(C)에 적절한 부가위험(additional risks)을 선택하고 W/SRCC를 부보하더라도 경제적인 보험료로 위험을 담보할 수도 있다.[79]

---

77) Incoterms® 2010, CIF CIP, A-3(b) ; "The insurance shall cover, at a minimum, the price provided in the contract plus 10% (i. e., 110%) and shall be in the currency of the contract."
78) UCP 600, Article 28-f.
79) 부보범위 등 상세한 것은 제11장을 참조 바람.
보험서류의 조건은 보통 다음과 같이 요구한다. "Marine Insurance Policy or Certificate in duplicate, endorsed in blank for 110% of invoice value, stipulating that claims are payable in the currency of the draft and also indicating a claim settling agent in U.S.A. covering Institute Cargo Clauses(C) including Breakage and W/SRCC."

(4) 보험자의 면책비율

① 면책비율의 의의

면책비율(franchise)이란 특권 또는 특별면제를 뜻하는 것으로 보통 소손해면책이라고 한다.[80] 면책비율의 종류에는 공제면책비율과 비공제면책비율이 있다. 면책비율의 적용을 받지 않으려면 신용장 발행의뢰인은 신용장상에 동 조건을 보험서류에 명시토록 하여야 한다. 공제면책비율(deductible franchise; excess deductible) 손해가 일정면책비율에 달했을 때 초과하는 부분의 손해액에 대해서만 보상하겠다는 면책비율이다. 예를 들면, 3% 품목인 경우 5%의 손해가 났을 때 5% - 3% = 2%만 보상하는 면책비율로 다음 예와 같이 표현한다.

"To pay the excess of the percentage specified in the policy"

"Average payable in excess of 3%"

"Warranted free from particular average under 5% which is deductible"

② 비공제면책비율(non-deductible franchise)

손해가 면책비율에 달하지 않을 때에는 보상하지 않으나 그 이상인 경우에 면책률을 금액에서 공제하지 않고 손해의 전부에 대하여 보상한다. 예를 들면, 3% 품목에서 6%의 손해가 발생한 경우에 원칙적으로는 6% - 3% = 3%만 보상하면 되는 것이지만, 6% 전부를 보상하는 면책비율로 다음 예와 같이 표현한다.

"Subject to average payable if amounting to 3%"

"To pay average if amounting to 5% on each 250 bags"

"Free from particular average unless amounting to 5% each to bales separately insured"

③ 면책률 부적용조건

보험서류상에 WA 3%라고 기재되어 있으면 보험금액 3% 미만의 분손은 보험자가 면

---

80) 1982년 신협회약관 ICC(A), ICC(B), ICC(C) 조건 어느 것에도 면책비율 또는 공제면책률과 같은 소손해면책규정은 없으나 구협회약관의 FPA, WA 조항에는 기본적으로 증권 본문중에 담보위험에 의해 발생한 손해보상보험범위를 정한 memorandum clause가 있다.

LG Insurance Co., Ltd.
CERTIFICATE OF MARINE CARGO INSURANCE

Assured(s), etc Seoul Trading Co., Ltd.

Certificate No. AD1506000123	Ref. No. Invoice No. 601 L/C No. 78910
Claim, if any, payable at: TNH Insurance Inc. 600 West 168th Street, New York, New York 10032 Tel(212)491-1660 Claims are payable in USD	Amount insured USD110,000 (USD100,000 X 110%)

Survey should be approved by

Same as above

Local Vessel or Conveyance	From(interior port or place of loading)	
Ship or Vessel called the Silver Star 5W	Sailing on or about July 31, 20xx	Conditions * INSTITUTE CARGO CLAUSE(B)
at and from Busan, Korea	transshipped at	
arrived at New York, U. S. A.	thence to	

Goods and Merchandise

4,000 Pcs. of Men's Split Leather Jackets

Subject to the following Clauses as per back hereof institute Cargo Clauses Institute War Clauses(Cargo) Institute War Cancellation Clauses(Cargo)
Institute Strikes Riots and Civil Commotions Clauses
Institute Air Cargo Clauses(All Risks)
Institute Classification Clauses
Special Replacement Clause(applying to machinery)
Institute Radioactive Contamination Exclusion Clauses
Co-Insurance Clause Marks and Numbers as

Place and Date signed in Seoul, Korea July 29, 20xx   No. of Certificates issued. DUPLICATE

This Certificate represents and takes the place of the Policy and conveys all rights of the original policyholder(for the purpose of collecting any loss or claim) as fully as if the property was covered by a Open Policy direct to the holder of this Certificate.

This Company agrees losses, if any, shall be payable to the order of Assured on surrender of this Certificate. Settlement under one copy shall render all others null and void.

Contrary to the wording of this form, this insurance is governed by the standard from of English Marine Insurance Policy.

In the event of loss or damage arising under this insurance, no claims will be admitted unless a survey has been held with the approval of this Company's office or Agents specified in this Certificate.

SEE IMPORTANT INSTRUCTIONS ON REVERSE

LG Insurance Co., Ltd.

MangilCho

AUTHORIZED SIGNATORY

This Certificate is not valid unless the Declaration be signed by an authorized representative of the Assured.

책된다. 만일 손해가 5%라면 3%를 공제하는 것이 아니라 5% 전액을 보상한다. 그러나 "WAIOP"(With Average Irrespective of Percentage)조건으로 부보하는 경우 보험자는 면책비율을 적용하지 않고 적은 분손이라도 보상하게 된다.

5 기타 서류

1) 포장명세서

포장명세서(packing list)란 적재물품의 포장 및 포장단위별 명세, 순중량(net weight), 총중량(gross weight), 용적(measurement), 화인(shipping marks), 포장개수(number of packages) 등을 기재한 상업송장의 보조서류로 수출자가 수입자 앞으로 작성하는 서류이다. 특히 포장명세서 총중량과 용적은 선화증권(bill of lading)의 그것과 각각 일치되어야 한다.

2) 중량 및 용적증명서

중량 및 용적증명서(certificate of weight and measurement)란 수출품을 선적하기에 앞서 공인검량인(public weigher; sworn measurer)에 의해 물품의 순중량, 총중량, 용적을 계량하여 발급해 주는 서류로 운송인은 총중량과 용적을 자료로 하여 선화증권을 발급하게 된다. 이는 운송물품에 대한 해상운임 등을 산출하는 기초가 되기 때문에 정확히 작성되어야 한다.

3) 원산지증명서

(1) 원산지증명서의 의의

원산지증명서(certificate of origin: C/O)란 수출물품의 원산지를 증명하는 서류로 수출물품이 우리나라(또는 특정국)에서 재배, 사육, 제조 또는 가공된 것임을 증명하는 문서이다. 원산지증명서는 수입자가 물품을 수입할 때 관세협약 등에 의해 협정관세율을 적용받거나 덤핑방지 등 무역정책상 또는 무역통계를 목적으로 요청하게 된다. 한국에서는 일반 수출물품에 대한 원산지증명서는 수출자의 신청에 따라 대한상공회의소(각 지역상공회의소

포함)에서 원산지증명서를 발급하고 있다.

① 원산지증명서의 종류

대외무역법시행령에 따라 수출물품의 원산지증명서 발급절차를 주무장관의 수출물품 원산지증명 발급규정을 제정하여 발급절차를 정하고 있다. 이 규정에 따라 발급하는 원산지증명서는 "일반수출물품 원산지증명서"와 "관세양허대상수출물품 원산지증명서[일반특혜관세(GSP), GATT개발도상국간 관세양허협정, 아시아-태평양 무역협정(APTA), 개발도상국간 특혜무역제도(GSTP)에 관한 협정 및 자유무역협정(FTA) 등에 의한 수출물품의 원산지증명서]"로 구분된다. 다만, 자유무역협정 등에 의한 수출물품의 원산지증명서의 경우 "자유무역협정의 이행을 위한 관세법의 특례에 관한 법률"에 따른 규정을 우선하여 적용한다.

② 원산지의 기준

원산지기준[81]은 당해 수출물품의 수출국을 원산지국가로 인정할 것인지 여부를 결정하는 요건으로서 일반적으로 완전생산기준, 세번변경기준 및 부가가치기준으로 구분한다. 완전생산기준이라 함은 수출물품의 원자재 전량이 수출국 내에서 획득, 제조, 가공된 경우로서 수출국이 원산지 국가가 된다. 세번변경기준이라 함은 수출물품이 2개국 이상에 걸쳐 생산된 경우로서 당해물품의 품목번호와 당해물품의 생산에 사용된 비원산지재료의 품목번호가 일정 단위 이상 다른 경우 당해 물품을 최종적으로 생산한 국가를 원산지로 인정하는 기준을 말한다. 부가가치기준이라 함은 수출물품이 2개국 이상에 걸쳐 생산된 경우 제조과정에서 일정 수준 이상의 부가가치를 창출한 국가를 원산지로 인정하는 기준으로서, 적용하는 부가가치율은 각국에 따라 상이하다.

무역거래에서 주로 사용되는 일반수출물품 원산지증명은 관세양허대상이 아닌 유상 또는 무상으로 수출하는 모든 물품에 해당한다.

---

81) 대한상공회의소의 원산지증명서 발급과 관련하여 다음 물품에 한하여 대한민국을 원산국으로 인정하되, 수출상대국(수입국)이 별도의 원산지기준이 있는 경우에는 수입국의 원산지기준을 따른다. 따라서 다음 중 어느 한 가지 조건을 충족할 경우에는 원산지로 인정하는 것이 국제적 관례로 보고 있다. ① 대한민국 영토내에서 채굴한 광물, ② 대한민국 영토내에서 수확된 농·임산물, 사육생산된 축산물, 포획물, ③ 대한민국 영해에서 포획 또는 채취한 수산물, ④ 대한민국 영해 밖의 해상이나 지층에서 채취한 광물 및 수산물. 단, 대한민국이 당해 해상이나 지층개발 전유권이 있는 경우에 해당, ⑤ 공해상에서 대한민국 국기를 달고 있는 선박이 포획한 수산물(가공물), ⑥ 대한민국에서 생산된 재료를 사용하며 가공, 제조한 물품, ⑦ 외국산 원자재를 사용하여 가공, 생산된 물품으로서 가공과정에서 새로운 상품적 특성이 부여된 물품.

(2) 원산지증명서의 발급

일반수출물품 원산지증명서 발급기관은 상공회의소법에 의해 설립된 상공회의소(이하 상공회의소) 및 대한상공회의소로 하되, 세부사항은 주무장관이 대한상공회의소 회장과 협의하여 정하도록 하고 있다. 관세양허대상 수출물품원산지증명서 발급기관은 상공회의소 및 대한상공회의소와 세관장으로 하되, 세부사항은 산업통상자원부장관이 대한상공회의소 회장 및 관세청장과 협의하여 정한다. 단, 마산 및 군산자유무역지역관리원의 관할구역안의 입주업체에 대해서는 해당 자유무역지역관리원장을 발급기관으로 하고 있다.

4) 영사송장

영사송장(consular invoice)이란 수입국에서 수입관세 탈세나, 외화도피, 덤핑 등을 방지하거나 수출국소재 공관의 사증료 수입을 증대시키기 위하여 수출국주재 수입국 영사가 작성하거나 사증(visa)을 해 주는 서류이다.

특히 중동지역 신용장의 경우에는 상업송장이나 원산지증명서 및 선화증권상에 "visaed", "legalized" 또는 "verified"를 하도록 요구하는 경우가 많다.

5) 세관송장

세관송장(customs invoice)이란 영사송장과 같이 과세가격기준 결정, 덤핑유무판정, 수입통계 등을 목적으로 작성되나 영사송장처럼 영사가 작성하거나 사증을 하지 않고 수출자가 직접 작성한다. 세관송장은 수입국에 따라 양식이 정해져 있다. 세관송장 작성시에는 특히 수출가격분석(cost breakdown)을 정확히 하여야 한다.

6) 검사증명서

검사증명서(inspection certificate)란 물품의 품질에 대하여 매매계약시 품질의 결정방법과 시기 등을 고려하여 수입자의 요청에 의하여 수출자가 제공하는 검사결과에 대한 증명서이다.

신용장거래에서는 특별히 검사기관을 지정하지 않으면 수출자가 약정한 내용대로 자체검사기준에 따라 검사하고 수익자의 검사증(beneficiary's inspection certificate)을 제공하

CERTIFICATE OF ORIGIN

1. Exporter(Name, address, country) Seoul Trading Co., Ltd. 15, 1-ga, Sogong-dong, Joong-gu Seoul, Korea	**ORIGINAL** **CERTIFICATE OF ORIGIN** issued by THE KOREA CHAMBER OF COMMERCE & INDUSTRY Seoul, Republic of Korea
2. Consignee(Name, address, country) To the order of Shipper	3. Country of Origin The Republic of Korea
4. Transport details From Busan, Korea to New York, U. S. A. by Silver Star 5W on July 31, 20xx	5. Remarks

6. Marks & numbers; number and kind of packages; description of goods A I I	7. Quantity
NEW YORK C/NO. 1-200　　　　200 CTNS　　　Men's Split Leather Jackets MADE IN KOREA	4,000PCS

8. Declaration by the Exporter The undersigned, as an authorized signatory, hereby declares that the avovementioned goods were produced or manufactured in the country shown in box 3. (Signature) Seoul Trading Co., Ltd. *Gildong Hong* 　(Name)　　Gil-dong Hong 　　　　　　President	9. Certification The undersigned authority hereby certifies that the goods described above originate in the country shown in box 3 to the best of its knowledge and belief. THE KOREA CHAMBER OF COMMERCE & INDUSTRY *Myungsu Lee* Authorized Signatory
	Certificate No. S-107015

면 된다. 그러나 정부나, 기타 공적인 기관에서 발급된 검사 등을 특별히 요구한다면 당해 검사증명서를 제공하여야 한다.[82]

7) 위생증명서

위생증명서(health certificate ; sanitary certificate ; veterinary certificate)란 식료품, 약품, 동물의 가죽류 등을 수출하는 경우에 수입국 보건기준에 합치된 것을 수입할 수 있도록 관리하기 위하여 수입자의 요구에 의해 수출국에서 위생검사 당국에서 발행하는 서류이다.[83]

8) 검역증명서

검역증명서(quarantine certificate)는 위생증명서의 일종으로 특히 식물이나 동물 또는 동물의 부산물 등을 수출하는 경우 전염병 등 세균의 침입을 예방하기 위하여 수출국에서 소독, 방역 또는 검역을 실시하고 발급하여 주는 서류를 말한다.

9) 차변표와 대변표

차변표(debit note: D/N)란 미정산대금의 청구 또는 누락금액의 청구 등에 이용하는 것으로 거래상대방의 차변계정에 기재한다 하여 차변표라 부른다. 한편 대변표(credit note: C/N)는 상대방을 기준으로 상대방의 대변계정에, 즉 채권이 있음을 표시한 것으로 이는 수출자의 수량부족, 송장금액의 과다발행시에 이용되는 서식이다.

---

82) 이 경우 "Incoterms® 2010"에서는 각 조건 B. 9 Inspection of Goods상에는 이른바 선적전검사(pre-shipment inspection: PSI)에 대하여 규정하고 있다. 수출국 당국에 의해 강행된 경우를 제외하고 선적전검사비용은 매수인(buyer)이 부담하도록 규정하고 있다.

83) 미국으로 수출되는 식료품류 등은 FDA(Food and Drug Administration)의 기준에 합치되는 보건·안전기준에 관한 서류를 제공하여야 수출이 가능하다.

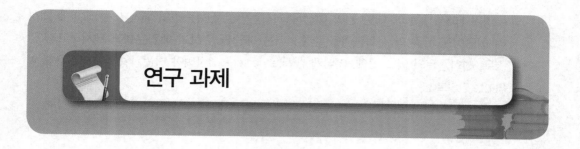

연구 과제

1. 한국의 Seven Star Co., Ltd.가 수령한 신용장은 다음과 같은 SWIFT 시스템의 MT 700에 따라 발행되었다:

> :20 documentary credit number: B3537
>
> :31C date of issue: MAY 7, 2013
>
> :32B currency code and amount: USD100,235.40
>
> :50 applicant: NEW YORK INTERNATIONAL INC. 28 BROADWAY, NEW YORK, NY10006
>
> :59 beneficiary: SEVEN STAR CO., LTD., SEOUL, KOREA
>
> :41D available with by name, address: ANY BANK BY NEGOTIATION
>
> :42C drafts at: SIGHT
>
> :42D drawee: BANK OF AMERICA, 29 BROADWAY, NEW YORK, NY 10006
>
> :44A loading on board/dispatch/taking in charge: BUSAN, KOREA
>
> :44B for transportation to: NEW YORK, U.S.A.
>
> :46A documents required:
>
>   1. COMMERCIAL INVOICE IN TRIPLICATE.
>
>   2. FULL SET OF CLEAN ON BOARD MARINE BILL OF LADING MADE OUT TO THE ORDER OF SHIPPER AND ENDORSED IN BLANK MARKED FREIGHT PREPAID AND NOTIFY PARTY ACCOUNTEE.
>
>   3. PACKING LIST IN DUPLICATE."

위의 신용장을 참조하여 다음 사항에 대하여 연구하고 답하여 보자.

1) 선화증권(bill of lading)상의 "Consignee"를 어떻게 기재하여야 하는가?

2) 위의 선화증권은 "유통증권"(negotiable instrument)인지 또는 "비유통증권"(non-negotiable instrument)인지를 타당한 이유와 함께 설명해 보시오.

3) 무역거래에서 물품에 대한 권리 이전은 권리증권인 선화증권의 배서 또는 교부에 의하여 이루어진다. 위의 선화증권을 수출환어음 매입을 위하여 매입은행에 제시하고자 할 경우, 선화증권의 어느 곳에, 어떻게 배서(endorsement)하여야 하는가?(단, 주어진 상황 이외에는 임의로 함)
또한 일반적인 해상선화증권의 발행자격, 서명방법 및 배서방법에 대하여 설명해 보시오.

4) 위의 신용장조건을 보고 추정되는 "Terms of Price"를 명확하게 기재하여 보시오.

5) 위의 요구서류 중 2. 선화증권 관련 조항(clause)을 한국어로 번역하여 보시오.

6) 위의 신용장에 기초하여 다음의 제1번권 환어음 서식에 수출환어음 매입일을 2013년 5월 30일로 하는 신용장금액 전액에 대한 환어음을 작성하여 보시오.(단, 매입은행은 Korea International Bank, 서명자는 홍길동 부장으로 하고 특정되지 아니한 사항은 임의로 작성함)

BILL OF EXCHANGE

No. _____   Date _____

For _____

At sight of this FIRST Bill of Exchange(Second of the same tenor and date being unpaid) pay to the order of _____

the sum of _____

value received and charge the same to the amount of _____

drawn under _____

L/C No. _____   dated _____

To.

2. 한국의 신용장 수익자 A는 통지은행으로부터 미국의 발행의뢰인을 B로 하는 신용장금액 USD200,000에 대한 양도가능신용장(transferable credit)을 수령하였다. A는 사정이 있어 이 신용장을 양도하고자 한다. 이 신용장을 양도할 경우 양도의 요건, 양도의 방법 및 A사의 권리에 대하여 설명하여 보시오.

3. SWIFT 시스템 MT 700 형식으로 미국 소재 발행의뢰인인 NEW YORK INTERNATIONAL INC., NEW YORK의 요청으로 한국 소재 SEVEN STAR CO., LTD., SEOUL을 수익자로 하여 Bank of America, New York에 의해 발행된 신용장의 요구서류 중 보험서류 조건은 다음과 같다:

> ":46A documents required:
> +MARINE INSURANCE POLICIES AND CERTIFICATES IN DUPLICATE EN-
> DORSED IN BLANK FOR 110 PCT OF INVOICE VALUE. INSURANCE POLICES
> OR CERTIFICATES MUST EXPRESSLY STIPULATE THAT CLAIMS ARE PAYABLE
> IN THE CURRENCY OF THE DRAFTS AND MUST ALSO INDICATE A CLAIM
> SETTLING AGENT IN NEW YORK. INSURANCE MUST INCLUDE INSTITUTE
> CARGO CLAUSES(B)."

위의 신용장을 참조하여 다음 물음에 답하여 보자.

1) 수익자는 신용장에 별도의 특별한 지시가 없는 한 보험서류의 피보험자(assured)는 누구의 명의로 부보하여야 하는가? 타당한 이유도 함께 설명하시오.

2) 이와 같은 보험서류는 언제까지, 누가 발행하고 서명하여야 하는가?

3) 신용장에 의한 서류심사시 보험서류가 일치하는 제시를 구성하고 있는지 여부를 판단하기 위한 주요 점검사항은 어떠한 것들이 있는가?

Chapter

9

통관과 관세

Chapter 9

통관과 관세

제 1 절 통관의 개념

물품을 수출 또는 수입할 경우에는 세관(customs house)이라는 관문을 통과하여야 한다. 통관(customs clearance)이란 세관을 통과하는 것을 말하며 관세법상 통관은 관세법에서 규정한 절차를 이행하여 수출·수입·반송[1]하는 것을 말한다. 다시 말하면 모든 수출입물품에 대하여 수출 또는 수입신고수리 여부를 결정하는 세관장의 처분이라고 할 수 있다. 이처럼 세관을 통과할 때 특히 수입물품에 대해서는 국가의 재정수입을 확보하거나 국내산업을 보호하기 위하여 관세를 부과하게 된다.

여기에서는 수출입통관 및 관세제도에 대하여 살펴보기로 한다.

제 2 절 수출통관

1 수출통관의 의의

수출통관이라 함은 내국물품을 외국으로 반출[2]하는 세관장의 처분이다. 관세법상 수출

---

1) 반송이란 국내에 들어오기 위하여 보세구역에 반입되어있던 외국물품을 그대로 외국으로 다시 돌려 보내는 것을 말한다.
2) 반출이란 보세구역에서 물품이 나가는 것을 말한다.

이라 함은 "내국물품을 외국으로 반출함을 말한다"라고 규정하고 있다. 여기에서 수출의 대상이 되는 것은 내국물품이다. 내국물품이라 함은 우리나라에 있는 물품으로서 외국물품이 아닌 것과 우리나라의 선박에 의하여 공해에서 채집 또는 포획된 수산물 등과 입항 전 수입신고가 수리된 물품을 말한다. 수출되는 모든 물품은 수출통관절차를 거쳐야 하지만 체신관서가 외국으로 발송한 우편물은 수출 또는 반송이 이루어진 것으로 본다.[3]

2 수출통관절차

수출통관절차라 함은 수출하고자 하는 물품을 보세구역(bonded area)에 반입하고 관할 세관장에게 수출신고(export declaration: E/D)를 한 후 서류심사, 필요한 물품검사·감정·분석을 거쳐 수출신고 수리를 받아 물품을 보세구역으로부터 반출하여 외국무역선(기)에 적재하는 다음과 같은 일련의 절차를 말한다.

그림 9-1 ◣ 수출통관절차도

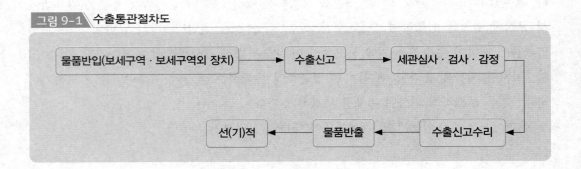

1) 수출물품반입

보세구역이란 외국물품을 장치하거나 물품의 수출입에 따른 통관절차를 이행하기 위하여 수출물품을 일정기간 장치하거나 또는 외국물품의 가공·제조·전시 등을 하기 위한 장소로서 세관장이 지정하거나 특허한 구역을 말한다.[4]

---

3) 이것을 관세법상 수출의 의제사유라고 한다.
4) 보세구역은 지정보세구역, 특허보세구역 및 종합보세구역으로 구분한다. 지정보세구역은 세관장이 지정한 보세구역으로서 주로 국가·공공의 토지·시설 등의 일정구역을 지정하여 특정물품의 장치, 수입물품의 검사를 하는 곳이며, 특허보세구역은 신청을 받아 세관장이 특허한 보세구역으로 주로 사인의 토지·시설 등의 일정구역에 대하여 특허한다. 지정보세구역으로는 지정장치장, 세관검사장이 있고, 특허보세구역으로는 보세창고, 보세공장, 보세전시장, 보세건설장, 보세판매장이 있다.

물품을 수출하고자 할 때 보세구역에 물품을 반입하여 장치하는 것이 원칙이지만 거대중량, 기타의 사유로 보세구역에 장치하기 곤란하거나 부적당한 물품 및 수출할 물품으로서 화물관리에 어려움이 없는 물품, 재해, 기타 부득이한 사유로 임시 장치할 물품, 검역물품, 압수물품, 우편물품은 보세구역 외 장치하여 수출신고를 하거나 양곡, 원유, 광산물과 같은 대량의 살물은 보세구역 반입이 화주에게 큰 부담을 줄 수 있기 때문에 공인검정기관의 검정보고서(Surveyor's Report)에 의해 수출물품의 수량을 확인하는 물품은 선박 또는 항공기에 적재한 그대로 이른바 "선상신고제"를 이용할 수도 있다.

2) 수출신고

수출신고는 물품을 수출하기 위한 세관에 대한 의사표시로 관할 세관장에게 수출신고의 수리를 받기 위한 절차이다. 수출신고는 화주나 관세사, 통관 취급법인 또는 관세사법인의 명의로 보통 전자문서교환(Electronic Data Interchange: EDI) 방식에 의한 전자문서로 수출신고서를 작성하여 관세청 통관시스템에 전송하게 된다.

여기에서 화주라 함은 수출자(완제품공급의 경우에는 물품공급자인 수출위탁자) 또는 화물유통촉진법에 따라 인증을 받은 종합물류업자로서 관세청장의 허가를 받아 통관업을 영위하는 법인을 말한다. 또한 관세사라 함은 통관절차를 이행하거나 화주 또는 관세의 납세의무자를 대리하여 세번·세율의 분류, 과세가격의 확인과 세액의 계산, 통관절차의 이행, 이의신청, 심사청구 및 심판청구의 대리, 관세에 관한 상담을 업으로 하는 자를 말한다. 통관 취급법인은 운송·보관 또는 적·양화를 업으로 하는 법인과 그 법인이 자본금의 100분의 50 이상을 출자하여 설립한 법인으로서 관세청장의 허가를 받아 통관업을 영위하는 법인을 말하며, 관세사법인은 통관절차의 조직적 이행과 그 공신력을 높이기 위하여 수 명의 대표이사로 설립된 법인을 말한다.

수출신고는 관세청에서 정한 신고서 양식에 수출신고서 작성요령에 따라 작성하여야 하며 수출신고서의 처리방법은 자동수리, 즉시수리, 검사 후 수리 세 가지가 있다.

3) 세관심사 · 검사 · 감정

세관에서의 수출심사는 접수된 서류의 수출승인사항과 수출신고사항의 일치여부, 대외무역법령 및 기타 법령에 의한 조건의 구비여부, 수출물품에 대한 품목분류 번호의 정확성 기타 수출물품 통관을 위해 필요한 사항에 대하여 심사하게 된다. 세관검사 대상물품이 이·화학적으로 감정·분석 등에 상당한 시일을 필요할 경우에는 세관검사에 필요한 견본을 채취하고 사후검사·분석제도를 활용하고 있다. 세관의 검사방법은 수출자의 신용도, 물품의 성질·수량·가격 등을 참고하여 파출검사, 견본검사, 세관검사장 검사로 구분하여 실시된다.

4) 수출신고의 수리

수출물품의 검사·감정·심사 등을 마치고 물품과 신고서류상의 요건이 부합되면 수출신고의 수리와 함께 수출신고자에게 수출신고필증을 교부한다. 수출신고수리일자가 관세법상 수출일자가 되며 수출금액은 FOB로 환산한 금액이 된다. 수출물품은 수출신고수리에 의하여 내국물품에서 외국물품이 되고 수출신고수리된 물품은 외국물품으로서의 특별한 관리를 받게 된다.

5) 수출신고의 취하 및 각하

세관에 수출신고가 유효하게 접수되거나 수출신고수리가 된 뒤에는 원칙적으로 수출신고를 취하할 수 없지만 수출할 수 없는 정당한 사유가 있을 때에는 세관장에게 수출신고 취하승인신청을 하여 승인을 받아 수출신고수리를 받은 이후라 하더라도 그 수출신고를 취하할 수 있다. 세관장이 수출신고의 취하를 승인할 수 있는 정당한 사유라 함은 신용장의 취소 또는 유효기간의 경과, 수입국에서의 수입금지조치, 천재지변, 부두파업 등으로 수출할 수 없는 경우로 수출자에게 귀책되지 않는 경우를 말한다. 수출신고가 취하되면 수출신고수리의 효력은 상실되고 내국물품이 된다.

또한 수출신고의 각하란 세관장의 직권으로 당해신고를 거절하거나 취소하여 돌려보내는 것을 말한다. 신고를 각하할 수 있는 사유는 첫째, 수출이 요건을 갖추지 못한 경우로서 수출의 승인을 받지 못하거나 수출입의 승인기간이 경과하였을 경우 등과 같이 구비서류를 못 갖추거나 서류의 내용에 중요한 불비가 있는 경우, 둘째, 사위(詐僞) 기타 부정한 방법으로 신고된 경우로서 위장수출, 구비서류의 위조·변조 또는 중대한 허위사실의 신고 등의 경우이다. 서류의 불비가 경미한 경우에는 보완지시를, 완비가 불가능한 경우에는 각하를 하게 되고, 사위 기타 부정한 방법에 의한 신고에 대하여는 각하를 하는 동시에 심리의뢰하여 관세법 위반여부를 조사하게 된다.

6) 물품의 반출 및 선적(또는 항공기 적재)

수출신고가 수리된 물품은 보세구역이나 보세구역 외 장치장으로부터 물품운송이 가능하다. 이때는 외국물품 상태이므로 세관의 엄격한 감시를 받게 되며 지정선적항으로 운송하게 된다.[5]

컨테이너 만재화물(FCL)인 경우에는 지정컨테이너 야적장(CY)으로, 컨테이너 1대에 미달되는 화물(LCL)과 같이 컨테이너에 적입(stuffing)할 물품은 우선 컨테이너 화물조작장(CFS)으로 가서 적입작업을 마치고 컨테이너 야적장(CY)으로 옮기게 된다. 이와 같이 컨테이너 터미널(container terminal)에서 컨테이너 터미널 운영자(container terminal operator: CTO)에게 물품을 인도완료하게 되면 수출자인 화주는 부두수령증(Dock Receipt: D/R)을 선박회사로부터 받을 수 있다. 선박회사는 선적지시서(shipping order: S/O)에 의해 컨테이너를 본선에 적재작업을 하게 된다.

한편 살물(bulk cargo)인 경우에는 선박회사의 선적지시서에 의해 본선에 적재작업을 하고 본선수령증(Mate's Receipt: M/R)을 화주가 선박회사로부터 발급받을 수 있다. 수출신고가 수리된 물품은 수출신고수리 일부터 30일 이내에 국제물품운송계약에 따른 운송수단에 적재하여야 한다.

제 3 절 수입통관

1 수입통관의 의의

수입통관이라 함은 외국물품을 우리나라에 반입하는 것을 허용하는 세관장의 처분을 말한다. 또한 관세법상 수입이라 함은 외국물품을 우리나라에 반입하거나 우리나라에서 소비 또는 사용하는 것을 말한다. 수입통관은 수입하고자 하는 물품을 보세구역 등 장치

---

5) 이것을 보세운송이라 하고 수입물품도 수입항에 도착하여 수입통관이 안 된 상태에서 내륙구간을 운송하는 것이 여기에 해당된다.

장소에 반입하는 것으로부터 수입신고수리를 받아 장치장소로부터 반출하는 일련의 단계에서 종결된다.

2 수입통관절차

외국에서 도착된 물품은 양화작업을 마치고 원칙적으로 보세구역에 반입·장치하여 수입신고를 하게 되지만 예외적으로 다량의 단일 살물, 정부의 군수품이나 긴급도입물품 등은 선상신고를 할 수 있으며 긴급히 통관할 필요가 있거나 통관심사에 장시간이 소요되는 물품 등은 사전수입신고도 할 수 있고, 부패 및 손상의 우려가 있거나 위험물품, 외교관 이사물품, 정부용품, 지정세관등록업체에서 수입하는 물품 등은 컨테이너에 내장한 상태로 수입신고가 가능하다.

세관장은 수입 신고된 물품과 수입 신고시 제출한 서류가 부합되는지를 심사한 후 관세를 평가하여 관세 등을 고지하고 납세의무자가 관세를 납부하면 수입신고 수리를 하게 된다. 이 수입신고 수리시점은 곧 외국물품에서 내국물품이 되는 것이며 보세구역에서 물품을 반출하여 용도대로 사용할 수 있게 되는 것이다.

그림 9-2 수입통관절차도

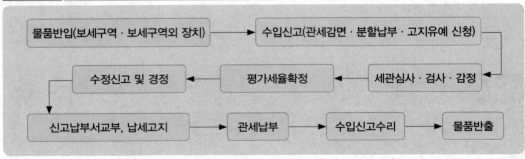

1) 수입물품반입

수입자는 운송회사로부터 화물도착통지(arrival notice: A/N)를 받고 화물인도지시서(delivery order: D/O)에 따른 수입물품을 통관하기 위하여 수출물품 통관시와 마찬가지로 우선 보세구역 또는 보세구역 외에 장치 반입하여야 한다.

2) 수입신고

수입신고(import declaration: I/D)는 물품을 수입하겠다는 의사표시를 세관장에게 하는 것으로 이는 곧 적용법령, 과세물건 및 납세의무자를 확정시키는 것이다. 수입물품의 적용법령은 수입신고 당시의 법령에 의한다. 또한 관세는 원칙적으로 수입신고를 할 때의 물품의 성질과 수량에 의하여 부과된다. 만일 수입물품이 수입신고된 때로부터 수입신고 수리시까지 변질이나 손상이 되었을 경우에는 관세를 경감할 수 있다.

관세의 납세의무자는 그 물품을 수입하는 화주, 즉 직접 수입하는 수입자가 일반적이지만 수입을 대행계약에 의하여 대행할 경우에는 수입을 위탁한 자가 화주가 되고[6] 수입신고수리 전에 외국물품을 보세구역에 장치한 채 양도한 경우에는 양수인이 화주가 된다.

수입신고자는 수출 신고시와 같이 화주, 관세사, 통관취급법인, 관세사법인 중 어느 하나의 명의로 하여야 한다. 통관을 하고자 하는 자는 물품반입일 또는 장치일로부터 30일 이내에 수입신고를 하여야 하며, 30일을 경과하여 수입신고를 한 때에는 대통령령이 정하는 물품에 한하여 그 물품의 과세가격의 일정비율에 상당하는 금액범위 내에서 가산세가 징수된다.

만일 수입 신고된 물품이 위약물품이나 수입금지 조치물품, 변질·손상 등 정당한 사유가 있는 경우에는 수입신고의 취하 또는 각하를 할 수 있다.

3) 세관의 심사 · 검사 · 감정

수입신고를 접수한 세관은 수입 신고시 제출된 서류[수입승인물품의 경우 수입승인서, 상업송장, 운송서류 사본, 포장명세서, 원산지증명이 요구되는 물품의 경우 원산지증명서, 가격신고서, 세관장이 확인하는 수입요건 대상 물품의 경우 수입요건 확인서류, 해당물품의 경우 관세감면·(분납)/용도세율적용신청서] 간의 일치여부, 대외무역법령 및 기타 법령에 의한 조건의 구비여부, 세번·세율·세액의 정확성 여부, 분석의뢰 필요성 유무, 기타 수입물품 통관을 위하여 필요한 사항 등에 대하여 심사한다.

물품의 검사와 감정의 목적은 수입물품의 규격과 수량을 확인하고, 수입허가 또는 승인사항의 경우 현품을 대조하여 무역관리를 현실적으로 실현하는 동시에 그 물품의 세번 (HS)을 확인하여 과세가격을 결정함과 동시에 정상무역을 가장하여 밀수품이 수입되는

---

6) 실수요자라고도 한다. 이 경우에는 관세납세의무자＝화주＝위탁자＝실수요자의 관계가 성립된다.

것을 막는 데 있다.

수입물품의 검사대상은 관세청장이 지정한 필수검사 대상품목과 업체의 성실도 등을 감안하여 불규칙검사 대상물품으로 구분하여 탄력적으로 운영하고 있다. 또한 검사는 긴급을 요하는 것은 사전 신청하여 검사를 받을 수 있고 검사방법은 수입자의 신용도, 물품의 성질·수량·가격 및 장치장소 등을 감안하여 견본검사, 세관 검사장검사와 파출검사로 실시한다.

현품검사결과 품목분류 및 과세가격결정, 수출입공고 등의 운영상 물리적·화학적 실험에 의하여 그 내용을 확인해야 하는 등 전문지식과 기술을 요하는 경우에는 세관분석실에 분석의뢰하거나 당해물품에 관한 전문가의 의견을 받아 처리할 수 있도록 하고 있다.

4) 과세가격의 결정

과세가격의 결정은 과세가격의 신고에 기초한다. 과세가격의 신고란 과세의 납세의무자가 수입신고를 하는 때에 관세청장이 정하는 바에 따라 세관장에게 당해물품의 가격을 신고하는 것을 말한다. 가격신고를 할 때는 상업송장, 운임명세서, 보험료명세서 등을 제출하여야 한다.

과세가격의 평가 시기는 일반적으로 수입자가 가격 신고한 내용대로 과세가격을 인정하고 수입신고 수리를 한 후 일정기간 내에 과세가격에 대한 적정성여부를 심사하도록 하고 있다.

과세가격의 결정방법은 신평가 제도에 따라 다음과 같은 제1방법에서 제6방법까지 여섯 가지 평가방법을 나열하여 이를 순차적으로 적용한다. 이 중 제1방법이 그 적용범위가 가장 크고 중요한 비중을 차지하고 있다.

제1방법 : 구매자가 실제로 지급하는 거래가격을 기초로 한 과세가격 결정방법
제2방법 : 동종·동질물품의 거래가격을 기초로 한 과세가격 결정방법
제3방법 : 유사물품의 거래가격을 기초로 한 과세가격 결정방법
제4방법 : 국내 판매가격을 기초로 한 과세가격 결정방법
제5방법 : 산정가격을 기초로 한 과세가격 결정방법
제6방법 : 합리적 기준에 의한 과세가격 결정방법

제1방법의 내용은 거래의 요건을 갖춘 수입물품에 대하여 실제로 지급하여야 할 금액

에 몇 가지 조정요소를 가감하고 그 물품을 우리나라에 도착시키는 데 소요된 운임과 보험료를 가산하여 과세가격을 결정하는 것이다. 거래가격의 요건은 당해수입물품의 사용에 대한 제한이 없어야 하며, 당해거래에 영향을 미치는 조건 등이 붙지 않고 특수 관계에 의한 영향이 없을 것이 충족되어야 한다.

5) 관세 및 제세납부

수입물품에 부과되는 세로는 관세·임시수입부가세[7]·개별소비세·주세 및 부가가치세가 있다.[8] 관세 등의 납부 시기는 납부서를 교부받은 날(직접 수교 또는 배달증명통지 받은 날)로부터 15일의 납부기한을 정하여 납부고지를 하고 납부기한을 경과하면 일정한 가산금을 부과하고 있다.

(1) 관세율의 적용순위

관세율은 국내법에 의한 국정세율과 국가간의 협약에 의한 협정세율이 있다. 전자는 다시 기본관세, 잠정관세 및 탄력관세 등으로, 후자는 WTO 양허관세 등으로 대별할 수 있다.

관세율의 적용순위는 다음과 같다.

1순위 : 덤핑방지관세, 상계관세, 보복관세, 긴급관세, 특정국물품긴급관세, 농림축산물에 대한 긴급관세

2순위 : 국제협력관세, 편익관세(단, 3·4·5·6순위 세율보다 낮은 경우에만 적용)

3순위 : 조정관세, 할당관세, 계절관세(단, 할당관세는 4순위 세율보다 낮은 경우에만 적용)

4순위 : 일반특혜관세

5순위 : 잠정관세

6순위 : 기본관세

(2) 관세 및 제세의 산출방식

관세 등의 산출방식은 다음과 같다. 개별소비세, 주세, 농어촌특별세 및 교통·에너

---

7) 현재까지 적용하지 않아 과세된 사례가 없다.
8) 관세 등이라 표시한다.

지·환경세는 해당되는 품목에만 적용된다.

㉮ 관   세

ⅰ) 종가세 적용물품

실제거래가격(일반적으로 CIF가격) × 과세환율[9] = 과세가격

과세가격 × 관세율 = 관세

ⅱ) 종량세 적용물품

수입물품의 수량 × 관세율표상의 단위 수량당 금액 = 관세

ⅲ) 선택세 적용물품

종가세와 종량세 중 고액(율)을 선택

㉯ 개별소비세

(과세가격 + 관세) × 세율 = 개별소비세

㉰ 주   세

ⅰ) 주정(종량세)

KL당 × (일정금액 + 가산금액) = 주세

ⅱ) 주류(종가세)

(과세가격 + 관세) × 세율 = 주세

㉱ 교 육 세

개별소비세 또는 주세 × 세율 = 교육세

㉲ 농어촌특별세

개별소비세 × 농특세율 = 농특세

㉳ 교통 · 에너지 · 환경세

(과세가격 + 관세) × 세율 = 교통·에너지·환경세

㉴ 부가가치세

(과세가격 + 관세 + 개별세 또는 주세 + 교통·에너지·환경세 + 교육세 + 농특세) × 세율

(10%) = 부가가치세(VAT)

---

9) 과세환율은 관세청장이 수입신고일에 속하는 주의 전주(월요일부터 토요일까지)의 외국환 매도율을
평균하여 정하고 있다.

6) 수입신고수리 및 반출

납세의무자가 관세 및 제세를 납부한 후에 수입신고 수리됨으로써 외국물품이 내국물품화하고 관세법상의 모든 구속으로부터 벗어나게 되므로 보세구역에서 반출하여 용도에 따라 사용할 수 있다. 수입신고 수리가 되면 세관장은 수입신고필증을 교부하게 된다.

이처럼 모든 수입물품은 원칙적으로 관세를 납부한 후 수입신고 수리가 되고 있으나 분할납부 승인물품, 휴대품통관 등은 예외로 하고 있다. 그리고 긴급한 사유 등으로 수입신고수리 전에 통관물품을 반출하기 위해서는 해당 세관에 담보를 제공하고 신고수리 전에 반출할 수 있는 신고수리전 일시반출, 신고수리전 즉시반출 제도가 있다.

제 4 절 관 세

여기에서는 관세의 의의와 성격, 관세의 종류, 관세의 제도적 측면에서의 탄력관세제도, 특혜관세제도, 관세환급제도를 중심으로 살펴보기로 한다.

1 관세의 의의와 성격

1) 관세의 의의

관세(customs duties: tariffs)란 관세영역(관세선)을 출입하는 물품에 대하여 법률이나 조약에 의거하여 부과하는 조세이다. 관세는 단순히 국경을 관세선(customs line)으로 하고 이를 출입·통과하는 물품에 부과하는 것은 아니다. 정치적으로 자국의 영역일지라도 관세제도상 외국과 동일한 개념으로 취급하는 관세제외지 또는 자유항이 있는가 하면 정치적으로 타국의 영역일지라도 관세제도상 내국과 동일하게 취급하는 관세가입지 또는 관세동맹국가[10]가 있기 때문이다. 그러므로 관세선의 한계는 정치상의 국가영역과 경제상의 관세영역으로 이론상 엄밀히 구분된다.

---

10) 벨기에·네덜란드·룩셈부르크 간에 베네룩스(Benelux)관세동맹이 있다.

2) 관세의 성격

관세는 그 성격상 징수주체는 국가이며 강제적으로 징수하고 반대급부가 없다. 또한 관세는 재정수입과 산업보호를 주목적으로 하며, 법률이나 조약에 의해 부과·징수된다. 관세는 대물세이며 수시세(隨時稅)이다. 또한 관세는 관세영역을 출입하는 물품에 대해 부과되며 전가된다.

한국 관세법은 "관세의 부과·징수 및 수출입물품의 통관을 적정하게 하고 관세수입을 확보함으로써 국민경제의 발전에 이바지함을 목적으로 한다"고 규정하고 있어 조세법으로의 성격, 통관법으로의 성격, 그리고 단속법으로의 성격을 가지고 있다고 할 수 있다.

자유무역을 제한하는 무역정책수단으로 이와 같은 관세 외에도 수량제한, 수입할당(import quota), 수출보조금, 덤핑규제 등 이른바 비관세장벽(non-tariff barrier: NTB)이 있다.[11]

2 관세의 종류

관세의 종류는 분류방식에 따라 여러 가지로 나눌 수 있다. 즉, ① 물품의 이동방향에 따라 수입세·수출세·통과세, ② 과세의 목적에 따라 재정관세·보호관세, ③ 과세의 방법에 따라 종가세·종량세·혼합세·선택세, ④ 과세의 결정근거에 따라 국정관세·협정관세, ⑤ 특수관세로 탄력관세와 특혜관세 등을 들 수 있다.

1) 수입세 · 수출세 · 통과세

수입세(import duties)란 국외에서 국내의 관세영역 안으로 물품이 이동될 때 부과되는 관세를 말한다. 일반적으로 관세라 하면 수입세를 의미한다. 재정수입과 국내산업보호를 주목적으로 한다.

수출세(export duties)는 수출되는 물품에 부과하는 관세로 특수한 경우에 부과된다. 즉 수출국에서 수출세를 부과하더라도 수출에 지장이 없을 정도로 독점적이고 전략적인 물품

---

11) 비관세장벽 중에서 수량제한, 수입할당제, 수출자율규제, 수입과징금제, 수입덤핑규제, 수입담보금 예치제, 수입관련 기타 기술적·행정적 규제는 수입제한적 비관세장벽이며 수출보조금, 수출신용보 험제도, 수출관련 기타 기술적·행정적 지원은 수출장려적 비관세장벽이다.

으로 국가의 재정수입에 기여하게 될 수 있는 것들이다. 수출세를 부과하고 있는 예로는 브라질의 커피, 필리핀의 원목, 말레이시아의 고무, 태국의 쌀, 스리랑카의 차(tea), 스페인의 콜크(cork), 쿠바의 설탕, 인도의 검정후추(black pepper) 등이다.

통과세(transit duties)란 자기나라 또는 일정한 관세영역을 단순히 통과하는 물품에 대하여 부과하는 관세를 말한다. 이는 중상주의 시대에 재정수입을 목적으로 부과된 적이 있었으나 오늘날에는 통과세를 과세하지 않고 있으며 종전의 "관세 및 무역에 관한 일반협정"(GATT) 제5조에서도 통과세 부과를 면제하여야 한다는 규정이 있었다.

2) 재정관세 · 보호관세

재정관세(revenue duties)는 국고수입의 확보, 즉 재정수입을 목적으로 부과하는 관세로 세입관세라고도 한다. 재정관세는 일반적으로 국내생산이 거의 불가능하여 수입에 의존할 수밖에 없거나, 수입을 권장하거나 더 이상 보호할 가치가 없을 때 부과된다.

선진국에서는 커피·차·담배·향료 등 기호품에 적용되나, 개도국에서는 국산가능성이 희박한 중요 산업용기계, 생활필수품, 원자재 등이 적용되는 경우가 많다.

보호관세(protective duties)는 국내의 유치산업(infant industry)을 보호하고 육성할 목적으로 부과되는 관세를 말한다. 이는 일반적으로 고율의 관세를 부과하기 때문에 그 물품의 국내가격이 인상되어 국내산업을 보호하게 된다. 보호관세의 구체적인 목적은 유치산업 외에 기존 산업의 보호를 목적으로 한 육성관세, 국제경쟁력을 상실한 기존의 사양산업을 보호·유지하기 위한 유지관세, 독점자본의 국내시장 지배와 독점이윤 확보를 보장하기 위한 카르텔 관세 등으로 나눌 수 있다.

3) 종가세 · 종량세 · 혼합세 · 선택세

종가세(ad valorem duties)란 물품의 가격을 과세표준으로 하여 세액을 부과하는 방법이다. 즉 세액을 계산할 때의 방식은 다음과 같이 한다.

$$실제\ 거래가격 \times 과세환율 \times 관세율 = 관세액$$

예를 들면, US\$10,000상당의 A라는 물품을 수입할 때의 적용과세환율이 900원이고 관세율이 10%라면 US\$10,000 × ₩900 × 10% = ₩900,000. 따라서 900,000원 상당의 관세를 부과하게 된다. 한국의 관세율은 대부분의 품목이 종가세로 되어 있다.

종가세의 장점은 물품의 실제가격에 따라 과세하므로 공평성이 있으며 인플레이션의 경우에도 세율의 변경 없이 세수입을 올릴 수 있어 세부담의 균형을 유지할 수 있다. 그러나 그 반면에 단점으로는 거래 시기나 방법에 따라 수시로 변하는 물품의 과세기준가격을 정확히 산출하기 어렵고, 과세가격의 확정에 복잡한 절차와 비용이 든다는 점이다.

종량세(specific duties)는 물품의 수량, 즉 개수·용적·중량·길이 등을 과세표준으로 하는 조세를 말한다. 세액의 계산방식은 다음과 같이 한다.

$$단위 수량당 세액 \times 수량 = 관세액$$

예를 들면, kg당 세액이 1,000원인 B라는 물품 50kgs에 대한 관세는 1,000 × 50kgs = 50,000원, 즉 50,000원 상당의 관세를 부과하게 된다. 적용되는 품목은 촬영된 영화용필름 등 일부품목이 종량세 적용대상에 해당된다.

종량세의 장점은 과세방법이 간단하여 행정상 편리하고 물품가격신고에 부정의 여지가 없다. 한편 단점으로는 과세의 공평성이 결여되어 있고 과세표준인 중량선정상의 문제가 있고 인플레이션하에서 재정수입확보가 어렵다는 점이다.

혼합세(combined duties)란 종가세와 종량세를 결합하여 동시에 부과하는 관세로 복합세(compound duties)라고도 한다. 세액은 "종가세 + 종량세"로 되는데 이것은 국내산업을 특히 보호할 필요성이 있을 때 적용된다. 현행 한국의 관세율표에는 혼합세를 선택하는 품목은 없다.

선택세(alternative duties)란 한 품목에 종가세율과 종량세액을 동시에 정하여 두고 그중 세액이 높게 산출되거나 낮게 산출되는 것 중 하나를 선택하여 과세하는 관세를 말한다. 고가물품인 경우에는 종가세가 종량세보다 유리하며 저가물품인 경우에는 종량세가 종가세보다 유리하다고 할 수 있다. 선택세는 종가세 및 종량세의 장점이나 단점도 포함하고 있다.

4) 국정관세 · 협정관세

국정관세(general duties; national duties)란 어느 국가가 그 국가의 국내법에 따라 정해진 관세율을 국정세율이라 하고 국정세율에 따라서 부과되는 관세를 국정관세라고 하며 자주관세라고도 한다. 한국의 국정관세는 관세법 별표로 되어 있는 기본관세율, 잠정관세율, 탄력관세율이 있다.

협정관세(conventional duties)는 타국과의 조약에 의하여 특정물품에 대하여 일정률 이하의 관세를 부과하도록 협정하는 경우, 이와 같은 관세율을 협정세율이라 하고, 그것에 따라 부과되는 관세를 협정관세라고 한다. 오늘날 각국의 통상조약에는 어떤 나라가 다른 어느 나라에 저율의 관세특혜를 부여하였다면 그 특전을 반드시 다른 나라에도 부여한다는 이른바 최혜국대우(most favored nations treatment)를 약속하는 경우가 있고 이와 같이 약속한 조약의 조항을 최혜국조항(most favored nations clause: MFN)이라고 한다.

협정세율 적용대상은 WTO협정 일반 양허관세율, WTO협정 개도국간의 양허관세율, 방콕협정 양허관세율, 개발도상국간 무역특혜제도(GSTP) 양허관세율 및 특정국가와의 관세협상에 따른 국제협력관세율이 있다.

3 탄력관세제도

1) 탄력관세제도의 의의

탄력관세제도(flexible tariff system)란 법률에 의하여 일정한 조건과 범위를 정하여 입법부가 행정부에 관세율을 탄력적으로 변경하여 운영하는 제도이다. 원래 조세법률주의 아래서는 관세율은 관세법과 같이 입법사항으로 국회의 심의를 거쳐서 결정하는 것이 원칙이지만, 급변하는 국내외적 경제여건에 능동적으로 신속히 대처하기 위하여 그때마다 국회의 의결을 거칠 필요 없이 행정부에 의하여 관세율조정의 기동성을 발휘하는 것이 국내산업을 보호하고, 국제수지 악화를 방지하고, 국내물가를 안정시켜 오히려 국민경제의 안정에 도움이 된다는 목적에서 사용되는 것이다.

이 제도는 미국·영국·프랑스·일본 등 대부분의 국가에서 채택되고 있으며, 한국도 1967년 관세법개정을 통하여 이 제도를 채택하여 현재 시행되고 있다.

2) 탄력관세의 종류

(1) 덤핑방지관세

덤핑방지관세(anti-dumping duties)란 국내산업에 이해관계가 있는 자로서 대통령령이

정하는 자 또는 주무부장관의 부과요청이 있는 경우로써 국내산업이 실질적인 피해를 받거나 받을 우려가 있는 경우 국내산업의 발전이 실질적으로 지연된 경우, 외국의 물품이 정상가격 이하로 수입, 즉 덤핑되어 실질적 피해 등이 조사를 통하여 확인되고 당해 국내산업을 보호할 필요가 있다고 인정되는 때에는 그 물품과 공급자 또는 공급국을 지정하여 당해 물품에 대하여 정상가격과 덤핑가격과의 차액, 즉 덤핑차액에 상당하는 금액 이하의 관세를 부과하는 것을 말한다.

또한 주무부장관은 덤핑방지관세의 부과여부를 결정하기 위하여 조사가 개시된 경우로서 조사기간 중에 발생하는 피해를 방지하기 위하여 당해 조사가 종결되기 전이라도 대통령령이 정하는 바에 의하여 그 물품과 공급자 또는 공급국 및 기간을 정하여 잠정적으로 추계된 덤핑차액에 상당하는 금액 이하의 잠정덤핑방지관세를 추가하여 부과할 것을 명하거나 담보의 제공을 명하는, 이른바 잠정조치를 할 수 있다. 덤핑방지관세의 부과와 잠정조치는 각각의 조치일 이후 수입되는 물품에 대하여 적용된다.

(2) 상계관세

상계관세(compensation duties)란 국내산업에 이해관계가 있는 자로서 대통령령이 정하는 자 또는 주무부장관의 부과요청이 있는 경우로서 외국에서 제조·생산 또는 수출에 관하여 직접 또는 간접으로 보조금 또는 장려금을 받은 물품의 수입으로 인하여 국내산업이 실질적인 피해를 받거나 받을 우려가 있는 경우 또는 국내산업의 발전이 실질적으로 지연된 경우 조사를 통하여 확인되고, 당해 국내산업을 보호할 필요가 있다고 인정되는 때에는 주무부령으로 그 물품과 수출자 또는 수출국을 지정하여 당해 보조금 등의 금액 이하의 관세를 추가하여 부과하는 것을 말한다.

또한 주무부장관은 상계관세의 부과여부를 결정하기 위하여 조사가 개시된 물품이 보조금 등을 받아 수입되어 국내산업에 실질적 피해 등이 발생된 사실이 있다고 추정되는 충분한 증거가 있음이 확인되는 경우 또는 약속을 철회하거나 위반한 경우와 당해 약속의 이행에 관한 자료를 제출하지 아니한 경우로서 이용 가능한 최선의 정보가 있는 경우에는 대통령령이 정하는 바에 의하여 국내산업의 보호를 위하여 조사가 종결되기 전이라도 그 물품의 수출자 또는 수출국 및 기간을 정하여 보조금 등의 추정액에 상당하는 금액 이하의 잠정상계관세의 부과를 명하거나 담보의 제공을 명하는 조치를 할 수 있다.

상계관세의 부과와 잠정조치는 각각의 조치일 이후 수입되는 물품에 대하여 적용된다.

(3) 보복관세

보복관세(retaliatory duties)란 교역상대국이 우리나라의 수출물품 등에 대하여 관세 또는 무역에 관한 국제협정이나 양자간의 협정 등에 규정된 우리나라의 권익을 부인하거나 제한하는 경우 또는 기타 우리나라에 대하여 부당 또는 차별적인 조치를 취하는 경우에 우리나라의 무역이익이 침해되는 때에는 그 나라로부터 수입되는 물품에 대하여 피해상당액의 범위 안에서 관세를 부과하는 것을 말한다. 주무부장관은 보복관세를 부과함에 있어서 필요하다고 인정되는 때에는 관련국제기구 또는 당사국과 미리 협의할 수 있다.

(4) 긴급관세

긴급관세(emergency duties)란 특정물품의 수입증가로 인하여 동종물품 또는 직접적인 경쟁관계에 있는 물품을 생산하는 국내산업이 심각한 피해를 받거나 받을 우려가 있음이 조사를 통하여 확인되고 당해 국내산업을 보호할 필요가 있다고 인정되는 때에는 당해 물품에 대하여 심각한 피해 등을 방지하거나 치유하고 조정을 촉진하기 위하여 필요한 범위 안에서 관세를 추가하여 부과하는 것을 말한다. 긴급관세는 당해 국내산업의 보호 필요성·국제통상 관계·긴급관세 부과에 따른 보상 수준 및 국민경제 전반에 미치는 영향 등을 검토하여 부과여부 및 그 내용을 결정한다.

또한 긴급관세의 부과여부를 결정하기 위한 조사가 개시된 물품 또는 대외무역법의 규정에 의하여 잠정조치가 건의된 물품에 대하여 조사기간 중에 발생하는 심각한 피해 등을 방지하지 아니하는 경우 회복하기 어려운 피해가 초래되거나 초래될 우려가 있다고 판단되는 때에는 조사가 종결되기 전에 피해의 구제 등을 위하여 필요한 범위 안에서 잠정긴급관세를 추가하여 부과할 수 있다. 긴급관세의 부과 또는 수입수량제한 등의 조치여부를 결정하기 위한 조사결과 수입증가가 국내산업에 심각한 피해를 초래하거나 초래할 우려가 있다고 판단되지 아니하는 때에는 납부한 잠정긴급관세를 환급하도록 규정하고 있다.

(5) 농림축산물에 대한 특별긴급관세

농림축산물에 대한 특별긴급관세란 국내외가격차에 상당한 율로 양허한 농림축산물의 수입물량이 급증하거나 수입가격이 하락하는 때에는 대통령령이 정하는 바에 의하여 양허한 세율을 초과하여 관세를 부과하는 것을 말한다.

(6) 조정관세

조정관세(adjustment duties)란 산업구조의 변동 등으로 물품간의 세율이 현저히 불균형하여 이를 시정할 필요가 있는 경우 또는 국민보건·환경보전·소비자보호 등을 위하여 필요한 경우 또는 국내에서 개발된 물품에 대하여 일정기간 보호가 필요한 경우 또는 농림축수산물 등 국제경쟁력이 취약한 물품의 수입증가로 인하여 국내시장이 교란되거나 산업기반을 붕괴시킬 우려가 있어 이를 시정 또는 방지할 필요가 있는 경우에는 100분의 100에서 당해 물품의 기본세율을 뺀 율을 기본세율에 가산한 율의 범위 안에서 관세를 부과하는 것을 말한다.

농림축수산물 또는 이를 원재료로 하여 제조된 물품의 국내외 가격차가 당해 물품의 과세가격을 초과하는 때에는 국내외 가격차에 상당하는 율의 범위 안에서 관세를 부과할 수 있다.

(7) 할당관세

할당관세(quota tariff)란 원활한 물자수급 또는 산업의 경쟁력 강화를 위하여 특정물품의 수입을 촉진시킬 필요가 있는 경우 또는 수입가격이 급등한 물품 또는 이를 원재료로 한 제품의 국내가격의 안정을 위하여 필요한 경우 또는 유사물품간의 세율이 현저히 불균형하여 이를 시정할 필요가 있는 경우에 100분의 40의 범위 안의 율을 기본세율에서 감하여 관세를 부과하는 것을 말한다. 이 경우 필요하다고 인정되는 때에는 그 수량을 제한할 수 있다.

한편 특정물품의 수입을 억제할 필요가 있는 때에는 일정한 수량을 초과하여 수입되는 분에 대하여 100분의 40의 범위 안의 율을 기본세율에 가산하여 관세를 부과할 수 있다. 다만, 농림축수산물의 경우에는 기본세율에 동종물품·유사물품 또는 대체물품의 국내외 가격차에 상당하는 율을 가산한 율의 범위 안에서 관세를 부과할 수 있다.

(8) 계절관세

계절관세(seasonal duties)란 가격이 계절에 따라 현저하게 차이가 있는 물품으로서 동종물품·유사물품 또는 대체물품의 수입으로 국내시장이 교란되거나 생산기반이 붕괴될 우려가 있는 때에는 계절구분에 따라 당해 물품의 국내외가격차에 상당하는 율의 범위 안에서 기본세율보다 높게 관세를 부과하거나 100분의 40의 범위 안의 율을 기본세율에서 감하여 관세를 부과하는 제도를 말한다.

(9) 국제협력관세

국제협력관세(international cooperation duties)란 우리나라의 대외무역 증진을 위하여 필요하다고 인정될 때에는 특정 국가 또는 국제기구와 관세에 관한 협상을 할 수 있도록 하고 협상을 수행할 때 필요하다고 인정되면 관세를 양허할 수 있도록 하는 것을 말한다. 다만, 특정 국가와 협상할 때에는 기본 관세율의 100분의 50의 범위를 초과하여 관세를 양허할 수 없다.

관세를 부과하여야 하는 대상 물품, 세율 및 적용기간 등은 대통령령으로 정하도록 하고 있다.

(10) 편익관세

편익관세(beneficial duties)란 관세에 관한 조약에 의한 편익을 받지 아니하는 나라의 생산물로서 우리나라에 수입되는 물품에 대하여 이미 체결된 외국과의 조약에 의한 편익의 한도 안에서 관세에 관한 편익을 부여하는 것을 말한다. 주무부장관은 편익관세의 적용으로 국민경제에 중대한 영향이 초래되거나 초래될 우려가 있는 경우 또는 기타 편익관세의 적용을 정지시켜야 할 긴급한 사태가 있는 경우에 국가·물품 및 기간을 지정하여 편익관세의 적용을 정지시킬 수 있다.

(11) 일반특혜관세

일반특혜관세(general preferential duties)란 대통령령으로 정하는 개발도상국가(특혜대상국)를 원산지로 하는 물품 중 소정의 물품(특혜대상물품)에 대하여는 기본세율보다 낮은 세율의 관세를 부과하는 것을 말한다. 일반특혜관세를 부과할 때 해당 특혜대상물품의 수입이 국내산업에 미치는 영향 등을 고려하여 그 물품에 적용되는 세율에 차등을 두거나 특혜대상물품의 수입수량 등을 한정할 수 있다. 또한 국제연합총회의 결의에 따른 최빈(最貧) 개발도상국 중 대통령령으로 정하는 국가를 원산지로 하는 물품에 대하여는 다른 특혜대상국보다 우대하여 일반특혜관세를 부과할 수 있다. 특혜대상물품에 적용되는 세율 및 적용기간과 그 밖에 필요한 사항은 대통령령으로 정하도록 하고 있다.

4 특혜관세제도

1) 특혜관세의 의의

특혜관세(preferential duties)란 특정국과의 무역관계를 특별히 발전시키기 위하여 일정국의 물품에 대해서는 기본관세율보다 저율의 관세를 부과하는 일종의 할인관세를 말한다.[12] 바꿔 말하면 특혜관세는 일종의 차별관세(differential duties)라고도 할 수 있다.

대표적으로 영연방특혜관세(commonwealth tariff)와 같이 구식민지 독립국간에 거래되는 물품에 대하여 관세특혜를 부여하는 것은 기타 다른 나라에게 상대적으로 불리한 차별관세를 부과하는 결과가 되어 자유무역을 저해할 수 있으므로 제2차 세계대전 이후에는 특혜관세의 신설이나 확대를 금지시키고 있다.

그러나 유엔무역개발회의(United Nations Conference on Trade and Development: UNCTAD)가 주관이 되어 일반특혜관세제도와 개도국간 무역특혜제도를 통하여 무관세나 관세율을 인하하는 특혜제도가 시행되고 있다.

2) 일반특혜관세제도(GSP)

(1) GSP의 의의

일반특혜관세제도(generalized system of preference: GSP)란 개발도상국의 수출증대 및 공업화를 촉진하기 위하여 선진국이 개발도상국으로부터 수입하는 농수산품, 공산품의 제품 및 반제품에 대하여 보상 없이 일반적으로 무관세를 적용하거나 상대적으로 저율의 관세를 부과하는 관세상의 특혜제도를 말한다.

이 제도는 1968년 2월 1일부터 동년 3월 29일까지 인도의 뉴델리에서 개최된 제2차 UNCTAD총회에서 개발도상국에 대한 "일반적·비상호주의적·무차별적 특혜제도"(system of generalized, non-reciprocal and non-discriminatory preference)의 적용을 결의 채택하였고 약어로는 보통 GSP라고 불리어지게 되었다. 여기서 일반적(generalized)이란 영연방특혜,

---

12) 무세인 경우도 있다.

프랑스연합특혜, 베네룩스 관세동맹 등 기존의 특혜제도와는 달리 지리적으로 수 개 국가
에 국한되지 않고 범세계적으로 적용된다는 점을 강조하기 위한 것이다. 또한 무차별·비
상호주의적(non-discriminatory and non-reciprocal)이란 지역통합, 자유무역지대 및 관세동
맹에서 나타나는 역외국가에 대한 차별을 배제하고, 수혜국에게 상호주의를 요구하지 않
는다는 것을 의미하는 것이며 더 나아가서는 가트회원국간의 상호주의도 배제함을 의미하
는 것이다.

GSP제도는 원칙적으로 가트 제1조에 규정되어 있는 "자유·무차별원칙"에 어긋나는
것이지만, 동 가트 불일치 문제는 "GSP제도는 가트 제1조의 포괄적인 웨이버(waiver)로
인정한다"는 UNCTAD결의(Ⅱ)[13]에 의해 해결되었고 "waiver"의 획득 여부에 관계없이 합
법적인 국제무역규범으로 정착하게 되었다.

(2) GSP의 수혜요건

GSP 혜택을 받기 위해서는 당해 수출물품이 수입국(공여국)의 GSP 원산지 규정에 부
합한다는 사실을 증빙하여야 하는데, 이것이 일반특혜관세 원산지증명서(generalized sys-
tem of preferences certificate of origin: GSPCO)이며 "Form A"라고도 한다.

일반특혜관세제도는 GSP공여국이 수혜국으로부터 수입하는 물품의 GSP대상품목이
라고 하여 무조건 관세상의 특혜를 부여하는 것이 아니고 수혜국을 원산지로 하는 물품에
대해서만 관세상의 특혜를 부여하고 있다. 이와 같은 원칙은 GSP제도의 근본취지인 개도
국의 공업화와 수출촉진을 위하여 GSP에 의한 특혜관세대우를 당해 수혜개발도상국에서
생산 또는 제조된 물품에 국한시키고 제3국의 물품을 이러한 특혜관세 대우로부터 근본적
으로 제외시키고자 하는 데 목적을 두고 있다. GSP공여국으로부터 일반특혜관세의 대우
를 받기 위하여는 각 공여국이 설정한 생산과정에서의 충족기준인 원산지기준과 수출품의
운송상의 요건인 운송요건을 충족시켜야 하며 또한 이를 입증하는 증빙서류가 구비되어야
한다.

---

13) 1971년 6월 25일 채택하였다.

3) 개발도상국간 무역특혜제도(GSTP)

(1) GSTP의 의의

개발도상국간 무역특혜제도(global system of trade preferences among developing countries: GSTP)란 남남협력, 개도국 상호간 무역장벽완화 혹은 철폐를 통한 무역·생산 및 고용증진을 목적으로 한 UNCTAD주관하의 국제무역제도로 GSTP협정국이 정한 관세양허대상품목의 수출입에 대하여 상호간에 특혜관세를 적용하는 것이다.

GSTP는 제2차 세계대전 이후 국제무역 질서를 주도해 온 선진국 위주의 GATT체제(현재 WTO)하에서 논의된 케네디라운드, 동경라운드 등 다자간무역협상의 성과가 개도국의 무역증진보다는 선진제국간의 국제무역질서 재편에 불과하였다는 반성 위에서 개도국간의 실효성 있는 무역체제의 확립을 모색한 무역체제라 할 수 있다.[14]

동 제도가 최초 거론된 것은 1976년 6월 UNCTAD 제4차 총회로 그 후 1989년 4월 19일자로 GSTP가 정식 발효되었다. 한국도 비준서를 기탁함으로써 1989년 6월 11일자로 GSTP가 발효되고 있다.[15]

(2) GSTP 원산지기준과 수혜요건

GSTP의 대상품목은 공산품, 반가공 및 완전가공품 등 1차 산품 및 모든 품목을 포함한 포괄적인 양허품목을 규정하고 있다.

GSTP협정국으로 수출하는 물품을 관세양허받기 위해서는 협정가입국의 특혜대상품목이어야 하고, 동 협정에서 적용하고 있는 원산지기준요건을 충족시켜야 하는데, 이 기준에 의하면 특혜를 받을 수 있는 수출물품은 다음 두 가지 중 하나에 해당하여야 한다.

첫째, 완전생산품, 즉 당해수출국 토양으로부터 재배, 추출하였거나 수확된 산품, 또는 이러한 산품으로부터 전적으로 가공 또는 제조된 생산품이어야 한다.

---

14) GSTP 이외에도 개도국간의 무역특혜협정이 없는 것은 아니다. 1973년 2월 발효되어 시행중인 GATT/개발도상국간 무역협상에 관한 의정서(protocol relating to trade negotiations among developing countries: TNDC)가 그 예로, 동 협정에는 한국을 포함, 브라질·칠레·인도 등 15개국으로 구성 운영되고 있으며 참여국간 총 470여개 품목을 양허 시행하고 있다. 그러나 TNDC는 GATT 내에서도 극히 소수의 개도국만이 참여하고 있고 양허품목도 적을 뿐더러 각국의 관심도 상대적으로 낮아 협정자체가 유명무실화된 상태에 있다.

15) GSTP양허관세 품목의 원산지증명서(Global System of Trade Preferences Certificate of Origin: GSTPCO)는 상공회의소, 세관 및 자유무역지역관리원에서 발급하고 있다.

둘째, 수출품이 원료로 투입된 생산품은 다음 부가가치기준을 충족해야 한다.

① 협정가입국 이외 수입물품이 원료로 사용된 경우 그 비율이 FOB가격의 50% 이상을 초과하지 않아야 한다.

② 협정국의 특혜대우를 받을 수 있는 수입물품이 투입된 수출품인 경우 수출국에서 부가가치를 FOB가격의 40% 이상 부과하여야 한다.

또한 수입물품의 가격산정은 당해물품이 수입되는 시점의 확인 가능한 CIF가격이나 국내에서 당해물품을 취득할 경우에는 취득시 지급하는 가격을 기준으로 한다. 물품의 원산지를 결정함에 있어서 포장은 그 생산품과 함께 전체를 구성하는 것으로 보나 만일 참가국의 법률이 달리 정하고 있는 경우 포장은 별도로 취급될 수 있다.

최빈국 특별대우원칙에 따라서 부가가치기준에 있어서 규정된 비율보다 10% 포인트 특혜조치를 취할 수 있다.

5 관세환급제도

1) 관세환급의 의의

관세환급이란 "수출용원재료를 수입하는 때에 납부하였거나 납부할 관세 등[16]을 관세법 등의 규정에도 불구하고 이 법에 따라 수출자나 수출물품의 생산자에게 되돌려 주는 것을 말한다." 이는 "수출용원재료에 대한 관세 등 환급에 관한 특례법"[17]에 의한 정의인데, 납세의무의 형평과 징수행정의 공정을 기하기 위한 관세법상의 과오납금의 환급과 위약물품(違約物品)의 환급도 관세환급이라고 할 수 있다. 그러나 일반적으로 관세환급이라고 할 때는 환급특례법에 의한 환급을 말한다.

관세환급제도를 실시하는 이유는 부존자원이 부족하고 기술수준이 만족하지 못한 수준에서는 수출품을 제조·가공하는 데 사용되는 원재료를 수입에 의존할 수밖에 없고 거기에다 원재료비용이 높기 때문에 수출물품의 총원가에 관세 등을 포함시킬 때 수출가격은 자연적으로 상승하게 되고, 경쟁력은 떨어지게 된다. 따라서 수출용원재료에 대한 관세부담을 면제시켜 국내산업을 보호하고 점차적으로 국산원자재의 사용·개발을 촉진시

---

16) 여기서 "관세 등"이란 관세, 임시수입부가세, 개별소비세, 주세, 교통·에너지·환경세, 농어촌특별세 및 교육세를 말한다.

17) 보통 환급특례법이라고 한다.

키고 국제경쟁력을 제고시킴으로써 수출증대에 기여하고 국제수지를 개선하고자 하는 데 그 목적이 있다.

한국의 관세환급제도는 원자재수입의존적인 수출구조 아래서 원자재수입시에는 수출에 사용할 것을 조건으로 면세하는 사전면세제도를 사용하여 오다가 절차간소화와 국산원자재 사용을 촉진시키기 위하여 1974년 12월 12일 법률 제2675호로 관세환급특례법을 공포하고 시행시기를 미뤄오다가 1975년 7월 1일부터 시행하기에 이르렀다.

2) 관세환급의 대상

(1) 관세환급대상수출

관세환급대상이 되기 위해서는 우선 제품을 수출 등에 제공하여야 하는데 이를 환급대상수출이라 한다. 법령상 환급대상수출의 범위는 다음과 같다.

① 관세법에 따라 수출신고가 수리된 수출. 다만, 무상으로 수출하는 것에 대하여는 주무부령으로 정하는 수출로 한정한다.

② 우리나라 안에서 외화를 획득하는 판매 또는 공사 중 주무부령이 정하는 것

③ 관세법에 따른 보세구역 중 주무부령으로 정하는 구역 또는 "자유무역지역의 지정 및 운영에 관한 법률"에 따른 자유무역지역의 입주기업체에 대한 공급

④ 그 밖에 수출로 인정되어 주무부령으로 정하는 것

(2) 관세환급대상수입

① 관세환급대상수입의 요건

환급자체가 수출용원재료를 수입하는 때에 납부한 관세를 돌려주는 것이기 때문에 관세환급대상이 될 수 있는 원재료는 다음의 세 가지 요건을 모두 갖추어야 한다.

첫째, 수출용원재료에 해당하여야 하고, 둘째, 외국에서 수입하는 때에 관세 등을 징수한 물품이어야 하며,[18] 셋째, 수입신고 수리일로부터 일정한 기간 내에 수출 등에 제공하여야 한다.

---

18) 수입하는 때에 관세 등을 징수한 수입물품은 유환·무환수입을 불문하고 환급대상이 된다.

② 환급대상 수출용원재료의 범위

관세 등을 환급받을 수 있는 원재료(수출용원재료)는 수출물품을 생산한 경우로서 다음 중 어느 하나에 해당하는 것이어야 한다.

① 해당 수출물품에 물리적 또는 화학적으로 결합되는 물품

② 해당 수출물품을 생산하는 공정에 투입되어 소모되는 물품. 다만, 수출물품 생산용 기계·기구 등의 작동 및 유지를 위한 물품 등 수출물품의 생산에 간접적으로 투입되어 소모되는 물품은 제외한다.

③ 해당 수출물품의 포장용품

③ 거래단계별 수출이행기간

물품이 수출 등에 제공된 때에는 수출 등에 제공한 날이 속하는 달의 말일이나 수입신고수리일 기준으로 소급하여 2년 이내에 수입된 당해 물품의 수출용원재료에 대한 관세 등을 환급한다. 수출용원재료가 내국신용장 등에 의하여 거래된 경우 수출이행기간에 이를 산입하지 아니한다. 다만, 수출용원재료가 수입된 상태 그대로 거래된 경우에는 세관장이 관세 등의 납부세액을 증명하는 서류(수입분할증명서)를 발급받아 수출이행기간은 수입분할증명서상의 수입일자로부터 수출신고필증의 수출신고수리일이 속하는 달의 말일까지 2년이 된다.

3) 관세환급의 방법

관세 등의 환급방법은 크게 정액환급과 개별환급으로 구분할 수 있다.

(1) 정액환급

정액환급이란 물품을 수출하였을 때 수출물품별로 미리 정해진 금액을 환급하는 것이다. 즉, 수출물품별로 환급하여야 할 금액을 사전에 정하여 정액환급률표에 기재하여 놓고 그러한 물품이 수출되었을 때 수출신고필증만 제시받아 소요원료, 재료별 납부세액 등을 일일이 계산하지 않고 정액환급률표에 기재된 환급액을 그대로 환급하여 주는 방법이다.

정액환급은 수출용원재료의 전체적인 평균개념에 의해 산출된 금액으로 환급방법이 매우 간단하고 수출신고필증만을 제시받아 환급하여 주기 때문에 간소한 환급절차 등 장

점이 있으나 평균개념에 의거 산출된 금액이므로 부문별로는 과다·과소환급이 발생할 소지가 있다.

(2) 개별환급

① 개별환급의 의의

개별환급이란 수출품을 제조하는 데에 소요된 원재료의 수입시 납부한 관세 등의 세액을 소요원재료별로 확인·합계하여 환급금을 산출하는 방법을 말한다.

개별환급방법은 정액환급에 비하여 납부세액을 정확하게 환급할 수 있는 장점은 있으나 구비서류가 복잡하고 환급금산출에 많은 시일이 소요됨이 결점으로 지적되고 있다.

② 개별환급관련제도

개별환급을 신청할 경우에 관련되는 여러 가지 제도가 있다.

㉮ 소요량계산제도

이는 수출신고필증을 근거로 실제 수출된 물품에 대한 소요원재료의 양, 구체적으로는 원재료의 실량에 제조과정에 소비되는 손모량을 더한 기준소요량이 얼마인지를 소요량계산서에 의하여 환급금산출근거로 삼게 된다.

㉯ 개별환급금 지급제한제도

이는 국산원자재의 사용 및 개발을 촉진하기 위하여 국내생산이 가능한 원재료에 대하여는 환급을 제한하는 것이다.[19]

㉰ 부산물공제제도

이는 수입시 납부한 관세 등의 금액에서 부산물의 가치에 해당하는 금액을 공제한 후 잔액을 환급하는 것을 말한다.

부산물공제제도를 운영하는 이유는 수출물품 제조과정에서 경제적 가치가 있는 부산물이 발생하는 경우 손모율로 인정된 부분에서 부산물이 발생함에도 소요된 수입원재료의 납부세액 전부를 환급함은 형평의 원칙에 맞지 않을 뿐만 아니라 사실상 수출되지 아니한 부산물제조용 원재료에 대하여도 관세 등을 환급한다는 것은 부당하기 때문이다. 수출물

---

[19] 모든 원재료에 대하여 수입시 납부한 관세를 수출만 하면 100% 환급되는 것은 아니다. 따라서 개별환급금지급제한 대상품목인지 여부를 검토하여야 한다.

품의 제조과정에서 발생된 부산물 중 환급금에서 공제대상이 되는 부산물은 경제적인 가치가 있어서 판매되거나 자가 사용된 것을 말한다.

부산물이 발생한 원재료에 대한 환급액 및 부산물공제비용은 다음 공식에 의하여 산출한다.

> 환급액 = 부산물공제 전 환급액 × (1 - 부산물 공제비율)
> 부산물 공제비율 = D/(A×C - B + D)
> > A: 부산물이 발생하는 공정에서 생산된 제품의 가격
> > B: 환급을 받고자 하는 원재료 중 부산물이 발생하는 공정에 소요된 원재료의 가격
> > C: 부산물을 발생시킨 원재료의 가격
> > D: 부산물의 가격

4) 평균세액증명제도

이는 당해수출자가 매월 수입한 수출용원재료의 품목별 물량과 단위당 평균세액을 증명하는 서류로 수입하거나 국내에서 구매한 수출용원자재를 HS 10단위별로 통합함으로써 규격확인을 생략하고 전체 물량의 평균세액을 산출하여 환급하는 것으로 환급절차를 간소화하기 위한 제도이다.

5) 관세환급의 신청

(1) 관세환급의 신청권자

대외무역법의 규정에 의하여 정상 수출한 물품에 대해서는 수출신고필증상의 수출자가 환급신청을 하여야 하지만 완제품내국신용장이나 구매확인서에 의하여 완제품을 수출자에게 공급한 경우에는 수출자의 인감증명이 첨부된 위임장에 의하여 물품공급자도 관세환급신청권자가 될 수 있다.[20] 기타 승인면제 수출이나, 외화판매·외화공사 및 수출 등에 제공하기 위한 물품공급의 경우에는 동 물품을 공급·출품한 자가 환급금신청권자가 된다.

---

20) 수출신고필증상 수출유형 중 제조자수출, 수출위탁, 완제품공급란을 봐서 제조자수출이라고 표시되어 있으면 수출자가 신청권자이고 그 외는 물품공급자가 신청권자가 된다.

(2) 관세환급신청기관

관세환급은 관세청장이 지정한 세관에 신청하도록 관세환급특례법에서 규정하고 있다. 환급대상이 되는 수출물품의 환급신청세관은 수출신고서 등에 표시하여야 하며, 이러한 환급신청기관을 변경하고자 하는 경우에는 환급신청기관변경신청서를 변경 전의 관할지세관장을 경유하여 관세청장에게 제출하여 승인을 받아야 한다.

(3) 환급신청권의 소멸시효

수출물품에 대한 관세 등의 환급신청은 물품이 수출 등에 제공된 날로부터 2년 이내에 하여야 한다. 이때 수출 등에 제공된 날이란 수출신고 수리되는 물품은 수출신고필증상의 수출신고수리일, 외화판매 또는 외화공급이 되는 경우에는 공급한 날이 된다.

(4) 일괄환급신청

환급신청시에는 수출신고필증상의 수출물품(HS 10단위별) 전량에 대하여, 제조·가공에 소요된 원재료 전부를 일괄하여 신청하여야 한다. 그렇지 아니한 경우에는 관세환급사항을 환급기관뿐만 아니라 수출업체에서도 관리할 수 없기 때문이다. 다만, 부득이한 경우에는 분할환급과 추가환급을 허용하고 있다.

6) 환급액 산출방법

관세환급액은 수출신고필증상의 FOB원화가격, 기초원재료 납세증명서 발급신청의 경우는 내국신용장, 구매확인서 또는 특수신용장상의 물품금액 10,000원당 책정한 간이정액환급률을 곱하여 산출한다.

$$환급액 = \frac{수출신고필증상의\ FOB\ 원화가격}{10,000} \times 간이정액환급률$$

다만, 기초원재료납세증명서를 발급신청할 때 물품대금과 양도세액이 구분표시되지 아니한 경우는 다음의 공식에 의거 물품대금을 산출한 뒤 간이정액환급금 산출공식에 의거 산출한다.

$$물품대금 = \frac{원화로\ 표시된\ 내국신용장\ 등의\ 거래금액}{[1+(적용할\ 간이정액)/10,000]}$$

6 물품의 일시수입통관제도

1) ATA 까르네

"ATA 까르네"라 함은 "물품의 일시수입을 위한 일시수입통관증서에 관한 관세협약" (Convention on Admission Temporaire-Temporary Admission Carnet)에 의거 일시수입 통관증 서로 "물품의 일시수입통관제도"(ATA 까르네)라고 할 수 있다. ATA는 일시수입의 의미인 불어 "Admission Temporarie"와 같은 뜻의 영어 "Temporary Admission"의 문자를 결합하 여 만든 것으로 "Carnet"란 무관세 허가증을 의미한다. 여기에서 일시수입이라 함은 관세 법 등 국내법령과 협약에 규정된 수입관세 등이 면제된 일시수입을 말한다.

가입국간에 일시적으로 물품을 수입, 수출 또는 보세 운송하는 데 있어 수입국 세관에 서 요구하던 복잡한 통관서류나 관세납부 및 예치절차를 생략하는 증서로서 재수출을 조건 으로 이 증서를 이용하면 통관절차를 대폭간소화 및 신속·편리하게 할 수 있는 제도이다.

"ATA Carnet" 협약은 1961년 12월 6일 관세협력이사회(Customs Cooperation Council: CCC)가 채택하여 1963년 7월 30일 발효되었다. 한국도 1978년 4월 4일 가입하여 1979년 4월 1일부터 대한상공회의소가 신청 및 발급 업무를 담당하고 있다.

ATA까르네 증서의 유효기간은 발급일로부터 1년간이며 일시 수입될 상품을 세관에서 정한 재수출기간 내에 재수출하여야 하며 예정수입관세율을 적용하며 소정의 담보금과 수 수료를 징수한다.

ATA 까르네로 일시 면세수출·수입할 수 있는 물품은 ① 직업용구, ② 전시회, 박람회, 회의 등 행사에서 전시 또는 사용될 물품, ③ 상품견본 및 광고용 물품, ④ 포장용기, ⑤ 선 원의 후생용품, ⑥ 과학장비, ⑦ 교육용구 등이다.

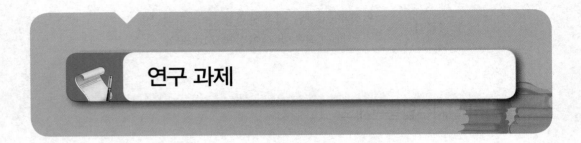

연구 과제

1. 관세법과 대외무역법상의 "수입"에 대한 해석과 적용기준의 상이점에 대하여 설명하시오.

2. 신속한 통관을 위한 제도는 어떠한 것들이 있는지 조사하여 보시오.

3. 국내의 수출자가 일반재로 수입된 물품을 수출하였을 경우, 이미 납부한 관세를 환급받을 수 있는지의 여부에 대하여 설명하여 보시오.

4. 관세의 적용순서에 대하여 설명하시오.

5. 물품의 일시수입통관제도(ATA 까르네)에 의하여 일시적으로 면세 수출·수입할 수 있는 요건과 해당 물품의 예를 들어보시오.

10

국제물품운송

Chapter 10

국제물품운송

제1절 해상운송

　무역거래에서 매매당사자간의 계약이행을 위해서는 필연적으로 국제물품운송이 수반된다. 국제물품운송은 국제간에 재화의 위치변화를 통하여 가치형성에 기여하는 서비스로 그 기본적 기능은 인적·물적 자원의 이동을 통하여 자원의 효율성을 높이는 데 있다. 이 장에서는 국제물품운송과 관련하여 운송형태를 해상운송, 컨테이너운송, 국제복합운송, 항공운송, 철도 및 도로운송으로 대별하여 살펴보기로 한다.[1]

1 해상운송의 의의

　전통적으로 국제물품운송을 주도해 오고 있는 운송형태는 해상운송이다. 해상운송 (carriage by sea)이란 해상에서 선박을 이용하여 사람 또는 재화를 장소적·공간적으로 이전하는 서비스를 말한다. 해상운송은 육상운송보다 비교적 많은 위험성이 있고 철도나 자동차에 비해 평균속도가 늦기는 하지만 한꺼번에 대량의 화물을 운반할 수 있는 것이 특징이다. 또한 해상운송은 타운송수단과 비교할 때 운송비가 매우 저렴하여 원거리 수송에 불철주야 이용할 수 있고, 철도와 자동차처럼 협소한 통로의 제약을 받지 않는 자유로운 운송로를 이용할 수 있으며, 세계를 무대로 하고 있으므로 국제성이 높은 산업이라 할 수 있다. 해상운송은 국민경제에 기여하는 역할도 크다. 즉 운송서비스를 통하여 무역거

---

1) 운송서류에 대해서는 제8장 제7절 제3항 참조.

래를 촉진시키고, 운임수입을 통하여 국제수지에 기여하며, 철강·조선업, 보험업, 창고업 등 연관산업발전을 파급시키고, 전시에 병력 및 군수물자를 수송하는 등 국방목적에도 크게 기여할 수 있다.

2 해상운송의 형태

해상운송은 선박의 운항형태에 따라 정기선 운송, 부정기선 운송, 특수전용선 운송으로 대별할 수 있다.

1) 정기선 운송

정기선(liner)이란 정해진 항로를 따라 규칙적으로 반복 운항하는 선박을 말한다. 정기선은 주로 일반화물(general cargo)을 운송하는 데 이용된다. 정기선 운송의 특징은 운항일정(sailing schedule) 및 운임요율표(freight tariff)가 공시되고 화물의 다소에 관계없이 고정된 항로를 규칙적으로 운항하며 다수 화주의 소량화물 및 컨테이너화물, 여객, 우편물 등을 운송대상으로 한다.

정기선 운송은 선박자체도 부정기선에 비하여 고가이고 화물도 완제품 내지 반제품인 2차 상품이 대종을 이루기 때문에 운임이 높고 운송계약 형태도 개품운송계약(contract of affreightment in a general ship)에 의존하게 되어 해운동맹(shipping conference)이 결성되어 있는 것이 일반적이다. 또한 정기선 운송은 화물이 있든 없든 일정에 따라 규칙적으로 운항하여야 하므로 많은 선박이 필요하고 경영조직 규모도 커야 하기 때문에 막대한 자본을 요하는 위험도가 높은 사업이라고 할 수 있다. 해상운송 초기에는 부정기선 운송의 형태를 취했으나 국제무역량의 증대와 컨테이너의 출현과 발달에 따라 정기선 운송은 해상운송의 주류를 이루고 있다.

2) 부정기선 운송

부정기선(tramper)이란 운송 수요자의 요구에 따라 수시로 어느 곳에나 운항하는 선박을 말한다.[2] 부정기선은 정기적으로 일정한 항로를 운항하는 정기선과 달리 항로나 화물

---

2) 항구에서 항구로 세계의 바다를 방황하듯 돌아다닌다 하여 tramper(방랑자)라는 이름이 붙었다.

또는 항해에 관한 아무런 제한을 받지 않고 집화가 가능한 곳을 찾아 어느 곳이거나 회항하기도 한다. 정기선의 경우에는 화물이 선박을 찾아오는 데 비하여 부정기선의 경우에는 선박이 화물을 찾아다닌다고 할 수 있다.

부정기선 운송의 특징은 운송수요가 급증하는 화물과 운임부담력이 약한 대량의 살물(撒物; bulk cargo), 즉 광석, 곡물, 원당, 원면, 원목, 비료 등을 주운송 대상으로 하며, 운임도 정기선이 공정운임률과 개품운송계약에 따라 결정되는 것과는 달리 그 당시의 수요와 공급에 의하여 결정되고 용선계약(charter party)에 의하는 것이 보통이다. 정기선에 비하여 부정기선은 고정된 항로가 없고, 운임도 낮은 요율을 적용하며 운임 변동폭이 심하다. 그러나 부정기선 운송은 정기선 운송이 그 운용면에서 한계성이 있고 상호보완적이면서 특징적인 활동분야를 갖고 있기 때문에 해상운송의 형태로 병존할 수밖에 없다.

3) 특수전용선 운송

특수전용선(specialized carrier)이란 특정한 화물만을 운송할 목적으로 건조된 선박이다. 광의로는 부정기 운송의 일종이나[3] 화물의 성질에 따라 특수한 시설이 갖추어져 있어 산업운송(industrial shipping) 서비스를 담당하고 있기 때문에 다른 운송과 특별히 구별할 수 있다. 특수전용선의 종류로는 유류를 운송하는 유조선(oil tanker), 수산물이나 청과물을 운송하는 냉동선(refrigerated carrier), 철광석과 원유를 선택해서 운송할 수 있는 O/o선(ore/oil carrier), 목재전용선(log carrier), 자동차전용선(car carrier), 가스전용선(LPG tanker carrier, LNG tanker carrier) 등이 있다.

특수전용선 운송은 일반화물의 운송이나 단순한 살물의 운송만으로는 담당하지 못할 특수한 화물에 대하여 편리하고 안전한 운송을 담당할 수 있을 뿐만이 아니라 플랜트(plant)수출 등과 관련하여 산업사회의 다양한 운송방식에 기여하고 있다.

３ 해상운송계약

매매대상인 물품을 해상운송하기 위해서는 적당한 선박회사의 선복(船腹; ship's space)

---

[3] 탱커운송은 정유회사들이 해운회사를 가지고 화물의 선적항과 양화항 사이를 계속적으로 취항하기 때문에 화물의 성격상으로는 부정기선이나 항로면에서는 정기선 운송이기 때문에 정기선과 부정기선의 중간형태라고 할 수 있다.

을 미리 예약(booking)하여 두어야 한다. 화물의 성질에 알맞은 선복을 확보하기 위하여 선박회사와 운송계약을 잘 체결해 두는 것은 무역계약의 이행에서 중요한 일이다.

선복을 확보하기 위해서는 화물의 성질, 수량, 포장상태 또는 거래의 특성을 감안하여 개품운송계약이나 용선운송계약을 체결하여야 한다.

1) 개품운송계약

개품운송계약(contract of affreightment in a general ship)이란 개개의 물품을 대상으로 선박회사와 화주간에 물품운송계약을 개별적으로 체결하는 것을 말한다.

컨테이너 운송의 경우 특히 선박회사는 다수의 화주로부터 물품을 인수하여 혼재(consolidation)하게 되므로 정기선(liner)에 의한 운송은 보통 개품운송계약방식에 의한다. 개품운송계약은 불요식계약(informal contract)이므로 계약체결에 있어서 어떠한 방식도 요구되지 않으나 대개 송화인(shipper) 또는 그 대리인이 선박회사나 대리점에 물품운송을 신청하는 "선복요청서"(shipping request: S/R)를 제출하고 선박회사가 이를 승낙함으로써 성립된다.

만약 정형거래규칙을 CFR, CIF 또는 CPT, CIP로 계약을 체결하였다면 매도인이 선박회사와 운송계약을 체결해야 하기 때문에 선박회사의 배선표(shipping schedule)에 의한 출항예정일(expected time of departure: ETD)과 도착예정일(expected time of arrival: ETA) 등을 참조하고 운임·서비스 등이 유리한 곳을 선택하여 운송계약을 체결한다. 만일 FCA, FAS, FOB 규칙이라면 매수인이 선박을 지정하게 되는데 선박이 지정되지 않았다면 매도인이 임의로 선박회사를 선택할 수 있다. 이 경우에도 실무상 선복요청서에 의한 운송계약은 매수인을 대리하여 매도인, 즉 송화인이 체결한다. 이러한 운송계약의 증거로 물품을 선적하게 되면 선화증권(bill of lading: B/L)이 발행된다.

2) 용선운송계약

용선운송계약(contract of carriage by charter party)이란 화주가 선박회사로부터 선복의 전부 또는 일부를 빌려 물품을 운송할 경우에 체결하는 계약을 말한다. 용선운송계약에 의하여 운송되는 물품은 주로 1회의 적화가 다량인 석탄, 광석, 원목, 곡물과 같은 살물(bulk cargo)이며 부정기선(tramper)을 이용하는 것이 일반적이다. 용선운송계약은 전부

용선과 일부용선으로 구분된다. 전부용선(whole charter)이란 용선계약시에 선복의 전부를 빌리는 것으로 정기용선과 항해용선 및 선체용선으로 구별된다. 한편 일부용선(partial charter)이란 용선계약시에 선복의 일부만을 빌리는 경우 체결되는 용선계약을 말한다. 용선운송 계약시에는 개품운송계약과는 달리 표준화된 용선계약서(charter party: C/P)에 의하여 정식으로 운송계약을 체결하고 있다.

```
                        ┌─ 정기용선계약(time charter)
         ┌─ 전부용선(whole charter) ─┼─ 항해용선계약(voyage charter; trip charter)
용선운송계약 ┤                        └─ 선체용선계약(bareboat charter; demise charter)
         └─ 일부용선(partial charter)
```

(1) 정기용선계약

정기용선계약(time charter)이란 선박을 일정 기간을 정하여 용선하는 것으로 기간용선계약이라고도 하는데, 선주는 선박에 부속용구 및 항해에 필요한 장비를 갖추고 선장 및 선원을 승선시킨 상태에서 선박의 내항성(seaworthiness)을 유지하여 용선주에게 임대하여 주는 계약을 말한다.

선주는 용선기간 중에 선박의 선원비·선용품비·수리비·검사비 등의 직접비(direct cost)와 선박의 감가상각비·금리·보험료 등의 간접비(indirect cost)를 부담하여야 하며, 용선주는 정기용선료(time charter hire) 외에 항만사용료·연료비·적양화비·운반비를 부담하여야 한다. 정기용선주는 자기의 화물을 운송하는 경우도 있으나 용선된 선박으로 타인의 화물을 운송하여 얻은 운임에서 용선비와 전술한 제비용을 공제한 차액을 취하는 용선주도 있다.

(2) 항해용선계약

항해용선계약(voyage charter; trip charter)이란 어느 항구에서 어느 항구까지의 일 항차 또는 수개 항차에 걸쳐 물품운송을 의뢰하는 화주(용선주; charterer)와 선박회사 사이에 체결한 용선계약을 말한다.[4]

---

4) 일반적으로 해운업계에서 용선이라 하면 선박회사가 다른 선주로부터 용선하는 경우를 말하며 선박회사가 자기소유 선박을 일단 외국에 판매하였다가 그 외국적 선박을 재용선하는 경우를 특히 "Charter Back"이라고 한다.

항해용선계약에서의 운임은 "화물의 톤당 얼마"로 표시되는 경우가 일반적이다. 그러나 항해용선계약의 변형으로 운임은 "한 항해에 얼마"로 포괄운임을 내는 선복용선계약 (lump sum charter)[5]과 "1일 얼마"로 용선요율을 정하는 일부용선계약(daily charter)이 있다.

① 항해용선계약을 위한 표준서식

항해용선계약에서 대표적인 일반서식은 "GENCON"(uniform general charter)[6]으로 발틱국제해운동맹(The Baltic and International Maritime Conference: BIMCO)의 전신인 발틱백해동맹(The Baltic and White Sea Conference)이 1922년에 제정하고 영국해운회의소에 의해 채택한 것으로 1976년에 개정되어 현재 널리 사용되고 있다.[7]

② 항해용선계약에서의 주요 조건

⑦ 적·양화비 부담조건

항해용선계약에서 적·양화비의 부담조건으로 "선내인부임"(stevedorage)을 선주와 화주 중에 누가 부담할 것인가에 대하여 다음 중 어느 한 가지를 선택하여 명확하게 약정하여야 한다.

i) Berth Terms(Liner Terms): 선적 및 양화시 선내인부임은 모두 선주가 부담하는 조건이다. 이 조건은 오늘날 특히 정기선에 의한 운송의 경우에도 많이 이용되고 있다.

ii) F.I.O.(Free In and Out): "Berth Terms"와 반대로 선적 및 양화시 선내인부임은 모두 화주가 부담하는 조건이다. 이는 용선운송의 경우에 많이 이용된다.

iii) F.I.(Free In): 선적시의 선내인부임은 화주가 부담하고 양화시는 선주가 부담하는 조건이다.

iv) F.O.(Free Out): F.I.와 반대로 선적시의 선내인부임은 선주가 부담하고 양화시는

---

5) 이 경우에 지급되는 운임을 선복운임(lump sum freight)이라고 한다.
6) "GENCON"은 Code Name임.
7) 석탄수송용으로는 1921년 발틱백해동맹이 제정 영국석탄수송협회 및 스칸디나비아 석탄 수입협회가 승인한 "BALCON"(Balcon Charter Party), 목재수송용으로는 1914년 발틱백해동맹이 채택하고 영국해운회의소가 공인한 "BENACON"(Chamber of Shipping British North American-Atlantic Wood C/P, 1914), 곡물수송용으로는 1914년 영국해운회의소 공인서식인 "GENTROCON"(Chamber of Shipping River Plate Charter Party, 1914) 및 1973년 미국의 선박중개대리점협회의 "NORGRAIN"(North American Grain Charter Party, 1973), 원유수송용으로는 1984년 미국 선박중개대리점협회의 "ASBA II"(Tanker Voyage Charter Party)가 있다.

화주가 부담하는 조건이다.

v) F.I.O.S.T. (Free In, Free Out, Stowed, Trimmed) : 선적·양륙·본선 내의 적부·선창 내 "화물정리비"(trimming charge)는 모두 화주가 부담하는 조건이다. 즉 F.I.O.조건에 "Stowage" 및 "Trimming Charge"가 추가되는 것이다.

㉯ 정박기간의 표시

정박기간(laydays; laytime)이란 화주가 용선한 선박에 계약물품을 적재 또는 양륙하기 위하여 그 선박을 선적항 또는 양륙항에 정박할 수 있는 기간을 말한다. 그러나 화주가 약정한 기일 내에 양화를 끝내지 못하면 초과된 정박기간에 대하여 체선료(demurrage)를 지급하여야 하며 만일 약정기일 이전에 양화가 완료되면 선주가 화주에게 조출료(dispatch money)[8]를 지급하여야 한다.

정박기간을 약정하는 방법으로는 다음과 같은 것이 있다.

i) 관습적 조속한 적·양화(customary quick dispatch: C.Q.D.) : 이는 관습적 방법 및 능력에 따라 가능한 한 빨리 적·양화하는 조건을 말한다. 이 경우 불가항력에 의한 적·양화 불능은 정박기간에서 공제되지만 일요일, 공휴일 및 야간 적·양화를 약정된 적·양화일에 포함시키느냐 여부는 특약이 없는 한 그 항구의 관습에 따른다.

ii) Running Laydays : 적·양화개시일로부터 종료시까지의 경과일수를 계산하는 방법이다. 따라서 우천, 파업 및 기타 불가항력 등 어떠한 원인에도 관계없이 적·양화개시 이후 종료시까지의 일수를 모두 정박기간에 계산하는 방법이다. 일요일이나 공휴일에 대해서도 이것을 제외한다는 특약이 없는 한 정박기간에 포함한다. "1일 몇 톤" 등과 같이 1일에 책임적·양화수량을 표시하는 것이 일반적이다.

iii) 호천 적·양화일(Weather Working Days: W.W.D.) : 적·양화 가능한 좋은 일기상태의 날만 정박기간에 산입하는 것으로 현재 가장 많이 사용하고 있는 조건이다. 적·양화 가능한 상태여부는 화물의 종류에 따라 차이가 있으므로 선장과 화주가 그 때마다 협의하여 결정하는 것으로 한다. 일요일과 공휴일 처리방법에 대해서는 "Sunday and holidays excepted"(SHEX)라고 부기되면 일요일이나 공휴일에 작업하였어도 정박기간으로 계산하지 않고, "Sunday and holiday excepted unless used"라고 부기되면 일요일·공휴일 적·양화시에는 정박기간에 산입된다. "unless used"에

8) 조출료는 일반적으로 체선료의 1/2이다.

있어서도 시간수만 계산하느냐 1일로 계산할 것인가 하는 문제가 발생하므로 실제 작업시간만 산입하고자 할 때에는 "unless used, but only time actually used to count"라고 약정하여야 한다.

정박기간의 기산시점은 적·양화준비완료통지서(notice of readiness: N/R)가 통지된 후 일정시간이 경과되면 개시되지만 당해항구의 관습에 따른다.

또한 적·양화가 완료되면 정박일수를 기재한 정박일 계산서(laydays statement)를 작성하여 선장 및 화주가 서명한다. 만일 약정된 대로 적·양화가 이행되지 않았다면 체선료나 조출료를 부담하게 된다.

(3) 선체용선계약

선체용선계약(bareboat charter; demise charter)이란 선주가 내항성(seaworthiness)이 있는 선체용선선박 운송업을 영위하는 선사에 용선하는 것으로 용선주가 선박 이외의 선원·장비·소모품 및 운항에 관한 모든 감독·관리에 대한 책임을 부담한다. 선박을 소유하고 있는 선주는 임대인이 되고 선박으로 해상운송업을 영위하는 선주는 임차인이 되는 것이다. 따라서 선체용선은 임대차용선(demise charter)이라고도 한다. 선주는 용선주로부터 매월 또는 상호합의한 시기에 선체용선료(bareboat charter hire)를 받는다. 또한 한국의 운송업자가 외국선박을 선체용선하여 한국의 선원과 장비 등을 갖추어 다시 외국에 재용선(sub-charter)하여 외화를 획득하기도 한다.

4 해운동맹과 해상운임

1) 해운동맹

(1) 해운동맹의 의의

해운동맹(shipping conference; shipping ring)이란 특정 항로에 정기선을 취항시키는 선박회사 상호간에 독립성을 유지하면서 과당경쟁을 피하고 상호이익을 증진시키기 위하여 운임, 적취량, 배선 등 운송조건에 대하여 협정하고 이행하려는 국제적인 해운 카르텔(cartel)을 말한다. 해운동맹이 운임에 비중을 두었을 경우에는 운임동맹이라고 한다. 해운동맹은 1875년 영국과 캘커타 해운동맹(United Kingdom/Calcutta Shipping Conference)이 세계 최초로 결성되어 영국을 중심으로 발전하게 되었고, 현재에 와서는 극동/구주 항로, 극동/미태평양 항로, 극동/미대서양 및 걸프 항로, 극동/호주 항로 등 여러 개의 동맹항로가 있다.

그러나 해운동맹의 경우 불공정거래행위와 연관성이 높기 때문에 2000년대 들어 급속히 쇠퇴하고 있는 실정이다. 예를 들어, EU의 경우 2008년 10월 해운동맹의 공동운임 설정과 선복량 조절행위를 금지하여 사실상 해운동맹을 폐지하였고, 2015년 4월 이후에는 가격(운임)변경 기능이 없는 전략적 제휴도 폐지할 예정이다. 이러한 EU의 조치는 세계 각국에 큰 영향을 미치고 있으며, 향후 전 세계적으로 해운동맹이나 정기선사간 전략적 제휴는 대폭 감소할 것으로 보인다. 그러나 해운동맹이 해운산업과 국제상거래에 끼친 영향은 실로 크다 할 것이므로 아래에서는 간단하게 그 내용을 살펴보고자 한다.

(2) 해운동맹의 종류와 태도

해운동맹은 내부규칙에 따라 선주는 누구나 신규로 가입할 수 있고 탈퇴도 자유로운 미국식의 개방적 동맹(open conference)이 있다. 미국은 미국을 출입항하는 어느 선사라도 일정 수준의 서비스능력만 갖추면 동맹가입의 자유보장, 자유경쟁원칙을 주장하고 있어 동맹에 대한 부정적 태도를 취하고 있다.

한편 동맹규칙준수의 신뢰도, 선주의 능력 등 까다로운 조건과 회원의 이익을 해한다고 판단되는 경우에는 가입을 인정하지 않는 등 가입과 탈퇴가 까다롭고 엄격한 영국식의 폐쇄적 동맹(closed conference)이 있다. 일본도 영국과 마찬가지로 이를 긍정적으로 받아들이고 있다. 대표적인 동맹은 극동/유럽 간의 구주운임동맹(Far East Freight Conference: FEFC)이다.

그러나 1984년 6월에 발효된 미국 신해운법(Shipping Act)의 영향으로 서비스 향상의 노력, 공동운항촉진 등의 영향과 정기선부문에 참여한 아시아 개도국 및 동구권의 맹외선사(outsider)들의 대항, 컨테이너 복합운송의 발전에 따른 시장잠식, 무역환경변화에 따른 대응의 한계성 등 해운동맹은 현실적으로 어려움을 안고 있다.

(3) 해운동맹의 운영

해운동맹은 동맹선사(member liner) 상호간에는 상호이익도모를 위한 협정과 맹외선사에 대항은 물론 화주를 구속 내지 유인시키기 위하여 여러 가지 운영방법을 사용하고 있다.

① 동맹선사간의 협정

동맹선사간에는 대내적으로 최저운임수준 및 공표운임표에 대한 운임협정(rate agreement), 항해선박수의 제한, 배선, 화물의 적취량 등에 대한 할당·제한 등의 항해협정(sailing agreement), 순운임수입에 대한 배분을 조정 등의 공동계산(pooling agreement), 동맹선보다 운임이 낮은 맹외선의 축출을 위해 일정기간의 대항선(fighting ship) 투입 등 맹외선에 대한 대책, 공동운항(joint service), 통합경영 등 동맹선사간 상호이익 도모를 위한 협정을 맺고 있다.

② 해운동맹의 대화주 구속수단

㉮ 계약운임제(contract rate system)

계약운임제란 화주가 동맹선에 선적할 것을 계약하면 운임률이 낮은 계약운임률(contract rate)을 적용하는 특혜를 주어 화주를 유인하는 제도를 말하며 동맹선주와 화주는 자유계약에 의한다. 이 제도하에서는 동맹의 공표운임(tariff rate)에 계약운임률과 비계약운임률(non-contract rate)의 차를 약 10%~15%선으로 설정하게 된다. 따라서 계약운임제는 이중운임제도(dual rate system)[9]라고도 할 수 있다.

㉯ 운임연환급제(deferred rebate system)

일정기간 동맹선에 선적한 화주에 대하여 계속해서 동맹선에만 선적할 것을 조건으로 하여 그로부터 받은 운임의 일부를 환급해 주는 제도이다.[10] 이 제도를 적용받기 위해서는 화주가 일정기간을 동맹선에 선적해야 하는데 이를 계산기간(account period)이라 하고, 그 후 일정기간 동맹선에 선적해야 하는 것을 거치기간(deferred period)이라고 한다. 이 거치기간이 경과되어야 일정률의 운임을 환급받을 수 있다. 이 제도는 화주를 구속하는 수단 중 가장 가혹한 수단이라고 할 수 있다.

㉰ 성실환급제(fidelity rebate system)

일정기간 동안 자기의 화물 모두를 동맹선에만 선적한 화주에 대하여 동맹선사가 받은 운임의 일정비율을 통상 4개월이 지나면 환불하는 제도이다. 이 제도는 운임연환불제

---

9) 또한 삼중운임제(triple rate system)란 동맹의 운임률이 계약률, 비계약률 이외에 특별계약률이 추가되어 3가지 운임률을 동시에 적용요소로 하는 것으로 화주가 동맹선을 이용하면 계약운임률에다 약 2~3%의 추가할인을 해 준다. 일명 "three decker system"이라고도 한다.
10) 운임거치환불제라고도 한다.

와는 달리 거치기간이 없다.

2) 해상운임

(1) 해상운임의 구성요소

해상운임은 정기선운임 또는 부정기선운임에 따라 구성내용이 다르지만 부정기선운임 자체도 해운시장의 자유거래에서 결정되는 것이 일반적이고 정기항로운임이나 장기계약 운임에 영향을 받아 결정하게 된다. 일반적으로 운임은 항해거리, 항만사정, 화물의 성격, 보험조건, 왕복항로의 적취율, 타선사와의 경쟁요인, 정책적 요인 등이 영향을 미치게 된 다. 여기에서는 정기선운임을 중심으로 하여 살펴보기로 한다. 정기선운임은 일반적으로 기본운임, 할증료 및 수수료로 구성되고 있다.

첫째, 기본운임(basic freight)은 화물의 중량(weight), 용적(measurement), 가격(price) 등을 기준으로 하여 산정된다. 여기에는 품목에 관계없이 중량 또는 용적을 기준으로 하여 일정하게 부과하는 품목별 무차별운임(freight all kinds: FAK rate),[11] 품목별운임(commodity freight), 최저운임(minimum freight), 소화물운임(parcel freight) 등으로 나눌 수 있다.

둘째, 할증료(surcharge)는 정기항로의 운임을 일단 공표하게 되면 운임을 긴급히 인 상해야 할 사정이 있을 때 수시 변경하는 것이 용이하지 않으므로 이에 대처하기 위한 것 이다. 할증료의 종류로는 통화할증료(currency adjustment factor: CAF), 유가할증료(bunker adjustment factor: BAF), 중량할증료(heavy lift surcharge), 장척할증료(bulky or lengthy cargo surcharge), 체선할증료(congestion surcharge), 운하할증료(canal surcharge) 등이 있다.

셋째, 수수료는 기본운임 및 할증료 이외에 해당하는 부대비용을 말한다. 수수료에 해당되는 것으로는 양륙항 선택으로 본선출항시까지 화물의 양륙항을 지정하지 못하거 나 수개의 항구를 선택하였을 때 항구 수 등에 비례하여 부과되는 양륙항선택료(optional charge), 또한 양륙지변경수수료(diversion charge), 선내인부임(stevedorage), 환적비(trans-shipment charge), 컨테이너화물적입비(container stuffing charge),[12] 부두사용료(wharfage), 반송운임(back freight)이 있고 초과정박일수에 대하여 용선주가 선주에게 지급하는 일종

---

11) 컨테이너 화물운송에서는 "20 foot container당 얼마"처럼 운임을 품목구분 없이 부과하는 FAK rate 가 보편화되어 적용되고 있다.
12) CFS charge라고도 한다.

의 벌과금(penalty)으로는 체선료(demurrage)가 있다.

(2) 해상운임의 산정기준

해상운임의 산정기준은 화물의 성질과 종류에 따라 용적, 중량, 가격 등을 기준으로 하고 있다. 그러나 일반화물의 경우 대부분은 용적기준으로 산정하고 있으며 컨테이너화물은 "컨테이너 1대당 얼마"와 같이 컨테이너당 운임률(box rate)을 적용하기도 한다.

① 용적기준

의류, 전자제품 등 일반화물은 주로 용적톤(measurement ton)을 운임률로 적용하며 1M³(Cubic Meter: CBM)를 1용적톤으로 한다.[13] 목재의 경우에는 1,000BM(Board Measure)[14]을 1용적톤으로 하고 있다. 이와 같이 용적운임이 적용되는 화물을 용적화물(measurement cargo)이라고 한다.

그림 10-1 **해상운송비의 구성**

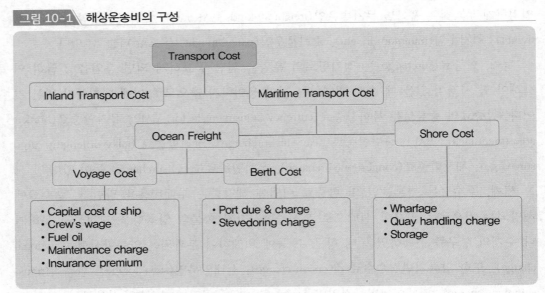

자료: UNCTAD, *The Management of General Cargo Operations*, Unit 1, p. 31.

---

13) 그러나 영국, 일본 등에서는 "40 cubic feet"를 1용적톤으로 한다.
14) 1BM = 1″ × 12″ × 12″ = 2.54cm × 30.48cm × 30.48cm = 2,360cm³

② 중량기준

보통 철강·금속제품이나 기계류 등은 중량(weight)을 기준으로 하여 운임을 산정한다.[15] 무역거래에서는 일반적으로 1,000kg을 1톤으로 하는 중량톤(metric ton: M/T)을 많이 사용하고 있다. 영국톤(long ton: L/T), 미국톤(short ton: S/T)은 용선계약에 따른 일부 품목을 제외하고 별로 사용하지 않는다.[16] 이와 같이 중량을 기준으로 할 때의 화물을 중량화물(weight cargo)이라고 한다.

운임산정기준에서 중량톤과 용적톤 구별이 모호하거나 경합될 때에는 운임톤(revenue ton: R/T)을 적용하는데, 용적과 중량으로 계산된 운임 중 더 많은 쪽으로 운임을 부과한다.

③ 가격기준

보석 등 귀금속이나 고가품은 보관 및 취급상 특별한 주의가 요구되고 보상시에도 문제가 되기 때문에 물품의 송장(invoice)가격에 의하여 종가운임률(ad valorem rates)이 적용된다.

④ 컨테이너박스 기준

컨테이너박스 기준에 의한 운임은 "컨테이너 1대당 얼마"와 같이 산정하는 것을 말한다. 이에는 물품 종류에 관계없이 적용하는 "품목별 무차별운임"(freight all kinds: FAK Rate), 물품을 몇 가지 등급으로 분류 적용하는 "등급별 박스운임"(class box rate), 품목별로 분류 적용하는 "품목별 박스운임"(commodity box rate: CBR) 등으로 분류할 수 있다.

(3) 해상운임의 부담자와 지급시기

해상운임의 부담자는 화주이다. 그러나 화주도 수출자 및 수입자의 소재지 또는 입장에 따라 달라질 수 있다. 무역거래에서 해상운송에 이용되는 FAS, FOB 규칙으로 매매계약을 체결하고 운송계약을 체결하였다면 "운임후지급"(freight collect)으로 선화증권(bill of lading: B/L)상에 표시되기 때문에 운임부담자는 매수인, 즉 수입자가 되고 CFR, CIF 규칙에서는 "운임선지급"(freight prepaid)이라고 표시되어 운임부담자는 매도인, 즉 수출자가 된다. "운임후지급"일 경우에는 수입자는 화물양륙지에서 선박회사로부터 화물도착통지서

---

15) 중국연안에서는 15 piculs(2,000lbs)을 1중량톤으로 한다.
16) M/T=2,204lbs, L/T=2,240lbs, S/T=2,000lbs.

(arrival notice: A/N)를 받고 은행으로부터 인도받은 선화증권을 가지고 수입지 선박회사 또는 대리점에게 당일환율을 적용하여 운임을 지급한 후 화물인도지시서(delivery order: D/O)를 발급받는다.

반대로 "운임선지급"일 경우에는 수출자는 선적지에서 선박회사 또는 대리점에게 선화증권(bill of lading) 발급일자의 환율[17]을 적용하여 운임을 지급한 후 선화증권을 교부받는다.

5 해상운송관련 국제법규

해상운송관련 국제법규에 대해서는 선화증권약관의 국제적 통일을 기하기 위한 조약이 체결되었다. 여기에서는 해상운송인의 책임에 관한 헤이그규칙, 헤이그-비스비규칙, 함부르크규칙 및 로테르담규칙 등을 중심으로 살펴보기로 한다.

1) 헤이그규칙과 헤이그-비스비규칙

해상운송에 있어서 선주측에 유리한 면책약관에 일대 쐐기를 박은 1893년 2월 미국의 하터법(Harter Act)[18]이 제정·발표된 결과 화주국들도 면책약관 제한입법을 성립시키게 되었고 선주측의 면책사항들이 공공의 이익에 위배된다는 법정시비가 선주와 화주 간에 빈번히 발생하게 되었다.

이러한 분쟁을 해결하고 해상운송에 관한 국제적 통일규칙을 마련하기 위하여 국제법협회(International Law Association: ILA)와 국제해사위원회(International Maritime Committee: IMC)가 주관이 되어 1921년 네덜란드의 수도 헤이그에서 "Hague Rule 1921"을 창안하였고 선화증권의 이면약관에 삽입하도록 권장하였다.[19] 그러나 이 규칙은 형식과 용어 등에 결함이 많은데다 선주측의 심한 반발을 사게 되어 국제해양법협회(International Maritime

---

17) 당일의 전신환매도율(telegraphic transfer selling rate)을 적용한다.
18) 하터법은 선주의 면책사항을 대폭 규제하는 법안으로 미국 Ohio주 출신 Michael Harter 의원이 제출하고 대통령이 서명한 것으로 상업상의 과실, 즉 화물의 선적, 적부, 보관, 인도에 관한 선주의 책임을 면제하는 특약과 내항능력 유지를 위하여 적절한 주의(due diligence)를 다할 의무를 경감·면제하는 특약을 무효로 하였고 항해 또는 선박자체의 취급에 대한 선장이나 선원의 과실, 즉 항해상의 과실에 대하여는 면책을 인정하는 등 상업상의 과실에 대한 면책약관금지를 강행법적으로 확립하였다는 데 의의가 있다.
19) 채택여부는 당사자의 자치에 맡겨지는 임의규칙이었다.

Law Association)에 의하여 수정되어 1924년 8월 25일 벨기에의 수도 브랏셀에서 열린 외교회의에서 "선화증권에 관한 통일규칙을 위한 국제조약"(International Convention for the Unification of Certain Rules of Law Relation to Bills of Lading)이 채택되었다. 이 조약 자체가 "Hague Rule"을 모체로 하였기 때문에 헤이그규칙으로 부르게 되었다.

헤이그규칙은 선화증권상 운송인의 면책제한을 중심으로 운송인의 기본적 의무로 내항능력(seaworthiness)에 대한 주의와 운송물의 취급·보관에 대한 주의에 대하여 정당한 노력(due diligence)을 다했다는 증거가 있어야 선주측이 면책될 수 있도록 하였다.

하터법에 근거를 둔 헤이그규칙은 운송인의 면책범위를 제한시키는 국제적인 최초의 조약이라는 데 그 의의가 있다. 그러나 헤이그규칙은 40여년이 지나는 동안 해상운송여건의 변화로 국제해사위원회에서 개정문제가 제기되어 1968년 2월 23일 브랏셀에서 채택되었다. 이것이 "선화증권조약 개정의정서"(Protocol to Amend the International Convention for the Unification of Certain Rules of Law Relating to Bills of Lading)인 헤이그-비스비규칙(Hague-Visby Rules)[20]이다.

헤이그-비스비규칙에서는 체약국에서 발행된 선화증권의 적용범위가 확장되어 지상약관(至上約款; paramount clause)[21]이 포함되고 있는 경우에는 선박운송인, 송화인, 수화인 등 일체의 이해관계인의 국적을 묻지 않고 조약이 적용된다고 하고 있고, 운송인의 책임도 헤이그규칙의 1짐짝 단위에 100스털링파운드인 것을 10,000포앙카레프랑(Poincare Franc)[22]과 운송물의 총중량 1kg당 30포앙카레프랑 가운데 많은 금액을 운송인의 책임으로 하여 운송인의 책임제한금액의 인상과 중량제를 병용하였다.

또한 헤이그-비스비규칙에서는 화물손해배상액 산정기준의 명확화, 컨테이너조항 및 책임제한 저해사유에 관한 규정 신설, 그리고 운송인의 사용인 또는 대리인의 책임 및 항변 관련규정도 신설되었다.

그러나 헤이그-비스비규칙이 채택된 후 십여년이 지나면서 국제금융체제가 바뀌었다. 따라서 1967년 9월 새로운 국제결제수단으로 IMF에 의해 특별인출권(Special Drawing

---

20) 개정작업소위원회의 회의를 스톡홀름 총회에서 개최할 때 스웨덴 수도 스톡홀름에서 가까운 섬에 있는 "비스비항"의 이름을 따서 명명하였다.

21) 어떤 사항에 대해 이 규정이 불충분하거나 애매모호할 때 보다 구체적이고 상세한 규정에 준거하게 되는데, 그 준거규정이 이 규정에 우선 적용하는 상위규정임을 명시하는 약관이다. 따라서 헤이그-비스비규칙이 선적국에서 입법화되었으면 동 규칙이 모든 해상운송에 최우선 적용된다.

22) 프랑스 수상이었던 포앙카레의 성을 따서 붙인 명칭으로 당시 프랑스 법적 통화 1포앙카레프랑은 순도 90%의 금 65.5mg을 말한다.

Rights: SDR)이 창출되어 포앙카레프랑을 SDR로 대체하기 위하여 1979년 헤이그-비스비 규칙 개정의정서[23]가 국제해사위원회의 발의에 의해 브랏셀에서 채택되고 1984년 6월 14일부터 발효되게 되었다.[24]

2) 함부르크규칙

종래의 선화증권통일조약을 중심으로 해상운송인의 책임에 대한 법체계는 선진 해운국을 중심으로 한 것이며 화주국인 개발도상국의 사정을 무시한 것이라고 UNCTAD에서 제기되어 유엔 국제무역법위원회(United Nations Commission on International Trade Law: UNCITRAL)가 통일조약의 개정작업을 시작하였다. 1978년 함부르크에서 개최된 유엔 외교회의에서 "유엔해상물품운송조약"(United Nations Convention on the Carriage on Goods by Sea, 1978)을 채택하고 개최지의 이름을 따서 함부르크규칙(Hamburg Rules)이라고 부르게 되었다.

이 조약은 제30조의 규정에 따라 20개국이 비준하여 가입서를 기탁한 후 1년이 경과하여야 발효되도록 하고, 체약국에 관한 한 이 조약의 발효와 동시에 기존의 헤이그규칙은 폐기하도록 되어 있다. 현재 이 조약은 비준국이 20개국에 달하여 1992년 11월부터 발효되고 있다.[25] 헤이그규칙은 순수한 해상운송구간만 커버하지만 함부르크규칙은 컨테이너운송과 관련하여 해상운송에 인접한 육상운송까지 포함시키고 있다.[26] 함부르크규칙은 그 적용범위가 확대되어 운송인의 책임원칙도 헤이그규칙과 마찬가지로 과실책임주의원칙을 채용하고 보상금액의 현실화, 항해과실책임의 폐지, 화재면책, 면책카탈로그의 폐지, 지연손해에 대한 운송인의 책임을 명문화하고, 운송인의 책임한도의 인상, 운송인의 책임기간 및 구간의 확대 및 파손화물보상장(letter of indemnity)에 관한 규정을 신설하였다.

---

23) Protocol Amending the International Convention for the Unification of Certain Rules of Law Relating to Bills of Lading(August 25, 1924, as Amended by the Protocol of February 23, 1968), Brussels, December 21, 1979.
24) 선적 전에 화물의 가액을 신고하여 그것이 선화증권에 기록되지 않은 화물에 대하여 운송인은 포장당 666.67SDR과 총중량에 대하여 1kg당 2SDR 가운데 많은 금액을 책임한도액으로 하고 있다.
25) 한국은 헤이그-비스비규칙에 찬성은 하였으나 서명은 하지 않았다. 헤이그규칙의 기본원칙은 상법에도 채용하고 선화증권의 약관에도 동 취지를 따르고 있다. 함부르크규칙 역시 한국은 비준하지 않았다.
26) 헤이그규칙이 운송인의 책임구간이 "from tackle to tackle"이라면 함부르크규칙은 "from port to port"로 확대된 셈이다.

| 표 10-1 | 해상운송인의 책임에 관한 국제규칙의 비교 |

구 분		헤이그규칙	헤이그-비스비규칙	함부르크규칙	로테르담규칙
적용범위	적용 가능한 해상물품운송계약	선화증권발행, 정기선운송계약	좌동	선적항, 양륙항이 다른 운송계약, 정기선 운송계약	수령지, 인도지가 다른 운송계약, 정기선 운송계약
	적용대상 당사자	운송인, 선박, 선주, 송화인과 그 대리인	좌동(운송인 이행보조자 추가)	선박, 선주, 운송인, 실제 운송인, 송화인, 수화인, 기타 이해관계자	선박, 선주, 운송인, 이행당사자, 해상운송 이행자, 송화인, 수화인, 기타 이해관계자
	운송목적물	재산, 화물, 상품(생동물, 갑판적 화물 제외)	좌동	생동물 포함, 관습적 갑판적 화물 포함	화물에 대한 제한규정 없음
운송인 책임기간 (구간)		적재부터 양화까지	좌동	선적항에서 수령부터 양륙항에서 인도까지	수령시부터 인도시까지
운송인 책임원칙	책임원칙	과실책임원칙	좌동	과실추정책임원칙	과실책임원칙
	손해유형	멸실, 손상	좌동	멸실, 손상, 지연	좌동
	손해발생원인 항해과실	면책	좌동	운송인의 과실추정	과실책임
	상업과실	과실책임	좌동	운송인의 과실추정	과실책임
	화재위험	사실상 면책	좌동	사실상 면책 (화주가 거증책임)	면책
	원자력위험	규정 없음	일체의 국제협약적용	운송인면책	운송인면책
	면책리스트위험	면책	좌동	면책리스트 삭제, 운송인의 과실추정	면책
	예외규정	-	-	-	대량계약 특별예외
	책임한도	포장/단위당 100파운드	포장 단위당 10,000프랑 (667SDR), Kg당 30프랑 (2SDR)	포장 단위당 835SDR, Kg당 2.5SDR	포장 단위당 875SDR, Kg당 3SDR
이행보조자 책임	운송인의 책임제한이익 공유 여부	규정 없음 (히말라야약관 추가)	운송인 이익의 공유 및 항변권	좌동	좌동
운송인 및 이행보조자 책임제한이익의 부정		규정 없음	고의	고의, 중과실	고의
손해의 통지		인도시 또는 3일 이내	좌동	인도익일 또는 15일 이내 (지연손해 60일 이내)	인도장소에서 또는 7영업일 이내 (지연손해 21일 이내)
제소기간		1년	좌동	2년	좌동

자료: 유병욱, "로테르담규칙에서 운송인의 책임에 관한 연구", 「국제상학」, 제24권 제4호, 2009, 116면.

운송인의 책임한도로는 중량방식과 포장단위 방식을 병용하여 포장 또는 선적단위당 835SDR(또는 12,500금프랑[27])과, 중량 1kg당 2.5SDR(또는 37.5금프랑)로 하여 계산한 총액 중 많은 쪽으로 하고 지연손해에 대한 운송인의 책임은 지연화물운임의 2.5배를 한도액으로 하되 운송계약하에서 지급되는 운송총액을 초과할 수 없도록 하고 있다.[28] 이처럼 함부르크규칙은 운송인의 책임을 크게 강화함으로써 상대적로는 화주에게 유리한 변혁을 가져온 획기적인 조약이라고 할 수 있다.

3) 로테르담규칙

2008년 12월 유엔총회에서 "해상에 의한 국제물품운송계약에 관한 유엔 협약"(United Nations Convention on Contracts for the International Carriage of Goods Wholly or Partly by Sea, 2008)을 채택하였다. 이 협약은 2009년 9월 로테르담에서 서명되어 "로테르담규칙"(Rotterdam Rules)이라고 부르고 있다.

이 규칙은 국제해상구간을 포함하는 문전운송(door-to-door carriage)계약하에서 화주, 운송인 그리고 수화인을 규율하는 통일화되고 현대화된 법제를 마련하는 데 의의가 있다. 이 규칙은 국제해상물품운송과 관련한 기존의 협약 특히 헤이그 규칙, 헤이그-비스비 규칙 그리고 함부르크규칙을 기초로 컨테이너에 의한 화물운송의 증가, 단일계약(single contract) 하에서의 문전운송의 요청, 전자운송서류의 발전, 해상운송기술의 변화 및 상업적 발전 등이 반영된 법적 기반을 제공하고 있다.

로테르담규칙의 특징은 다음과 같다.

첫째, 컨테이너 복합운송의 보편화에 따라 국제해상운송의 경우 당사자간의 운송계약에 따라 해상구간이 포함된 복합운송의 경우에도 적용될 수 있도록 하고 있다.

둘째, 전자상거래환경에 부응하기 위하여 전자운송기록, 즉 전자선화증권의 경우에도 전통적인 종이 선화증권과 기능적 동등성을 인정하고 있다.

셋째, 운송인의 책임부담구간은 물품수령 후 물품인도시까지 운송인의 관리 하에 있는 기간 동안 확대되어 해륙과 연계되는 연계복합운송의 경우에도 적용 가능성을 열어두고 있다.

넷째, 운송인의 과실책임에 대한 입증은 청구인 또는 수화인이 하도록 하고 있다.

---

27) 금프랑은 IMF 회원국이 아닌 경우 SDR을 적용하지 않는 국가에 해당된다.
28) United National Convention on the Carriage of Goods by Sea, 1978, Article 6, Limits of Liability.

다섯째, 대량화물운송계약(volume contract)에서 예외적으로 계약자유의 원칙이 적용될 수 있도록 하고 있다.

제 2 절 컨테이너운송

1 컨테이너의 의의

컨테이너(container)가 제일 처음 소개된 것은 1920년 미국의 철도운송에서였다. 컨테이너화(containerization)는 처음 무개화차(flat cars)에 의한 피기백(piggy-back)[29]의 개발에 박차를 가하여 문전에서 문전까지(door to door) 운송하는 수단으로 시작되었다. 해상운송에서는 제2차 세계대전 중 미군(U.S. Army)의 군수물품 운송에서 이용되었고 컨테이너가 상업적으로 해상운송에 도입된 것은 1956년 미국의 Sea-Land Service, Inc.가 선박갑판을 개조하여 60개의 컨테이너를 적재한 것이 시초이며, 1966년 북대서양에서 Sea-Land사의 Fairland라는 컨테이너선박이 취항한 것이 발판이 되었다.[30]

컨테이너(container)란 물적유통부문에서의 포장·운송·적재 및 양화·보관 등 육로·해로·공로상의 모든 과정에서 경제성, 신속성 및 안전성을 최대한 충족시키고 화물의 운송 도중 이적 없이 일관운송을 실현시키는 운송용기를 말한다.

1961년 국제표준화기구(International Organization for Standardization: ISO)는 제104기술위원회(Technical Committee 104: TC 104)에서 ISO규격 컨테이너를 제정하고 이를 기준으로 컨테이너 제작을 권고하고 있는데 ISO에서 규정하고 있는 컨테이너의 정의를 보면 다음과 같다.[31]

---

29) 컨테이너를 철도화차에 올려놓고 운송하는 것을 말한다. 컨테이너를 컨테이너선에 의하여 해상운송하는 것을 fish-back, 항공기에 의하여 운송하는 것을 birdy-back이라 한다.

30) 1970년 Sea Land사의 컨테이너선이 한국에서는 처음으로 부산항에 입항한 바 있다.

31) An article of transport equipment, ① of a permanent character and accordingly strong enough to be suitable for repeated use; ② specially designed to facilitate the carriage of goods by one or more modes of transport, without intermediate reloading; ③ fitted with devices permitting its ready handling, particularly its transfer from one mode of transport to another; ④ so designed as to be easy to fill and empty; ⑤ having and internal volume of 1m³(35.3 cu.ft) or more.

① 일정기간에 재사용이 가능한 충분한 내구력을 가질 것
② 운송 도중 운송경로가 변경되는 경우에 화물의 이적 없이 일관운송을 할 수 있도록 설계될 것
③ 운송경로를 변경할 때 조작이 용이할 것
④ 화물의 적입과 해체하기에 편리하게 설계될 것
⑤ 내부용적이 1m³(35.3 cu.ft) 이상일 것

2 컨테이너운송의 필요성과 장·단점

1) 컨테이너운송의 필요성

컨테이너운송은 항만에서의 불필요한 비용을 줄일 수 있고, 선박회항시간을 단축할 수 있으며, 운송화물의 단위당 비용을 줄일 수 있고, 선복이윤을 증대시킬 수 있기 때문에 전통적인 노동집약적 재래선 운송 및 적·양화방식보다 자본집약적이면서 기계화된 컨테이너운송방식을 택하게 된 것이다.

2) 컨테이너운송의 장·단점

(1) 컨테이너운송의 장점

컨테이너운송은 일관운송체제를 갖추어 다른 운송방법보다 신속성·경제성 및 안정성을 도모할 수 있는데 그 장점을 선주의 입장과 화주의 입장으로 구분하여 본다.

선주의 입장에서는 ① 항만에 체항하는 시간(in port time)을 단축시킬 수 있다. ② 선박의 가동률(working ratio of ship)이 높아 선복생산성을 개선시킬 수 있다.

화주의 입장에서는 ① 포장비(packing cost)를 줄일 수 있다. ② 철도·트럭 등 내륙운송비(inland transport cost)를 줄일 수 있다. ③ 운송기간 단축으로 재고비용(inventory cost)을 줄일 수 있다. ④ 선박운항일정에 맞추어 재고관리가 용이하다. ⑤ 수출환어음매입을 신속하게 할 수 있어 자금회전을 빠르게 할 수 있다. ⑥ 화물의 손상을 방지할 수 있다.

(2) 컨테이너운송의 단점

컨테이너운송은 다음과 같은 단점이나 어려운 문제가 있다. ① 컨테이너화를 위한 막대한 자본과 기술적 지원이 필요하다. ② 화물의 종류나 성질상 컨테이너에 적입하거나 운송하는 데 곤란한 화물들이 있다.[32] ③ 컨테이너화물의 적재가 상당한 부분이 갑판상에 적재되는 데 따른 할증보험료율이 적용되는 점과 컨테이너취급상의 대인·대물 배상책임 보험도 보험료 증가요인이 된다.[33] ④ 노동집약적인 개도국의 경우에는 항만노무자의 실업문제 및 국제간의 컨테이너운송 관련 법체계나 제도의 수용상 어려움이 있는 나라들도 많다.

③ 컨테이너화물의 유통경로와 운송형태

1) 컨테이너화물의 유통경로

물품을 컨테이너로 운송하고자 할 경우에는 우선 수출자인 송화인(shipper)은 컨테이너화물 선복예약서(booking note)를 컨테이너 야적장(container yard: CY)의 운영자(operator) 등 관련부서에 송부한다. 운송인의 지시에 따라 CY operator는 약정된 시간과 장소에 빈컨테이너(empty container)를 대출하고 화주로부터 기기수도증(equipment receipt: E/R)을 교환한다. 단일 송화인만으로 1대의 컨테이너 속에 송화인의 생산공장 등에서 채워진 컨테이너 만재화물(full container load: FCL)은 CY로 입고시키고 컨테이너내 적치표(container load plan: CLP)도 CY operator에게 전달한다.

한편 컨테이너 1대에 미달되는 소량화물(less than container load: LCL)은 컨테이너 화물조작장(container freight station: CFS)[34]으로 반입하여 다른 송화인의 화물들과 함께 혼재(consolidation)하고 CFS operator가 CLP를 작성하여 CY operator에게 인도한다. 수출신고

---

32) 컨테이너화물 중에 철강제품, 자갈이나 모래, 기타 장척화물(長尺貨物)은 부적합한 화물(unsuitable containerizable cargoes)이고 전자제품이나 의류 등은 적합한 화물(suitable containerizable cargoes)이다.

33) 보험료의 증가 이외에도 수출국과 수입국 사이에 운송화물의 불균형으로 항구간에 왕복정기운송을 할 경우 컨테이너화물을 집화할 수 없을 때에는 "항구간 빈 컨테이너운송비"(Inter-Port Container Positioning Charge)가 추가로 발생될 수 있다.

34) CFS란 컨테이너화물을 수출시에는 적입(vanning)하거나 수입시에는 해체(devanning)하는 컨테이너화물조작장을 말한다.

(export declaration: E/D)수리가 된 FCL화물에 대해서는 CY에서 부두수령증(dock receipt: D/R)을 화주에게 교부하고 운송회사의 선적지시서(shipping order: S/O)에 의하여 본선적재작업을 한다. 만일 내륙컨테이너기지(inland container depot: ICD)[35]가 있는 국가에서는 송화인의 화물을 컨테이너 터미널(container terminal: CT)로 직접 반입하지 않고 ICD로 집결·경유하여 철도[36]나 도로를 통하여 컨테이너 터미널로 입고되는 경우가 일반적이다. CY로 반입된 화물에 대하여 운송인은 D/R을 참조, 선화증권(Bill of Lading: B/L)을 발행하여 송화인에게 교부하고 목적항까지 운송한다.

수입항에 도착한 선박은 적화목록(manifest: M/F)을 도착지 운송인 또는 대리인에게 인도하고 운송인은 수입자인 수화인에게 화물도착통지(arrival notice: A/N)와 함께 화물인도지시(delivery order: D/O)를 한다.

운송인은 화물용역회사와 협조하여 도착화물을 양화(unloading)하고 컨테이너 터미널로 옮긴다. FCL화물의 경우에는 CY에서 수화인의 요구에 따라 수화인 창고까지 내륙운송(inland transportation)을 하고 수입통관 후 수화인의 원본선화증권(original bill of lading) 제시에 의하여 운송인은 화물을 수화인에게 인도한다.

한편 도착물품이 LCL화물의 경우에는 CFS에서 화주별로 해체(devanning)작업을 완료하고 수입통관 후 수화인의 원본선화증권 제시에 따라 운송인은 화물을 수화인에게 인도한다.

2) 컨테이너화물의 운송형태

컨테이너화물의 운송을 수출지의 송화인(shipper)과 수입지의 수화인(receiver)의 관계에서 볼 때 다음과 같이 4가지 운송형태로 구분할 수 있다.

(1) CY/CY(FCL/FCL; Door to Door)

수출자, 즉 송화인의 생산공장이나 창고에서 컨테이너에 물품이 적재되어 수입자, 즉

---

35) 컨테이너화물을 효율적으로 운송하기 위하여 내륙지점에서 컨테이너의 보관, 수리, 집결지로서의 역할을 수행한다. ICD 내에 CFS가 없는 곳도 있다.

36) 철도차대 위에 컨테이너만을 적재한 상태를 COFC(Container on Flat Car)라 하고 철도차대 위에 컨테이너를 적재한 트레일러를 그대로 싣는 방법을 TOFC(Trailer on Flat Car)라 하며 이를 Piggy-back이라 한다. ICD에서 컨테이너 터미널로 운송할 경우에는 보통 Unit Train, 즉 선사 또는 기타 운송인이 전세 계약한 열차를 이용하게 된다.

그림 10-2 컨테이너화물의 유통경로

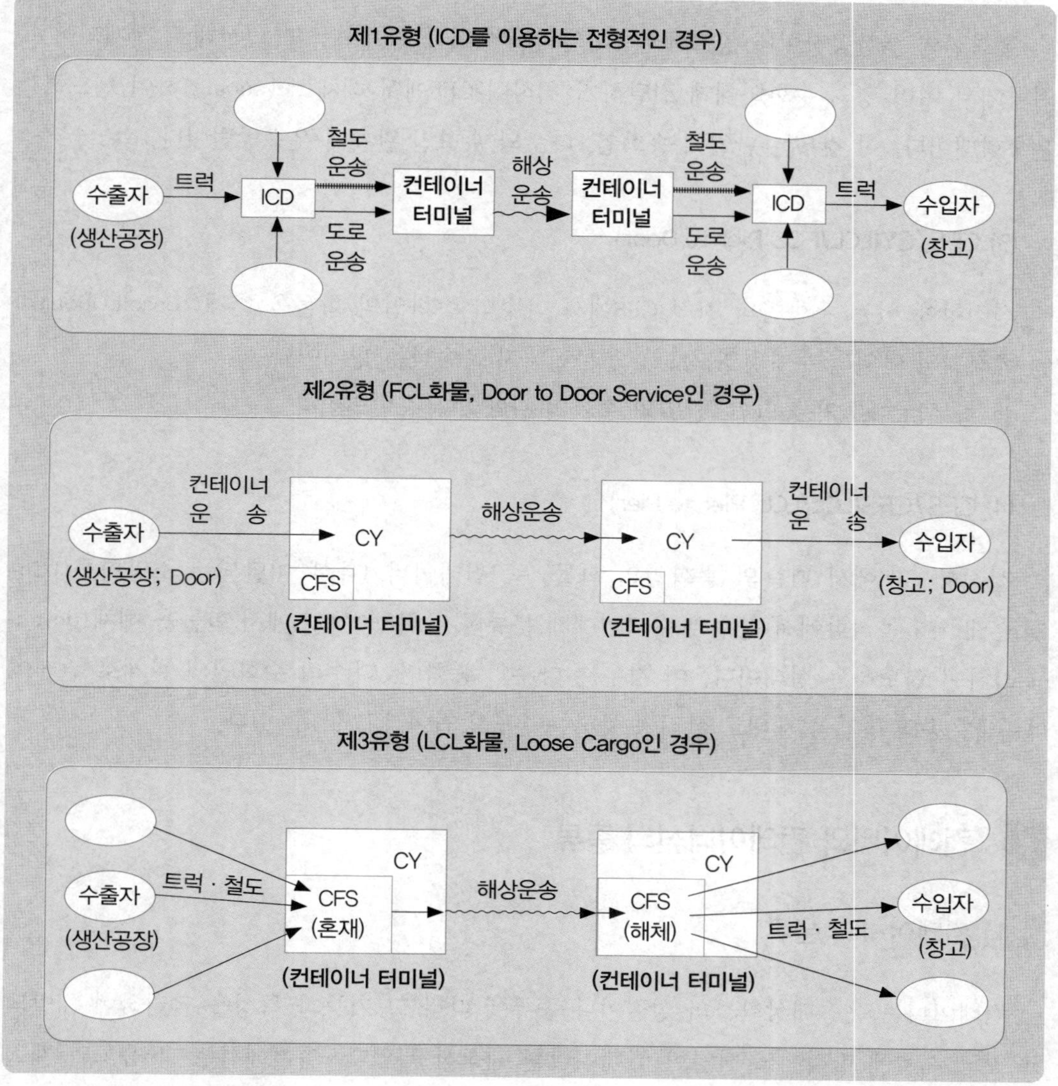

제1유형 (ICD를 이용하는 전형적인 경우)

수출자 (생산공장) — 트럭 — ICD — 철도운송 / 도로운송 — 컨테이너 터미널 — 해상운송 — 컨테이너 터미널 — 철도운송 / 도로운송 — ICD — 트럭 — 수입자 (창고)

제2유형 (FCL화물, Door to Door Service인 경우)

수출자 (생산공장; Door) — 컨테이너 운송 — CY / CFS (컨테이너 터미널) — 해상운송 — CY / CFS (컨테이너 터미널) — 컨테이너 운송 — 수입자 (창고; Door)

제3유형 (LCL화물, Loose Cargo인 경우)

수출자 (생산공장) — 트럭·철도 — CFS (혼재) / CY (컨테이너 터미널) — 해상운송 — CFS (해체) / CY (컨테이너 터미널) — 트럭·철도 — 수입자 (창고)

수화인의 창고까지 컨테이너 만재화물을 그대로 일관운송하는 형태이다.

이 경우는 단일의 송화인, 단일의 수화인 관계로 이는 컨테이너운송의 3대 요소인 신속성·경제성·안전성을 충족시키고 "문전에서 문전으로"(door to door)의 서비스로 컨테이너화물운송의 장점을 최대로 이용한 운송방법이라 할 수 있다.

(2) CY/CFS(FCL/LCL; Door to Pier)

송화인의 생산공장이나 창고에서 1대의 컨테이너에 만재화물(FCL)상태로 적재되어 목적항에서 여러 명의 수화인에게 전달하기 위하여 CFS에서 해체(devanning)하여 인도하는 운송형태이다. 이 경우는 단일의 송화인, 다수의 수화인 관계의 운송방법이다.

(3) CFS/CY(LCL/FCL; Pier to Door)

선적항에 있는 운송인의 지정 CFS에서 다수의 송화인의 화물을 혼재(consolidation)하여 목적지의 단일의 수화인의 창고, 즉 문전까지 운송하는 형태이다.
이 경우는 다수의 송화인, 단일의 수화인 관계의 운송방법이다.

(4) CFS/CFS(LCL/LCL; Pier to Pier)

선적항 CFS에서 다수의 송화인의 화물, 즉 컨테이너 1대에 미달되는 소량화물(LCL)을 혼재하여 목적항에서 다수의 수화인에게 분류하기 위하여 CFS에서 화물을 해체(devanning)하여 인도하는 형태이다. 이 경우는 다수의 송화인, 다수의 수화인의 관계로 컨테이너화물운송의 장점을 제대로 살리지 못하는 운송방법이라고 할 수 있다.

4 컨테이너와 컨테이너선의 종류

1) 컨테이너의 분류

컨테이너는 운송대상화물의 성질이나 종류에 따라 그 기능과 특성을 달리하여 개발되고 있고 재질에 따라서도 다양한 컨테이너를 제작하고 있다. 여기에서는 그 용도와 재질에 따라 구분하여 설명하고자 한다.

(1) 용도에 따른 분류

① 건화물 컨테이너(dry container)
전자제품, 의류 등의 일반잡화를 운송할 때 많이 이용되는 컨테이너로 온도조절이 필요하지 않는 다양한 마른 화물운송에 적합하며 가장 일반적인 컨테이너이다.

② 냉동 컨테이너(reefer container)

육류, 어류, 과일 등 냉동이 필요한 화물을 운송하는 데 사용되는 컨테이너로 보통 +26℃에서 −28℃까지 온도를 임의로 조절할 수 있다.[37]

③ 펜 컨테이너(pen container)

소나 말 가축 또는 동물 등을 운송하기 위하여 통풍과 먹이를 주기에 편리하도록 만들어진 컨테이너로 "live stock container"라고도 한다. 한편 과일이나 야채 등 호흡할 수 있는 통풍구를 설치한 것은 "ventilated container"라고 한다.

④ 오픈 탑 컨테이너(open top container)

와이어(wire) 등 장척화물(長尺貨物)이나 기계류 등을 적재·운송하기에 편리하도록 천정 개방식의 컨테이너로 적·양화작업시 컨테이너 위쪽으로도 할 수 있는 것이 특징이다. 천정은 폴리에치렌타포린(P.E.Tarpaulin)으로 가릴 수 있다.

⑤ 플래트 랙 컨테이너(flat rack container)

기계류, 플랜트, 목재 등 중량·장척화물을 운송하기 위하여 보통 컨테이너 바닥과 4개의 기둥만의 형태로 사방 및 상방에서 적·양화작업하기에 편리하도록 만들어진 컨테이너이다. 또한 중량화물을 운송하는 상면(床面)의 구조로 된 플랫폼 컨테이너(platform container)도 있다.

⑥ 탱크 컨테이너(tank container)

액체상태의 유류, 주류, 화학제품 등을 운송하기에 특별하게 만든 컨테이너이다.

⑦ 행거 컨테이너(hanger container)

신사복, 숙녀복 등의 정장, 실크, 밍크 등의 고급의류를 다림질하여 구겨지지 않게 옷걸이(hanger)에 걸어 수입지에서 그대로 판매할 수 있도록 만들어진 컨테이너이다.

(2) 재질에 따른 분류

① 스틸 컨테이너(steel container)

강철로 만들어져 견고하고 재료비가 싸지만 무겁고 부식되기 쉽다.

---

[37] 냉동품, 냉장품 등 온도관리를 요하는 컨테이너를 총칭하여 Thermal Container라고 한다.

② 알미늄 컨테이너(aluminium container)

알미늄으로 만들어져 가볍고 외관이 유연하지만 재료비가 비싸고 손상되기 쉽다.

③ 에프알피(FRP) 컨테이너 (fiberglass reinforced plastic container)

스틸 프레임(steel frame)과 합판의 양면에 FRP를 부착하여 만들어 얇고 결로(結露; condensation)현상이 없는 장점이 있으나 무겁고 재료가 비싸다.

2) 컨테이너의 규격

컨테이너의 규격은 ISO에 의하여 표준화된 규격으로 제작할 것을 권고하고 있다. 컨테이너는 20풋 컨테이너(twenty foot container)와 40풋 컨테이너(forty foot container) 2개의 종류가 일반적으로 많이 사용되고 있다.[38] 보통 폭은 8′이고 높이는 8′와 8′6″로 두 가지 종류가 있다.[39] 20′컨테이너의 규격은 내부의 길이(length) × 폭(width) × 높이(height)가 20′ × 8′ × 8′ 또는 20′ × 8′ × 8′6″이고 40′컨테이너의 규격은 각각 40′ × 8′ × 8′ 또는

표 10-2 \ 일반적인 컨테이너의 종류별 규격

items / size / type		20′						40′					
		dry		open		flat		reefer	dry		open		flat	reefer
		min	max	min	max	min	max	—	min	max	min	max	—	—
inside measurement	length(mm)	5,892	5,922	5,922	5,930	5,899	5,928	5,349	11,990	12,062	12,056	12,069	12,062	11,470
	width(mm)	2,331	2,360	2,351	2,350	2,238	2,428	2,239	2,290	2,351	2,351	2,358	2,250	2,270
	height(mm)	2,246	2,263	2,180	2,187	2,116	2,116	2,224	2,224	2,367	2,324	2,324	1,964	2,210
door opening	width(mm)	2,310	2,342	2,340	2,350	1,800	1,932	2,239	2,345	2,300	2,340	2,340	-	2,285
	height(mm)	2,130	2,154	2,150	2,154	2,116	2,172	2,141	2,265	2,272	2,286	2,292	-	2,207
load capacity	(m³)	30.0	31.4	27.9	30.4	27.9	31.2	26.5	66.5	68.1	60.8	66.1	53.5	57.6
container weight	(kg)	1,900	2,320	1,960	2,030	2,700	3,620	3,029	2,900	3,830	3,670	3,800	5,050	4,781
maximum load weight	(kg)	18,000	18,720	18,290	13,360	16,700	17,530	17,288	26,652	27,580	26,680	26,810	25,430	26,698
gross weight	(kg)	19,900	21,040	20,250	20,390	19,490	21,150	20,317	29,552	31,410	30,350	30,610	30,480	31,480

---

[38] 종전에 Sea Land사(1999년 Maersk Line에 인수합병 됨)는 35 foot container를 사용하기도 하였다. 20′(twenty foot)란 의미는 컨테이너의 길이(length)가 20자(尺)란 뜻이다. 보통 20′컨테이너 1대를 TEU(Twenty-foot Equivalent Unit)라 하고 TEU의 두 배인 40′컨테이너 1대를 FEU(Forty-foot Equivalent Unit)라 하며 100TEU, 100FEU와 같이 컨테이너 단위별로 수량을 나타낼 때 쓰이고 있다.

[39] ISO규격의 높이 8′6″보다 1′더 높은 9′6″짜리 컨테이너를 High Cubu Container라 한다.

$40' \times 8' \times 8'6''$ 가 가장 일반적이다.[40]

3) 컨테이너선의 종류

컨테이너를 실어 나르는 선박은 그 형태와 적·양화방식에 따라 다음과 같이 분류할 수 있다.

(1) 선형에 따른 분류

① 세미컨테이너선(semi-container ship)

컨테이너만을 적재하지 않고 재래선(conventional ship)에 특정 선창을 개조하여 컨테이너를 적재할 수 있도록 혼합형(combination type), 겸용형(convertible type)의 다목적 선박(multipurpose ship)을 말한다.

② 컨테이너 전용선(full container ship)

대량의 컨테이너만을 적재할 수 있도록 전용화된 선박이다. 여기에는 다음에 설명하는 Ro/Ro, Lo/Lo 적·양화방식에 따른 컨테이너 등이 있다.

③ 랫쉬선(lighter aboard ship: LASH)

컨테이너의 변형으로 규격화된 전용부선(lighter)을 갠트리 크레인(gantry crane)으로 하여금 선미로부터 끌어 올려 화물을 적재한 채로 부선을 선박에 적입하여 운송하도록 설계된 선박이다.[41]

---

40) 컨테이너 규격은 최대가능 내부용적(inside measurement)과 중량(weight)은 ISO에서 명시하고 있지만 보다 안전한 운송을 위하여 건화물(dry)의 경우 실무적으로 20′컨테이너는 용적이 약 25CBM 전후이면서 중량도 17,000kgs 이내로, 40′컨테이너는 용적이 약 55CBM 전후이면서 중량도 23,000kgs 이내로 적재하는 것이 좋다. 왜냐하면 포장규격 및 적입(stuffing) 상태에 따라 dead space가 발생되는 경우가 많고 안전중량이 초과될 수 있기 때문이다.

41) LASH선은 보통 각 선창이 1~3 barge cell로 구성되어 있는데 안벽(berth) 등 항만시설이 없는 항구에서도 적·양화가 가능하다. 1965년 노르웨이에서 건조한 Acadia Forest호(36,862 G/T)가 최초의 LASH선이고, 한국에는 1971년 8월 30일 부산항에 입항한 PFEL소속의 Thomas E. Cuffe호(26,400G/T)가 LASH선이었다. 운항경비 과다 및 유통상의 난점으로 운항에 어려움이 많은 것이 단점이다.

(2) 적재 및 양화 방법에 의한 분류

① Ro/Ro(Roll on/Roll off)방식

Ro/Ro선이란 본선의 선수, 선측 또는 선미에 설치된 개구부를 통하여 선내 경사로(ramp way)를 이용하여 컨테이너 트레일러(trailer)나 자동차가 굴러 들어갈 수 있도록 수평으로 적·양화할 수 있도록 제작된 선박을 말하며 이러한 선박의 적·양화방식을 보통 Ro/Ro방식이라 한다.

② Lo/Lo(Lift on/Lift off)방식

선상이나 육상의 크레인(crane; derrick)을 이용하여 컨테이너를 본선에 수직으로 적재 또는 양화할 수 있도록 하는 방식이다.[42]

③ Fo/Fo(Float on/Float off)방식

부선(barge)에 화물을 적재하고 컨테이너 대신에 크레인으로 바지선을 적재 또는 양화하는 LASH선과 같은 방식을 말한다.

5 컨테이너 터미널의 구조

1) 컨테이너 터미널의 의의

일반적으로 부두(wharf)는 화물의 적·양화 기능에 따라 주로 재래선이 입출항하는 재래부두와 컨테이너선이 입출항하는 컨테이너 전용부두로 나눌 수 있다. 컨테이너 전용부두에는 컨테이너만을 취급할 수 있는 제반 시설과 장비를 갖춘 고도의 전문적인 전용대합실이 있어야 한다. 이처럼 컨테이너시설과 장비 일체를 갖추고 컨테이너 적·양화기능을 담당하는 곳을 컨테이너 터미널(container terminal: CT)이라 한다.

2) 컨테이너 터미널의 구조

컨테이너 터미널은 컨테이너선이 자유로이 입항할 수 있는 충분한 수심과 안벽시설이 갖추어져 있어야 하고 컨테이너 적·양화에 관련된 여러 가지 기기 및 시설이 구비되어야

---

42) Ro/Ro방식을 제외한 대부분의 건화물 컨테이너선은 Lo/Lo 방식에 의한다.

만 한다. 또한 양화한 컨테이너와 컨테이너 야드로 출입되는 화차 등이 용이하게 유통할 수 있는 편리한 위치에 설치되어 도로운송, 철도운송에 연결이 쉬워야 한다.

(1) 안벽(berth)

컨테이너를 접안시키는 곳으로 컨테이너선이 만적시에도 충분히 안전하게 부상할 수 있을 정도로 간만의 차에 관계없이 수심 유지가 절대 필요하며 안벽의 길이는 약 300m 정도 내외의 길이를 요하며 안벽에는 선박의 동요를 막기 위한 계선주(繫船柱; bollard mooring bitt)가 있어야 한다.

(2) 에이프론(apron)

안벽에는 갠트리 크레인(gantry crane)용 철로가 가설되고, 그 철로 위에는 컨테이너화물 적·양화를 위해서 갠트리 크레인이 2~3대 이동한다. 이와 같은 지역을 에이프론이라 한다. 에이프론은 주로 컨테이너 화물의 선적, 양화 등에 필요한 기기만 출입하는 곳으로 약 30m 또는 40m의 노폭으로 되어 있다.

(3) 마샬링 야드(marshalling yard)

선적을 위한 컨테이너를 목적지별 또는 선내의 적치계획에 따라 미리 정렬해 두는 넓은 면적을 말하며 에이프론(apron)과 인접해 있는 것이 일반적이다. 마샬링 야드 지면에는 구획선을 표시해 컨테이너 배열을 편리하게 하고 있다. 이 구획선을 슬러트(slot)라고 한다.

(4) 컨테이너 야드(container yard: CY)

컨테이너 야드는 컨테이너를 인수 및 인도하고 보관할 수 있는 곳이며 마샬링야드(marshalling yard)에 인접해 있다.

(5) 컨테이너 화물조작장(container freight station: CFS)

20푸터 또는 40푸터 컨테이너에 만재될 수 없는 소량 화물(Less than Container Load: LCL)을 여러 송화인(shipper)으로부터 인수하여 같은 목적지로 운송되는 화물들을 한 컨테

이너에 적입(stuffing)하여 포장하거나 또는 반입된 혼재화물을 해체(devanning)하여 소량
화주에게 분산인도하는 창고형 작업장이다. 따라서 긴 창고형 작업장은 혼재완료된 컨테
이너를 CY로 운반하거나 해체한 화물을 수화인이 인수할 수 있도록 하기 위하여 트럭 출
입구가 여러 개 있다.

(6) 통제소(control tower)

컨테이너 야드 내의 중심부에서 여러 작업장을 한 눈에 내려다보고 컨테이너 야드에서
의 작업을 신속히 수행하도록 계획, 지시 및 감독하는 곳을 말한다.

(7) 정비소(maintenance shop)

컨테이너 야드에 있는 여러 종류의 기기 및 비품을 점검·수리·정비하는 곳을 말한다.

(8) 컨테이너 야드 출입구(CY gate)

컨테이너화물에 대한 운송인과 송화인 간의 인도 및 인수는 정문이 경계가 되기 때문
에 정문의 경비는 보다 엄격하다. 따라서 반입되는 컨테이너는 경비원이 컨테이너의 외
관, 봉인(sealing) 여부와 관련서류를 검사하고 이상 유무를 확인한다.

(9) 컨테이너 야드 사무실(administration office)

컨테이너 야드 운영에 필요한 행정사무를 수행하는 곳이다. 컨테이너 터미널의 구조에
대한 모형도는 [그림 10-3]과 같다.

6 컨테이너운송에 관련된 국제조약

1) 컨테이너 통관조약

"컨테이너 통관조약"(Customs Convention on Container: CCC)은 컨테이너 자체가 국경
세관을 통관함에 따라 양당사국간의 국세와 통관방법 등에 대하여 협약할 필요성이 있어
1956년 유럽경제위원회의 채택으로 탄생되었다.

그림 10-3 컨테이너 터미널의 구조

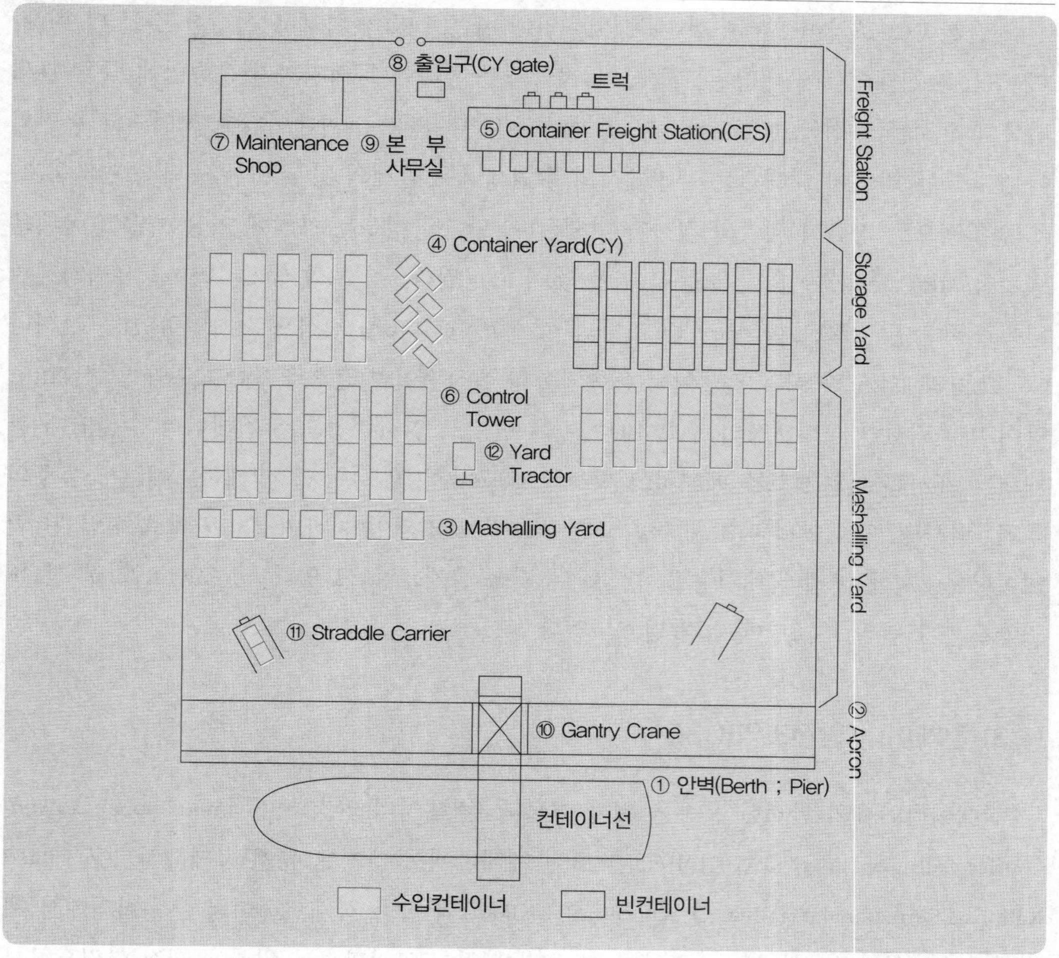

⑧ 출입구(CY gate)
트럭
⑦ Maintenance Shop ⑨ 본 부 사무실 ⑤ Container Freight Station(CFS)
④ Container Yard(CY)
⑥ Control Tower
⑫ Yard Tractor
③ Mashalling Yard
⑪ Straddle Carrier
⑩ Gantry Crane
① 안벽(Berth ; Pier)
컨테이너선
Freight Station
Storage Yard
Mashalling Yard
② Apron

수입컨테이너   빈컨테이너

이 조약의 주요 내용은 ① 일시적으로 수입된 컨테이너는 재수출하는 조건으로 면세하고, ② 국내보세운송에 있어서 조약체결국 정부의 세관의 봉인(seal)을 존중하는 것 등을 규정하고 있어 체약당사국간의 컨테이너에 대한 관세 면세를 통하여 원활한 소통을 도모하게 되었다. 한국은 1981년 10월 국회의 비준 동의를 얻어 정식으로 가입하였다.

2) 국제도로운송 통관조약(TIR)

공식명칭은 "국제도로운송수첩에 의한 담보하에 행하는 화물의 국제운송에 관한 통관조약"(Customs Convention on the International Transport of Goods under Cover of TIR Carnets)

으로 약칭하여 TIR[43] 조약으로 부르고 있다.

전술한 CCC조약이 컨테이너 자체의 수입에 따른 관세의 특례를 설정한 것인 데 비해, TIR조약은 컨테이너에 내장된 화물을 특정국가를 통하여 목적지까지 운송함에 따른 관세법상의 특례를 규정하고 있다.[44] 이 조약의 주요 내용은 ① 컨테이너에 적입되고 봉인되어 운송되는 화물에 대해서는 세관에서의 수입세나 수출세의 납부 또는 공탁을 면제하고, ② 원칙적으로 경유지 세관의 검사가 면제된다. 단, 이 경우는 봉인에 이상이 없고 국제운송수첩(TIR Carnets)에 의한 보증이 있을 것이 요구된다. 이 조약 역시 1959년 유럽경제위원회가 채택한 것으로 한국도 CCC조약과 함께 1981년 10월 정식으로 가입하였다. 그러나 CCC조약과 TIR조약 이후 컨테이너 운송기술의 혁신적인 발전으로 신CCC조약 및 신TIR조약이 마련되었다. 그 개정의 주요 내용은 ① 면세로 일시수입되는 컨테이너 수출입에 관계되는 제서류 제출제도를 폐지하고 담보도 요구하지 않으며, ② 컨테이너에는 소유주의 국적, 회사명, 컨테이너의 자체중량, 식별번호가 표기되어야 하며, ③ 면세로 수입 된 컨테이너를 1회에 한해 국내사용을 인정하는 것을 골자로 하고 있다. 신CCC조약 및 신TIR조약도 1975년과 1978년에 각각 발효되었다.

3) 컨테이너 안전조약(CSC)

컨테이너화물의 안전한 운송을 위한 이른바 "컨테이너 안전조약"(International Convention for Safe Container: CSC)이 1972년 11월 제네바에서 개최된 유엔 국제해사기구(United Nations International Maritime Organization: UNIMO)의 합동 국제컨테이너 운송회의에서 채택되었다. 이는 컨테이너의 조작장치 및 운송에 있어 안전확보를 위한 국제적 안전요구사항에 대하여 규정하고 있다. 한국도 1978년 11월 4일 국회의 동의를 얻어 1978년 12월 18일 IMO에 통보되어 1979년 12월 18일부터 발효되고 있다.

---

43) Trailer Interchange Receipt의 약어이다.

44) TIR조약이 컨테이너 도로운송에만 적용되는 데 비하여 관세협력이사회(Customs Cooperation Council: CCC)가 1971년 채택한 "국제운송통관조약"(Customs Convention on the International Transit of Goods)은 육·해·공의 모든 운송수단을 대상으로 하고 있다.

제 **3** 절 국제복합운송

1 복합운송의 개념

1) 복합운송의 의의

복합운송(multimodal transport)의 정의에 대해서는 1991년 UNCTAD/ICC의 복합운송 증권에 관한 규칙(UNCTAD/Rules for Multimodal Transport Documents)에 의하면 "적어도 두 가지 이상의 다른 운송수단에 의하여 물품을 운송하기 위한 단일계약으로 이루어지는 물품운송을 의미한다"[45]라고 규정하고 있다. 또한 1980년 UNCTAD의 유엔 국제물품복합운송조약(United Nations Convention on International Multimodal Transport of Goods)에 의하면 "국제복합운송이란 복합운송계약에 기초하여 적어도 두 가지 이상의 운송방법에 의한 운송으로서 복합운송인이 운송물품의 수령지와 인도지가 다른 두 나라 사이의 운송을 말한다"[46]라고 규정하고 있다.

이처럼 복합운송이란 특정화물을 육상·해상·내수로·항공·철도·도로운송 중에서 적어도 두 가지 이상의 운송형태를 복합적으로 이용하여 출발지에서 목적지까지 운송구간을 일관운송하는 것을 말한다. 복합운송이란 이름이 등장하기까지는[47] 통운송(through transport)이란 개념으로 운송계약이 체결되어 왔다. 통운송에 있어서는 운송방식의 결합형태는 동종 또는 이종운송수단에 관계없이 각 운송구간마다 운송인이 분할하여 책임을 지면서 통선화증권(though bill of lading)이 발행되지만, 복합운송에서는 반드시 이종운송수단의 결합에 의하여 이루어져야 하고 복합운송인[48] 1인에게 전운송구간의 책임을 집중시킬

---

45) UNCTAD/ICC Rules for Multimodal Transport Documents, 1991, Rule 2-1.

46) UNCTAD, United Nations Convention on International Multimodal Transport of Goods, 1980, Article 1. "International multimodal transport means the carriage of goods by at least two different modes of transport on the basis of multimodal transport contract from a place in one country at which the goods are taken in charge by the multimodal transport operator to a place designated for delivery situated in a different country."

47) 복합운송인의 표기는 TCM조약안에서는 CTO(combined transport operator), UN조약 및 ICC에서는 MTO(multimodal transport operator), 미국에서는 ITO(intermodal transport operator)라고 하고 있다.

48) 1929년 Warsaw조약(국제항공운송통일규칙에 관한 조약)의 "Provisions Relating to Combined

수 있으며, 복합운송증권(multimodal transport document: MTD)이 발행된다. 1960년대 이후 컨테이너가 해상운송에 본격적으로 도입되면서 육상과 해상을 중심으로 국제복합운송은 괄목하게 발전하고 있으며 이에 따른 국제상거래규칙들도 무역관행의 변화에 적극 부응시키고 있다.

2) 복합운송의 요건

복합운송의 개념을 종합하여 볼 때 복합운송의 요건은 다음과 같다. ① 운송에 대한 모든 책임이 복합운송인에게 집중되는 단일운송계약과 단일책임(uniform liability)을 부담한다. ② 전구간의 운송(through carriage)을 인수한다. ③ 다양한 운송수단(different modes of transport)이 이용된다. ④ 단일운임(through rate)의 청구권을 갖는다. ⑤ 복합운송증권(multimodal transport document)을 발행하여야 한다.

2 복합운송의 주요 경로

1) 복합운송경로

한국에서 복합운송이 가능한 운송경로를 목적지별로 보면 다음과 같다.
① 시베리아 랜드 브리지(SLB)에 의한 유럽향 경로
② 아메리카 랜드 브리지(ALB)에 의한 유럽향 경로
③ 미니 랜드 브리지(MLB)에 의한 미국 동부 및 걸프지역향 경로
④ 태평양연안항 경유 미국 중서부향 경로(MCB; IPI)
⑤ 북태평양연안항 경유 캐나다 동부향/유럽향 경로(CLB)
⑥ 캐나다 동해안 경유 캐나다 동부지역 내 경로와 유럽향 경로
⑦ 유럽제항 경유 유럽 내륙향 경로
⑧ 오스트레일리아 항로에 의한 오스트레일리아 동부향 경로
⑨ 부관(釜關)페리에 의한 한·일 복합운송 경로

Transport"에서 처음 사용되었다.

(1) 2구간 랜드 브리지

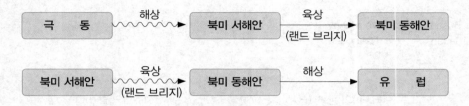

(2) 3구간 랜드 브리지

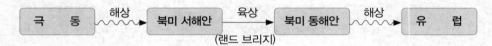

랜드 브리지(land bridge)란 육·해 복합일관운송이 실현됨에 따라 해상-육상-해상으로 이어지는 운송구간 중 중간 구간인 육상운송구간을 말하며 해상과 해상을 잇는 해륙운송에의 교량(bridge)역할을 한다.

랜드 브리지는 그 형태에 따라 "2구간 랜드 브리지"(two span land bridge)와 "3구간 랜드 브리지"(three span land bridge)가 있다.

2) 랜드 브리지에 의한 복합운송

(1) 시베리아 랜드 브리지(Siberia Land Bridge: SLB)

시베리아 랜드 브리지는 부산 또는 일본으로부터 대륙운송의 접점인 러시아의 나호트카(Nakhodka)나 보스토치니(Vostochny)까지 컨테이너선으로 해상운송하고 그 곳에서 시베리아 철도[49]에 의해 육상운송하여 유럽과 중동의 운송기관과 연결하여 목적지까지 운송하는 "극동-유럽-중동"간 "해상-육상-해상" 경로에 의한 국제복합운송의 한 형태이다.

SLB는 운송수단에 따라 다음과 같이 세 가지 경로가 있다.

① Trans sea(해상운송)
② Trans rai1(철도운송)

---

49) 1926년 TSR(Trans Siberian Railroad)을 개발하였다가 1931년 만주사변으로 중단된 후 1967년에 재개되어 중국횡단철도(Trans China Railroad: TCR)가 TSR에 연결되고 있다.

그림 10-4 │ 시베리아 랜드 브리지의 경로별 운송수단

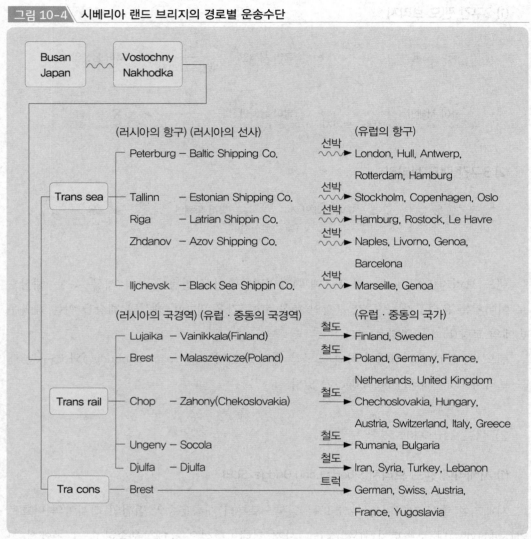

자료: UNCTAD, *op. cit.*, p. 100.

③ Tra Cons(트레일러 운송)

위의 경로 중에서 운송량면에서는 ①과 ②가 유리하고, 적·양화면에서는 ②와 ③이, 경제성과 편리성면에서는 ③이 유리하다. 또한 운송기간면에서 보면 ②가 유리하다.

(2) 아메리카 랜드 브리지(America Land Bridge: ALB)

ALB는 1972년 미국의 Sea Train사가 처음 개설한 것으로 극동과 유럽간의 화물운송에

그림 10-5 | 아메리카 랜드 브리지의 경로

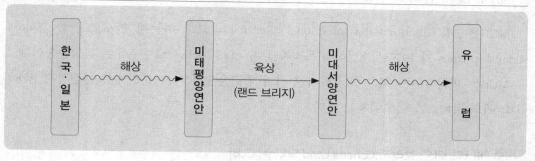

서 미국대륙의 횡단철도를 랜드 브리지로 한 극동-구주 간의 복합운송을 말한다. 전구간
을 해상운송에 의할 때보다 ALB를 이용할 경우 운송일수는 수일이 단축된다.

(3) 미니 랜드 브리지(Mini Land Bridge: MLB)

MLB란 극동에서 선적된 화물이 미국 태평양 서안항구에서 양화되어 육상운송수단인
철도나 트럭에 의하여 북미대륙을 횡단, 미국 대서양 연안의 동부 및 걸프지역 항구까지
운송되는 복합운송의 한 형태를 말한다. ALB는 목적지가 유럽이지만, MLB는 목적지가 미
국 내의 항구로 랜드 브리지의 축소판이란 뜻에서 MLB라고 부르고 있다. 1972년 3월 미
국 Sea Train사가 주제상무위원회(Interstate Commerce Commission: ICC)와 연방해사위원회
(Federal Maritime Commerce Committee: FMC)의 승인을 받아 개설하였다.

전해상서비스(all water service)를 이용할 때보다 MLB를 이용할 경우에는 운송일수가
약 10일 정도 단축된다.

그림 10-6 | 미니 랜드 브리지의 경로

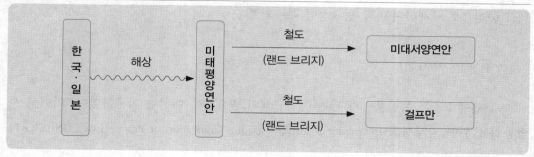

(4) 마이크로 랜드 브리지(Micro Land Bridge: MCB)

MCB는 "IPI(Interior Point Intermodal) Service"라고도 하는데 현재 도산한 "States Steamship Lines"가 1977년 개발하여 목적지를 미국의 내륙도시로 운송하는 복합운송이다.

MCB는 미국 내륙지역의 도시까지 선사가 일관운송하므로 "문전에서 문전까지"(door to door)의 서비스가 이루어지고 있다.

(5) 캐나다 랜드 브리지(Canada Land Bridge: CLB)

극동·유럽간 컨테이너 일관운송에서 SLB에 대항하기 위하여 1980년에 개시된 캐나다의 복합운송경로이다.

(6) 오버랜드 코먼 포인트(Overland Common Point: OCP)운송

OCP란 북미대륙 내에서 공통운임이 부과되는 지역을 말하는 것으로 지리적으로 록키(Rocky)산맥 동쪽의 원격지를 말한다. 태평양안의 항구에 도착된 화물 중에 화주가 OCP 목적지까지의 운송을 의뢰하는 경우, OCP화물은 OCP운송인으로 하여금 철도와 트럭으로 일관운송하여 OCP목적지에 도착시키도록 하는 것을 OCP운송이라고 한다. 예를 들면, 극동에서 미주대륙으로 운송되는 화물의 선화증권에 "Sanfrancisco OCP" 또는 "OCP via Seattle"이 기재되는 경우에는 OCP지역[50]까지 운송되는 것을 뜻한다.

3 복합운송에 관련된 국제법규

국제복합운송은 상이한 운송수단을 결합한 운송방식이어서 특히 복합운송인의 책임관계를 중심으로 규제하여야 할 필요성이 대두되었다.

1) TCM조약안

1948년에 ICC는 복합운송과 관련하여 규제의 필요성에 대하여 거론하였다. 이어서 사법통일을 위한 국제협회(International Institute for the Unification of Private Law: UNIDROIT)

---

50) OCP지역은 Colorado, New Mexico, North Dakota, South Dakota, Nebraska주 등이 포함된다.

는 1965년에 국제복합운송조약 초안(Project de Convention Sur le Contrat de Transport Inter-national Combine de Marchandises)을 발표하였고, 1969년에 국제해법회(Committee Maritime International: CMI)가 "Tokyo Rules"을 발표하였다.

유엔 산하의 유럽경제위원회(Economic Commission for Europe: ECE)의 내륙운송위원회(Inland Transport Committee)는 두 개의 조약안의 내용을 통일하기 위하여 회의를 소집하여 1970년 1월에 복합운송조약 초안(Rome Draft)을 확정하였다. 이 복합운송조약 초안을 심의한 정부간 해사협의기구(Inter-Governmental Maritime Consultative Organization: IMCO)는 모든 이해관계자들이 이용할 수 있는 조약안을 작성해야 한다는 결론에 도달하였다. 따라서 정부간 해사협의기구와 유럽경제위원회의 합동위원회는 복합운송조약 초안을 수정하여 1971년 11월 TCM 조약안(Project de Convention Sur le Contrat de Transport Interna-tional Combine de Marchandises)을 발표하기에 이르렀다. 그러나 TCM조약안은 1972년 11월과 12월에 제네바에서 개최된 유엔과 정부간 해사협의기구가 공동으로 주최하는 국제컨테이너운송회의(United Nations/IMCO Conference on International Container Traffic)에서 채택되지 않았다.

TCM조약안이 채택되지 않은 주요 이유는 다음과 같다.

첫째, 복합운송조약 초안은 해상운송업계와 육상운송업계의 의견은 반영되었으나, 항공업계가 그들의 의견이 반영되지 않았다는 이유로 조약채택에 반발하였기 때문이다. 항공업계는 TCM조약안이 와르소조약과 근본적으로 상충된다는 의견을 갖고 있었다.

둘째, 미국을 포함한 많은 국가들이 TCM조약안이 장차 복합운송에 미칠 경제적 측면에서 충분한 연구가 이루어져야 한다고 주장하였다. 따라서 TCM조약안에서 복합운송에 관한 새로운 법률체계를 도입하게 되었다. 즉 복합운송인이 복합운송증권을 발행하여 전 운송구간에 대해서 책임을 부담하고자 한 것이다.

2) 복합운송증권에 관한 UNCTAD/ICC 규칙

ICC는 당초 복합운송증권에 관한 통일규칙을 준비하기 시작하여 1973년에 복합운송통일규칙(ICC Uniform Rules for a Combined Transport Document, Publication No. 273)을 발표하였다. 그러나 이 규칙은 인도지연에 관한 운송인의 책임을 규정하고 있어 많은 국가들이 이 규칙의 채택을 거부하여 1975년에 인도지연에 대한 운송인의 책임조항을 삭제한 수정안(ICC Publication No. 298)이 발표되었다.

1980년의 유엔 국제물품복합운송조약의 발효를 앞두고, UNCTAD의 해운위원회는 UNCTAD사무국이 상거래당사자 및 국제기구와 긴밀히 협조하여 헤이그규칙과 헤이그-비스비규칙은 물론 FBL이나 ICC 통일규칙과 같은 기존의 증권을 바탕으로 하여, 복합운송증권에 관한 규정을 다시 마련할 것을 지시한 바 있다. 그 결과 UNCTAD사무국은 UNCTAD/ICC 합동작업반을 통하여 상거래 당사자들과 접촉을 계속하여 새로운 규칙을 마련하여 1991년 11월 파리의 ICC 이사회에서 "복합운송에 관한 UNCTAD/ICC규칙" (UNCTAD/ICC Rules for Multimodal Transport Documents)을 채택하였다.

이 규칙은 국제해사위원회(CMI)의 "Tokyo Rules"과 UNIDROIT의 노력에 의하여 성안된 TCM안으로 호칭되는 협약초안을 바탕으로 한 것으로 세계적으로 널리 호응을 받았다. 특히 이는 국제운송주선인협회(FIATA)의 복합운송증권과 발트·백해해운동맹/국제선주협회(BIMCO/INSA)의 COMBIDOC와 같이 널리 사용되고 있는 많은 표준운송증권에 사용되고 있다.

또한 이 규칙은 서면이나 구두 또는 기타의 방법으로 "복합운송증권에 관한 UNCTAD/ICC 규칙"이라는 준거를 운송계약에 채택한 경우에 적용된다. 이 경우 단일의 또는 복수의 운송수단을 사용하는 단일운송계약인지 또는 복합운송계약인지 여부와는 관계가 없으며, 또한 증권이 발행되었는지 여부와도 관계가 없다. 이 규칙하에서 화물에 관한 복합운송인의 책임은 화물을 인수한 시점에서 이를 인도하는 시점까지의 기간에 걸쳐 부담하며 또한 이종책임체계(network system) 및 과실책임원칙을 채택하고 있다.

이 규칙에서는 선장, 선원, 도선사, 운송인의 항해, 선박의 관리에 관한 행위, 태만, 또는 과실에 기인하거나, 또는 운송인의 고의 또는 과실로 인하여 발생한 것이 아닌 화재로 발생한 멸실, 손상 또는 인도의 지연에 대하여 책임을 부담하지 아니한다.

또한 복합운송인의 배상금액 및 책임한도는 복합운송증권에 기재한 경우를 제외하고 매 포장당 666.67SDR 또는 총중량에 대한 매 kg당 2SDR 중 많은 금액을 초과하지 아니하는 범위의 금액이다. 다만 해상 또는 내수로 운송을 포함하지 아니할 경우에는 총중량에 대한 매kg당 8.33SDR을 초과하지 아니하는 금액으로 제한한다.

그러나 이 규칙은 복합운송계약의 관습적인 내용의 일부분만을 다루고 있을 뿐이다. 따라서 이 규칙을 토대로 복합운송계약을 체결하고자 하는 복합운송인(MTO)은 필요에 따라 적부의 재량(optional stowage), 운송경로, 운임과 비용, 유치권(liens), 쌍방과실충돌, 공동해손, 재판관할과 중재 및 준거법 등의 문제에 관해 별도의 조항을 추가하여야 한다.

이는 어디까지나 이 규칙과 상충되지 않는 범위 내에서 가능한 것이다.

3) 유엔 국제복합운송조약

1972년 TCM조약안이 유엔과 정부간 해사협의기구가 공동 주최하는 국제컨테이너운송 회의에서 정식 복합운송조약으로 채택되지 못함으로써 UNCTAD에 정부간 준비그룹(Inter-Governmental Preparatory Group: IPG)을 조직하게 하여 새로운 조약안 작성을 요청하게 되었다. 이에 따라 1973년 68개국 정부가 참여하는 정부간 준비그룹이 이 작업에 착수하여 6차례의 회의를 거친 끝에 1979년 3월에 조약 초안을 작성하였다. 이어서 이 조약을 채택하기 위한 전권대표자회의가 1976년 11월 12일부터 30일까지 제네바에서 개최되었으나 채택되지 못하고, 1980년 5월 8일부터 24일까지의 제2차 회의에서 채택되었다. 이 조약이 복합운송에 관한 규제 및 적용을 위해서는 30개국의 비준이 있은 후 12개월 후에 발효될 수 있도록 하고 있는데 아직까지는 비준국 수가 미달된 실정이다.

이 조약에서는 절충식책임체계(flexible liability system)를 채택하고 과실책임주의를 원칙으로 하지만 면책사유에 대한 열거는 없다. 또한 복합운송증권은 유통증권이 아닌 비유통증권으로도 발행가능하고 복합운송인은 증권에 기재된 수화인에게만 화물을 인도하도록 하였다. 배상금액 및 책임한도는 1 package 또는 1 unit당 920SDR 또는 1kg당 2.75SDR 중 높은 금액을 적용하도록 하고 있다.

4 복합운송인의 책임체계

국제운송조약에서의 논점은 운송인의 책임문제에 있다. 특히 책임에는 선량한 관리자로서의 주의의무를 태만하여 야기되는, 즉 과실에 의해 물품에 손해가 발생한 경우에만 복합운송인이 책임을 부담하는 과실책임(liability for negligence), 운송인이나 사용인의 과실을 요건으로 하지 않고 복합운송인이 책임을 부담하는 무과실책임(liability without negligence) 그리고 과실의 유무를 불문하고 운송인은 결과에 대하여 책임을 부담하며 면책을 인정하지 아니하는 엄격책임(strict liability)이 있다. 복합운송의 경우에는 특히 책임체계가 중요한 논란대상이 되고 있다. 이는 여러 가지 운송방식의 결합으로 이루어지는 복합운송의 전구간에 대하여 복합운송인의 책임을 어떠한 방식으로 정할 것인가 하는 논의 때문이다.

하나는 운송인의 각 구간 이종책임체계(network liability system)이고, 다른 하나는 전구간 단일책임체계(uniform liability system)이다. 그 외에 이 두 가지를 혼용한 형태로 절충식 책임체계(flexible liability system)가 있다.

1) 이종책임체계(network liability system)

이 제도하에서 복합운송인의 책임은 운송물의 멸실 또는 손상이 생긴 운송구간, 즉 손해발생구간을 아는 경우(known damage)와 이를 알 수 없는 경우(concealed damage)로 나누어 각각 다른 책임체계를 적용하는 방법이다.

전자의 손해발생구간을 아는 경우에는 운송인의 책임은 운송물의 멸실 또는 손상이 생긴 운송구간에 적용될 국제조약 또는 강행적인 국내법에 따라서 결정된다. 즉 해상구간에는 헤이그-비스비규칙이, 그리고 항공구간에는 와르소조약이 적용되는 것을 말한다. 이 원칙의 기본이념은 기존 운송법상의 책임제도와 최대한도의 조화를 이룬다는 점이다. 즉 해상, 육상, 항공 등의 운송구간 또는 운송방식에 따라서 각각 고유한 법원칙이 성립되어 적용되고 있는데, 이들 법원칙을 존중하는 것이 실제에 있어서 무리가 없고, 복합운송의 이용도 원활하게 된다는 것이다.

한편 후자의 손해발생구간을 알 수 없는 경우와 또는 아는 경우라 하더라도 그 구간에 적용할 조약이나 강행법규가 없는 경우에는 그 손해가 해상구간에서 발생된 것으로 추정하여 헤이그-비스비 규칙을 적용하거나 별도로 정하여진 일반원칙을 적용한다.

일찍이 각종 국제단체에서 마련하였던 복합운송조약의 시안 중에도 이 이종책임체계에 따른 안[51]이 대부분이며, 앞에서 본 바와 같이 "복합운송증권에 관한 UNCTAD/ICC규칙"과 그리고 FIATA, BIMCO 등에서 공표한 복합운송증권이나 실제 유력한 운송인들의 운송증권들도 운송인의 책임에 관하여 이종책임체계에 따르고 있다.

2) 단일책임체계(uniform liability system)

이 제도하에서 복합운송인은 물품의 멸실이나 손상 등 손해가 발생한 운송구간이나 운송방식의 여하를 묻지 않고, 즉 발생장소가 밝혀진 경우나, 밝혀지지 않은 경우나 항상 동일한 책임원칙이 적용되는 방법을 말한다. 즉 복합운송인은 책임원칙, 항변의 조건(terms of defence)이나 책임의 한계에 있어서 단일방식운송(unimodal transport)의 운송인의 경우

---

51) 예컨대, 1969년의 Tokyo Rules 및 1970년의 TCM조약안 등이다.

표 10-3	유엔 국제물품복합운송조약과 복합운송증권에 관한 UNCTAD/ICC규칙

규칙 항목	유엔 국제물품복합운송조약 (1980)	복합운송증권에 관한 UNCTAD/ICC규칙 (1991)
적용범위	복합운송인이 화물을 수령하는 지점(적출국) 및 복합운송인에 의하여 화물이 인도되는 지역(목적국) 또는 연결되어 있는 경우 자국이 이 조약의 체약국이 아니더라도 상대국이 체약국이면 반대의 경우도 이 조약이 적용됨	서면이나 구두 또는 기타의 방법으로 "복합운송계약에 관한 UNCTAD/ICC규칙"을 명시적으로 운송계약에 합의된 경우에 적용. 단일운송계약 또는 복합운송계약과는 상관없으며, 또한 증권이 발생되었는지의 여부와도 상관없음
책임체계	절충식책임체계	이종책임체계
책임원칙	과실책임원칙 (다만 운송인의 가중책임이 있음)	좌동
면책사유	과실책임주의에 따르고, 면책사유의 열거는 없음. 위험물품에 대해서는 특별규정이 있음	선장, 선원, 도선사, 운송인의 사용인의 항해, 선박의 관리에 관한 행위, 태만 또는 과실, 운송인의 고의 또는 과실로 인하여 발생한 것이 아닌 화재로 발생한 물품의 멸실, 손상
배상금액 및 책임한도	1 package 또는 1 unit당 920SDR 또는 1kg당 2.75SDR 중 높은 쪽을 초과하지 않는 금액. container, paller로 운송되는 경우의 포장수 등을 세는 방법은 Hague-Visby Rules와 Hamburg Rules과 동일함	증권에 기재한 경우를 제외하고 매 포장당 666.67SDR 또는 총중량에 대한 매 kg당 2SDR 중 많은 금액을 초과 않는 범위 금액. 단 해상 또는 내수로 운송을 포함 않을 시는 총중량에 대한 매 kg당 8.33SDR을 초과 않는 금액
손해통지 기 간	화물의 인도일의 다음 영업일까지 손해가 외부로부터 인정되지 않는 경우에는 인도 후 6일 이내, 연착에 대해서는 인도된 일의 다음날로부터 60일 이내에 통지하지 않으면 운송인은 책임을 부담하지 않음	물품이 수화인에게 인도 후 6일 이내
소송제기 제 한	2년의 소송제기 기한을 정하고 동시에 소송제기 기한을 서면에 의한 운송인의 선언 및 당사자의 합의에 의하여 연장될 수 있음	물품이 수화인에게 인도 후 6일 이내
책임제한 불 인 정 사 유	멸실·손상 또는 인도지연을 발생시키는 의도를 인식하면서 행한 운송인의 작위 또는 부작위로 이들 손해가 발생한 것이 증명되었을 때 운송인은 이 조약에 규정된 책임 제한의 이익을 가지는 권리를 상실함	운송인의 고의 또는 고의에 준하는 중대한 과실에 의하여 멸실, 손상, 지연이 발생한 경우 운송인은 이 규칙에 규정된 책임제한의 이익을 가지는 권리를 상실함

자료: 東京海上火災保險株式會社 編, 前揭書, p. 38을 수정함.

와는 전혀 다른 독자적인 책임체계에 따른 것이다.[52] 단일책임체계에서는 화주와 복합운송인 사이의 책임원칙 적용여하에 따라 복합운송인이 화주에게 배상하는 금액이 하청운송인으로부터 변제받는 금액보다 많은 경우도 있을 수 있다. 왜냐하면 복합운송인과 하청운송인 사이의 책임원칙에 대해서는 단일책임체계가 적용될 수 없기 때문에 복합운송인은 이를 위하여 책임보험을 부보하게 된다.

이 제도는 간명하기 때문에 당사자들 사이에서 분쟁을 줄일 수 있는 것으로 평가되고 있다. 즉 송화인 등 운송인으로서는 손해발생의 장소나 시기 등을 고려할 필요가 없으므로 불필요한 소송을 제거할 수 있다.

그러나 이 제도는 복합운송인으로서 여전히 실제운송인에게 보상청구를 하여야 하는 문제가 남아 있고, 오히려 절차가 복잡하여 비용이 증가한다는 반론이 있다. 단일책임체계는 무엇보다도 복합운송에서 책임수준의 통일을 기함으로써 각 운송방식별로 이미 확립되어 있는 책임수준의 통일을 깨뜨린다는 비난을 면하기 어렵다. 예컨대, 동종동량의 화물이 동일한 선박에 적재되어 같은 구간의 운송이 이루어지는 경우에 복합운송계약에 의한 경우와 해상운송계약에 의한 경우의 책임내용이 달라지기 때문이다. 또 합리적인 단일의 책임수준을 정한다는 것도 용이한 일이 아니다.

따라서 실무적·상업적인 견지에서는 오히려 이종책임체계가 현실적인 것으로 환영을 받고 있으며, 단일책임체계는 다분히 이상주의적인 것으로 경원시되고 있다. 또한 오늘날 사용되고 있는 컨테이너 선화증권 내지 복합운송증권상의 책임은 대부분 이종책임체계에 따르고 있다.

이종책임체계가 환영을 받는 주된 이유는 이 제도가 복합운송을 구성하는 각 운송방식에 이용되어 왔던 기존의 운송질서에 대한 수정을 최소한에 그치고 급격한 변화를 피하여 복합운송의 원활한 진전을 도모시킨 점 때문이라고 할 수 있다.

3) 절충식 책임체계(flexible liability system)

이 제도는 "network system"과 "uniform system"을 절충한 것으로, 복합운송인의 책임체계가 일률적인 책임원칙을 따르고 책임의 정도와 한계는 손상이 발생한 구간의 규칙에 따르는 것이다. 이 제도하에서는 책임의 한계가 기본책임하의 한계를 초과했을 때만 적용될 것

---

52) UNCTAD, Document, TD/BAC. 15/29, Sep. 1977, p. 4.

인지 여부가 문제시된다. 일반적으로 선진국은 "network system"을, 개도국과 일부선진국은 "uniform system"을 선호하고 있으나 유엔에서는 절충식 책임체계를 선호하고 있다.

제 4 절 항공운송

1 항공운송의 의의

항공운송(carriage by air)이란 항공기의 항복(航腹; plane's space)에 여객 또는 화물을 공로를 통하여 운송하는 것을 말한다. 본격적인 항공운송은 1970년부터 점보제트기가 세계 항로에 취항하면서 현대식 운송수단으로 각광을 받기 시작하였다.

국제화물운송은 해상이나 육상운송이 주류를 이루고 있지만 항공산업의 발전과 화물 전세기가 등장하여 세계를 일일생활권으로 하는 신속한 운송요구에 따라 항공운송의 비중이 점차 증가되고 있다. 경제의 질적인 발전과 함께 반도체, 전자제품, 시계 등 고부가가치의 소형경량화물에 대해서는 비싼 운임을 지급하여도 채산성이 있는 데다 신속한 운송의 장점 등으로 항공운송을 선호하게 되었다.

항공화물운송은 다른 운송에 비하여 야간에 집중되어 운항하게 되며, 계절적으로 화물 운송량에 크게 영향을 받지 않으며 신속성과 안전성 및 정시성 등의 특성이 있다. 그러나 해상운송비보다 운임이 비싸고 항공운송에 적합한 물품이어야 하는 제약이 따른다.

항공화물의 운송은 일반적으로 송화인이 항공회사를 직접 거래하기보다는 항공운송대리업체인 항공화물대리점(air cargo agent)이나 항공화물운송주선업자(air freight forwarder)와 운송계약을 체결하고 있다.

2 항공화물의 운송절차

항공화물의 운송은 송화인이 항공운송인(air carrier)에게 항복예약(plane's space booking)을 하고 물품과 상업송장, 포장명세서, 수출승인서(E/L) 등의 서류를 항공운송인에게 인도한다. 항공운송인은 통관회사와 협조하여 통관수속을 마치고 수출신고필증을 수출자에게 교부한 후 항공화물운송장(Air Waybill: AWB)을 발급하고 항공운송인은 화물을 목적지까지 운송한다. 도착지 항공운송인이 수화인에게 화물도착통지를 하면 수입자는 거래은행 또는 송화인을 통하여 수령한 서류를 가지고 수입통관수속을 마치고 항공화물운송장과 교환하여 물품을 수령하게 된다.

3 국제항공화물의 운송업자

1) 항공화물운송대리점

항공화물운송대리점(air cargo agent)이란 항공사 또는 총대리점을 위하여 유상으로 항공기에 의한 화물운송계약체결을 대리하는 사업을 말한다. 항공화물운송대리점은 항공사를 대리하여 항공사의 운송약관규칙, 운임률표와 운항시간표에 의거 항공화물을 모으고 항공화물운송장(Air Waybill: AWB)[53]을 발행하며 이에 부수되는 업무를 수행하여 그 대가로 소정의 수수료(commission)를 받는다.

2) 항공화물운송주선업자

항공화물주선업자(air freight forwarder)는 혼재업자(consolidator)라고도 부르는데 타인의 수요에 응해 자기의 명의로 항공사의 항공기를 이용, 화물을 혼재, 운송하여 주는 사업자이다.

혼재업자[54]는 자체운송약관과 운임률표(freight tariff)를 가지고 혼재되는 개개의 화물에 대해 혼재화물운송장(House Air Waybill: HAWB)을 발행한다. 혼재화물이 항공사에 인도될 때 혼재업자는 화물집화자이면서 송화인(shipper)이 되어 항공사로부터 항공화물운송장(Master Air Waybill: MAWB)을 발급받게 된다. 수출자가 은행을 통하여 대금결제를 받는 것과, 수입자가 화물도착지에서 항공화물을 찾게 되는 것은 HAWB이다. MAWB은 항

---

53) 이때 발행하는 항공화물운송장은 Master Air Waybill이다.
54) 혼재업자 범주에 속할 수 있는 신종서비스인 특사서비스(courier service)업이 있다. 이는 상업서류 송달과 중량 45kgs 이하의 상품견본, 선물 등 소형경량품 송달을 door to door(desk to desk) 서비스에 의하여 웬만한 국가는 2~3일 이내에 긴급 배달하고 있다. 대표적인 것으로는 1907년 설립한 미국 최대의 UPS(United Parcel Service), 1960년 설립한 DHL(Dalsey, Hillbom, Lind 3인 변호사의 머리글자 약칭) 등이 있다.

공사와 혼재업자 간의 운송계약에 따른 증빙이며 항공화물을 수화인별로 분류하여 인도할 때 HAWB와 연결시켜 업무를 수행하게 된다.

항공화물운송대리점과 주선업자를 비교하면 〈표 10-4〉와 같다.

표 10-4 항공화물운송 대리점과 주선업자의 비교

구 분	대리점	주선업자
1. 활동영역	FCL화물을 주로 취급 LCL화물은 주선업자에게 혼재의뢰	LCL화물 취급
2. 운 임	항공사의 운임률표 사용	자체의 운임률표 사용
3. 화주에 대한 책임	항공사 책임	주선업자 책임
4. 운송약관	항공사의 약관사용	자체의 약관사용
5. 수수료	IATA의 5% Commission 및 취급수수료를 받음	수취운임과 지급운임과의 차액을 수익으로 하거나 IATA 5% Commission을 받음
6. 항공화물운송장	항공사의 Master Air Waybill 발생	자체의 House Air Waybill 발생

4 항공화물운임의 종류

항공화물운임은 IATA[55]가 제정한 운임요율표를 국제적으로 사용하고 있는데 한국도 동 운임요율에 의거 정부의 승인을 받아 사용하고 있다. 다음에는 항공화물운임의 종류를 알아보기로 한다.

1) 일반화물요율(general cargo rate: GCR)

이 요율은 특정물품 할인요율(specific commodity rate) 또는 품목분류 요율(class rate)이 적용되지 않는 모든 화물에 적용되는 가장 기본적인 요율이다. 일반화물 요율에는 최저운임(minimum charge)인 45kg 미만 요율, 45kg 이상 요율, 100kg 이상 요율, 300kg 이상 요율 등으로 설정되어 있으며 대체로 중량이 많으면 많을수록 더 싼 요율이 적용되도록 되어 있다.

---

55) IATA란 국제항공운송협회(International Air Transport Association)로 1945년 4월 설립된 순수민간 단체로 본부는 몬트리올에 있다. IATA는 항공권의 약관, 운임협정, 서비스내용, 기술분야의 협력, 통신약호의 통일, 출입국절차의 간소화 등을 위하여 협력하고 있다.

2) 특정품목할인요율(specific commodity rate: SCR)

이 요율은 특정구간에서 동일품목이 계속적으로 반복 운송되는 품목에 대하여 일반품목보다 요율을 낮춤으로써 항공운송이용을 촉진·확대시키는 데 목적이 있다.

3) 품목분류요율(commodity classification rate: CCR)

화물의 특성, 가격 등을 고려하여 몇 가지 특정품목, 특정지역간에만 적용되기도 한다. 이 요율이 적용되는 품목은 신문·잡지 등 정기간행물, 귀중화물, 생동물 등으로 예를 들면, 신문·잡지는 할인하고 귀금속 및 생동물 등은 기본요율에 할증하여 부과한다.

4) 종가운임(valuation charge: VC)

신고가격(declared value)이 화물 1kg당 US$20를 초과하면 종가운임이 부과된다. 무신고(no value declared: NVD)도 하나의 신고로 간주하며 귀금속·예술작품 등 고가품은 신고하여 할증된 종가운임을 지급한다.

5) 팰릿·컨테이너운임(bulk unitization charge: BUC)

팰릿 또는 컨테이너에 적입된 상태로 송화인이 항공사에 반입, 그대로 수화인에게 인도되는 화물에 적용하는 운임으로 화물의 종류에 관계없이 일정구간에 한해 팰릿·컨테이너 크기와 개수로 운임을 부과한다.

5 항공운송에 관한 국제조약

1) 와르소조약

와르소조약(Warsaw Convention)[56]은 항공운송인의 책임에 대하여 통일된 규칙을 제정하여 항공기사고로 인해 여객과 화물에 미친 손해배상의 범위와 책임한도를 설정하여 운

---

56) 정식명칭은 "국제항공운송에 관한 규칙통일을 위한 조약"(Convention for the Unification of Certain Rules Relating to International Carriage by Air)이다.

송인과 여객 또는 화주의 이익을 조정하는 공평의 원칙을 견제하기 위한 목적으로 국제항공전문위원회의 조약초안을 중심으로 1929년 10월 12일 와르소에서 체결된 것이다.

와르소조약은 입증책임을 피해자로부터 운송인에게 전가시켜 1966년 몬트리얼협정 이후부터는 항공운송인의 과실책임주의에서 무과실책임주의로 변경하고 손해배상한도액의 통화단위도 SDR로 변경시켰다.

와르소조약에서 규정하고 있는 항공운송인의 책임관계를 정리하면 〈표 10-5〉와 같다.

표 10-5 와르소조약 및 헤이그의정서의 비교

규칙\\항목	와르소조약 (1929 서명, 1933 발효)	헤이그의정서 (1955 서명, 1963 발효)
적용범위	항공기에 의한 여객, 수화물 또는 화물의 모든 국제운송에 적용함	좌동
책임원칙	거증책임이 전환된 과실책임주의	1966년 몬트리얼협정이후 무과실책임주의
면책사유	1. 운송인 및 사용인이 손해방지조치 불가능 입증시 책임을 부담하지 않음 2. 운송인은 손해가 조종, 항공기의 취급 또는 항행에 관한 과실발생 입증시 책임을 부담하지 않음 3. 청구자측의 과실	원칙적으로 좌동 다만 손해가 조종, 항공기의 취급 또는 항행에 관한 운송인의 과실에서 발생한 경우의 면책규정은 삭제되었음
배상금액 및 책임제한	운송인의 책임은 1kg에 대해 USD20를 한도로 함(1975년 몬트리얼 제1~4추가 의정서부터 SDR제도로 변경). 다만 송화인이 운송인에게 화물을 교부할 때 인도시의 가액을 초과하는 것을 증명하지 않는 한 신고된 가액을 한도로 하여 책임을 부담	좌동
손해통지기한	멸실·손상이 있는 경우 화물의 수령일로부터 7일 이내, 연착의 경우 14일 이내. 다만 운송인에게 사기가 있을 경우는 그러하지 아니함	멸실·손상이 있는 경우에 화물의 수령일로부터 14일 이내, 연착의 경우 송화인의 화물을 처분할 수 있었던 날로부터 21일 이내
소송제기기한	책임에 관한 소송도 도착예정일 또는 운송중지일로부터 기한하여 2년 이내	좌동
책임제한 불인정 사유	손해가 운송인 또는 그 사용인의 고의 또는 고의에 상당한 것으로 인정되는 과실에 기인하여 발생하였을 때는 운송인의 책임은 제한되지 않음	좌동

자료: 東京海上火災保險(株),「損害保險實務講座(4) 貨物保險」, 有斐閣, 1987, p. 40에서 일부 수정함.

2) 헤이그의정서

헤이그의정서(Hague Protocol)[57] 와르소조약 체결 후 25년이 지나는 동안 항공기술 등의 발달로 안전도도 많이 향상되어 운송인의 책임한도액을 현실에 적응시킬 수 있도록 1955년 9월 8일 서명하여 사실상 와르소조약을 개정, 1963년 8월 1일부터 발효하게 되었다. 이에 따라 여객에 대한 책임한도액을 100% 인상하고, 조약과 의정서를 합쳐 하나의 단일문서로 본다고 규정, 원조약 제25조의 고의(misconduct)의 개념을 구체화하고, 화물·수화물에 대한 항공과실면책조항을 삭제한 점 등이 주내용이다. 동 의정서를 비준하면 원조약의 당사국이 아니더라도 개정조약에 대한 가입효력이 있다.[58] 따라서 한국도 1967년 10월 11일부터 개정조약의 효력이 발생하게 되었다. 헤이그의정서에서 수정 보완된 사항은 〈표 10-5〉와 같다.

제 5 절 철도 및 도로운송

1 국제철도운송의 의의

국제철도운송(international carriage by rail)이란 철도차량에 의하여 어느 항만시설국으로부터 다른 내륙지역국, 반대로 내륙지역국으로부터 항만시설국으로 국제무역물품을 운송하거나 또는 대륙구간의 물품의 국제운송을 의미한다.

국제철도운송은 해상과 육상 사이에서 교량적 역할을 주로 피기 백(piggy-back)방식에 의해 담당하고 있으며 운송범위를 철도노선상에 한정시키는 "rail service"로 이용되고 있다.

---

57) 정식 명칭은 "1929년 10월 12일 와르소에서 서명된 국제항공운송에 관한 통일규칙을 위한 조직의 개정을 위한 의정서"(Protocol to Amend the Convention for the Unification of Certain Rules Relating to International Carriage by Air Signed at Warsaw on 12 October 1929)이다.

58) 미국은 헤이그의정서에서 여객에 대한 책임한도액이 너무 낮다는 구실로 1965년 11월 폴란드정부에 와르소조약 탈퇴를 통보하였다. 이에 대해 IATA가 미국을 출발·도착·경유하는 주요 항공사들의 회의를 몬트리올에서 소집, 항공사들간에 협정을 맺어 미국의 동의를 얻어 1966년 5월 16일 몬트리올협정(Montreal Agreement)이 발효되었다. 몬트리올협정으로 여객에 대한 책임한도는 소송비용 포함시 1인당 US$75,000, 소송비용 불포함시 US$58,000로 하였고 화물 및 위탁수화물의 멸실, 손상, 지연시에는 1kg당 250FGF에서 US$20로 하였다.

철도운송의 장점으로는 "ton-km"당 낮은 연료비, 장거리 운송비 단위당 낮은 비용, 연중무휴의 서비스 가능, 높은 안전도 등으로 저가품 운송에 편리한 운송방법이다. 반면 단점으로는 투자규모가 크고, 단거리 운송시 속도가 늦고, 터미널 설비에 따른 투자비용이 많고, 환적비용이 많이 들며 "door to door" 서비스 가능성이 적은 것 등을 들 수 있다.

2 국제철도운송조약

국제철도운송조약(Convention Internationale concernant le Transport de Marchandise par Chemin de Fer: CIM)[59]은 1970년에 제정 1975년 1월 1일부터 발효되어 유럽제국들은 이들 국제조약에 의하여 법제화 단계에 이르렀다. 국제철도화물운송의 준거법으로는 CIM이 적용되고 있다. CIM에서 인정하는 운송서류는 철도화물수탁서(Railway Consignment Note)이다.

이 조약은 철도운송계약의 체결, 속도, 철도구간, 운임지급 등 이행에 관한 사항, 운송인의 책임, 타당사자와의 관계, 재판관할권 등에 대하여 규정하고 있다.

CIM에 의한 철도운송인의 책임한도액은 운송인이 고의적인 악행(wilful misconduct)이나 심한 태만(gross negligence)의 경우를 제외하고는 kg당 50 gold france의 한도로 손해배상책임을 부담하는 무과실책임주의에 근거하고[60] 무과실에 대한 거증책임은 운송인에게 있다. 그러나 심한 태만에 의한 손해발생시는 운송인의 책임한도액이 보통의 경우보다 2배가 된다. 또한 운송인에 대한 소송제기 기간도 사기(fraud)나 고의적인 악행의 경우는 2년이지만 보통의 경우는 1년으로 되어 있다. 또한 인도의 지연에 관하여 운송기간이 명시되어 있는데 만일 운송기간 종료일로부터 30일 경과시는 그 물품은 분실된 것으로 간주한다.[61]

3 국제도로운송의 의의

국제도로운송(international carriage by road)이란 한 나라에서 다른 나라의 특정장소로 국제도로운송조약에 따라 물품을 육로로 운송하는 것을 말한다. 국제도로운송은 고속도

---

59) 영어로는 International Convention Concerning the Carriage of Goods by Rail 1970(CIM)으로 표기하고 있다.
60) CIM Convention Article 31.
61) CIM Convention Article 11.

로나 일반 간선도로 등 각종 공로망의 확충과 운반차량[62]의 대형화 등으로 오늘날의 다양한 운송요구에 부응하고 있다.

도로운송의 장점은 최초 투자액의 규모가 작고, 출발과 도착시간 등 운송능력에 있어서 융통성이 많고, 단거리 운송시 빠른 속도와, 터미널 비용이 비교적 적게 들며, "door to door"서비스가 용이하며, 이용하기에 매우 편리한 점 등을 들 수 있다.

한편 단점으로는 살물(bulk cargo)과 같은 중량화물운송시 이용도가 낮고, 장거리운송시 비용이 많이 들고, 기후, 운송차량의 고장으로 운송중단 발생가능성이 높으며 에너지 효율성이 낮은 점 등을 들 수 있다.

4 국제도로운송조약

국제도로운송조약(Convention relative au contrat de Transport International de Marchandise par Route: CMR)은 1956년에 제네바에서 서명 제정된 조약으로 국제도로운송을 위하여 양당사자 중 어느 한 당사자가 이 조약의 당사자인 경우에 이 조약이 적용된다.[63] CMR은 운송경로의 일부가 해상운송이 포함되어 있는 경우라 할지라도 선상에서 육로차량(road vehicle)으로부터 물품이 적출되지 않을 때에는 모든 운송구간은 국제도로운송으로 간주된다.[64]

국제도로운송에 관련된 운송서류는 도로화물수탁서(Road Consignment Note; Road Waybill)가 사용된다.[65]

CMR에서 도로운송인은 운송중의 멸실, 손상과 지연에 대하여 책임을 부담한다.[66] 그러나 그 사유가 청구인의 불법행위 또는 태만, 청구인의 지시사항, 물품 고유의 성질, 운송인이 피할 수 없는 환경이나 결과에 의해 발생하였을 경우에는 면책으로 규정하고 있

---

62) 도로운송시에는 일반차량에 컨테이너화물을 운송하기 위하여 ① tractor에 견인되는 연결차량인 semi-trailer(일명 컨테이너 chassis), ② 2량을 견인할 수 있는 double bottom trailer combination, ③ 두 방면향의 화물을 트렉터나 트레일러에 분할 적재하고 도중 분리·연결하기에 편리한 full trailer combination 등이 많이 이용되고 있다.

63) 예외 조항에 따라 영국과 아일랜드 공화국 사이에는 이 조약이 적용되지 않는다.

64) CMR Convention Article 1~2.

65) Road Consignment Note는 운송인이 화물을 수령한 추정적 증거(prima facie evidence)이다.

66) CMR Convention Article 17-1.

다.[67] 운송인의 전손 및 분손에 대한 배상책임한도는 운송인이 운송물품을 인수장소와 시점에서의 물품가격에 따라 산정되나, 현재 총중량 1kg당 8.33SDR로 한정하고 있다.

분실에 대해서는 약정된 운송완료일로부터 30일, 운송완료일에 대한 합의가 없을 경우에는 운송인이 물품을 인수한 날로부터 60일이 경과하였음에도 불구하고 인도되지 않았다면 분실된 것으로 간주하도록 하고 있다.[68]

---

67) CMR Convention Article 17-2.
68) CMR Convention Article 20.

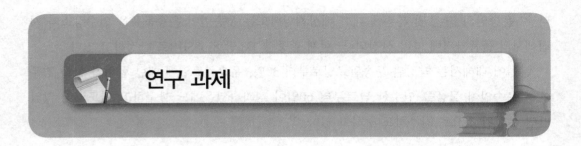

연구 과제

1. TV 600 Sets를 컨테이너로 운송하고자 할 경우 어떤 규격의 컨테이너 몇 개를 복합운송인과 예약하는 것이 가장 안전하고 경제적이겠는지 타당한 이유를 들어 설명하시오. (단, TV 1세트 포장 carton box의 가로 · 세로 · 깊이의 규격은 90cm x 60cm x 50cm 임)

2. 선적선화증권(shipped bill of lading), 본선적재선화증권(on board bill of lading) 및 수령선화증권(received bill of lading)은 각각 어떻게 구별하는가?

3. 다음의 설명을 읽고 질문의 답하시오.

> 유가증권이란 일정한 금전이나 화물 등의 유가물에 대하여 청구할 수 있는 권리가 표시된 증서, 즉 상법상의 재산권을 표시하는 증서를 말하는 것으로 단순히 '증권'이라고도 한다. 권리의 발생과 행사 · 이전은 증권에 의해 이루어진다.
> 유가증권은 "권리와 증권의 결합체"이며, 권리의 이전 · 행사를 원활하고 안전하게 하며 유통성을 높이기 위해 근대자본주의가 발달시킨 제도이다. 따라서 유통 · 이전을 목적으로 하지 않는 경우 입장권, 승차권 등은 유가적인 것을 표시하고 있어도 그것을 유가증권이라고 하지 않는다. 차용증서, 우표, 수입인지, 영수증, 화폐 등도 유가증권에 포함되지 않는다.

1) 국제상거래에서는 다양한 운송수단에 의한 운송증권이 사용되고 있다. 이 중에서 위에서 설명하고 있는 유가성을 가지고 있는 운송증권에는 어떠한 것들이 있는지 예를 들어 보시오.

2) 유통증권과 비유통증권의 차이점을 비교 설명하시오. 또한 해상운송서류인 선화증권과 해상화물운송장을 구별하는 기준은 무엇인가?

4. 복합운송인의 책임체계인 "network liability system"과 "uniform liability system" 중에서 화주의 입장에서 선호하는 책임체계는 어느 것이며 그 이유는 무엇인가?

5. 해상컨테이너운송에서의 적재와 양륙과정을 설명하여 보시오.

Chapter

11

적화보험과 무역보험

Chapter 11

적화보험과 무역보험

제 1 절 해상보험의 개념

해상보험은 보험의 목적물에 따라 여러 가지로 나눌 수 있지만,[1] 그중에서도 적화보험(積貨保險; cargo insurance)과 선박보험(hull insurance)이 중심이 된다. 물품을 대상으로 무역거래에서는 적화물에 대하여 보험에 부보함으로써 해상위험으로부터 발생하는 손해를 줄이고 무역거래의 원활을 도모할 수 있다. 무역거래에서의 경쟁력제고는 물론 무역기업의 효율적 경영을 위하여 최근 들어 운송물품의 위험관리(risk management)에 대한 논의가 활발해지고 있다. 무역거래에서의 적화보험은 원거리의 운송과 장시간을 요하는 운송기간, 포장상태, 물품의 종류·성질 등 보험에 영향을 미치는 요인이 많기 때문에 해상적화보험에 대한 충분한 이해를 통하여 적절한 보험조건을 선택하여 보험계약을 체결하여야 한다.

이 장에서는 해상보험에 대한 개념을 정리하고, 해상적화보험을 중심으로 한 협회적화약관, 적화보험계약, 보험금의 청구 및 한국의 무역보험 등에 대하여 살펴보기로 한다.

1 해상보험의 의의

해상보험(marine insurance)이란 해상위험에 의해 발생하는 손해를 보상할 것을 목적으

---

1) 예컨대 적화보험, 선박보험 이외에도 운임보험(freight insurance), 희망이익보험(expected profit insurance), 배상책임보험(liability insurance) 등 여러 종류가 있다.

로 하는 보험으로서 손해보험의 일종이다. 영국의 해상보험법(Marine Insurance Act 1906: MIA) 제1조에서는 "해상보험계약은 보험자가 피보험자에 대하여 그 계약에 의해 합의된 방법과 범위 내에서 해상손해, 즉 해상사업에 수반되는 손해를 보상할 것을 확약하는 계약"[2]이라고 정의하고 있다. 여기서 해상보험과 해상보험계약은 그 제도와 운영적인 측면에서 볼 때 동일한 것으로 보아도 무방할 것이다.

경제적 측면에서의 해상보험이라 함은 해상사업을 영위함에 있어서 우연히 발생할지도 모를 경제적 손실을 회복하기 위하여 재산권을 가지는 다수인이 위험의 정도에 따라 합리적인 갹출을 부담하여 공동준비재산을 형성하고 사고가 발생하여 손해를 입었을 경우 이를 보상함으로써 경제상의 불안을 제거 또는 경감하는 경제제도를 말한다. 해상보험은 보험자(assurer)가 물품의 해상운송중에 발생하는 위험을 인수하고 이들 위험에 기인한 손해가 발생하였을 경우 피보험자(assured)에게 그 손해액을 보상할 것을 계약하고 그 반대급부로서 보험계약자(policy holder)로부터 보험료(insurance premium)를 지급받게 된다.[3]

무역거래에서 해상화물운송은 많은 위험이 수반되어 해상적화보험에 의한 위험관리를 통하여 보호를 받지 않고서는 원활한 국제상거래를 영위할 수 없다. 해상보험은 국제운송 및 무역결제와 더불어 무역거래에서의 중추적 기능을 수행하고 있다고 할 수 있다.

2 해상보험의 당사자

해상보험에서의 당사자는 다음과 같이 ① 보험자, ② 보험계약자, ③ 피보험자로 구분된다.

1) 보험자

보험자(insurer; assurer; underwriter)란 보험계약의 당사자로서 보험사고가 발생한 경우에 보험금을 지급할 의무를 부담하는 자로 보험계약을 인수(underwriting)하는 주체를 말한다. 즉 보험회사(insurance company)나 개인보험업자(underwriter)가 있다. 한국의 경우

---

2) The Marine Insurance Act 1906, Marine insurance defined 1. A contract of marine insurance is a contract whereby the insurer undertakes to indemnify the assured, in manner and to the extent thereby agreed, against marine losses, that is to say, the losses incident to marine adventure.
3) 보험계약상의 약인(consideration)이 된다.

보험자는 주식회사 또는 상호회사이어야 한다. 미국은 개인보험회사를 불인정하지만 영국은 로이즈(Lloyd's)와 같이 개인도 보험업자가 될 수 있다. 보험자는 보험사업의 사회성 내지 공공성 등의 특성에 따라 그 자격이 제한되는 경우가 많다.

2) 보험계약자

보험계약자(policy holder)란 보험자와 보험계약을 체결하는 자를 말한다. 보험계약자는 보험자, 즉 보험회사와 보험계약을 체결하고 보험료(insurance premium)를 납입하는 자로 보험자에 대하여 고지의무, 위험의 변경·증가의 통지의무를 부담하게 된다.

3) 피보험자

피보험자(assured; insured)란 피보험이익(insurable interest)을 갖는 자, 즉 손해의 보상을 받을 권리가 있는 자를 말한다.

해상적화보험에서 보험계약자와 피보험자는 동일인이 될 수도 있고 타인이 될 수도 있다. FOB 규칙이나 CFR 규칙에서는 매수인이 보험계약자이면서 자신을 피보험자로 하여 보험에 부보한다. 이 경우에는 보험계약자와 피보험자가 동일하다. 따라서 보험료 납입자와 보험금 수취권자는 동일인이 되는 것이다.

반면 CIF 규칙이나 CIP 규칙하에서는 매도인 자신을 우선 피보험자로 하여 보험계약을 체결하고 매도인이 보험료를 납입하지만 교부받은 보험증권에 배서(endorsement)하여 매수인에게 양도하는 형식을 취하여 결국 보험금 수취권은 매수인에게 귀속되기 때문에 보험계약자와 피보험자는 동일인이 아니다.

4) 보험대리인

보험대리인(insurance agent)란 보험회사를 위하여 보험계약의 체결을 대리하거나 중개하는 것을 영업으로 하는 독립된 상인을 말한다.

5) 보험중개인

보험중개인(insurance broker)란 독립적으로 보험자와 보험계약자 사이의 보험계약의 체결을 중개하는 것을 영업으로 하는 자를 말한다. 보험중개인은 보험가입을 원하는 사람을 위해 보험자와 접촉해서 자신의 고객인 보험가입 희망자에게 필요한 보험을 알선한다.

3 해상보험의 기본원칙

해상보험은 그 목적물에 대하여 보호를 받기 위해서는 다음과 같은 기본원칙에 따라 보험계약을 체결하여야 한다. 여기에서는 그 기본적 원칙으로 ① 최대선의의 원칙, ② 손해보상의 원칙, ③ 근인주의, ④ 담보에 대하여 살펴보기로 한다.

1) 최대선의의 원칙

보험계약자는 보험자에게 보험청약을 할 경우 자기가 신고하는 모든 사항에 대하여 최대선의(utmost good faith)에 의거하여 고지(告知; disclosure)하여야 한다.

해상보험계약이 최대선의의 계약이 되기 위하여 한국의 상법도 보험계약자에게 고지의무를 부담시키고 있는데, 보험계약체결 당시에 중요한 사실을 고지하지 아니하면 계약이 해지되고(상법 제651조), 통지의무 즉 계약체결 후 보험목적물의 위험이 변경 또는 증가되면 보험자에게 통지하여야 하며 통지하지 아니하면 보험자는 계약을 해지할 수 있다고 규정하고 있다(상법 제652조).

영국 해상보험법(Marine Insurance Act 1906)에서도 "해상보험계약은 최대선의에 의한 계약이며 당사자의 일방이 최대선의를 준수하지 않을 경우에는 타방은 그 계약을 취소할 수 있다"고 규정하고 있다.[4] 따라서 당사자는 상대방이 보험계약에 대하여 올바른 결론을 내릴 수 있도록 도와줄 의무를 부담하고 있다고 할 수 있다.

2) 손해보상의 원칙

보험계약은 보험자가 우연한 사고의 발생에 따른 손해를 보상하는 점에서 사행계약(射倖契約; aleatory contract)이지만 보험에 의하여 이득을 얻지 못한다는 원칙이 적용된다.[5]

---

4) MIA 1906, Article 17; "Insurance is utmost good faith(uberrimae fidei). A contract of marine insurance is a contract based upon the utmost good faith, and if the utmost good faith be not observed by either party, the contract may be avoided by the other party."
5) 피보험자가 사고발생 전의 경제상태보다 좋은 상태를 취한다고 하면 보험에 의하여 부정청구 등 또

해상보험계약은 보험자가 피보험자에 대한 해상손해, 즉 항해사업에 부수하는 손해만을 보상하는 것을 약속하는 계약으로 해상손해 이외의 손해는 보상하지 않는다.[6] 이처럼 보상은 해상보험계약에서의 손해발생시 손해금액을 한도로 지급되어야 하는 원칙을 손해보상의 원칙(principle of indemnity)이라고 한다. 이러한 원칙하에서 해상보험계약은 기평가보험증권(valued policy)으로 발행되지만 손해보상계약으로 손해금액을 한도로 보상받게 되며, 손해보상계약인 해상보험은 피보험이익(insurable interest)을 회복하는 데 그 목적이 있다. 또한 보험자는 대위(代位)의 원리(doctrine of subrogation)[7]에 의해서 책임 있는 제3자로부터 피보험자에게 지급한 금액 이상을 보상받을 권리가 없다.

3) 근인주의

근인주의(doctrine of proximate cause)의 본질은 "근인을 보고 원인을 보지 말라"(causa proxima non remota spectatur)는 원칙에 의거 손해보상여부를 결정한다는 이론으로 여러 조건 중에서 손해발생에 직접적 효력을 갖는 것이 무엇인가를 판단해야 한다는 것이다. 손해에 대하여 보험자가 보상을 받기 위해서는 그 손해와 담보위험 사이에 인과관계가 성립되어야 하는데, MIA에서도 "보험자는 피보험위험에 근인으로 일어나는 모든 손해에 대하여 보상책임을 부담한다"고 규정하고 있다.[8]

해상보험의 손해보상여부를 결정함에 있어서 손해의 원인에도 직접원인, 간접원인, 위험결과의 손해 등 그 종류가 많고 연쇄적으로 발생하여 손해가 발생한 경우 보험자는 이 손해가 과연 담보위험에 의하여 발생한 손해인지 여부를 판단한다는 것은 어려운 일이다. 초기의 근인원칙에서는 시간적으로 손해가 발생한 시각에 가까운 원인이 담보위험이면 보상하는 것으로 시간적 측면을 중요시하였지만, 오늘날에는 실질적으로 손해를 유발시킨 중요한 원인이 무엇인가를 규명하려 함으로써 지배력과 효과면에서 비중이 큰 효과적 근

다른 사고가 발생하여 공서양속에 반하게 될 수 있다.

6) 손해보험 중에도 화재보험, 자동차보험 등 재산보험계약은 재해발생시점의 실제 현금가치로 보상되는 미평가보험증권(unvalued policy)으로 발행되지만 해상보험계약은 기평가보험증권(valued policy)으로 발행된다. 기평가증권으로 발행되는 이유는 적화나 선박은 시간적으로 항상 이동하고 있어 장소·시간에 따라 보험가액을 측정하기가 곤란한 경우가 많기 때문이다.

7) "대위 한다"(subrogate)라는 말은 제3자가 타인의 법률상의 지위에 대신하여 그가 가진 권리를 취득하거나 행사한다는 것을 의미한다.

8) MIA 1906, Article 55(1).

인(causa proxima in efficiency)을 판단기준으로 해석하고 있다.[9]

4) 담 보

보험에서의 담보(warranty)란 일반적인 담보의 개념과는 다른 의미를 갖고 있다. 담보는 특정조건의 준수를 보증하는 보험계약자에 의한 약속이다. 즉 담보는 피보험자가 지켜야 할 약속으로서 피보험자가 담보를 위반할 경우에는 보험계약을 무효화할 권리를 보험자가 갖는다. MIA에서는 담보의 성질(nature of warranty)에 대하여 "담보라 함은 상호확약적 담보(promissory warranty)를 의미한다. 확약적 담보라 함은 특정한 일이 행하여지거나 또는 행하여지지 않을 것을 피보험자가 약속하는 담보이며 또는 어떤 조건이 충족될 것을 피보험자가 약속하는 담보 또는 피보험자가 특정한 사실상태의 존재를 긍정하거나 부정하는 담보"라고 규정하고 있다.[10]

해상보험에서는 담보란 말은 두 가지로 사용되고 있다. 그 하나의 뜻은 전술한 바와 같이 피보험자의 약속에 대한 담보로 보험자는 이 약속위반에 대하여 면책되는 것이고 다른 하나의 뜻은 보험자의 담보책임내용을 제한하거나 제외한다는 것이다. 즉 "Warranted free from…"과 같이 적화보험약관에 사용하는 것이다.

담보에는 명시담보(express warranties)와 묵시담보(implied warranties)가 있다.

명시담보란 담보의 내용이 보험증권에 기재되거나 담보내용을 증권에 첨부하는 것으로 이에는 피보험목적물이 특정일 또는 기간 동안 언제라도 안전해야 한다는 안전담보(warranty of good safety), 보험기간 중 본선상에는 선박이나 적화가 중립국의 재산으로 증명할 수 있어야 한다는 중립담보(warranty of neutrality), 선박보험에 추가하여 선비를 부보할 때 선비의 보험금액을 선박보험금액의 일정비율(25%) 이상을 넘지 못하도록 한다는 내용의 선비담보(disbursement warranty), 선박이 운항을 할 수 없는 지역을 명시하고 있는 항해담보(institute warranty)가 있다.

한편 묵시담보란 보험증권에 명시되어 있으나 피보험자가 묵시적으로 제약을 받아야 하는 담보, 즉 법적으로 계약서에 포함되어 있다고 간주하는 것을 의미한다. MIA에서 규정하고 있는 묵시담보에는 항해개시시에 있어서 선박의 내항성담보(耐航性擔保; warranty

---

9) 근인주의에는 최후조건설, 최유력조건설, 상당인과관계설 등의 학설이 있다.
10) MIA 1906, Article 33(1).

of seaworthiness)[11] 와 항해의 내용에 있어서 적법성담보(warranty of legality)[12]가 있다.

내항성담보란 선박이 항해를 개시할 때에 해당 항해를 완수할 수 있을 정도로 즉, 항해에 적합하도록 내항성이 있어야 한다는 것이다. 적화보험증권의 경우에는 화주는 선박의 내항성 유무를 알 수 없으므로 화주에게 선박의 내항성을 요구하는 것은 무리이기 때문에 협회적화약관(Institute Cargo Clauses: ICC)에 동 취지를 규정하고 있다.[13]

적법성담보란 피보험자가 지배할 수 없는 경우를 제외하고는 모든 해상보험은 그 내용이 합법적이어야 한다는 것이다.

4 보험가액과 보험금액

1) 보험가액

보험가액(insurable value)이란 보험사고가 발생한 경우에 피보험자가 입게 되는 손해액의 최고한도액이며 피보험이익(insurable interest)의 평가액을 말한다. 보험가액은 보험기간 중 일정하지 않고 시간·장소·물가에 따라 변동할 수 있는 것이기 때문에 그 평가가 문제시된다. 일반적으로 손해보험종목은 손해발생시점의 실제 현금가치(actual cash value)로 보상해야 하는 손해보상의 원칙이 적용되어야 하는 데 반해, 해상보험에서는 피보험이익인 선박과 적화는 시간적으로 항상 움직이고 있어 보험가액 측정이 어렵기 때문에 보험계약체결시 피보험자와 보험자가 상호협의하에 보험가액을 평가하는 협정보험가액(agreed value)으로 부보하게 된다.

2) 보험금액

보험금액(insured amount)이란 손해발생시 보험자가 부담하는 보상책임의 최고한도액이며 보험계약의 체결에 있어 보험자와 피보험자 간에 약정된 금액을 말한다.

---

11) MIA 1906, Article 39.
12) MIA 1906, Article 40.
13) 구협회적화약관 제8조; 신협회적화약관 제5조.

3) 보험가액과 보험금액의 관계

보험계약에 있어서 보험가액과 보험금액이 동일한 경우를 전부보험(full insurance)이라 하고, 보험가액보다 보험금액이 적은 경우를 일부보험(partial insurance), 보험가액보다 보험금액이 큰 경우를 초과보험(over insurance)이라고 한다.[14]

또한 보험계약은 보험계약의 수에 따라 여러 가지 형태로 나누어진다.[15] 동일한 보험의 목적에 대하여 두 개 이상의 보험계약이 존재하고 이 두 개의 계약을 합한 보험금액이 보험가액을 초과하는 경우를 중복보험(double insurance)이라 하고 동일한 보험의 목적에 대하여 2인 이상의 보험자가 담보하는 경우를 공동보험(coinsurance)이라 한다. 또한 어떤 보험자가 인수한 보험계약상의 일부 또는 전부를 다시 다른 보험자에게 부보하는 것을 재보험(reinsurance)이라 하고, 이때 첫 번째 보험자를 원수보험자라고 한다.

보험사고시 보상에 따른 문제에 있어서, 전부보험의 경우는 손해액 전부를 보상하게 되므로 보상에서 어려운 문제가 없다고 볼 수 있지만 일부보험의 경우에는 그렇지 않다. 이 경우 손해보상의 산출에 있어서는 비례보상방식과 실손보상방식이 있다.

비례보상방식은 보험금액의 보험가액에 대한 비율에 따라 보상한다는 의미이다. 즉 비례보상금액의 산식은 다음과 같다.

$$손해액 \times (보험금액/보험가액) = 보상금액$$

실손보상방식에 있어서는 손해액이 보험금액에 달할 때까지 손해액을 보상하며 실제 손해액이 보험금액을 초과할 때는 초과부분은 보상하지 않는다.

---

14) 보험가액과 보험금액의 관계
  보험가액＝보험금액······전부보험
  보험가액〉보험금액······일부보험
  보험가액〈보험금액······초과보험
15) 보험계약의 수에 따른 보험형태
  1개의 보험목적물: 2개의 보험계약······중복보험
  1개의 보험목적물: 2인 이상의 보험자가 담보······공동보험
  1개의 보험목적물: 제3의 보험자에게 부보······재보험

5 피보험이익

1) 피보험이익의 의의

피보험이익(insurable interest)이란 보험의 목적물에 대하여 특정인이 갖게 되는 이해관계(interest)를 말한다. 초기단계에서는 보험의 대상으로 물체자체가 보험의 목적물이었으나 경제제도가 복잡해지고 보험제도가 활발해지면서 보험계약의 대상을 화물이나 선박과 같은 물체자체가 아니라 이와 같은 보험목적물에 대하여 특정인이 갖는 이해관계로 이해되고 있다. MIA에서도 "해상사업에 이해관계가 있는 자는 모두 피보험이익을 가진다"[16]라고 규정하고 있으며 "보험재산의 안전이나 도착으로 인하여 이익을 취득할 수 있고, 피보험재산의 멸실이나 손상 및 지연으로 인하여 불이익을 갖고, 또 피보험재산에 관하여 책임을 부담하는 입장에 서게 되는 사람은 특히 항해 사업에 이해관계를 갖는다"[17]고 피보험이익을 정의하고 있다.

따라서 화물의 소유자나, 화물을 보관하고 있는 창고업자, 화물운송업자, 재보험계약을 체결할 경우의 보험자, 포장업자는 모두 피보험이익을 갖는 이해관계자라고 할 수 있다.

2) 피보험이익의 요건

보험계약이 법적 효력을 발생하기 위하여 피보험이익은 반드시 ① 적법성, ② 경제성, ③ 확정성의 요건을 갖추어야 한다.

(1) 적법성

피보험이익은 법적으로 인정된 것이어야 하며 적법한 것이어야 한다. 불법, 공서양속에 위배되는 목적물 이를테면 밀수품, 마약, 절도품, 탈세와 도박 등에 관련되거나 음란도서나 음반 등은 피보험이익이 될 수 없다.

(2) 경제성

피보험이익이 될 수 있는 것은 경제적 이익이라야 하며 감정적, 도덕적 이익은 비경제

---

16) MIA 1906, Article 5(1).
17) MIA 1906, Article 5(2).

적 이익, 즉 금전으로 평가할 수 없는 것이기 때문에 피보험이익이 될 수 없다.

한국 상법 제668조에서도 "보험계약은 금전으로 산정할 수 있는 이익에 한하여 보험계약의 목적으로 할 수 있다"고 규정하고 있으므로 이는 곧 피보험이익의 경제성을 의미하고 있다.

(3) 확정성

피보험이익은 보험사고가 발생할 때까지는 보험계약의 요소로서 확정하거나 확정할 수 있는 것이어야 한다. 그렇게 되기 위해서는 다른 이익과 명확하게 식별할 수 있는 것이어야 한다. 이익은 현재 확정되어 있지 않더라도 장래에 있어서 확정될 것이 확실한 것은 보험의 대상이 될 수 있다. 예컨대 CIF가격에 희망이익을 추가하여 부보하는 것도 이러한 의미에서 가능한 것이다.

3) 피보험이익의 종류

해상보험에서의 피보험이익은 별도 규정이 없는 한, 모든 합법적인 항해사업은 피보험이익이 될 수 있는데 주내용은 다음과 같다.

(1) 선박(marine hull)

선박이라 함은 상행위 기타 영리를 목적으로 하는 항해에 사용되는 선박을 의미한다. 또한 선박의 구성요소는 선체, 기관, 속구, 연료, 식료, 기타 소모품 등 피보험자의 소유에 속하고, 선박을 사용하기 위하여 선박 내에 존재하는 모든 물건을 포함한다.

선박보험증권은 일반적으로 기평가증권(valued policy)으로 발행되는데, 만약 계약당사자가 사전에 보험가액을 결정하지 않았을 경우에 영국해상보험법 제16(1)조에서는 선박의 보험가액은 위험개시시의 선박의 가액이라고 규정하고 있다.

(2) 해상적화(marine cargo)

적화란 상품의 성질을 가지는 화물을 의미하며, 사유물이나 선내에서 소비하기 위한 식료품 및 소모품은 포함하지 않는다. 적화보험의 보험가액은 선적한 때와 장소의 가액과 선적 및 보험에 관련된 비용을 말한다. 또한 영국해상보험법 제16(3)조에서는 원가에 선적비용과 보험비용을 가산한 선적한 때와 장소에 있어서의 가액이라고 규정하고 있다.

그러나 사실상 원가와 선적 및 보험비용, 희망이익 등의 계산이 번잡하므로 실무상 송장가격(CIF)에 10%의 희망이익을 부보하는 것이 관례로 되고 있다.

(3) 운임(freight)

운임이란 화물의 해상운송에 대한 보수이며 그 종류는 선지급운임(prepaid freight)과 후지급운임(collective freight)이 있고 선지급운임은 화주의 피보험이익이고 후지급운임의 경우는 해상사고로 인하여 운송의의무를 완수하지 못하면 운임을 받을 수 없으므로 선주의 피보험이익이다. 오늘날의 운임제도는 선지급운임이 일반적이고 선화증권(B/L)에는 운송을 하지 못한 경우에도 선지급운임을 반환하지 않는다는 조항이 삽입되어 있으므로 선주가 운임을 상실당하는 경우는 없다. 운임의 보험가액은 운임에 보험비용을 가산한 금액이다.[18]

(4) 선비(disbursement)

협의의 선비는 피보험항해를 위한 의장비용, 즉 연료, 윤활유, 식료 등을 의미하고, 광의의 선비는 의장비용은 물론이고 선원에 대한 전도급여(前渡給與)와 보험료 등이 포함된다. 영국법상의 선비는 광의의 뜻이다. 선비의 보험가액은 계약상 별도의 약정이 없는 한 보험자의 책임이 개시되는 때의 각 항목에 의해 결정된다.[19]

(5) 희망이익(expected profit)

희망이익이란 적화의 도착으로 얻을 수 있는 이익을 말한다.[20] 희망이익의 보험가액은 장래에 기대되는 미확정이익이므로 사실상 산출하기가 어려운 일이지만 통상 CIF 송장가액의 10%를 희망이익으로 보는 것이 오늘날의 국제상거래의 관습이다.

(6) 희망보수(expected commission)

화물의 안전한 도착에 의하여 취득할 수 있는 중개인의 수수료, 수탁자의 구전, 기타

---

18) MIA 1906, Article 16(4).
19) MIA 1906, Article 16(4).
20) 한국 상법 제698조.

보수를 총칭하며, 이것의 보험가액은 당사자의 협정에 의해 정하여진다.

(7) 모험대차채권(bottomry)

모험대차채권이란 선장이 선박의 수선비, 구조비, 기타 항해를 계속하는 데 필요한 비용을 지출하기 위해서 선박, 운임 및 적화를 저당 또는 입질(入質)로 하여 그 저당물 또는 화물이 목적지에 도착할 것을 조건으로 변제하는 금전소비대차의 일종이며, 선박이 항해를 무사히 끝내면 반환하고 도중에 손실을 당하면 채무가 면제된다는 점에서 일반적인 의미의 소비대차와 다르다. 그러므로 모험대차의 채권자는 담보물인 선박의 안전한 도착에 대하여 피보험이익을 가지며 선박의 멸실에 대하여 손실을 입게 되므로 보험의 목적물이 된다. 이 경우 보험가액은 담보권자가 담보물에 관하여 가지는 채권금액이다.

제 2 절 해상위험과 해상손해

1 해상위험

1) 해상위험의 의의

해상위험(maritime perils; marine risks)이란 항해에 기인하고 항해에 부수하여 발생하는 사고를 말한다. 영국해상보험법에서는 해상위험을 다음과 같이 정의하고 있다.[21]

"해상위험이란 항해에 기인 또는 부수하는 위험, 즉 해상고유의 위험, 화재, 전쟁위험, 해적, 표도(漂盜), 포획, 나포, 공후(工候) 및 국민의 억지 또는 억압, 투화, 선원의 악행과 그리고 상기의 여러 위험과 동종의 위험 또는 보험증권에 기재되는 기타의 모든 위험을 말한다."

---

21) MIA 1906, Article 3(2)(c); "Maritime perils" means the perils consequent on, or incidental to, the navigation of the sea, that is to say, perils of the seas, fire, war perils, pirates, rovers, thieves, captures, seizures, restraints, and detainments of princes and peoples, jettisons, barratry, and any other perils, either of the like kind or which may be designated by the policy.

　그러나 해상위험에 대해서는 위의 MIA의 정의 외에 "Lloyd's S.G. Policy"에서는 보험자가 담보할 위험을 해상고유의 위험 이외에 보다 구체적으로 열거하고 있으며, 협회적화약관에서도 B약관 제1조에,[22] 협회 선박기간약관에서는 제6조에 열거하고 있다.

2) 해상위험의 종류

　"Lloyd's S.G. Policy"상에서는 위험약관(perils clause)에서 항해에 있어 보험자가 담보하는 위험을 명시하고 있는데, 해상위험의 종류를 편의상 ① 해상고유의 위험, ② 해상위험, ③ 전쟁위험, ④ 기타 모든 위험으로 분류하면 다음과 같다.

(1) 해상고유의 위험(perils of the seas)

① S.S.C. 위험
침몰(sinking)
좌초(stranding)
충돌(collision)
② 악천후(heavy weather)

(2) 해상위험(perils on the seas)

① 화재(fire; burning)
② 투화(jettison)
③ 선원의 악행(barratry)
④ 해적, 표도(剽盜), 강도(pirates, rovers, thieves)

(3) 전쟁위험(war perils)

① 군함(men of war)
② 외적(enemies)
③ 습격과 포획(surprisal and capture)

---

22) 협회적화약관에서 보험자의 담보위험과 면책위험 등에 대해서는 이 장 제3절 제2항을 참조.

④ 해상탈취 및 나포(taking at sea & capture)

⑤ 관헌의 강유, 억지, 억류(arrests, restraints and detainment of kings, princes and people)

⑥ 포획면허장 및 보복포획면허장(letters of mart and counter mart)

(4) 기타의 모든 위험(all other perils)

2 해상손해

1) 해상손해의 의의

해상손해(marine loss)란 항해사업(marine adventure)에 관련된 적화·선박 기타의 보험목적물이 해상위험으로 인하여 피보험이익의 전부 또는 일부가 멸실 또는 손상되어 피보험자가 입게 되는 재산상의 불이익이나 경제상의 부담을 말한다.

해상손해는 보험계약에 약정한 피보험이익에 한정되며 또한 그 보험사고와 인과관계가 있는 손해에 한정된다. 해상보험에 있어서의 손해는 보험목적물의 멸실 또는 손상뿐만이 아니라 책임 또는 비용도 포함되는데, 일반적으로 물적 손해(physical loss), 비용손해(expenses loss) 및 배상책임손해(liability loss)로 크게 나눌 수 있다. 물적 손해는 특정인이 특정물에 대한 이해관계, 즉 소유·취득·담보·사용·수익 등을 통한 재산상·금전상의 손해를 말하며, 비용손해는 물품의 멸실이나 파손과는 관계가 없고 보험사고의 발생으로 부득이 손해 경감이나 방지를 위해 지출된 비용을 뜻한다. 또한 배상책임손해는 피보험이익에 파생되어 발생하는 손해로 주로 선박보험에서 발생하는 손해이다. 물적 손해는 직접손해, 비용손해는 간접손해의 성질을 갖는다고 할 수 있다.

2) 해상손해의 종류

해상손해는 담보위험과 손해의 인과관계에 따라 직접손해와 간접손해로 구분할 수 있고, 피보험이익에 따라 물적 손해, 비용손해, 배상책임손해 그리고 손해의 정도에 따라 물적 손해를 전손과 분손으로 나눌 수 있는데, 이를 그림으로 나타내면 [그림 11-1]과 같이 분류할 수 있다.

| 그림 11-1 | 해상손해의 종류 |

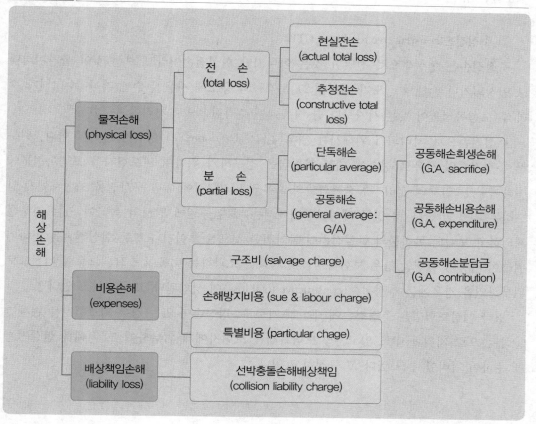

(1) 전 손

① 현실전손(actual total loss: ATL)

영국 해상보험법에 의하면 "보험의 목적물이 파괴되거나 또는 부보된 종류의 물건으로서 존재할 수 없을 정도로 심한 손상을 받을 경우, 또는 피보험자가 보험의 목적물을 박탈당하여 회복할 수 없는 경우에는 현실전손(actual total loss)이 존재한다"고 규정하고 있다.[23]

현실전손은 실질적인 멸실(physical destruction), 성질의 상실(alteration of species), 회복전망이 없는 박탈(irretrievable deprivation) 그리고 선박의 행방불명(missing ship)[24] 등이 그

---

23) MIA 1906, Article 57(1).
24) MIA 1906, Article 58; 항해중의 선박이 행방불명되고 상당한 기간의 경과 후까지 그 소식을 모를 경우에는 현실전손으로 추정할 수 있다.

대표적인 경우이다.[25]

② 추정전손(constructive total loss: CTL)

추정전손은 현실적으로 전멸한 것은 아니지만 현실전손이라고 보는 것이 불가피하다고 인정되거나 손해의 정도가 심하여 그 목적물의 용도에 사용할 수 없거나, 수리비가 수리 후 보험목적물이 갖는 시가보다 클 경우에는 추정전손으로 처리할 수 있다.[26]

추정전손으로 처리되기 위해서는 위부(委付; abandonment) 행위가 따라야 한다. 위부란 추정전손의 사유로 전손에 대한 보험금을 청구하기 위하여 피보험자가 보험목적물에 대하여 갖는 일체의 권리, 즉 잔존화물의 소유권 및 제3자에 대한 구상권을 보험자에게 양도하는 것을 말한다.[27] 영국 해상보험법에서는 "보험증권에 명시의 특약이 있는 경우를 제외하고 보험의 목적물의 현실전손이 불가피한 것으로 보이거나 또는 현실전손을 면하기 위하여 비용이 발생할 경우 보험목적물의 가액을 초과하는 비용이 소요되므로 합리적으로 위부하였을 경우에는 추정전손(constructive total loss)이 성립된다"고 규정하고 있다.[28]

영국 해상보험법은 추정전손에 대한 효과로 "추정전손이 있는 경우 피보험자는 손해를 ① 분손으로 처리할 수도 있고, ② 보험목적을 보험자에게 위부하여 그 손해를 현실전손에 준하여 처리할 수도 있다"고 규정하고 있다.[29]

---

25) 현실전손의 경우에는 위부(abandonment)의 통지를 할 필요가 없다.

26) 한국 상법 제710조에서 보험위부의 원인으로는 1. 피보험자가 보험사고로 인하여 자기의 선박 또는 적화의 점유를 상실하여 이를 회복할 가능성이 없거나 회복하기 위한 비용이 회복하였을 때의 가액을 초과하리라고 예상될 경우, 2. 선박이 보험사고로 인하여 심하게 훼손되어 이를 수선하기 위한 비용이 수선하였을 때의 가액을 초과하리라고 예상될 경우, 3. 적화가 보험사고로 인하여 심하게 훼손되어서 이를 수선하기 위한 비용과 그 적화를 목적지까지 운송하기 위한 비용과의 합계액이 도착하는 때의 적화의 가액을 초과하리라고 예상될 경우라고 규정하고 있다.

27) 위부와 관련하여 대위(代位; subrogation)라는 것은 보험자가 피보험자에게 보험금을 지급할 경우 피보험목적물에 대한 일체의 권리와 손해발생에 과실이 있는 제3자에게 대한 구상권 등을 승계하게 되는 것을 말한다. 이에는 잔존물대위와 구상권대위가 있다. 위부는 전손의 경우에만 적용되지만 대위는 전손과 분손에 모두 적용된다. 대위는 전손의 경우라도 보험자가 지급한 보험금에 해당되는 이익만큼을 자동으로 수취할 수 있으나 위부는 전적으로 모든 이익과 채무를 보험자가 승계 받으며 보험자의 재량에 따라 위부를 인수할 수도 있고 거부할 수도 있다. 보험자가 위부를 수락할 경우는 대위와 위부는 구별할 수 없으나 수락하지 않으면 구분이 확실하다.

28) MIA 1906, Article 60(1).

29) MIA 1906, Article 61.

(2) 분 손

분손(partial loss)은 손해발생원인에 따라 피보험자가 단독으로 부담하여야 하는 단독해손과 이해관계인이 모두 공평하게 부담하는 공동해손이 있다.

① 단독해손(particular average: P/A)

단독해손이란 피보험이익의 일부가 멸실 또는 손상된 손해 중에서 공동해손(general average)을 제외한 손해를 말한다.[30] 적화의 단독해손은 주로 질적인 훼손상태, 양적인 수량부족 등으로 나타나고 선박의 단독해손은 수선비, 선원의 급여, 연료 및 저장품 등이며, 운임의 단독해손은 화물의 일부가 멸실 손상을 입어 운임의 일부를 받지 못하거나 불필요하게 지급하게 되는 경우를 말한다.

② 공동해손(general average: G/A)

공동해손이란 보험목적물이 공동의 안전을 위하여 희생되었을 때 이해관계자(the interest concerned)가 공동으로 그 손해액을 분담하는 손해를 말한다.

공동해손이 성립되기 위한 요건에 대하여 영국 해상보험법은 "공동항해사업의 수행과정에서 위험에 놓인 재산을 보호할 목적으로 고의로 또는 합리적으로 특별한 희생(extraordinary sacrifice)을 행하거나 또는 특별한 비용을 지출한 경우에는 공동해손행위가 존재한다"고 규정하고 있다.[31] 이는 곧 위험이 현실적으로 증가하고 공동의 안전을 위하여 인위적으로 합리적인 희생 및 비용의 발생에 기인하였을 때 공동해손이 성립되는 것으로 간주할 수 있다.

㉠ 공동해손보상에 관한 원칙

공동해손의 처리를 위한 상거래분쟁에 대처하기 위하여 1864년 요크(York)회의를 기초로 수차의 수정보완을 거쳐 국제적 통일규칙의 필요성에 부응하도록 "요크-앤트워프규칙"(York Antwerp Rules: YAR), 즉 "공동해손 정산에 관한 국제규칙"을 제정하게 되면서 공동해손에 관한 YAR을 적용하는 것이 일반화되고 있다. 공동해손의 보상에 관한 원칙으로는 공동안전주의(common safety theory)와 공동이익주의(common benefit theory) 및 절충주의가 있다. 공동안전주의는 공동해손의 목적을 선박 및 적화의 공동안전 확보에 두고 공동해손의 범위는 현실적으로 공동위험을 회피한 시점으로부터 공동해손행위가 끝난 시점

---

30) MIA 1906, Article 64(1).
31) MIA 1906, Article 64(2).

으로 한정하기 때문에 공동해손으로 인정되는 범위가 매우 좁다고 볼 수 있다. 이는 영국법이 채택하고 있다. 공동이익주의는 적화 및 선박의 공동이익을 확보하는 데 있으며 공동위험에 대한 구조행위에 한정시키지 않고 안전한 상태에 있게 되어도 다시 항해를 계속하여 최종목적지까지 도착하는 손해 및 비용도 공동해손에 포함되기 때문에 공동해손의 적용범위가 넓다. 이는 대륙법과 미국법이 채택하고 있다.

절충주의는 공동안전주의와 공동이익주의를 절충하는 것으로 YAR은 절충주의를 채택하고 있다.[32)]

ⓛ 공동해손의 구성

㉮ 공동해손희생손해(general average sacrifice)

적화의 희생손해로는 ⓐ 투화(jettison), ⓑ 투화행위로 인한 해수침손, ⓒ 선박화재 소화작업중 물이나 약품에 의한 손해, ⓓ 임의좌초에 의한 손해, ⓔ 피난항에서의 적·양화작업중 발생손해, ⓕ 선박의 중량을 경감하기 위해 발생한 손해 등이 있다. 또한 선박의 공동해손, 희생손해, 운임의 희생손해가 있다.

㉯ 공동해손비용손해(general average expenditure)

공동해손행위시에 비용손해로는 ⓐ 구조비, ⓑ 피난항 비용, ⓒ 대체비용, ⓓ 자금조달비용, ⓔ 정산비용 등이 있다.

㉰ 공동해손분담금(general average contribution)

공동해손분담금은 공동해손행위에 의해 구조된 모든 재산의 항해종료시에 공동해손에 의해 이익을 얻는 이해관계자가 그 손해액을 공평하게 분담하는 금액이다. 공동해손이 발생하면 공동해손정산인(general average adjuster)에 의해 공동해손정산서(statement of general average)가 작성되어 분담액이 결정되는데, YAR에서는 공동해손정산의 편의를 위하여 적화의 공동해손 분담가액을 CIF가격으로 하고 있다.

(3) 비용손해

① 구조비(salvage charges: S/C)

구조비란 구조계약에 의하지 않고 임의로 구조한 자가 해상법(maritime law)상 회수할 수 있는 비용을 말한다.[33)] 이 비용은 보험자가 피보험자를 대신하여 구조자에게 지급한다.

---

32) YAR에서는 문자규정은 공동안전주의, 숫자규정은 공동이익주의의 성격을 띠고 있다.
33) MIA 1906, Article 65(2).

구조비는 피보험자, 그 대리인 또는 보수를 받고 이들에 의하여 고용된 자가 피보험위험을 피하기 위하여 행한 구조의 성질을 띤 용역의 비용을 포함하지 않는다. 정당하게 지출된 이런 종류의 비용은 그 지출된 사정에 따라 단독비용(particular charges) 또는 공동해손손해로서 회수될 수 있다.

② 손해방지비용(sue and labour charge)

보험목적물에 해상위험이 발생한 경우 이를 방지·경감하려는 목적으로 합리적으로 지출되는 비용을 손해방지비용이라 한다. 손해방지비용은 피보험자, 그 대리인, 사용인 및 양수인에 의해 지출된 비용으로 보험자가 추가 담보하는 손해이다.[34] 보험자나 피보험자는 위부에 관계없이 손해방지행위를 할 수 있다.

③ 특별비용(particular charges)

보험의 목적물의 안전이나 보존을 위하여 피보험자에 의해서 또는 피보험자의 대리인에 의해서 지출된 비용으로서 공동해손비용과 구조료 이 외의 것을 특별비용이라고 하여 특별비용은 단독해손에 포함되지 않는다.[35]

특별비용의 내용은 적화의 경우 긴급사태가 발생한 결과 피난항에서 지출하게 된 양륙비, 창고보관료, 재포장비용, 재선적비, 재운송비 등이 있다.

(4) 배상책임손해

피보험선박이 타선과 충돌로 인하여 피보험선박 자체가 입게 된 물적 손해는 물론 그 충돌로 인한 상대선박의 선주 및 그 화물의 화주에 대하여 피보험자가 책임을 부담하는 손해배상금을 보험자가 담보해 주는 손해를 말한다. "Lloyd's S. G. Policy"에는 제3자에 대한 충돌손해배상책임에 대해서는 명시가 없고 현재 사용하고 있는 협회적화약관(Institute Cargo Clause)이나 협회선박약관(Institute Time Clause-Hulls: ITC-Hulls, 1983)에는 쌍방과실충돌약관(both to blame collision clause)과 3/4충돌손해배상책임약관(3/4 collision liability clause)을 규정하고 화주와 선주의 제3자에 대한 배상책임도 보험자가 보상하는 것으로 하고 있다.

---

34) 보험증권상 담보되지 않은 위험에 대한 방지나 경감비용은 보상되지 않는다.
35) MIA 1906, Article 64(2).

제 **3** 절 ┃ 협회적화약관

1 ┃ 협회적화약관의 개념

해상보험에서는 1779년 Lloyd's에서 사용하기로 채택된 "Lloyd's S. G. Policy Form"이 200여년 동안 사용되어 왔으나, 그간 동 증권양식은 중세의 고문으로 되어 있어 이해하기 어렵고 현실에 맞지 않는 점이 많았으므로 1912년 기술 및 약관위원회(Technical & Clauses Committee)에서 "Lloyd's S. G. Policy Form"에 첨부하여 사용하기 위한 통일된 특별약관을 제정하게 되었는바 이것이 곧 협회적화약관(Institute Cargo Clause)이다. 이 약관은 ① 단독해손부담보조건(Free from Particular Average: FPA), ② 분손담보조건(With Average: WA), ③ 전위험담보조건(All Risks: A/R)의 세 가지 종류가 있으며 그 후 이 약관은 수차의 변경을 거쳐 1963년도에 개정된 약관이 신약관과 함께 사용되어 오고 있었다.

표 11-1 2009 신협회적화약관의 내용구성

구분	조항	약관내용
담보위험 (Risk Covered)	1	위험약관(Risks Clause)
	2	공동해손약관(General Average Clause)
	3	쌍방과실충돌약관(Both to Blame Clause)
면책조항 (Exclusion)	4	약관명칭 삭제
	5	
	6	
	7	
보험기간 (Duration)	8	운송약관(Transit Clause)
	9	운송계약종료약관(Termination of Contract of Carriage Clause)
	10	항해변경약관(Change of Voyage Clause)
보험금청구 (Claims)	11	피보험이익약관(Insurable Interest Clause)
	12	계반비용약관(Forwarding Charges Clause)
	13	추정전손약관(Constructive Total Loss Clause)
	14	증액약관(Increased Value Clause)
보험이익 (Benefit of Insurance)	15	약관명칭 삭제
손해경감 (Minimising Losses)	16	피보험자의무약관(Duty of Assured Clause)
	17	포기약관(Waiver Clause)

그러나 1978년에 개최된 제2회 UNCTAD총회에서 해상보험증권과 약관 및 관습에 대한 일체의 문제를 상설작업위원회에서 검토하기로 결의하면서부터 영국에서도 협회적화약관의 현 증권 및 약관의 개정을 의뢰한 결과 1982년 약관의 명칭을 A/R, WA, FPA에서 A, B, C로 변경함으로써 과거에 약관의 명칭만을 보고 담보위험을 판단하던 문제점을 해소시켰으며, 그 이외에도 ICC(B)와 ICC(C)의 담보 차이의 확대, 소손해 면책비율조항의 삭제, 육상운송시의 담보조항을 명시하였다. 1982년부터 도입되었던 신협회적화약관은 20여 년간 사용되어 오면서 그동안 테러행위(terrorism) 등의 새로운 위험이 등장하고 운송 및 보험 환경의 변화 등에 부응하기 위하여 런던국제보험업자협회(International Underwriting Association of London : IUA)는 로이즈보험시장협회(Lloyd's Market Association: LMA)와 합동적화위원회를 구성하여 1982년 ICC를 개정하여 2009년 1월 1일부터 신약관을 사용할 수 있도록 하였다. 2009년 신약관에서는 면책조항의 적용범위의 축소, 담보기간의 운송조항에서 보험기간 확장, 테러행위의 위험에 대한 정의, 약관의 용어 중 "underwriters" 대신 "insurers", "servants" 대신에 "employees"와 같이 현대적 의미의 용어로 대체하였다.

2 신협회적화약관에 의한 보상범위

신협회적화약관상에서는 ICC(A), ICC(B), ICC(C)조건으로 구분하고 보험자가 담보위험과 면책위험을 오늘날의 무역관행에 알맞도록 이해하기 쉽게 규정하고 있다.

1) 담보위험과 면책위험

(1) ICC(C)

"C Clause"에서는 약관에 규정된 면책위험을 제외하고는 다음에 열거된 위험으로 인한 보험의 목적의 멸실·손상을 담보한다.

① **다음의 사유에 상당인과관계가 있는 보험의 목적의 멸실 및 손상**
㉮ 화재 또는 폭발
㉯ 본선 또는 부선의 좌초, 교사, 침몰, 전복
㉰ 육상운송용구의 전복 또는 탈선
㉱ 본선, 부선 또는 운송용구와 물 이외의 다른 물체와의 충돌 또는 접촉

㋯ 피난항에서의 화물의 적·양화

② 다음의 사유로 생긴 보험의 목적의 멸실 및 손상

㉮ 공동해손희생손해

㉯ 투화

한편, "C Clause"하에서의 면책위험은 다음에 열거하는 일반면책위험 외에 선박 또는 부선, 기타 운송용구의 불내항 또는 부적합으로 인한 위험의 목적의 멸실·손상 그리고 전쟁 및 공동파업위험이 있다. 일반면책위험은 다음과 같다.

㉮ 피보험자의 고의의 비행에 귀속하는 멸실·손상 또는 비용

㉯ 피보험목적의 통상의 누손, 통상의 중량·용량의 부족 또는 자연소모

㉰ 피보험목적의 포장 또는 준비의 불완전 또는 부적합으로부터 야기된 멸실, 손상 또는 비용(여기서의 포장이라 함은 컨테이너 혹은 지게자동차에 적재하는 것을 포함한다. 다만 이러한 적재가 이 보험의 개시 전에 행하여지거나 또는 피보험자 혹은 그 사용인에 의하여 행하여지는 경우에 한한다)

㉱ 피보험목적의 고유의 하자 또는 성질을 근인으로 하는 멸실, 손상 또는 비용

㉲ 지연이 피보험위험으로 생긴 경우라도 그 지연을 근인으로 하여 생긴 멸실, 손상 또는 비용

㉳ 본선의 소유자, 관리자, 용선자 또는 운항자의 지급능력 또는 금전상의 채무불이행으로 생기는 멸실, 손상 또는 비용

㉴ 피보험목적 또는 그 일부에 또는 어떤 자의 불법행위에 의한 의도적인 손상 또는 파괴

㉵ 원자, 핵분열, 핵융합 또는 이와 비슷한 핵무기 등의 전쟁무기를 사용함으로써 일어나는 멸실, 손상 또는 비용

(2) ICC(B)

"B Clause"에서는 "C Clause"에서 담보하는 위험에 추가하여 다음의 위험을 담보한다.

① 지진, 화산의 분화, 낙뢰와 상당인과관계가 있는 보험의 목적의 멸실, 손상

② 갑판유실로 생긴 보험의 목적의 멸실, 손상

③ 본선, 부선, 선창 부창(艀艙), 운송용구, 컨테이너, 지게자동차 또는 보관장소 해수, 호수, 강물의 침입으로 생긴 보험의 목적의 멸실, 손상

④ 본선, 부선으로의 선적 또는 양화작업 중 바닥에 떨어지거나 갑판에 추락한 포장단위당 전손

"B Clause"에서의 면책위험은 "C Clause"와 동일하다.

(3) ICC(A)

"A Clause"는 "B Clause"와 "C Clause"가 담보위험을 구체적으로 열거하고 있는 데 반하여 포괄책임주의를 채택하고 있다. 따라서 "A Clause"는 약관에 규정한 면책위험을 제외하고 보험의 목적에 발생한 멸실 및 손상의 일체의 위험을 담보한다.

"A Clause"에서의 면책위험도 "B Clause"와 "C Clause"의 면책위험과 동일하나, 다만 일반 면책위험 중 피보험목적 또는 그 일부에 대한 어떤 자의 불법행위에 의한 의도적인 손상 또는 파괴를 "A Clause"에서는 면책으로 하지 않고 있는 점이 다르다.

2) 각 조건별 담보위험과 면책위험의 비교

(1) 담보위험

약관조항	담보위험	A	B	C	비고
제1조	① 화재·폭발	○	○	○	좌기의 사유에 상당 인과관계가 있는 멸실·손상
	② 선박·부선의 좌초·교사·침몰·전복	○	○	○	
	③ 육상운송용구의 전복·탈선	○	○	○	
	④ 선박·부선·운송용구의 타물과의 충돌·접촉	○	○	○	
	⑤ 조난항에서의 화물의 양화	○	○	○	
	⑥ 지진·분화·낙뢰	○	○	×	
	⑦ 공동해손희생	○	○	○	좌기의 사유로 인한 멸실·손상
	⑧ 투하	○	○	○	
	⑨ 갑판유실	○	○	×	
	⑩ 해수·조수·하천수의 운송용구·컨테이너·지게자동차·보관장소에 침수	○	○	×	
	⑪ 적재·양륙 중에 수몰·낙하에 의한 짐꾸림 1개당의 전손	○	○	×	
	⑫ 상기 이외의 일체의 위험	○	×	×	
제2조	⑬ 공동해손조항	○	○	○	
제3조	⑭ 쌍방과실충돌조항	○	○	○	

주: ○표(보험자가 담보), ×표(보험자가 부담보)

(2) 면책위험

약관조항	면책위험	A	B	C
제4조	① 피보험자의 고의적인 불법행위	×	×	×
	② 통상의 누손, 중량·용적의 통상의 감소, 자연소모	×	×	×
	③ 포장 또는 포장준비의 불완전·부적합	×	×	×
	④ 물품고유의 하자·성질	×	×	×
	⑤ 지연	×	×	×
	⑥ 선박소유자·관리자·용선자 또는 운항자의 지급불능 또는 채무불이행	×	×	×
	⑦ 어떤 자의 불법행위에 의한 의도적인 손상 또는 파괴	○	×	×
	⑧ 원자핵무기에 의한 손해	×	×	×
제5조	⑨ 피보험자 또는 그 사용인이 인지하는 선박의 내항성 결여 부적합	×	×	×
제6조	⑩ 전쟁위험	×	×	×
제7조	⑪ 동맹파업	×	×	×

주: ○표(보험자가 담보), ×표(보험자가 면책)

3) 보험기간

(1) 운송약관(Transit Clause)

이 약관은 일명 "창고간 약관"(Warehouse to Warehouse Clause)이라고 하며, 해상적화보험에 있어서의 보험자의 책임의 개시 및 종료, 즉 담보기간을 규정한 약관이다.[36)]

현대의 상거래실무상으로는 화물이 선적을 개시하기 위해 운송개시 시점부터 적재작업, 해상운송, 적·양화작업, 보세창고 입고, 최종창고에 입고될 때까지의 여러 가지의 위험이 담보되어야 할 필요성이 있다.

(2) 보험자의 담보책임개시

해상적화보험에 있어서는 운송약관에 따라 보험자의 담보책임은 "운송개시를 위하여 운송차량 또는 운송용구에 적재할 목적으로 보험계약에 명시된 장소의 창고 또는 보관 장소에서 보험목적물이 최초로 이동하게 된 때에 개시된다." 그러므로 창고에서 운송용구까지 화물을 적재하는 동안이나 실제로 운송이 개시되기 이전의 기간 중에는 담보책임이 개시되지 않고 통상의 운송과정에만 담보효력이 발생된다. 그러나 컨테이너에 화물을 적

---

36) ICC Transit Clause 8.

부하기 위해 컨테이너 터미널로 운송을 개시하는 경우는 해상운송의 일부로 간주된다.

(3) 보험자의 담보책임종료

운송약관에 의하면 보험자의 담보책임종료는 아래와 같이 네 가지로 구분하여 그중에서 가장 먼저 도래하는 사유가 발생하면 그때에 보험자의 담보책임이 종료되는 것으로 하고 있다.

첫째, 화물이 보험계약에 명시된 목적지의 최종창고 또는 보관 장소에서 운송차량 또는 기타 용구로부터 양화 완료된 때에 종료된다.

둘째, 보험계약에 명시된 목적지를 불문하고 통상의 운송과정에 있어서의 보관 이외의 보관을 하거나 할당 또는 분배를 위하여 보관할 장소에서 운송차량 또는 기타 용구로부터 양화 완료된 때에 종료된다.

이 경우 피보험자가 화물이 양화된 후 목적지에 도착되기 전에 이전에 할당이나 분배를 위하여 선택한 장소를 최종목적지로 간주하게 되는 것이다.

셋째, 피보험자 또는 그 사용인이 통상의 운송과정이 아닌 보관을 목적으로 운송차량, 기타 용구 또는 컨테이너를 사용하고자 선택한 때에 종료된다.

넷째, 본선으로부터 양화완료 후 60일이 경과된 때에 종료된다.

여기에서 60일의 기산은 부보화물전량이 양화 완료된 날을 기준으로 한다. 다만, 한국에서는 수입화물의 경우에는 화물을 통관하기 위하여 창고 기타 보관 장소에 인도한 후 30일로 제한하고 있다.

또한 보험목적물이 최종 양륙항에서 외항선으로부터 양륙 후, 보험이 종료되기 이전에 부보된 목적지 이외의 장소로 운송되는 경우 운송약관의 보험종료 규정에 따라 담보책임이 계속되나 보험목적물이 목적지로 운송개시를 위하여 최초로 움직인 때에 종료된다.

(4) 이로 등 종기확장담보 및 종료

운송약관에서는 피보험자가 지배할 수 없는 사정으로 인한 지연(delay), 이로(離路; deviation), 강제양화(forced discharge), 재선적(reshipment), 환적(transshipment) 또는 운송계약상 운송인의 자유재량권의 행사로 인하여 위험변경사유가 발생하였을 때에는 보험자의 담보책임이 계속된다.

이러한 위험변경은 보험계약을 체결할 당시에 보험료 산출의 기초가 되는 사항이므로 원칙적으로는 보험자가 면책되어야 한다는 위험변경의 원칙이 적용되어야 하겠지만, 피보험자가 지배할 수 없는 사정으로 인한 경우에까지 이를 강행하는 것은 불합리하므로 이를 구제하기 위하여 확장담보하려는 취지를 밝힌 것이다. 한편, 위험개시 후에 목적항이 변경되었을 경우에는 이러한 사항을 보험자에게 통지하여 계속담보를 받아야 한다.

4) ICC(C), ICC(B)약관 부보시의 부가위험 담보조건

구협회적화약관의 FPA, WA조건에서와 마찬가지로 신약관에서도 ICC(C)나 ICC(B)약관으로 적화보험을 부보할 경우에는 화물의 성질이나 종류에 따라 특수위험이나 면책위험을 담보받고자 할 경우에는 보험자와 합의하여 추가보험료를 납부하고 다음과 같은 부가조건을 부보하여야 한다.[37]

(1) 부가위험 담보조건

① 절도, 불착(Theft, Pilferage and Non-Delivery : TPND)

"theft"와 "pilferage"는 물건을 몰래 훔치는 것을 말하는데, "theft"는 포장 째로 훔치는 것이고 "pilferage"는 포장내용물의 일부를 빼내는 것을 의미한다. 한편 불착(non-delivery)은 포장단위의 화물이 송두리째 목적지에 도착하지 않은 것을 말한다.

② 빗물 및 담수에 의한 손해(Rain &/or Fresh Water Damage : RFWD)

"rain"이 "fresh water"와 나란히 표기된 경우에는 "fresh water"는 "rain"을 제외한 모든 담수이지만 "fresh water"만 있는 경우 담수는 빗물을 포함한다. 이 손해는 바닷물 이외의 민물에 젖어 발생한 손해로서, 적·양화작업중 비나 눈이 와서 젖거나 선박의 음료수가 선창에 침투하여 화물에 손해가 발생한 경우를 말한다.

섬유제품이나 잡화 등을 운송하는 경우에 보통 이 위험을 추가로 담보하게 되는데, 이 위험을 추가담보하지 않더라도 선박 등이나 또는 보관장소에 호수나 강물이 유입되어 발생한 손해는 보험자가 보상한다.

---

37) 그러나 ICC(A)조건으로 부보하더라도 W/SRCC는 담보되지 아니한다.

③ 유류 및 타물과의 접촉(Contact with Oil &/or Other Cargo : COOC)

선박의 연료유 등에 의해 화물이 입게 되는 유손(oil damage), 적재된 타화물에 직접 접촉함으로써 피보험화물에 흠이 생기거나 파손 또는 오손되는 등의 위험이다.

④ 갑판유실(Washing Over Board : WOB)

일반적으로 화물은 가장 안전한 적부장소로서 선창(hold)에 적재되지만 목재, 차량 등 특수한 화물은 갑판에 적재되어 운송되는 경우가 많다.[38] 그리고 갑판적재화물(on deck cargo ; deck-loaded cargo)은 선창 내 적재화물에 비하여 위험의 정도가 훨씬 크기 때문에 ICC(C)조건으로 인수하는 것이 원칙이다. 그런데 앞에서 살펴본 바와 같이 ICC(C)조건에서는 보험자가 갑판유실을 담보하지 않는 반면, 갑판적재화물에는 대부분 갑판유실위험이 따르므로 이를 담보받기 위하여 특약할 필요가 있다. 한편 화물이 갑판적 됨을 알고서 창내적(艙內積)으로 보험을 청약하는 것은 부실고지로서 계약자체가 무효가 되지만, 화주가 선창 내에 적재될 것을 전제로 하여 운송계약을 체결하였으나 운송계약상 운송인에게 부여된 재량권의 행사나 운송인이 계약을 위반하고 갑판적으로 한 경우가 있다. 이러한 경우에는 ICC 제8(3)조에 의해 계속 담보되지만, 보험자의 입장에서는 자기의 책임이 증가하는 것이 된다.

갑판적은 특수한 위험성을 지닌 것으로 생각하고 있으며, 따라서 보험의 인수조건, 요율도 창내적과 갑판적은 다르다. 그런데 화물의 종류, 성질여하에 따라서는 창내적으로 정한 인수조건을 그대로 갑판적에 적용하여 인수하는 것이 기술적으로도 매우 곤란한 경우가 많다. 그러므로 ICC 제8(3)조에 의해 계속 담보하는 한편, 보험자로서는 그 인수조건에 대하여 어떠한 제한조치가 필요하게 된다. 이러한 필요에서 작성된 약관이 갑판적약관(on deck clause)이다. 이 약관에 따르면 화물이 갑판에 적재되어 운송되는 경우에는 갑판적분에 대한 보험조건은 증권에서 정한 조건에 관계없이 보험의 시기로부터 "ICC(C), including washing over board"조건으로 변경됨을 규정하고 있다.

⑤ 갈고리에 의한 손해(Hook & Hole)

적·양화작업중 갈고리를 사용함으로써 생기는 손해로서, 직물이나 잡화 등을 마대 등으로 포장한 경우에는 이 위험을 추가담보할 필요가 있다.

---

38) 보통 투화, 갑판유실(Jettison, Washing Over Board: JWOB)조건으로 추가담보하고 있다.

⑥ 파손(Breakage)

도자기나 유리제품 등 깨어지기 쉬운 화물의 경우는 보통, 담보위험 이외의 사유로 인한 파손을 보상받기 위해 특약하게 되는데, 이 파손에는 통상의 손해나 성질손해와 같은 필연적 손해도 포함되므로 보험자는 excess 조항에 의해 협정한 면책비율을 초과하는 손해만을 보상하는 것이 보통이다.

⑦ 누손, 부족손(Leakage &/or Shortage)

용기의 틈 사이나 파손된 부분에서 화물이 누출되어 누손이나 내용물의 부족을 초래하는 위험으로서 주로 액체화물이나 분말류의 화물, 개스 등의 운송에서 이 위험을 추가하여 부보하여야 한다. 그런데 이 위험도 파손의 경우와 마찬가지로 excess 조항을 삽입하는 것이 보통이다.

⑧ 습기와 가열에 의한 손해(Sweat &/or Heating : SH)

"sweat"는 선창 내와 선외의 기온 차에 의해 선창의 천정 또는 내벽에 응결한 수분이 떨어지거나 또는 그러한 수분에 접촉함으로써 화물이 젖게 되거나 화물자체가 수분을 발산함으로써 젖게 되는 등의 위험이다. 한편 "heating"은 항해중에 기온, 습도 등의 변화에 따라 쩌지는 위험을 말한다. 보통 곡물이나 피혁 등에 이러한 손해가 일어나기 쉽다.

⑨ 곡손(Denting &/or Bending)

"denting"은 우그러지는 것이고, "bending"은 구부러지는 것으로서 보통 기계류에 생기기 쉽다. 그런데 기계류는 부분적인 파손 또는 곡손으로 인하여 사용이 불가능하게 되거나 중대한 손해가 될 염려가 있으므로 "협회기계수선약관"(Institute Replacement Clause)을 삽입하여 보험자는 손해부분의 수선비 또는 교체비 및 그 부대비용을 보상한도로 하는 것이 보통이다.

⑩ 오염(Contamination)

액체화약품이나 유류 등이 해수 또는 담수 등의 혼입으로 입게 되는 품질저하의 위험이다.

⑪ 자연발화(Spontaneous Combustion)

석탄, 성냥, 양모, 화약 등은 항해 중 화물자체의 화학적 변화에 의해 자연발화하는 경우가 있다. 자연발화는 화물 고유의 하자 또는 성질에 의한 것이므로 원래 보험자가 부담하는 것은 아니다. 그러나 자연발화는 전혀 우연성이 없는 사고는 아니며 또 화재원인의 확인이 곤란한 경우도 있으므로 특약에 의해 담보된다. 다만 특약을 하지 않은 경우에도 타화물의 자연발화로 인하여 피보험화물이 입은 손해나 선박이 충돌하고 그 결과로서 석탄 등이 발화한 경우에는 보험자가 이를 보상할 책임이 있다.

⑫ **곰팡이**(Mould & Mildew)

곡물이나 연초, 섬유제품 등이 습도의 증가에 따라 곰팡이가 생김으로써 손해를 입은 경우가 있다. 이 손해도 화물의 고유의 하자 또는 성질에 의한 것으로 보험자는 원칙적으로 면책되지만 특약에 의해 담보 받을 수 있다.

⑬ **녹**(Rust)

금속화물 등에 습기로 인하여 생기는 녹의 위험은 특약에 의하여 담보된다.

⑭ **쥐 및 벌레에 의한 손해**(Rats & Vermin)

곡물이나 목재 등이 운송중 쥐나 벌레로 인하여 손해를 입는 위험이다. 이러한 위험은 보통 담보되는 것이 아니므로 특약에 의한 추가담보를 필요로 한다.

한편 ICC(A), (B) 및 (C)의 어떠한 조건으로 부보하더라도 전쟁위험과 동맹파업위험은 면책되므로 이들 위험을 담보받기 위해서는 특약을 필요로 한다.

(2) 특수화물에 관한 특별약관

특수화물에 대한 특별약관은 많이 있지만 그중 주요한 것을 들면 다음과 같다.

① 원산지손해약관(Country Damage Clause)

② 냉동화물약관(Refrigerated Cargo Clause)

③ 라벨약관(Label Clause)

④ 가축약관(Livestock Clause): 동물의 수송중의 사망위험을 담보하나 수태에 의한 사망은 제외한다.

⑤ 고무약관(Rubber Clause): 고무무역과 관련하여 사용하고 분손담보약관으로 절도, 발화, 포장물 전체의 불착, 폭발위험, 갈고리손상, 타화물에 기인한 손상 등을 담보한다.

⑥ 원당약관(Raw Sugar Clause) : 원당무역과 관련하여 사용하고 분손담보약관으로 절도, 발화, 불착위험, 폭발위험과 타물 또는 유류에 기인한 손해도 담보한다.

⑦ 살적유약관(Bulk Oil Clause) : 유류에 적용되는 것으로 해상운송중 발생 가능한 전위험을 담보하나 항해의 지연으로 질 저하에 의한 시장성 상실, 핵위험, 통상적인 누손에 의한 감량 등의 위험은 보험자가 담보하지 않는다.

제 4 절 적화보험의 부보

1 적화보험계약의 체결

해상적화보험계약도 일반계약과 마찬가지로 그 법적으로는 불요식의 낙성계약이기 때문에 청약(offer)과 승낙(acceptance)에 의하여 보험계약이 성립된다. CIF 또는 CIP 규칙에서는 매매당사자간에 보험조건을 약정한 대로 수출자인 매도인이 보험계약자가 되어 보험자와 보험계약을 체결하지만 FCA, FAS, FOB, CFR, CPT 규칙의 경우에는 매수인이 자기 자신을 위하여 적화보험을 부보하여야 하기 때문에 매수인이 보험계약자이면서 피보험자로 하여 보험자와 보험계약을 체결한다. 적화보험은 보험계약에 명시된 장소의 창고나 보관장소를 떠나기 전에 부보하여야 한다.[39] 특히 수입과 관련된 적화보험은 국외의 수출자의 출고시기 또는 선적시를 모르기 때문에 선적통지를 수입자에게 미리 통지하여 주도록 약정하여야 한다.[40]

2 적화보험조건의 선택방법

적합한 보험조건을 선택하고자 하면 우선 부보하고자 하는 화물의 성질, 포장상태, 운송용구, 운송방법, 운송지역, 선적항과 양륙항의 화물취급시설 등 화물손해에 영향을 미

---

39) 신협회적화약관의 운송약관에서 정하고 있는 보험자의 담보가 개시되는 시기를 항상 염두에 두고 적화보험을 적기에 부보하여야 한다.
40) FOB, CFR 규칙 등으로 수입신용장을 발행할 경우는 한국의 외국환은행에서는 신용장발행의뢰인(수입자)이 보험부보를 하고 적화보험증권을 배서(endorsement)하여 신용장발행은행에 제시하도록 하고 있다.

칠 수 있는 각종 요인들을 검토한 후 가장 이상적인 보험조건을 결정하도록 하여야 한다.

가장 이상적인 보험조건이라 해서 보험자의 보상범위가 가장 큰 "ICC(A) including W/SRCC"만을 의미하는 것이 아니다. 물론 보험료에 관한 문제를 고려하지 않는다면 상기조건이 가장 이상적인 조건이지만 보험료가 전체 매매가격에서 큰 비중을 차지하게 된다면 매매가격은 불가피하게 인상되지 않으면 안 되므로 가장 저렴한 보험료를 부담하고 가장 적절한 보험조건을 선택하는 것이 바람직하다. 따라서 적화보험을 청약하는 무역업자들은 위험관리 면에서 적절한 보험조건을 선택할 수 있도록 해야 한다.

다음은 경제적이면서 효율적인 운송위험관리를 위한 보험조건의 선택방법을 예시하여 살펴본 것이다.

- 운송화물의 내용: 100 Carton boxes of Staple Fibre
- CFR가격: US$10,000
- From New York, U.S.A. to Busan, Korea

---

1) 위험의 발견

본건의 화물 "Staple Fibre"는 인조섬유의 일종이므로 화물자체의 성질로 보아 파손이나 누손·부족손(Leakage/Shortage), "Sweat & Heating Damage" 그리고 "Denting & Bending"의 위험은 거의 우려되지 않는다. 따라서 과거의 손실경험으로 볼 때 손해발생 빈도와 손실강도가 큰 위험부터 나열하면 다음과 같다.

① 적재선박의 침몰, 좌초, 대화재, 충돌(S.S.B.C)
② 타화물 및 유류접촉손(Contact with Oil and/or Other Cargoes: COOC)
③ 도난·발화·불착손(Theft, Pilferage and Non-Delivery: TPND)
④ 우·담수손(Rain and/or Fresh Water Damage: RFWD)
⑤ 해수침손(Sea Water Damage)
⑥ 오염손(Contamination)

2) 위험의 측정

적재선박의 침몰, 좌초, 대화재, 충돌로 인한 화물의 손해는 ICC(C)조건으로 보상될 수 있으나 상기 ②에서부터 ⑥까지의 위험은 ICC(C)조건만으로는 보상되지 않는다. 따라서 ②에서 ⑥까지의 위험 중 가장 빈번하게 발생하거나 가장 우려되는 위험을 선택하여 이를 추가로 담보할 수 있는 부가조건을 결정하여야 한다. 이 경우 ICC(A)조건을 선택하면 실질적으로 위험을 발견하거나 분석, 평가할 필요가 없지만 과중한 보험료를 피하기 위해서라면 기본조건에 추가해야 할 부가조건의 적용에 대한 검토가 있어야 할 것이다.

3) 보험조건의 선택

상기의 위험 중에서 두꺼운 종이상자(carton box)에 포장된 화물 "Staple Fibre"는 화물의 성질이나 포장방법으로 보아 유류접촉손이나 도난·불착손이 크게 우려되므로 "ICC(C) including COOC"나 "ICC(C) including COOC and TPND"로 결정할 수 있다. 또한 해수침손과 유류접촉손을 담보받고자 할 때는 보험조건을 "ICC(B) including COOC"로 결정하는 것이 바람직하다.

ICC(A)조건으로 부보하는 경우와 그 밖의 조건으로 부보하는 경우의 보험료를 대비해 보면 〈표 11-2〉와 같다.

표 11-2 Staple Fibre 수입시의 보험조건별 보험료부담 대비표

보험조건	보험료율(%)		보험료(US$)
ICC(A)	0.38		US$10,000 × 0.38% = US$38.00
ICC(C) including COOC and TPND	ICC(C) : 0.13 COOC : 0.034 TPND : 0.16		US$10,000 × 0.324% = US$32.40
	합계 : 0.324		
ICC(C) including TPND	ICC(C) : 0.13 TPND : 0.16		US$10,000 × 0.29% = US$29.00
	합계 :0.29		
ICC(B) including COOC	ICC(B) : 0.18 COOC :0.034		US$10,000 × 0.214% = US$29.00
	합계 : 0.214		
ICC(C) including COOC	ICC(C) : 0.13 TPND : 0.034		US$10,000 × 0.164% = US$16.40
	합계 : 0.164		

3 해상적화보험료의 산출

1) 적화보험요율의 적용원칙

현재 국내에서 사용하고 있는 해상적화보험요율은 보험개발원에서 산정한 요율을 협정요율로 사용하고 있으며, 그 종류는 다음과 같다.

(1) 기본요율

기본요율은 신협회적화약관(New Institute Cargo Clause) 및 기타 특별약관에 적용되는 요율로써 해상운송의 경우에는 항구간(port to port), 항공운송의 경우는 공항간(airport to airport) 요율을 말한다.

(2) 통상요율

할인·할증을 적용하기 전의 화물별 담보조건요율(부가위험요율, 확장담보조건요율, 적용 특칙상의 요율 등 포함)을 말한다.

(3) 확장담보조건요율

기본요율이 항구간 또는 항공간 요율로 산정되어 있어 신협회적화약관의 운송약관에 따른 화물의 전운송구간, 즉 해상운송에 연결되는 선적항 또는 양화항의 행정구역을 벗어나는 육상운송구간에서의 위험을 담보 받기 위하여는 확장담보조건에 따른 보험료를 지급하여야 한다. 이러한 확장담보조건요율에는 내륙운송연장담보(Inland Transit Extension: ITE)요율과 내륙장치연장담보(Inland Storage Extension: ISE)요율이 있다.

(4) 부가위험요율

ICC(B)나 ICC(C)를 기본담보조건으로 하는 경우에는 당해 위험약관에 열거되어 있는 위험만을 담보하므로 피보험목적물의 특성, 항해구간 등에 따라 특히 발생가능성이 높은 위험에 대비하여 추가담보가 요구된다. 이러한 위험을 가리켜 부가위험이라 하며 추가보험료를 부담하는 조건으로 부가위험을 담보 받을 수 있다.

부가위험 중 특히 중요한 것으로는 앞에서 고찰한 바와 같이 절도·불착위험(Theft, Pilferage & Non-Delivery: TPND), 우·담수손위험(Rain and/or Fresh Water Damage: RFWD), 파손위험(Breakage), 누손·부족손위험(Leakage/Shortage), 오염위험(Contamination), 갈고리 위험(Hook & Hole), 곡손위험(Denting & Bending), 유류 및 타화물과의 접촉위험(Contact with Oil and/or Other Cargo: COOC) 등이 있다.

(5) 화물별 특수위험에 대한 요율

ICC(A)일지라도 품목의 특성을 고려하여 ICC(B)나 ICC(C)에서 담보하는 위험을 초과하는 부가위험을 제외할 수 있으며, 이를 담보할 경우에는 해당 품목별 적용특칙에 따라 별도의 추가보험요율을 부담하여야 하는 점에 유의하여야 한다. 예컨대 유리, 요업제품 및 정밀기계류에서의 파손위험, 고체화공품에서의 포장의 파손으로 인한 부족손위험, 이사화물에서의 파손위험 등이 이에 해당한다.

2) 해상적화보험료의 산출

해상적화보험에서의 보험료율을 결정하는 기본요소로는 ① 적재선박,[41] ② 항로 및 지역 등 운송구간, ③ 화물의 성질, 상태, 포장형태, ④ 손해율,[42] ⑤ 보험조건과 부가위험조건, 특수보험조건 등이 있다.

해상적화보험의 보험료는 보험금액(CIF가격×110%)에 보험료율(premium rate)을 곱하여 산출한다.

예를 들면, CIF금액이 US$100,000이고 계약상 송장금액(invoice value)에 대하여 110%를 ICC(B)약관(보험료율 0.2%)으로 부보할 경우에 보험료는 (US$100,000×1.1)×0.2%＝US$220과 같이 산출할 수 있다.[43] CIF규칙에서 보험료를 산출하는 공식은 다음과

---

41) 협회선급약관(Institute Classification Clause)에 규정되어 있는 표준규격선, 즉 선령15년 이하의 선박으로 국제공인 주요 선급협회로부터 선급부여 받은 강철제의 동력선이어야 한다. 적재선박이 표준규격(approved vessel) 이외의 선박은 소정의 할증보험료(additional premium: AP)를 지급하여야 한다.

42) 손해율(loss rate)이란 보험회사가 1회계연도 등 일정기간에 영수한 보험료에 대한 동일기간중의 지급보험금의 비율을 말한다.

43) 한국에서 원화로 보험자에게 보험료를 지급할 경우에는 전신환매도율(T/T selling rate)을 곱하여 산출한다.

같다.

보험금액: S, 보험료율: R, 보험료: SR, 원가: C, 운임: F라고 하면,
보험금액은 CIF가격×110%이기 때문에

$S = (C+SR+F) \times 1.1$

$S = 1.1C+1.1SR+1.1F$

$S-1.1SR = 1.1C+1.1F$

$S(1-1.1R) = 1.1(C+F)$

$S = \dfrac{1.1(C+F)}{1-1.1R}$

$\therefore S = \dfrac{(C+F) \times 1.1}{1-1.1R}$

이 된다.[44]

예를 들면, CFR가격이 US\$10,000이고, 보험료율 0.1%라면 위의 식에서

보험료$= \dfrac{(C+F) \times 1.1R}{1-1.1R}$, 보험금액$= \dfrac{1.1(C+F)}{1-1.1R}$이므로

보험료$= \dfrac{10,000 \times 0.0011}{1-1.1 \times 0.001} = \dfrac{11}{0.9989} = 11.01$

CIF가격은 C+I+F이므로

$\therefore$ CIF가격$=$ US\$10,000+US\$11.01$=$US\$10,011.01

과 같이 된다.

---

44) 이를 P. McDonald산식이라 한다. 여기에서 $\dfrac{1.1R}{1-1.1R}$를 보험료지수라고 한다.

제 5 절 무역보험

1 무역보험의 개념

1) 무역보험의 의의

무역거래에서는 계약물품을 목적지까지 운송하는 과정에 발생하는 위험을 담보하기 위하여 해상적화보험을 이용하고 있지만 수입국의 정치·경제적 환경변화에 따른 수출불능이나 수출대금회수불능 등 대금결제상 발생하는 위험에 대해서는 무역보험이 이용되고 있다.

따라서 무역보험은 수출국에서 무역과 해외투자를 촉진시키기 위한 목적으로 이루어지는 정책적인 보험제도이므로 물품의 멸실·손상의 위험 및 손해를 대상으로 하는 해상적화보험과는 그 대상과 성격이 다르다.

무역보험은 수출보험과 수입보험으로 구분된다.

수출보험은 수출거래에 수반되는 제 위험 가운데 해상보험 등 통상의 보험으로는 담보할 수 없는 위험, 즉 수입국에서의 전쟁, 내란, 수입제한, 환거래제한 등으로 인한 비상위험(political risk)과 수입자의 계약 파기, 파산, 대금지급지연 또는 거절 등으로 인한 신용위험(credit risk) 등으로 수출자 또는 수출금융을 제공한 금융기관이 입게 되는 손실을 보상하여 우리나라의 수출을 촉진하고 진흥하기 위한 수출지원제도이다.

한편 수입보험은 원유, 철강, 시설재 등 국민경제에 중요한 자원이나 물품을 수입하는 경우 국내기업이 부담하는 선급금, 미회수 위험을 담보하거나 국내기업에 대한 수입자금 대출지원이 원활하도록 지원하는 제도이다. 무역보험은 수입보험보다는 비교적 수출보험에 비중을 두고 있다.

이와 같은 무역보험은 특별법에 의하여 설립된 한국무역보험공사(K-sure)가 보험자가 되어 보상함으로써 궁극적으로 무역과 해외투자를 촉진하여 국가경쟁력을 강화하고 국민경제의 발전에 이바지함을 목적으로 하는 정책보험이다.

무역보험을 이용할 경우 특히 유의하여야 할 점으로 수출자는 수입자에게 보험부보 사실을 알리면 안 된다. 왜냐하면 만일 수입자가 동 정보를 알게 된 경우 대금지급 불능시

수출자가 K-sure를 통하여 별도로 보험금을 받을 수도 있다는 생각으로 의도적으로 대금 지급을 하지 않을 수도 있기 때문이다.

2) 무역보험의 기능

(1) 수출거래상의 불안제거기능

수출보험은 수입국에서 발생하는 비상위험 또는 신용위험 등으로 인한 수출불능이나 수출물품에 대한 대금회수불능으로부터 수출자나 생산자가 입는 손실을 보상함으로써 수출거래에 따른 불안을 제거시킨다.

(2) 신용수단의 공여기능

수출보험은 수출대금의 미회수위험을 담보하므로 금융기관으로 하여금 수출환어음을 추심 전 매입할 수 있어 선적 후 여신행위를 용이하게 하고 또한 보험사고가 발생하였을 때 기업이 받는 손실을 보상함으로써 자금의 유동성을 제고시키는 등 신용수단의 공여기능을 갖는다.

(3) 수출진흥정책수단의 기능

수출보험은 보험의 인수조건, 즉 담보하는 위험의 범위, 보상률, 보험료율 등을 조작하여 수출자의 활동을 촉진시키거나 또는 제한시킴으로써 무역관리상 간접통제방식으로 이용된다. 또한 수출자에게 저렴한 보험료의 적용과 수출자가 귀책사유가 없을 때 유리한 손실보상을 하여줌으로써 수출경쟁력강화 등 수출진흥정책수단으로서의 기능을 수행한다.

(4) 해외 수입자에 대한 신용조사기능

수출보험은 보험인수관리 및 보험사고예방을 위하여 수입국사정 및 수입자에 대한 신용상태를 파악하여야 하므로 신용조사의 기능을 수행하게 된다.

(5) 국내 수입자 및 금융기관의 수입손실 보상기능

해외에 소재하는 수입계약상대방에게 선급금을 지급하였으나 비상위험 또는 신용위험으로 인하여 선급금이 회수되지 못함에 따라 발생하는 손실을 보상하고 금융기관이 주요 자원의 수입을 위하여 필요한 자금을 국내수입기업에 대출하였으나 국내기업의 파산 등으로 대출금이 회수되지 못함에 따라 발생하는 손실을 보상하는 기능을 수행한다.

2 무역보험제도의 운영

한국의 무역보험은 처음에 정부의 수출지원정책의 일환으로 수출보험법[45]에 의거 도입된 제도이다. 1969년 2월부터 업무를 개시한 이래 그간 대한재보험공사와 한국수출입은행에서 정부를 대행하여 수출보험업무를 수행해 오다가 1992년 7월 7일자로 한국수출보험공사가 공식 발족되면서 전담 체제로 운영하여 왔으며 2010년 7월 한국무역보험공사(K-sure)로 재출범하였다.

한국의 무역보험법은 "이 법은 무역이나 그 밖의 대외거래와 관련하여 발생하는 위험을 담보하기 위한 무역보험제도를 효율적으로 운영함으로써 무역과 해외투자를 촉진하여 국가경쟁력을 강화하고 국민경제의 발전에 이바지함을 목적으로 한다"고 규정하고 있다.[46] 무역보험은 보험사업의 목적을 효율적으로 운영하기 위하여 정부예산이 정하는 바에 따라 무역보험기금을 설치하여 운영하고 있으며 기금의 결산상 손실이 발생한 때에는 우선적으로 적립금에 의해 보전하고 그 적립금이 부족할 경우에는 정부가 보전하도록 하여 궁극적으로 국가의 담보력을 근거로 운영하고 있다. 따라서 무역보험에서 수출보험의 보험자는 정부가 되고 보험사고 발생시 보험금지급의 궁극적 책임도 정부가 부담하게 된다.

3 단기무역보험

단기무역보험(일반 선적후)이란 수출자가 수출대금 결제기간 2년 이하의 수출계약을 체결하고 수출물품 선적 후, 수입자(L/C거래의 경우 발행은행)로부터 수출대금을 받을 수 없게 된 때에 입게 되는 손실을 보상하는 제도를 말한다.

단기무역보험은 다양한 종류의 무역보험 중에서도 가장 많이 활용되는 전형적인 형태의 무역보험종목으로, 수출자가 수출거래로부터 발생하는 대금미회수위험을 담보하기 위

---

45) 1968년 12월 31일 법률 제2063호로 제정되었다.
46) 한국 무역보험법 제1조.

한 제도이다. 이 보험은 건전한 수출발전을 도모하는 정책적인 목적으로 수출기업이 보다 안심하고 수출계약을 체결할 수 있게 하며, 특히 대량의 수출거래를 지속적으로 하는 수출기업에 있어서 대금미회수위험에 대한 관리장치로서 중요한 역할을 수행하고 있다.

담보위험은 신용위험으로 수입기업(또는 신용장발행은행)의 지급불능, 지급지체, 수입화물에 대한 인수거절 등이며 비상위험으로 전쟁위험, 송금위험, 환거래 제한 등이다.

가입대상 거래는 일반수출, 위탁가공무역, 중계무역 및 수출자가 해외지사(현지법인 포함)에 물품을 수출하고, 동 해외지사가 당해 물품을 현지 또는 제3국에 재판매하는 거래이다.

한국무역보험공사(K-sure)는 수입자 신용도, 결제경험 등을 심사하여 수입자별 인수한도 및 보상한도를 책정하고 운영방식은 수출자와 특정 수입자와의 거래에 대하여 개별적으로 위험을 평가하여 무역보험에 부보하는 개별보험 방식 및 사전에 보험계약자(수출자)와 보험자(K-sure)가 포괄보험 특약을 체결함으로써, 특정물품 또는 결제조건 등 미리 대상 수출거래의 범위를 정하여 일괄적으로 무역보험에 부보하는 포괄보험 방식이 있다.

단기무역보험의 보험가액은 수출대금이며, 부보율은 일반수출, 위탁가공무역의 경우 중소기업은 100%, 대기업 95%, 중계무역의 경우 95% 이내로 국별 인수 방침에 따라 달라질 수 있다. 보험금액은 "보험가액×부보율"을, 지급보험금은 "손실액×부보율"과 같은 산식으로 산정된다. 또한 보험료는 보험금액에 수입자 신용등급(신용장거래인 경우 신용장발행은행 소재 국가등급), 결제조건 및 결제기간에 따라 결정된다.

단기무역보험의 이용절차는 "① K-sure에 보험가입 상담→② 신용조사→③ 인수(보상)한도신청(보험청약)→④ 인수(보상)한도 책정→⑤ 보험증권 발급→⑥ 물품선적후 10 영업일 이내 사이버영업점을 통해 수출통지(보험관계 성립)→⑦ 보험료 납부→⑧ 결제통지"의 과정을 거쳐야 된다.

따라서 수출자가 K-sure를 통하여 무역보험을 이용하고자 할 경우 충분한 시간을 가지고 미리 준비하여야 한다.

4 단기무역보험에서의 보험자의 면책사항

단기무역보험은 수출자보험으로서 약관의 면책사항에 해당하거나 수출계약 이행과정에서 귀책이 있는 경우 보상받을 수 없다. 약관은 수출자가 보상받지 못하는 경우에 대해상세히 규정하고 있으므로(http://www.ksure.or.kr) 수출자는 동 약관의 내용을 검토하여 무역보험에 가입하고도 보상받지 못하는 일이 없도록 주의하여야 한다.

특히 보상받을 수 없는 사유로는 연속수출로 인한 손실, 물품의 멸실, 훼손 또는 기타 물품에 대해 발생한 손실, 보험계약자가 법령을 위반하여 취득한 채권에 대해 발생한 손실, 수출거래가 신용장방식 수출거래에서 신용장조건으로 명시된 서류가 당해 신용장조건과 일치하더라도 그와 별도로 신용장발행은행의 대금지급책임이 면제 또는 경감될 수 있는 내용을 포함하고 있는 경우, 무신용장방식 수출거래에서 수출계약 등에 의하여 수출계약 상대방의 대금지급책임을 면제 또는 경감한다는 내용을 약정하고 있는 거래의 경우이다.

한편 보험자의 면책사유로는 보험계약자(수출자), 보험계약자의 대리인이나 피사용인의 고의 또는 과실로 인하여 발생한 손실, 중대한 물품하자, 선적기일 미준수, 계약조건 위배 등 수출계약 이행과정에서 수출자의 귀책이 있는 경우, 보험계약자가 약관상 K-sure에 알려야 할 고지의무를 위반함으로써 발생한 손실, 인수한도를 책정 받고 수출을 하였으나 수출통지를 하지 않은 경우, 보험료를 납부하지 않은 경우, 기타 조사에 협조할 의무 등 약관상 수출자의 의무사항을 위배함으로써 발생한 손실 등의 경우이다.

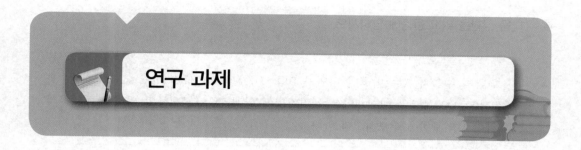

연구 과제

1. 다음 상황을 참조하여 보험자의 담보책임 개시시점과 종료시점에 대하여 구체적으로 설명하여 보시오.

> 한국의 수출자 A는 미국의 수입자 B와 "CIP Chicago Terminal Incoterms® 2010" 규칙으로 매매계약을 체결하고 A의 수원공장에서 수출물품을 컨테이너운송(FCL/FCL)하기 위하여 적화보험을 부보하였다.

2. 다음 설명을 읽고 물음에 답하시오.

> 신협회적화약관은 ICC(A), (B), (C)로 나누어져 있다. C에서 A로 갈수록 보험이 적용되는 범위가 넓어진다. 인코텀즈에서는 ICC(C) 약관으로 규정된 최소담보에 일치하는 적화보험을 부보하여야 하며 보험은 최소한 계약금액(송장금액)에 110%를 부보하도록 하고 있다.

1) 보험계약에서 ICC(A) 약관으로 적화보험을 부보할 경우에는 모든 위험이 담보되는가?

2) 신협회적화약관(Institute Cargo Clauses 2009)상 보험자의 면책위험일지라도 보험계약에 의하여 특약으로 담보될 수 있는 위험은 어떤 것이 있는가?

3) ICC(B)와 ICC(C)의 담보범위를 비교하고 차이점을 설명하시오.

3. 적화보험과 무역보험의 차이점은 무엇이며 무역보험의 주요 운영종목 들고 설명하여 보시오.

4. 다음 상황을 읽고 물음에 답하시오.

> 한국의 수출자 A는 미국의 수입자 B와 "D/A at 90 days after sight" 조건으로 USD100,000 상당의 매매계약을 체결하기에 앞서 D/A 결제상의 위험에 대비하기 위하여 무역보험에 부보하고자 한다.

1) A는 어떠한 무역보험종목을 선택하는 것이 적절한가?

2) 무역보험 가입시 준비하여야 할 구체적인 절차와 유의사항을 조사하여 보시오.

12

전자무역거래

Chapter 12

전자무역거래

제 1 절   전자무역의 의의

국제상거래는 전통적으로 종이문서 형식의 일치증명서류와 인도증거서류의 제시에 의하여 행하여져 왔다. 그러나 정보통신기술의 발전과 전자상거래의 확산으로 문서의 전자화와 표준화를 통하여 무서류거래가 실현되는 전자무역거래시대가 도래하게 되었다.

전자무역촉진에 관한 법률에 의하면 전자무역(electronic trade)이란 "무역의 일부 또는 전부가 전자무역문서에 의하여 처리되는 거래를 말한다"[1]고 정의되고 있다. 이러한 입법은 국제상업회의소에서 새로 사용하고 있는 전자무역거래(electronic trade transactions)라는 용어와 부합된다.

전자무역은 무역업무에 필요한 전통적인 종이문서들을 전자문서로 처리할 수 있는 시스템 구축을 통하여 무역거래에서의 부대비용을 경감하고 효율성을 증대시켜 국제무역의 확대를 촉진하게 된다.

---

[1] 한국 전자무역촉진에 관한 법률 제2조.

제 2 절 전자무역문서 기반조성 및 무역거래관행의 변화

1 전자무역문서의 기반조성

전자무역구현을 위한 신속한 업무처리와 비용을 절감하고자 하는 노력은 1968년 미국에서 운송업계를 중심으로 시작되었다. 무역업무자동화는 1970년 스웨덴에서 논의된 이래 1980년대에 들어와 미국을 비롯하여 유럽연합, 일본, 싱가포르 등에서 전 산업에 걸쳐 폭넓게 이용되기에 이르렀다.

전자무역문서를 이용한 무서류거래의 실현을 위하여 유엔은 1987년 3월 전자문서교환방식(Electronic Data Interchange: EDI) 국제표준인 이른바 "유엔 행정·상업·운송에 관한 전자문서교환방식"(United Nations Electronic Data Interchange for Administration, Commerce and Transport : UN/EDIFACT)을 제정하였다.

또한 유엔은 1996년 국제무역법위원회 전자상거래에 관한 표준법(UNCITRAL Model Law on Electronic Commerce)을 제정하여 "정보는 오직 데이터메시지 형태로 되어 있다는 이유만으로 그 법적 효력, 유효성 또는 강제성이 부인되지 아니한다"[2]고 규정하여 데이터메시지와 종이문서는 차별하여서는 아니 된다는 기본원칙을 구체화하였다. 이 법에서는 운송서류(transport documents)에 관한 규정을 두어 "물품운송계약에 관한 행위[3]에 규정된 행위가 서면작성 또는 서류를 사용하여 행하여질 것을 요구하는 경우에, 그 행위가 하나 이상의 데이터메시지에 의하여 행하여진 때에는 그 요건을 충족하는 것으로 본다"[4]라고 규정하고, "법규칙이 서류상으로 작성된 또는 서류에 의하여 증명되는 물품운송계약에 강제적으로 적용될 수 있는 경우에, 하나 이상의 데이터메시지에 의하여 증명되는 물품운송계약에 대하여, 그 계약이 서류에 의하는 대신 하나 이상의 데이터메시지에 의하여 증명되는 사실을 이유로, 이 규칙의 적용이 배제되어서는 아니 된다"[5]라고 규정하고 있다.

한편 1999년 9월 Bolero International Limited에서는 볼레로 규약집(Bolero Roolbook)을 공표하여 전자선화증권 유통성 보장에 대한 가이드라인을 제시하였고, 2000년 ICC가

---

2) UNCITRAL Model Law on Electronic Commerce 1996, Article 5.
3) *Ibid.*, Article 16.
4) *Ibid.*, Article 17-(1).
5) *Ibid.*, Article 17-(6).

제6차 개정 Incoterms 2000을 통하여 매도인과 매수인의 의무에 관한 조항(A8)에서 인도의 증거, 운송서류는 이에 상응한 전자문서교환(EDI) 통신문으로 대체될 수 있다고 규정하였다.

기존의 폐쇄적인 시스템 환경에서의 전자문서교환은 개방적인 시스템환경으로의 전환 필요성을 모색하면서 전자무역거래 유엔무역절차간소화 및 전자거래센터(United Nations Centre for Trade Facilitation and Electronic Business : UN/CEFACT)와 XML[6] 민간 컨소시엄인 구조화된 정보표준촉진기구(Organization for the Advancement of Structured Information Standards: OASIS)를 중심으로 세계 유수의 기업과 단체들이 ebXML(electronic business Extensible Markup Language)[7]이라는 전자상거래 국제표준을 2001년 5월 제정·발표하였다. ebXML 표준은 비즈니스프로세스 및 문서전송, 등록, 거래약정 등 기업간 전자상거래를 위한 세부 표준규격들로 구성되어 있다.

ICC는 2002년 4월 "전자적 제시를 위한 UCP의 추록"(eUCP)을 제정하여 eUCP 전자신용장의 전자기록 제시에 대한 제도적 기반을 구축하였고, 2005년 11월 유엔 국제무역법위원회 "국제계약에서 전자통신의 사용에 관한 유엔 협약"(United Nations Convention on the Use of Electronic Communications in International Contracts 2005)의 채택을 통하여 전자무역계약 관련 전자통신 사용의 법적 장애제거 및 해결책을 제공하게 되었다.

또한 2010년 ICC가 제7차 개정한 Incoterms® 2010에서는 매도인과 매수인의 의무관련 조항(A1)에서 모든 서류는 이에 상응한 전자기록(electronic record) 또는 절차도 인정되는 것으로 종전 관행을 보완하여 규정하고 있다.

전자무역거래에서는 종이문서의 제시를 기반으로 하는 전통적 종이문서의 제시가 전자문서 또는 전자기록에 의하여 전자적으로 원활하게 제시되고 이에 따른 대금결제도 전자결제시스템으로 대체될 수 있어야 한다.

---

6) XML(Extensible Markup Language)이라 함은 1996년 W3C(World Wide Web Consortium)에서 제안된 웹상에서 구조화된 문서나 데이터를 효율적으로 처리하도록 설계된 표준화된 데이터 형식이다. HTML(Hypertext Markup Language) 문서의 표현 형식을 위해 이미 정의된 태그들을 사용하던 것과는 달리, XML은 사용자가 태그를 정의하여 문서의 구조를 표현하기 때문에, XML 형식의 문서는 그 안에 구조를 포함하므로 일반적으로 구조화된 비즈니스 문서와 XML을 서로 변경하는 일이 용이하다.

7) ebXML(electronic business Extensible Markup Language)이라 함은 인터넷을 통한 비즈니스를 위한 XML기반의 국제표준으로, UN/CEFACT와 OASIS가 주축이 되어 지원한다. ebXML의 추진 방향은 W3C(World Wide Web Consortium)의 XML 기술명세서를 기반으로 하며, 거래 기업간의 어플리케이션 내에서 상호 운용할 수 있도록 하는 것이다. ebXML에는 비즈니스 프로세스, 메시지 전달 방법, 기업의 공용 등록소/저장소 등에 관련된 표준을 포함한다.

2 무역거래관행의 변화

전자상거래의 확산에 따라 기존의 무역거래관행에서 전자무역거래의 구현을 위하여 변화되고 있는 관행은 다음과 같다.

첫째, 해외시장 및 거래처 정보의 수집 및 확산방법에 대한 변화이다.

전통적인 무역거래에서는 해외시장조사는 문헌을 통한 간접적인 방법, 무역관련 기관을 통한 위탁조사, 해외출장을 통한 직접조사와 같은 방법을 이용하고 거래처 정보의 수집 및 확산은 상공인명부(directory) 이용, 국내외 공공기관 이용, 해외출장, 해외광고, 무역전시회 등 각종 행사 등을 이용하였다.

그러나 전자무역거래에서는 인터넷 홈페이지, 전자우편을 이용하여 시장정보 및 거래처 정보를 온라인으로 실시간 지구촌 전체를 판매시장으로 삼을 수 있게 되었다. 따라서 전자무역마케팅은 저비용과 고효율을 통하여 거래의 기회를 확대시킬 수 있다.

둘째, 청약(offer) 및 승낙(acceptance)에서 의사표시의 방법에 대한 변화이다.

청약은 청약자(offerer)가 피청약자(offeree)에게 계약을 기대하고 행하는 의사표시로 전통적인 상거래에서는 우편(post), 텔렉스(telex), 전보(telegram), 팩시밀리(facsimile)를 주로 이용하였으나 전자무역거래에서는 전자우편(E-mail)을 주로 이용하게 되었다.

셋째, 계약체결의 형식과 방법에 대한 변화이다.

계약은 그 성질상 요식성을 요구하지 않는 이른바 계약형식의 자유가 있다. 전통적인 무역거래에서는 후일의 무역거래분쟁에 대비하여 서면에 의하여 거래조건을 구체적으로 약정하는 것이 일반화되어 있다. 그러나 전자무역거래에서는 "B-to-B" 전자거래의 상업적 요구에 부응하기 위하여 인터넷상에서 전자거래약정(Electronic Commerce Agreement: E-Agreement) 또는 전자계약(e-Contract)을 체결할 수 있게 되었다.

넷째, 무형재에 대한 물품인도 및 물류관행의 변화이다.

무역거래 당사자간의 매매계약이행을 위해서는 필연적으로 물적 유통이나 물품운송이 수반된다. 무역거래에서의 물품운송은 국제간의 재화의 위치변화를 통하여 가치형성에 기여하는 서비스이다. 전통적인 상거래에서는 유형재를 중심으로 해상운송 및 철도나 도로를 이용한 육상운송이 주류를 이루어 왔고, 항로를 이용한 항공운송도 종종 이용되어 왔다.

그러나 전자무역거래에서는 소프트웨어, 전자서적, 데이터베이스, 음악, 영상 등 무형재도 사이버 공간상에서 온라인으로 전송 또는 수신하게 되었다.

다섯째, 인도의 증거 등 기타 제공서류가 종이문서에서 전자문서로 대체되는 변화이다.

무역거래에서 매도인의 주요의무는 물품인도와 서류제공이다. 종이기반에서의 무역거래는 상업송장과 같은 일치증명서류 및 선화증권과 같은 인도의 증거서류를 작성하고 교부를 통하여 이루어져 왔다.

그러나 전자무역거래에서는 종이문서 대신 컴퓨터가 읽을 수 있도록 서로 합의하여 표준화된 자료를 데이터 통신망을 통한 전송처리로 컴퓨터간에 교환할 수 있는 전자문서 및 전자선화증권에 의하여 무서류거래시대가 실현하게 되었다.

여섯째, 무역대금결제관행이 전자결제시스템으로 전환되는 변화이다.

무역대금결제는 전통적으로 신용장, 송금, 화환추심 방식이 중심을 이루어 왔다. 그러나 최근의 정보통신기술의 발달로 국제간의 대금결제도 전자결제시스템에 의하여 이루어질 수 있도록 발전적 기반이 구축되고 있다. 이와 같은 예는 TradeCard 시스템, 전자자금이체(Electronic Fund Transfer) 및 전자신용장(Electronic Letter of Credit) 등이 국제전자결제시스템으로의 발전가능성이다.

표 12-1 무역거래관행의 변화

거래내용	전통적 무역거래	전자무역거래
1. 해외시장 및 거래처 정보	간행물이용, 방문, 매체광고	인터넷 활용, 홈페이지 구축
2. 청약 및 승낙(의사표시)	우편, 텔렉스, 전보, 팩스	E-mail
3. 계약체결	서면계약	전자상거래약정(E-Agreement) 전자계약(e-Contact)
4. 국제물품운송 및 보험	해상·육상·항공운송 중심	온라인전송*, 특사배달 증가 운송물류망, 보험망 활용
5. 제공서류(인도의 증거)	서면에 의한 운송서류· 보험서류·상업송장 등	전자문서교환(EDI) 전자선화증권(e-B/L)
6. 대금결제	신용장, D/P·D/A, 송금환	TradeCard 전자자금이체(EFT) 전자신용장

* 소프트웨어와 같은 무형재

제 3 절 전자무역거래 대상물품

전자무역거래에서는 유형재 외에도 전자적 형태의 무형재도 거래대상으로 범위가 확대되고 있다.[8] CISG에서는 국제물품매매대상으로는 유체동산에 국한되며 소프트웨어, 특허권, 저작권, 상표권과 같은 무형재는 적용되지 아니한다. 미국은 통일상법전(Uniform Commercial Code: UCC) 제2B편에 라이센스 거래의 대상에 대하여 법전화하고 소프트웨어의 계약과 정보라이센스에 적용시키고 있다. 이와 같은 정보에는 자료(data), 텍스트(text), 영상(images), 음성(sounds), 컴퓨터프로그램, 데이터베이스, 문학작품, 시청각작품, 영화 내지 정보와 관련된 지적재산권 및 여타 권리들이 포함되고 있다.[9]

따라서 전자무역거래의 대상도 유형재를 포함하여 위에서 언급한 무형재들도 포함된다 할 것이다.

제 4 절 전자무역계약

인터넷을 통한 전자상거래는 국경이 없는 거래로 볼 수 있다. 그러나 상관습과 법제가 상이한 국가에 소재하고 있는 당사자간에 국경이 없다는 단순한 논리로 전자무역거래를 접근하게 되면 커다란 문제가 야기될 수 있다.

특히 계약과 관련하여 청약자의 청약을 피청약자가 승낙하면 계약은 성립되지만, 청약자에 대한 승낙의 의사표시가 피청약자로부터 발송되어 청약자에게 도달될 때까지 어느 시점에서 계약이 성립되는지 문제시된다. 승낙의 효력발생시기에 관하여 전술한 바와 같이 이론적으로는 발신주의, 도달주의, 요지주의 및 표백주의가 있다. 영미법은 물론 대륙법 계통에서도 승낙의 의사표시에 관한 일반원칙으로는 도달주의를 채택하고 있다. 그러나 승낙의 의사표시에서 대화자간이나 격지자간에는 도달주의 또는 발신주의를 채택하는

---

8) Amelia H. Boss and Jane Kaufman Winn, "The Emerging Law of Electronic Commerce", *Business Lawyer*, Vol. No. 52, August 1997, pp. 1473~1474.
9) *Ibid.*, pp. 1485~1486.

국가들도 있다.

전자무역계약에서는 전자통신의 송신자와 수신자간에 의사표시가 전달된다. 이와 같이 무역계약에서 전통적인 종이문서가 아닌 전자통신에 의한 전자무역계약에서는 정보시스템을 통하여 송수신이 이루어지게 된다. 이에 따라 계약의 성립이나 통지와 관련하여 그 효력발생시기도 다르게 해석될 가능성이 있다.

"국제계약에서 전자통신의 사용에 관한 유엔 협약"(United Nations Convention on the Use of Electronic Communications in International Contracts: CUEC)[10]에서의 전자통신의 송신시기는 전자통신의 송신자 또는 송신자를 대리하여 전자통신을 송신하는 당사자의 통제하에 있는 정보시스템을 떠난 때, 또는 동 시스템을 떠나지 아니 하였을 경우에는 전자통신이 수신된 때이고,[11] 전자통신의 수신시기는 수신자가 지정한 전자주소에서 수신자가 전자통신을 검색할 수 있게 된 때라고 규정하고 있으며, 또한 수신자의 다른 전자주소에서의 수신시기는 수신자가 검색할 수 있고 송신되었다는 것을 알게 된 때라고 하고 있다.[12] 이와 같이 CUEC는 전자통신 하에서의 전자통신의 사용을 수반하는 국제무역거래에서 통일된 협약을 제공하고 있다는 데 의의를 둘 수 있다.[13] 또한 한국의 전자거래기본법에서도 CUEC와 같은 취지의 입법을 하고 있다.[14]

전자기록의 송신시기는 수신자의 통제하에 있는 정보처리시스템에 입력되거나 검색할 수 있을 때이다. 즉 송신은 당사자의 의사표시가 수신자에게 도달되어야 하는 것이다. 수신 또한 수신자의 통제하에 있는 정보처리시스템에 입력되거나 검색할 수 있을 때로 간주

---

10) 이 협약은 유엔국제무역법위원회(UNCITRAL)가 국제상거래에서 전자통신수단에 의한 계약체결 관행을 고려하여 2005년 11월 23일 제60차 유엔총회에서 "국제계약에서 전자통신의 사용에 관한 유엔 협약"을 채택하였다. 이 협약의 목적은 전자통신의 사용을 통하여 상업활동의 효율성 증대, 원격지 당사자에 새로운 접근기회의 부여, 전자통신의 사용에 따른 불확실성에 기인하는 문제점 및 장애 제거 그리고 기술적 중립성과 기능적 동등성의 원칙을 고려하여 거래당사자가 매체와 기술 선택에 있어 사적자치를 존중하고자 하였다.
11) CUEC 2005, Article 10(1).
12) *Ibid.*, Article 10(2).
13) CUEC 2005의 전문 및 번역 내용은 강원진,「무역계약론」, 제4판, 박영사, 2012, 622-641면을 참조.
14) 한국 전자문서 및 전자거래기본법 제6조; (송신·수신의 시기 및 장소) ① 전자문서는 수신자 또는 그 대리인이 해당 전자문서를 수신할 수 있는 정보처리시스템에 입력한 때에 송신된 것으로 본다. ② 전자문서는 다음 각 호의 어느 하나에 해당하는 때에 수신된 것으로 본다. 1. 수신자가 전자문서를 수신할 정보처리시스템을 지정한 경우: 지정된 정보처리시스템에 입력된 때. 다만, 전자문서가 지정된 정보처리시스템이 아닌 정보처리시스템에 입력된 경우에는 수신자가 이를 출력한 때를 말한다. 2. 수신자가 전자문서를 수신할 정보처리시스템을 지정하지 아니한 경우: 수신자가 관리하는 정보처리시스템에 입력된 때.

된다. 만약 송신이 지정된 정보처리시스템으로 보내졌다면 송신과 동시에 수신이 이루어
지며, 이는 수신자가 수신을 회피할 수 있는 가능성을 배제하려는 것이다.

　　또한 전자무역계약을 체결할 경우 그 구성 내용이 종이문서에 기초한 계약조건(특정 기
본조건 및 일반거래조건)에서 추가되고 확인을 요하는 내용은 다음과 같다.[15] 즉 신원(법적
명칭)과 적절한 영업장의 지리적 위치, ID, 지정된 영업 대리인에 대한 상세연락처(우편,
E-mail, 전화번호와 팩스 등을 포함), 의사소통 언어, 통신비용의 분담, 담보·보증·사후서비
스·구제 및 보상조건, 계약 위반에 대한 책임과 당사자간 전송된 정보의 기밀유지, 통신·
교환의 기술적·보안적 요소, 전자계약의 준거법과 재판관할, 소송외적 분쟁해결방법 등
이다.

제 5 절 　운송서류의 전자화와 권리이전

　　무역거래의 전자화는 무역계약의 체결과 대금결제의 전자화뿐만 아니라 무역서류의
전자화에 이르기까지 다양한 가능성을 보여주고 있다. 종이문서를 전자문서로 전환함에
있어 고려되어야 하는 것은 그 기능과 역할을 전자문서에 얼마나 반영시킬 수 있는가 하
는 점이다. 서류에 대한 정보형태의 자료는 물품의 명세, 보험부보조건 명시, 중량증명서,
건강증명서, 품질증명서를 포함할 수 있다. 고려할 만한 발전은 세관송장과 기타 정보서
류가 통일된 배열 및 표준화가 이미 이루어졌다는 점이다.[16]

　　종이문서 가운데 전자문서로 전환함에 있어 유통성이 보장되는 선화증권에 그 초점을
맞출 수 있다. 오늘날 무역거래에서는 전자기록(electronic record)[17]에 의해 종이문서로 대
체시킬 수 있도록 하고 있다. 전술한 바와 같이 Incoterms® 2010에서도 인정되는 것으로
규정하고 있다.

---

15) UNCITRAL, *ICC eTerms*, A/CN.9/WG. Ⅳ/WP.113, 2004, pp. 9~10.
16) UNECE/Trade/137,G.E.81-32329(Nov.1981) and International Organization for Standardization
　　(ISO), EDIFACT Application Level Syntax Rules, ISO 9735:1988 (E).
17) 전자기록이란 전자적 수단에 의하여 작성, 생성, 송신, 통신, 수신 또는 저장된 기록을 말한다;
　　Uniform Electronic Transactions Act(UETA) 1997, Section 2(7). 전자기록은 문서 데이터베이스(문
　　서 프로파일), 내용(문서 자체) 그리고 기록메타 데이터(문맥과 이력) 등으로 구성되어 있다.

전통적인 서류는 정보전달의 기능(informative function), 문서에 의한 입증의 기능(evidential function), 권리에 대한 상징적 기능(symbolic function)을 가지고 있다.[18] 그러나 전자문서교환방식은 신속성·정확성·편리성·경제성 면에서 우월하지만, 입증과 권리에 대한 상징적 기능에 대한 법률적 문제가 야기될 수도 있음을 고려하여야 한다.

무역거래에서 선적해상선화증권(on board marine bill of lading)은 CFR 규칙이나 CIF 규칙하에서 매도인이 제공하여야 하는 유일한 서류가 되어 왔다. 선화증권은 ① 물품인도의 증거, ② 운송계약의 증거, ③ 물품의 권리이전 기능 등 세 가지 중요한 기능을 충족시키고 있다. 선화증권 이외의 운송서류는 첫 번째와 두 번째 기능만 수행할 수 있기 때문에 동서류를 구매자에게 양도하여 운송중인 물품을 전매할 수는 없다.

1990년 국제해사위원회(Comité Maritime International: CMI)는 해상화물운송장에 관한 통일규칙(Uniform Rules for Sea Waybills) 및 전자선화증권에 관한 CMI 규칙(CMI Rules for Electronic Bills of Lading)을 채택하였다.[19] CMI의 해상화물운송장에 관한 통일규칙은 선화증권이나 유사한 권리증권에 의하지 아니하는 운송계약에 적용된다.[20] 선화증권이 전자통신문에 의하여 대체되기 위해서는 전자적 통신에 대한 합의가 선행되어야 하며, 그 합의는 선화증권대체에 관한 특별한 형식을 갖추어야 하며, 운송인은 운송물의 인도지시권을 갖는 당사자에 의하여 지시된 대로 오직 물품을 인도한다는 동의를 하여야 하는 것으로 되어 있다.

CMI 해상화물운송장은 권리증권(document of title)이 아니기 때문에 수출서류를 매입하는 매입은행(negotiating bank)의 입장에서는 물적 담보를 취득할 수 없다. 따라서 신용장거래에서는 발행은행의 지급확약이라는 인적 담보만을 믿고 거래할 따름이기 때문에 은행의 입장에서는 상응한 담보의 제공요구나 권리상의 대응이 필요한 것이다. 또한 화주와 운송인간에 운송물의 인도지시에 따라 처분권을 행사하는 것은 주관적인 판단에 따를 수도 있는 것이 한계점이었다.

이러한 한계를 극복하기 위하여 1998년 4월 볼레로(Bill of Lading Electronic Registration Organization: BOLERO)가 선화증권소지인등록기구로[21] 설립되었다. 전자선화증권의 유

---

18) Ian Walden and Nigel Savage, "The Legal Problems of Paperless Transactions" *The Journal of Business Law*, Stevens & Sons Ltd., March 1989, p. 103.
19) Jan Ramberg, *Guide to Incoterms*, ICC Publication S.A., 1990, p. 9.
20) CMI Uniform Rules for Sea Waybills 1990, 1(ii).
21) UNCTAD, *Electronic Commerce Development*, 2000, p. 45.

통성을 보장하기 위하여 소지인등록기구, 이른바 신뢰성 있는 제3자(Trusted Third Party: TTP)인 등록기관(Registration Authority: R/A)을 통하여 전자선화증권의 유통성을 보장하는 것이다. 볼레로는 두개의 별도 조직에 의하여 구성되었다. 그 하나는 스위프트(SWIFT)와 화물배상책임보험조합(Through Transport Mutual Insurance Association Ltd.: TT Club)과의 합작투자사인 볼레로인터네셔널사(Bolero International Ltd.)[22]이고, 다른 하나는 볼레로 예비실험(bolero pilot test)[23] 결과 탄생된 모든 볼레로넷(bolero.net)[24]의 사용자들로 구성된 볼레로협회(Bolero Association Ltd.)이다.[25]

모든 사용자는 메시징, 권리등록,[26] 인증 책임과 의무와 같은 볼레로 서비스를 취급하는 볼레로인터네셔널사와 운영서비스계약을 체결하고 볼레로협회와 협회서비스계약을 체결한다. 이러한 약정에 의한 분쟁발생시 영국법정에 사법권이 주어지며 영국법에 따른다. 사용자들과 볼레로협회 사이의 그 약정은 볼레로 규약집(Bolero Rulebook)[27]과 운영절차를 따르게 된다. 볼레로넷은 사용자가 전자적 수단에 의하여 거래를 이행할 수 있게 하는 핵심메세지플랫폼(Core Messaging Platform)[28]과 메시지파이프를 제공한다.

---

22) 이는 볼레로넷(bolero.net) 서비스 운영에 대한 운영책임을 부담한다.

23) 볼레로 예비실험은 ① 선화증권 및 기타 선적서류의 전자화를 실현하기 위해서 서비스 제공자인 신뢰할 수 있는 제3자(Trusted Third Party: TTP)와 전자서명(Electronic Signature)을 이용한 예비실험의 구조를 구축하고, ② 보안요건을 충족시키기 위해 서비스제공자 시스템과 전자서명에 관한 기술적인 인프라가 유효하게 기능하는지 여부를 확인하고, ③ 법적 및 상업적으로 수용 가능한 전자적 서비스의 시스템을 개발하는 것을 목적으로 하였다.

24) 볼레로넷(bolero.net)은 볼레로인터네셔널사(Bolero International Ltd.)의 등록명이다; http://www.bolero.net/aboutus/corporate/Corporate overview 참조.

25) Robin Burnett, "International Carriage of Goods-Electronic Bills of Lading", *Law of International Business Transactions*, 2nd edition, 2001, Ch. 2, pp. 87~92.

26) 이는 핵심메시지플랫폼에 연결되어 있는 부가가치 서비스로 볼레로 선화증권의 권리와 의무를 기록하고 이전하기 위한 애플리케이션이다. 즉, 볼레로 선화증권의 소유권과 그 이전에 관한 기능을 수행하기 위한 장치로 볼레로 선화증권의 현재 상황을 기록하고 거래 과정을 감시, 추적하는 서비스를 제공한다.

27) 볼레로 규약집은 총 3편과 부록으로 구성되고 있다. 제1편에는 정의 및 해석, 제2편에는 일반규정(범위 및 적용, 메시지, 불법, 지정과 종료의 절차, 잡칙), 제3편에는 볼레로 권리등록(볼레로 선화증권의 생성, 참조에 의한 삽입, 볼레로 선화증권상의 권리, 소유권의 이전, 운송계약의 변경, 물품의 인도, 종이서류로의 전환, 볼레로 선화증권에 대한 당사자의 능력, 운송서류, 소유권과 매매계약, 화환신용장 그리고 부록에는 미국법 조항이 있다.

28) bolero.net의 핵심기반으로 사용자간, 사용자와 부가가치 서비스간 모든 통상적인 기능에 대한 책임을 부담한다. 국제 무역에 있어서 모든 메시지의 송수신 및 그 승인과 그에 관한 감시 및 추적서비스를 제공하며, 그 정보를 타이틀 레지스트리에 송신·저장한다. 즉 웹(web)을 통하여 전자서류가 안전하게 교환될 수 있도록 하는 시스템이다.

볼레로 서비스 중 "위험 및 재무관리를 위한 결제 유틸리티"(Settlement Utility for Managing Risk and Finance: SURF)는 볼레로의 부가가치서비스로 성립된 약정서에서 서류의 내용을 점검하는 일치성판단 엔진에 의하여 전자적 환경에서 전자결제를 가능하게 하기 위한 결제솔루션이다. SURF는 청산계정(Open Account), 선지급(Advance Payment), 화환추심(Documentary Collections), 화환신용장(Documentary Credits), 보증신용장(Standby Letters of Credit)과 같은 모든 결제수단에 대하여 기능적으로 동등함을 지원하고, 국제무역결제의 새로운 방법 개발에 융통성을 제공하고 있다.

볼레로넷은 기존의 전통적 무역거래에서 거래 당사자간 교환되는 모든 종이문서를 전자문서화시킨 개념으로 볼레로로 인하여 종이문서의 전달과 교환에 소요되는 시간 및 장소가 소멸되었으나 신용장 발행, 통지, 양도업무, 서류의 심사업무, 하자사항 처리업무 등에 대하여 아직까지도 사용자의 수작업을 필요로 하고 있다.

이에 대하여 SURF는 볼레로넷의 장점인 메시지 전송의 안정성, 사용자 및 전자문서의 신뢰성, 규약집에 의한 책임한계의 법적 완비 등을 토대로 서류 검증, 지급확약서의 발행, 하자사항의 처리 등 볼레로넷 시스템하에서 인력을 필요로 하는 업무자동화를 위하여 Citi, HSBC, Commerz, UFJ 등 8개 대형은행으로 구성된 작업부회의 자문을 받아 은행업무에 부응할 수 있도록 개발된 것이다.[29]

제 6 절 전자기록에 대한 국제공인인증

국제전자상거래가 활성화되기 위해서는 전자기록의 무결성 등에 대한 거래당사자들의 신뢰 형성이 중요하다. 전자상거래의 안전성과 비대면간의 사용자 신뢰확보를 위하여 거래상대방의 관련정보 및 사용자인증 및 보안에 대한 글로벌시스템이 구축되어야 한다.

유엔 국제무역법위원회(UNCITRAL)의 전자서명에 관한 표준법(Uniform Rules on Electronic Signature)에서는 이 법은 전자서명이 상사적 활동(commercial activities)과 관련하여 사용되는 경우에 적용하도록 하고[30] 전자적 정보는 인증서(certificate)[31]에 의하여 신뢰성

---

29) http://www.keb.co.kr/cc/2003_12/cmfocus/cmfocus001.html
30) UNCITRAL, Model Law on Electronic Signature 2001, Article 1.
31) UNCITRAL, Model Law on Electronic Signature 2001, Article 2-(b); "인증서"(Certificate)란

을 확보하도록 하고 있다. 이 표준법[32]에서는 입법국 외에서 발행된 인증서 및 전자서명도 동일한 법적 효력이 있다고 하여 상호인증(cross certification)의 활용가능성을 시사하고 있다.

한국의 경우에도 전자서명의 상호인정을 위하여 외국정부와 협정을 체결할 수 있도록 하고 있다. 이와 같이 협정을 체결하는 경우에는 외국의 인증기관이 발행한 인증서에 대하여 전자서명법에 의한 공인인증기관 또는 공인인증서와 동일한 법적지위 또는 법적효력을 부여하는 것을 그 협정의 내용으로 하고 있다.[33] 한국의 전자서명법에서는 공인인증업무를 안전하고 신뢰성 있게 수행할 능력이 있다고 인정되는 자를 공인인증기관으로 지정할 수 있도록 하고 있다.[34]

전자무역거래에서 전자인증은 상대방이 신뢰할 수 있는 인증기관이 아니라면 의미가 없다. 이는 국제거래당사자간 인증서의 신뢰성이 기술수준과 안전성 등을 고려하여 법적 효력 인정여부가 논란이 될 수 있다. 국제적인 신뢰성을 가지고 있는 인증기관은 미국계의 인증기관으로, 전자상거래 전자인증서비스를 행하는 베리사인(VeriSign)[35]이 대표적이고, 그 외에 사이버 트러스트(CyberTrust), RSA 시큐러티(RSA Security), 피닉스 테크놀로지(Phoenix Technologies) 등이 있다.

국제상업회의소의 "디지털로 보장되는 국제전자상거래의 일반관례"(GUIDEC)에 대한 보고서[36]를 보면 상업적인 적용을 보장하고 확인하는 일반적인 국제규칙을 개괄적으로 다루고 있다. GUIDEC은 보장, 인증, 검증 절차와 관련된 현존하는 법규 및 관행을 재정립하고 그 조화를 기하기 위하여 작성된 것이다. 이에 부응하여 전자상거래를 위한 전자

서명인과 서명생성 데이터 사이의 연관을 확인하는 데이터메시지 기타의 기록을 말한다.

한국의 전자서명법에서는 "인증"이라 함은 전자서명생성정보가 가입자에게 유일하게 속한다는 사실을 확인하고 이를 증명하는 행위를 말하며(제2조의 6) "인증서"라 함은 전자서명생성 정보가 가입자에게 유일하게 속한다는 사실을 확인하고 이를 증명하는 전자적 정보를 말한다(제2조의 7)라고 규정하고 있다.

32) UNCITRAL, Model Law on Electronic Signature 2001, Article 12.

33) 한국 전자서명법 제27조의 2(상호인정).

34) 한국 전자서명법 제4조. 2002년 현재 한국의 공인인증기관은 다음과 같다.
　① 한국정보인증(http://www.signgate.com), ② 금융결제원(http://www.yessign.or.kr)
　③ 한국증권전산(http://www.signkorea.com), ④ 한국전산원(http://www.nca.or.kr)
　⑤ 한국전자인증(http://www.crosscert.com), ⑥ 한국무역정보통신(http://www.tradesign.net).

35) 베리사인사는 1955년에 미국 캘리포니아주에서 설립되었고, AT&T, 마이크로소프트, 소프트뱅크, 비자 등이 출자하고 있다.

36) ICC, GUIDEC(General Usage for International Digitally Ensured Commerce);
　http://www1.kcci.or.kr/trade/civil/icc/guided.htm

서명 및 전자인증 등과 관련된 개별국가의 입법들도 마련되고 있다.

특히 전자무역거래상 전자결제를 위한 전자문서의 국제인증에 대해서는 아이덴트러스트(IdenTrust)[37]를 주목할 필요가 있다. 아이덴트러스트는 국제적으로 신뢰받을 수 있는 기업간 전자상거래를 가능하게 할 수 있는 국제전자인증 기반을 제공하는 금융연합체로 디지털식별에 의하여 제공되는 안전성을 바탕으로 거래당사자들의 신원 및 거래내용을 인증하는 역할을 담당하고 있다. 따라서 아이덴트러스트 공인인증기관으로 지정된 은행은 인증기관으로서 아이덴트러스트 인증서 발급과 확인서비스 등을 제공하게 된다.[38]

제 7 절 국제전자결제시스템

전자결제란 물품이나 서비스의 대가를 전자적 수단을 통하여 지급 및 결제하는 것을 말한다. 일반적으로 지급(payment)은 경제주체간 채권 및 채무 관계에서 지급을 행하는 행위를 의미하고 결제(settlement)는 대금지급의 과정(process of making payment)을 의미한다.[39] 예를 들면, 결제는 비현금 지급수단의 이용에 따른 지급인과 수취인간의 자금이체와 같은 행위라고 할 수 있다. 그러나 최근 지급수단 및 결제가 전자화됨으로 인하여 지급과 결제를 엄격히 구분하기가 어렵기 때문에 이를 포괄하여 결제시스템이라는 용어를 사용하고 있다.

전자결제시스템(Electronic Payment Systems)은 전자결제수단, 운영네트워크 그리고 이와 관련된 모든 제도적 장치를 총칭하는 개념이라고 할 수 있다. 따라서 일반적인 결제과정에는 지급수단(payment instruments), 참가기관(participants) 그리고 은행간 결제시스템(interbank settlement systems)이 관련된다.

---

37) 처음에는 Identrus라고 하였으나 현재는 IdenTrust로 명칭을 변경하였다. 이 회사는 1999년 4월 12일 미국 델라웨어(Delaware)에서 Citigroup, ABN/AMRO, Bankers Trust 등이 참여하여 설립·출범하였다. 샌프란시스코에 본부를 두고 있으며, 현재 많은 금융기관들이 아이덴트러스 인증기관(IdenTrust Certificate Authorities)으로 참여하고 있다; http://www.identrust.com/company/company_profile.html

38) 그 밖에 인증서발급 은행이 인증서 보유회사를 보증(warranty)하는 서비스도 제공한다.

39) Ronald A. Anderson & Walter A. Kumpf, *Business Law*, 6th ed., South-Western Publishing Co., 1961, pp. 628~629.

전자무역거래에서 거액결제를 위하여 활용가능성이 높은 전자결제시스템은 다음과 같은 전자자금이체(Electronic Fund Transfer: EFT), 트레이드카드(TradeCard) 시스템 및 eUCP 전자신용장이라고 할 수 있다.

1 전자자금이체 시스템

전자자금이체(Electronic Fund Transfer: EFT) 시스템은 전통적인 환어음 등의 금융서류와 운송서류 등의 상업서류에 대한 추심이체(debit transfer)방식과는 달리 원지시인의 지급지시(originator's payment order)에 따라 송금은행과 중개은행을 통하여 지급은행이 수익자에게 대금을 전자적으로 이체하는 것이다.

EFT는 고객과 판매자 계좌간 자금이체를 통하여 거래대금을 결제하는 시스템으로서 ATM, 홈뱅킹, 인터넷뱅킹 등 이용가능 채널이 다양하다. 특히 인터넷뱅킹은 보다 폭넓은 서비스를 시간적·공간적 제약 없이 저렴한 수수료로 제공되는 장점이 있다.

1992년 유엔국제무역법위원회(UNCITRAL)는 국제간의 전자자금이체와 관련하여 "국제지급이체에 관한 표준법"을 마련하였다. 이는 협약의 형식은 아니다. 특히 지급이체(credit transfer)라는 용어를 사용한 것은 추심이체를 제외하여 지급이체만을 반영하고 있는 것으로 볼 수 있다.

이와 같이 표준법을 국제간의 지급이체에만 적용하기로 한 것은 국내지급이체와 국제지급이체에서 발생하는 법률문제가 차이가 있고, 나아가 국내의 지급이체에 관한 각국의 해결책이 동일하지 않기 때문이다. 또한 국제간 전자자금이체를 위해서는 원지시인의 은행, 즉 송금은행과 수익자의 은행, 즉 지급은행 사이에 자금이체에 대한 자동결제정산소(automated clearing house: ACH) 기능을 수행하는 중개기관(intermediary)이 필요하다.

2 TradeCard 시스템

기업간 글로벌 전자상거래를 위한 새로운 결제시스템으로 등장한 것이 TradeCard 시스템이다. TradeCard 시스템은 글로벌 전자상거래에서 기업간 무역대금결제를 인터넷상에서 서류의 일치성을 자동으로 점검하고 대금지급을 이행할 수 있는 기반으로 세계무역센터협회(World Trade Center Association: WTCA)가 개발한 전자결제시스템이었으나 Trade-

Card 시스템은 2013년 4월 25일 GT Nexus에 흡수되었다.

TradeCard는 무역거래에 필요한 서류의 자동화 시스템을 통하여 해결이 가능한지를 이미 실험하였고, 1999년 5월 세계무역센터협회 총회에서 한국과 홍콩이 시범이행국가로 선정되어 사업을 추진한 바 있다. 그러나 온라인상에서 국제간에 신뢰하고 안전한 물품에 대한 대금결제시스템은 현재 요람기에 불과하다. TradeCard 시스템은 부대비용 발생 등 경제성 면에서는 여타 결제수단보다 비교 우위적인 입장에 있다고 하고 있다.[40]

그러나 국제상거래에서는 경제성이 중요하지만 매매당사자간의 기본적 관심은 계약과 일치되는 물품 인도와 이에 따른 대금지급의 확실성이 보장되느냐 여부에 초점이 모아진다. 즉 무역기업들은 전자무역관련 업무처리와 계약물품의 선적을 어떻게 확신할 것이며 온라인상에서 대금지급에 대한 보장이 이루어지는지 여부에 대하여 보다 더 관심이 많다 할 것이다.

여타 전자결제시스템과 마찬가지로 TradeCard 시스템도 볼레로 전자선화증권(Bolero Electronic Bill of Lading)의 소지인 등록과 유통성에 관련된 평가를 실용화시키는 것과 조화시키는 데서 찾을 수 있을 것이다. 또한 TradeCard가 특정 보증보험회사[41]의 보증에 기반을 두고 있어 거액결제에 따른 지급이행 원활화를 위한 신용공여기관의 확대 및 매매당사자가 안정적으로 온라인상에서 TradeCard 시스템을 이용할 수 있는 제도적 기반 등이 요구된다 할 것이다.

3 전자신용장

전자신용장(Electronic Letter of Credit)에 대한 정의는 확립되지 아니하였으나 전자상거래 환경, UCP 600 및 eUCP 등의 관습을 고려하여 볼 때, 전자신용장은 "정보통신망을 통하여 일치하는 전자적 제시를 인수·지급하기 위한 발행은행의 취소불능적인 확약"이라고 말할 수 있다.

---

40) http://www.tradecard.com
41) TradeCard 시스템을 이용할 때 매수인이 거래금액을 지급하지 않을 경우의 대금지급보증(Assurance of Payment)은 Coface Group이 담당하는 것으로 하고 있다. Coface Group은 프랑스의 수출신용보험회사이다. Coface는 거래당사자의 신용등급을 부여하고 결제업무를 수행하는 미국의 Thomas Cook과 함께 당사자의 실체를 확인한다. TradeCard 시스템에 의한 대금결제는 대금결제일에 Thomas Cook계정에서 고객의 은행계좌로 입금된다.

현재 국제간의 신용장 발행 및 통지는 SWIFT 시스템을 이용하는 것이 보편화되었다. 한국은 1992년부터 SWIFT 시스템을 이용하여 대부분의 외국환은행들은 전송방식에 의한 신용장 통지를 행하고 있다. 그러나 SWIFT 시스템에 의한 전송방식의 신용장은 은행간의 통신네트워크로서의 기능을 수행하고 있기 때문에 신용장의 발행과 통지는 은행간에 SWIFT 시스템에 의하여 전자적으로 이루어지고 있으나, 신용장발행은행과 신용장발행의 뢰인 또는 통지은행과 수익자 또는 매입은행과 수익자간의 신용장거래는 종이문서로 이루어지고 있는 실정이다. 이와 같이 현재의 신용장거래는 거래의 일부는 전통적인 종이문서에 의하여, 거래의 일부는 전자문서에 의하여 전자적으로 이루어지고 있다.

전자신용장은 안전성(security),[42] 유동성(liquidity) 그리고 청구의 용이성(proximity for claims) 등의 장점이 있다.[43] 그러나 전자신용장 발행시의 발행수수료, 전송료, 통지시의 통지수수료, 매입(negotiation)시의 환가료, 전송료 등도 부담하게 된다.[44] 은행이외의 매매당사자가 SWIFT 시스템을 이용한다 하더라도 이러한 고비용을 고려하여야 한다.

전자신용장의 제도적 기반으로 국제상업회의소는 이미 "전자적 제시를 위한 화환신용장통일규칙 및 관례의 추록", 즉 "eUCP"를 제정하여 2002년 4월 1일부터 적용될 수 있도록 하고 있다. 전자신용장거래와 관련하여 eUCP는 현존하는 종이기반의 신용장 관습인 UCP를 병행 사용하면서 종이문서에 상응하는 전자적 제시를 위한 규정들을 계속적으로 제공하게 된다.

eUCP는 특정기술 및 개발되고 있는 전자상거래시스템과 독립적으로 초안되고 또한 특정기술이나 전자적 제시를 촉진시키기 위하여 필요한 시스템을 제시하거나 정의하고 있지는 않고 있다. 이러한 기술들은 계속적으로 개발되고 있으므로 eUCP는 사용될 기술이나 시스템에 대하여 당사자들이 자유롭게 합의할 수 있도록 기술중립주의를 표방하고 있다. 따라서 eUCP는 전자통신문의 전송에 사용될 형식(format)을 명시하지 않고 있다. 이 또한 당사자들이 결정하여야 할 문제로 보고 있다.[45]

전자적 제시 활성화를 통한 eUCP전자신용장 거래관행을 정착하기 위하여 현재의

---

42) 전자신용장도 사기행위의 경우에 안전성이 있다고 단정할 수는 없다.

43) Emmanuel T. Laryea, "Payment for Paperless Trade: Are There Viable Alternatives to the Documentary Credit?", *Law and Policy in International Business*, Vol.33, No.3, Fall 2001, p. 15.

44) 이들 수수료는 종이기반하의 화환신용장거래시에도 발생된다.

45) ICC, *Supplement to UCP 500 for Electronic Presentation : eUCP*, ICC Publication 500/2-500/3, 2002, pp. 53~55; 강원진, eUCP와 ICC 신용장거래해석에 관한 설명회 자료, 대한상공회의소·ICC 한국위원회, 2002. 4. 8, 3~7면.

SWIFT 시스템의 네트워크를 금융기관 외에 무역업자, 운송인, 보험자, 검사기관, 전자기록 또는 전자문서 발급기관, 인증기관 등 신뢰성 있는 제3자에게 확장하여 일관된 전자적 전송시스템을 구축하여 전자적 제시 및 심사관련 프로세스를 수용할 수 있는 능력을 갖추어야 한다.

전자무역거래에서 전자적 제시에 의한 eUCP 신용장을 이용할 경우 우선적으로 매매당사자는 매매계약시에 대금결제 방식을 eUCP 신용장 방식으로 약정하고 현행 eUCP의 적용 버전(version), 전자적 제시에 대한 전자문서 및 전자기록(electronic record)의 종류, 형식(format), 인증 그리고 당사자간의 통지의무 등에 관하여 약정하여야 한다. 또한 발행의뢰인(수입자)과 발행은행간의 eUCP 신용장 발행약정, 발행은행과 수출자의 국가에 위치한 지정은행간의 거래약정, 지정은행과 수익자(수출자)간의 약정이 필요하다.

또한 전자무역결제를 위한 전자기록의 전자적 제시와 심사, 인수·지급의 원활화를 위하여 전자결제시스템 운용에 따른 기반구축이 지속적으로 이루어져야 할 것이다.[46)]

---

46) 강원진, "전자무역거래 활성화를 위한 전자결제시스템의 요건과 과제", 「국제상학」, 제17권 제3호, 한국국제상학회, 2002, 121~124면.

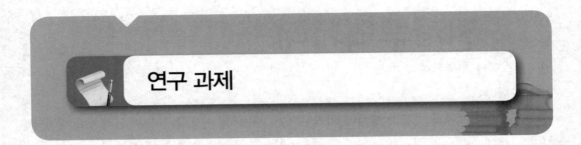

연구 과제

1. 전자무역의 촉진과 전자무역거래의 원활화를 기하기 위한 한국의 입법에는 어떠한 것들이 있는가?

2. 인터넷을 통하여 전자무역계약을 체결할 경우 종이문서에 의한 계약과 달리 추가하여 약정하거나 명시하여야 할 내용들은 어떠한 것이 있는가?

3. 전자상거래와 관련된 국제규범들은 어떠한 것들이 있는지 조사하고 그 특징도 설명하여 보시오.

4. 전자상거래의 확산에 따라 현재 사용되거나 개발 또는 운용되고 있는 전자결제시스템 중에서 국제전자결제시스템으로 활용가능성이 가장 높은 결제시스템은 무엇인지 그 타당한 이유를 여타 결제수단과 비교하여 설명하시오.

5. 전자무역거래에서 국제전자결제의 원활화를 위한 향후의 해결과제는 무엇인가?

13

국제상거래분쟁의 해결

Chapter 13

국제상거래분쟁의 해결

1 무역클레임의 개념

무역클레임(trade claim)이란 매매당사자 중 일방당사자가 매매계약내용의 일부 또는 전부를 불이행하거나 불완전하게 이행함으로써 상대방에게 손해를 입혔을 때 손해를 입은 당사자가 상대방에 대하여 손해배상을 청구하거나 계약의 이행을 청구하는 것을 말한다.

무역클레임을 광의로 해석하면 단순한 불만(complaint)이나 경고(warning) 등을 포함시킬 수 있다. 그러나 이는 일방당사자의 주관적인 면이 강하기 때문에 통상적인 의미에서 말하는 무역클레임은 거래에 따른 손해를 객관적인 자료와 증거에 근거해서 합리적으로 해결하려는 무역분쟁의 청구(claim for trade dispute)라고 할 수 있다.

무역거래에서는 클레임이 일어나지 않도록 예방을 하는 것이 최선의 길이라 할 수 있겠으나 종종 경미한 하자나 구실을 핑계로 가격인하 등을 요구하는 마켓클레임(market claim)을 제기하는 사례도 있다. 이러한 점에서 클레임은 슈미토프(Schmitthoff)가 지적한 바와 같이 "무역거래에 있어서 질병"(disease in trade)이라고 할 수 있다.

무역클레임은 결제와 관련하여 매도인이 제기하는 클레임을 제외하고는 대부분이 매수인 측에서 제기하는 것이 일반적이라고 할 수 있다.

2 무역클레임의 청구내용

무역클레임의 청구내용은 금전의 청구, 금전 이외의 방법에 의한 손해배상의 청구 또는 양자를 합해서 청구하는 것으로 대별할 수 있다.

첫째, 금전의 청구로는 ① 대금지급의 거절, ② 손해배상금 청구, ③ 해약변상금 청구, ④ 대금감액의 청구 등이 있다.

둘째, 금전 이외의 청구로는 ① 잔여계약의 해제, ② 계약이행의 청구, ③ 물품의 인수 거절, ④ 대체품의 청구, ⑤ 부족분의 추가송부 등이 있다.

셋째, 금전의 청구와 금전 이외의 청구를 합하여 클레임을 청구하는 경우도 있다. 예컨대, 대체품을 송부하되 상기를 놓치거나, 현지의 수요자에 대한 인도지연에 따른 과징금을 손해배상금으로 함께 청구하는 것 등이다.

3 무역클레임의 종류

1) 클레임의 발생원인에 따른 분류

(1) 품질에 관한 클레임

품질에 관련된 클레임으로는 품질불량(inferior quality), 품질상위(different quality), 규격상위(different specification), 등급저하(inferior grade), 손상(damage), 변질(deterioration), 변색(discoloration) 등이 있다.

(2) 수량에 관한 클레임

물품의 수량에 관련된 클레임으로는 적화부족(short shipment), 착화부족(short landing), 중량부족(under weight), 감량(diminution) 등이 있다.

(3) 가격·결제에 관한 클레임

가격이나 대금결제와 관련된 클레임으로는 초과지급(over payment), 대금미지급(non-payment), 수선비(repairing charge), 재포장비(repacking charge), 벌과금(penalty) 등이 있다.

(4) 운송 및 인도에 관한 클레임

운송에 관련된 클레임으로는 선적지연(delayed shipment), 선적불이행(nonshipment), 취급불량(bad handling), 적부불량(bad stowage), 환적(transshipment), 분실(missing), 유실 (drifting away), 도난(pilferage) 등이 있다.

(5) 포장에 관한 클레임

포장에 관련된 클레임으로는 포장불량(inferior packing), 포장불충분(insufficient packing), 불완전포장(incomplete packing) 등이 있다.

(6) 서류에 관한 클레임

제공된 서류에 관한 클레임으로는 송장오류(error in invoice), 기재사항 상이(misdescription), 서류불비(lack of documents) 등이 있다.

(7) 기타의 클레임

그 밖의 클레임으로는 신용장발행지연(delayed issue of L/C), 계약위반(breach of contract), 계약취소(cancellation of contract) 등이 있다.

2) 클레임의 성격에 따른 분류

무역클레임은 매매당사자간에 어느 일방의 과실이나 태만에 따라 계약을 위반하였을 때 발생되는 일반적인 클레임과 가격을 깎는 구실로 고의적으로 트집을 잡는 마켓클레임 (market claim) 그리고 당초부터 계획적인 술책으로 클레임을 제기하는 의도적인 클레임 등이 있다.

4 무역클레임 발생상의 문제점과 예방

1991년 하반기 대한상사중재원이 전국의 무역업자 및 무역대리업자 중 3,500개사를 대상으로 실시한 클레임실태조사의 결과 분석된 문제점과 대응책을 참조하면 다음과

같다.[1]

1) 무역클레임 발생의 문제점

무역클레임의 원인에 관한 문제점으로는 ① 무역클레임의 원인의 중요성에 대한 전반적 이해부족, ② 무역계약서에 대한 이해 부족, ③ 업계간 정보의 공유 및 교환체계 미흡, ④ 해외시장조사의 미흡, ⑤ 검사제도의 비효율적 운영, ⑥ 과당경쟁으로 인한 계약상 불이익 초래 등을 들 수 있고, 무역클레임 해결상의 문제점으로는 ① 무역클레임을 담당할 전문부서 인력의 부족, ② 국제무역계약 및 실무적 국제무역관행에 대한 이해 부족, ③ 업계와 관련기관과의 협조체제 미흡, ④ 무역클레임 예방에 대한 노력부족 등이 지적되었다.[2]

2) 무역클레임의 예방

(1) 무역클레임의 예방책

무역클레임의 원인에 관한 예방책으로는 ① 철저한 신용조사의 이행, ② 정형무역계약서의 개발 및 활용증대, ③ 업계간 관련정보 공유 및 교환을 위한 체계 구축, ④ 검사제도의 기능강화 및 업체자율검사 기능확대 등을 들 수 있고, 무역클레임 해결에 관한 대책으로는 ⑤ 무역클레임해결을 담당할 수 있는 전문인력양성을 위한 교육프로그램 개발과 실시, ⑥ 정보수집에 대한 노력, ⑦ 품질관리를 위한 지속적 노력 등을 들 수 있다.

(2) 무역클레임의 사후처리대책

무역클레임이 제기되면 우선 다음과 같은 사항을 검토하여야 된다.

---

1) 대한상사중재원, "클레임 센서스 결과분석", 「중재」 제243호, 1992, 24면.
2) 특히 모든 계약서상에는 클레임발생시의 제기기한과 분쟁의 해결을 중재에 의한다는 합의는 매우 중요하다. 클레임 제기기한에 대한 조항은 다음과 같은 요령으로 약정해 둔다.
   "Any claim or complaint by buyer of whatever nature arising under this contract, shall be made in E-mail within ten days after arrival of the cargo in the destination port, Full particulars of such claim shall be made in writing and forwarded by air mail to seller within 15 days cabling. Buyer must submit with such particulars as Sworn Public Surveyor's Report, when the quality and or quantity of merchandise is in dispute."

① 제기 원인이 계약조건상의 하자는 없는가.

② 객관적인 클레임사실 입증자료는 충분한가.

③ 하자의 정도가 납득할 수 있는 정도인가.

④ 청구금액은 합리적인 산출근거를 가지고 있는가.

⑤ 장래 혹은 타거래에 미치는 영향은 어떠한가.

클레임에 대한 회신을 할 때는 성급한 약속은 하지 말고 의사표시를 명확히 밝혀 신속하고 공정한 처리를 통하여 대외신용도를 제고시켜야 한다.

5 클레임의 해결방법

전통적으로 사법(私法)상의 분쟁은 대부분 법원의 판결에 의존하여 왔다. 그러나 국내외의 크고 작은 상거래분쟁들은 법원의 소송제도만으로 해결하는 데는 한계가 있다. 따라서 선진국에서는 이미 오래 전부터 상거래상의 분쟁을 보다 편리하고 경제적으로 신속하게 해결할 수 있는 중재제도를 발전시켜 왔다. 우리나라는 1966년 3월 16일 중재법(법률 제1767호)이 제정되었고 1966년 3월 22일 대한상사중재원이 설립되어 독립된 상설중재기관으로서 국내외 상거래분쟁을 해결하고 있다.

이러한 제도 아래서 상거래분쟁을 해결하기 위하여 선택할 수 있는 방법에는 여러 가지가 있으나, 일반적으로 ① 일방적 결정, ② 쌍방의 타협, ③ 제3자의 개입에 의한 분쟁해결 방법이 있다.

일방적 결정이란 불만이 있는 당사자가 분쟁에 대하여 일방적인 결정을 하는 것으로 스스로 클레임포기(waiver of claim)를 하는 것이다. 일반적으로 청구금액이 소액이거나 청구한다 하여도 배상 가능성이 적은 경우 분쟁에 소요되는 비용과 시간, 노력 등을 감안하여 청구권을 포기하게 된다. 단순경고(warning)의 경우도 일방이 상대방에게 주의를 환기시킴으로 종국에 가서는 클레임 제기를 포기하게 되는 것이다.

쌍방의 타협이란 불만이 있는 일방이 직접 상대방과 협의나 교섭을 통하여 쌍방간에 합리적인 선에서 클레임 청구내용을 합의하는 것이다.

그리고 제3자의 개입이라 함은 당사자 이외에 제3자를 개입시켜 분쟁을 해결하는 것으로 소송(litigation)과 소송외적 분쟁해결(alternative dispute resolution: ADR) 방법이 있다.

소송은 국가의 사법기관인 법원이 주체가 되어 분쟁을 해결하는 방법이고, 소송외적

분쟁해결방법은 당사자의 합의를 기초로 사인(私人) 또는 사적기관이 주체가 되어 분쟁을 해결하는 방법으로 타협, 알선, 조정 및 중재가 여기에 해당된다.

1) 타 협

타협(compromise), 즉 화해는 당사자가 사적 분쟁을 자주적으로 해결하는 전형적인 방법이다. 이는 분쟁을 제3자 개입 없이 우의적으로 당사자간에 해결할 수 있는 가장 간편하고 경제적인 방법이다.

화해에는 재판외 화해와 재판상 화해가 있다. 전자는 당사자간의 교섭에 의하여 법원 외에서 이루어지며 민법상의 화해계약으로 법원이 관여하지 않으므로 당사자간의 순수한 자주적 분쟁해결방법이라 할 수 있으며, 상거래분쟁의 화해는 대부분 여기에 해당된다. 이러한 화해계약은 집행력이 없으므로 당사자가 이를 이행하지 않을 경우, 이행을 소송으로 청구하게 된다. 후자는 법원의 중개에 의하여 이루어지는 사법적 해결방법으로 이러한 소송상의 화해는 소송 중에 있는 소송물인 권리관계의 주장을 양당사자가 상호 양보하여 소송을 종료시키기로 하는 합의로서 화해가 성립하면 그 해결내용은 조서에 기재되어 확정판결과 동일한 효력을 가지게 된다.

2) 알 선

알선(mediation)은 공정한 제3자가 분쟁당사자의 일방 또는 쌍방의 의뢰에 의하여 개입하여 분쟁을 원만하게 해결하여 주는 것이다. 분쟁해결을 위해서는 당사자와 이해관계가 없는 중립적인 제3자가 개입하여 조언과 타협권유를 통하여 합의를 유도하는 것이다. 알선은 분쟁해결안을 제시하는 데 있어서 당사자 자신의 방안 제시에 비중을 두며 당사자간의 의견 차이를 줄이는 데 중점을 두고 있다.

알선은 분쟁당사자간의 자발적인 합의를 통하여 해결되도록 하기 때문에 법률적인 구속력은 없으나 당사자간의 비밀을 보장하고 거래관계를 지속시킬 수 있는 장점이 있으며, 알선에 임하는 제3자적 기관(예컨대, 한국의 대한상사중재원)이 당사자에게 중립적이면서 신뢰성 등의 영향력으로 성공하는 경우가 많다. 이와 같이 알선은 조정과 매우 유사하나 구조면에서 조정보다 비형식적 성격을 가지며, 알선은 특별한 절차 없이도 가능하며 제3자가 분쟁당사자간에 개입하면서도 경제적으로 분쟁을 해결할 수 있는 방법이라고 할 수 있다.

3) 조 정

조정(conciliation)은 분쟁의 양당사자가 공정한 제3자를 조정인으로 선정하고 조정인이 제시하는 구체적 해결안(조정안)에 합의함으로써 분쟁을 해결하는 방법이다. 조정은 양당사자의 합의에 의하여 이용가능하고 조정인이 조정안을 제시한다는 점에서 일방당사자의 의사만으로 신청가능하고 양당사자가 합의에 이르도록 협조하는 알선과는 구별된다.

오늘날 조정은 대부분 국가기관이 제도적으로 행하는 경우가 많으며, 조정인에 의하여 제시된 조정안에 대해 당사자에게 수락의무가 없으므로 일방이 조정안에 대하여 불만을 표시하면 실패하게 되므로 불완전한 해결방법이라 할 수 있다.

조정제도의 장점은 간단한 절차와 적은 비용으로 분쟁관계인의 합의에 의하여 원만하게 분쟁을 해결하는 데 있으며, 한국의 경우 당사자간에 합의된 내용을 조서에 기재함으로써 조정이 성립하며 재판상 화해와 동일한 효력을 가진다.

4) 중 재

중재(arbitration)라 함은 당사자간의 합의로 사법상의 분쟁을 법원의 판결에 의하지 아니하고 중재인의 판정에 의하여 해결하는 방법을 말한다. 이는 양당사자가 공정한 제3자를 중재인으로 선임하여 그 중재인의 판정에 복종함으로써 분쟁을 최종적으로 해결하는 방법이다. 따라서 중재의 근거는 분쟁당사자가 분쟁의 해결을 독립된 중재인에게 부탁할 것에 동의하는 것이다.

중재는 조정과 같이 제3자가 분쟁당사자간에 개입하는 것이나 조정의 경우 제3자의 판단인 조정안의 수락여부를 당사자의 자유의지에 맡기고 있는 데 비하여 중재의 경우 제3자의 판단인 중재판정을 당사자가 거부할 수 없고 그 결과에 구속된다는 점에서 조정과는 다르다. 중재는 강제성이 있다는 점에서 소송과 유사하며 중재판정이라 하기도 한다. 중재제도는 국내상거래분쟁, 무역거래분쟁 및 여타 국제상거래분쟁의 해결방법으로 유용성이 크기 때문에 국내외적으로 널리 이용되고 있다.

5) 소 송

소송(litigation)은 국가기관인 법원의 판결에 의하여 분쟁을 강제적으로 해결하는 방법이다. 이는 법에 의하여 정의를 실현하려는 목적을 가지고 분쟁을 해결하려는 제도로서 민사소송 방법에 의한다. 민사소송은 분쟁의 일반당사자인 원고가 관할권이 있는 법원에 소송을 제기함으로써 시작된다. 민사소송은 분쟁의 해결안에 대한 거부의 자유가 최종적 단계에 당사자에게 인정되는 화해나 조정과는 다르다. 민사소송상의 화해가 이루어지면 법원은 작성된 화해조서를 당사자에게 송달하여 주게 되는데, 이는 확정판결문과 동일한 효력이 있다.

일반적으로 민사소송은 절차의 엄격성과 판사와 변호사 등에 의한 소송수행이라는 경직성 등이 있으며 소송당사자간에 분쟁이 해결되더라도 이후의 거래관계가 단절하게 되는 경우가 많고 하급심의 판결에 불복하여 최고심의 판결을 구하게 될 경우 그에 따른 비용과 시간이 많이 필요하다. 특히 국제상거래에서는 상대방이 법역을 달리 하기 때문에 일반적으로 재판권이 상대국에 미치지 못하거나 강제집행이 어렵다는 한계가 있다.

분쟁은 예방하는 것이 상책이다. 그러나 만일 무역거래에서 분쟁이 야기되어 타협이나 알선, 조정을 통하여 해결하지 못할 경우 소송에 의하는 것보다 신속하고 보다 경제적이면서 효율적으로 해결하는 방법을 선택하는 것은 매우 중요하다. 그러한 의미에서 상사중재를 통한 분쟁해결방법에 대하여 검토할 필요가 있다.

제 2 절 상사중재

1 상사중재의 의의

중재(arbitration)란 사법(私法)상의 분쟁을 법원의 판결에 의하지 아니하고, 당사자간의 합의로 사인(私人)인 제3자, 즉 중재인(arbitrator)에게 부탁(refer)하여 구속력이 있는 판정(award)을 구함으로써 최종적인 해결을 기하는 방법을 말한다.

한국의 중재법은 "이 법은 중재에 의하여 사법상의 분쟁을 적정·공평·신속하게 해결함을 목적으로 한다"[3]고 규정하고 있다. 상사중재(commercial arbitration)란 상행위로 인하여 발생되는 법률관계에 관한 중재를 말하며,[4] 상거래 당사자들이 사법상의 분쟁을 쌍방의

---

3) 한국 중재법 제1조.
4) 당사자가 자유로이 처분할 수 없는 형사사건, 비송사건, 가사심판사건 및 강제집행사건 등의 법률관

합의에 의하여 법원에 소송을 제기하는 대신에 중재인에게 그 해결을 부탁하는 방법이다.

상사중재는 분쟁을 최종적으로 심판한다는 점에서는 법원의 재판과 맥을 같이하지만 사적 자치원칙에 입각하여 분쟁의 해결을 제3자, 즉 중재인에게 맡기고 그 결정에 복종한다는 당사자간의 합의가 있어야 한다는 점에서 소송과 차이가 있다.

2 상사중재와 국제소송의 비교

중재는 국제소송과 비교하여 볼 때 다음과 같은 특성과 유용성이 있다.[5]

1) 공통점

① 최후의 수단

상사중재와 국제소송은 화해나 알선, 조정에 의하여 분쟁을 해결할 수 없는 경우에 최후의 수단으로써 채택하는 방식으로 당사자는 상사중재와 국제소송 중 하나를 선택하여야 한다.

② 판정의 효력

상사중재와 국제소송은 상사중재원과 관할법원에 의하여 중재판정과 확정판결이 내려지지만 그 효력은 동일하며, 집행기관도 동일하다.

2) 차이점

① 중재합의의 자율성

중재는 분쟁의 당사자가 법원의 판결에 의존하지 아니하고, 그들의 자유의사에 의한 중재합의에 따라 자신이 선임하는 사인인 판정자(중재인)에게 분쟁을 해결할 것을 신청함으로써 양 당사자가 판정의 결과에 복종하기로 하는 자주적인 분쟁해결 방법이다.

② 단심제

중재판정은 분쟁당사자간에 있어서는 법원의 확정판결과 동일한 효력이 있다. "확정판결과 동일한 효력"이란 불복신청을 할 수 없어 당사자에게 최종적 판단으로 구속력을 갖는

계에 관하여는 중재계약 대상이 되지 않는다.

5) 한주섭 외, 「국제상사중재론」, 동성사, 1990, 30~32면에서 일부 수정.

다는 의미이다. 따라서 판정에 불만이 있어도 재판처럼 2심 또는 3심 등 항소절차가 없다.

③ 신속성

보통 소송은 3심제이므로 패소한 당사자가 상소수단을 남용하여 절차를 지연시킬 위험이 있는 데 반하여, 중재는 단심제이므로 분쟁이 신속히 종결된다. 특히 중재판정은 중재계약에서 약정된 기간 내에 또는 중재심리가 종료된 날로부터 30일 이내에 하도록 규정됨으로써 분쟁해결의 신속성이 강조되고 있다.

④ 저렴한 비용

소송의 경우에는 위탁변호사 수, 최고 법원까지의 소송기간 등에 따라 비용이 많이 소요되나, 중재의 경우에는 분쟁을 신속하게 해결함으로써 중재비용은 상대적으로 적다. 특히 상설중재기관의 경우에는 책정된 중재요금표가 공표되어 있어 개괄적인 예상 비용을 추정할 수 있다.

⑤ 중재인의 전문성

국제상거래는 상거래관습에 지배를 받는 경우가 많으므로 법적인 문제만이 아닌 사실상의 문제에 대하여 정통한 중재인을 참여시킴으로써 중재는 상업적 특수성이 고려된 합리적인 해결을 기할 수 있다.

⑥ 심리절차의 비공개

소송에 있어서는 재판절차나 판결문이 각각 공개되기 때문에 사업의 내용과 경영상의 기밀이 외부에 누설될 위험이 있으나 중재에 있어서의 심리절차는 비공개를 원칙으로 하는 것이므로, 특히 국제상사분쟁의 경우에 있어서 거래의 기밀이 대외적으로 누출되는 폐단을 방지할 수 있으므로 대외신용의 계속적인 유지가 보장된다.

⑦ 평화적 분위기

소송은 제소(complaint)와 소환(summons)의 수단에 의하여 다소 위압적인 분위기 속에서 진행될 수 있으나 중재는 당사자와 평등한 위치에서 상하 격식 없이 심리를 진행한다. 증인선서를 요구하지 아니하며 상호교섭과 평화로운 분위기 속에서 진행된다.

⑧ 충분한 변론기회의 부여

중재는 단심제로 운영하기 때문에 일단 내려진 중재판정은 변경될 수 없다. 따라서 분

쟁당사자는 중재인에게 충분한 변론기회와 변론시간 그리고 증인 또는 증거물 제출기회를
요구할 수 있다.

⑨ 심리의 비공개

중재심리는 당사자간의 분쟁발생 책임소재에 대한 공격. 방어과정에서 실체적 진실을
파악하는 데 있다. 따라서 당사자가 허락하지 않는 한 사건과 무관한 제3자의 심리과정 참
여를 허용하지 않으며 그 절차도 공개하지 아니한다.

⑩ 중재판정효력의 국제성

재판은 국가공권력의 발동이므로 원칙적으로 국경을 초월하여 그 효력을 미칠 수 없으
나, 중재판정은 민간인의 자주적인 분쟁해결방법이기 때문에 국가의 주권문제와는 관계
없이 국제적으로 그 효력을 미칠 수 있다. 중재판정은 국제적으로는 "외국중재판정의 승

표 13-1 중재와 소송의 비교

구 분	중 재	소 송
대 상	개인(기업)간의 상사분쟁	민사·상사·형사·행정·선거·비송사건 등 모든 분쟁
요 건	반드시 당사자간의 합의가 필요함	당사자의 행위능력이 필요함
구속력	법원의 판결과 동일한 효력(구속력을 가짐)	법적 구속력
공개여부	비밀준수(당사자 및 기업의 비밀유지)	공개가 원칙임(헌법 제27조 3항)
경제성	단심제이므로 비용이 저렴함	복잡한 소송절차(3심제에 의한 과중한 비용부담 불가피)
신속성	단심제에 의한 신속판정 가능 (평균 4~6개월 소요)	3심제에 의한 항소·상소 가능 (평균 2~3년 소요) 소액사건심판제도 있음
심판자의 자격요건	당해분쟁의 전문가가 중재인으로 활동 (중재인의 자유심증으로 판정-유연성)	반드시 법관이 판결 (법조문제에 충실-경직성)
변론기회	충분한 변론기회 보장 (미보장시 중재판정 취소사유가 됨)	사실 및 증거에 따른 판결 (당사자의 변론기회 상대적으로 불충분)
당사자간의 관계	우호적인 관계 유지 가능	적대적 관계가 되기 쉬움(감정대립)
강제집행	불이행시 관할법원의 집행판결을 통한 강제집행	법원의 판결에 의한 강제집행
국제성	국제적 집행가능(뉴욕협약 준수)	국제적 집행에 많은 어려움 있음

자료: 대한상사중재원

인 및 집행에 관한 유엔협약"(United Nations Convention on the Recognition and Enforcement of Foreign Arbitral Awards: 약칭 'New York협약')에 의하여 국제적 효력을 인정받고 있다. 이 협약에 따라 우리나라에서 내려진 중재판정이 외국에서도 승인·집행되며, 반대로 외국에서 내려진 중재판정 역시 우리나라에서도 승인되고 집행이 보장된다.[6]

3 중재계약

1) 중재계약의 의의

중재계약은 중재합의라고 할 수 있다. 중재합의라 함은 계약상의 분쟁인지의 여부에 관계없이 일정한 법률관계에 관하여 당사자간에 이미 발생하였거나 앞으로 발생할 수 있는 분쟁의 전부 또는 일부를 중재에 의하여 해결하도록 하는 당사자간의 합의를 말한다.[7] 1985년 유엔 무역법위원회에서 채택된 표준국제상사중재법에서도 "중재계약(arbitration agreement)이란 계약상에 의한 것이거나 아니거나를 불문하고 일정한 법률관계에 대하여 당사자간에 이미 발생하고 있거나 또는 장래에 발생가능한 모든 분쟁 또는 특정한 분쟁을 중재에 부탁하기로 하는 당사자간의 합의이다"[8]라고 규정하고 있다. 이와 같이 중재계약은 당사자간에 합의가 있어야 하며 법원에 의해 재판받을 권리를 포기하고 제3자인 중재인의 판정에 따라야 하는 것이 기본이 된다. 중재계약은 민사나 상사분쟁에 한하며 형사, 행정, 가사사건은 제외되며, 비송사건이나 집행사건 및 보전소송사건도 제외된다. 중재계약은 당사자가 서면에 의한 문서에 중재합의가 포함되어 있거나 편지, 전보, 전신, 팩스 또는 그 밖의 통신수단에 의하여 교환된 문서에 중재합의가 포함되어 있는 경우이어야 한다.[9] 특히 외국과의 중재계약을 체결할 때는 중재지, 중재기관 및 적용할 준거법 등을 명확히 명시하는 것이 좋다. 중재계약이 있는 경우에는 법원에 소송을 하지 못하는 직

---

6) 외국에서 받은 중재판정이 뉴욕협약에 따라 승인되면 기판력이 있으며(한국 중재법 제12조), 그 집행은 한국 중재법 제14조에 의하여 할 수 있다: 대판 1990. 4. 10. 89다카20259는 영국에서 받은 중재판정을 집행하여 준 경우이다(송상현, 「민사소송법」, 박영사, 1997, 477면 각주 3).

7) 한국 중재법 제3조 제2항.

8) UNCITRAL Model Law on International Commercial Arbitration, as adapted by the United Nations Commission on International Trade Law on June 21, 1985, Article7(1).

9) 한국 중재법 제8조; 미국 중재법, 영국 중재법, 외국중재판정의 승인과 집행에 관한 유엔협약에서는 "서면에 의한 합의"를 중재계약의 방법으로 정하고 있다.

소금지의 효력이 있고, 법원의 확정판결과 동일한 효력이 발생되기 때문에 최종해결의 효력이 있게 되고, 후술하는 뉴욕협약 체약국간에는 당해국의 중재판정은 외국중재판정의 효력이 승인되고 집행도 보장받게 된다.

2) 중재계약의 방법

중재계약에서의 중재합의는 사전합의, 즉 매매계약을 체결할 때에 할 수도 있고 매매당사자간 분쟁이 발생된 후, 즉 사후합의도 할 수 있지만 사후합의는 이해관계에 얽매여 어려운 경우가 많다. 중재계약의 방법은 크게 중재조항을 매매계약서에 삽입하는 방법과 별도의 문서에 의한 계약방법이 있다.

(1) 계약서상 중재조항의 삽입방법

중재조항(arbitration clause)의 삽입이란 매매계약서상에 만일 본 계약과 관련하여 분쟁이 발생되면 중재로 해결한다는 조항을 설정하는 것을 말한다. 여기에서도 계약서상에 중재조항을 두어 중재는 어느 지역, 어느 기관의 중재에 따른다는 등 구체적인 중재조항이 직접 삽입되는 경우와 중재조항이 있는 제3의 서류 및 문서명칭을 간접 인용하여 계약서상에 간단하게 중재의 취지를 언급하는 방법이 있다.

대한상사중재원이 모든 국제매매계약서상에 중재계약의 취지를 삽입하도록 권고하고 있는 이른바 "표준중재조항"(standard arbitration clause)은 다음과 같다.[10]

"이 계약으로부터 또는 이 계약과 관련하여 또는 이 계약의 불이행으로 말미암아 당사자간에 발생하는 모든 분쟁, 논쟁 또는 의견 차이는 대한민국 서울특별시에서 대한상사중재원의 상사중재규칙 및 대한민국법에 따라 중재에 의하여 최종적으로 해결한다. 중재인(들)에 의하여 내려지는 판정은 최종적인 것으로 당사자 쌍방에 대하여 구속력을 가진다."

"All disputes, controversies, or differences which may arise between the parties, out of in relation to or in connection with this contract, or for the breach thereof,

---

10) 국내계약서상에도 중재조항을 다음과 같이 합의하도록 권하고 있다; "이 계약으로부터 발생되는 모든 분쟁은 대한상사중재원에서 상사중재규칙에 따라 중재로써 최종해결한다."

shall be finally settled by arbitration in Seoul, Korea in accordance with the Commercial Arbitration Rules of the Korean Commercial Arbitration Board and under the Law of Korea. The award rendered by the arbitrator(s) shall be final and binding upon both parties concerned."

(2) 별도의 문서에 의한 중재계약방법

별도의 문서(separate document)에 의한 중재계약방법은 매매당사자의 계약서상에는 중재조항을 삽입하지 아니하고 별도의 양식에 의거 독립계약(separate agreement) 또는 중재부탁합의서(submission to arbitration)를 작성하는 것을 말한다.

별도의 문서나 보통 중재기관의 소정의 양식을 이용하는 중재부탁합의서의 내용에는 어느 기관의 중재규칙에 의하여 중재에 따르기로 한다는 취지가 합의되므로 적법한 중재계약으로 인정된다.

중재부탁합의서의 예는 다음과 같다.

SUBMISSION TO ARBITRATION

We, the undersigned parties, hereby agree to submit the below dispute to Korean Commercial Arbitration Board for arbitration in accordance with the Commercial Arbitration Board and under the Law of Korea with impeccable understanding that the arbitral award to be rendered on the dispute shall be final and binding upon all the parties concerned.

(1) Points of Dispute:
(2) Further References: Number of Arbitrators desired(one, three)

　　Party(A)　　　　　　　　　　　　Party(B)

Enclosure: A power of attorney in case where the submission is made by an agent.

(3) 중재협정과 중재협정상의 중재조항

중재계약을 체결하는 당사자간에 중재를 할 장소 등에 관하여 원활한 합의가 이루어지지 못하여 계약체결이 지연되거나 계약 자체가 이루어지지 않는 경우가 있다. 즉 외국무역업자는 자국의 중재기관에서 중재할 것을 고집하고 한국의 무역업자는 한국에서 중재하기를 희망하기 때문이다. 따라서 이러한 점을 보완하고 구제하기 위하여 중재원에서는 각국의 중재기관들과 중재협정을 맺어 이 협정의 내용에 따라 중재하도록 권고하고 있다. 대한상사중재원은 여러 국가의 기관들과 중재협정을 맺고 있는데 대부분의 경우 중재장소의 결정은 피신청인의 나라에서 하도록 정하고 있다.

타국의 중재기관과 중재협정을 체결하여 중재협정상의 중재조항, 즉 피고지주의 중재조항(한·일기업간 거래의 경우)의 예는 다음과 같다.

"All disputes in relation to this contract shall be finally settled by arbitration in the country of the respondent. In case the respondent is a Korean enterprise, the arbitration shall be held at the Korean Commercial Arbitration Board. In case the respondent is a Japanese enterprise, the arbitration shall be held at the Japan Commercial Arbitration Association."

4 상사중재의 절차

중재절차는 중재법의 강행규정에 반하지 아니하는 한 당사자들은 중재절차에 관하여 합의할 수 있으나 당사자의 합의가 없는 경우에는 중재판정부가 이 법의 규정에 따라 적절한 방법으로 중재절차를 진행할 수 있다. 이 경우 중재판정부는 증거의 능력, 관련성 및 증명력에 관하여 판단할 권한을 가진다.[11]

한국의 중재법규를 중심으로 중재절차를 살펴보면 다음과 같다.

1) 중재계약

중재는 중재계약이 있어야만 한다. 앞에서 설명한 바와 같이 당사자의 계약서상에 또는 별도의 문서로 중재합의 문언이 분명하게 약정되어 있어야 한다. 중재계약은 민법상의 계약의 성립[12] 및 능력, 즉 유효조건[13]의 적용을 받는다. 중재계약이 중재조항을 포함한 문서를 인용하고 있는 경우에는 중재합의가 있는 것으로 본다.[14]

---

11) 한국 중재법 제20조.
12) 한국 민법 제527조~제535조.
13) 한국 민법 제3조~제17조.
14) 한국 중재법 제8조 제4항.

2) 중재신청

상사분쟁이 야기되어 중재에 의하여 해결하려고 할 때에는 대한상사중재원에 ① 중재규칙에 의한 중재의 합의를 인증하는 서면의 합의서, ② 중재신청서, ③ 청구의 근거를 입증하는 서증(documentary evidence), ④ 대리인이 신청하는 경우에는 위임장을 제출하고 소정의 중재요금 및 중재인의 보수를 미리 납부하여야 한다. 중재요금은 신청요금(request fee)과 중재요금(arbitration fee)으로 구분되며, 중재인 보수는 중재절차를 담당하는 중재인에게 지급하는 것이며, 기타 비용, 즉 증인, 감정인, 조사비용, 속기, 번역 등의 일체의 비용도 포함된다.

중재신청을 받은 중재원은 신청접수내용의 적합성 여부를 확인하고 쌍방당사자에게 수리하였음을 통지한다. 만일 제출된 문서가 외국어의 문서일 경우에는 번역문을 첨부하여야 하며 중재신청의 접수등록 통지를 받은 피신청인은 답변서를 등록통지일로부터 국제중재의 경우는 30일 이내, 국내중재일 경우는 15일 이내에 제출하여야 한다.

3) 조 정

조정(conciliation)은 분쟁의 자치적 해결방법 중의 하나로 중재절차에 의한 판정을 거치지 않고 당사자 상호의 양보 아래 분쟁을 해결하기 위하여 조정인을 개입시켜 분쟁을 해결하는 방식으로 중재절차를 밟기 전에 당사자 쌍방의 우의에 의한 조정을 시도하게 된다. 대한상사중재원에서 조정이 개시되면 중재인단 명부(panel of arbitrators)에서 선정하는 1인 또는 수인의 조정인을 선정하게 되고 조정인은 양당사자의 주장을 듣고 조정안을 제시한다. 조정인이 선정된 날로부터 30일 이내에 조정이 성립되어야 하며 그 이후는 조정절차가 종료되고 중재절차가 개시된다. 만일 조정이 성립하면 그 효력은 중재판정의 효력과 동일하며 법원의 확정판결과 동일한 효력을 갖는다.

4) 중재지

중재지(place of arbitration)란 중재절차 및 중재판정이 행해지는 국가 또는 지역을 말하며, 중재지 내에서 심문절차 및 실제 중재가 행하여지는 특정장소를 중재장소라고 할 수 있다.

중재지의 결정은 분쟁당사자간에 보통 합의하여 결정된다. 그러나 중재지가 정하여지지 않는 경우에 대하여 유엔국제무역법위원회(UNCITRAL)의 중재규칙에 의하면 중재지에 관하여 당사자가 합의하지 아니하였을 경우에는 중재판정부는 중재 주위상황에 유의하여 당해 중재지를 결정하여야 하는 것으로 규정하고 있다.[15]

또한 국제상업회의소 중재규칙에는 중재지는 당사자간 별도합의가 없는 한 중재재판소가 이를 결정한다고 규정하고 있다.[16] 따라서 매매계약에서 준거법을 한국법, 대한상사중재원을 중재지로 합의하였을 때에는 대한상사중재원의 중재판정을 받을 수 있다.

5) 중재인의 선정

중재인(arbitrator)이란 당사자의 합의로 중재판정을 내리는 권한이 부여된 사인(私人)인 제3자를 말한다. 중재인은 중재판정에 중요한 역할을 담당하므로 그 선정에 신중을 기하여야 한다. 중재인을 선정하는 방법은 당사자가 직접 선정하는 방법과 중재판정부가 선정하는 방법이 있다. 전자의 방법은 분쟁당사자가 중재인을 직접 선정하기 위해서는 양당사자가 직접 선정한다는 합의가 있어야 가능하다. 또한 후자의 방법은 당사자가 중재인을 선정하지 않거나 당사자가 정하기로 하고 당사자가 소정의 기간[17]에 선정하지 아니하거나 당사자가 선정방법을 정하지 아니한 경우에는 대한상사중재원에서 선정하는 방법이다.

중재인의 수는 당사자간의 합의로 정하며 합의가 없는 경우에는 중재인의 수는 3인으로 한다.[18] 중재인이 수인(數人)인 경우 중재판정부의 모든 결정은 과반수의 찬성으로 한다. 다만 절차에 관한 사항에 관하여 다수결이 이루어지지 아니하는 경우에는 의장중재인이 정한다. 중재에서 가장 중요한 의의를 갖는 것은 중재인이므로 중재인의 윤리성과 도덕성이 강조된다. 따라서 중재인은 중재절차가 공정하고 정당하게 진행되도록 노력하여야 하며, 신뢰관계를 유지하고, 성실하게, 자주적으로 신중하게 판정하여야 한다.

---

15) UNCITRAL Arbitration Rules, Article 16-1.
16) ICC Rule of Conciliation and Arbitration 1988, Article 12; "The place of arbitration shall be fixed by the Court, unless agreed upon by the parties."
17) 중재인을 선정하도록 통지 후 국제중재는 30일 이내, 국내중재는 15일 이내에 중재인을 선정하여야 한다.
18) 한국 중재법 제11조. 당사자의 국적이나 거주하는 국가가 다른 경우 대한상사중재원사무국이 중재인을 선정함에 있어서는 단독중재인이나 의장중재인은 당사자의 어느 일방의 요구가 있으면 당사자의 어느 편에도 속하지 아니하는 제3국인 중에서 선정하여야 한다.

6) 심 리

심리(conduct of hearings)는 중재인이 결정하는 것이 원칙이다. 중재판정부는 심리의 일시, 장소 및 방식을 결정하고 늦어도 심리개시 국내중재의 경우 10일, 국제중재의 경우 20일 전까지 동 결정을 통지하도록 하고 있다.

또한 심리에의 출석은 중재에 직접 이해관계가 있는 자는 출석할 권리가 있으며, 중재판정부는 필요하다고 인정할 때에는 증거의 제출이나 증인 또는 감정인에 대하여 임의의 출석을 요구할 수 있다. 상사중재에서 중재인은 제출된 증거의 신빙성과 유용성을 자유심증으로 판단한다고 규정하는 자유심증주의[19]가 채택되어지고 있다. 중재판정부는 당사자가 주장 및 입증을 다하였다고 인정할 때는 심문의 종결을 선언하게 된다.

7) 중재판정

(1) 중재판정의 의의

중재판정(award)이란 중재계약의 당사자가 부탁한 분쟁의 해결을 위하여 중재인이 내리는 최종적 결정(final decision)을 의미한다. 중재판정은 중재인이 분쟁해결에 있어 내리는 최종결정이며 양당사자를 구속하기 때문에 공평하고 정당하면서 확정적으로 판정되어야 한다.

중재판정부는 당사자의 합의 또는 법률의 규정 중 다른 정함이 없는 한 심문종결일로부터 30일 이내에 판정하도록 규정하고 있다.[20] 중재판정은 서면으로 작성하고, 중재인 전원의 서명, 판정의 근거가 되는 이유, 작성일자, 중재지를 기재하고 서명·날인하여 정본은 각 당사자에게 송부하고, 중재판정의 원본은 그 송부사실을 증명하는 서면을 첨부하여 관할법원에 송부·보관하게 함으로써 중재절차는 종결된다.[21]

---

19) 자유심증주의는 법관이나 중재인의 양심과 이성을 전적으로 신뢰하여 그 자유로운 심증에 의하여 행할 수 있는 원칙을 말한다. 그러나 자유심증주의는 중재인이나 법관의 임의대로 허용하는 것은 아니다. 그 판단은 논리법칙과 경험법칙에 따라야 하고, 사회정의와 형평의 이념에 입각할 것이 필요한 것이다.

20) 그러나 신속절차에 의한 중재판정은 당사자간에 신속절차에 따르기로 별도 합의가 있는 중재사건 또는 신청금액이 2천만원 이하인 국내중재의 경우는 심문종결일로부터 10일 이내에 판정하도록 하고 있다.

21) 한국 중재법 제32조.

(2) 중재판정의 효력

중재판정은 당사자간에 있어서는 법원의 확정판결과 동일한 효력을 가진다.[22] 중재판정에 대한 불복은 법원에 제기하는 중재판정 취소의 소에 의하여만 할 수 있다.[23] 다음과 같은 경우에는 중재판정 취소의 소를 제기할 수 있다.[24]

첫째, 중재합의의 당사자가 그 준거법에 의하여 중재합의 당시 무능력자이거나 중재합의가 무효인 사실

둘째, 중재인의 선정 또는 중재절차에 관하여 적절한 통지를 받지 못하였거나, 변론을 할 수 없었던 사실

셋째, 중재판정이 중재합의의 대상이 아닌 분쟁을 다룬 사실

넷째, 중재판정부의 구성 또는 중재절차가 당사자간의 합의에 따르지 아니하거나 이 법에 따르지 아니하였다는 사실의 경우이다.

중재인은 자기가 내린 중재판정을 철회하거나 변경할 수 없다. 다만 중재판정문에서 숫자 계산의 착오나 서기 또는 타자원의 과실 기타 이와 유사한 사유로 인하여 발생한 명백한 오자 또는 오류를 발견하였을 때는 중재인의 결정으로 이를 정정할 수 있다.

중재판정에 대한 국제적 효력에 관한 문제는 각국의 법과 상관습이 다르기 때문에 중재판정에 대한 집행상 어려운 문제가 야기되었다. 이에 따라 1958년 이른바 뉴욕협약이라 불리는 "외국중재판정의 승인 및 집행에 관한 유엔협약"이 채택되어 체약국인 경우에는 이 협약을 적용함으로써 국제상사분쟁의 해결을 용이하게 하고 있다.

---

22) 한국 중재법 제35조.
23) 한국 중재법 제36조 제1항.
24) 한국 중재법 제36조 제2항.

그림 13-1 중재진행절차

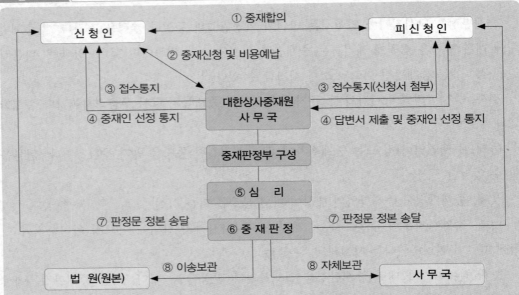

1. (1) 계약시 삽입된 중재조항
   (2) 사후 합의
2. (1) 제출서류(단독중재인의 경우 3부, 3인중재인의 경우 5부)
   (2) ① 중재합의서
      ② 중재신청서
      ③ 각종 서증
      ④ 위임장(대리인이 신청하는 경우)
   (3) 중재예납금 납입
3. 당사자들이 신청하는 경우에만 실시(30일 이내에 조정이 안 되면 다시 중재절차 속행)
4. (1) 당사자 합의로 결정
   (2) 사무국에서 결정(당사자가 합의 못하는 경우)
   (3) 합의가 없는 경우 중재규칙에 따라 선정 (3인)
5. 심리개시일 이전에 당사자에게 통지(심리 순서, 일시, 장소)
   (1) 서면심리(양당사자가 합의한 경우)
   (2) 구두심리
6. (1) 서면으로 작성하여야 함(구술선고 불가)
      ① 당사자 성명 또는 명칭과 주소
      ② 대리인이 있는 경우 대리인의 성명과 주소
      ③ 판정주문
      ④ 판정이유와 요지
      ⑤ 작성연월일
      ⑥ 중재인 전원의 기명날인
   (2) 중재판정은 법원의 확정판결과 동일한 효력

5 외국중재판정

1) 뉴욕협약

(1) 뉴욕협약의 의의

뉴욕협약(New York Convention)이란 "외국중재판정의 승인과 집행에 관한 유엔협약"(The United Nations Convention on the Recognition and Enforcement of Foreign Arbitral Awards)을 약칭하는 것으로 1958년 6월 10일 뉴욕에서 채택되었다고 하여 이렇게 부르게 되었다.[25] 뉴욕협약은 각국의 중재법제가 상이하고 외국중재판정에 대해 집행력이 확보되는 중재판정의 범위를 확대시키고 중재판정승인 및 집행에 관한 요건을 간명하게 함으로써 국제무역발전에 이바지하려는 목적으로 국제상업회의소는 국제중재판정의 집행에 관한 초안을 작성하여 유엔경제사회이사회(The United Nations Economic and Social Council)에서 검토하도록 하였다. 동 이사회에서 여러 의견을 참조하여 1958년 5월 20일부터 6월 10일 사이에 뉴욕의 유엔본부에서 정식으로 뉴욕협약을 채택·성립하게 되었다. 이 결과 각 체약국에서는 외국중재판정의 승인 및 집행을 보장받을 수 있게 되었다.

한국은 1973년 2월 8일 42번째 국가로 이 협약에 가입, 동년 5월 9일부터 그 효력이 발효됨에 따라 대한상사중재원에서 내려진 중재판정도 협약체약국간에서는 그 승인 및 집행을 보장받게 되었다. 또한 이 협약 가입시에 뉴욕협약 제1조 제3항 규정의 유보조항에 따라 한국법상 상사분쟁에 한하여 이 협약을 적용할 것과, 외국중재판정에 대하여서는 외국이 이 협약의 체약국인 경우에 한해서 이 협약을 적용할 것임을 각각 유보 선언하였다.

(2) 뉴욕협약의 적용범위

뉴욕협약에서는 "이 협약은 중재판정의 승인 및 집행의 요구를 받는 국가 이외의 국가의 영토 내에서 내려진 판정으로서, 자연인 또는 법인 간의 분쟁으로부터 발생하는 중재판정의 승인 및 집행에 적용한다. 이 협약은 또한 그 승인 및 집행의 요구를 받는 국가에

---

25) ICC Brochure No. 174; 이 협약은 "중재조항에 관한 제네바 의정서"(Protocol on Arbitration Clauses, open at Geneva on September 24, 1923)와 "외국중재판정의 집행에 관한 제네바협약" (Convention on the Execution of Foreign Arbitral Awards, Signed at Geneva on September 26, 1927)을 대신하는 것으로 뉴욕협약 가입국간에는 제네바협약의 효력은 상실되고 뉴욕협약을 적용하게 된다.

서 내국판정이라고 인정되지 아니하는 중재판정에도 적용된다"[26]고 규정하고 있다.

이는 뉴욕협약의 적용을 받는 외국중재판정의 범위를 정함에 있어 "중재판정이 내려진 영역을 기준으로 삼을 것을 원칙"으로 하되, 그 승인 및 집행을 요구받는 국가에서 "내국판정이라고 인정되지 아니하는 중재판정"에 대하여는 뉴욕협약을 적용할 수 있는 여지를 마련하였다. 따라서 중재판정이 비록 국내에서 성립되었다고 할지라도 뉴욕협약을 적용할 수 있음을 인정하는 것이다.

또한 뉴욕협약의 심의 당시 영미법계 국가 및 독립국가연합 등은 판정이 내려진 곳에 따라 외국중재판정을 정할 것을 주장하고 대륙법계 국가대표들은 준거법에 의하여 이를 정할 것을 주장하여 서로 대립되던 중 모두 외국중재판정에 포함시키는 쪽으로 타협이 이루어진 결과로 뉴욕협약은 그 적용되는 범위가 상당히 확대되었다.

2) 외국중재판정의 승인과 집행

(1) 승인과 집행의 의의

승인(recognition)이란 특정한 법률관계 또는 사항에 대하여 공적인 권위 또는 권한(authority)에 의하여 그 존부(存否) 또는 정부(正否)를 확인(confirm)·비준(ratify) 또는 시인(acknowledge)하는 행위를 의미한다.[27] 따라서 뉴욕협약에서 말하는 외국중재판정의 승인 또는 중재합의의 승인이란 "동 협약의 체약국에 의한 승인"을 지칭하고 있는 것이다. 또한 집행(enforcement)이란 사법(私法)상의 청구권을 국가권력의 행사에 의하여 만족시킬 것을 목적으로 하는 법률상의 절차를 말한다. 일반적으로 일단 중재판정이 내려지면 이행의 의무가 있는 자는 상대방으로부터의 최고(催告; demand)가 없더라도 능동적·자발적으로 그 이행의 의무를 완수하여야 하는 것이나 만약에 그러한 "자발적인 변제가 이루어질 가망이 없는 경우"에는 부득이 법원에 의한 어떤 형태의 강제집행의 방법에 의존할 수밖에 없게 된다.

(2) 외국중재판정의 승인과 집행의 요건

외국중재판정의 승인과 집행을 받기 위하여 승인 및 집행신청인에게 부과되는 적극적

---

26) 뉴욕협약 제1조 제1항.
27) Black's Law Dictionary, 1979, p. 1143.

요건은 중재판정문과 중재합의서만 제출하면 되고 그 순간부터 승인과 집행을 거부할 수 있는 제규정에 관한 거증책임은 그 상대방에게 있는 것이다.

중재계약이 법원에 의해 집행되기 위한 요건은 다음과 같다.[28]

① 중재계약이 뉴욕협약의 적용범위 내에 들어가야 한다.

② 분쟁이 일정한 법률관계에 관련하여 발생하되 동 분쟁은 중재계약의 범위 내에 있어야 한다.

③ 중재계약의 서면성 요건이 구비되어야 한다.

④ 중재계약이 무효, 실효 또는 이행불능이 되지 않아야 한다.

⑤ 외국판정의 승인이나 집행이 그 국가의 공공의 질서에 반하지 않아야 한다.

(3) 외국중재판정의 승인과 집행의 효과

한국은 뉴욕협약에 가입하고 있기 때문에 뉴욕협약의 가입국에서 내려진 외국중재판정은 헌법의 정신에 따라 체결·공포된 조약과 일반적으로 승인된 국제법규는 국내법과 같은 효력을 갖게 되므로 중재판정의 효력 또한 체약국간에는 외국중재판정의 효력이 승인되고 그 집행도 보장받게 된다. 한편 뉴욕협약 비가입국에서 내려진 외국중재판정의 경우에는 이 협약이 적용되지 않기 때문에, 외국판결의 경우에 준하여, 그 승인 및 집행을 결정해야 할 것이다.

외국중재판정의 승인과 집행의 청구인은 중재합의서와 중재판정문을 집행국의 해당법원에 제출하면 입증책임이 면제된다.[29]

그러나 중재판정의 승인과 집행은 당사자가 다음과 같은 증거를 제출할 때는 거부될 수도 있다.[30]

① 당사자가 무능력자이거나 중재합의가 무효인 경우

② 당사자가 중재인의 선정이나 중재절차에 관하여 적절한 통고를 받지 아니하였거나 기타 사유에 응할 수 없었던 경우

③ 판정이 중재부탁사항에 규정되어 있지 아니하거나 그 범위를 벗어나는 사항의 경우

④ 중재기관의 구성이나 중재절차가 당사자간의 합의와 일치하지 아니하거나, 합의가

---

28) 뉴욕협약 제2조 및 제5조.
29) 뉴욕협약 제4조.
30) 뉴욕협약 제5조.

없거나, 중재를 행하는 국가의 법령에 합의하지 않는 경우

⑤ 분쟁의 대상인 사항이 그 국가의 법률하에서는 중재에 의한 해결을 할 수 없는 경우

⑥ 판정의 승인이나 집행이 그 국가의 공공의 질서에 반하는 경우.

외국중재판정의 승인과 집행의 절차는 집행판결을 구하는 소송제기에 의하여 개시되고 집행판결을 받음으로써 그 승인 및 집행이 가능하게 된다. 또한 중재계약에 관한 준거법, 중재절차에 대한 준거법의 선정은 당사자자치 의사를 우선적으로 적용한다.

제 3 절 국제소송

1 국제소송과 국제재판관할

1) 국제소송의 의의

무역클레임을 대체적 분쟁해결 방식이 아닌 소송으로 해결할 경우에는 무엇보다도 재판관할권(jurisdiction)과 당해거래에 적용할 준거법, 즉 저촉법(conflict of laws)의 문제, 그리고 법정지국의 관할법원에서 내린 판결을 어떻게 승인하고 집행(recognition and enforcement)할 것인가의 문제가 발생한다.

무역클레임은 초국가적으로 공정하게 판단해 줄 국제법원이 없기 때문에, 특정국가의 법원에 국제소송을 제기하여 해결하여야 한다. 그러나 외국법원에 소송을 제기하면 익숙하지 않은 법률 환경과 의사소통의 문제, 소송비용의 부담과 불편, 외국인에 불리한 판결 등이 발생할 우려가 높아 당사자들은 각자 유리한 법원을 선택하고자 한다.

국제소송의 경우에 발생할 수 있는 이러한 어려움으로 인하여 국제상거래에서는 대부분 중재를 선호하지만, 중재는 당사자간의 자율적인 분쟁해결방법이기 때문에 중재합의가 없는 경우에는 역시 소송에 의지할 수밖에 없다. 그리고 중재절차에 따르더라도 법원이 개입할 소지가 많기 때문에 무역클레임의 주요 해결방법으로서 국제소송의 의의도 크다고 할 수 있다.

2) 국제재판관할

"국제재판관할권"(Jurisdiction)이란 국제거래분쟁이 발생한 경우 어느 국가의 재판기관이 재판관할권을 가지는가의 문제를 말한다. 현재 국제재판관할에 대하여는 브뤼셀협약을 제외하고는 국제적으로 널리 적용되는 통일기준은 마련되어 있지 않다. 이에 따라 각국은 국내법에 의해 독자적으로 관할기준을 정하고 있어 그 구체적인 적용결과도 다양하게 나타난다. 재판관할권 문제는 일반관할권과 특별관할권으로 나누어 볼 수 있다.

국제재판관할권에 관한 세계 공통의 원칙은 피고의 주소지국의 관할권과 부동산 소재지국 관할권이다. 브뤼셀 협약도 자연인의 경우 주소지국가의 법원에 관할권을 인정하고 있다. 한국의 민사소송법도 피고주소지법주의를 원칙으로 하고, 다만 원고의 편의를 위하여 다음과 같은 특별관할권을 인정하고 있다.

첫째, 재산권에 관한 소를 제기하는 경우에는 거소지 또는 의무이행지국가의 법원에 제기할 수 있다.[31] 계약상의 의무이행지국에서 채무자를 상대로 소를 제기하는 것은 피고의 주소지국가에서 소를 제기하는 경우와 마찬가지로 본래의 취지에 합치한다.

둘째, 청구의 목적물인 재산소재지국가의 법원에도 소를 제기할 수 있다.[32] 청구의 목적물인 재산 자체뿐만 아니라 청구의 내용과는 관련 없는 피고의 일반 책임재산이 소재하는 경우에는 재산소재법원의 관할이 인정된다.

셋째, 청구가 객관적으로 병합된 경우에는 청구 사이에 일정의 관련성이 있으면 한국법원에 국제적 재판관할권이 인정된다.[33]

넷째, 불법행위에 관한 소에서는 불법행위지국가의 재판관할권이 인정된다.[34] 왜냐하면 불법행위지는 사건과 근접한 지역이기 때문에 증거수집이 용이하여 재판의 신속성과 경제성을 기대할 수 있고, 가해자와 피해자에게 공통적으로 부당하지 않기 때문이다.

⑥ 국제계약에서 미리 법정지선택조항(forum selection clause)을 합의한 경우에는 그 합의관할지국가의 재판관할권이 인정된다.[35]

⑦ 피고가 관할위반임을 주장하지 아니하고 본안에 응소한 경우에는 그 응소 관할지국

---

31) 한국 민사소송법 제8조.
32) 한국 민사소송법 제11조.
33) 한국 민사소송법 제25조, 국제사법 제2조.
34) 한국 민사소송법 제18조.
35) 한국 민사소송법 제29조.

가의 법원에 재판관할권이 인정된다.[36]

2 소송절차

1) 적용절차법

무역클레임분쟁에 대한 국제소송에 있어서 실체적 권리·법률관계(실체문제)에 관한 법원의 판단은 법정지의 국제사법에 의하여 결정되는 준거법에 의하여 행해진다. 또한 소송절차에 관하여 발생하는 문제(절차문제)에 대한 법원의 판단은 세계적으로 널리 승인되어 있는 "절차는 법정지법에 의한다"는 원칙에 의하여 법정지의 소송법에 의하여 이루어지는 것으로 해석되고 있다.[37]

2) 국제사법공조

무역클레임의 소송절차에 있어서 외국에 소재한 당사자의 출석이나 자료의 제출, 외국에서 증거수집 등의 절차가 절대적으로 필요하지만, 만약 해당국가의 사법기관이 협조하지 않는다면 그 진행이 불가능하다. 이에 각국은 섭외적인 서류송달과 증거조사를 위한 상호간의 협력, 즉 국제적인 사법공조를 도모하고 있다.

대표적으로 UNIDROIT의 1954년 "민사소송절차에 관한 협약", 1965년 "민사와 상사에 관한 재판상 및 재판외의 문서의 외국에 있어서의 송달 및 고지에 관한 협약"(Convention on the Service Abroad of Judicial and Extra-judical Documents in Civil or Commercial Matters: 송달협약)과 1970년 "민사와 상사에 관한 외국에서의 증거조사에 관한 협약"(Convention on the Taking Evidence Abroad in Civil or Commercial Matters: 증거협약)이 있다. 그러나 우리나라는 이들 조약에 가입하거나 외국과 쌍무협정을 체결한 바 없다. 따라서 현재로는 외국이 우리나라의 촉탁에 호의적으로 응하지 아니하면 국제적으로 공시송달방법에 의할 수밖에 없고[38] 외국에서의 증거조사는 불가능하다.

한편 우리나라도 자체적으로는 1991년에 국제민사사법공조법을 제정하여 민사사건에

---

36) 한국 민사소송법 제30조.
37) 강이수, 「국제거래분쟁론」, 삼영사, 2002, 455면.
38) 한국 민사소송법 제179조 제1항.

서 외국으로의 사법공조촉탁절차와 외국으로부터의 사법공조촉탁에 대한 처리절차를 규정하고 있다.

① 외국으로의 송달은 재판장이 그 국가에 주재하는 대한민국의 대사, 공사, 영사 또는 그 나라의 관할공공기관에 촉탁, 송달한다. 외국으로 촉탁하는 재판장이 속한 법원의 장은 법원행정처장에게 촉탁서 및 기타 관계서류를 송부할 것을 요청하고 법원행정처장은 외교상의 경로를 통하여 촉탁의 상대방에게 송달할 것을 의뢰한다.

② 촉탁송달을 할 수 없거나 이에 의하여도 그 효력이 없을 것으로 인정되는 경우에는 재판장은 직권으로 또는 당사자의 신청에 따라 공시송달을 할 수 있다. 공시송달의 방법은 법원사무관들이 송달할 서류를 보관하고 그 사유를 법원게시판에 게시하거나 그 밖에 대법원 규칙이 정하는 방법에 따라서 하여야 한다. 외국으로의 송달에 대한 (공시송달에 대한) 공시송달은 실시한 날부터 2월이 경과하면 그 효력이 발생한다.

③ 외국으로부터의 촉탁은 송달을 할 장소를 관할하는 제1심법원이 관할한다. 송달에 관한 촉탁을 실시한 경우에는 수탁법원의 장이 송달결과에 관한 증명서를 외국법원에 송부하여야 한다.

④ 해외에서의 증거조사는 국제적인 사법공조나 외국 정부의 임의적인 협조에 의하여 할 수 있다. 외국에서 시행할 증거조사는 해당 국가의 대한민국대사, 공사, 영사 또는 그 국가의 관할공무소에 촉탁하며, 이러한 증거조사는 국내법에 위배하지 아니하는 한 효력이 있다.

3 외국판결의 승인과 집행

외국판결을 피고의 재산지 국가에서 집행하고자 할 경우에는 당해국의 승인과 집행에 대한 협조 없이는 불가능하다. 대부분의 국가는 사법성을 지닌 민사나 상사의 동일한 사안에 관하여는 외국판결을 존중함으로써 무익한 소송의 경합을 피하고 권리의 실현에 이바지하고자 한다.

1) 외국판결의 승인과 집행의 기준

국제소송과 관련된 외국판결의 승인과 집행에 관한 세계적인 통일규범은 없다. 또한 상사중재분야의 외국중재판정의 승인과 집행에 관한 UN협약(뉴욕협약)과 같은 세계적인 조약도 존재하지 아니한다. 따라서 각국 판결의 외국에 있어서의 승인 및 집행은 승인 및 집행을 요구받은 외국의 법규범에 의하여 판단되고 있으며, 한국의 판결도 마찬가지이다.

2) 외국판결의 승인 요건

외국판결의 승인이나 집행을 위한 요건은 그것이 확정판결이고, 판결국에 재판관할권이 있고, 피고의 방어권이 충분히 보장되고, 판결의 집행이 승인국의 공서에 반하지 아니하며, 상호의 보증이 있어야 한다.[39]

① 외국판결은 재판관할권을 가진 외국의 권한 있는 법원이 내린 확정판결이어야 하며, 그 입증은 승인과 집행을 구하는 당사자의 책임이다.

② 승인국의 법령이나 협약에 비추어 판결국의 재판관할권을 부인하지 아니한 것이어야 한다. 여기서의 재판관할권은 승인국에서 판결국의 재판관할권 유무를 가리는 문제로서, 이는 국제재판관할권의 문제와는 구별된다.

③ 피고의 방어권이 보장된 상태에서의 외국판결이어야 한다. 즉, 피고가 공시송달에 의하지 아니하고 이의 없이 응소한 경우이어야 한다.

④ 승인국의 공서양속에 반하지 아니한 것이어야 한다. 이는 우리의 공서양속에 반하는 외국판결로부터 국내의 법질서를 보존하고자 함이다.

⑤ 판결국이 협약이나 국내법에 의하여 한국판결의 효력을 인정하는 상호보증이 있어야 한다. 이는 판결국에서 한국판결을 승인한 구체적인 사례가 있어야 한다는 것이 아니라, 승인을 기대할 수 있는 정도이면 충분하다.

3) 외국판결의 집행

외국판결의 집행은 해당 외국법원의 급부판결이 외국판결의 승인요건을 갖추고 있다는 것을 전제로 하고 있다. 그리고 외국판결이 확정판결로서 기판력과 형성력을 구비하고 있다 하더라도, 이를 집행하기 위해서는 한국 법원이 이것을 판단하여 집행판결로 그 적법함을 선고한 때에만 집행기관에 의한 집행이 행하여진다.[40] 예컨대 외국법원의 판결이 확정된 것을 증명하지 아니하거나 외국판결이 대한민국의 법령이나 조약에 따른 국제재

---

39) 한국 민사소송법 제203조.
40) 한국 민사소송법 제476조.

판관할의 원칙상 그 외국법원의 국제재판관할권이 인정되지 않거나, 패소자가 적절한 통지나 명령을 적법한 방식에 따라 방어에 필요한 시간적 여유를 두고 수령하지 못하였거나 또는 외국의 판결이 대한민국의 선량한 풍속이나 사회질서에 어긋나는 경우 등에서는 집행이 각하된다.

집행판결의 관할법원은 피고의 보통재판적 소재지의 지방법원이고 보통재판적이 없는 경우에는 재산소재지의 특별재판적 규정에 의하여 채무자에 대한 소를 관할하는 법원이 된다.[41]

한편 집행판결은 외국판결의 내용에 대한 실질적인 심사를 할 수 없고 그것이 승인요건의 구비 여부에 대한 형식적인 심사에만 그쳐야 한다.

---

41) 한국 민사소송법 제476조.

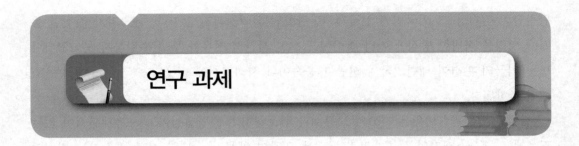

연구 과제

1. 상사중재의 대상을 구체적으로 제시하고 상사중재를 통하여 상거래분쟁을 해결하려면 어떻게 하여야 하는지 설명하시오.

2. 중재판정의 효력은 어떠하며, 중재판정에 대한 취소의 소를 제기할 수 있는가?

3. 외국중재판정의 승인과 집행의 요건은 무엇이며 그 효과는 어떠한가?

4. 대체적 분쟁해결방법인 상사중재제도의 장점에도 불구하고 소송을 제기하는 경우가 있는데, 그 이유는 무엇이며, 상사중재와 비교할 때 장점은 무엇인가?

5. 국제소송에서 외국판결의 한국에 있어서의 승인과 집행의 요건은 무엇인가?

부록

1. 국내 및 국제무역거래조건의 사용에 관한 국제상업회의소 규칙
   (Incoterms® 2010)

2. 국제물품매매계약에 관한 유엔협약(CISG 1980)

1. 국내 및 국제무역거래조건의 사용에 관한 국제상업회의소 규칙(Incoterms® 2010)
ICC Rules for the Use of Domestic and International Trade Terms

Ⅰ. 서 문

Incoterms® 규칙[1]은 물품매매계약에서 기업간 거래관례를 반영하는 일련의 3개 문자조합의 무역거래 조건을 설명하고 있다. 인코텀즈 규칙은 주로 매도인이 매수인에게 물품인도에 포함되는 업무, 비용 및 위험들을 기술하고 있다.

Incoterms® 2010 규칙의 사용 방법

1. 매매계약에 Incoterms® 2010 규칙을 명시할 것

Incoterms® 2010 규칙을 계약에 적용시키고자 하는 경우, Incoterms® 2010(지정장소를 포함하는 선택된 인코텀즈)와 같은 어구를 계약서에 명시하여야 한다.

2. 적절한 인코텀즈 규칙을 선택할 것

선택된 인코텀즈 규칙은 물품, 운송수단에 적절하여야 하며, 또한 무엇보다도 당사자가 예컨대 운송 또는 보험 계약을 체결하는 의무와 같은 추가적인 의무를 매도인 또는 매수인 중에 누가 부담하는 것으로 의도하는지에 대하여 적절하여야 한다.

3. 장소 또는 항구를 가능한 한 정확하게 명시할 것

선택된 인코텀즈 규칙은 당사자가 장소 또는 항구를 지정하는 경우에만 비로소 작용할 수 있으며 또한 당사자가 장소 또는 항구를 가능한 한 정확하게 명시하는 경우, 가장 잘 작용할 수 있다. 이와 같은 정확성에 대한 훌륭한 예는 다음과 같다:

"FCA 38 Cours Albert 1er, Paris, France Incoterms® 2010."

---

1) "Incoterms®"는 국제상업회의소의 등록상표이다.

인코텀즈 규칙 공장인도(EXW), 운송인인도(FCA), 터미널인도(DAT), 목적지인도(DAP), 관세지급인도(DDP), 선측인도(FAS), 및 본선인도(FOB)에서 지정장소는 인도가 이루어지는 장소이며, 위험이 매도인으로부터 매수인에게 이전하는 장소이다. 인코텀즈 규칙 운송비지급인도(CPT), 운송비·보험료지급인도(CIP), 운임포함인도(CFR), 및 운임·보험료포함인도(CIF)에서 지정장소는 인도장소와 다르다. 이와 같은 4개의 인코텀즈 규칙에서 지정장소는 운송비가 지급되는 목적지이다. 장소 또는 목적지에 관한 표시는 의문 또는 논쟁을 피하기 위하여 그와 같은 장소 또는 목적지에서 정확한 지점을 명시함으로서 훨씬 도움이 되고 구체화될 수 있다.

4. 인코텀즈 규칙은 완전한 매매계약을 제공하지 아니함을 명심할 것

인코텀즈 규칙은 매매계약의 어느 당사자가 운송계약 또는 보험계약 체결 의무를 부담하는지, 언제 매도인이 매수인에게 물품을 인도하는지 그리고 각 당사자가 어떠한 비용을 부담할 책임이 있는지에 대하여 설명하고 있다.

그러나 인코텀즈 규칙은 지급되어야 하는 금액 또는 지급방법에 대하여 설명하지 아니한다. 또한 동 규칙은 물품의 소유권 이전, 계약 위반의 결과에 대하여 전혀 다루지 아니하고 있다. 이러한 문제들은 보통 매매계약의 명시조건 또는 준거법에 의하여 다루어진다. 당사자는 선택된 인코텀즈 규칙을 포함하여 매매계약의 어느 측면보다 강행적인 국내법이 우선할 수 있다는 점을 알아야 한다.

Incoterms® 2010 규칙의 주요 특징

1. 두 개의 새로운 인코텀즈 규칙, 즉 DAT 및 DAP가 인코텀즈 2000 규칙인 DAF, DES, DEQ 및 DDU를 대체함

인코텀즈 규칙의 수는 종전의 13개에서 11개로 감소되었다.

이는 합의된 운송방식에 관계없이 사용되어지는 두 개의 새로운 규칙, 즉 DAT 및 DAP는 인코텀즈 2000 규칙의 DAF, DES, DEQ 및 DDU를 대체하게 된 것이다.

인도가 지정목적지에서 이루어지는 두 개의 새로운 규칙하의 DAT에서는 (종래의 DEQ 규칙과 같이) 도착된 차량으로부터 양화되어 매수인의 임의처분상태에서, DAP에서는 (종래의 DAF, DES 및 DDU 규칙과 마찬가지로) 양화하지 아니하고 매수인의 임의처분상태에서, 인도가 지정목적지에서 이루어진다.

이 새로운 규칙은 인코텀즈 2000 규칙의 DES와 DEQ를 불필요하게 만들고 있다. DAT에서 지정된 터미널은 항구에 있을 수 있다. 그러므로 DAT는 인코텀즈 2000 규칙의 DEQ가 사용되었던 경우와 같이 아무런 문제없이 사용될 수 있다. 마찬가지로 DAP 하에서 도착 "차량"은 선박일 수 있고 또한 지정된 목적지는 항구일 수 있다. 따라서 DAP는 인코텀즈 2000의 DES가 사용되었던 경우와 같이 아무런 문제없이 사용될 수 있다. 종래의 4개규칙 계승자와 같이, 이와 같은 새로운 규칙은 물품을 지정목적지까지 운송하는 데 포함된 모든 비용(적용 가능한 경우, 수입통관과 관련된 비용을 제외하고) 및 위험을 매도인이 부담하는 "도착지인도"이다.

2. Incoterms® 2010 규칙 11개의 분류

Incoterms® 2010 규칙 11개는 두 개의 구별되는 분류로 제시되고 있다.

단일 또는 복수의 모든 운송방식을 위한 규칙

공장인도

운송인인도

운송비지급인도

운송비·보험료지급인도

터미널인도

목적지인도

관세지급인도

해상 및 내수로 운송을 위한 규칙

선측인도

본선인도

운임포함인도

운임·보험료포함인도

첫 번째 분류는 선택된 운송방식에 관계없이 또한 하나 또는 그 이상의 운송방식이 이용되는가 여부에 관계없이 사용될 수 있는 Incoterms® 2010 규칙 7개를 포함한다. EXW, FCA, CPT, CIP, DAT, DAP 및 DDP가 이 분류에 속한다. 이들은 해상운송이 전혀 포함하지 아니한 경우에도 사용될 수 있다. 이들 규칙은 선박이 일부구간 운송에 사용되는 경우에도 사용될 수 있다는 사실을 명심하여야 한다.

Incoterms® 2010 규칙의 두 번째 분류에서, 인도지점 및 물품이 매수인에게 운송되는 장소가 모두 항구가 된다. 이는 "해상 및 내수로 운송" 규칙으로 호칭된 사실과 맥을 같이한다. FAS, FOB, CFR 및 CIF가 이 분류에 속한다. 인코텀즈 2000의 FOB, CFR 및 CIF에서 인도지점으로서의 선박의 난간(ship's rail)이라는 모든 언급은 물품이 선박(본선)의 갑판상(on board the vessel)에 인도될 때가 더 선호되어 삭제되었다. 이것은 현대 상거래의 현실을 더 밀접하게 반영한 것으로 위험이 가상의 수직선을 통과하여 앞뒤로 오간다는 구시대의 인상을 탈피할 수 있다.

3. 국내 및 국제 무역을 위한 규칙

인코텀즈 규칙은 전통적으로 물품이 국경을 통과하는 국제매매계약에 사용되어 왔다. 그러나 세계의 다양한 지역에서 유럽연합(European Union)과 같은 무역권(trade blocs)은 상이한 국가 간에 국경에서의 수속절차가 더 이상 중요하지 않게 만들었다. 따라서 Incoterms® 2010 규칙의 부제에는 이 규칙이 국내 및 국제 매매계약에 모두 적용하기 위하여 사용가능함을 공식적으로 인정하고 있다. 그 결과 Incoterms® 2010 규칙에서는 적용 가능한 경우에만 수출/수입 수속절차에 따를 의무가 있음을 여러 곳에서 분명하게 명시하고 있다.

다음과 같은 두 가지의 진전된 사항들이 이러한 개정방향의 움직임이 시의적절하다고 ICC를 설득하여 왔다. 첫째, 무역업자들이 보통 순수한 국내매매계약에 인코텀즈 규칙을 사용하고 있다는 점. 둘째 이유는, 미국에서 과거 통일상법전의 선적 및 인도 조건보다도 국내거래에 인코텀즈 규칙을 사용하고자 하는 의지가 더 크기 때문이다.

4. 안내요지

Incoterms® 2010 규칙의 각 앞부분에서는 안내요지를 볼 수 있다. 안내요지는 언제 사용되어야 하며, 언제 위험이 이전되고, 또한 매매당사자간에 어떻게 비용분담이 되는지 등, 각 인코텀즈 규칙의 기본적인 사항들을 설명하고 있다.

안내요지는 실제 Incoterms® 2010 규칙의 일부가 아니고, 단지 사용자가 특정 거래에서 적절한 인코텀즈 규칙을 정확하게 또한 효율적으로 사용할 수 있도록 도움을 주기 위한 것이다.

5. 전자통신

종전 버전(version)의 인코텀즈 규칙에서는 전자문서교환 메시지(EDI message)로 대체될 수 있는 서류들을 명시하고 있었다. 그러나 Incoterms® 2010 규칙의 A1/B1에서는 당사자들이 합의하는 한 또는 관습에 따라 전자통신에 대하여 서면통신에서와 같이 동등한 효력을 부여하고 있다. 이러한 규정은 Incoterms® 2010 규칙이 사용되는 기간에 새로운 전자적 절차의 발전을 촉진시킨다.

6. 보험부보

Incoterms® 2010 규칙은 협회적화약관(Institute Cargo Clauses: ICC) 개정 이래 인코텀즈 규칙의 최초 버전이므로 이와 같은 개정약관을 고려하였다. Incoterms® 2010 규칙은 운송 및 보험 계약을 다루고 있는 A3/B3에서 보험 관련 정보제공의무를 설정하고 있다. 이들 규정은 인코텀즈 2000 규칙의 A10/B10에 규정된 일반적인 조항에서 옮겨 왔다. 이러한 관점에서 A3/B3에서 보험과 관련된 표현은 당사자들의 의무를 명확하게 하기 위하여 또한 수정되었다.

7. 안전 관련 통관과 이에 요구되는 정보

최근 물품의 이동에서 안전에 대한 관심이 높아지고 있어, 물품이 고유의 성질 이외의 이유로 생명 또는 재산에 위협을 가하지 아니한다는 취지의 확인이 요구되고 있다. 따라서 Incoterms® 2010은 각 인코텀즈 규칙의 A2/B2 및 A10/B10에서 매매당사자간 물품보관사슬(chain-of-custody)정보와 같은 안전 관련 통관허가를 받음에 있어 허가를 받거나 협조를 제공할 의무를 분담시키고 있다.

8. 터미널 취급료

인코텀즈 규칙 CPT, CIP, CFR, CIF, DAT, DAP 및 DDP 하에서 매도인은 합의된 목적지까지의 물품 운송 계약을 체결하여야 한다. 운임은 매도인이 지급하지만 운임은 보통 매도인에 의하여 총 판매가격에 포함되므로, 실제로 매수인에 의하여 지급되는 것이다. 운송비용은 통상적으로 항구 또는 컨테이너 터미널시설 내에서 물품을 취급하고 운반하는 비용이 포함되며 운송인 또는 터미널 운영자는 물품을 수령하는 매수인에게 이러한 비용을 청구하기도 한다. 이런 사정으로 매수인은 한번은 매도인에게 총 판매가격의 일부로서 그리고 한번은 이와는 별도로 운송인 또는 터미널 운영자에게 동일한 서비스에 대하여 이중으로 지급하는 것을 회피하려고 할 것이다.

Incoterms® 2010 규칙은 관련된 인코텀즈 규칙의 A6/B6에서 이와 같은 비용을 명확하게 분담함으로써 이중지급상황의 발생을 회피할 수 있도록 하고 있다.

9. 연속판매

제조물품의 매매와는 대조적으로 상품매매에 있어서 물품은 흔히 운송과정에 연속적으로 여러 번 판매된다. 이러한 경우 최초의 매도인은 이미 물품을 선적하였기 때문에 중간에 판매한 매도인은 물품을 "선적"하지 않는다. 그러므로 연속매매 중간에 있는 매도인은 그 다음의 매수인에게 물품선적 의무를 이행하는 것이 아니라 이미 선적된 물품을 "조달함"으로써 이행하는 것이다. 이를 명확히 하기 위하여 Incoterms® 2010 규칙은 관련 인코텀즈 규칙에서 "선적된 물품조달" 의무를 물품선적 의무의 대안으로서 포함시키고 있다.

인코텀즈 규칙의 변형

당사자는 가끔 인코텀즈 규칙을 변경하고 싶어 한다. Incoterms® 2010 규칙은 이와 같은 변경에 대하여 금지하지 않고 있으나 변경하는 것은 위험하다. 불필요한 논란을 방지하기 위하여 당사자는 이러한 변경에 관한 의도된 결과에 대하여 계약에 명시하여야 한다. 예컨대, 당사자는 Incoterms® 2010 규칙에서 비용분담이 계약에서 변경되어지는 경우, 당사자는 위험이 매도인으로부터 매수인에게 이전하는 지점도 변경하고자 의도하는지 여부 또한 분명하게 명시하여야 한다.

서문의 지위

이 서문은 Incoterms® 2010 규칙의 사용 및 해석에 대한 일반적인 정보일 뿐 이 규칙의 일부를 구성하지 않는다.

Incoterms® 2010 규칙에 사용된 용어의 설명

Incoterms 2000 규칙에서와 같이 매도인과 매수인의 의무는 A 항목에서는 매도인의 의무를, B 항목에서는 매수인의 의무를 반영하는 대칭적인 모습으로 제시되었다. 이러한 의무는 매도인 또는 매수인 또는 가끔 특정 목적을 위하여 운송인, 운송주선인, 매도인 또는 매수인이 지정한 제3자를 통하여 계약상의 조건 또는 적용법에 따라 개별적으로 이행되어질 수 있다.

Incoterms® 2010 규칙의 본문은 자체 설명형식으로 되어 있다. 그러나 사용자에게 도움을 주기 위하여 규칙 전반에서 사용되어진 선택된 용어의 의미에 관하여 다음과 같이 안내한다.

운송인(carrier): Incoterms® 2010 규칙의 목적을 위하여, 운송인은 운송계약을 체결하는 당사자를 말한다.

통관수속절차(customs formalities): 모든 적용 가능한 세관 규정에 부응하기 위하여 부합되어야 되는 요건으로 서류, 안전, 정보 또는 물리적 검사 의무가 포함될 수 있다.

인도(delivery): 이 개념은 무역법규와 관행에서 다양한 의미를 가지고 있지만, Incoterms® 2010 규칙에서는 물품에 대한 멸실 또는 손상에 관한 위험이 매도인으로부터 매수인에게 이전되는 경우를 나타내는 데 사용되어진다.

인도서류(delivery document): 이 문구는 현재 A8의 표제로 사용된다. 이는 인도가 완료된 것을 증명하는 데 사용되는 서류를 의미한다. Incoterms® 2010 규칙의 많은 곳에서 인도서류는 운송서류 또는 이와 상응한 전자기록이다. 그러나 EXW, FCA, FAS 및 FOB에서 인도서류는 단순하게 수령증(receipt)일 수도 있다. 인도서류는 예를 들어 결제방법의 일부분과 같이 또한 다른 기능을 가질 수 있다.

전자기록 또는 절차(electronic record or procedure): 이는 하나 또는 하나 이상의 전자메시지 및 적용 가능한 경우, 상응한 종이서류와 같은 기능적 동등성이 있는 것으로 구성된 일련의 정보를 말한다.

포장(packaging): 이 용어는 다음과 같이 다른 목적으로 사용된다.

① 매매계약의 모든 요건을 준수하기 위한 물품 포장

② 운송에 적합하기 위한 물품 포장

③ 컨테이너 또는 다른 운송수단 내에 포장된 물품의 적부

Incoterms® 2010 규칙에서 포장은 위에 첫 번째와 두 번째 것을 의미한다. Incoterms® 2010 규칙은 컨테이너 내의 적부의무에 대하여 당사자의 의무를 다루지 아니하는 경우, 당사자는 이에 대하여 매매계약에서 다루어져야 한다.

Ⅱ. Incoterms® 2010

단일 또는 복수의 모든 운송방식을 위한 규칙

1. 공장인도
공장인도(지정 인도장소 삽입) Incoterms® 2010

안내요지

공장인도(Ex works)는 선택된 운송방식에 관계없이 사용될 수 있으며, 또한 하나 이상의 운송방식인 경우에도 사용될 수 있다. 이 규칙은 국내거래에 적합한 반면에 FCA는 보통 국제무역에 더 적합하다.

공장인도라 함은 매도인의 구내(premises) 또는 기타 지정된 장소(예컨대 작업장, 공장, 창고 등)에서 물품을 매수인의 임의처분상태로 둘 때 인도하는 것을 의미한다. 매도인은 물품을 어떤 집화차량(collecting vehicle)에 적재할 필요가 없으며, 수출통관이 필요한 경우에도 수출물품에 대하여 통관할 필요가 없다.

당사자는 지정된 인도장소 내의 지점(point)을 가능한 한 분명하게 명시하는 것이 바람직하다. 왜냐하면 그와 같은 지점까지의 비용과 위험은 매도인의 부담으로 하기 때문이다. 매수인은 지정된 인도장소가 있는 경우 합의된 지점으로부터 물품을 수령하는 데 수반되는 모든 비용과 위험을 부담한다.

EXW는 매도인에 대한 최소의무를 나타내며, 다음과 같은 사항을 유의하여 사용되어야 한다.

a) 매도인이 비록 관례적으로 물품을 적재하는 데 더 유리한 위치에 있다고 할지라도 매도인은 매수인에게 물품을 적재할 의무를 부담하지 아니한다. 매도인이 물품을 적재하는 경우, 그것은 매수인의 위험과 비용으로 행하는 것이다. 매도인이 물품을 적재하는 데 더 유리한 위치에 있는 경우, 매도인에게 자신의 위험과 비용으로 적재를 행하도록 의무를 부여하는 FCA가 통상적으로 더 적절하다.

b) 매수인은 수출을 위하여 EXW에 기초하여 매도인으로부터 물품을 구매하는 경우, 매도인은 오직 매수인이 수출을 이행하는 데 요구될 수 있는 어떠한 협조만을 제공할 의무를 부담한다는 사실을 인식할 필요가 있다. 즉, 매도인은 수출통관의무가 없다. 그러므로 매수인이 직접적으로 또는 간접적으로 수출통관을 행할 수 없을 경우, EXW를 사용하지 아니하는 것이 바람직하다.

c) 매수인은 매도인에게 물품 수출에 관한 모든 정보를 제공하는 의무는 제한되어 있다. 그러나 매도인은 예를 들어 조세 또는 보고를 목적으로 이러한 정보가 필요할 수 있다.

A.　매도인의 의무

A 1　매도인의 일반적 의무

매도인은 매매계약과 일치하는 물품과 상업송장 및 그 밖에 계약에서 요구되는 모든 기타 일치증거를 제공하여야 한다. A1-A10에 언급된 모든 서류는 당사자간에 합의하거나 관습적인 경우, 동등한 전자기록 또는 절차로 대체될 수 있다.

A2　허가, 승인, 안전통관 및 기타 수속절차

적용 가능한 경우, 매도인은 매수인의 요청과 위험 및 비용으로, 매수인에게 물품 수출에 필요한 수출허가 또는 기타 공적 승인을 취하는 데 협조하여야 한다. 적용 가능한 경우, 매도인은 매수인의 요청과 위험 및 비용으로, 자신이 점유하고 있는 물품의 안전통관을 위하여 요구되는 정보를 제공하여야 한다.

A3　운송 및 보험계약

a) 운송계약

매도인은 매수인에 대하여 운송계약을 체결할 의무를 부담하지 아니한다.

b) 보험계약

매도인은 매수인에 대하여 보험계약을 체결할 의무를 부담하지 아니한다. 그러나 매도인은 매수인의 요청과 위험 및 비용(있는 경우)으로 매수인이 보험을 부보하는 데 필요한 정보를 제공하여야 한다.

A4 인도

매도인은 지정 인도장소에서, 합의된 지점(있는 경우)에서, 어떤 집화차량에 적재하지 아니한 상태로 매수인의 임의처분하에 둠으로써 물품을 인도하여야 한다. 지정 인도장소 내에서 특정한 지점이 합의되지 아니한 경우 및 이용 가능한 여러 지점이 있는 경우, 매도인은 자신의 목적에 가장 적합한 지점을 선택할 수 있다. 매도인은 합의된 일자나 합의된 기간 내에 물품을 인도하여야 한다.

A5 위험의 이전

매도인은 B5에 기술된 상황에서의 멸실 또는 손상을 제외하고, 물품이 A4에 따라 인도될 때까지 물품에 대한 멸실 또는 손상의 모든 위험을 부담한다.

A6 비용의 분담

매도인은 B6의 규정에 따라 매수인이 지급하는 비용을 제외하고 물품이 A4에 따라 인도될 때까지 물품에 관련한 모든 비용을 지급하여야 한다.

A7 매수인에 대한 통지

매도인은 물품의 인도를 수령할 수 있도록 매수인에게 필요한 모든 통지를 하여야 한다.

A8 인도서류

매도인은 매수인에 대하여 의무를 부담하지 아니한다.

A9 점검 · 포장 · 화인

매도인은 A4에 따라 물품을 인도하기 위하여 필요한 물품점검업무(품질, 용적, 중량, 수량 점검과 같은)의 비용을 지급하여야 한다. 매도인은 특수무역에서 물품이 무포장 상태로 매매되어 운송하는 것이 통상적이지 아니한 경우, 매도인은 자신의 비용으로 물품을 포장하여야 한다. 매수인이 매매계약의 체결 이전에 특정한 포장 요건을 통지하지 아니한 경우, 매도인은 물품운송에 적절한 방법으로 물품을 포장할 수 있다. 포장은 적절하게 화인이 표시되어야 한다.

A10 정보제공에 대한 협조 및 관련비용

매도인은 적용 가능한 경우, 시의적절한 방법으로, 매수인의 요청과 위험 및 비용으로 매수인이 물품수출 및/또는 수입 및/또는 최종목적지까지 물품운송에 필요한 안전 관련 정보를 포함하여 모든 서류 및 정보를 취득하는 데 협조를 제공하거나 제시하여야 한다.

B 매수인의 의무

B1 매수인의 일반적 의무

매수인은 매매계약에 약정된 대로 물품대금을 지급하여야 한다.

B1-B10에 언급된 모든 서류는 당사자간에 합의되었거나 관습적인 경우, 동등한 전자기록 또는
절차로 대체될 수 있다.

B2 허가, 승인, 안전통관 및 기타 수속절차

적용 가능한 경우, 매수인 자신의 위험과 비용으로 모든 수출과 수입허가 또는 기타 공적 승인을
취득하고 물품수출을 위하여 모든 통관수속절차를 이행하는 것은 매수인의 책임이다.

B3 운송 및 보험계약

a) 운송계약

매수인은 매도인에 대하여 운송계약을 체결할 의무를 부담하지 아니한다.

b) 보험계약

매수인은 매도인에 대하여 보험계약을 체결할 의무를 부담하지 아니한다.

B4 인도의 수령

매수인은 A4와 A7에서 규정된 대로 물품의 인도를 수령하여야 한다.

B5 위험의 이전

매수인은 물품이 A4의 규정에 따라 인도된 때로부터 물품의 멸실 또는 손상의 모든 위험을 부담
한다.

매수인이 B7에 따른 통지를 행하지 못한 경우, 물품이 계약물품으로 분명히 특정되어 있다면 매
수인은 합의된 일자 또는 합의된 인도기간의 만료일자로부터 물품의 멸실 또는 손상의 모든 위험
을 부담하여야 한다.

B6 비용의 분담

매수인은 다음과 같이 행하여야 한다.

a) 물품이 A4의 규정에 따라 인도된 때로부터 물품에 관련한 모든 비용을 지급하여야 하고;

b) 물품이 자신의 임의처분 하에 둘 때에 물품의 인도를 수령하지 아니하거나 물품이 계약물품으
로 분명히 특정되어 있다면, B7에 따라 적절한 통지를 행하지 아니함으로써 발생되는 모든 추가
비용을 지급하여야 하며;

c) 적용 가능한 경우, 수출시에 지급되는 모든 관세, 조세 및 기타 요금 및 통관수속절차 이행비

용을 지급하여야 하고; 그리고

d) A2의 규정에 따라 매도인이 협조를 제공하는 데 발생된 모든 비용 및 요금을 상환하여야한다.

B7 매도인에 대한 통지

매수인은 합의된 인도기간 내의 시기 및/또는 지정인도장소 내의 인도수령 지점을 결정할 권한이 주어진 때에, 매도인에게 그에 관한 충분한 통지를 행하여야 한다.

B8 인도의 증거

매수인은 인도를 수령하였다는 적절한 증거를 제공하여야 한다.

B9 물품검사

매수인은 수출국가 당국에 의하여 강제된 검사를 포함하여 모든 강제적인 선적전 검사비용을 지급하여야 한다.

B10 정보제공에 대한 협조 및 관련비용

매수인은 매도인이 A10의 규정을 따를 수 있도록, 시의적절한 방법으로, 매도인에게 모든 안전정보 필요사항을 통지하여야 한다. 매수인은 A10의 규정에 따라 서류 및 정보를 취득하는 데 협조를 제공 또는 제시하고 매도인에 의하여 발생된 모든 비용과 요금을 상환하여야 한다.

2. 운송인인도

운송인인도(지정 인도장소 삽입) Incoterms® 2010

안내요지

운송인인도(Free Carrier)는 선택된 운송방식에 관계없이 사용될 수 있으며, 또한 둘 이상의 운송방식인 경우에도 사용될 수 있다.

운송인인도라 함은 매도인이 물품을 매도인의 구내(premises) 또는 기타의 지정된 장소에서 매수인에 의하여 지정된 운송인 또는 기타의 자에게 인도하는 것을 의미한다. 당사자는 지정된 인도장소 내의 지점(point)을 가능한 한 분명하게 명시하는 것이 바람직하다. 왜냐하면 그러한 지점에서 위험이 매수인에게 이전되기 때문이다.

당사자가 매도인의 구내에서 물품을 인도하고자 하는 경우, 당사자는 지정 인도장소로서 그 구내의 주소를 확인하여야 하고, 반면에 당사자가 그 밖의 장소에서 물품을 인도하고자 하는 경우, 다른 구체적인 인도장소를 확인하여야 한다.

FCA는 적용 가능한 경우, 매도인에게 물품에 대한 수출통관을 하도록 요구하고 있다. 그러나 매도인은 물품의 수입통관을 하거나, 어떠한 수입관세의 지급 또는 어떠한 수입통관수속절차를 이행할 의무도 부담하지 아니한다.

A. 매도인의 의무

A1 매도인의 일반적 의무

매도인은 매매계약과 일치하는 물품과 상업송장 및 그 밖에 계약에서 요구되는 모든 기타 일치증거를 제공하여야 한다. A1-A10에 언급된 모든 서류는 당사자간에 합의하거나 관습적인 경우, 동등한 전자기록 또는 절차로 대체될 수 있다.

A2 허가, 승인, 안전통관 및 기타 수속절차

적용 가능한 경우, 매도인은 자신의 위험 및 비용으로, 모든 수출허가 또는 기타 공적 승인을 취득하여야 하며, 또한 물품의 수출을 위하여 필요한 모든 통관수속절차를 이행하여야 한다.

A3 운송 및 보험계약

a) 운송계약

매도인은 매수인에 대하여 운송계약을 체결할 의무를 부담하지 아니한다. 그러나 매수인이 요청한 경우 또는 상업적 관례가 있고 매수인이 적절한 때에 그 반대의 지시를 하지 아니한 경우, 매도인은 매수인의 위험과 비용으로 통상적인 조건의 운송계약을 할 수 있다. 매도인은 어느 경우에도 운송계약의 체결을 거절할 수 있으며 그렇게 하는 경우, 매수인에게 즉시 통지하여야 한다.

b) 보험계약

매도인은 매수인에 대하여 보험계약을 체결할 의무를 부담하지 아니한다. 그러나 매도인은 매수인의 요청과 위험 및 비용(있는 경우)으로 매수인이 보험을 부보하는 데 필요한 정보를 제공하여야 한다.

A4 인도

매도인은 지정 인도장소에서, 합의된 일자 또는 합의된 기간 내에 지정 장소의 합의된 지점(있을 경우)에서, 매수인에 의하여 지정된 운송인 또는 기타의 자에게 물품을 인도하여야 한다.

인도는 다음과 같은 때에 완료된다.

a) 지정 장소가 매도인의 구내인 경우에는, 물품이 매수인에 의하여 제공된 운송수단 상에 적재된 때.

b) 기타 모든 경우에는, 물품이 양화준비가 된 매도인의 운송수단 상에서 매수인에 의하여 지정된 운송인 또는 기타의 자의 임의처분 하에 둘 때.

지정된 인도장소 내에서 특정한 지점이 B7-d에 따라 매수인이 통지하지 아니하였거나 여러 개의 이용 가능한 지점이 있는 경우에는, 매도인은 자신의 목적에 가장 적합한 지점을 선택할 수 있다.

매수인이 매도인에게 별도로 통지하지 아니한 경우, 매도인은 물품의 수량 및/또는 성질에 따라 요구될 수 있는 그와 같은 방법으로 운송물품을 인도할 수 있다.

A5   위험의 이전

매도인은 B5에 기술된 상황에서의 멸실 또는 손상을 제외하고, 물품이 A4에 따라 인도될 때까지 물품에 대한 멸실 또는 손상의 모든 위험을 부담한다.

A6   비용의 분담

매도인은 다음과 같은 비용을 지급하여야 한다.

a) B6에 규정된 대로 매수인이 지급하는 비용을 제외하고 물품이 A4에 따라 인도될 때까지 물품에 관련한 모든 비용, 그리고

b) 적용 가능한 경우, 수출시 지급될 수 있는 모든 관세, 조세 및 기타 요금뿐만이 아니라 수출에 필요한 통관절차수속비용.

A7   매수인에 대한 통지

매도인은 매수인의 위험과 비용으로 물품이 A4에 따라 인도되었다거나 또는 매수인에 의하여 지정된 운송인 또는 기타의 자가 합의된 시간 내에 물품을 수령하지 못하였다는 것에 관하여 매수인에게 충분한 통지를 하여야 한다.

A8   인도서류

매도인은 자신의 비용으로 물품이 A4에 따라 인도되었다는 통상적인 증거를 매수인에게 제공하여야 한다.

매도인은 매수인의 요청과 위험 및 비용으로 운송서류를 취득하는 데 따른 협조를 매수인에게 제공하여야 한다.

A9   점검 · 포장 · 화인

매도인은 수출국가 당국에 의하여 강제된 모든 선적전 검사비용뿐만이 아니라, A4에 따라 물품을 인도하기 위하여 필요한 물품점검업무(품질, 용적, 중량, 수량 점검과 같은)의 비용을 지급하여야 한다.

매도인은 특수무역에서 물품이 무포장 상태로 매매되어 운송하는 것이 통상적이지 아니한 경우, 매도인은 자신의 비용으로 물품을 포장하여야 한다.

매수인이 매매계약의 체결 이전에 특정한 포장 요건을 통지하지 아니한 경우, 매도인은 물품운송에 적절한 방법으로 물품을 포장할 수 있다. 포장은 적절하게 화인이 표시되어야 한다.

A10   정보제공에 대한 협조 및 관련비용

매도인은 적용 가능한 경우, 시의적절한 방법으로, 매수인의 요청과 위험 및 비용으로 매수인이

물품수출 및/또는 수입 및/또는 최종목적지까지 물품운송에 필요한 안전 관련 정보를 포함하여 모든 서류 및 정보를 취득하는 데 협조를 제공하거나 제시하여야 한다.

매도인은 B10에 규정된 대로 서류 및 정보를 취득하는 데 따른 협조를 제공 또는 제시하고 매수인에 의하여 발생된 모든 비용과 요금을 상환하여야 한다.

B   매수인의 의무

B1   매수인의 일반적 의무

매수인은 매매계약에 약정된 대로 물품대금을 지급하여야 한다.

B1-B10에 언급된 모든 서류는 당사자간에 합의되었거나 관습적인 경우, 동등한 전자기록 또는 절차로 대체될 수 있다.

B2   허가, 승인, 안전통관 및 기타 수속절차

적용 가능한 경우, 매수인 자신의 위험과 비용으로 모든 수출과 수입허가 또는 기타 공적 승인을 취득하고 물품수입 및 어떠한 국가를 통과하는 운송을 위한 모든 통관수속절차를 이행하는 것은 매수인의 책임이다.

B3   운송 및 보험계약

a) 운송계약

매수인은 운송계약이 A3 a)에 규정된 대로 매도인에 의하여 체결된 경우를 제외하고, 매수인 자신의 비용으로 지정된 인도장소로부터 물품운송계약을 체결하여야 한다.

b) 보험계약

매수인은 매도인에 대하여 보험계약을 체결할 의무를 부담하지 아니한다.

B4   인도의 수령

매수인은 A4와 A7에 규정된 대로 물품의 인도를 수령하여야 한다.

B5   위험의 이전

매수인은 물품이 A4의 규정에 따라 인도된 때로부터 물품의 멸실 또는 손상의 모든 위험을 부담한다.

a) 매수인이 B7에 따라 A4에 규정된 대로 운송인 또는 기타의 자의 지정을 통지하지 못하거나 또는 통지를 행하지 아니한 경우, 또는

b) A4에 규정된 대로 운송인 또는 매수인에 의하여 지정된 자가 자신의 관리하에 물품을 수령하지 아니한 경우에는, 매수인은 다음과 같은 때부터 멸실 또는 손상에 대한 모든 위험을 부담한다.

(i) 합의된 일자로부터, 또는 합의된 일자가 없는 경우,

(ii) 합의된 기간 내에 A7에 따라 매도인에 의하여 통지된 일자로부터, 또는 그러한 일자가 통지되지 아니한 경우,

(iii) 모든 합의된 인도기간의 만료일자로부터 단, 물품이 계약물품으로서 명확히 특정되어 있어야 한다.

B6 비용의 분담

매수인은 다음과 같은 비용을 지급하여야 한다.

a) 물품이 A4에 규정된 대로 인도된 때로부터 물품에 관련한 모든 비용.

단, 적용 가능한 경우, A6 b)에 언급된 대로 수출시에 지급되는 모든 관세, 조세 및 기타 요금뿐만이 아니라 통관수속절차 비용도 지급하여야 하고;

b) 다음과 같은 원인으로 발생된 모든 추가적인 비용:

(i) 매수인이 A4에 규정된 대로 운송인 또는 기타의 자를 지정하지 못한 경우, 또는

(ii) A4에 규정된 대로 매수인에 의하여 지정된 운송인 또는 기타의 자가 자신의 관리 하에 물품을 수령하지 아니한 경우, 또는

(iii) B7에 따라 매수인이 적절한 통지를 행하지 아니한 경우, 다만 물품이 계약물품으로서 명확히 특정되어 있어야 한다. 그리고

c) 적용 가능한 경우, 물품이 수입시에 지급되는 통관수속절차 비용뿐만이 아니라 모든 관세, 조세 및 기타 요금 및 어떠한 국가를 통과하는 운송을 위한 비용.

B7 매도인에 대한 통지

매수인은 다음 사항을 매도인에게 통지하여야 한다.

a) 매도인이 A4에 따라 물품을 인도할 수 있도록 충분한 시간 내에 A4에 규정된 대로 지정된 운송인 또는 기타 자의 명칭;

b) 필요한 경우, 운송인 또는 지정된 자가 물품을 수령하게 될 합의된 인도 기간 내의 선택된 시간;

c) 지정된 자에 의하여 사용되는 운송방식; 그리고

d) 지정된 장소내의 인도수령 지점.

B8 인도의 증거

매수인은 A에 규정된 대로 제공된 인도의 증거를 인수하여야 한다.

B9 물품검사

매수인은 수출국가 당국에 의하여 강제된 검사를 제외하고, 모든 강제적인 선적전 검사비용을 지급하여야 한다.

B10   정보제공에 대한 협조 및 관련비용

매수인은 매도인이 A10의 규정을 따를 수 있도록, 시의적절한 방법으로, 매도인에게 모든 안전정보 필요사항을 통지하여야 한다.

매수인은 A10의 규정에 따라 서류 및 정보를 취득하는 데 협조를 제공 또는 제시하고 매도인에 의하여 발생된 모든 비용과 요금을 매도인에게 상환하여야 한다.

적용 가능한 경우, 매수인은 매도인의 요청과 위험 및 비용으로 매도인이 물품운송과 수출 및 어떠한 국가를 통과하는 물품운송에 필요한 안전관련 정보를 포함하여 모든 서류 및 정보를 취득하는 데 따른 협조를 시의적절한 방법으로 매도인에게 제공 또는 제시하여야 한다.

3. 운송비지급인도

운송비지급인도(지정 목적지 삽입) Incoterms® 2010

안내요지

운송비지급인도(Carriage Paid To)는 선택된 운송방식에 관계없이 사용될 수 있으며, 또한 둘 이상의 운송방식이 채택된 경우에도 사용될 수 있다.

운송비지급인도라 함은 합의된 장소(당사자간 어떠한 이와 같은 장소가 합의된 경우)에서 매도인이 지정한 운송인 또는 기타의 자에게 물품을 인도하고, 지정 목적지까지 물품 운송에 필요한 운송계약을 체결하고 운송비를 지급하여야 하는 것을 의미한다.

CPT, CIP, CFR 또는 CIF가 사용되는 경우, 매도인의 인도의무는 물품이 목적지에 도착될 때가 아닌 물품이 운송인에게 교부될 때에 완료된다.

이 규칙은 두 가지의 중요한 분기점이 있다. 왜냐하면 위험이 이전되고 비용이 이전되는 지점이 상이한 장소에서 이루어지기 때문이다. 당사자는 매도인으로부터 매수인에게 이전되는 인도장소와, 매도인이 운송계약을 체결하여야 하는 지정목적지에 관하여 계약에서 가능한 한 분명하게 확인 하는 것이 바람직하다. 합의된 목적지까지 운송을 위하여 다수의 운송인이 사용된 경우 및 당사자가 특정한 인도지점에 관하여 합의하지 아니한 경우, 위험이전의 기본적인 장소는 물품이 전적으로 매도인의 선택하에 매수인의 통제를 벗어난 지점에서 최초의 운송인에게 인도되는 시점이다. 만약 당사자가 위험의 이전시점을 그 이후의 단계(예컨대, 해양항구 또는 공항에서)로 하고자 하는 경우에는, 이를 계약서에 명시할 필요가 있다.

또한 당사자는 합의된 목적지 내의 지점을 가능한 한 명확하게 확인하는 것이 바람직하다. 왜냐하면 그 지점까지 비용부담은 매도인이 하기 때문이다. 매도인은 그러한 선택에 명확하게 일치하는 운송계약을 취득하도록 하여야 한다. 매도인이 자신의 운송계약에 따라 지정 목적지에서 양화와 관련된 비용을 부담하는 경우, 매도인은 당사자 간에 별도 합의가 없는 한 매수인으로부터 그러한 비용을 보상받을 권한이 없다.

CPT는 적용 가능한 경우, 매도인에게 물품에 대한 수출통관을 하도록 요구하고 있다. 그러나 매도인은 물품의 수입통관을 하거나, 어떠한 수입관세의 지급 또는 어떠한 수입통관수속절차를 이행할 의무도 부담하지 아니한다.

A. 매도인의 의무

A1 매도인의 일반적 의무
매도인은 매매계약과 일치하는 물품과 상업송장 및 그 밖에 계약에서 요구되는 모든 기타 일치증거를 제공하여야 한다. A1-A10에 언급된 모든 서류는 당사자간에 합의하거나 관습적인 경우, 동등한 전자기록 또는 절차로 대체될 수 있다.

A2 허가, 승인, 안전통관 및 기타 수속절차
적용 가능한 경우, 매도인은 자신의 위험 및 비용으로, 모든 수출허가 또는 기타 공적 승인을 취득하여야 하며, 또한 물품의 수출 및 인도하기 이전의 어떠한 국가를 통과하는 운송에 필요한 모든 통관수속절차를 이행하여야 한다.

A3 운송 및 보험계약
a) 운송계약
매도인은 인도장소에서 합의된 인도지점(있을 경우)으로부터 지정 목적지 또는 그 장소의 어떠한 지점(합의된 경우)까지 물품운송에 대하여 계약체결 또는 주선하여야 한다. 운송계약은 매도인의 비용으로 통상적인 조건에 따라 체결되어야 하며, 또한 통상적인 경로와 관습적인 방법으로 운송을 제공하여야 한다. 특정한 지점이 합의되지 아니하거나 또는 관례에 따라 결정되지 아니한 경우, 매도인은 자신의 목적에 가장 적합한 인도지점 및 지정 목적지의 지점을 선택할 수 있다.

b) 보험계약
매도인은 매수인에 대하여 보험계약을 체결할 의무를 부담하지 아니한다. 그러나 매도인은 매수인의 요청과 위험 및 비용(있을 경우)으로 매수인이 보험을 부보하는 데 필요한 정보를 제공하여야 한다.

A4 인도
매도인은 합의된 일자 또는 합의된 기간 내에 A3에 따라 계약된 운송인에게 건네어 물품을 인도하여야 한다.

A5 위험의 이전
매도인은 B5에 기술된 상황에서의 멸실 또는 손상을 제외하고, 물품이 A4에 따라 인도될 때까지 물품에 대한 멸실 또는 손상의 모든 위험을 부담한다.

A6 **비용의 분담**

매도인은 다음과 같은 비용을 지급하여야 한다.

a) B6에 규정된 대로 매수인이 지급하는 비용을 제외하고 물품이 A4에 따라 인도될 때까지 물품에 관련한 모든 비용;

b) 물품의 적재비용 및 운송계약에 따라 매도인이 부담한 목적지의 모든 양화비를 포함하여, A3 a)의 결과로 발생하는 운임 및 모든 기타 비용; 그리고

c) 적용 가능한 경우, 수출시 지급될 수 있는 모든 관세, 조세 및 기타 요금뿐만이 아니라 수출에 필요한 통관절차수속비용 및 운송계약에 따라 매도인이 부담한 어떠한 국가를 통과하는 운송비용.

A7 **매수인에 대한 통지**

매도인은 물품이 A4에 따라 인도되었다는 것을 매수인에게 통지하여야 한다.

매도인은 매수인이 물품을 수령할 수 있도록 하기 위하여 정상적으로 필요한 조치를 취할 수 있도록 매수인에게 필요한 모든 통지를 하여야 한다.

A8 **인도서류**

관습적으로 또는 매수인의 요청이 있는 경우, 매도인은 자신의 비용으로 A3에 따라 계약 체결된 운송을 위한 통상의 운송서류를 매수인에게 제공하여야 한다.

이 운송서류는 계약물품을 표시하여야 하며, 또한 선적을 위한 합의된 기간 내에 일부 되어 있어야 한다. 합의되었거나 또는 관습적인 경우, 서류는 매수인이 지정 목적지에서 운송인으로부터 물품을 청구할 수 있는 것이어야 하며, 또한 매수인이 후속되는 매수인에게 서류의 양도에 의하거나 또는 운송인에게 통지함으로써 운송중 물품을 매각할 수 있는 것이어야 한다.

그와 같은 운송서류가 유통 가능한 형식이면서 수통의 원본으로 발행되는 경우, 원본 전통이 매수인에게 제시되어야 한다.

A9 **점검 · 포장 · 화인**

매도인은 수출국가 당국에 의하여 강제된 모든 선적전 검사비용뿐만이 아니라, A4에 따라 물품을 인도하기 위하여 필요한 물품점검업무(품질, 용적, 중량, 수량 점검과 같은)의 비용을 지급하여야 한다.

매도인은 특수무역에서 물품이 무포장 상태로 매매되어 운송하는 것이 통상적이지 아니한 경우, 매도인은 자신의 비용으로 물품을 포장하여야 한다.

매수인이 매매계약의 체결 이전에 특정한 포장 요건을 통지하지 아니한 경우, 매도인은 물품 운송에 적절한 방법으로 물품을 포장할 수 있다. 포장은 적절하게 화인이 표시되어야 한다.

A10 정보제공에 대한 협조 및 관련비용

매도인은 적용 가능한 경우, 시의적절한 방법으로, 매수인의 요청과 위험 및 비용으로 매수인이 물품수입 및/또는 최종목적지까지 물품운송에 필요한 안전 관련 정보를 포함하여 모든 서류 및 정보를 취득하는 데 협조를 제공하거나 제시하여야 한다.

매도인은 B10에 규정된 대로 서류 및 정보를 취득하는 데 따른 협조를 제공 또는 제시하고 매수인에 의하여 발생된 모든 비용과 요금을 상환하여야 한다.

B 매수인의 의무

B1 매수인의 일반적 의무

매수인은 매매계약에 약정된 대로 물품대금을 지급하여야 한다.

B1-B10에 언급된 모든 서류는 당사자간에 합의되었거나 관습적인 경우, 동등한 전자기록 또는 절차로 대체될 수 있다.

B2 허가, 승인, 안전통관 및 기타 수속절차

적용 가능한 경우, 매수인 자신의 위험과 비용으로 모든 수출과 수입허가 또는 기타 공적 승인을 취득하고 물품수입 및 어떠한 국가를 통과하는 운송을 위한 모든 통관수속절차를 이행하는 것은 매수인의 책임이다.

B3 운송 및 보험계약

a) 운송계약

매수인은 매도인에 대하여 운송계약을 체결할 의무를 부담하지 아니한다.

b) 보험계약

매수인은 매도인에 대하여 보험계약을 체결할 의무를 부담하지 아니한다. 그러나 매수인은 요청 시 보험을 부보하는 데 필요한 정보를 매도인에게 제공하여야 한다.

B4 인도의 수령

매수인은 A4에 규정된 대로 물품의 인도를 수령하여야 하며, 또한 지정 목적지에서 운송인으로부터 물품을 수령하여야 한다.

B5 위험의 이전

매수인은 물품이 A4의 규정에 따라 인도된 때로부터 물품의 멸실 또는 손상의 모든 위험을 부담한다.

매수인이 B7에 따라 통지를 못한 경우, 또는 매수인은 인도에 대한 합의된 일자 또는 합의된 기간의 만료일자로부터 물품의 멸실 또는 손상에 대한 모든 위험을 부담한다. 단, 그 물품은 계약물품으로서 명확히 특정되어 있어야 한다.

B6 비용의 분담

매수인은 A3 a)에 규정된 조건에 따라 다음과 같은 비용을 지급하여야 한다.

a) 물품이 A4에 규정된 대로 인도된 때로부터 물품에 관련한 모든 비용.

단, 적용 가능한 경우, A6 c)에 언급된 대로 수출시에 지급되는 모든 관세, 조세 및 기타 요금뿐만이 아니라 통관수속절차 비용은 제외한다;

b) 운송계약에서 이와 같은 비용 및 요금이 매도인 부담이 아닌 경우, 합의된 목적지에 도착할 때까지 운송중 물품에 관련한 모든 비용 및 요금;

c) 운송계약에서 이와 같은 비용이 매도인 부담이 아닌 경우의 양화비용;

d) B7에 따라 매수인이 적절한 통지를 행하지 아니한 경우,

발송을 위하여 합의된 일자 또는 합의된 기간의 만료일자로부터 발생되는 모든 추가비용. 단, 물품이 계약물품으로서 명확히 특정되어 있어야 한다. 그리고

e) 적용 가능한 경우, 물품이 수입시에 지급되는 통관수속절차 비용뿐만이 아니라 모든 관세, 조세 및 기타 요금 및 운송계약 비용에 포함되지 아니한 어떠한 국가를 통과하는 운송을 위한 비용.

B7 매도인에 대한 통지

매수인은 물품발송을 위한 시기 및/또는 지정목적지 또는 그 장소내의 물품수령 지점을 결정할 권한이 주어진 때에, 매도인에게 그에 관한 충분한 통지를 행하여야 한다.

B8 인도의 증거

매수인은 운송서류가 계약과 일치할 경우 A8에 규정된 대로 제공된 운송서류를 인수하여야 한다.

B9 물품검사

매수인은 수출국가 당국에 의하여 강제된 검사를 제외하고, 모든 강제적인 선적전 검사비용을 지급하여야 한다.

B10 정보제공에 대한 협조 및 관련비용

매수인은 매도인이 A10의 규정을 따를 수 있도록, 시의적절한 방법으로, 매도인에게 모든 안전정보 필요사항을 통지하여야 한다.

매수인은 A10의 규정에 따라 서류 및 정보를 취득하는 데 협조를 제공 또는 제시하고 매도인에 의하여 발생된 모든 비용과 요금을 매도인에게 상환하여야 한다.

적용 가능한 경우, 매수인은 매도인의 요청과 위험 및 비용으로 매도인이 물품운송과 수출 및 어떠한 국가를 통과하는 물품운송에 필요한 안전관련 정보를 포함하여 모든 서류 및 정보를 취득하는 데 따른 협조를 시의적절한 방법으로 매도인에게 제공 또는 제시하여야 한다.

4. 운송비 · 보험료지급인도

운송비 · 보험료지급인도(지정 목적지 삽입) Incoterms® 2010

안내요지

운송비·보험료지급인도(CIP: Carriage and Insurance Paid to)는 선택된 운송방식에 관계없이 사용될 수 있으며, 또한 둘 이상의 운송방식이 채택된 경우에도 사용될 수 있다.

운송비·보험료지급인도라 함은 합의된 장소(당사자간 어떠한 이와 같은 장소가 합의된 경우)에서 매도인이 지정한 운송인 또는 기타의 자에게 물품을 인도하고, 지정 목적지까지 물품 운송에 필요한 운송계약을 체결하고 운송비를 지급하여야 하는 것을 의미한다.

또한 매도인은 운송중 물품의 멸실 또는 손상에 대한 매수인의 위험에 대하여 보험부보계약을 체결한다. 매수인은 CIP 하에서 매도인이 단지 최소담보로 보험을 부보하도록 요구되는 점을 주의하여야 한다. 매수인이 더 많은 보험담보를 원할 경우, 매도인과 그만큼 명시적으로 합의하거나 또는 매수인 자신이 추가보험계약을 체결할 필요가 있다.

CPT, CIP, CFR 또는 CIF가 사용되는 경우, 매도인의 인도의무는 물품이 목적지에 도착될 때가 아닌 물품이 운송인에게 교부될 때에 완료된다.

이 규칙은 두 가지의 중요한 분기점이 있다. 왜냐하면 위험이 이전되고 비용이 이전되는 지점이 상이한 장소에서 이루어지기 때문이다. 당사자는 매도인으로부터 매수인에게 이전되는 인도장소와, 매도인이 운송계약을 체결하여야 하는 지정목적지에 관하여 계약에서 가능한 한 분명하게 확인 하는 것이 바람직하다. 합의된 목적지까지 운송을 위하여 다수의 운송인이 사용된 경우 및 당사자가 특정한 인도지점에 관하여 합의하지 아니한 경우, 위험이전의 기본적인 장소는 물품이 전적으로 매도인의 선택 하에 매수인의 통제를 벗어난 지점에서 최초의 운송인에게 인도되는 시점이다. 만약 당사자가 위험의 이전시점을 그 이후의 단계(예컨대, 해양항구 또는 공항에서)로 하고자 하는 경우에는, 이를 계약서에 명시할 필요가 있다.

또한 당사자는 합의된 목적지 내의 지점을 가능한 한 명확하게 확인하는 것이 바람직하다. 왜냐하면 그 지점까지 비용부담은 매도인이 하기 때문이다. 매도인은 그러한 선택에 명확하게 일치하는 운송계약을 취득하도록 하여야 한다. 매도인이 자신의 운송계약에 따라 지정 목적지에서 양화와 관련된 비용을 부담하는 경우, 매도인은 당사자 간에 별도 합의가 없는 한 매수인으로부터 그러한 비용을 보상받을 권한이 없다.

CIP는 적용 가능한 경우, 매도인에게 물품에 대한 수출통관을 하도록 요구하고 있다. 그러나 매도인은 물품의 수입통관을 하거나, 어떠한 수입관세의 지급 또는 어떠한 수입통관수속절차를 이행할 의무도 부담하지 아니한다.

A.   매도인의 의무

A 1   매도인의 일반적 의무

매도인은 매매계약과 일치하는 물품과 상업송장 및 그 밖에 계약에서 요구되는 모든 기타 일치증거를 제공하여야 한다. A1-A10에 언급된 모든 서류는 당사자간에 합의하거나 관습적인 경우, 동등한 전자기록 또는 절차로 대체될 수 있다.

A2 허가, 승인, 안전통관 및 기타 수속절차

적용 가능한 경우, 매도인은 자신의 위험 및 비용으로, 모든 수출허가 또는 기타 공적 승인을 취득하여야 하며, 또한 물품의 수출 및 인도하기 이전의 어떠한 국가를 통과하는 운송에 필요한 모든 통관수속절차를 이행하여야 한다.

A3 운송 및 보험계약

a) 운송계약

매도인은 인도장소에서 합의된 인도지점(있을 경우)으로부터 지정 목적지 또는 그 장소의 어떠한 지점(합의된 경우)까지 물품운송에 대하여 계약체결 또는 주선하여야 한다. 운송계약은 매도인의 비용으로 통상적인 조건에 다라 체결되어야 하며, 또한 통상적인 경로와 관습적인 방법으로 운송을 제공하여야 한다. 특정한 지점이 합의되지 아니하거나 또는 관례에 따라 결정되지 아니한 경우, 매도인은 자신의 목적에 가장 적합한 인도지점 및 지정 목적지의 지점을 선택할 수 있다.

b) 보험계약

매도인은 자신의 비용으로 적어도 협회적화약관(LMA/IUA)의 (C) 조건 또는 이와 유사한 약관으로 규정된 최소담보에 일치하는 적화보험을 부보하여야 한다. 보험은 평판이 좋은 보험인수업자 또는 보험회사와 계약되어야 하며, 또한 매수인 또는 물품의 피보험이익을 가지고 있는 모든 기타의 자에게 보험자로부터 직접 보험금을 청구할 수 있는 권한이 부여되어야 한다.

매수인이 요청이 있는 경우, 매도인은 자신이 요청한 모든 필요한 정보를 매수인에게 제공하는 조건으로 매수인의 비용으로 주선 가능한 경우, 모든 추가적인 담보, 협회적화약관(LMA/IUA)의 (A) 또는 (B) 조건 또는 모든 유사한 약관에 의하여 규정된 담보 및/또는 협회전쟁약관 및/또는 협회동맹파업약관(LMA/IUA) 또는 모든 유사한 약관과 일치하는 담보를 제공하여야 한다.

보험은 최소한 계약금액에 10%를 가산한 금액(즉, 110%)을 부보하여야 하며 또한 계약서의 통화로 되어야 한다.

보험은 A4 및 A5에 규정된 인도지점으로부터 최소한 지정 목적지까지 물품을 담보하여야 한다.

매도인은 매수인에게 보험증권 또는 기타 보험부보증명서를 제공하여야 한다.

그 밖에 매도인은 매수인의 요청과 위험 및 비용(있을 경우)으로 매수인이 모든 추가보험을 주선하는 데 필요한 정보를 매수인에게 제공하여야 한다.

A4 인도

매도인은 합의된 일자 또는 합의된 기간 내에 A3에 따라 계약된 운송인에게 건네어 물품을 인도하여야 한다.

A5 위험의 이전

매도인은 B5에 기술된 상황에서의 멸실 또는 손상을 제외하고, 물품이 A4에 따라 인도될 때까지 물품에 대한 멸실 또는 손상의 모든 위험을 부담한다.

A6 비용의 분담

매도인은 다음과 같은 비용을 지급하여야 한다.

a) B6에 규정된 대로 매수인이 지급하는 비용을 제외하고 물품이 A4에 따라 인도될 때까지 물품에 관련한 모든 비용;

b) 물품의 적재비용 및 운송계약에 따라 매도인이 부담한 목적지의 모든 양화비를 포함하여, A3 a)의 결과로 발생하는 운임 및 모든 기타 비용;

c) A3 a)의 결과로 발생하는 보험 비용; 그리고

d) 적용 가능한 경우, 수출시 지급될 수 있는 모든 관세, 조세 및 기타 요금뿐만이 아니라 수출에 필요한 통관절차수속비용 및 운송계약에 따라 매도인이 부담한 어떠한 국가를 통과하는 운송비용.

A7 매수인에 대한 통지

매도인은 물품이 A4에 따라 인도되었다는 것을 매수인에게 통지하여야 한다.

매도인은 매수인이 물품을 수령할 수 있도록 하기 위하여 정상적으로 필요한 조치를 취할 수 있도록 매수인에게 필요한 모든 통지를 하여야 한다.

A8 인도서류

관습적으로 또는 매수인의 요청이 있는 경우, 매도인은 자신의 비용으로 A3에 따라 계약 체결된 운송을 위한 통상의 운송서류를 매수인에게 제공하여야 한다.

이 운송서류는 계약물품을 표시하여야 하며, 도한 선적을 위한 합의된 기간 내에 일부 되어 있어야 한다. 합의되었거나 또는 관습적인 경우, 서류는 매수인이 지정 목적지에서 운송인으로부터 물품을 청구할 수 있는 것이어야 하며, 또한 매수인이 후속되는 매수인에게 서류의 양도에 의하거나 또는 운송인에게 통지함으로써 운송중 물품을 매각할 수 있는 것이어야 한다.

그와 같은 운송서류가 유통 가능한 형식이면서 수통의 원본으로 발행되는 경우, 원본 전통이 매수인에게 제시되어야 한다.

A9 점검 · 포장 · 화인

매도인은 수출국가 당국에 의하여 강제된 모든 선적전 검사비용뿐만이 아니라, A4에 따라 물품을 인도하기 위하여 필요한 물품점검업무(품질, 용적, 중량, 수량 점검과 같은)의 비용을 지급하여야 한다.

매도인은 특수무역에서 물품이 무포장 상태로 매매되어 운송하는 것이 통상적이지 아니한 경우,

매도인은 자신의 비용으로 물품을 포장하여야 한다.

매수인이 매매계약의 체결 이전에 특정한 포장 요건을 통지하지 아니한 경우, 매도인은 물품운송에 적절한 방법으로 물품을 포장할 수 있다. 포장은 적절하게 화인이 표시되어야 한다.

A10 정보제공에 대한 협조 및 관련비용

매도인은 적용 가능한 경우, 시의적절한 방법으로, 매수인의 요청과 위험 및 비용으로 매수인이 물품수입 및/또는 최종목적지까지 물품운송에 필요한 안전 관련 정보를 포함하여 모든 서류 및 정보를 취득하는 데 협조를 제공하거나 제시하여야 한다.

매도인은 B10에 규정된 대로 서류 및 정보를 취득하는 데 따른 협조를 제공 또는 제시하고 매수인에 의하여 발생된 모든 비용과 요금을 상환하여야 한다.

B 매수인의 의무

B1 매수인의 일반적 의무

매수인은 매매계약에 약정된 대로 물품대금을 지급하여야 한다.

B1-B10에 언급된 모든 서류는 당사자간에 합의되었거나 관습적인 경우, 동등한 전자기록 또는 절차로 대체될 수 있다.

B2 허가, 승인, 안전통관 및 기타 수속절차

적용 가능한 경우, 매수인 자신의 위험과 비용으로 모든 수출과 수입허가 또는 기타 공적 승인을 취득하고 물품수입 및 어떠한 국가를 통과하는 운송을 위한 모든 통관수속절차를 이행하는 것은 매수인의 책임이다.

B3 운송 및 보험계약

a) 운송계약

매수인은 매도인에 대하여 운송계약을 체결할 의무를 부담하지 아니한다.

b) 보험계약

매수인은 매도인에 대하여 보험계약을 체결할 의무를 부담하지 아니한다. 그러나 매수인은 요청 시 매도인이 A3 b)에 규정된 대로 매수인이 요청하는 모든 추가적인 보험을 주선하는 데 필요한 모든 정보를 매도인에게 제공하여야 한다.

B4 인도의 수령

매수인은 A4와 A7에 규정된 대로 물품의 인도를 수령하여야 하며, 또한 지정 목적지에서 운송인으로부터 물품을 수령하여야 한다.

B5   위험의 이전

매수인은 물품이 A4의 규정에 따라 인도된 때로부터 물품의 멸실 또는 손상의 모든 위험을 부담한다.

매수인이 B7에 따라 통지를 못한 경우, 이에 매수인은 인도에 대한 합의된 일자 또는 합의된 기간의 만료일자로부터 물품의 멸실 또는 손상에 대한 모든 위험을 부담한다. 단, 그 물품은 계약물품으로서 명확히 특정되어 있어야 한다.

B6   비용의 분담

매수인은 다음과 같은 비용을 지급하여야 한다.

a) 물품이 A4에 규정된 대로 인도된 때로부터 물품에 관련한 모든 비용.

단, 적용 가능한 경우, A6 d)에 언급된 대로 수출시에 지급되는 모든 관세, 조세 및 기타 요금뿐만이 아니라 통관수속절차 비용은 제외한다;

b) 운송계약에서 이와 같은 비용이 매도인 부담이 아닌 경우, 합의된 목적지에 도착할 때까지 운송 중 물품에 관련한 모든 비용 및 요금;

c) 운송계약에서 이와 같은 비용이 매도인 부담이 아닌 경우의 양화비용;

d) B7에 따라 매수인이 적절한 통지를 행하지 아니한 경우,

발송을 위하여 합의된 일자 또는 합의된 기간의 만료일자로부터 발생되는 모든 추가비용. 단, 물품이 계약물품으로서 명확히 특정되어 있어야 한다;

e) 적용 가능한 경우, 물품이 수입시에 지급되는 모든 관세, 조세 및 기타 요금뿐만이 아니라 통관수속절차 비용 및 운송계약 비용에 포함되지 아니한 어떠한 국가를 통과하는 운송을 위한 비용, 그리고

f) A3 및 B3에 따라 매수인의 요청으로 주선된 모든 추가보험비용.

B7   매도인에 대한 통지

매수인은 물품발송을 위한 시기 및/또는 지정목적지 또는 그 장소내의 물품수령 지점을 결정할 권한이 주어진 때에, 매도인에게 그에 관한 충분한 통지를 행하여야 한다.

B8   인도의 증거

매수인은 운송서류가 계약과 일치할 경우 A8에 규정된 대로 제공된 운송서류를 인수하여야 한다.

B9   물품검사

매수인은 수출국가 당국에 의하여 강제된 검사를 제외하고, 모든 강제적인 선적전 검사비용을 지급하여야 한다.

B10 정보제공에 대한 협조 및 관련비용

매수인은 매도인이 A10의 규정을 따를 수 있도록, 시의적절한 방법으로, 매도인에게 모든 안전정보 필요사항을 통지하여야 한다.

매수인은 A10의 규정에 따라 서류 및 정보를 취득하는 데 협조를 제공 또는 제시하고 매도인에 의하여 발생된 모든 비용과 요금을 매도인에게 상환하여야 한다.

적용 가능한 경우, 매수인은 매도인의 요청과 위험 및 비용으로 매도인이 물품운송과 수출 및 어떠한 국가를 통과하는 물품운송에 필요한 안전관련 정보를 포함하여 모든 서류 및 정보를 취득하는 데 따른 협조를 시의적절한 방법으로 매도인에게 제공 또는 제시하여야 한다.

5. 터미널인도

터미널인도(지정 터미널 또는 지정 목적지 삽입) Incoterms® 2010

안내요지

터미널인도(Delivered At Terminal)는 선택된 운송방식에 관계없이 사용될 수 있으며, 또한 둘 이상의 운송방식이 채택된 경우에도 사용될 수 있다.

터미널인도라 함은 물품이 지정 목적항 또는 지정 목적지에 있는 지정 터미널에서 도착한 운송수단에서 일단 양화되어 매수인의 임의처분 상태로 둘 때 매도인이 인도하는 것을 의미한다. 터미널은 덮개 유무와 관계없이 부두, 창고, 컨테이너 야적장 또는 도로, 철도 또는 항공화물 터미널을 포함한다. 매도인은 지정 목적항 또는 지정 목적지에 있는 지정터미널까지의 물품운송 및 양화에 따른 모든 위험을 부담한다.

당사자는 매도인이 그 지점까지의 위험을 부담하여야 하는 합의된 항구 또는 목적지의 터미널 내의 특정지점을 가능한 한 분명하게 명시하는 것이 바람직하다. 왜냐하면 그 지점까지 위험부담은 매도인이 하기 때문이다. 매도인은 그러한 선택에 명확하게 일치하는 운송계약을 취득하도록 하여야 한다.

더욱이 당사자가 터미널에서 다른 장소까지 물품을 운송하고 취급하는 데 따른 위험 및 비용을 매도인이 부담하기로 의도하는 경우에는 DAP 또는 DDP 규칙이 사용되어야 한다.

DAT는 적용 가능한 경우, 매도인에게 물품에 대한 수출통관을 하도록 요구하고 있다. 그러나 매도인은 물품의 수입통관을 하거나, 어떠한 수입관세의 지급 또는 어떠한 수입통관수속절차를 이행할 의무도 부담하지 아니한다.

A. 매도인의 의무

A 1 매도인의 일반적 의무

매도인은 매매계약과 일치하는 물품과 상업송장 및 그 밖에 계약에서 요구되는 모든 기타 일치증거를 제공하여야 한다.

A1-A10에 언급된 모든 서류는 당사자간에 합의하거나 관습적인 경우, 동등한 전자기록 또는 절

차로 대체될 수 있다.

A2 허가, 승인, 안전통관 및 기타 수속절차

적용 가능한 경우, 매도인은 자신의 위험 및 비용으로, 모든 수출허가 또는 기타 공적 승인을 취득하여야 하며, 또한 물품의 수출 및 인도하기 이전의 어떠한 국가를 통과하는 운송에 필요한 모든 통관수속절차를 이행하여야 한다.

A3 운송 및 보험계약

a) 운송계약

매도인은 자신의 비용으로 지정 목적항 또는 지정 터미널까지 물품운송계약을 체결하여야 한다. 특정한 터미널이 합의되지 아니하거나 또는 관례에 따라 결정되지 아니한 경우, 매도인은 자신의 목적에 가장 적합한 합의된 목적항 또는 목적지 터미널을 선택할 수 있다.

b) 보험계약

매도인은 매수인에 대하여 보험계약을 체결할 의무를 부담하지 아니한다. 그러나 매도인은 매수인의 요청과 위험 및 비용(있을 경우)으로 매수인이 보험을 부보하는 데 필요한 정보를 매수인에게 제공하여야 한다.

A4 인도

매도인은 도착하는 운송수단으로부터 물품을 양화하여야 하며 또한 매도인은 합의된 일자 또는 합의된 기간 내에 목적항 또는 장소의 A3 a)에 언급된 지정 터미널에서 물품을 매수인의 임의 처분 하에 둠으로써 물품을 인도하여야 한다.

A5 위험의 이전

매도인은 B5에 기술된 상황에서의 멸실 또는 손상을 제외하고, 물품이 A4에 따라 인도될 때까지 물품에 대한 멸실 또는 손상의 모든 위험을 부담한다.

A6 비용의 분담

매도인은 다음과 같은 비용을 지급하여야 한다.

a) B6에 규정된 대로 매수인이 지급하는 비용을 제외하고 A3 a)의 결과로 발생하는 비용에 추가하여 물품이 A4에 따라 인도될 때까지 물품에 관련한 모든 비용; 그리고

b) 적용 가능한 경우, 수출시 지급될 수 있는 모든 관세, 조세 및 기타 요금뿐만이 아니라 수출에 필요한 통관절차수속비용 및 A4에 따라 인도하기 이전의 어떠한 국가를 통과하는 운송비용.

A7 매수인에 대한 통지

매도인은 매수인이 물품을 수령할 수 있도록 하기 위하여 정상적으로 필요한 조치를 취할 수 있도록 매수인에게 필요한 모든 통지를 하여야 한다.

A8 인도서류

매도인은 자신의 비용으로 A4에 규정된 대로 매수인이 물품인도를 수령할 수 있는 서류를 매수인에게 제공하여야 한다.

A9 점검 · 포장 · 화인

매도인은 수출국가 당국에 의하여 강제된 모든 선적전 검사비용뿐만이 아니라, A4에 따라 물품을 인도하기 위하여 필요한 물품점검업무(품질, 용적, 중량, 수량 점검과 같은)의 비용을 지급하여야 한다.

매도인은 특수무역에서 물품이 무포장 상태로 매매되어 운송하는 것이 통상적이지 아니한 경우, 매도인은 자신의 비용으로 물품을 포장하여야 한다.

매수인이 매매계약의 체결 이전에 특정한 포장 요건을 통지하지 아니한 경우, 매도인은 물품운송에 적절한 방법으로 물품을 포장할 수 있다. 포장은 적절하게 화인이 표시되어야 한다.

A10 정보제공에 대한 협조 및 관련비용

매도인은 적용 가능한 경우, 시의적절한 방법으로, 매수인의 요청과 위험 및 비용으로 매수인이 물품의 수입 및/또는 최종목적지까지 물품운송에 필요한 안전 관련 정보를 포함하여 모든 서류 및 정보를 취득하는 데 협조를 제공하거나 제시하여야 한다.

매도인은 B10에 규정된 대로 서류 및 정보를 취득하는 데 따른 협조를 제공 또는 제시하고 매수인에 의하여 발생된 모든 비용과 요금을 상환하여야 한다.

B 매수인의 의무

B1 매수인의 일반적 의무

매수인은 매매계약에 약정된 대로 물품대금을 지급하여야 한다.

B1-B10에 언급된 모든 서류는 당사자간에 합의되었거나 관습적인 경우, 동등한 전자기록 또는 절차로 대체될 수 있다.

B2 허가, 승인, 안전통관 및 기타 수속절차

적용 가능한 경우, 매수인은 자신의 위험 및 비용으로 모든 수입허가 또는 기타 공적 승인을 취득하여야 하며, 또한 물품수입을 위한 모든 통관수속절차를 이행하여야 한다.

B3　운송 및 보험계약

a) 운송계약

매수인은 매도인에 대하여 운송계약을 체결할 의무를 부담하지 아니한다.

b) 보험계약

매수인은 매도인에 대하여 보험계약을 체결할 의무를 부담하지 아니한다. 그러나 매수인은 요청시 보험을 부보하는 데 필요한 정보를 매도인에게 제공하여야 한다.

B4　인도의 수령

매수인은 물품이 A4에 규정된 대로 인도된 경우 물품의 인도를 수령하여야 한다.

B5　위험의 이전

매수인은 물품이 A4에 규정된 대로 인도된 때로부터 물품의 멸실 또는 손상의 모든 위험을 부담한다.

a) 매수인이 B2에 따라 자신의 의무를 완수하지 못한 경우, 그때 매수인은 물품의 멸실 또는 손상에 대한 모든 결과적인 위험을 부담하며; 또는

b) 매수인이 B7에 따라 통지를 못한 경우, 이에 매수인은 인도에 대한 합의된 일자 또는 합의된 기간의 만료일자로부터 물품의 멸실 또는 손상에 대한 모든 위험을 부담한다. 단, 그 물품은 계약물품으로서 명확히 특정되어 있어야 한다.

B6　비용의 분담

매수인은 다음과 같은 비용을 지급하여야 한다.

a) 물품이 A4에 규정된 대로 인도된 때로부터 물품에 관련한 모든 비용;

b) B2에 따라 매수인이 자신의 의무를 완수하지 못하거나 또는 B7에 따라 통지를 하지 아니한 경우에 발생된 모든 추가비용. 단, 물품이 계약물품으로서 명확히 특정되어 있어야 한다. 그리고

c) 적용 가능한 경우, 물품이 수입시에 지급되는 모든 관세, 조세 및 기타 요금뿐만이 아니라 통관수속절차 비용.

B7　매도인에 대한 통지

매수인은 합의된 기간 내의 시기 및/또는 지정 터미널에서의 인도수령 지점을 결정할 권한이 주어진 때에, 매도인에게 그에 관한 충분한 통지를 하여야 한다.

B8　인도의 증거

매수인은 A8에 규정된 대로 제공된 인도서류를 인수하여야 한다.

B9   물품검사

매수인은 매도인에 대하여 수출국가의 당국에 의하여 강제된 그와 같은 검사의 경우를 제외하고, 모든 강제적인 선적전 검사비용을 지급하여야 한다.

B10   정보제공에 대한 협조 및 관련비용

매수인은 매도인이 A10의 규정을 따를 수 있도록, 시의적절한 방법으로, 매도인에게 모든 안전정보 필요사항을 통지하여야 한다.

매수인은 A10의 규정에 따라 서류 및 정보를 취득하는 데 협조를 제공 또는 제시하고 매도인에 의하여 발생된 모든 비용과 요금을 매도인에게 상환하여야 한다.

적용 가능한 경우, 매수인은 매도인의 요청과 위험 및 비용으로 매도인이 물품운송과 수출 및 어떠한 국가를 통과하는 물품운송에 필요한 안전관련 정보를 포함하여 모든 서류 및 정보를 취득하는 데 따른 협조를 시의적절한 방법으로 매도인에게 제공 또는 제시하여야 한다.

6. 목적지인도

목적지인도(지정 목적지 삽입) Incoterms® 2010

안내요지

목적지인도(Delivered At Place)는 선택된 운송방식에 관계없이 사용될 수 있으며, 또한 둘 이상의 운송방식이 채택된 경우에도 사용될 수 있다.

목적지인도라 함은 지정 목적지에서 양화를 위하여 준비된 도착 운송수단 상에서 물품을 매수인의 임의처분 상태로 둘 때 매도인이 인도하는 것을 의미한다. 매도인은 지정 장소까지의 물품운송에 포함된 모든 위험을 부담한다.

또한 당사자는 합의된 목적지 내의 지점을 가능한 한 명확하게 확인하는 것이 바람직하다. 왜냐하면 그 지점까지 위험부담은 매도인이 하기 때문이다. 매도인은 그러한 선택에 명확하게 일치하는 운송계약을 취득하도록 하여야 한다. 매도인이 자신의 운송계약에 따라 지정 목적지에서 양화와 관련된 비용을 부담하는 경우, 매도인은 당사자 간에 별도 합의가 없는 한 매수인으로부터 그러한 비용을 보상받을 권한이 없다.

DAP는 적용 가능한 경우, 매도인에게 물품에 대한 수출통관을 하도록 요구하고 있다. 그러나 매도인은 물품의 수입통관을 하거나, 어떠한 수입관세의 지급 또는 어떠한 수입통관수속절차를 이행할 의무도 부담하지 아니한다.

당사자가 매도인이 물품에 대한 수입통관을 하고 모든 수입관세의 지급 및 모든 수입통관수속절차를 이행하기를 원할 경우, DDP 규칙이 사용되어야 한다.

A.   매도인의 의무

A 1   매도인의 일반적 의무

매도인은 매매계약과 일치하는 물품과 상업송장 및 그 밖에 계약에서 요구되는 모든 기타 일치증 거를 제공하여야 한다.

A1-A10에 언급된 모든 서류는 당사자간에 합의하거나 관습적인 경우, 동등한 전자기록 또는 절 차로 대체될 수 있다.

A2   허가, 승인, 안전통관 및 기타 수속절차

적용 가능한 경우, 매도인은 자신의 위험 및 비용으로, 모든 수출허가 및 기타 공적 승인을 취득 하여야 하며, 또한 물품의 수출 및 인도하기 이전의 어떠한 국가를 통과하는 운송에 필요한 모든 통관수속절차를 이행하여야 한다.

A3   운송 및 보험계약

a) 운송계약

매도인은 자신의 비용으로 지정 목적지까지 또는 지정 목적지의 합의된 지점까지 물품운송계약 을 체결하여야 한다. 특정한 지점이 합의되지 아니하거나 또는 관례에 따라 결정되지 아니한 경 우, 매도인은 자신의 목적에 가장 적합한 지정 목적지의 지점을 선택할 수 있다.

b) 보험계약

매도인은 매수인에 대하여 보험계약을 체결할 의무를 부담하지 아니한다. 그러나 매도인은 매수 인의 요청과 위험 및 비용(있을 경우)으로 매수인이 보험을 부보하는 데 필요한 정보를 매수인에 게 제공하여야 한다.

A4   인도

매도인은 합의된 일자 또는 합의된 기간 내에 지정된 목적지의 합의된 지점(있을 경우)에서 양 화를 위하여 준비되어 도착하는 운송수단 상에서 물품을 매수인의 임의 처분 하에 둠으로써 이를 인도하여야 한다.

A5   위험의 이전

매도인은 B5에 기술된 상황에서의 멸실 또는 손상을 제외하고, 물품이 A4에 따라 인도될 때까지 물품에 대한 멸실 또는 손상의 모든 위험을 부담한다.

A6   비용의 분담

매도인은 다음과 같은 비용을 지급하여야 한다.

a) B6에 규정된 대로 매수인이 지급하는 비용을 제외하고 A3 a)의 결과로 발생하는 비용에 추가

하여 물품이 **A4**에 따라 인도될 때까지 물품에 관련한 모든 비용; 그리고

b) 운송계약에 따라 매도인이 부담한 목적지의 모든 양화비; 그리고

c) 적용 가능한 경우, 수출시 지급될 수 있는 모든 관세, 조세 및 기타 요금뿐만이 아니라 수출에 필요한 통관절차수속비용 및 **A4**에 따라 인도하기 이전의 어떠한 국가를 통과하는 운송비용.

A7   매수인에 대한 통지

매도인은 매수인이 물품을 수령할 수 있도록 하기 위하여 정상적으로 필요한 조치를 취할 수 있도록 매수인에게 필요한 모든 통지를 하여야 한다.

A8   인도서류

매도인은 자신의 비용으로 A4/B4에 규정된 대로 매수인이 물품인도를 수령할 수 있는 서류를 매수인에게 제공하여야 한다.

A9   점검 · 포장 · 화인

매도인은 수출국가 당국에 의하여 강제된 모든 선적전 검사비용뿐만이 아니라, **A4**에 따라 물품을 인도하기 위하여 필요한 물품점검업무(품질, 용적, 중량, 수량 점검과 같은)의 비용을 지급하여야 한다.

매도인은 특수무역에서 물품이 무포장 상태로 매매되어 운송하는 것이 통상적이지 아니한 경우, 매도인은 자신의 비용으로 물품을 포장하여야 한다.

매수인이 매매계약의 체결 이전에 특정한 포장 요건을 통지하지 아니한 경우, 매도인은 물품운송에 적절한 방법으로 물품을 포장할 수 있다. 포장은 적절하게 화인이 표시되어야 한다.

A10   정보제공에 대한 협조 및 관련비용

매도인은 적용 가능한 경우, 시의적절한 방법으로, 매수인의 요청과 위험 및 비용으로 매수인이 물품의 수입 및/또는 최종목적지까지 물품운송에 필요한 안전 관련 정보를 포함하여 모든 서류 및 정보를 취득하는 데 협조를 제공하거나 제시하여야 한다.

매도인은 B10에 규정된 대로 서류 및 정보를 취득하는 데 따른 협조를 제공 또는 제시하고 매수인에 의하여 발생된 모든 비용과 요금을 매수인에게 상환하여야 한다.

B   매수인의 의무

B1   매수인의 일반적 의무

매수인은 매매계약에 약정된 대로 물품대금을 지급하여야 한다.

B1-B10에 언급된 모든 서류는 당사자간에 합의되었거나 관습적인 경우, 동등한 전자기록 또는 절차로 대체될 수 있다.

B2   허가, 승인, 안전통관 및 기타 수속절차

적용 가능한 경우, 매수인은 자신의 위험 및 비용으로 모든 수입허가 또는 기타 공적 승인을 취득하여야 하며, 또한 물품수입을 위한 모든 통관수속절차를 이행하여야 한다.

B3   운송 및 보험계약

a) 운송계약

매수인은 매도인에 대하여 운송계약을 체결할 의무를 부담하지 아니한다.

b) 보험계약

매수인은 매도인에 대하여 보험계약을 체결할 의무를 부담하지 아니한다. 그러나 매수인은 요청 시 보험을 부보하는 데 필요한 정보를 매도인에게 제공하여야 한다.

B4   인도의 수령

매수인은 물품이 A4에 규정된 대로 인도된 경우 물품의 인도를 수령하여야 한다.

B5   위험의 이전

매수인은 물품이 A4에 규정된 대로 인도된 때로부터 물품의 멸실 또는 손상의 모든 위험을 부담한다.

a) 매수인이 B2에 따라 자신의 의무를 완수하지 못한 경우, 그때 매수인은 물품의 멸실 또는 손상에 대한 모든 결과적인 위험을 부담하며; 또는

b) 매수인이 B7에 따라 통지를 못한 경우, 이에 매수인은 인도에 대한 합의된 일자 또는 합의된 기간의 만료일자로부터 물품의 멸실 또는 손상에 대한 모든 위험을 부담한다. 단, 그 물품은 계약물품으로서 명확히 특정되어 있어야 한다.

B6   비용의 분담

매수인은 다음과 같은 비용을 지급하여야 한다.

a) 물품이 A4에 규정된 대로 인도된 때로부터 물품에 관련한 모든 비용;

b) 운송계약에서 이와 같은 비용이 매도인 부담이 아닌 경우, 지정 목적지에 도착하는 운송수단으로부터 물품인도의 수령을 하는 데 필요한 모든 양화비용;

c) B2에 따라 매수인이 자신의 의무를 완수하지 못하거나 또는 B7에 따라 통지를 하지 아니한 경우에 매도인에 의하여 발생된 모든 추가비용. 단, 물품이 계약물품으로서 명확히 특정되어 있어야 한다; 그리고

d) 적용 가능한 경우, 물품이 수입시에 지급되는 모든 관세, 조세 및 기타 요금뿐만이 아니라 통관수속절차 비용.

B7   매도인에 대한 통지

매수인은 합의된 기간 내의 시기 및/또는 지정 목적지 내의 인도수령 지점을 결정할 권한이 주어진 때에, 매도인에게 그에 관한 충분한 통지를 하여야 한다.

B8   인도의 증거

매수인은 A8에 규정된 대로 제공된 인도서류를 인수하여야 한다.

B9   물품검사

매수인은 매도인에 대하여 수출 또는 수입 국가의 당국에 의하여 강제된 모든 강제적인 선적전 검사비용을 지급할 의무를 부담하지 아니한다.

B10   정보제공에 대한 협조 및 관련비용

매수인은 매도인이 A10의 규정을 따를 수 있도록, 시의적절한 방법으로, 매도인에게 모든 안전정보 필요사항을 통지하여야 한다.

매수인은 A10의 규정된 대로 서류 및 정보를 취득하는 데 협조를 제공 또는 제시하고 매도인에 의하여 발생된 모든 비용과 요금을 매도인에게 상환하여야 한다.

적용 가능한 경우, 매수인은 매도인의 요청과 위험 및 비용으로 매도인이 물품운송, 수출과 수입 및 어떠한 국가를 통과하는 물품운송에 필요한 안전관련 정보를 포함하여 모든 서류 및 정보를 취득하는 데 따른 협조를 시의적절한 방법으로 매도인에게 제공 또는 제시하여야 한다.

7. 관세지급인도

관세지급인도(지정 목적지 삽입) Incoterms® 2010

안내요지

관세지급인도(DDP: Delivered Duty Paid)는 선택된 운송방식에 관계없이 사용될 수 있으며, 또한 둘 이상의 운송방식이 채택된 경우에도 사용될 수 있다.

관세지급인도라 함은 지정 목적지에서 양화를 위하여 준비된 도착 운송수단 상에서 수입 통관된 물품을 매수인의 임의처분 상태로 둘 때 매도인이 인도하는 것을 의미한다. 매도인은 목적지까지의 물품운송에 포함된 모든 비용 및 위험을 부담하며, 물품의 수출통관뿐만이 아니라 수입통관 의무를 부담하며, 또한 수출 및 수입에 대한 모든 관세를 지급하고 모든 통관수속절차를 이행할 의무가 있다.

DDP는 매도인의 최대의무(maximum obligation)를 나타낸다.

당사자는 합의된 목적지 내의 지점을 가능한 한 명확하게 확인하는 것이 바람직하다. 왜냐하면 그 지점까지 비용 및 위험 부담은 매도인이 하기 때문이다. 매도인은 그러한 선택에 명확하게 일치하는 운송계약을 취득하도록 하여야 한다. 매도인이 자신의 운송계약에 따라 지정된 목적지에서 양화와 관련된 비용을 부담하는 경우, 매도인은 당사자 간에 별도 합의가 없는 한 매수인으로부터 그러한 비용을 보상받을 권한이 없다.

매도인이 직접적으로 또는 간접적으로 수입통관을 할 수 없는 경우, 당사자는 DDP를 사용하지 아니하는 것이 바람직하다. 당사자가 매수인이 수입통관에 따른 모든 위험 및 비용 부담을 원할 경우, DAP 규칙이 사용되어야 한다.

매매계약에서 별도의 명시적 합의가 없는 한, 수입시에 지급되는 모든 부가가치세 또는 기타 조세는 매도인이 부담한다.

A. 매도인의 의무

A 1 매도인의 일반적 의무

매도인은 매매계약과 일치하는 물품과 상업송장 및 그 밖에 계약에서 요구되는 모든 기타 일치증거를 제공하여야 한다. A1-A10에 언급된 모든 서류는 당사자간에 합의하거나 관습적인 경우, 동등한 전자기록 또는 절차로 대체될 수 있다.

A2 허가, 승인, 안전통관 및 기타 수속절차

적용 가능한 경우, 매도인은 자신의 위험 및 비용으로, 모든 수출 및 수입허가 또는 기타 공적 승인을 취득하여야 하며, 또한 물품의 수출 및 어떠한 국가를 통과하는 운송 및 수입에 필요한 모든 통관수속절차를 이행하여야 한다.

A3 운송 및 보험계약

a) 운송계약

매도인은 자신의 비용으로 지정 목적지까지 또는 지정 목적지의 합의된 지점까지(있을 경우) 물품운송계약을 체결하여야 한다. 특정한 지점이 합의되지 아니하거나 또는 관례에 따라 결정되지 아니한 경우, 매도인은 자신의 목적에 가장 적합한 지정 목적지의 지점을 선택할 수 있다.

b) 보험계약

매도인은 매수인에 대하여 보험계약을 체결할 의무를 부담하지 아니한다. 그러나 매도인은 매수인의 요청과 위험 및 비용(있을 경우)으로 매수인이 보험을 부보하는 데 필요한 정보를 제공하여야 한다.

A4 인도

매도인은 합의된 일자 또는 합의된 기간 내에 지정된 목적지의 합의된 지점(있을 경우)에서 양화를 위하여 준비되어 도착하는 운송수단 상에서 물품을 매수인의 임의 처분 하에 둠으로써 이를 인도하여야 한다.

A5 **위험의 이전**

매도인은 B5에 기술된 상황에서의 멸실 또는 손상을 제외하고, 물품이 A4에 따라 인도될 때까지 물품에 대한 멸실 또는 손상의 모든 위험을 부담한다.

A6 **비용의 분담**

매도인은 다음과 같은 비용을 지급하여야 한다.

a) B6에 규정된 대로 매수인이 지급하는 비용을 제외하고 A3 a)의 결과로 발생하는 비용에 추가하여 물품이 A4에 따라 인도될 때까지 물품에 관련한 모든 비용;

b) 운송계약에 따라 매도인이 부담한 목적지의 모든 양화비; 그리고

c) 적용 가능한 경우, 물품 수출 및 수입시 지급될 수 있는 모든 관세, 조세 및 기타 요금뿐만이 아니라 수출에 필요한 통관절차수속비용 및 A4에 따라 인도하기 이전의 어떠한 국가를 통과하는 운송비용.

A7 **매수인에 대한 통지**

매도인은 매수인이 물품을 수령할 수 있도록 하기 위하여 정상적으로 필요한 조치를 취할 수 있도록 매수인에게 필요한 모든 통지를 하여야 한다.

A8 **인도서류**

매도인은 자신의 비용으로 A4/B4에 규정된 대로 매수인이 물품인도를 수령할 수 있는 서류를 매수인에게 제공하여야 한다.

A9 **점검 · 포장 · 화인**

매도인은 수출국가 당국에 의하여 강제된 모든 선적전 검사비용뿐만이 아니라, A4에 따라 물품을 인도하기 위하여 필요한 물품점검업무(품질, 용적, 중량, 수량 점검과 같은)의 비용을 지급하여야 한다.

매도인은 특수무역에서 물품이 무포장 상태로 매매되어 운송하는 것이 통상적이지 아니한 경우, 매도인은 자신의 비용으로 물품을 포장하여야 한다.

매수인이 매매계약의 체결 이전에 특정한 포장 요건을 통지하지 아니한 경우, 매도인은 물품운송에 적절한 방법으로 물품을 포장할 수 있다. 포장은 적절하게 화인이 표시되어야 한다.

A10 **정보제공에 대한 협조 및 관련비용**

매도인은 적용 가능한 경우, 시의적절한 방법으로, 매수인의 요청과 위험 및 비용으로 매수인이 지정 목적지로부터 적용 가능한 경우 최종목적지까지 물품운송에 필요한 안전 관련 정보를 포함

하여 모든 서류 및 정보를 취득하는 데 협조를 제공하거나 제시하여야 한다.

매도인은 B10에 규정된 대로 서류 및 정보를 취득하는 데 따른 협조를 제공 또는 제시하고 매수인에 의하여 발생된 모든 비용과 요금을 상환하여야 한다.

B   매수인의 의무

B1   매수인의 일반적 의무

매수인은 매매계약에 약정된 대로 물품대금을 지급하여야 한다.

B1–B10에 언급된 모든 서류는 당사자간에 합의되었거나 관습적인 경우, 동등한 전자기록 또는 절차로 대체될 수 있다.

B2   허가, 승인, 안전통관 및 기타 수속절차

적용 가능한 경우, 매수인은 매도인의 요청과 위험 및 비용으로 모든 수입허가 또는 물품수입을 위한 기타 공적 승인을 취득하는 데 따른 협조를 매도인에게 제공하여야 한다.

B3   운송 및 보험계약

a) 운송계약

매수인은 매도인에 대하여 운송계약을 체결할 의무를 부담하지 아니한다.

b) 보험계약

매수인은 매도인에 대하여 보험계약을 체결할 의무를 부담하지 아니한다. 그러나 매수인은 요청 시 보험을 부보하는 데 필요한 정보를 매도인에게 제공하여야 한다.

B4   인도의 수령

매수인은 A4에 규정된 대로 물품의 인도를 수령하여야 한다.

B5   위험의 이전

매수인은 물품이 A4에 규정된 대로 인도된 때로부터 물품의 멸실 또는 손상의 모든 위험을 부담한다.

a) 매수인이 B2에 따라 자신의 의무를 완수하지 못한 경우, 그때 매수인은 물품의 멸실 또는 손상에 대한 모든 결과적인 위험을 부담하며; 또는

b) 매수인이 B7에 따라 통지를 못한 경우, 이에 매수인은 인도에 대한 합의된 일자 또는 합의된 기간의 만료일자로부터 물품의 멸실 또는 손상에 대한 모든 위험을 부담한다. 단, 그 물품은 계약물품으로서 명확히 특정되어 있어야 한다.

B6   비용의 분담

매수인은 다음과 같은 비용을 지급하여야 한다.

a) 물품이 A4에 규정된 대로 인도된 때로부터 물품에 관련한 모든 비용;

b) 운송계약에서 이와 같은 비용이 매도인 부담이 아닌 경우, 지정 목적지에 도착하는 운송수단으로부터 물품인도의 수령을 하는 데 필요한 양화비용; 그리고

c) B2에 따라 매수인이 자신의 의무를 완수하지 못하거나 또는 B7에 따라 통지를 하지 아니한 경우에 발생된 모든 추가비용. 단, 물품이 계약물품으로서 명확히 특정되어 있어야 한다.

B7   매도인에 대한 통지

매수인은 합의된 기간 내의 시기 및/또는 지정 목적지 내의 물품인도의 수령 지점을 결정할 권한이 주어진 때에, 매도인에게 그에 관한 충분한 통지를 하여야 한다.

B8   인도의 증거

매수인은 A8에 규정된 대로 제공된 인도서류를 인수하여야 한다.

B9   물품검사

매수인은 매도인에 대하여 수출 또는 수입 국가의 당국에 의하여 강제된 모든 강제적인 선적전 검사비용을 지급할 의무를 부담하지 아니한다.

B10   정보제공에 대한 협조 및 관련비용

매수인은 매도인이 A10의 규정을 따를 수 있도록, 시의적절한 방법으로, 매도인에게 모든 안전정보 필요사항을 통지하여야 한다.

매수인은 A10의 규정에 따라 서류 및 정보를 취득하는 데 협조를 제공 또는 제시하고 매도인에 의하여 발생된 모든 비용과 요금을 매도인에게 상환하여야 한다.

적용 가능한 경우, 매수인은 매도인의 요청과 위험 및 비용으로 매도인이 물품운송, 수출과 수입 및 어떠한 국가를 통과하는 물품운송에 필요한 안전관련 정보를 포함하여 모든 서류 및 정보를 취득하는 데 따른 협조를 시의적절한 방법으로 매도인에게 제공 또는 제시하여야 한다.

해상 및 내수로 운송을 위한 규칙

8. 선측인도

선측인도(지정 선적항 삽입) Incoterms® 2010

안내요지

선측인도(Free Alongside Ship)는 해상운송 또는 내수로 운송에만 사용될 수 있다.

선측인도라 함은 물품이 지정 선적항에서 매수인이 지정한 본선의 선측(예컨대, 부두 또는 부선 상)에 둘 때 매도인이 인도하는 것을 의미한다. 물품의 멸실 또는 손상의 위험은 물품이 본선 선측에 둘 때 이전되며 매수인은 그 시점으로부터 모든 비용을 부담한다.

당사자는 지정 선적항의 적재 지점을 가능한 한 명확하게 명시하는 것이 바람직하다. 왜냐하면 그 지점까지의 비용 및 위험을 매도인이 부담하며, 또한 이러한 비용 및 관련되는 취급수수료는 항구의 관례에 따라 다를 수 있기 때문이다.

매도인은 선박의 선측에서 물품을 인도하거나 또는 선적을 위하여 이미 그와 같이 인도된 물품을 조달(procure)하여야 한다. 여기에서 "조달"이라는 언급은 상품무역에 있어서 흔히 발생하는 다수의 판매 사슬("연속판매")에 부응하기 위한 것이다.

물품이 컨테이너에 적재되는 경우, 본선의 선측이 아닌 터미널에서 매도인이 운송인에게 물품을 교부하는 것이 전형적인 것이다. 이러한 경우 FAS 규칙은 부적절하며, FCA 규칙이 사용되어야 한다.

FAS는 적용 가능한 경우, 매도인에게 물품에 대한 수출통관을 하도록 요구하고 있다. 그러나 매도인은 물품의 수입통관을 하거나, 어떠한 수입관세의 지급 또는 어떠한 수입통관수속절차를 이행할 의무도 부담하지 아니한다.

A. 매도인의 의무

A 1 매도인의 일반적 의무

매도인은 매매계약과 일치하는 물품과 상업송장 및 그 밖에 계약에서 요구되는 모든 기타 일치증거를 제공하여야 한다.

A1–A10에 언급된 모든 서류는 당사자간에 합의하거나 관습적인 경우, 동등한 전자기록 또는 절차로 대체될 수 있다.

A2 허가, 승인, 안전통관 및 기타 수속절차

적용 가능한 경우, 매도인은 자신의 위험 및 비용으로, 모든 수출허가 또는 기타 공적 승인을 취득하여야 하며, 또한 물품수출에 필요한 모든 통관수속절차를 이행하여야 한다.

A3 운송 및 보험계약

a) 운송계약

매도인은 매수인에 대하여 운송계약을 체결할 의무를 부담하지 아니한다. 그러나 매수인이 요청한 경우 또는 상업적 관례가 있고 매수인이 적절한 때에 그 반대의 지시를 하지 아니한 경우, 매도인은 매수인의 위험과 비용으로 통상적인 조건의 운송계약을 할 수 있다. 매도인은 어느 경우에도 운송계약의 체결을 거절할 수 있으며 그렇게 하는 경우, 매수인에게 즉시 통지하여야 한다.

b) 보험계약

매도인은 매수인에 대하여 보험계약을 체결할 의무를 부담하지 아니한다. 그러나 매도인은 매수인의 요청과 위험 및 비용(있을 경우)으로 매수인이 보험을 부보하는 데 필요한 정보를 제공하여야 한다.

A4   인도

매도인은 지정 선적항에서 매수인에 의하여 지명된 적재지점(있을 경우)에서 매수인에 의하여 지정 선박의 선측에 물품을 두거나 또는 그렇게 인도된 물품을 조달함으로써 물품을 인도하여야 한다. 어느 경우에나, 매도인은 합의된 일자 또는 합의된 기간 내에 그리고 항구의 관습적인 방법에 따라 물품을 인도하여야 한다.

특정한 적재지점이 매수인에 의하여 지명되지 아니한 경우, 매도인은 지정 선적항 내에서 자신의 목적에 가장 적합한 지점을 선택할 수 있다. 당사자가 인도가 어느 기간 내에 이루어지는 것으로 합의한 경우, 매수인은 그와 같은 기간 내의 일자에 대한 선택권을 가진다.

A5   위험의 이전

매도인은 B5에 기술된 상황에서의 멸실 또는 손상을 제외하고, 물품이 A4에 따라 인도될 때까지 물품에 대한 멸실 또는 손상의 모든 위험을 부담한다.

A6   비용의 분담

매도인은 다음과 같은 비용을 지급하여야 한다.

a) B6에 규정된 대로 매수인이 지급하는 비용을 제외하고, 물품이 A4에 따라 인도될 때까지 물품에 관련한 모든 비용; 그리고

b) 적용 가능한 경우, 수출시 지급될 수 있는 모든 관세, 조세 및 기타 요금뿐만이 아니라 수출에 필요한 통관절차수속비용.

A7   매수인에 대한 통지

매도인은 매수인의 위험과 비용으로 물품이 A4에 따라 인도되었다거나 또는 본선이 합의된 시간 내에 물품을 수령하지 못하였다는 것에 관하여 매수인에게 충분한 통지를 하여야 한다.

A8   인도서류

매도인은 자신의 비용으로 물품이 A4에 따라 인도되었다는 통상적인 증거를 매수인에게 제공하여야 한다.

그와 같은 증거가 운송서류가 아닌 경우, 매도인은 매수인의 요청과 위험 및 비용으로 운송서류를 취득하는 데 따른 협조를 매수인에게 제공하여야 한다.

A9   점검 · 포장 · 화인

매도인은 수출국가 당국에 의하여 강제된 모든 선적전 검사비용뿐만이 아니라, A4에 따라 물품을

인도하기 위하여 필요한 물품점검업무(품질, 용적, 중량, 수량 점검과 같은)의 비용을 지급하여야 한다.

매도인은 특수무역에서 물품이 무포장 상태로 매매되어 운송하는 것이 통상적이지 아니한 경우, 매도인은 자신의 비용으로 물품을 포장하여야 한다.

매수인이 매매계약의 체결 이전에 특정한 포장 요건을 통지하지 아니한 경우, 매도인은 물품운송에 적절한 방법으로 물품을 포장할 수 있다. 포장은 적절하게 화인이 표시되어야 한다.

A10   정보제공에 대한 협조 및 관련비용

매도인은 적용 가능한 경우, 시의적절한 방법으로, 매수인의 요청과 위험 및 비용으로 매수인이 물품수입 및/또는 최종목적지까지 물품운송에 필요한 안전 관련 정보를 포함하여 모든 서류 및 정보를 취득하는 데 협조를 제공하거나 제시하여야 한다.

매도인은 B10에 규정된 대로 서류 및 정보를 취득하는 데 따른 협조를 제공 또는 제시하고 매수인에 의하여 발생된 모든 비용과 요금을 상환하여야 한다.

B   매수인의 의무

B1   매수인의 일반적 의무

매수인은 매매계약에 약정된 대로 물품대금을 지급하여야 한다.

B1-B10에 언급된 모든 서류는 당사자간에 합의되었거나 관습적인 경우, 동등한 전자기록 또는 절차로 대체될 수 있다.

B2   허가, 승인, 안전통관 및 기타 수속절차

적용 가능한 경우, 매수인 자신의 위험과 비용으로 모든 수입허가 또는 기타 공적 승인을 취득하고 물품수입 및 어떠한 국가를 통과하는 운송을 위한 모든 통관수속절차를 이행하는 것은 매수인의 책임이다.

B3   운송 및 보험계약

a) 운송계약

매수인은 운송계약이 A3 a)에 규정된 대로 매도인에 의하여 체결된 경우를 제외하고, 매수인 자신의 비용으로 지정 선적항으로부터 물품운송계약을 체결하여야 한다.

b) 보험계약

매수인은 매도인에 대하여 보험계약을 체결할 의무를 부담하지 아니한다.

B4   인도의 수령

매수인은 A4에 규정된 대로 인도된 경우, 물품의 인도를 수령하여야 한다.

B5 위험의 이전

매수인은 물품이 A4에 규정된 대로 인도된 때로부터 물품의 멸실 또는 손상의 모든 위험을 부담한다.

a) 매수인이 B7에 따라 본선의 지정을 통지하지 못한 경우; 또는

b) 매수인에 의하여 지정된 본선이 적기에 도착하지 아니하거나 또는 물품을 수령을 못하거나 또는 B7에 따라 통지된 때보다 조기에 화물을 마감한 경우;

그때 매수인은 인도를 위하여 합의된 일자 또는 합의된 기간의 만료일자로부터 물품의 멸실 또는 손상에 대한 모든 위험을 부담한다. 단, 물품이 계약물품으로서 명확히 특정되어 있어야 한다.

B6 비용의 분담

매수인은 다음과 같은 비용을 지급하여야 한다.

a) 물품이 A4에 규정된 대로 인도된 때로부터 물품에 관련한 모든 비용.

단, 적용 가능한 경우, A6 b)에 언급된 대로 수출시에 지급되는 모든 관세, 조세 및 기타 요금뿐만이 아니라 통관수속절차 비용은 제외한다;

b) 다음과 같은 원인으로 발생된 모든 추가적인 비용:

(i) B7에 따라 매수인이 적절한 통지를 행하지 못한 경우, 또는

(ii) 매수인에 의하여 지명된 본선이 적기에 도착되지 못하거나, 물품을 수령할 수 없거나, 또는 B7에 따라 통지된 때보다 조기에 화물을 마감한 경우. 단, 물품이 계약물품으로서 명확히 특정되어 있어야 한다; 그리고

c) 적용 가능한 경우, 물품이 수입시에 지급되는 통관수속절차 비용뿐만이 아니라 모든 관세, 조세 및 기타 요금 및 어떠한 국가를 통과하는 운송을 위한 비용.

B7 매도인에 대한 통지

매수인은 본선의 명칭, 적재지점 및 필요한 경우에 합의된 기간 내 선택된 인도시기에 관하여 충분한 통지를 하여야 한다.

B8 인도의 증거

매수인은 A8에 규정된 대로 제공된 인도의 증거를 인수하여야 한다.

B9 물품검사

매수인은 수출국가 당국에 의하여 강제된 검사를 제외하고, 모든 강제적인 선적전 검사비용을 지급하여야 한다.

B10 정보제공에 대한 협조 및 관련비용

매수인은 매도인이 A10의 규정에 따를 수 있도록, 시의적절한 방법으로, 매도인에게 모든 안전정

보 필요사항을 통지하여야 한다.

매수인은 A10에 규정된 대로 서류 및 정보를 취득하는 데 협조를 제공 또는 제시하고 매도인에 의하여 발생된 모든 비용과 요금을 매도인에게 상환하여야 한다.

적용 가능한 경우, 매수인은 매도인의 요청과 위험 및 비용으로 매도인이 물품운송과 수출 및 어떠한 국가를 통과하는 물품운송에 필요한 안전관련 정보를 포함하여 모든 서류 및 정보를 취득하는 데 따른 협조를 시의적절한 방법으로 매도인에게 제공 또는 제시하여야 한다.

9. 본선인도

본선인도(지정 선적항 삽입) Incoterms® 2010

안내요지

본선인도(Free On Board)는 해상운송 또는 내수로 운송에만 사용될 수 있다.

본선인도라 함은 매도인이 지정 선적항에서 매수인에 의하여 지정된 본선상에 물품을 인도하거나 또는 이미 그렇게 인도된 물품을 조달하는 것을 의미한다. 물품의 멸실 또는 손상의 위험은 물품이 본선의 갑판상에 적재된 때에 이전되며, 매수인은 그 시점으로부터 모든 비용을 부담한다.

매도인은 본선의 갑판상에 물품을 인도하거나 또는 선적을 위하여 이미 그와 같이 인도된 물품을 조달(procure)하여야 한다. 여기에서 "조달"이라는 언급은 상품무역에 있어서 흔히 발생하는 다수의 판매사슬("연속판매")에 부응하기 위한 것이다.

FOB는 물품이 본선의 갑판상에 적재되기 이전 운송인에게 물품이 교부되어지는 경우, 예컨대 전형적으로 터미널에서 인도되는 컨테이너 물품의 경우에는 적절하지 아니할 수 있다. 이러한 경우에는 FCA 규칙이 사용되어야 한다.

FOB는 적용 가능한 경우, 매도인에게 물품에 대한 수출통관을 하도록 요구하고 있다. 그러나 매도인은 물품의 수입통관을 하거나, 어떠한 수입관세의 지급 또는 어떠한 수입통관수속절차를 이행할 의무도 부담하지 아니한다.

A.   매도인의 의무

A 1   매도인의 일반적 의무

매도인은 매매계약과 일치하는 물품과 상업송장 및 그 밖에 계약에서 요구되는 모든 기타 일치증거를 제공하여야 한다.

A1-A10에 언급된 모든 서류는 당사자간에 합의하거나 관습적인 경우, 동등한 전자기록 또는 절차로 대체될 수 있다.

A2   허가, 승인, 안전통관 및 기타 수속절차

적용 가능한 경우, 매도인은 자신의 위험 및 비용으로, 모든 수출허가 또는 기타 공적 승인을 취득하여야 하며, 또한 물품수출에 필요한 모든 통관수속절차를 이행하여야 한다.

A3　운송 및 보험계약

a) 운송계약

매도인은 매수인에 대하여 운송계약을 체결할 의무를 부담하지 아니한다. 그러나 매수인이 요청한 경우 또는 상업적 관례가 있고 매수인이 적절한 때에 그 반대의 지시를 하지 아니한 경우, 매도인은 매수인의 위험과 비용으로 통상적인 조건의 운송계약을 할 수 있다. 매도인은 어느 경우에도 운송계약의 체결을 거절할 수 있으며 그렇게 하는 경우, 매수인에게 즉시 통지하여야 한다.

b) 보험계약

매도인은 매수인에 대하여 보험계약을 체결할 의무를 부담하지 아니한다. 그러나 매도인은 매수인의 요청과 위험 및 비용(있을 경우)으로 매수인이 보험을 부보하는 데 필요한 정보를 제공하여야 한다.

A4　인도

매도인은 지정 선적항에서 매수인에 의하여 지명된 적재지점(있을 경우)에서 매수인에 의하여 지정된 본선의 갑판상에 물품을 두거나 또는 그렇게 인도된 물품을 조달함으로써 물품을 인도하여야 한다. 어느 경우에나, 매도인은 합의된 일자 또는 합의된 기간 내에 그리고 항구의 관습적인 방법에 따라 물품을 인도하여야 한다.

특정한 적재지점이 매수인에 의하여 지명되지 아니한 경우, 매도인은 자신의 목적에 가장 적합한 지점을 선택할 수 있다.

A5　위험의 이전

매도인은 B5에 기술된 상황에서의 멸실 또는 손상을 제외하고, 물품이 A4에 따라 인도될 때까지 물품에 대한 멸실 또는 손상의 모든 위험을 부담한다.

A6　비용의 분담

매도인은 다음과 같은 비용을 지급하여야 한다.

a) B6에 규정된 대로 매수인이 지급하는 비용을 제외하고, 물품이 A4에 따라 인도될 때까지 물품에 관련한 모든 비용; 그리고

b) 적용 가능한 경우, 수출시 지급될 수 있는 모든 관세, 조세 및 기타 요금뿐만이 아니라 수출에 필요한 통관절차수속비용.

A7　매수인에 대한 통지

매도인은 매수인의 위험과 비용으로 물품이 A4에 따라 인도되었다거나 또는 본선이 합의

된 시간 내에 물품을 수령하지 못하였다는 것에 관하여 매수인에게 충분한 통지를 하여야 한다.

A8 인도서류

매도인은 자신의 비용으로 물품이 A4에 따라 인도되었다는 통상적인 증거를 매수인에게 제공하여야 한다.

그와 같은 증거가 운송서류가 아닌 경우, 매도인은 매수인의 요청과 위험 및 비용으로 운송서류를 취득하는 데 따른 협조를 매수인에게 제공하여야 한다.

A9 점검 · 포장 · 화인

매도인은 수출국가 당국에 의하여 강제된 모든 선적전 검사비용뿐만이 아니라, A4에 따라 물품을 인도하기 위하여 필요한 물품점검업무(품질, 용적, 중량, 수량 점검과 같은)의 비용을 지급하여야 한다.

매도인은 특수무역에서 물품이 무포장 상태로 매매되어 운송하는 것이 통상적이지 아니한 경우, 매도인은 자신의 비용으로 물품을 포장하여야 한다.

매수인이 매매계약의 체결 이전에 특정한 포장 요건을 통지하지 아니한 경우, 매도인은 물품운송에 적절한 방법으로 물품을 포장할 수 있다. 포장은 적절하게 화인이 표시되어야 한다.

A10 정보제공에 대한 협조 및 관련비용

매도인은 적용 가능한 경우, 시의적절한 방법으로, 매수인의 요청과 위험 및 비용으로 매수인이 물품수입 및/또는 최종목적지까지 물품운송에 필요한 안전 관련 정보를 포함하여 모든 서류 및 정보를 취득하는 데 협조를 제공하거나 제시하여야 한다.

매도인은 B10에 규정된 대로 서류 및 정보를 취득하는 데 따른 협조를 제공 또는 제시하고 매수인에 의하여 발생된 모든 비용과 요금을 상환하여야 한다.

B 매수인의 의무

B1 매수인의 일반적 의무

매수인은 매매계약에 약정된 대로 물품대금을 지급하여야 한다.

B1–B10에 언급된 모든 서류는 당사자간에 합의되었거나 관습적인 경우, 동등한 전자기록 또는 절차로 대체될 수 있다.

B2 허가, 승인, 안전통관 및 기타 수속절차

적용 가능한 경우, 매수인 자신의 위험과 비용으로 모든 수입허가 또는 기타 공적 승인을 취득하고 물품수입 및 어떠한 국가를 통과하는 운송을 위한 모든 통관수속절차를 이행하는 것은 매수인의 책임이다.

B3 **운송 및 보험계약**

a) 운송계약

매수인은 운송계약이 A3 a)에 규정된 대로 매도인에 의하여 체결된 경우를 제외하고, 매수인 자신의 비용으로 지정 선적항으로부터 물품운송계약을 체결하여야 한다.

b) 보험계약

매수인은 매도인에 대하여 보험계약을 체결할 의무를 부담하지 아니한다.

B4 **인도의 수령**

매수인은 A4와 A7에 규정된 대로 물품의 인도를 수령하여야 한다.

B5 **위험의 이전**

매수인은 물품이 A4에 규정된 대로 인도된 때로부터 물품의 멸실 또는 손상의 모든 위험을 부담한다.

a) 매수인이 B7에 따라 본선의 지정을 통지하지 못한 경우; 또는

b) 매수인에 의하여 지정된 본선이 A4의 규정에 따를 수 있도록 적기에 도착하지 아니하거나, 물품을 수령할 수 없거나, 또는 B7에 따라 통지된 때보다 조기에 화물을 마감한 경우에는, 그때 매수인은 다음과 같은 때부터 멸실 또는 손상에 대한 모든 위험을 부담한다:

(i) 합의된 일자로부터, 또는 합의된 일자가 없는 경우,

(ii) 합의된 기간 내에 A7에 따라 매도인에 의하여 통지된 일자로부터, 또는 그러한 일자가 통지되지 아니한 경우,

(iii) 모든 합의된 인도기간의 만료일자로부터. 단, 물품이 계약물품으로서 명확히 특정되어 있어야 한다.

B6 **비용의 분담**

매수인은 다음과 같은 비용을 지급하여야 한다.

a) 물품이 A4에 규정된 대로 인도된 때로부터 물품에 관련한 모든 비용.

단, 적용 가능한 경우, A6 b)에 언급된 대로 수출시에 지급되는 모든 관세, 조세 및 기타 요금뿐만이 아니라 통관수속절차 비용은 제외한다;

b) 다음과 같은 원인으로 발생된 모든 추가적인 비용:

(i) B7에 따라 매수인이 적절한 통지를 행하지 못한 경우, 또는

(ii) 매수인에 의하여 지명된 본선이 적기에 도착되지 못하거나, 물품을 수령할 수 없거나, 또는 B7에 따라 통지된 때보다 조기에 화물을 마감한 경우. 단, 물품이 계약물품으로서 명확히 특정되어 있어야 한다; 그리고

c) 적용 가능한 경우, 물품이 수입시에 지급되는 통관수속절차 비용뿐만이 아니라 모든 관세, 조세 및 기타 요금 및 어떠한 국가를 통과하는 운송을 위한 비용.

B7 매도인에 대한 통지

매수인은 본선의 명칭, 적재지점 및 필요한 경우에 합의된 기간 내 선택된 인도시기에 관하여 충분한 통지를 하여야 한다.

B8 인도의 증거

매수인은 A8에 규정된 대로 제공된 인도의 증거를 인수하여야 한다.

B9 물품검사

매수인은 수출국가 당국에 의하여 강제된 검사를 제외하고, 모든 강제적인 선적전 검사비용을 지급하여야 한다.

B10 정보제공에 대한 협조 및 관련비용

매수인은 매도인이 A10의 규정에 따를 수 있도록, 시의적절한 방법으로, 매도인에게 모든 안전정보 필요사항을 통지하여야 한다.

매수인은 A10에 규정된 대로 서류 및 정보를 취득하는 데 협조를 제공 또는 제시하고 매도인에 의하여 발생된 모든 비용과 요금을 매도인에게 상환하여야 한다.

적용 가능한 경우, 매수인은 매도인의 요청과 위험 및 비용으로 매도인이 물품운송과 수출 및 어떠한 국가를 통과하는 물품운송에 필요한 안전관련 정보를 포함하여 모든 서류 및 정보를 취득하는 데 따른 협조를 시의적절한 방법으로 매도인에게 제공 또는 제시하여야 한다.

10. 운임포함인도

운임포함인도(지정 목적항 삽입) Incoterms® 2010

안내요지

운임포함인도(Cost And Freight)는 해상운송 또는 내수로 운송에만 사용될 수 있다.

운임·보험료포함인도라 함은 매도인이 본선의 갑판상에 물품을 인도하거나 또는 이미 그렇게 인도된 물품을 조달하는 것을 의미한다. 물품의 멸실 또는 손상의 위험은 물품이 본선의 갑판상에 적재된 때에 이전된다. 매도인은 지정 목적항까지 물품을 운송하는 데 필요한 운송계약을 체결하고 그 비용 및 운임을 지급하여야 한다.

CPT, CIP, CFR 또는 CIF가 사용되는 경우, 매도인의 인도의무는 물품이 목적지에 도착될 때가 아닌 물품이 운송인에게 교부될 때에 완료된다.

이 규칙은 두 가지의 중요한 분기점이 있다. 즉 위험이 이전되고 비용이 이전되는 지점이 상이한 장소에서 이루어지기 때문이다. 보통 계약서에는 목적항을 명시하는 반면에, 위험이 매수인에게 이전되는 선적항을 명시하지 아니할 수 있다. 선적항이 매수인에게 특별한 이해관계가 있는 경우, 당사자들이 가능한 한 계약서에 이를 명확하게 확인하는 것이 바람직하다.

당사자는 합의된 목적항의 지점을 가능한 한 명확하게 확인하는 것이 바람직하다. 왜냐하면 그 지점까지 비용부담은 매도인이 하기 때문이다. 매도인은 그러한 선택에 명확하게 일치하는 운송계약을 취득하도록 하여야 한다. 매도인이 자신의 운송계약에 따라 목적항의 명시된 지점에서 양화와 관련된 비용을 부담하는 경우, 매도인은 당사자 간에 별도 합의가 없는 한 매수인으로부터 그러한 비용을 보상받을 권한이 없다.

매도인은 본선의 갑판상에 물품을 인도하거나 또는 선적을 위하여 이미 그와 같이 인도된 물품을 조달(procure)하여야 한다. 여기에서 "조달"이라는 언급은 상품무역에 있어서 흔히 발생하는 다수의 판매사슬("연속판매")에 부응하기 위한 것이다.

CFR은 물품이 본선의 갑판상에 적재되기 이전 운송인에게 물품이 교부되어지는 경우, 예컨대 전형적으로 터미널에서 인도되는 컨테이너 물품의 경우에는 적절하지 아니할 수 있다. 이러한 경우에는 CPT 규칙이 사용되어야 한다.

CFR은 적용 가능한 경우, 매도인에게 물품에 대한 수출통관을 하도록 요구하고 있다. 그러나 매도인은 물품의 수입통관을 하거나, 어떠한 수입관세의 지급 또는 어떠한 수입통관수속절차를 이행할 의무도 부담하지 아니한다.

A. 매도인의 의무

A 1 매도인의 일반적 의무

매도인은 매매계약과 일치하는 물품과 상업송장 및 그 밖에 계약에서 요구되는 모든 기타 일치증거를 제공하여야 한다.

A1-A10에 언급된 모든 서류는 당사자간에 합의하거나 관습적인 경우, 동등한 전자기록 또는 절차로 대체될 수 있다.

A2 허가, 승인, 안전통관 및 기타 수속절차

적용 가능한 경우, 매도인은 자신의 위험 및 비용으로, 모든 수출허가 또는 기타 공적 승인을 취득하여야 하며, 또한 물품수출에 필요한 모든 통관수속절차를 이행하여야 한다.

A3 운송 및 보험계약

a) 운송계약

매도인은 인도장소에서 합의된 인도지점(있을 경우)으로부터 지정 목적항 또는 그 항구의 어떠한 지점(합의된 경우)까지 물품운송에 대하여 계약체결 또는 주선하여야 한다. 운송계약은 매도인의 비용으로 통상적인 조건에 따라 체결되어야 하며, 또한 매각되는 물품유형의 운송에 일반적으로 사용되는 유형의 선박으로 통상적인 경로에 의한 운송을 제공하여야 한다.

b) 보험계약

매도인은 매수인에 대하여 보험계약을 체결할 의무를 부담하지 아니한다. 그러나 매도인은 매수인의 요청과 위험 및 비용(있을 경우)으로 매수인이 보험을 부보하는 데 필요한 정보를 제공하여야 한다.

A4 인도

매도인은 본선의 갑판상에 물품을 두거나 또는 그렇게 인도된 물품을 조달함으로써 물품을 인도하여야 한다. 어느 경우에나, 매도인은 합의된 일자 또는 합의된 기간 내에 그리고 항구의 관습적인 방법에 따라 물품을 인도하여야 한다.

A5 위험의 이전

매도인은 B5에 기술된 상황에서의 멸실 또는 손상을 제외하고, 물품이 A4에 따라 인도될 때까지 물품에 대한 멸실 또는 손상의 모든 위험을 부담한다.

A6 비용의 분담

매도인은 다음과 같은 비용을 지급하여야 한다.

a) B6에 규정된 대로 매수인이 지급하는 비용을 제외하고, 물품이 A4에 따라 인도될 때까지 물품에 관련한 모든 비용;

b) 갑판상에 물품의 적재비용 및 운송계약에 따라 매도인이 부담한 합의된 양륙항에서의 양화비를 포함하여, A3 a)의 결과로 발생하는 운임 및 모든 기타 비용; 그리고

c) 적용 가능한 경우, 수출시 지급될 수 있는 모든 관세, 조세 및 기타 요금뿐만 아니라 수출에 필요한 통관절차수속비용 및 운송계약에 따라 매도인이 부담한 어떠한 국가를 통과하는 운송비용.

A7 매수인에 대한 통지

매도인은 매수인이 물품을 수령할 수 있도록 하기 위하여 정상적으로 필요한 조치를 취할 수 있도록 매수인에게 필요한 모든 통지를 하여야 한다.

A8 인도서류

매도인은 자신의 비용으로 합의된 목적항까지의 통상의 운송서류를 매수인에게 제공하여야 한다. 이 운송서류는 계약물품을 표시하여야 하며, 또한 선적을 위한 합의된 기간 내에 일부 되어 있어야 하고, 매수인이 목적항에서 운송인으로부터 물품을 청구할 수 있는 것이어야 하며, 또한 별도의 합의가 없는 경우, 매수인이 후속되는 매수인에게 서류의 양도에 의하거나 또는 운송인에게 통지에 의함으로써 운송중 물품을 매각할 수 있는 것이어야 한다.

그와 같은 운송서류가 유통 가능한 형식이면서 수통의 원본으로 발행되는 경우, 원본 전통이 매수인에게 제시되어야 한다.

A9   점검 · 포장 · 화인

매도인은 수출국가 당국에 의하여 강제된 모든 선적전 검사비용뿐만이 아니라, A4에 따라 물품을 인도하기 위하여 필요한 물품점검업무(품질, 용적, 중량, 수량 점검과 같은)의 비용을 지급하여야 한다.

매도인은 특수무역에서 물품이 무포장 상태로 매매되어 운송하는 것이 통상적이지 아니한 경우, 매도인은 자신의 비용으로 물품을 포장하여야 한다.

매수인이 매매계약의 체결 이전에 특정한 포장 요건을 통지하지 아니한 경우, 매도인은 물품운송에 적절한 방법으로 물품을 포장할 수 있다. 포장은 적절하게 화인이 표시되어야 한다.

A10   정보제공에 대한 협조 및 관련비용

매도인은 적용 가능한 경우, 시의적절한 방법으로, 매수인의 요청과 위험 및 비용으로 매수인이 물품수입 및/또는 최종목적지까지 물품운송에 필요한 안전 관련 정보를 포함하여 모든 서류 및 정보를 취득하는 데 협조를 제공하거나 제시하여야 한다.

매도인은 B10에 규정된 대로 서류 및 정보를 취득하는 데 따른 협조를 제공 또는 제시하고 매수인에 의하여 발생된 모든 비용과 요금을 상환하여야 한다.

B   매수인의 의무

B1   매수인의 일반적 의무

매수인은 매매계약에 약정된 대로 물품대금을 지급하여야 한다.

B1~B10에 언급된 모든 서류는 당사자간에 합의되었거나 관습적인 경우, 동등한 전자기록 또는 절차로 대체될 수 있다.

B2   허가, 승인, 안전통관 및 기타 수속절차

적용 가능한 경우, 매수인 자신의 위험과 비용으로 모든 수출과 수입허가 또는 기타 공적 승인을 취득하고 물품수입 및 어떠한 국가를 통과하는 운송을 위한 모든 통관수속절차를 이행하는 것은 매수인의 책임이다.

B3   운송 및 보험계약

a) 운송계약

매수인은 매도인에 대하여 운송계약을 체결할 의무를 부담하지 아니한다.

b) 보험계약

매수인은 매도인에 대하여 보험계약을 체결할 의무를 부담하지 아니한다. 그러나 매수인은 요청 시 매도인이 A3 b)에 규정된 대로 매수인이 요청하는 모든 추가적인 보험을 주선하는 데 필요한 모든 정보를 매도인에게 제공하여야 한다.

B4 인도의 수령

매수인은 A4에 규정된 대로 인도된 경우 물품의 인도를 수령하여야 하며, 또한 지정 목적항에서 운송인으로부터 물품을 수령하여야 한다.

B5 위험의 이전

매수인은 물품이 A4에 규정된 대로 인도된 때로부터 물품의 멸실 또는 손상의 모든 위험을 부담한다.

매수인이 B7에 따라 통지를 못한 경우, 이에 매수인은 인도에 대한 합의된 일자 또는 합의된 기간의 만료일자로부터 물품의 멸실 또는 손상에 대한 모든 위험을 부담한다. 단, 그 물품은 계약물품으로서 명확히 특정되어 있어야 한다.

B6 비용의 분담

매수인은 A3 a)의 규정을 조건으로, 다음과 같은 비용을 지급하여야 한다.

a) 물품이 A4에 규정된 대로 인도된 때로부터 물품에 관련한 모든 비용.
단, 적용 가능한 경우, A6 d)에 언급된 대로 수출시에 지급되는 모든 관세, 조세 및 기타 요금뿐만이 아니라 통관수속절차 비용은 제외한다;
b) 운송계약에서 이와 같은 비용 및 요금이 매도인 부담이 아닌 경우, 목적항에 도착할 때까지 운송 중 물품에 관련한 모든 비용 및 요금;
c) 운송계약에서 이와 같은 비용 및 요금이 매도인이 부담이 아닌 경우, 부선사용료 및 부두사용료를 포함한 양화비용;
d) B7에 따라 매수인이 통지를 못한 경우, 선적을 위하여 합의된 일자 또는 합의된 기간의 만료일자로부터 발생되는 모든 추가비용. 단, 물품이 계약물품으로서 명확히 특정되어 있어야 한다;
e) 적용 가능한 경우, 통관수속절차 비용뿐만이 아니라 물품이 수입시에 지급되는 모든 관세, 조세 및 기타 요금 및 운송계약 비용에 포함되지 아니한 어떠한 국가를 통과하는 운송비용; 그리고
f) A3 b) 및 B3 b)에 따라 매수인의 요청으로 주선된 모든 추가보험비용.

B7 매도인에 대한 통지

매수인은 물품발송을 위한 시기 및/또는 지정목적지 또는 그 장소내의 물품수령 지점을 결정할 권한이 주어진 때에, 매도인에게 그에 관한 충분한 통지를 행하여야 한다.

B8 인도의 증거

매수인은 운송서류가 계약과 일치할 경우 A8에 규정된 대로 제공된 운송서류를 인수하여야 한다.

B9 물품검사

매수인은 수출국가 당국에 의하여 강제된 검사를 제외하고, 모든 강제적인 선적전 검사비용을 지

급하여야 한다.

B10 정보제공에 대한 협조 및 관련비용

매수인은 매도인이 A10의 규정을 따를 수 있도록, 시의적절한 방법으로, 매도인에게 모든 안전정보 필요사항을 통지하여야 한다.

매수인은 A10의 규정대로 서류 및 정보를 취득하는 데 협조를 제공 또는 제시하고 매도인에 의하여 발생된 모든 비용과 요금을 매도인에게 상환하여야 한다.

적용 가능한 경우, 매수인은 매도인의 요청과 위험 및 비용으로 매도인이 물품운송과 수출 및 어떠한 국가를 통과하는 물품운송에 필요한 안전관련 정보를 포함하여 모든 서류 및 정보를 취득하는 데 따른 협조를 시의적절한 방법으로 매도인에게 제공 또는 제시하여야 한다.

11. 운임 · 보험료포함인도

운임 · 보험료포함인도(지정 목적항 삽입) Incoterms® 2010

안내요지

운임 · 보험료포함인도(Cost, Insurance and Freight)는 해상운송 또는 내수로 운송에만 사용될 수 있다.

운임 · 보험료포함인도라 함은 매도인이 본선의 갑판상에 물품을 인도하거나 또는 이미 그렇게 인도된 물품을 조달하는 것을 의미한다. 물품의 멸실 또는 손상의 위험은 물품이 본선의 갑판상에 적재된 때에 이전된다. 매도인은 지정 목적항까지 물품을 운송하는 데 필요한 운송계약을 체결하고 그 비용 및 운임을 지급하여야 한다.

또한 매도인은 운송중 물품의 멸실 또는 손상에 대한 매수인의 위험에 대하여 보험부보계약을 체결한다. 매수인은 CIF 하에서 매도인이 단지 최소담보로 보험을 부보하도록 요구되는 점을 주의하여야 한다. 매수인이 더 많은 보험담보를 원할 경우, 매도인과 그만큼 명시적으로 합의하거나 또는 매수인 자신이 추가보험계약을 체결할 필요가 있다.

CPT, CIP, CFR 또는 CIF가 사용되는 경우, 매도인의 인도의무는 물품이 목적지에 도착될 때가 아닌 물품이 운송인에게 교부될 때에 완료된다.

이 규칙은 두 가지의 중요한 분기점이 있다, 즉 위험이 이전되고 비용이 이전되는 지점이 상이한 장소에서 이루어지기 때문이다. 보통 계약서에는 목적항을 명시하는 반면에, 위험이 매수인에게 이전되는 선적항을 명시하지 아니할 수 있다. 선적항이 매수인에게 특별한 이해관계가 있는 경우, 당사자들이 가능한 한 계약서에 이를 명확하게 확인하는 것이 바람직하다.

당사자는 합의된 목적항의 지점을 가능한 한 명확하게 확인하는 것이 바람직하다. 왜냐하면 그 지점까지 비용부담은 매도인이 하기 때문이다. 매도인은 그러한 선택에 명확하게 일치하는 운송계약을 취득하도록 하여야 한다. 매도인이 자신의 운송계약에 따라 목적항의 명시된 지점에서 양화와 관련된 비용을 부담하는 경우, 매도인은 당사자 간에 별도 합의가 없는 한 매수인으로부터 그러한 비용을 보상받을 권한이 없다.

매도인은 본선의 갑판상에 물품을 인도하거나 또는 선적을 위하여 이미 그와 같이 인도된 물품을 조달(procure)하여야 한다. 여기에서 "조달"이라는 언급은 상품무역에 있어서 흔히 발생하는 다수의 판매사슬("연속판매")에 부응하기 위한 것이다.

CIF는 물품이 본선의 갑판상에 적재되기 이전 운송인에게 물품이 교부되어지는 경우, 예컨대 전형적으로 터미널에서 인도되는 컨테이너 물품의 경우에는 적절하지 아니할 수 있다. 이러한 경우에는 CIP 규칙이 사용되어야 한다.

CIF는 적용 가능한 경우, 매도인에게 물품에 대한 수출통관을 하도록 요구하고 있다. 그러나 매도인은 물품의 수입통관을 하거나, 어떠한 수입관세의 지급 또는 어떠한 수입통관수속절차를 이행할 의무도 부담하지 아니한다.

A. 매도인의 의무

A 1 매도인의 일반적 의무

매도인은 매매계약과 일치하는 물품과 상업송장 및 그 밖에 계약에서 요구되는 모든 기타 일치증거를 제공하여야 한다.

A1-A10에 언급된 모든 서류는 당사자간에 합의하거나 관습적인 경우, 동등한 전자기록 또는 절차로 대체될 수 있다.

A2 허가, 승인, 안전통관 및 기타 수속절차

적용 가능한 경우, 매도인은 자신의 위험 및 비용으로, 모든 수출허가 또는 기타 공적 승인을 취득하여야 하며, 또한 물품수출에 필요한 모든 통관수속절차를 이행하여야 한다.

A3 운송 및 보험계약

a) 운송계약

매도인은 인도장소에서 합의된 인도지점(있을 경우)으로부터 지정 목적항 또는 그 항구의 어떠한 지점(합의된 경우)까지 물품운송에 대하여 계약체결 또는 주선하여야 한다. 운송계약은 매도인의 비용으로 통상적인 조건에 따라 체결되어야 하며, 또한 매각되는 물품유형의 운송에 일반적으로 사용되는 유형의 선박으로 통상적인 경로에 의한 운송을 제공하여야 한다.

b) 보험계약

매도인은 자신의 비용으로 적어도 협회적화약관(LMA/IUA)의 (C) 조건 또는 이와 유사한 약관으로 규정된 최소담보에 일치하는 적화보험을 부보하여야 한다. 보험은 평판이 좋은 보험인수업자 또는 보험회사와 계약되어야 하며, 또한 매수인 또는 물품의 피보험이익을 가지고 있는 모든 기타의 자에게 보험자로부터 직접 보험금을 청구할 수 있는 권한이 부여되어야 한다.

매수인이 요청이 있는 경우, 매도인은 자신이 요청한 모든 필요한 정보를 매수인에게 제공하는 조건으로 매수인의 비용으로 주선 가능한 경우, 모든 추가적인 담보, 협회적화약관(LMA/IUA)의 (A) 또는 (B) 조건 또는 모든 유사한 약관에 의하여 규정된 담보 및/또는 협회전쟁약관 및/또는 협회동맹파업약관(LMA/IUA) 또는 모든 유사한 약관과 일치하는 담보를 제공하여야 한다.

보험은 최소한 계약금액에 10%를 가산한 금액(즉, 110%)을 부보하여야 하며 또한 계약서의 통화로 되어야 한다.

보험은 A4 및 A5에 규정된 인도지점으로부터 최소한 지정 목적지까지 물품을 담보하여야 한다. 매도인은 매수인에게 보험증권 또는 기타 보험부보증명서를 제공하여야 한다.

그 밖에 매도인은 매수인의 요청과 위험 및 비용(있을 경우)으로 매수인이 모든 추가보험을 주선하는 데 필요한 정보를 매수인에게 제공하여야 한다.

A4 인도

매도인은 본선의 갑판상에 물품을 두거나 또는 그렇게 인도된 물품을 조달함으로써 물품을 인도하여야 한다. 어느 경우에나, 매도인은 합의된 일자 또는 합의된 기간 내에 그리고 항구의 관습적인 방법에 따라 물품을 인도하여야 한다.

A5 위험의 이전

매도인은 B5에 기술된 상황에서의 멸실 또는 손상을 제외하고, 물품이 A4에 따라 인도될 때까지 물품에 대한 멸실 또는 손상의 모든 위험을 부담한다.

A6 비용의 분담

매도인은 다음과 같은 비용을 지급하여야 한다.

a) B6에 규정된 대로 매수인이 지급하는 비용을 제외하고, 물품이 A4에 따라 인도될 때까지 물품에 관련한 모든 비용;

b) 갑판상에 물품의 적재비용 및 운송계약에 따라 매도인이 부담한 합의된 양륙항에서의 양화비를 포함하여, A3 a)의 결과로 발생하는 운임 및 모든 기타 비용;

c) A3 a)의 결과로 발생하는 보험 비용; 그리고

d) 적용 가능한 경우, 수출시 지급될 수 있는 모든 관세, 조세 및 기타 요금뿐만이 아니라 수출에 필요한 통관절차수속비용 및 운송계약에 따라 매도인이 부담한 어떠한 국가를 통과하는 운송비용.

A7 매수인에 대한 통지

매도인은 매수인이 물품을 수령할 수 있도록 하기 위하여 정상적으로 필요한 조치를 취할 수 있도록 매수인에게 필요한 모든 통지를 하여야 한다.

A8 인도서류

매도인은 자신의 비용으로 합의된 목적항까지의 통상의 운송서류를 매수인에게 제공하여야 한다.

이 운송서류는 계약물품을 표시하여야 하며, 또한 선적을 위한 합의된 기간 내에 일부 되어 있어야 하고, 매수인이 목적항에서 운송인으로부터 물품을 청구할 수 있는 것이어야 하며, 또한 별도의 합의가 없는 경우, 매수인이 후속되는 매수인에게 서류의 양도에 의하거나 또는 운송인에게 통지에 의함으로써 운송중 물품을 매각할 수 있는 것이어야 한다.

그와 같은 운송서류가 유통 가능한 형식이면서 수통의 원본으로 발행되는 경우, 원본 전통이 매수인에게 제시되어야 한다.

A9 점검 · 포장 · 화인

매도인은 수출국가 당국에 의하여 강제된 모든 선적전 검사비용뿐만이 아니라, A4에 따라 물품을 인도하기 위하여 필요한 물품점검업무(품질, 용적, 중량, 수량 점검과 같은)의 비용을 지급하여야 한다.

매도인은 특수무역에서 물품이 무포장 상태로 매매되어 운송하는 것이 통상적이지 아니한 경우, 매도인은 자신의 비용으로 물품을 포장하여야 한다.

매수인이 매매계약의 체결 이전에 특정한 포장 요건을 통지하지 아니한 경우, 매도인은 물품운송에 적절한 방법으로 물품을 포장할 수 있다. 포장은 적절하게 화인이 표시되어야 한다.

A10 정보제공에 대한 협조 및 관련비용

매도인은 적용 가능한 경우, 시의적절한 방법으로, 매수인의 요청과 위험 및 비용으로 매수인이 물품수입 및/또는 최종목적지까지 물품운송에 필요한 안전 관련 정보를 포함하여 모든 서류 및 정보를 취득하는 데 협조를 제공하거나 제시하여야 한다.

매도인은 B10에 규정된 대로 서류 및 정보를 취득하는 데 따른 협조를 제공 또는 제시하고 매수인에 의하여 발생된 모든 비용과 요금을 상환하여야 한다.

B 매수인의 의무

B1 매수인의 일반적 의무

매수인은 매매계약에 약정된 대로 물품대금을 지급하여야 한다.

B1-B10에 언급된 모든 서류는 당사자간에 합의되었거나 관습적인 경우, 동등한 전자기록 또는 절차로 대체될 수 있다.

B2 허가, 승인, 안전통관 및 기타 수속절차

적용 가능한 경우, 매수인 자신의 위험과 비용으로 모든 수출과 수입허가 또는 기타 공적 승인을 취득하고 물품수입 및 어떠한 국가를 통과하는 운송을 위한 모든 통관수속절차를 이행하는 것은 매수인의 책임이다.

B3 운송 및 보험계약
a) 운송계약
매수인은 매도인에 대하여 운송계약을 체결할 의무를 부담하지 아니한다.

b) 보험계약
매수인은 매도인에 대하여 보험계약을 체결할 의무를 부담하지 아니한다. 그러나 매수인은 요청 시 매도인이 A3 b)에 규정된 대로 매수인이 요청하는 모든 추가적인 보험을 주선하는 데 필요한 모든 정보를 매도인에게 제공하여야 한다.

B4 인도의 수령
매수인은 A4에 규정된 대로 인도된 경우 물품의 인도를 수령하여야 하며, 또한 지정 목적항에서 운송인으로부터 물품을 수령하여야 한다.

B5 위험의 이전
매수인은 물품이 A4에 규정된 대로 인도된 때로부터 물품의 멸실 또는 손상의 모든 위험을 부담한다.
매수인이 B7에 따라 통지를 못한 경우, 이에 매수인은 인도에 대한 합의된 일자 또는 합의된 기간의 만료일자로부터 물품의 멸실 또는 손상에 대한 모든 위험을 부담한다. 단, 그 물품은 계약물품으로서 명확히 특정되어 있어야 한다.

B6 비용의 분담
매수인은 A3 a)의 규정을 조건으로, 다음과 같은 비용을 지급하여야 한다.
a) 물품이 A4에 규정된 대로 인도된 때로부터 물품에 관련한 모든 비용.
단, 적용 가능한 경우, A6 d)에 언급된 대로 수출시에 지급되는 모든 관세, 조세 및 기타 요금뿐만이 아니라 통관수속절차 비용은 제외한다;
b) 운송계약에서 이와 같은 비용 및 요금이 매도인 부담이 아닌 경우, 목적항에 도착할 때까지 운송 중 물품에 관련한 모든 비용 및 요금;
c) 운송계약에서 이와 같은 비용 및 요금이 매도인이 부담이 아닌 경우, 부선사용료 및 부두사용료를 포함한 양화비용;
d) B7에 따라 매수인이 통지를 못한 경우, 선적을 위하여 합의된 일자 또는 합의된 기간의 만료일자로부터 발생되는 모든 추가비용. 단, 물품이 계약물품으로서 명확히 특정되어 있어야 한다;
e) 적용 가능한 경우, 통관수속절차 비용뿐만이 아니라 물품이 수입시에 지급되는 모든 관세, 조세 및 기타 요금 및 운송계약 비용에 포함되지 아니한 어떠한 국가를 통과하는 운송비용; 그리고

f) A3 b) 및 B3 b)에 따라 매수인의 요청으로 주선된 모든 추가보험비용.

B7 **매도인에 대한 통지**

매수인은 물품발송을 위한 시기 및/또는 지정목적지 또는 그 장소내의 물품수령 지점을 결정할 권한이 주어진 때에, 매도인에게 그에 관한 충분한 통지를 행하여야 한다.

B8 **인도의 증거**

매수인은 운송서류가 계약과 일치할 경우 A8에 규정된 대로 제공된 운송서류를 인수하여야 한다.

B9 **물품검사**

매수인은 수출국가 당국에 의하여 강제된 검사를 제외하고, 모든 강제적인 선적전 검사비용을 지급하여야 한다.

B10 **정보제공에 대한 협조 및 관련비용**

매수인은 매도인이 A10의 규정을 따를 수 있도록, 시의적절한 방법으로, 매도인에게 모든 안전정보 필요사항을 통지하여야 한다.

매수인은 A10의 규정대로 서류 및 정보를 취득하는 데 협조를 제공 또는 제시하고 매도인에 의하여 발생된 모든 비용과 요금을 매도인에게 상환하여야 한다.

적용 가능한 경우, 매수인은 매도인의 요청과 위험 및 비용으로 매도인이 물품운송과 수출 및 어떠한 국가를 통과하는 물품운송에 필요한 안전관련 정보를 포함하여 모든 서류 및 정보를 취득하는 데 따른 협조를 시의적절한 방법으로 매도인에게 제공 또는 제시하여야 한다.

2. 국제물품매매계약에 관한 유엔협약(CISG 1980)

이 협약의 당사국은,

국제연합총회 제6차 특별회기에서 채택된 신국제경제질서의 확립에 관한 결의안에 대한 광범한 목적을 유념하고,

평등과 상호이익을 기초로 한 국제무역의 발전이 국가간의 우호관계를 증진시키는 데 있어 중요한 요소라는 것을 고려하여,

국제물품매매계약을 규율하고, 상이한 사회적, 경제적 및 법률적 제도를 고려하는 통일규칙의 채택이 국제무역상의 법률적 장애를 제거하는 데 공헌하며, 또한 국제무역의 발전을 촉진할 것이라는 관점에서 다음과 같이 합의하였다.

제1편 적용범위와 총칙

제1장 적용범위

제1조 (적용의 기본원칙)

(1) 이 협약은 다음에 해당하는 경우 상이한 국가 내에 영업소가 있는 당사자간의 물품매매계약에 관하여 적용된다.

  (a) 당사자의 영업소가 있는 국가들이 모두 협약국인 경우, 또는

  (b) 국제사법의 원칙에 따라 어느 일방 협약국의 법률을 적용하게 되는 경우

(2) 당사자들이 상이한 국가 내에 그들의 영업소를 두고 있다는 사실은 그 사실이 계약중에서나 계약체결시에 또는 그 이전에 당사자간에 이루어진 거래중에서나, 또는 당사자에 의해서 밝혀진 정보로부터 나타나지 아니한 경우에는 무시된다.

(3) 당사자의 국적이나, 당사자 또는 계약의 민사적 또는 상사적인 성격은 이 협약의 적용을 결정하는 데 있어서 고려되지 아니한다.

제 2 조 (협약의 적용제외)

이 협약은 다음에 해당하는 매매에는 이를 적용하지 아니한다.

(a) 개인용, 가족용 또는 가사용으로 구입되는 물품의 매매. 다만, 매도인이 계약체결시나 또는 그 이전에 물품이 그러한 사용목적으로 구입되었다는 사실을 알지 못하였거나, 또는 알 수가 없었던 경우에는 제외한다.

(b) 경매에 의한 매매

(c) 강제집행 또는 기타 법률상의 권한에 의한 매매

(d) 채권, 주식, 투자증권, 유통증권, 또는 화폐의 매매

(e) 선박, 배, 비행선, 또는 항공기의 매매

(f) 전기의 매매

제 3 조 (서비스계약 등의 제외)

(1) 제조 또는 생산된 물품의 공급계약은 이를 매매로 본다. 다만, 그 물품을 주문한 당사자가 그러한 제조 또는 생산하는 데 필요한 재료의 실질적인 부분을 공급하기로 약정한 경우에는 그러하지 아니하다.

(2) 이 협약은 물품을 공급하는 당사자의 의무 대부분이 노무 또는 기타 용역의 제공을 내용으로 하는 계약의 경우에는 적용하지 아니한다.

제 4 조 (적용 대상과 대상외의 문제)

이 협약은 매매계약의 성립과 그러한 매매계약으로부터 발생되는 매도인과 매수인의 권리와 의무에 대해서만 규율한다. 특히 이 협약에서 별도로 명시적으로 규정된 경우를 제외하고, 이 협약은 다음에 해당하는 사항에는 관여하지 아니한다.

(a) 계약 또는 그 조항 또는 관습의 효력.

(b) 매매된 물품의 소유권에 대하여 계약이 가질 수 있는 효력.

제 5 조 (사망 등의 적용제외)

이 협약은 물품으로 인하여 야기된 자연인의 사망 또는 신체적인 상해에 대한 매도인의 책임에 대하여는 적용하지 아니한다.

제 6 조 (계약에 의한 적용배제)

당사자는 이 협약의 적용을 배제하거나 또는 제12조의 규정에 따라 이 협약의 어떤 규정에 대하여도 효력을 면하거나 변경시킬 수 있다.

제 2 장 총 칙

제 7 조 (협약의 해석원칙)

(1) 이 협약의 해석에 있어서는, 그 국제적인 성격과 적용상의 통일성을 촉진할 필요성 및 국제무역에서 신의성실의 준수에 대하여 유의하여야 한다.

(2) 이 협약에 의하여 규율되는 사항으로서 이 협약중에 명백히 해결되어 있지 않은 문제는 이 협약의 기초가 되어 있는 일반원칙에 따라 해결되어야 하며, 만일 그러한 원칙이 없는 경우에는 국제사법의 원칙에 의하여 적용되는 법률에 따라 해결되어야 한다.

제 8 조 (당사자 진술이나 행위의 해석)

(1) 이 협약을 적용하는 데 있어 당사자의 진술 또는 기타의 행위는 상대방이 그 의도를 알았거나, 또는 알지 못하였을 리가 없는 경우에는 당사자의 의도에 따라 해석되어야 한다.

(2) 전항의 규정이 적용될 수 없는 경우에는 한 당사자의 진술이나 또는 기타의 행위는 상대방과 동일한 부류의 합리적인 자가 동일한 상황하에서 가질 수 있는 이해력에 따라 해석되어야 한다.

(3) 한 당사자의 의도 또는 합리적인 자가 가질 수 있는 이해력을 결정함에 있어서는 당사자간에 이미 확립되어 있는 교섭의 경위와 거래관행, 관습 및 당사자의 그 후의 행위 등을 포함한 일체의 관련사정이 충분히 고려되어야 한다.

제 9 조 (관습과 관행의 구속력)

(1) 당사자는 그들이 합의한 관습 및 당사자간에 이미 확립되어 있는 거래관행에 의하여 구속된다.

(2) 당사자는 별도로 합의한 경우를 제외하고 그들이 알았거나, 또는 알았어야 하는 관습으로서 당해 특수무역에 관련되는 형태의 계약의 당사자들에게 국제무역에서 널리 알려져 있고 그들에 의해 통상적으로 준수되는 관습은 이를 당사자간의 계약 또는 그 성립에 목적으로 적용하는 것으로 본다.

제10조 (영업소의 정의)

이 협약을 적용하는 데 있어서,

(a) 한 당사자가 둘 이상의 영업소를 가지고 있는 경우에는 계약체결 당시 또는 그 이전에 당사자들이 알았거나, 또는 예기하였던 상황을 고려하여 계약 및 그 기행과 가장 밀접한 관계가 있는 곳을 그 영업소로 한다.

(b) 한 당사자가 영업소를 갖고 있지 아니한 경우에는 그가 상주하는 장소를 영업소로 한다.

제11조 (계약의 형식)

매매계약은 서면으로 체결되거나 입증될 필요가 없으며, 형식에 대하여도 기타의 다른 요건에 구속받지 아니한다.

매매계약은 증언을 포함하여 여하한 수단에 의해서도 입증될 수 있다.

제12조 (계약형식의 국내요건)

매매계약, 합의에 의한 매매계약의 변경, 해제, 청약, 승낙 또는 기타의 의사표시를 서면 이외의 방법에 의해서도 행할 수 있음을 인정하는 이 협약의 제11조, 제29조 또는 제2편에 있는 여하한 규정도, 어느 한 당사자가 이 협약 제96조의 규정에 의하여 선언을 한 협약국내에 영업소를 두고 있는 경우에는 적용하지 아니한다. 당사자들은 이 조항의 효력을 감하거나 변경하여서는 아니된다.

제13조 (서면의 정의)

이 협약을 적용하는 데 있어 "서면"에는 전보와 텔렉스를 포함한다.

제 2 편   계약의 성립

제14조 (청약의 기준)

(1) 1인 또는 그 이상의 특정인을 상대로 한 계약체결의 제의는 그 제의가 충분히 확정적이고, 또한 승낙할 경우에 구속된다는 청약자의 의사가 표시되어 있는 경우에 청약이 된다. 제의가 물품을 표시하고 있고, 또한 명시적 또는 묵시적으로 그 수량 또는 가격을 정하고 있거나 결정하기 위한 조항이 있는 경우에는 그 제의는 충분히 확정적인 것으로 한다.

(2) 1인 또는 그 이상의 특정한 자를 상대로 하는 경우 이외의 제의는 제의자에 의하여 반대의 의사가 명백히 표시되지 않았을 경우에는 단순히 청약의 유인에 불과한 것으로 본다.

제15조 (청약의 효력발생)

(1) 청약은 피청약자에게 도달한 때 효력이 발생한다.

(2) 청약은 취소불능인 경우에도 청약철회의 통지가 피청약자에게 청약의 도달 전 또는 청약과 동시에 도달하는 경우에는 이를 철회할 수 있다.

제16조 (청약의 취소)

(1) 어떠한 계약이 체결되기 전까지는 피청약자가 승낙의 통지를 발송하기 전에 취소의 통지가 상대방에게 도달하는 경우에 청약은 취소될 수 있다.

(2) 그러나 청약이 다음과 같은 경우에는 취소될 수 없다.

(a) 청약이 승낙기간을 명시하고 있거나 또는 기타의 방법으로 청약이 취소불능임을 표시하고 있는 경우, 또는

(b) 피청약자가 청약을 취소불능이라고 신뢰하는 것이 합리적이거나 또는 피청약자가 그 청약을 신뢰하여 행동하였을 경우

제17조 (청약의 거절)

청약이 비록 취소불능이라 하더라도 거절통지가 청약자에게 도달한 때는 효력이 상실된다.

제18조 (승낙의 효력발생시기 및 방법)

(1) 청약에 대한 동의를 표시하는 피청약자의 진술 또는 그 밖의 행위는 승낙이 된다. 침묵이나 또는 어떠한 행위도 취하지 아니하는 것, 그 자체로서는 승낙이 되지 아니한다.

(2) 청약에 대한 승낙은 동의의 의사표시가 청약자에게 도달함과 동시에 그 효력이 발생한다. 동의의 의사표시가 청약자가 정한 기간 내에 또는 기간이 정하여지지 아니한 경우에는 청약자가 사용한 통신수단의 신속성을 포함하여 거래의 상황이 충분히 고려하여 합리적인 기간 내에 청약자에게 도달하지 아니한 때에 승낙은 효력이 없다. 구두에 의한 청약은 별도의 사정이 없는 한 즉시 승낙되어야 한다.

(3) 그러나 청약의 성격상 또는 당사자간에 이미 확립되어 있는 관행이나 관습의 결과로서 피청약자가 청약자에게 아무런 통지 없이 물품의 발송이나 대금의 지급과 같은 행위를 함으로써 동의의 의사 표시를 하는 경우에는 승낙은 그 행위가 행하여짐과 동시에 효력이 발생한다. 다만, 그 행위는 전항에 규정된 기간 내에 행하여진 경우에 한한다.

제19조 (변경된 승낙의 효력)

(1) 청약에 대하여 승낙을 의도하고 있으나 그 청약에 대한 부가, 제한 또는 기타의 변경을 포함하고 있는 응답은 청약의 거절이며 반대청약이 된다.

(2) 그러나 청약에 대한 승낙을 의도한 응답이지만 청약의 조건을 실질적으로 변경하지 아니하는 부가적 조건 또는 상이한 조건을 포함하고 있는 응답은 청약자가 부당한 지체를 함이 없이 그 상이점에 대하여 구두로 반대하거나 또는 그러한 취지의 통지를 하지 않는 한 이는 승낙이 된다. 청약자가 그러한 반대를 하지 아니한 경우에는 승낙에 포함된 변경 내용대로 수정한 청약조건이 계약조건이 된다.

(3) 부가적 조건 또는 상이한 조건으로서 특히 가격, 결제, 물품의 품질 및 수량, 인도의 장소 및 시기, 상대방에 대한 당사자의 책임의 범위 또는 분쟁의 해결에 관한 것은 청약의 조건을 실질적으로 변경하는 것으로 간주된다.

제20조 (승낙기간의 해석)

(1) 청약자가 전보 또는 서한에서 정한 승낙기간은 전문문이 발신을 위하여 넘겨진 때로부터, 또는 서한에 표시된 일자로부터, 또는 그러한 일자가 표시되지 않은 경우에는 봉투에 표시된 일자로부터 시작된다. 청약자가 전화, 텔렉스 또는 기타의 동시적 통신수단에 의하여 정해진 승낙기간은 청약이 상대방에게 도달한 때로부터 시작된다.

(2) 승낙기간중에 들어 있는 공휴일 또는 휴업일은 승낙기간에 산입된다. 그러나 승낙기간의 말일이 청약자의 영업소 소재지의 공휴일 또는 휴업일에 해당함으로써 승낙의 통지가 기간의 말일에 청약자에게 도달될 수 없는 경우에는 그 다음의 첫번째의 영업일까지 연장된다.

제21조 (지연된 승낙)

(1) 지연된 승낙의 경우에도 청약자가 유효하다는 취지를 지체 없이 피청약자에게 구두로 알리거나 그러한 통지를 발송하는 경우에는 승낙으로서의 효력을 가진다.

(2) 지연된 승낙이 들어 있는 서한 또는 기타의 서면으로서 통상적으로 전달된 경우라면, 예정된 시기에 청약자에게 도달하였을 상황하에서 발송된 사실을 나타내고 있을 때는 청약자가 상대방에게 대하여 지체 없이 자신의 청약이 이미 실효된 것으로 간주한다는 취지를 구두로 알리거나, 또는 그러한 취지의 통지를 발송하지 아니하는 한, 지연된 승낙의 경우라도 승낙으로서의 효력을 갖게 된다.

제22조 (승낙의 철회)

승낙은 승낙의 효력이 발생하기 이전에 또는 그와 동시에 그 취소통지가 청약자에게 도달하는 경우에 철회될 수 있다.

제23조 (계약의 성립시기)

계약은 청약에 대한 승낙이 이 협약의 규정에 따라 효력을 발생한 때에 성립된다.

제24조 (도달의 정의)

이 협약 제2편의 적용에 있어 청약, 승낙의 선언 또는 기타의 의사의 표시가 상대방에게 "도달"한 때라 함은 그 의사표시가 구두 또는 기타의 방법으로 직접 상대방에게 전달되었을 때, 또는 상대방의 영업소나 우편 주소로 전달되었을 때, 또는 상대방의 영업소나 우편주소가 없는 경우에는 상대방의 상주하는 거소로 전달되었을 때로 한다.

제 3 편 물품의 매매

제 1 장 총 칙

제25조 (본질적 위반의 정의)

당사자의 일방이 범한 계약위반은 그 계약에서 상대방이 기대할 권리가 있는 것을 실질적으로 박탈할 정도로 손해가 발생되는 경우에는 본질적인 위반이 된다. 다만, 위반한 당사자가 그런 결과를 예견하지 못하였고, 또한 동일 부류에 속하는 합리적인 자일지라도 동일한 상황하에서 그러한 결과를 능히 예견하지 못하였을 경우에는 그러하지 아니하다.

제26조 (계약해제의 통지)

계약해제의 선언은 상대방에게 통지가 이루어진 경우에 한하여 효력이 있다.

제27조 (통신상의 지연과 오류)

이 협약 제3편에서 별도로 명시적으로 규정하고 있지 않는 한 통지, 요청 또는 기타의 통신이 이 편의 규정에 따라, 또는 상황에 적절한 방법으로 당사자에 의해 행해진 경우에는 통신을 전달하는 데 있어 지연 또는 오류가 발생하거나, 또는 그것이 도달되지 아니한 경우일지라도 그 당사자는 당해 통신을 원용할 수 있는 권리를 박탈당하지 아니한다.

제28조 (특정이행과 국내법)

이 협약의 규정에 따라 한 당사자가 상대방에게 의무의 이행을 요구할 수 있는 경우라도 법원은 이 협약이 적용되지 아니하는 유사한 매매계약에 대하여 국내법에 의해 특정이행을 명하는 판결을 내리게 될 만한 경우에 해당하지 아니하는 한 그러한 판결을 내릴 의무가 없다.

제29조 (계약변경 또는 합의종료)

(1) 계약은 당사자들의 단순한 합의만으로 변경되거나 또는 해제될 수 있다.

(2) 서면에 의한 계약으로써, 그 변경 또는 해제가 서면에 의한 합의를 요한다는 규정이 있는 경우에는 그 밖의 방법에 의한 합의에 의해서는 변경이나 해제를 할 수 없다. 그러나 당사자는 자기의 행동으로 인하여 상대방이 그러한 행동에 신뢰를 두었던 범위까지는 위 규정의 원용으로부터 배제될 수 있다.

제 2 장   매도인의 의무

제30조 (매도인의 의무요약)

매도인은 계약 및 이 협약이 요구하는 바에 따라 물품을 인도하고, 그 관계서류를 교부하며, 그리고 그 물품의 소유권을 이전하여야 한다.

제1절   물품의 인도 및 서류의 교부

제31조 (인도의 장소)

매도인이 물품을 어느 특정한 장소에서 인도하지 않아도 되는 경우에 매도인의 인도 의무는 다음과 같다.

(a) 매매계약이 물품의 운송을 수반하는 경우—매수인에게 전달하기 위하여 물품을 최초의 운송인에게 교부하는 것.

(b) 전항의 규정에 해당하지 아니하는 경우로서 계약이 특정물 또는 특정의 재고품 중에서 추출되는 불특정물 또는 제조 내지 생산되는 불특정물에 관련되어 있으며, 또한 계약체결 당시에 양 당사자가 물품이 특정한 장소에 있거나 또는 거기서 제조 및 생산된다는 것을 알고 있었을 경우— 그 장소에서 물품을 매수인의 임의처분상태대로 두는 것.

(c) 기타의 경우-계약체결 당시에 매도인의 영업소가 있는 장소에서 물품을 매수인의 임의처분상태대로 두는 것.

제32조 (선박수배의 의무)

(1) 매도인의 계약 또는 이 협약의 규정에 따라 물품을 운송인에게 교부하는 경우, 또 물품이 화인, 운송서류 또는 기타의 방법에 의하여 그 계약에 명확히 특정되어 있지 아니한 경우에 매도인은 물품을 상술한 탁송통지를 매수인에게 발송하여야 한다.

(2) 매도인이 물품의 운송을 주선할 책임이 있는 경우에 매도인은 상황에 따라 적당한 운송 수단에 의해, 또는 당해 운송을 위한 통상적인 조건으로 약정된 장소까지의 운송에 필요한 계약을 체결하여야 한다.

(3) 매도인이 물품의 운송과 관련하여 보험을 부보할 책임이 없는 경우로서 매수인의 요구가 있을 때 매도인은 매수인으로 하여금 보험을 부보하는 데 필요한 입수가능한 모든 정보를 매수인에게 제공하여야 한다.

제33조 (인도의 시기)

매도인은 다음에 해당하는 시기에 물품을 인도하여야 한다.

(a) 기일이 계약에 의하여 확정되어 있거나 또는 확정될 수 있는 경우에는 그 날,

(b) 기간이 계약에 의하여 확정되어 있거나, 또는 확정될 수 있는 경우에는 매수인이 기일을 선정하여야 하는 상황이 명시되어 있지 않는 한 그 기간 내의 임의의 시기, 또는

(c) 기타의 경우에는 계약체결 후의 상당한 기간 내.

제34조 (물품에 관한 서류)

매도인이 물품에 관한 서류를 교부할 의무가 있는 경우에는 계약에서 요구하고 있는 시기, 장소 및 방법에 따라 이를 교부하여야 한다. 당해 기일 이전에 매도인이 서류를 교부하였을 경우에 매도인은 당해 시기까지는 이 권리의 행사가 불합리한 불편이나 또는 불합리한 경비를 매수인에게 발생시키지 않는다면 서류의 결함을 보완할 수 있다. 그러나 매수인은 이 협약에서 규정하고 있는 손해배상을 청구할 권리를 보유한다.

제2절   물품의 적합성과 제3자의 청구권

제35조 (물품의 적합성)

(1) 매도인은 계약에서 요구되는 수량, 품질 및 물품명세로 또한 계약에서 요구되는 방법에 따라 용기에 담거나, 또는 포장된 물품을 인도하여야 한다.

(2) 당사자가 별도로 합의한 경우를 제외하고 물품은 다음의 요건에 충족되지 않으면 계약과 일치하지 아니한 것으로 한다.

(a) 물품명세와 동일한 물품으로서 통상적으로 사용되는 목적에 적합한 것일 것.

(b) 계약체결 당시에 매도인에게 명시적 또는 묵시적으로 알려져 있는 특정목적에 적합한 것일 것. 다만, 매수인이 매도인의 기술 및 판단에 의존하고 있지 아니하거나, 또는 의존하는 것이 불합리한 것이었을 경우에는 제외한다.

(c) 매도인이 매수인에게 견본 또는 모형으로서 제시한 물품의 품질을 구비한 것일 것.

(d) 당해 물품이 통상적인 방법으로, 또한 그러한 방법이 없는 경우에는 그 물품을 보존하거나 또는 보호할 수 있는 적절한 방법으로 용기에 담거나 또는 포장되어 있는 것일 것.

(3) 매수인이 계약체결 당시에 물품이 전항 제a호 내지 제d호의 요건에 적합하지 않는다는 것을 알고 있었거나, 또는 알지 못하였을 리가 없는 경우에 매도인은 그러한 부적합에 대하여 책임을 지지 아니한다.

제36조 (적합성의 결정시기)

(1) 매도인은 위험이 매수인에게 이전할 때 존재하는 부적합에 대하여 또한 그 이후에 물품이 부적합하다고 명백히 밝혀진 경우에도 계약 및 이 협약에 규정된 바에 따라 책임을 진다.

(2) 매도인은 전항에서 규정하고 있는 시점 이후에 발생한 부적합에 대하여서도, 그 부적합이 매도인의 어떤 의무를 위반한 것에서 기인하고 있는 경우에는 책임을 진다. 그러한 의무위반 중에는 일정기간 동안 물품이 통상적인 목적 또는 어떤 특정의 목적에 적합할 것이라는 보증의 위반, 또는 일정의 품질이나 특성을 보유할 것이라는 보증의 위반이 포함된다.

제37조 (인도기일전의 보완권)

매도인은 인도기일 이전에 물품을 인도하였을 경우에 그 기일까지는 매수인에게 불합리한 불편이나 또는 불합리한 비용을 발생시키지 아니하는 한 누락된 부분을 추가로 인도하거나, 부족수량을 보전하거나, 또는 부적합한 인도품을 대체하기 위한 물품을 인도하거나, 또는 인도품의 부적합성을 보완할 수 있다. 그러나 매수인은 이 협약에서 규정하고 있는 바에 따라 손해배상을 청구할 권리를 보유한다.

제38조 (물품의 검사기간)

(1) 매수인은 상황에 따라 가능한 기간 내에 물품을 검사하거나 또는 검사하게 하여야 한다.

(2) 계약이 물품의 운송을 포함하고 있는 경우에 물품의 검사는 물품이 목적지에 도착한 후까지 이를 연기할 수 있다.

(3) 매수인이 검사를 하기 위한 합리적인 기회를 갖지 않은 상태로 운송중에 있는 물품의 목적지를 변경하거나, 또는 물품을 전송하는 경우로서, 매도인이 계약체결 당시에 그러한 변경 또는 전송의 가능성을 알았거나 또는 알았어야 하는 경우에 물품의 검사는 물품이 새로운 목적지에 도착한 후까지 연기될 수 있다.

제39조 (불일치의 통지시기)

(1) 매수인이 물품의 부적합을 발견하거나, 또는 발견하였어야 하는 때로부터 상당한 기간 내에 매도인에게 대하여 부적합의 성질을 명확히 하여 통지하지 아니한 경우에 매수인은 물품이 부적합하다는 사실을 원용할 권리를 상실한다.

(2) 여하한 경우에도 물품이 실제로 매수인에게 교부된 날로부터 늦어도 2년 이내에 매수인이 매도인에게 물품의 부적합에 대하여 전항의 통지를 아니한 경우에 매수인은 당해 물품이 부적합하다는 사실을 원용할 권리를 상실한다. 다만, 이 기한제한이 계약상 보증기간과 일치하지 아니하는 경우에는 그러지 아니하다.

제40조 (매도인의 악의)

물품의 부적합을 매도인이 알았거나, 또는 알지 못하였을 리가 없는 사실로서, 또한 매도인이 그 사실을 매수인에게 알리지 아니하였던 사실과 관련되어 있는 경우에 매도인은 제38조 제39조의 규정을 원용할 권리가 부여되지 않는다.

제41조 (제3자의 청구권)

매도인은 매수인이 제3자의 권리 또는 청구권을 조건으로 물품을 수령할 것을 동의한 경우를 제외하고는 제3자의 권리 또는 청구권과 구속되지 않는 물품을 인도하여야 한다. 그러나 이러한 제3자의 권리 또는 청구권이 공업소유권 또는 기타의 지적소유권에 기초를 두고 있는 경우에 매도인의 의무를 제42조의 규정에 의하여 규율된다.

제42조 (제3자의 지적재산권)

(1) 매도인은 매도인이 계약체결 당시에 그 존재를 알았거나, 또는 알지 못하였을 리가 없는 공업재산권 또는 기타의 지적재산권에 기초를 두고 있는 제3자의 권리 또는 청구권에 구속받지 아니하는 물품을 인도하여야 한다. 다만, 제3자의 권리 또는 청구권이 다음의 각호에 해당하는 국가의 법률에 의한 공업재산권 또는 기타의 지적재산권에 기초를 두고 있는 경우에 한한다.

(a) 당사자가 계약체결 당시에 물품이 어떤 국가에서 전매되거나 또는 사용될 것이라는 것을 예상하고 있었을 경우에 당해 물품이 전매되거나, 또는 사용되는 국가의 법률.

(b) 기타의 경우에는 매수인의 영업소를 두고 있는 국가의 법률.

(2) 전항에서 규정하고 있는 매도인의 의무는 다음의 각호에 해당하는 경우 이를 적용하지 아니한다.

(a) 계약체결 당시에 매수인이 그 권리 또는 청구권의 존재를 알았거나 또는 알지 못하였을 리가 없는 경우: 또는

(b) 그러한 권리 또는 청구권이 매수인이 제공한 기술설계, 의장, 처방서 또는 기타의 명세에 따라 매도인이 행한 결과로 발생한 것일 경우.

제43조 (제3자의 권리에 대한 통지)

(1) 매수인이 제3자의 권리 또는 청구권의 존재를 알거나, 또는 알게 된 때로부터 상당한 기간 내에 매도인에게 제3자의 권리 또는 청구권의 성질을 명확히 한 통지를 하지 아니한 경우에 매수인은 제41조 또는 제42조의 규정을 원용할 권리를 갖지 못한다.

(2) 매도인이 제3자의 권리 또는 청구권 및 그 성질을 알고 있었던 경우에 매도인은 전항의 규정을 원용할 권리를 부여받지 못한다.

제44조 (통지불이행의 정당한 이유)

제39조 제1항 및 제43조 제1항의 규정에도 불구하고 매수인은 요구된 통지를 하지 아니한 데 대한 합리적인 변명을 할 수 있는 경우에 상실된 이익을 제외하고 제50조의 규정에 의한 대금의 감액이나 또는 그 밖에 손해배상을 청구할 수 있다.

제3절 매도인의 계약위반에 대한 구제

제45조 (매수인의 구제방법)

(1) 매도인이 계약 또는 이 협약에서 규정하고 있는 어떤 의무를 이행하지 못하는 경우에 매수인은 다음의 각호를 행할 수 있다.

(a) 제46조 내지 제52조에서 규정된 권리의 행사.

(b) 제74조 내지 제77조에서 규정된 손해배상의 청구.

(2) 매수인이 손해배상을 청구할 수 있는 권리는 그 이하의 구제를 구하는 권리를 행사함에 의하여 박탈당하지 아니한다.

(3) 매수인이 계약위반에 대한 구제를 구하는 경우에 법원 또는 중재판정부는 매도인에게 유예기간을 허용하여서는 아니된다.

제46조 (매수인의 이행청구권)

(1) 매수인은 매도인으로 하여금 그의 의무의 이행을 청구할 수 있다. 다만, 매수인이 그 청구와 일치할 수 없는 구제를 구하는 경우에는 그러하지 아니하다.

(2) 물품이 계약과 일치하지 않을 때에는 오직 이 적합성의 결여가 본질적인 계약 위반이 되는 경우로서 당해 청구가 제39조의 규정에 의한 통지와 함께 또는 그 후 합리적인 기간 내에 행하여졌을 경우에 한하여 매수인은 대체품 인도를 요구할 수 있다.

(3) 물품이 계약과 일치하지 아니한 경우로서 모든 상황을 고려하여 불합리하지 아니한 때에는 매수인은 매도인으로 하여금 그 부적합을 보완하도록 청구할 수 있다. 보완의 청구는 제39조의 규정에 의한 통지와 함께 또는 그 후부터 합리적인 기간 내에 행하여져야 한다.

제47조 (이행추가 기간의 지정)

(1) 매수인은 매도인의 의무이행을 위하여 합리적인 기간을 추가기간으로 정할 수 있다.

(2) 당해 추가기간 내에 이행할 수가 없다는 내용의 통지를 매도인으로부터 접수한 경우를 제외하고 매수인은 당해 기간중에 계약위반에 대하여 여하한 구제수단도 구할 수 없다. 그러나 매수인은 그로 인하여 이행의 지연에 대한 손해배상을 청구할 여하한 권리를 박탈당하지 아니한다.

제48조 (인도기일 후의 보완)

(1) 제49조의 규정에 따라 매도인은 인도기일 이후에도 자기의 비용으로 어떤 의무의 불이행에 대하여 이를 보완할 수 있다. 다만, 이 경우에는 불합리하게 지체되지 않아야 하며, 매수인에게 불합리한 불편을 주게 되거나, 또는 매수인이 선급한 비용을 매도인으로부터 상환받는 데 있어서 불확실성이 기재되어서는 아니된다. 그러나 매수인은 이 협약에 규정된 손해배상을 청구할 권리를 가진다.

(2) 매도인이 매수인에게 대하여 이행을 수락할 것인지 여부를 알려주도록 요구하였고, 매수인이 상당한 기간 내에 그러한 요구에 응답하지 아니한 경우에 매도인은 그러한 요구상에 제시된 기간 내에 이행할 수 있다. 그 기간중에 매수인은 매도인의 이행과 일치하지 않는 구제를 구할 수 없다.

(3) 특정한 기간 내에 이행한다는 내용에 대한 매도인의 통지는 매수인이 승낙여부에 관한 결정을 알려야 한다는 전항에서 규정하고 있는 요구를 포함하는 것으로 추정한다.

(4) 이 조 제2항 또는 제3항의 규정에 의한 매도인의 요구 또는 통지는 매수인이 이를 수령하지 아니하는 경우에는 그 효력이 발생되지 아니한다.

제49조 (매수인의 계약해제권)

(1) 매수인은 다음 각호의 하나에 해당하는 경우에는 계약을 해제할 수 있다.

(a) 계약 또는 이 협약의 규정에 의한 매도인의 의무불이행이 본질적인 계약위반이 되는 경우, 또는

(b) 인도불이행의 경우에는 제47조 제1항의 규정에 따라 매수인이 정한 추가기간내에 매도인이 물품을 인도하지 않았거나, 또는 이 기간 내에 인도하지 아니할 것이라고 표명한 경우.

(2) 그러나 매도인이 물품을 이미 인도하였을 경우에는 다음에 게기하는 시기에 계약을 해제하지 아니하는 한 매수인은 계약의 해제권을 상실한다.

(a) 인도의 지체에 대하여서는 매수인이 인도된 사실을 알게 된 시기로부터 상당한 기간 내.

(b) 인도의 지체 이외의 위반에 대하여서는 다음에 게기하는 시기로부터 상당한 기간 내.

(ⅰ) 매수인이 그 위반을 알았거나 또는 알았어야 하는 시기 이후.

(ⅱ) 제47조 제1항의 규정에 따라 매수인이 정한 추가기간의 유효기간이 경과한 이후, 또는 그 추가기간 내에 의무를 이행하지 아니할 것이라고 매도인이 표명한 시기 이후, 또는

(ⅲ) 제48조 제2항의 규정에 따라 매도인이 제시한 추가기일의 유효기간이 경과한 때, 또는 매수인이 이행을 승낙하지 아니할 것이라고 표명된 시기 이후.

제50조 (대금의 감액권)

물품이 계약에 일치하지 아니한 경우에는 대금의 지급여부에 관계없이 매수인은 실제로 인도된 물품의 인도당시의 가치가 계약에 일치하는 물품이었더라면 그 당시에 보유하고 있었을 가치에 대한 비율에 따라 대금을 감액할 수 있다. 다만, 매도인이 제37조 또는 제48조의 규정에 따라 의무의 불이행을 보완하는 경우이거나, 또는 이들의 규정에 따라 매도인이 행하는 이행의 승낙을 매수인이 거절하는 경우에 매수인은 대금을 감액할 수 없다.

제51조 (물품일부의 불일치)

(1) 매도인이 물품의 일부만을 인도하였거나, 또는 인도된 물품의 일부만이 계약과 일치하는 경우에 제46조 내지 제50조의 규정은 당해 부족부분 또는 부적합부분에 대하여 적용된다.

(2) 인도가 완전하게 이행되지 아니하였거나, 또는 계약에 일치하지 아니함으로써, 그것이 당해 계약에 본질적인 위반이 되는 경우에 한하여 매수인은 계약전부를 해제할 수 있다.

제52조 (기일전의 인도 및 초과 수량)

(1) 매도인이 이행기 전에 물품을 인도하는 경우에 매수인은 인도를 수령하거나 또는 이를 거절할 수 있다.

(2) 매도인이 계약에서 정해진 수량보다도 다량의 물품을 인도하는 경우에 매수인은 초과수량의 인도를 수령하거나, 또는 이를 거절할 수 있다. 매수인이 초과수량의 전부 또는 일부의 인도를 수령하는 경우에는 계약금액의 비율에 따라 그 대금을 지급하여야 한다.

제 3 장 매수인의 의무

제53조 (매수인의 의무요약)

매수인은 계약 및 이 협약의 규정에 따라 물품대금을 지급하여야 하며, 물품을 수령하여야 한다.

제1절 대금의 지급

제54조 (대금지급을 위한 조치)

매수인의 대금지급의무에는 계약 또는 법률 및 규정이 정하는 바에 따라 지급을 가능하게 하는 조치를 취하고 정식절차를 이행하는 것이 포함된다.

제55조 (대금이 불확정된 계약)

계약이 유효하게 체결되었으나 대금을 명시적 또는 묵시적으로 결정하지 아니하거나, 또는 이를 결정하기 위한 조항을 두고 있지 아니하는 경우에는 별도의 반대표시가 없는 한 당사자는 계약체결 당시에 당해 무역거래와 유사한 상황하에서 매매된 것과 동종의 물품에 대하여 일반적으로 청구되는 대금을 묵시적으로 참조한 것으로 한다.

제56조 (순중량에 의한 결정)

대금이 물품의 중량에 따라 확정되는 경우로서 의문의 여지가 있는 경우에는 물품의 순중량에 의하여 결정되는 것으로 한다.

제57조 (대금지급의 장소)

(1) 매수인이 대금을 다른 특정한 장소에서 지급할 의무가 없는 경우에도 다음의 장소에서 매도인에게 지급하여야 한다.

(a) 매도인의 영업소, 또는

(b) 물품 또는 서류의 교부와 동시에 대금이 지급되어야 하는 경우에는 그 교부가 행하여지는 장소.

(2) 계약이 체결된 후에 매도인이 영업소를 변경함에 의해 야기된 대금지급에 부수하여 발생하는 비용의 증가는 매도인이 부담하여야 한다.

제58조 (대금지급의 시기)

(1) 매수인은 대금을 다른 특정 기일에 지급하여야 할 의무가 없는 경우에는 계약 및 이 협약의 규정에 따라 매도인이 물품 또는 물품을 처분할 수 있는 서류를 매수인의 처분에 맡겨진 경우에 대금을 지급하여야 한다. 매도인은 당해 지급을 물품 또는 서류의 교부를 위한 조건으로 할 수 있다.

(2) 계약이 물품의 운송을 수반하는 경우에 매도인은 대금의 지급과 동시에 교환하는 경우가 아니면 물품 또는 물품을 처분할 수 있는 서류를 매수인에게 교부하지 아니한다는 조건으로 물품을 송부할 수 있다.

(3) 매수인은 물품을 검사할 기회를 가질 때까지는 대금을 지급할 의무가 없다. 다만 당사자간에 합의된 인도 또는 지급의 절차가 매수인이 검사의 기회를 가지는 것과 일치하지 아니하는 경우에는 그러하지 아니하다.

제59조 (지급청구에 앞선 지급)

매수인은 계약 및 이 협약에서 정한 날 또는 확정할 수 있는 날에 대금을 지급하여야 하며, 매도인측으로부터 하등의 요구나 그에 따른 절차를 준수하지 않아도 된다.

제2절 인도의 수령

제60조 (인도수령의 의무)

매수인의 인도수령(인수)하기 위한 의무는 다음과 같다.

(a) 매도인이 인도를 가능하게 하기 위하여 매수인에게 합리적으로 기대될 수 있는 모든 행위를 하

는 일.

　(b) 물품을 수령하는 일.

제3절　매수인의 계약위반에 대한 구제

제61조 (매도인의 구제방법)

　(1) 매수인이 계약 또는 이 협약의 규정에 의한 어떤 의무를 이행하지 아니하는 경우에 매도인은 다음의 구제를 구할 수 있다.

　　(a) 제62조 내지 제65조에 규정된 권리의 행사

　　(b) 제74조 내지 제77조의 규정에 따른 손해배상의 청구

　(2) 매도인이 손해배상을 청구할 수 있는 권리는, 그 이외의 구제를 구하는 권리를 행사하더라도 박탈당하지 아니한다.

　(3) 매도인의 계약위반에 대한 구제를 구하는 경우에 법원 또는 중재판정부는 매수인에게 유예기간을 줄 수 없다.

제62조 (매도인의 이행청구권)

　매도인은 매수인에게 대금의 지급, 인도의 수령 또는 기타의 매수인의 의무이행을 요구할 수 있다. 다만, 매도인이 그 요구와 일치할 수 없는 구제를 구하고 있는 경우에는 그러하지 아니하다.

제63조 (이행추가 기간의 지정)

　(1) 매도인은 매수인이 그의 의무를 이행하도록 하기 위하여 상당한 추가기간을 정할 수 있다.

　(2) 당해 추가기간 내에 이행할 의사가 없다는 취지의 통지를 매수인으로부터 접수하지 않는 한 매도인은 그 기간중에 계약의 위반에 대하여 여하한 구제도 구할 수 없다. 그러나 매도인은 그로 인하여 이행의 지연에 대한 손해배상을 청구할 수 있는 권리를 박탈당하지 아니한다.

제64조 (매도인의 계약해제권)

　(1) 매도인은 다음 각호의 하나에 해당하는 경우에는 계약을 해제할 수 있다.

　　(a) 계약 또는 이 협약의 규정에 의한 어떤 의무를 매수인이 이행하지 아니함에 따라 본질적 계약위반이 되는 경우, 또는

　　(b) 제63조 제1항의 규정에 따라 매도인이 정한 추가기간 내에 매수인이 대금지급의무 또는 물품인도의 수령의무를 이행하지 아니하였거나 또는 매수인이 이 기간 내에 그 의무를 이행하지 아니할 것이라고 매수인이 표명한 경우.

　(2) 그러나 매수인이 대금을 이미 지급하였을 경우에는 다음의 각호의 하나에 해당하는 시기에 계약을 해제하지 아니하는 한 매도인은 계약의 해제권을 상실한다.

　　(a) 매수인의 이행지연에 대하여서는 매도인이 이행된 사실을 알기 이전, 또는

(b) 매수인의 이행지연 이외의 위반에 대하여서는 다음 각호의 하나에 해당하는 시기 이후에 상당한 기간 내.

(ⅰ) 매도인이 그 계약위반을 알 수 있었던 시기 이후.

(ⅱ) 제63조 제1항의 규정에 따라 매도인이 정한 추가시간이 경과한 시기 이후, 또는 당해 추가기간 내에 의무의 이행을 하지 아니할 것이라고 매수인이 표명한 시기 이후.

제65조 (물품명세의 확정권)

(1) 계약상 매수인이 물품의 형태, 용적 또는 기타의 특징을 지정하기로 되어 있는 경우로서 합의된 기일 또는 매도인으로부터 요구를 접수한 후의 상당한 기간 내에 매수인이 그 물품명세를 지정하지 아니할 때에는, 매도인은 매도인이 보유하고 있는 다른 권리를 훼손당함이 없이 매도인이 알고 있는 매수인의 필요 요건에 따라 스스로 물품명세를 작성할 수 있다.

(2) 매도인 자신이 물품명세를 작성하는 경우에는, 매수인에게 상세한 물품명세를 통지하여야 하며, 또한 매수인이 그와 상이한 물품명세를 작성할 수 있는 상당한 기간을 설정하여야 한다. 매수인이 그러한 통지를 접수한 후 설정된 기간 내에 상이한 물품명세를 작성하지 아니하는 경우에는 매도인이 작성한 물품명세사항이 구속력을 가진다.

제 4 장 위험의 이전

제66조 (위험부담의 일반원칙)

위험이 매수인에게 이전된 후에는 물품이 멸실되거나 또는 손상되더라도 매수인은 대금지급의무가 면제되지 아니한다. 다만, 당해 멸실 또는 손상이 매도인의 작위 또는 부작위에 의한 것일 경우에는 그러하지 아니하다.

제67조 (운송조건부 계약품의 위험)

(1) 매매계약이 물품의 운송을 수반하는 경우로서 매도인이 특정한 장소에서 물품을 교부할 의무가 없을 때에는 매매계약에 따라 매수인에게 송부하기 위하여 물품이 최초의 운송인에게 교부된 때에 위험은 매수인에게 이전한다. 매도인이 특정한 장소에서 물품을 운송인에게 교부하여야 하는 경우에는 물품이 당해 장소에서 운송인에게 교부될 때까지 위험은 매수인에게 이전하지 아니한다. 매도인이 물품을 처분할 수 있는 서류를 보유하는 권한이 있다는 사실은 위험의 이전에 영향을 미치지 아니한다.

(2) 그럼에도 불구하고 물품이 화인, 운송서류, 매수인에 대한 통지 또는 기타의 방법에 의하여 계약의 목적물로서 명확히 확인될 때까지 위험은 매수인에게 이전되지 아니한다.

제68조 (운송 중 매매물의 위험)

운송도중에 있는 물품이 매매되는 경우의 위험은 당해 매매계약이 체결된 때로부터 매수인에게 이전한다. 그러나 상황으로 보아 인정될 수 있는 경우에는 위험은 운송계약을 구현하는 서류를 발행한 운송인에게 물품을 인도한 때로부터 매수인이 부담한다. 그럼에도 불구하고 매매계약체결시에 매도인이 물품이 이미 멸실 또는 손상된 사실을 알았거나, 또는 알 수 있었던 경우로서, 이를 매수인에게 알리지 아니하였을 때는 당해 멸실 또는 손상은 매도인의 위험부담으로 한다.

제69조 (기타 경우의 위험)

(1) 제67조 및 제68조의 규정이 적용되지 않는 경우에 위험은 매수인이 물품을 수령한 때 또는 매수인이 상당한 기간 내에 물품을 수령하지 아니하는 경우에는 물품이 매수인의 처분에 맡겨져 있음에도 불구하고 매수인이 이를 수령하지 아니하여 계약위반을 범하게 된 때로부터 매수인에게 이전된다.

(2) 그러나 매수인이 매도인의 영업소 이외의 장소에서 물품을 수령하여야 하는 경우에는 인도의 이행기가 도래하고, 또한 물품이 당해 장소에서 매수인의 처분에 맡겨진 사실을 매수인이 알았을 때 위험이 이전된다.

(3) 계약이, 그 체결시에 불특정물의 매매에 관한 것일 경우에 물품은 계약상으로 명확히 특정될 때까지는 매수인의 임의처분상태에 놓여져 있지 아니한 것으로 간주된다.

제70조 (매도인의 계약위반시의 위험)

매도인이 본질적인 계약위반을 범하였을 경우에도 제67조, 제68조 및 제69조의 규정은 당해 위반을 이유로 하여 매수인이 이용할 수 있는 구제수단을 해치지 아니한다.

제 5 장 매도인과 매수인의 의무에 공통되는 규정

제1절 이행기 전의 계약위반 및 분할이행계약

제71조 (이행의 정지)

(1) 계약을 체결한 후에 다음 각호의 하나에 해당하는 사유로서 상대방이 그 의무와 중요한 부분을 이행하지 아니할 것이라는 것이 명백하여질 경우에 당사자는 자기의 의무의 이행을 정지할 수 있다.

(a) 상대방의 이행능력 또는 그 신뢰성의 현저한 실추 또는

(b) 계약의 이행을 준비하거나 또는 계약을 이행하는 데 있어서의 상대방의 행위.

(2) 전항에 규정된 사유가 명백하여지기 이전에 매도인이 물품을 이미 발송하였을 경우에는 비록 물품을 취득할 수 있는 서류를 매수인이 보유하고 있다 하여도 매도인은 물품이 매수인에게 교부되는 것을 중지시킬 수 있다. 이 항의 규정은 매도인과 매수인 상호간의 물품에 대한 권리에만 적용된다.

(3) 물품의 발송 전후에 관계없이 이행을 정지한 당사자는 당해 정지의 통지를 상대방에게 즉시 발송하여야 하며, 상대방이 그 이행에 대하여 적절한 보장을 제공한다면 계속하여 이행하여야 한다.

제72조 (이행기일전의 계약해제)

(1) 계약의 이행기일 이전에 당사자의 일방이 본질적인 계약위반을 범할 것이 명백한 경우에 상대방은 계약을 해제할 수 있다.

(2) 시간이 허용되는 경우에 계약을 해제하고자 하는 당사자는 상대방이 그 이행에 대하여 적절한 보장을 제공할 수 있도록 하기 위하여 합리적인 통지를 발송하여야 한다.

(3) 전항의 규정은 상대방이 그 의무를 이행하지 아니할 것이라고 표명하였을 경우에는 이를 적용하지 아니한다.

제73조 (분할이행계약의 해제)

(1) 물품을 분할하여 인도하는 계약의 경우로서 어느 분할부분에 관한 일방 당사자의 어떤 의무의 불이행이 당해 분할부분에 대하여 본질적인 계약위반을 구성하는 경우에 상대방은 당해 분할부분에 대하여 계약을 해제할 수 있다.

(2) 어느 분할부분에 관한 일방당사자의 어떤 의무의 불이행이 상대방으로 하여금 장래의 분할부분에 대하여 본질적인 계약위반이 발생할 것이라고 미루어 판단하는 충분한 근거가 되는 경우에 장래의 분할부분에 대하여 계약을 해제할 수 있다. 다만, 상대방은 상당한 기간 내에 계약을 해제하여야 한다.

(3) 어느 인도부분에 대하여 계약을 해제하려는 매수인은 이미 이루어진 인도 또는 장래에 이루어질 인도에 대하여서도 동시에 계약을 해제할 수 있다. 다만, 그러한 인도들이 상호의존관계에 있음으로써 계약의 체결 당시에 양 당사자가 의도하였던 목적을 위하여 그러한 인도가 사용될 수 없게 된 경우에 한한다.

제2절 　손해배상액

제74조 (손해배상액 산정의 원칙)

일방 당사자의 계약위반에 대한 손해배상액은 예상이익의 손실을 포함하여 당해위반의 결과에 따라 상대방이 입은 손실과 동등한 금액으로 구성된다. 당해 손해배상액은 위반을 한 당사자가 계약의 체결 당시에 알았거나 또는 알았어야 하였던 사실 및 사항에 비추어 계약위반의 결과에 따라 발생할 가능성이 있는 결과라는 것을 계약의 체결 당시에 예견하였거나 또는 예견하였어야 하는 손실액을 초과할 수는 없다.

제75조 (대체거래시의 손해배상액)

계약이 해제된 경우로서 해제된 후 합리적인 방법과 합리적인 기간 내에 매수인이 대체품을 구입하거나, 또는 매도인이 물품을 전매하였을 경우에 손해배상을 청구하는 당사자는 계약대금과 대체거래에 있어서의 대금과의 차액 및 제74조의 규정에 의하여 받을 수 있는 여타의 배상금을 보상받을 수 있다.

제76조 (시가에 기초한 손해배상액)

(1) 계약이 해제되고 또한 물품에 시가가 있는 경우로서 손해배상을 청구하는 당사자가 제75조의 규정에 의한 구입 또는 전매를 하지 아니하였을 때는 계약대금과 계약해제 당시의 시가외의 차액 및 그 밖에 제74조의 규정에 의하여 받을 수 있는 여타의 배상금을 보상받을 수 있다. 그러나 손해보상을 청구하는 당사자가 물품을 수령한 후에 계약을 해제하였을 경우에는 계약해제 당시의 시가를 대신하여 물품수령 당시의 시가를 적용한다.

(2) 전항의 규정을 적용하는 데 있어 시가라 함은 물품의 인도가 행하여졌어야 하는 장소에서 지배적인 가격인 것으로 한다. 당해 장소에서의 시가가 없는 경우에는, 이에 합리적으로 대체될 만한 다른 장소에서의 시가로 하며, 이 때 물품운송비용의 차이를 충분히 허용하여야 한다.

제77조 (손해경감의 의무)

계약위반을 주장하는 당사자는 희망이익의 손실을 포함하여 그 위반에 따라 야기된 손실을 경감하기 위하여, 그 상황하에서 합리적인 조치를 취하여야 한다. 그러한 조치를 취하지 아니하는 경우에 위반한 당사자는 경감되어야 하는 손실에 해당하는 금액을 손해배상금중에서 감액하도록 청구할 수 있다.

제3절 이   자

제78조 (연체금액의 이자)

당사자가 대금 또는 기타 연체금액의 지급을 하지 못한 경우 상대방은 제74조의 규정에 의하여 받을 수 있는 손해배상청구권이 침해당하지 아니하고 당해 금액에 대한 이자를 받을 권리가 있다.

제4절 면   책

제79조 (손해배상책임의 면제)

(1) 자기의 어떤 의무를 이행하지 못한 당사자가, 그러한 불이행이 불가항력적인 장해에 기인하였던 것이라는 점 및 그와 같은 장해를 계약의 체결 당시에 고려하였거나, 또는 그 장해나 결과는 회피하거나 극복하는 일이 합리적으로 기대될 수 없었던 것이라는 점을 입증하였을 경우에는, 그 불이행에 대하여는 책임을 지지 아니한다.

(2) 당사자의 불이행의 계약의 전부 또는 일부를 이행하기 위하여 고용된 제3자에 의하여 발생된 불이행에 기인하는 것일 경우에 당사자는 다음의 경우에 한하여 면책된다.

(a) 당사자가 전항의 규정에 의한 면책이 되는 경우, 및

(b) 당사자가 고용한 제3자에게 전항이 규정이 적용된다면 그 제3자가 면책될 수 있는 경우.

(3) 이 조에서 규정하고 있는 면책은 장해가 존재하는 기간 동안 효력을 갖는다.

(4) 불이행의 당사자는 상대방에게 장해와 이 장해가 자신의 이행능력에 미치는 효과에 관하여 통지하여야 한다. 불이행의 당사자가 장해를 알았거나 또는 알았어야 하는 때로부터 상당한 기간 내에, 그 통

지가 상대방에게 도달되지 아니한 경우에 당사자는 당해 불수령으로 인하여 발생하는 손해배상에 대한 책임을 진다.

(5) 이 조의 규정은 어느 당사자에 대하여서나, 이 협약의 규정에 의한 손해배상청구 이외의 여하한 권리의 행사도 이를 방해하지 아니한다.

제80조 (자신의 귀책사유와 불이행)

당사자가 자기의 작위 또는 부작위의 결과에 따라 상대방의 불이행이 야기되었을 경우에 그 한도까지는 상대방의 불이행의 사실을 원용하여서는 안 된다.

제5절 해제의 효과

제81조 (계약의무의 소멸과 반환청구)

(1) 계약의 해제는 정당한 손해배상에 순응할 것이라는 조건하에 양 당사자는 계약의 의무로부터 면제된다. 계약의 해제는 분쟁해결을 위한 계약조항이나 계약해제에 따른 당사자의 권리와 의무를 규정하는 기타의 계약조항에 영향을 미치지 아니한다.

(2) 계약의 전부 또는 일부를 이미 이행한 자는 상대방에 대하여 자기가 당해 계약하에서 이미 공급 또는 지급한 것에 대한 반환을 청구할 수 있다. 당사자 쌍방이 반환하여야 할 의무가 있는 경우에 양당사자는 이를 동시에 이행하여야 한다.

제82조 (물품반환이 불가능한 경우)

(1) 매수인이 물품을 수령한 당시의 실질적으로 동일한 상태로 당해 물품을 반환하는 것이 불가능한 경우에 매수인은 계약을 해제할 권리 또는 매도인에게 대체품의 인도를 요구할 권리를 상실한다.

(2) 전항의 규정은 다음의 경우에는 이를 적용하지 아니한다.

(a) 물품의 반환이 불가능하거나 또는 물품의 수령 당시와 실질적으로 동일한 상태로의 반환이 불가능한 사유가 매수인의 작위 또는 부작위에 기인하는 것이 아닌 경우.

(b) 물품의 전부 또는 일부가 제38조에 규정된 검사의 결과로서 이미 멸실 또는 변질된 경우.

(c) 매수인이 부적합을 발견하였거나 또는 발견하였어야 하는 시기 이전에 이미 물품의 전부 또는 일부가 통상의 영업과정에서 매수인에 의하여 매각되었거나 또는 통상의 사용과정에서 소비 또는 변형된 경우.

제83조 (기타의 구제방법)

제82조의 규정에 의하여 계약을 해제할 권리나 또는 매도인에게 대체품을 인도하도록 요구할 권리를 상실한 매수인은 계약 및 이 협약에서 규정하고 있는 기타의 구제를 구하는 권리를 보유한다.

제84조 (이익의 반환)

(1) 매도인이 대금을 반환하여야 하는 경우에 매도인은 대금이 지급된 날로부터 기산한 이자도 또한 지급하여야 한다.

(2) 매수인은 다음에 해당하는 경우에는 물품의 전부 또는 일부로부터 유래하는 모든 이익을 매도인에게 반환하여야 한다.

(a) 매수인이 물품의 전부 또는 일부를 반환하여야 하는 경우.

(b) 물품의 전부 또는 일부를 반환하는 것이 불가능하거나, 또는 물품의 수령 당시와 실질적으로 동일한 상태로 전부 또는 일부를 반환하는 것이 불가능한 경우에도 불구하고 매수인이 계약을 해제하였거나 또는 매도인에게 대체품을 인도하도록 요구하였을 경우.

제6절 물품의 보존

제85조 (매도인의 보존의무)

매수인이 물품인도의 수령을 지체한 경우, 또는 대금의 지급과 물품의 인도가 동시에 이행되어야 하는 경우로서 매수인이 대금을 지급하지 아니하고 매도인이 물품을 점유하고 있거나. 또는 기타의 방법으로 처분할 수 있는 경우에 매도인은 그 상황하에서 합리적으로 물품을 보존하기 위한 조치를 취하여야 한다. 매도인은 매수인으로부터 그 합리적인 비용을 상환받을 때까지 물품을 유치할 권한이 있다.

제86조 (매수인의 보존의무)

(1) 매수인이 물품을 수령하였으나 그 물품을 거절하기 위하여 계약 또는 이 협약의 규정에 의한 권리를 행사하고자 할 경우에 매수인은 그 상황하에서 합리적으로 물품을 보존하기 위한 조치를 취하여야 한다. 매수인은 매도인으로부터 그 합리적인 비용을 상환받을 때까지 물품을 유치할 권한이 있다.

(2) 매수인 앞으로 발송된 물품이 목적지에서 매수인의 처분상태에 놓여졌으나 매수인이 물품을 거절할 권리를 행사하는 경우에 매수인은 매도인을 대신하여 물품을 점유하여야 한다. 다만, 대금을 지급함이 없이, 또한 불합리한 불편이나 불합리한 비용을 수반함이 없이 점유할 수 있는 경우에 한한다. 이 규칙은 매도인 또는 매도인을 대신하여 물품의 관리권한을 위임받은 자가 목적지에 있는 경우에는 적용하지 아니한다. 매수인이 이 항의 규정에 따라 물품을 점유하는 경우에 매수인의 권리 및 의무에 대하여서는 전항의 규정을 적용한다.

제87조 (제3자 창고에의 기탁)

물품을 보존하기 위한 조치를 취할 의무가 있는 당사자는 그 비용이 불합리한 것이 아닌 한 상대방의 비용으로 하여 물품을 제3자의 창고에 임치할 수 있다.

제88조 (물품의 매각)

(1) 제85조 또는 제86조의 규정에 따라 물품을 보존할 의무가 있는 당사자는 상대방이 물품의 점유

의 취득, 그 반환, 또는 대금이나 보존비용을 지급함에 있어 불합리하게 지연되었을 경우에는 적당한 방법으로 물품을 매각할 수 있다. 다만, 상대방에게 매각의 의도에 대한 합리적인 통지를 하였을 경우에 한한다.

(2) 물품이 급속히 변질되기 쉬운 것이거나, 또는 그 보관에 불합리한 비용이 수반되는 것일 경우에는 제85조 또는 제86조의 규정에 의하여 물품을 보존할 의무가 있는 당사자는 물품을 매각하기 위한 합리적인 조치를 취하여야 한다. 이 경우에는 가능한 한 그러한 당사자는 상대방에게 매각의 의도에 관하여 통지를 하여야 한다.

(3) 물품을 매각하는 당사자는 매각대전 중에서 물품의 보존 및 그 매각에 소요된 합리적인 비용과 동일한 금액을 공제할 권리가 있다. 다만, 그러한 당사자는 그 잔액에 대하여 상대방에게 정산하여야 한다.

제 4 편 최종규정

제89조 (협약의 수탁자)

국제연합 사무총장을 이 협약의 수탁자로 지정한다.

제90조 (타 협정과의 관계)

이미 발효되었거나, 또는 이후 발효하게 될 국제협정으로서, 이 협약에 의하여 규율되는 사항에 관한 규정을 그 협정 내에 포함하고 있는 경우에 이 협약은 당해 협정에 우선하여 적용되지 아니한다. 다만, 계약당사자가 당해 협정의 당사국 내에 영업소를 갖고 있는 경우에 한한다.

제91조 (서명과 협약이 채택)

(1) 이 협약은 국제물품매매계약에 관한 국제연합회의의 최종회합에서 서명을 위하여 개방되며, 뉴욕의 국제연합본부에서 1981년 9월 30일까지 모든 국가가 서명할 수 있도록 개방된다.

(2) 이 협약은 서명국에 의하여 비준, 수락 또는 승인되어야 한다.

(3) 이 협약은 서명을 위하여 개방된 날로부터 모든 비서명국들이 가입하도록 하기 위하여 개방된다.

(4) 비준서, 수락서, 승인서 및 가입서는 국제연합 사무총장에게 기탁하는 것으로 한다.

제92조 (일부규정의 채택)

(1) 체약국은 서명, 비준, 수락, 승인 또는 가입시에, 그 국가가 이 협약 제2편의 규정에 구속되지 아니할 것이라는 취지, 또는 그 국가가 이 협약 제3편의 규정에 구속되지 아니할 것이라는 취지를 선언할 수 있다.

(2) 이 협약의 제2편 또는 제3편의 규정에 관하여 전항의 규정에 따라 선언을 한 체약국은 그 선언이 적용되는 당해 각 편의 규정에 의하여 규율되는 사항에 관하여서는, 이 협약 제1조 제1항에 의한 소정의 체약국으로 간주되지 아니한다.

제93조 (연방국가의 채택)

(1) 체약국이 둘 이상의 영역을 보유하고 있고 또한 당해국의 헌법에 의하면 이 협약이 취급하고 있는 사항과 관련하여 각 영역에서 상이한 법제가 적용되고 있는 경우에, 체약국은 서명, 비준, 수락, 승인 또는 가입할 당시에 이 협약을 전부의 영역에, 또는 그 중의 하나 또는 그 이상의 영역에만 적용할 것이라는 것을 선언할 수 있으며, 또한 언제라도 다른 선언을 제시함으로써 이전의 선언을 변경할 수 있다.

(2) 전항의 선언은 수탁자에게 통보되어야 하며, 이 협약이 적용될 영역을 명시적으로 기재하여야 한다.

(3) 이 조에 의한 선언의 결과로, 이 협약이 체약국의 하나 또는 그 이상의 영역에 적용되면서도, 그것이 전 영역에는 미치지 아니하고 당사자의 영업소가 당해국 내에 있는 경우에는, 그 영업소가 이 협약이 적용되는 영역 내에 있지 않는 한 이 협약을 적용하는 데 있어 영업소는 체약국 내에 없는 것으로 간주한다.

(4) 체약국이 이 조 제1항의 선언을 하지 아니하는 경우에 이 협약은 당해국의 전역에 적용되는 것으로 한다.

제94조 (연방법령이 있는 국가의 채택)

(1) 이 협약이 규율하는 사항에 관하여 상호 동일하거나 또는 밀접한 관계가 있는 법령을 두고 있는 둘 또는 그 이상의 채택국은 양 당사자의 영업소가 그들 국가 내에 소재하고 있는 경우에는 그 협약이 그 매매계약의 성립에 대하여 적용되지 아니한다는 취지의 선언을 언제라도 할 수 있다. 이와 같은 선언은 공동으로, 또는 호혜주의를 조건으로 하여 일방적으로 행할 수 있다.

(2) 이 협약이 규율하는 사항에 대하여 하나 또는 그 이상의 비체약국과 상호 동일하거나 또는 밀접한 관계가 있는 법령을 두고 있는 체약국은 양 당사자의 당해 업소가 그들 국가 내에 소재하고 있는 경우에 이 협약을 그 매매계약 및 성립에 대하여는 적용되지 아니한다는 취지의 선언을 언제든지 할 수 있다.

(3) 전항의 선언의 대상이 된 국가가, 그 후 체약국이 된 경우에 당해 선언은 이 협약이 그 새로운 체약국에 대하여 효력을 발생한 날로부터, 이 조 제1항에 의해서 규정된 선언으로서의 효력이 있다. 다만, 새로운 체약국이 그 선언에 참가하거나 또는 호혜주의를 조건으로 하는 일방적인 선언을 행하는 경우에 한한다.

제95조 (제1조 1항 b호의 배제)

어느 체약국의 경우에도 비준서, 수락서, 승인서 또는 가입서를 기탁할 당시에 이 협약 제1조 제1항 (b)호의 규정에 의하여 구속되지 아니할 것이라고 선언할 수 있다.

제96조 (계약형식요건의 유보)

그 국가의 입법에 의하여 매매계약의 체결이 서면에 의하여 이루어지거나 입증되어야 할 것임을 요구하고 있는 체약국은 제12조의 규정에 따라 매매계약 또는 합의에 의한 그 변경이나 해제 또는 청약, 승낙 기타의 의사표시를 서면 이외의 방법에 의하여 행하는 것을 인정하는 제11조, 제29조, 또는 이 협약 제2

편의 어떤 규정도 당사자의 어느 일방이 그 국가 내에 영업소를 두고 있는 경우에는 이를 적용하지 아니 한다는 취지의 선언을 할 수 있다.

제97조 (협약에 관한 선언 절차)

(1) 서명 당시에 이 협약에 의하여 행하여진 선언은 비준, 수락 또는 승인에 즈음하여 이를 확인하여 야 하는 것으로 한다.

(2) 선언 및 선언의 확인은 서면에 의하여 행하여져야 하며, 또는 정식으로 수탁자에게 통지하여야 한다.

(3) 선언은 이를 행한 국가에 대하여 이 협약이 효력을 발생함과 동시에 효력이 발생된다. 다만, 이 협약이 그 국가에 대하여 효력을 발생한 후 수탁자가 선언에 대한 정식의 통지를 수령하였을 경우에 당 해 선언은 수탁자가 이를 수령한 날로부터 6개월을 경과한 후의 최초 월의 초일에 효력을 발생한다. 제 94조의 규정에 의한 호혜주의를 조건으로 하는 일방적 선언은 수탁자가 최종의 선언을 수령한 날로부터 6개월을 경과한 후의 최초월의 초일에 효력을 발생한다.

(4) 이 협약에 의한 선언을 행한 국가는 수탁자 앞으로 송부하는 서면에 의한 정식의 통지를 함으로 써 그 선언을 언제든지 철회할 수 있다. 그러한 철회는 수탁자가 통지를 수령한 날로부터 6개월이 경과 한 후의 최초 월의 초일에 효력을 발생한다.

(5) 제94조의 규정에 의한 선언의 철회는 그 철회가 효력을 발생한 날로부터 동 조의 규정에 의거 행 하여진 다른 국가에 의하여 행하여진 호혜적 선언의 효력을 정지시킨다.

제98조 (유보의 금지)

어떠한 유보도 이 협약 중에 명백하게 인정한 경우를 제외하고는 허용되지 아니한다.

제99조 (협약의 발효)

(1) 이 협약은 이 조 제6항의 규정에 따른 것을 조건으로 하고, 제92조의 규정에 의한 선언에 기재되 어 있는 문서를 포함하여 제10번째의 비준서, 수락서, 승인서 또는 가입서가 기탁된 날로부터 12개월을 경과한 후의 최초 월의 초일에 효력을 발생한다.

(2) 이 협약의 제10번째의 비준서, 수락서, 승인서 또는 가입서의 기탁 후에 비준, 수락, 승인 또는 가 입을 하는 국가에 대하여서 이 협약은 그 적용이 배제되는 당해 편을 제외하고 이 조 제6항의 규정에 따 를 것을 조건으로 하여 당해 국가의 비준서, 수락서, 승인서 또는 가입서가 기탁된 날로부터 12개월을 경 과한 후의 최초 월의 초일에 효력을 발생한다.

(3) 1964년 7월 1일 헤이그에서 작성된 국제물품매매계약의 성립에 관한 통일법에 관한 협약(1964년 헤이그 계약성립에 관한 협약) 및 1964년 7월 1일 헤이그에서 작성된 국제물품매매에 관한 통일법에 관 한 협약(1964년 헤이그 매매협약)의 일방 또는 쌍방의 당사국이 이 협약에의 비준, 수락, 승인 또는 가 입을 할 때는 네덜란드 정부에 그러한 취지의 통지를 함으로써, 경우에 따라서는 1964년 헤이그 성립협 약 및 1964년 헤이그 매매협약의 일방 또는 쌍방을 동시에 폐기하여야 한다.

(4) 1964년 헤이그 매매협약의 당사국으로서 이 협약에의 비준, 수락, 승인 또는 가입을 하는 국가가 제92조의 규정에 의하여 이 협약 제2편의 규정에 구속되지 아니한다는 취지의 선언을 행하거나 또는 행하였을 경우에 당해 국가는 비준, 승낙, 승인 또는 가입할 당시에 네덜란드 정부에 그러한 취지를 통지함으로써 1964년 헤이그 매매협약을 폐기하여야 한다.

(5) 1964년 헤이그 성립협약의 당사국으로서 이 협약에의 비준, 수락, 승인 또는 가입을 하는 국가가 제92조의 규정에 의하여 이 협약 제3편의 규정에 구속되지 아니한다는 취지의 선언을 행하거나 또는 행하였을 경우에 당해 국가는 비준, 수락, 승인 또는 가입할 당시에 네덜란드 정부에 그러한 취지를 통지함으로써 1964년 헤이그 성립협약을 폐기하여야 한다.

(6) 이 조를 적용하는 데 있어 1964년 헤이그 성립협약 또는 1964년 헤이그 매매협약의 당사국이 이 협약에 관한 비준, 수락, 승인 또는 가입은 당사국이 전자의 두 가지 협약에 관한 폐기통지가 효력을 발생할 때까지는 효력을 발생하지 아니한다. 이 협약의 수탁자는 이 점에 대한 필요한 상호 조정을 확실하게 하기 위하여 1964년 협약의 수탁자인 네덜란드 정부와 협의하여야 한다.

제100조 (협약에 대한 적용일)

(1) 이 협약은 이 협약의 제1조 제1항 (a)호의 규정에 의한 체약국이나 동 항 (b)호의 규정에 의한 체약국에 대하여 효력을 발생하는 날, 또는 그 날 이후에 계약을 체결하기 위한 청약이 행하여진 경우에만 계약의 성립에 관하여 적용된다.

(2) 이 협약은 이 협약의 제1조 제1항 (a)호의 규정에 의한 체약국이나 동 항 (b)호의 규정에 의한 체약국에 대한 효력을 발생한 날, 또는 그 이후에 체결된 계약에 대해서만 적용된다.

제101조 (협약의 폐기)

(1) 체약국은 수탁자 앞으로 송부하는 서면의 통지를 함으로써 이 협약 또는 이 협약의 제2편 또는 제3편을 폐기할 수 있다.

(2) 폐기는 수탁자가 통지를 수령한 날로부터 12개월을 경과한 후의 최초 월의 초일에 효력을 발생한다. 그러한 통지 중에 폐기가 효력을 발생하기 위한 더욱 장기의 기간이 명시되어 있을 경우에 폐기는 수탁자가 통지를 수령한 후 당해 기간이 경과함과 동시에 효력을 발생한다.

이 협약서는 1980년 4월 11일 비엔나에서 단일원본으로 작성되었으며, 이에 관하여 아랍어, 중국어, 영어, 불어, 러시아어 및 서반아어로 작성된 각 정본은 모두 동등하게 인증된 정본인 것으로 한다.

위의 증거로서 각 해당국 정부에 의하여 정식으로 부여받은 전권대표들은 이 협약에 서명하였다.

참 ㅣ 고 ㅣ 문 ㅣ 헌

1. 한국문헌

강원진, 「국제상무론」, 법문사, 2009.

강원진, 「무역결제론」, 개정판, 박영사, 2007.

강원진, 「무역계약론」, 제4판(수정판), 박영사, 2013.

강원진, 「무역실무」, 제3판, 박영사, 2008.

강원진, 「무역실무문답식해설」, 두남, 2011.

강원진, 「신용장론」, 제5판, 박영사, 2007.

강원진, "신용장서류심사를 위한 ICC 국제표준은행관행의 일반원칙에 관한 고찰", 「국제상학」, 제
　　　18권 제3호, 한국국제상학회, 2003.

강원진, "전자무역거래 활성화를 위한 전자결제시스템의 요건과 과제", 「국제상학」, 제17권 제3호,
　　　한국국제상학회, 2002.

강원진, 「최신 국제상무론」, 두남, 2013.

강원진(감수), 「1995 개정 추심에 관한 통일규칙」, 대한상공회의소, 1995.

강이수, 「국제거래관습론」, 삼영사, 1986.

고대무역연구소, 「무역대사전」, 1972.

고범준, 「국제물품판매매계약에 관한 UN협약」, 대한상사중재원, 1983.

고범준, 「국제상사중재법해의」, 대한상사중재원, 1991.

곽윤직, 「채권각론」, 박영사, 1995.

곽윤직·김재형, 「민법총칙」, 박영사, 2013.

김남진, 「수출마아케팅」, 무역경영사, 1975.

김성욱, 「해상보험」, 박영사, 1986.

김정수, 「해상보험론」, 박영사, 1986.

김주수, 「민법개론」, 삼영사, 1992.

김한수, 「신용장론」, 육법사, 1991.

박대위, 「무역실무」, 법문사, 1991.

박대위, 「신용장」, 법문사, 1989.

박종수, 「무역상무론」, 삼영사, 1992.

방희석, 「현대해운론」, 박영사, 1989.

범한화재해상보험(주), 「해상보험」, 1982.

서돈각, 「상법강의(하)」, 법문사, 1990.

석광현, 「국제사법과 국제소송」, 박영사, 2012.

손태빈, 「알기쉬운 무역실무」, 두남, 1992.

양영환·서정두, 「국제무역법규」(제4판), 삼영사, 2003.

오세창, 「무역계약론」, 동성사, 1991.

오세창·강원진, 「국제상거래론」, 삼영사, 2003.

오원석, 「국제운송론」, 박영사, 1989.

오원석, 「해상보험론」, 삼영사, 1992.

옥선종, 「무역계약론」, 법문사, 1992.

유병욱, "로테르담규칙에서 운송인의 책임에 관한 연구", 「국제상학」, 제24권 제4호, 2009.

이기태, 「해상보험」, 법문사, 1990.

이승영, 「무역결제론」, 법문사, 1990.

이은섭, 「해상보험론」, 신영사, 1992.

이태희, "국제물품매매계약에 관한 UN협약상의 당사자의 의무", 「국제물품매매계약에 관한 UN협약상의 제문제」, 삼지원, 1991.

임석민, 「국제운송론」, 류천서원, 1992.

임홍근, 「무역신용장」, 삼영사, 1981.

임홍근 외, 「국제물품매매계약에 관한 UN협약상의 제문제」, 삼지원, 1991.

장병철, 「관세법」, 무역경영사, 1992.

전창원, 「무역실무」, 일신사, 1987.

최기원, 「어음·수표법」, 박영사, 1991.

한국무역협회, 「수출입업무요람」, 1992.

한국무역협회, 「수출입절차해설」, 제13판, 1990.

한국외환은행, 「실무교본」, 1988.

한주섭 외, 「국제상사중재론」, 동성사, 1990.

한주섭, 「국제상학」, 동성사, 1990.

2. 일본문헌

加藤　修,「最新国際貨物海上保険実務」, 成山堂書店, 1984.

及川竹夫,「新しい統一規則による信用状取引の実務」, ダイヤモンド社, 1989.

東京銀行,「貿易と信用状」, 実務之日本社, 1987.

桐谷芳和,「貿易取引と信用状」, 経済法令研究会, 1987.

木下　穀,「英美契約法の理論」, 東京大学出版会, 1985.

貿易実務講座刊行会,「貿易決済と貿易金融」, 有斐閣, 1966.

貿易実務講座刊行会,「貿易と保険」, 有斐閣, 1959.

浜谷源藏外,「貿易実務辞典」, 同文館, 1990.

浜谷源藏外,「貿易実務の研究」, 同文館, 1964.

浜谷源藏外,「最新貿易実務」, 同文館, 1987.

上坂西三,「貿易契約」, 東洋経済新報社, 1960.

上坂西三,「貿易契約」, 東洋経済新報社, 1970.

石田貞夫,「貿易商務論」, 白桃書房, 1960.

小峯　登,「1974年 信用状統一規則(上巻)」, 外国為替貿易研究会, 1974.

小峯　登·舟木　凌,「1974年 信用状統一規則(下巻)」, 外国為替貿易研究会, 1979.

小原三佑嘉, “貿易書類ヒーパーレヌ化の動きについて”,「国際金融」, 第783号, 外国為替貿易研究
　　　会, 1984.

小原三佑嘉, “クーリエサービスと書類取引”,「国際金融」, 第803号, 第804号, 外国為替貿易研究会,
　　　1984.

新堀　聰,「貿易取引入門」, 日本経済新聞社, 1992.

原　猛雄,「貿易契約の研究」, ミネルウア書店, 1970.

伊澤孝平,「商業信用状」, 有斐閣, 1986.

朝岡良平,「貿易売買と商慣習」, 布井出版, 1982.

朝岡良平監修,「実務家のたぬの逐條解説信用状統一規則」, 金融財政事情研究会, 1985.

中村已喜人,「貿易契約論」, 有朋堂, 1975.

中村　弘,「貿易契約の基礎」, 東洋経済新報社, 1983.

村　教三·村　光二,「輸出入契約書の解説」, 大成出版社, 1980.

土井輝生(編),「国際契約ハンドブック」, 同門館, 1971.

河崎正信,「D/P, D/A手形の性質」, 外国為替貿易研究会, 1978.

興亞火災海上保険(株),「運送保険の理論と実務」, 海文堂, 1983.

3. 구미문헌

American Law Institute, *Restatement of the Law, Second contract*, 2nd, St. Paul, 1973.

Anderson, Ronald A. and Kumpf Walter A., *Business Law*, 6th ed., South-Western Publishing Co., 1961.

Atiyah, P. S., *The Law of Contract*, 4th ed., Clarendon Press, 1989.

Atiyah, *The Sale of goods*, 7th ed., Pitman Publishing Ltd., 1985.

Baum, Michael S. and Perritt, Henry H., *Electronic Contracting, Publishing and EDI Law*, John Wiley & Sons, Inc., 1991.

Bes, J., *Chartering and Shipping Terms*, 7th ed., Barke & Howard, 1970.

Boss, Amelia H. and Winn Jane Kaufman, "The Emerging Law of Electronic Commerce", *Business Lawyer*, Vol. No. 52, August 1997.

Brown, Ian, "Acceptance in the Sale of Goods", *The Journal of Business Law*, Stevens & Sons Ltd., January 1988.

Brown, Robert H., *The Institute Cargo Clauses*, Witherby & Co., Ltd., 1982.

Chorlery & Gilesi, *Slater's Mercantile Law*, 17th ed., Pitman Publishing Ltd., 1978.

Davis, M. A., *Documentary Credits Hand Book*, Woodhead-Faulkner, 1989.

Day, D. M., *The Law of International Trade*, Butterworths, 1981.

Debattista, Charles, *Sale of Goods Carried by Sea*, Butterworths, 1990.

Dolan, John F., *The Law of Letters of Credit*, 2nd ed., Warren, Gorhanm & Lamont, Inc., 1996.

Dolan, John F., *Uniform Commercial Code Terms and Transactions in Commercial Law*, Little Brown and Company, 1991.

Ellinger, E. P., *Documentary Letters of Credit*, University of Singapore Press, 1970.

Ersi, Gyula, "Comment: Apropos the 1980 Vienna Convention on Contracts for the International Sale of Goods", *The American Journal of Comparative Law*, Vol. 31, 1983.

Finkelstein Herman, N., *Legal Aspects of Commercial Letters of Credits*, Columbia University Press, 1930.

Guest, A. G., *Anson's Law of Contract*, Clarendon Press, 1984.

Guest, A. G. and Others, *Benjamin's Sale of Goods*, 3rd ed., Sweet & Maxwell, 1987.

Gutteridge, H. C. and Megrah Maurice, *The Law of Banker's Commercial Credits*, Europa Publications Ltd., 1984.

Hardy Ivamy, E. R., *Payne and Ivamy's Carriage of Goods by Sea*, Butterworths, 1979.

Henning, Charles N., *Inetrnational Finance*, Harper & Brothers Publishers, 1958.

Hill, D. J., *Freight Forwarders*, Stevens & Sons, 1972.

Honnold, John, *Uniform Law for International Sales under the 1980 United Nations Convention*,

Kluwer Law and Taxation Publishers, 1982.

International Chamber of Commerce, *Case Studies on Documentary Credits, problems, queries, answers*, ICC Publishing S. A., 1989.

International Chamber of Commerce, *Force Majeure and Hardship*, ICC Publishing No.421, ICC Publishing S. A., 1985.

International Chamber of Commerce, Uniform Customs and Practice of Documentary Credits, 2007.

International Chamber of Commerce, *International Standard Banking Practice for the Examination of Documents under Documentary Credits(ISBP)*, ICC Publishing No.681, ICC Publishing S. A., 2007.

Jackson, D. C., *Enforcement of Maritime Claims*, Lloyd's of London Press Ltd., 1985.

Jarper Ridley, *The Law of the Carriage of Goods by Land, sea, air*, Shaw & Sons Ltd., 1982.

Kozolchyk, Boris, *Commercial Letters of Credit in the Americas*, Matthew Bender & Company, 1976.

Kurkelar, Matti, *Letters of Credit under International Trade Law*, Oceana Publications, Inc., 1985.

Laryea, Emmanuel T., "Payment for Paperless Trade: Are There Viable Alternative to Documentary Credit?", *Law and Policy in International Business*, Vol.33, Fall, 2001.

Lloys's Law Reports, 1984~1992.

Lloys's List Law Reports(Digest), 1919~1985.

Maurice Megrah, *Byles on Bills of Exchange*, Sweet & Maxwell, 1983.

Michael Rowe, *Letters of Credit*, Euromoney Publication Ltd., 1985.

Paul Tood, *Modern Bills of Lading*, Collins, 1986.

Ramberg Jan, *Guide to incoterms 1990*, ICC Publishing S. A., 1991.

Redimond PWD, *Introduction to Business Law*, Sixth ed., Pitman Publishing 1991.

Richard C. Crews, *Business Law, Principles and Cases*, Kent Publishing Company, 1984.

Rosenblith, Robert M., "Current Development in Letters of Credit Law", *Uniform Commercial Code Law Journal*, Vol.21, Fall 1988.

Sarcevic, Patar and Volken, Paul, *International Sale of Goods*, Oceana Publications, Inc., 1986.

Sassoon, David M. and Merren, H. Orren, *CIF and FOB Contract*, 3rd ed., Stevens & Sons, 1980.

Schmitthoff, Clive M., *Export Trade*, 9th ed., Stevens & Sons, 1990.

Shaterian, W. S., *Export-Import Banking*, The Ronald Press, 1956.

Turner, Harold A., *The Principles of Marine Insurance*, Stone & Cox Publications Ltd., 1979.

UNCTAD, Multimodal Transport and Containerization, United Nations, 1984.

UNCTAD/GATT, *Legal Aspects of Foreign Trade*, 1984.

Ventris, F. M., *Bnaker's Documentary Credits*, Llody's of London Press Ltd., 1985.

Walden Ian, *EDI and the Law*, Blenheim Online Publications, 1989.

Walker, A. G., *Export Practice and Documentation*, Newnes-Butterworth, 1977.

Watson Alasdair, *Finance of International Trade*, The Institute of Bankers, 1987.

White James J. and Summers Rober S., *Uniform Commercial Code*, 3rd ed., West Publishing Books, 1988.

Williston, S., *A Treatise on the Law of Contracts*, 3rd ed., New York, 1961.

4. 국제무역법규

Bills of Exchange Act 1882.

CMI Rules for Electronic Bills of Lading 1990.

CMI Uniform Rules for Sea Waybills 1990.

ICC, Incoterms® 2010, ICC Publication No.715E, 2010.

ICC Rules of Concilation and Arbitration 1988.

Institute Cargo Clauses (A)(B)(C) 1982, 2009.

International Convention for the Unification of Certain Rules of Law Relating to Bill of Lading 1924.

International Rules for the Interpretation of Trade Terms 1990, 2000.

Marine Insurance Act 1906.

Revised American Foreign Trade Definitions 1941, 1990.

Sale of Goods Act 1979.

Uniform Commercial Code 1952, 1988, 1995.

Uniform Customs and Practice for Documentary Credits 1984,1993, 2007.

Uniform Rules for Collections 1978, 1995.

Uniform Rules for Forfaiting 2013.

UNCITRAL Arbitration Rules 1976.

UNCITRAL Model Law on International Commercial Arbitration 1985.

United Nations Convention on Contracts for International Sale of Goods 1980.

United Nations Convention on International Multimodal Transport of Goods 1980.

United Nations Convention on Carriage of Goods by Sea 1978.

United Nations Convention on the Recognition and Enforcement of Foreign Arbitral Awards 1958.

UNCTAD/ICC Rules for Multimodal Transport Document 1991.

Warsaw-Oxford Rules for CIF Contract 1932.

국|문|색|인

ㅊ

영｜문｜색｜인

D

[공저자 소개]

강원진(姜元辰)

부산대학교 상과대학 무역학과 졸업
연세대 경제학 석사, 중앙대 경영학 박사(국제상학 전공)
부산대학교 조교수, 부교수, 교수
미국 University of Washington, School of Law 객원교수
부산대학교 국제전문대학원 원장
대한상사중재원 중재인
한국국제상학회 회장
한국무역학회 부회장
한국무역상무학회 및 국제e-비즈니스학회 부회장
한국무역학회 및 한국국제상학회 논문심사위원장
중앙인사위원회 국가공무원고시 출제위원
관세청 관세사자격시험 출제위원
대한상공회의소 무역영어검정시험 출제위원
대기업 무역부 및 외국환은행에서 다년간 실무경험
정부 수출입절차 간소화작업위원
현, 부산대학교 무역학부 명예교수

이양기(李良基)

부산대학교 상과대학 무역학과 졸업(경제학 학사)
부산대학교 경제학 석사
부산대학교 경제학 박사(국제통상거래 전공)
중국 대외경제무역대학교, 경제학원 방문학자
동서대학교 초빙교수, 경성대학교 연구교수
부산대학교 연구교수, 부산대학교 BK21 교수
한국무역통상학회, 한국국제상학회, 한국관세학회 이사
한국무역학회, 한국통상정보학회, 한국산업경제학회
　평생회원
현, 부산대학교 무역학부 조교수
　부산대학교 경제통상연구원 부원장

[주요 저서 및 논문]
무역계약론(박영사)
무역실무연습(삼영사)
신용장론(박영사)
무역영어연습(박영사)
국제무역상무론(법문사)
국제상거래론-공저(삼영사)
국제상무론(법문사)
국제통상과 국제거래론-공저(두남)
무역실무(박영사)
ICC추심에 관한 통일규칙-감수(대한상공회의소)
무역영어(박영사)
강원진 교수의 무역실무 문답식 해설(두남)
무역결제론(박영사)
최신국제상무론(두남)
국제비즈니스영어-공저(박영사)
신용장 분쟁사례(두남)
전자결제시스템(삼영사)

학술지 게재 논문 "신용장거래에서 Fraud Rule의 적용 요건에 관한 고찰", 「국제상학」, 제25권 제3호, 한국국제상학회, 2010. 등 82편.

*저자 홈페이지 http://wonjin.net

[주요 저서 및 논문]
최신무역학원론(두남)
관세법(박영사)
학술지 게재 논문 "국제물품매매계약에서 물품의 계약적 합성에 관한 비교연구", 「국제상학」, 제24권 제3호, 한국국제상학회, 2009. 등 30편.

*저자 홈페이지 http://trade.pusan.ac.kr

국제상학 · 국제상무 총서

최신 국제상거래론

초판인쇄	2014년 6월 20일
초판발행	2014년 6월 30일
지은이	강원진 · 이양기
펴낸이	안종만
편 집	김선민 · 마찬옥
기획/마케팅	최준규
표지디자인	홍실비아
제 작	우인도 · 고철민

펴낸곳　　(주) **박영사**
　　　　　서울특별시 종로구 평동 13-31번지
　　　　　등록 1959.3.11. 제300-1959-1호(倫)

전 화	02)733-6771
f a x	02)736-4818
e-mail	pys@pybook.co.kr
homepage	www.pybook.co.kr
ISBN	979-11-303-0111-2　　　　93320

copyright©강원진 · 이양기, 2014, Printed in Korea

정 가　　35,000 원